DAS NEUE TESTAMENT
übertragen von Jörg Zink

DAS NEUE TESTAMENT

ÜBERTRAGEN VON JÖRG ZINK

KREUZ

DEM NEUEN TESTAMENT GEHT EINE LANGE GESCHICHTE VORAUS

Vorwort

Es ist die Geschichte einer Wanderung und die Geschichte eines Glaubens. In der Nomadenszene des Nahen Ostens setzte sie ein. Im Umkreis der babylonischen Kultur um die Mitte des 2. Jahrtausends vor Christus hörte eine kleine Gruppe wandernder Familien zum ersten Mal eine Stimme, die ihr das Ziel ihres Wanderns wies und der sie nachzog. Es war die Zeit Abrahams.

Eines Tages, auf der Flucht vor einer Hungersnot, gerieten sie nach Ägypten und wurden dort als Arbeitssklaven eingesetzt. Da erlebten sie um 1200 eine Befreiung und aufs Neue eine Führung. Es war die Zeit Moses. Irgendwo im gebirgen Süden der Sinaihalbinsel erlebten sie die Offenbarung Gottes und hörten seinen Willen.

Dieser Wille Gottes bestimmte den Weg in die Sesshaftigkeit in jenem Land, das heute von einer israelischen und einer arabischen Bevölkerung gemeinsam bewohnt wird, und in einer langen Auseinandersetzung mit den Religionen Ägyptens und Syriens, zwischen 1100 und 600 vor Christus, wurde dieser Glaube klarer und eindeutiger. Aber zugleich ging diesem Volk immer mehr an Feiheit verloren, bis es von den überlegenen Mächten des nahöstlichen Raums aus seinem Land vertrieben war. Es war die Zeit der Propheten.

Von ca. 600 vor Christus an lebte es in Babylonien in der Gefangenschaft. Dort, in Not und Elend, fand es endgültig zum Glauben an den einen Gott des Himmels und der Erde, den Gott, der es am Ende wieder in die Freiheit und in die Heimat führte. Die Stimme, die ihm dies ankündigte, war die jenes Propheten, von dem wir nur wissen, dass er sich den »Gottesknecht« nannte.

Danach, in den letzten drei Jahrhunderten vor Christus, begann es nach einem Reich auszuschauen, das nicht von Menschen beherrscht würde, nach einer Weltordnung der Gerechtigkeit. Es begann auf einen von Gott beauftragten Menschen zu hoffen, der dieses Reich heraufführen würde, und auf eine neue Welt, eine Welt des Friedens, die von Gott nach dem Ende der Menschengeschichte neu geschaffen würde.

Als Jesus auftrat, schloss er an diese Hoffnung an. Was er auf so neue Weise sagte, war doch tief verwurzelt in den Glaubenserfahrungen seines Volkes, und wenn wir ihn verstehen wollen, so können wir seine Botschaft nicht in Gegensatz stellen zu dem, was in seinem Volk galt. Wer ihn aus diesem Wurzelboden herausheben will, macht ihn unverständlich. Andererseits war es doch so neu, dass es durchaus Sinn hat, davon zu sprechen, er habe ein neues Buch aufgeschlagen. Das Wort »Testament« bedeutet »Dokument der Gemeinschaft mit Gott«.

Auf dem Neuen und dem Alten Testament zugleich also gründet sich der Glaube der Christen seit zweitausend Jahren, während das Alte für das jüdische Volk bis heute gültig und lebenskräftig war und ist.

Was aber macht den Wurzelboden »Altes Testament« aus, in dem das Neue steht? Was für ein Glaube war es, der dem Neuen vom Alten übergeben wurde? Ich will versuchen, ihn in ein paar knappen Sätzen zu schildern. Ich will, sehr vereinfachend, sagen: Er war von zwölf Gedanken bestimmt.

Der erste ist der, dass der Mensch seiner Nähe zu Gott am genauesten Ausdruck gibt, wenn er seine Dankbarkeit und seine Liebe zu Gott in Gebet und Hymnus ausspricht. Wenn er etwa mit dem 36. Psalm sagt:

Gott, deine Güte reicht, so weit der Himmel ist,
und deine Wahrheit, so weit die Wolken gehen.

Wie die Berge feststehen über den Tälern,
steht deine Gerechtigkeit fest über der Welt.
Wie das Meer unendlich sich breitet,
so ohne Grenzen ist deine Macht.

Wie kostbar ist deine Güte, o Gott.
Bei dir finden wir Menschenkinder Schutz.
Wir werden satt von den reichen Gütern,
die die Erde darreicht,
und du tränkst uns mit Wonne wie mit einem Strom.
Denn bei dir ist die Quelle des Lebens,
und in deinem Lichte sehen wir das Licht.

Oder mit dem 23. Psalm:

Gott ist mein Hirte,
mir wird nichts mangeln.
Er weidet mich auf einer grünen Aue
und führt mich zum frischen Wasser.

Er erquickt meine Seele.
Mein Weg ist ohne Gefahr,
denn er selbst ist es, der mich leitet.

Und wanderte ich im finstern Tal,
fürchte ich kein Unheil,
denn du bist bei mir. Du gibst mir Frieden.

Du deckst meinen Tisch in deinem Haus,
in das kein Feind mir folgt,
keine Schuld und kein Fluch.

Du machst meine Seele rein und schmückst mich festlich.
Der Becher, den ich trinke,
fließt über von erfrischendem Trank.

Mit Güte und Freundlichkeit
umgibt mich Gott, solange ich lebe,
und ich habe Wohnrecht in seinem Haus, jetzt und in Ewigkeit.

Damit ist gesagt, was auch die Schöpfungsgeschichte ausdrückt: Im Grunde ist alles gut. Der Mensch mit all seinem Schicksal ist im Schutz und in der Fürsorge Gottes bewahrt.

Ein zweiter Gedanke, der den Glauben dieses Volkes tief bestimmte, war der, Gott selbst sei es, der die Geschichte der Menschen und der Völker nicht nur sehe, sondern der sie zuletzt bestimme. So steht am Anfang seiner Geschichte als religiöse Urerfahrung die Befreiung aus der Knechtschaft und das Geleit in ein gutes und schönes Land. Was also will Gott? Er will die Freiheit des Menschen und die Freiheit der Völker.

Ich will Gott besingen,
denn er hat eine herrliche Tat getan.
Ross und Mann hat er ins Meer gestürzt!
Des Pharao Wagen und seine Macht
warf er ins Meer!
Seine Elitetruppen versanken im Schilfmeer.
Herr, deine Kraft, deine Hand
wirkt mächtige Wunder!
Unter starkem Schutz führst du das Volk,
das du befreit hast,
mit großer Kraft leitest du es ans Ziel.
2. Mose 15

Das bedeutet, dass ein Mensch den Mächten dieser Erde ohne Furcht gegenübertreten kann:

»Warst du es nicht, Gott«, fragt Jesaja,
»der uns die Freiheit gab?
Warst du es nicht, der das Meer austrocknete,
so dass die Befreiten hindurchgehen konnten?
Was ist denn nun mit dir, Juda,
dass du dich vor Menschen fürchtest, die doch sterben,
vor Menschenkindern, die wie Gras vergehen?«
Jesaja 51

Ein dritter Gedanke ist der, es gebe eine Verbindung zwischen Gott und dem Menschen, nämlich das »Wort«. Gott sei ein sprechender Gott, der Mensch ein sprechender Mensch, und beide hörten. So lesen wir im 33. Psalm:

Der Himmel ist durch das Wort Gottes gemacht
und alle Sterne durch den Hauch seines Mundes.
Wenn er spricht, so geschieht's,
wenn er gebietet, dann steht es da.

Dieses schöpferische Wort findet auch zum Menschen:

»Meine Gedanken sind nicht eure Gedanken,
und eure Wege sind nicht meine Wege«, spricht der Herr.
»Sondern so viel der Himmel höher ist als die Erde,
sind auch meine Wege höher als eure Wege
und meine Gedanken als eure Gedanken.
Wie der Regen, der Schnee vom Himmel fällt
und nicht wieder dorthin zurückkehrt,
ohne dass er die Erde feuchtet und fruchtbar macht,
ohne dass die Erde sprosst,
ohne dass sie Samen dem Sämann gibt und dem Essenden Brot,
so ist's mit dem Wort, das von mir ausgeht:
Es kehrt nicht ohne Wirkung zu mir zurück,
sondern tut, was mir gefällt,
und richtet aus, wozu ich es sende.«
Jesaja 55

Wenn das Wort ergeht, dann werden auch die Menschen zu seinen Sprechern:

»Ich habe meine Worte in deinen Mund gelegt«,
sagt Gott zu einem Propheten,
»und dich in meinen Händen geborgen.«
Jesaja 51

Und so wird das Wort, das Gott spricht, zum Maß für das menschliche Tun:

Glücklich, wer Gottes Weisung annimmt
und über sie nachsinnt Tag und Nacht,
er ist wie ein Baum, gepflanzt am Wasser.
Psalm 1

Als einen vierten Gedanken könnte man den bezeichnen, dem Menschen komme eine besondere Verantwortung für die Schöpfung zu. Der Mensch aber sei zum Dienst an der Welt dadurch befähigt, dass Gott ihm Geist von seinem Geist verleihe.

Gott, unser Herrscher, wie herrlich,
dass wir in deinen Händen wissen
Himmel und Erde!
Wenn ich den Himmel sehe, das Werk deiner Finger,
den Mond und die Sterne, die du geformt hast – was ist der Mensch,
dass du an ihn denkst, was ist das Kind eines Menschen,
dass du es lieb hast?
Du hast ihm fast die Würde eines himmlischen Wesens gegeben.
Mit Schönheit und Adel hast du ihn gekrönt.
Du gabst ihm den Auftrag, Herrscher zu sein über alles,
was du geschaffen hast.
Alles legtest du ihm zu Füßen:
Schafe und Rinder und die wilden Tiere überall.
Die Vögel unter dem Himmel und die Fische im Meer
und was immer im Meer sich bewegt.
Herr, unser Herrscher, wie herrlich, dass wir dich kennen.
Wie gut, dass du da bist!
Psalm 8

Und im Buch der Weisheit Salomos lesen wir:

O Gott meiner Väter und Herr aller Güte,
der du alle Dinge gemacht hast,
indem du ihren Namen nanntest,
du hast auch den Menschen
gebildet in deiner Weisheit,
dass er deine Geschöpfe behüte,
die Welt verwalte in Heiligkeit und Gerechtigkeit
und sie mit wissendem Herzen bewahre.

Gib mir die Weisheit, die allein bei dir ist.
Schließe mich nicht aus aus dem Kreise deiner Kinder.
Denn ich bin ein schwacher Mensch und kurzen Lebens.
Ich weiß nicht genug über meinen Weg
und über das rechte Tun.

Du hast mich in dieses Leben gestellt
und hast mir Aufträge gegeben.
Du hast mir Menschen anvertraut,
deine Söhne, deine Töchter.
So gib mir Weisheit.
Sie war am Werk, als du die Welt schufst.
Sie weiß, was dir gefällt und deinem Willen gemäß ist.

Sende sie herab aus dem Himmel
vom Thron deiner Herrlichkeit,
dass sie bei mir sei und mich wecke
und schaffend wirke in meinem Tun.

Wie soll einer deine Weisung erfahren,
wenn du nicht Weisheit gibst
und deinen heiligen Geist aus der Höhe sendest?
Durch ihn werden unsere Pfade richtig,
wir Menschen erkennen, was dir gefällt,
und werden durch Weisheit gerettet.
Weisheit 9

Ein fünfter Gedanke dieses Glaubens spricht sich aus in der Klage über die Vergänglichkeit des Menschen:

Herr Gott, du bist unsere Zuflucht für und für.
Ehe die Berge wurden und die Erde und die Welt geschaffen wurden,
warst du, Gott, von Ewigkeit zu Ewigkeit.
Du lässest die Menschen sterben und rufst sie zurück in den Staub:
Kommt wieder, Menschenkinder!
Denn tausend Jahre sind vor dir wie der Tag, der gestern verging,
und wie eine Nachtwache.
Du säst Menschen aus in die Welt Jahr um Jahr.
Wie Gras, das nachwächst, kommen sie aus deiner Hand,
wie Gras, das in der Frühe aufwächst und blüht
und am Abend welkt und verdorrt.
So welken wir hin in deiner Glut,
wir verdorren plötzlich unter deinem Zorn,
denn du siehst all unser Unrecht,
in deinem Licht ist es sichtbar,
so verborgen es ist unserem eigenen Herzen.

Ja, unsere Tage eilen dahin, getrieben von deinem Zorn.
Wie Seufzer verhallen die Jahre.
Siebzig Jahre währt unser Leben, wenn es hoch kommt, achtzig.
Was sein Stolz war, ist Mühe gewesen und Elend,
denn es fährt schnell dahin, als flögen wir davon.
Lehre uns unsere Tage zählen,
dass wir ein weises Herz gewinnen.
Lass deine Herrlichkeit aufleuchten an deinen Knechten,
und zeige unseren Kindern deine heilige Macht.
Psalm 90

Ein sechster Gedanke betrifft das Leid, das den Einzelnen ebenso treffen kann wie das ganze Volk. Es drückt sich in vielen Liedern der Klage aus:

Herr, höre mein Gebet.
Lass mein Schreien zu dir dringen!
Verbirg nicht dein Antlitz vor mir
heute, da ich im Elend bin!

Denn es verwehen wie Rauch meine Tage,
versengt wie Gras, verdorrt ist mein Herz,
Matt bin ich vor Weinen und Stöhnen
und bin nur noch Haut und Gebein.
Ich bin einer Eule gleich in der Wüste,
einem Käuzchen in den Trümmern.
Ich wache und klage wie ein einsamer Vogel auf dem Dach.
Psalm 102

Und sie reichen bis zu einer Anklage gegen Gott:

Ich will meinem Munde nicht wehren,
will reden in der Angst meines Herzens,
klagen in der Bitterkeit meiner Seele:
Bin ich denn das wilde Meer? Bin ich ein Drache,
dass du, Gott, so scharf mich bewachst?
Denke ich: Das Bett wird mich trösten,
mein Lager hilft mein Leid mir tragen!,
dann verfolgst du mich mit Traumgesichten
und schreckst mich mit Bildern des Grauens,
dass ich mir wünschte, erwürgt zu sein,
und den Tod ersehne statt meiner Ängste.

Lass ab von mir! Wie ein Hauch sind meine Tage.
Was ist denn der Mensch, dass du ihn so bewachst,
dass du so unablässig dich um ihn kümmerst?
Jeden Morgen suchst du ihn auf und prüfst ihn von Stunde zu Stunde.
Wann endlich blickst du weg von mir
und lässt mir Ruhe, einen Atemzug lang?
Habe ich gesündigt, was tue ich dir damit an,
du Bewacher der Menschen?
Denn in die Erde lege ich mich in kurzer Zeit,
und wenn du mich suchen wirst, werde ich nicht mehr sein.
Hiob 4-7

Vor allem aber ist es der siebte Gedanke, der diesen Glauben prägt: die Klage über das Leid und das Elend, das vom Menschen selbst ausgeht. Kein Mensch ist gerecht. Alle werden schuldig, und das Gewicht dieses Versagens wiegt unendlich schwer.

Gott, sieh mich wieder an und sprich wieder mit mir!
Wenn du barmherzig sein willst,
dann nimm mir mein Unrecht ab.
Denn ich sehe, was ich getan habe,
und meine Untat steht mir immer vor Augen.
Ich habe ja nicht an Menschen
Unrecht getan, sondern an dir.
Nicht Menschen messen das Maß der Schuld.
Was böse ist, bestimmst allein du.
Dein Maß gilt und dein Urteil ist recht.

Aber sieh, ich bin ein schwacher Mensch.
Meine Mutter war schon schuldig, ehe sie mich empfing.
Sieh mein Unrecht nicht an. Schaffe es weg zwischen dir und mir.
Gib mir statt des alten ein neues Herz.
Einen klaren, festen Geist gib mir.
Wirf mich nicht weg und nimm mir nicht deinen heiligen Geist.
Zerschlagen bin ich und zerrissen in meinem Herzen.
Nimm das! Das bringe ich dir.
Ich weiß, du wirst, was ich bringe, nicht verachten.

Psalm 51

Dem steht nun der achte Gedanke gegenüber: dass nämlich Gott nicht nur ein strafender, das ist er auch – sondern zuinnerst ein vergebender Gott sei, der unablässig den Menschen sucht und zu sich zieht:

Ich will mich über den Herrn freuen
und will all das Gute nicht vergessen,
das ich von ihm empfangen habe.
Er hat mir alle meine Schuld vergeben
und hat heil gemacht, was in mir zerbrochen war.
Er hat mir das Leben noch einmal geschenkt,
als es schon verloren schien,
mich mit Freundlichkeit geschmückt wie mit einer Krone.
Er hat meine Kraft erneuert, wie das Gefieder des Adlers neu wird.

Barmherzig und freundlich ist der Herr, geduldig und reich an Güte.
Er geht nicht mit uns um, wie wir es verdient hätten,
und lohnt uns nicht, wie es unserer Schuld entspräche.

So hoch der Himmel über der Erde ist,
so mächtig leuchtet seine Freundlichkeit über die, die zu ihm gehören.
So weit der Osten vom Westen ist,
rückt er unsere Untaten von uns weg.
Wie ein Vater sich um Kinder kümmert,
so kümmert sich der Herr um alle, die mit ihm Ernst machen.

Psalm 103

Ein neunter Gedanke, die Hoffnung nämlich auf die Auferstehung des Menschen, setzt erst spät ein und drückt sich vorsichtig tastend aus:

Ich weiß, dass mein Erlöser lebt.
Am Ende wird er mir auf meinem Weg begegnen
und ohne meine Haut, die so zerrissen,
ohne meinen zerstörten Leib werde ich ihn schauen.
Kein Fremder wird das Geheimnis stören,
das meinen Augen sich auftut.

Hiob 19,25

Deine Toten werden leben,
deine Leichname werden auferstehen.
Wacht auf und rühmt, die ihr unter der Erde liegt ...,
denn die Erde wird ihre Toten herausgeben.

Jesaja 26,19

Oder:

Gott wird den Tod für immer auslöschen
und von jedem Gesicht die Tränen abwischen.

Jesaja 25,8

Aus diesem Glauben an die helfende und bewahrende Güte Gottes erwächst der Wunsch, Gott selbst möge auf dieser Erde, die von der Schurkerei der Menschen so schrecklich entstellt ist, eingreifen. Es ist der zehnte Grundgedanke:

Schau vom Himmel,
sieh herab von deiner heiligen Wohnung!
Wo ist denn nun deine große Barmherzigkeit?

Du bist doch unser Vater, der Erlöser derer, die dich suchen.
So komm wieder zu deinen Kindern
und besuche die Menschen, die doch dein sind.

Fast ist es, als sähest du nicht, was unter uns geschieht.
Ach, zerrissest du doch den Himmel!
Ach, kämst du doch herab,
dass die Mächte der Welt vor dir vergingen,
dass sie verglühten wie Reisig im Feuer,
dass sie verdampften wie siedendes Wasser über der Flamme.

Denn es ist keine Hilfe für uns, die dich anrufen, als du allein.
Ach, du bist uns ferne gerückt, als wir ohne dich lebten,
und nun sind wir unrein,
unsere Frömmigkeit ist wie ein schmutziges Kleid.

Wir sind verwelkt wie die Blätter,
unsre Sünden wirbeln uns dahin wie der Wind.
Jeder lebt, als wärest du nicht,
jedem ist sein eigener Weg genug.
Du lässt uns allein mit unsrem Unrecht,
und unsre Last drückt uns zu Boden.

Und doch ist das eine wahr, Gott: Du bist unser Vater.
Wir sind Ton. Du bist der Töpfer.
Noch immer sind wir deiner Hände Werk.

Jesaja 63

Ein elfter Grundgedanke ist die seltsame und widersprüchliche Erwartung: Gott werde einen Retter senden. Freilich, dieser Retter werde von allen anderen großen, herrschenden Gestalten der Weltgeschichte sich unterscheiden. Das Volk des Alten Testaments nahm das Muster dafür von jenem Propheten des 6. Jahrhunderts, der als der »Gottesknecht« galt und der nicht durch Macht und Glanz, sondern durch sein stellvertretendes Leiden befreiend und erlösend wirkte:

Sieh zu: meinem Knecht wird sein Werk gelingen.
Hoch über allen wird er stehen,
die bedeutend sind unter den Menschen.

Freilich, viele werden entsetzt sein,
wenn sie ihn sehen, denn er ist entstellt
und nicht schön wie andere Menschen.
Seinetwegen werden sich Völker ereifern,
Könige staunend den Mund verschließen.
Er wuchs mühsam auf wie ein Reis,
das in dürrem Erdreich wurzelt.
Er hatte keine erhabene Gestalt,
keine Hoheit und keine Schönheit.
Wir sahen ihn, aber er gefiel uns nicht.
Ausgestoßen war er, von Menschen gemieden,
ein Mann der Schmerzen, vertraut mit Krankheit,
so verachtet, dass man das Antlitz vor ihm verbarg
und wir ihn für nichts hielten.
Aber das ist wahr: Er trug unsre Krankheit
und lud unsere Schmerzen sich auf.
Wir meinten, Gott habe ihn gestraft.
Um seiner eigenen Schuld willen
habe Gott ihn geschlagen und gemartert.
Aber er wurde durchbohrt um unserer Untreue willen,
zerschlagen zur Sühne für unsere Verbrechen.
Die Strafe liegt auf ihm, damit wir Frieden hätten,
und durch seine Wunden sind wir geheilt.
Er wurde misshandelt und beugte sich
und tat seinen Mund nicht auf
wie ein Lamm, das man zur Schlachtbank führt,
wie ein Schaf, das verstummt vor seinem Scherer.
Aber des Herrn Plan wird durch seine Hand gelingen.
Durch seine Leiden schafft er, der Gerechte, mein Knecht,
für viele die Rettung und lädt ihre Sünden auf sich.
Darum soll er Herr sein über die vielen
und soll die Starken überwinden,
weil er sein Leben in den Tod gab
und sich zu den Empörern zählen ließ.
Denn er gerade trug die Sünden der vielen
und trat für die Empörer ein.
Jesaja 52-53

Es ist für den Zusammenhang zwischen dem »Alten« und dem »Neuen« Testament entscheidend, dass die neutestamentliche Gemeinde diesen Gottesknecht, den leidenden, in Jesus Christus wiedererkannte.

Und so findet das Volk des Alten Testaments die Vision einer Zukunft, die licht und klar sein wird. Dem ersten Gedanken, alles sei von Anfang an gut, entspricht der zwölfte: dass am Ende alles gut sein wird.

Am Ende der Tage wird es geschehen:
Gott wird Gerechtigkeit schaffen zwischen den Völkern.
Er wird das Recht aufrichten, wo die Mächtigen herrschen.
Sie werden ihre Schwerter umschmieden zu Pflugscharen
und ihre Lanzen zu Winzermessern.
Kein Volk wird wider das andere das Schwert erheben.
Niemand wird mehr lernen, wie man Krieg führt.
Jeder wird ruhen unter seinem Weinstock,
unbedroht von Gewalt. Gottes Mund hat es geredet.
Und du, Bethlehem! Du bist klein unter den Städten Judas.
Aber aus dir soll der kommen, der den Weg zum Frieden zeigt,
den uralten Weg, den Gott ebnete seit den Tagen der Urzeit.
Micha 4-5

Das alles nimmt Jesus Christus auf, wenn er zitiert, was wir in Jesaja 61 lesen:

Der Geist Gottes ruht auf mir.
Einen Auftrag hat mir Gott gegeben,
eine Botschaft: Freude den Leidenden.

Er hat mich gesandt, wunde Herzen zu verbinden,
Gefangenen die Freiheit anzusagen,
Gefesselten die Erlösung,
und zu rufen: Jetzt ist die Stunde, da Gott hilft.

Die Trauernden soll ich trösten,
die in Trauerkleidern gehen, in Festgewänder hüllen.
Den Schwermütigen, die stumm sind in ihrem Leid,
soll ich ein Lied singen: Lobgesang und Dank.

Ich freue mich an Gott, denn er hat mich festlich gekleidet.
Er hat gesagt: Es ist gut zwischen dir und mir.

Wie einen Bräutigam schmückte er mich mit einer Krone,
wie eine Braut mit dem Brautschmuck.

Wie die Erde die Saat bringt, wie ein Garten seine Frucht,
so wächst in uns allen sein Heil.

Auch die, die im Neuen Testament über sein Leben berichten, nehmen diese Gedanken auf:

Das Volk, das im Finstern wandert, sieht ein großes Licht,
über dem dunklen Lande der Angst scheint es hell.

Denn uns ist ein Kind geboren,
ein Sohn ist uns gegeben.
Er wird sein Reich aufrichten,
und des Friedens wird kein Ende sein.
Auf Recht und Gerechtigkeit ist es gegründet.

Darum mache dich auf,
werde Licht, denn dein Licht kommt.
Der Lichtglanz kommenden Friedens geht über dir auf.
Denn Finsternis bedeckt das Erdreich und Dunkel die Völker.
Aber über dir ist Licht, das Licht dessen, der kommt.

Von ihm, der kam, ist im Neuen Testament die Rede.

DAS NEUE TESTAMENT

DAS BUCH, DAS JESUS CHRISTUS BEZEUGT

Wer hört, was ich sage,
und danach lebt,
ist klug wie ein Mann,
der sein Haus
auf einen Felsen
gründet.

Jesus Christus

DIE VIER BERICHTE ÜBER JESUS CHRISTUS

JESUS, DER VERSPROCHENE BOTE VON GOTT: DAS EVANGELIUM NACH MATTHÄUS

Was wir über seine Herkunft wissen

1 ¹Dies ist der Anfang unseres Berichts. Fest steht, dass Jesus aus der Familie Davids stammte und also zu den Nachkommen Abrahams zählte. ²Seine Ahnenreihe führt von Abraham zu Isaak und Jakob, ³danach über Juda, den Vater von Perez und Serach, deren Mutter Tamar war, zu Hezron, ⁴Ram und Amminadab, zu Nachschon und Salmon. ⁵Salmon aber und Rahab waren die Eltern des Boas, ⁶Boas und Rut die Eltern des Obed, Obed war der Vater des Isai, Isai aber der Vater des Königs David.

⁷Von David aus ging die Reihe weiter zu Salomo, dessen Mutter die Frau des Urija war. Sie setzte sich fort über Rehabeam, Abija, ⁸Asa, Joschafat, Joram, ⁹Usija, Jotam und Ahas ¹⁰zu Hiskija, von ihm aus über Manasse und Amon ¹¹zu Joschija, dem Vater des Jojachin und seiner Brüder in der Zeit der babylonischen Gefangenschaft.

¹²Danach setzte sie sich fort von Jojachin zu Schealtiël und über ¹³Serubbabel, Abihud, Eljakim, ¹⁴Asor, Zadok, Achim, ¹⁵Eliud, Eleasar und Mattan bis zu Jakob. ¹⁶Jakob aber war der Vater des Josef, des Mannes der Maria. Sie war die Mutter von Jesus, den wir den »Christus« nennen, den Bevollmächtigten Gottes.

¹⁷Es sind also von Abraham bis David vierzehn Generationen, von David bis zur babylonischen Gefangenschaft vierzehn, und es sind vierzehn auch von der Gefangenschaft in Babylon bis zu Christus.

Seine Geburt und Kindheit

Ankündigung

¹⁸Maria, seine Mutter, war mit einem Mann namens Josef vermählt, aber sie hatten die Ehe noch nicht vollzogen. Bevor nun Josef sie

heimholte, stellte sich heraus, dass sie schwanger war durch das Wirken des heiligen Geistes. [19]Josef war ein rechtschaffener Mann und mochte sie nicht anklagen, aber er wollte sich in aller Stille von ihr trennen. [20]Während er mit diesem Gedanken umging, erschien ihm im Traum ein Engel und sprach ihn an:»Josef, du Sohn Davids, scheue dich nicht, Maria als deine Frau zu dir zu nehmen, denn um ihr Kind ist das Geheimnis des heiligen Geistes. [21]Sie wird einen Sohn zur Welt bringen, den sollst du Jesus nennen, das heißt ›Helfer‹, denn er wird den Menschen in seinem Volk helfen, von ihren Sünden frei zu werden. [22]Das wird geschehen, damit erfüllt wird, was von Gott angekündigt wurde durch einen Propheten:

[23]Eine junge Frau wird schwanger sein.
Sie wird einen Sohn zur Welt bringen.
Dessen Name wird ›Immanuel‹ sein.
Er bedeutet: ›Gott ist bei uns‹.«

[24]Als Josef erwachte, tat er, was der Engel ihm geboten hatte, und nahm seine Frau zu sich. [25]Er wohnte ihr aber nicht bei bis zur Geburt ihres Sohnes; dem gab er den Namen Jesus.

Die Reise der Sterndeuter

2 [1]Als Jesus in Betlehem im Lande Juda geboren war – es war in der Regierungszeit des Königs Herodes –, kamen Sternkundige aus dem Osten nach Jerusalem und [2]fragten:»Wo finden wir den neu geborenen König der Juden? Wir haben seinen Stern im Osten aufgehen sehen und sind gekommen, ihm zu huldigen.« (Jupiter, der Stern der Könige, und Saturn, der Stern der Juden, traten damals so dicht zusammen, dass sie wie ein einziger Stern erschienen. Das bedeutete nach der Astrologie jener Zeit, dass bei den Juden ein König von hoher Bedeutung geboren worden sei.) [3]Herodes hörte davon und erschrak, und mit ihm erregte sich ganz Jerusalem. [4]Er rief die Oberpriester und die Schriftgelehrten zusammen und fragte:»Ist etwas darüber bekannt, wo der Christus, der kommende König Israels, geboren werden soll?« [5]Sie antworteten:»Im jüdischen Betlehem! Wir lesen im Buch des Propheten Micha:

⁶›Du Betlehem im Land Juda
bist gewiss nicht die unbedeutendste
unter den Fürstenstädten Judas,
denn aus dir wird der Herrscher kommen,
der mein Volk Israel führen und behüten soll.‹«

⁷Da empfing Herodes die Sterndeuter in aller Stille und fragte sie, zu welcher Zeit der Stern angefangen habe zu leuchten. ⁸Danach wies er sie nach Betlehem und bat sie: »Geht, erkundigt euch sorgsam nach dem Kind, und wenn ihr es gefunden habt, lasst es mich wissen, so will auch ich kommen und es verehren.« ⁹Die Männer hörten den Wunsch des Königs und gingen. Der Doppelstern aber, den sie im Osten gesehen hatten, war ihr Wegzeichen, bis er stehen blieb und seine Richtung änderte über der Stelle, an der das Kind war. ¹⁰Als sie das sahen, freuten sie sich sehr. ¹¹Sie traten in das Haus ein und fanden das Kind mit seiner Mutter Maria, knieten vor ihm nieder und huldigten ihm. Sie breiteten ihren Reichtum aus und schenkten ihm Gold, Weihrauch und Myrrhe. ¹²Im Traum aber hörten sie die Weisung, nicht wieder zu Herodes umzukehren. So reisten sie auf einem anderen Weg in ihr Land zurück.

Die Flucht nach Ägypten

¹³Während sie auf dem Heimweg waren, erschien dem Josef in einem Traumgesicht ein Engel: »Steh auf, nimm das Kind und seine Mutter mit dir und flieh nach Ägypten! Bleibe dort, bis du eine neue Weisung empfängst, denn Herodes wird das Kind suchen und will es umbringen.« ¹⁴Da stand er noch in der Nacht auf, nahm das Kind und seine Mutter mit sich und wanderte nach Ägypten, ¹⁵wo er bis nach dem Tode des Herodes blieb. So ging in Erfüllung, was Gott durch den Propheten Hosea hatte sagen lassen: »Aus Ägypten habe ich meinen Sohn gerufen.«
¹⁶Als Herodes merkte, dass die Sterndeuter nicht wieder zu ihm kamen, packte ihn der Zorn. Er gab Befehl, alle Knaben in Betlehem und in seiner ganzen Umgebung, die zwei Jahre alt und jünger waren, zu töten. Denn in diesem Zeitraum, so hatten die Sternkundigen ihm dargelegt, musste das Kind geboren worden sein. ¹⁷Und so ging in Erfüllung, was Jeremia, der Prophet, vorausgehört hatte:

[18]»In Rama hört man Geschrei, Klage und großen Jammer.
Rahel beweint ihre Kinder, und niemandes Trost will sie hören,
denn sie sind tot.«

[19]Als Herodes gestorben war, erschien dem Josef im Traum wieder ein Engel und gab ihm die Weisung: [20]»Steh auf, nimm das Kind und seine Mutter mit dir und geh zurück nach Israel. Die das Kind töten wollten, sind tot.« [21]Da stand er auf und wanderte mit dem Kind und seiner Mutter nach Israel zurück. [22]Als er aber hörte, in Judäa sei Archelaus, des Herodes Sohn, König geworden, fürchtete er sich, dorthin zu gehen, und wandte sich, im Traum gewiesen, nach Galiläa [23]und ließ sich in Nazaret nieder. So erfüllte sich, was die Propheten gesagt hatten: »Man wird ihn den Nazoräer nennen.«

Der Anfang in der Wüste

3 [1]In jenen Tagen trat Johannes auf, der Täufer. Er rief den Menschen, die zu ihm in die judäische Wüste hinausgingen, zu: [2]»Ändert euch! Gott ist nahe und sein Reich!« [3]Johannes war der, von dem der Prophet Jesaja gesagt hatte:

»Eine Stimme ruft in der Wüste:
Macht die Straße frei für Gott.
Ebnet ihm seine Wege!«

[4]Er trug einen Mantel aus Kamelhaaren und einen ledernen Gürtel um die Hüften. Zur Nahrung dienten ihm Heuschrecken und wilder Honig. [5]Die Menschen strömten aus Jerusalem zu ihm hinaus, aus ganz Judäa und aus der Gegend am Jordan, [6]sie bekannten öffentlich ihre Sünden und ließen sich im Jordan von ihm taufen.

[7]Als nun Johannes viele von den Pharisäern und Sadduzäern zu seinem Taufplatz kommen sah, rief er ihnen entgegen: »Schlangenbrut! Wie kommt ihr dazu zu meinen, euch schonte Gott, wenn er Gericht hält? [8]Gebt erst einmal handfeste Beweise für euren Willen zur Umkehr! [9]Meint nur ja nicht, ihr könntet euch beruhigen damit, dass ihr von Abraham abstammt! Gott kann dem Abraham aus den Steinen da

Kinder erwecken! ¹⁰Die Axt liegt schon den Bäumen an der Wurzel, und kein Baum bleibt stehen, der keine gute Frucht bringt. Abgehauen wird er und ins Feuer geworfen! ¹¹Ich taufe euch mit Wasser, damit ihr euer Leben ändert. Aber der nach mir kommt, ist mächtiger als ich, und ich bin nicht wert, ihm die Schuhe nachzutragen. Der wird euch in heiligen Geist tauchen und in Feuer. ¹²Er hat die Wurfschaufel schon in der Hand und wird den Weizen auf seiner Tenne von den Spelzen trennen. Er wird den Weizen in seine Scheuer einbringen, die Spreu aber ins Feuer werfen. Dieses Feuer wird nicht verlöschen.«

¹³Damals kam auch Jesus aus Galiläa an den Jordan, um sich von Johannes taufen zu lassen. ¹⁴Aber Johannes wehrte ab: »Ich hätte es nötig, von dir getauft zu werden – und du kommst zu mir?« ¹⁵Jesus antwortete: »Lass es gut sein. So will es Gott, der mir meinen Auftrag gab.« Da taufte ihn Johannes. ¹⁶Danach stieg Jesus aus dem Wasser, und es öffnete sich vor seinen Augen der Himmel, und er sah den Geist Gottes herabfahren, wie sich eine Taube herabschwingt, und über ihn kommen. ¹⁷Aus dem Himmel aber rief eine Stimme: »Der ist mein Sohn, mein geliebter, ihn habe ich erwählt!«

4 ¹Danach trieb der Geist Gottes Jesus in die Wüste. ²Er fastete dort vierzig Tage und Nächte, bis der Hunger übermächtig wurde. ³Da trat der Versucher an ihn heran und flüsterte ihm ein: »Bist du wirklich der Sohn Gottes? Dann sprich doch ein Wort, und aus diesen Steinen wird Brot!« ⁴Er gab zur Antwort: »In der Schrift steht: ›Der Mensch lebt nicht vom Brot allein, sondern von jedem Wort, das Gott zu ihm spricht.‹« ⁵Da nahm der Teufel ihn mit sich in die heilige Stadt, stellte ihn auf das Dach des Tempels, hart an den Rand, ⁶und sagte: »Bist du wirklich Gottes Sohn, dann spring hinab! Gott hat doch gesagt, er werde seine Engel senden, die würden dich auf Händen tragen, und du würdest deinen Fuß an keinen Stein stoßen.« ⁷Jesus antwortete: »Es steht geschrieben: ›Du sollst dich nicht über Gott, deinen Herrn, erheben, indem du ihn herausforderst!‹« ⁸Zuletzt trug ihn der Teufel auf einen sehr hohen Berg und zeigte ihm alle Reiche der Welt mit ihrem Glanz und mit all ihrer Macht: ⁹»Das alles will ich dir geben, wenn du niederfällst und mir auf den Knien huldigst!« ¹⁰»Weg mit dir, Satan!«, fuhr ihn Jesus an, »die Schrift sagt: ›Gott allein sollst du anbeten und niemanden sonst.‹« ¹¹Da ließ der Teufel von ihm ab, Engel aber kamen, um ihn zu versorgen.

Die ersten Tage in Galiläa

[12] Als Jesus erfuhr, Johannes sei verhaftet und eingekerkert worden, zog er sich nach Galiläa zurück. [13] Er blieb aber nicht in Nazaret, sondern ließ sich in Kafarnaum nieder, in der Fischerstadt am galiläischen See, im Gebiet der Stämme Sebulon und Naftali. [14] Dort sah ihn schon der Prophet Jesaja, als er sagte:

[15] »Du Land Sebulon, du Land Naftali,
du Land an der Straße zum Meer,
du Land jenseits des Jordan,
du gottverlassenes Galiläa!
[16] Dein Volk lebt in Finsternis,
aber es sieht ein großes Licht!
Es wohnt im Schatten des Todes,
aber ihm leuchtet ein Licht auf.«

[17] Damals begann Jesus, öffentlich zu reden. Er rief den Menschen zu: »Ändert euch! Ändert euer Leben! Das Gottesreich ist nahe.«

[18] Als er einmal am Ufer des Sees entlangging, sah er zwei Fischer, die eben ihre Netze auswarfen. Sie waren Brüder und hießen Simon, den man auch Petrus nannte, und Andreas. [19] »Auf«, rief er sie an, »mir nach! Ihr sollt Menschen fischen!« [20] Da ließen sie ohne Zögern ihre Netze liegen und gingen ihm nach. [21] An einer anderen Stelle sah er wieder zwei, die Brüder Jakobus und Johannes, die mit ihrem Vater Zebedäus in einem Boot saßen und ihre Netze flickten, [22] und rief auch sie. Da standen die beiden augenblicklich auf, ließen das Boot und ihren Vater zurück und schlossen sich Jesus an.

[23] In ganz Galiläa zog Jesus umher und lehrte in den Synagogen. Seine Botschaft lautete: »Heute, da ich vor euch stehe, ist euch die Liebe Gottes nahe. Sein Reich!« Und zum Zeichen, dass das wahr sei, heilte er alle Krankheiten und Gebrechen unter den Menschen. [24] Von Mund zu Mund ging die Kunde über ihn weiter und breitete sich bis nach Syrien aus. Man brachte Leidende zu ihm und Gequälte, Besessene, Mondsüchtige und Gelähmte, und er heilte sie. [25] Eine unübersehbare Menge von Menschen begleitete ihn auf seinem Weg. Sie kamen aus Galiläa, aus dem Gebiet der Zehn Städte, aus Jerusalem und Judäa und aus dem Land jenseits des Jordan.

Die Bergpredigt

Die Seligpreisungen

5 ¹Jesus sah die Volksmenge, da stieg er auf einen Berg und setzte sich dort, und seine Jünger versammelten sich um ihn. ²Und er begann, zu reden und sie zu lehren:

³»Selig sind, die arm sind vor Gott und für seinen Geist bereit.
Ihrer ist das Reich Gottes.

⁴Selig sind, die Leid tragen.
Sie werden Trost finden.

⁵Selig sind, die geduldig sind und hoffen.
Ihnen wird die Erde gehören.

⁶Selig sind, die hungern und dürsten nach Gerechtigkeit.
Sie sollen satt werden.

⁷Selig sind die Barmherzigen.
Gott wird ihnen barmherzig sein.

⁸Selig sind die reinen Herzen.
Sie werden Gott schauen.

⁹Selig sind, die Frieden stiften.
Söhne, Töchter Gottes wird man sie nennen.

¹⁰Selig sind, die verfolgt werden,
die Kämpfer für die Gerechtigkeit.
Ihnen gehört die Liebe Gottes und sein Reich.

¹¹Selig seid ihr, wenn man euch verleumdet und verfolgt
und euch alles Bösen anklagt, weil ihr mir angehört.
¹²Freut euch und seid fröhlich.
Gott wird euch reich belohnen.
So nämlich verfolgten sie vor euch schon die Propheten.

Salz und Licht

¹³Was für die Nahrung das Salz ist,
das seid ihr für die Welt der Menschen.
Wenn nun das Salz seine Schärfe verliert,
womit will man es wieder salzig machen?
Es taugt zu nichts mehr.
Man wirft es auf die Gasse,
und die Leute werden es zertreten.

¹⁴Ihr seid das Licht der Welt.
Die Stadt auf dem Berg kann nicht verborgen sein.
¹⁵Eine Lampe zündet man nicht an,
um einen Kessel darüber zu stülpen.
Man stellt sie auf einen Leuchter,
damit sie allen im Hause Licht gibt.
¹⁶Lasst also euer Licht brennen
vor den Augen der Menschen,
so dass sie erkennen, was Gott an euch getan hat,
und euren Vater im Himmel rühmen.

Gottes Weltordnung gilt

¹⁷Meint nicht, ich sei gekommen,
Gottes Ordnung und Gesetz aufzulösen
oder seinen Willen aufzuheben,
den er den Propheten gezeigt hat.
Ich bin nicht gekommen, ihn außer Kraft zu setzen,
sondern ihm seine Geltung zu verschaffen.
¹⁸Was ich sage, gilt: Bis Himmel und Erde vergehen,
wird kein i-Punkt und kein Komma im Gesetz verändert.
Es wird alles erfüllt werden.
¹⁹Wer nun eine von den unscheinbarsten
unter Gottes Ordnungen überholt nennt
und diese Meinung unter den Menschen verbreitet,
wird in Gottes Reich keine Ehre gewinnen.
Wer sie aber schützt und durchsetzt,
wird in Gottes Reich unter den Großen sein.

²⁰Denn ich sage euch:
Wenn eure Gerechtigkeit nicht besser ist
als die der Schriftgelehrten und Pharisäer,
werdet ihr in das Reich des Himmels nicht hineinkommen.

Das Gesetz fordert euch ganz

²¹Ihr kennt das Gebot, das seit euren Vorfahren gilt:
›Du wirst nicht töten!
Wer tötet, soll vor ein Gericht gestellt
und zum Tode verurteilt werden.‹
²²Ich aber sage euch:
Wer seinem Bruder auch nur zürnt,
gehört vor ein Gericht gestellt.
Wer zu einem anderen sagt: ›Du Null!‹
fällt unter das Urteil durch den Hohen Rat: Auslöschung!
Wer zu Bruder oder Schwester sagt: ›Fahr zur Hölle!‹
verdient das höllische Feuer.
²³Wenn du in den Tempel gehst, um ein Opfer zu bringen,
und dir dabei einfällt,
dass dein Bruder dir etwas Böses vorwirft,
²⁴dann lass dein Opfer vor dem Altar liegen,
geh zu deinem Bruder und versöhne dich mit ihm.
Dann komm wieder und opfere.
²⁵Wenn du gegen deinen Gläubiger streitest,
dann gib ihm nach,
solange du mit ihm auf dem Weg bist.
Sonst wird er dich vor den Richter stellen,
der wird dich dem Kerkermeister übergeben,
und du endest im Gefängnis.
²⁶Von dort aber, das sage ich dir, kommst du nicht heraus,
ehe du deine Schuld bis auf den letzten Pfennig bezahlt hast.

Die Ehe gilt

²⁷Ihr kennt das Gebot,
das seit euren Vorfahren überliefert wird:

›Du wirst die Ehe nicht brechen!‹
²⁸Ich aber sage euch:
Wer eine Frau mit begehrlichen Augen ansieht,
hat in seinem Herzen die Ehe schon gebrochen.
²⁹Wenn nun dein rechtes Auge sagt:
›Den oder die möchte ich haben! Tu, was dich gelüstet!‹,
dann reiß es aus und wirf es weg.
Es ist besser für dich, wenn ein Teil von dir verloren geht
als du selbst und du ganz.

³⁰Wenn deine Hand dir sagt: ›Hole sie dir! Nimm ihn!‹
dann haue sie ab und wirf sie weg.
Es ist besser für dich, wenn eines deiner Glieder verloren geht,
als wenn du selbst, der ganze Mensch,
in der Verlorenheit, in der Gottverlassenheit endest.

³¹Bisher gilt das Gesetz:
›Wer sich von seiner Frau trennt, der muss die Scheidung beurkunden,
damit die Frau danach geschützt ist.‹
³²Ich aber sage euch:
Wer sich von seiner Frau trennt,
obwohl sie die Ehe nicht gebrochen hat,
liefert sie dem Ehebruch aus.
Und wer mit der Geschiedenen die Ehe eingeht,
bricht ihre Ehe.

Euer Wort muss gelten

³³Ihr kennt das Gesetz, das seit euren Vorfahren gilt:
›Du wirst keinen Meineid schwören!
Was du aber Gott mit einem Eid versprochen hast,
das sollst du halten!‹
³⁴Ich aber sage euch:
Ihr sollt überhaupt nicht schwören!
Ihr könnt den Himmel nicht als Zeugen anrufen,
denn er ist Gottes Thron, ihr aber seid auf der Erde.
³⁵Ihr könnt auch die Erde nicht zum Zeugen machen,
denn die Erde ist der Schemel zu Gottes Füßen.

Ihr könnt auch nicht ›bei Jerusalem‹ schwören,
als gäbe der heilige Name euren Worten Gewicht und Geltung,
denn Jerusalem ist die Stadt des großen Königs.
³⁶Ihr könnt auch nicht sagen:
›Bei meinem eigenen Kopf!‹ denn ihr könnt nicht ein Haar
weiß machen oder schwarz.
³⁷Wenn ihr wollt, dass man euch glaubt, dann sagt Ja oder Nein.
Ein Ja, das ein Ja ist. Ein Nein, das ein Nein ist.
Was darüber hinausgeht, verrät die Lüge.

Liebe kann man nicht eingrenzen

³⁸Ihr kennt die Regel, die seit euren Vorfahren gilt:
›Ein Auge soll mit einem Auge gebüßt werden,
ein Zahn mit einem Zahn.‹
³⁹Ich aber sage euch:
Wenn jemand euch etwas Böses antut,
dann verzichtet auf Widerstand und auf Vergeltung.
Wenn euch jemand auf die rechte Backe schlägt,
dann bietet ihm auch die linke an.
⁴⁰Wenn einer, dem ihr Geld schuldet,
euren Rock als Pfand nehmen will,
dann gebt ihm den Mantel dazu.
⁴¹Wenn jemand euch nötigt,
ihn auf einem einsamen Weg eine Meile zu begleiten,
dann geht mit ihm zwei. ⁴²Gebt dem, der euch bittet.
Wenn einer Geld von euch leihen will, dann sagt nicht Nein.

⁴³Ihr kennt die Regel:
›Deinen Freund und Nächsten liebe! Deinen Feind hasse!‹
⁴⁴Ich aber sage euch: Liebt eure Feinde! Betet für eure Verfolger!
⁴⁵So werdet ihr Töchter und Söhne sein eures Vaters im Himmel.
Denn er lässt seine Sonne aufgehen
über den Bösen und über den Guten
und regnen auf Gerechte und Ungerechte.

⁴⁶Liebt ihr nur die, die euch lieben, was erwartet ihr Großes dafür?
Tut man das nicht auch unter denen, die von Gott nichts wissen?

⁴⁷Grüßt ihr nur eure Brüder freundlich, was ist das Besondere daran?
Tun das nicht auch die Gottlosen?
⁴⁸Euer himmlischer Vater ist Einer, für Gute wie für Böse. Seid wie er!
Liebt als ganze Menschen, ungeteilt.

Das Selbstverständliche stellt man nicht zur Schau

6 ¹Hütet euch, eure Wohltätigkeit vor den Menschen zur Schau zu stellen.
Für ein soziales Gepränge habt ihr keinen Lohn zu erwarten
von eurem Vater im Himmel.
²Wenn ihr Menschen helft, die in Not sind,
dann posaunt es nicht hinaus,
wie es die frommen Heuchler tun in den Gotteshäusern
und in der Öffentlichkeit, um gesehen und gerühmt zu werden.
Ich sage euch: Sie haben ihren Lohn gehabt.
³Wenn ihr helft,
dann lasst eure linke Hand nicht wissen, was die rechte tut,
⁴damit eure Wohltat im Verborgenen bleibt.
Euer Vater sieht ins Verborgene und wird euch segnen.

⁵Und wenn ihr betet, dann lasst es nicht die Menschen hören
wie die, die im Gottesdienst oder an den Straßenecken fromm tun.
Ich sage euch: Sie haben ihren Lohn gehabt.
⁶Wenn ihr betet, geht in die hinterste Kammer,
schließt die Tür und betet zu eurem Vater im Verborgenen.
Euer Vater sieht ins Verborgene und wird euch segnen.

⁷Wenn ihr betet, dann plappert nicht viel
wie die, die an Götzen glauben.
Sie meinen, sie würden erhört, wenn sie viele Worte machen.
⁸Tut es ihnen nicht gleich.
Euer Vater weiß, was ihr braucht, ehe ihr ihn bittet.
⁹Darum betet so:

Unser Vater im Himmel,
dein Name werde geheiligt,
¹⁰dein Reich komme.

Dein Wille geschehe
wie im Himmel, so auch auf Erden.
¹¹Gib uns heute das Brot, das wir brauchen.
¹²Vergib uns unsere Verfehlungen,
wie wir denen vergeben haben,
die an uns schuldig wurden.
¹³Führe uns nicht in die Gefahr,
dich zu verlieren,
und rette uns vom Bösen.

¹⁴Denn wenn ihr den Menschen ihre Fehltritte verzeiht,
wird auch euer Vater im Himmel euch verzeihen.
¹⁵Wenn ihr den Menschen nicht vergebt,
wird auch euer himmlischer Vater euch
eure Verfehlungen anrechnen.

¹⁶Wenn ihr euch ein Fasten auferlegt,
weil ihr für Gott bereit sein wollt,
dann macht kein Schauspiel daraus.
Zeigt keine Leidensmiene wie die Heuchler,
die vor den Leuten glänzen wollen mit ihrem Fasten.
Ich sage euch: Sie haben ihren Lohn gehabt.
¹⁷Wenn ihr fastet, gebt euch festlich,
macht euch schön, ¹⁸so dass die Leute nicht merken,
dass ihr euch eine religiöse Übung auferlegt.
Euer Vater sieht es. Er sieht ins Verborgene
und wird euch segnen.

Lasst euch nicht vom Geld besetzen

¹⁹Sammelt keine Reichtümer auf dieser Erde.
Motten und Rost fressen sie auf.
Diebe brechen ein und rauben euch aus.
²⁰Sammelt Schätze bei Gott,
wo weder Motte noch Rost ihr Werk tun
und kein Dieb nachgräbt und stiehlt.
²¹Denn wo euer Schatz ist, da ist auch euer Herz.
²²Das Auge gibt dem Leibe Licht.

Wenn euer Auge gesund ist, hat euer ganzer Leib Licht.
²³Ist euer Auge blind, so ist euer ganzer Leib in der Finsternis.
Wenn aber das Licht, das Gott eurer Seele gab, erlischt,
wie dunkel wird die Finsternis sein!

²⁴Niemand kann für zwei Herren arbeiten.
Er wird dem einen seine Kraft schuldig bleiben
und sie für den anderen einsetzen.
Er wird sich für den einen bemühen und den anderen vernachlässigen.
Ihr könnt nicht Gott dienen und dem Geld zugleich.

Macht euch keine Sorgen

²⁵Darum sage ich euch:
Macht euch keine Sorgen um euer Leben.
Sagt nicht: ›Was sollen wir essen?
Was sollen wir trinken? Was sollen wir anziehen?‹
Ihr habt euer Leben von Gott, das ist mehr als die Nahrung.
Gott gab euch den Leib, das ist mehr als die Kleidung.

²⁶Schaut auf die Vögel, die am Himmel fliegen.
Sie säen nicht, sie ernten nicht,
sie sammeln nichts in Scheunen,
euer Vater im Himmel ernährt sie.
Seid ihr nicht viel kostbarer als sie?
²⁷Wer kann mit seinen Sorgen erreichen,
dass die Zeit seines Lebens
auch nur um eine halbe Elle länger wird?

²⁸Und was sorgt ihr euch um Kleider?
Lernt bei den roten Anemonen hier, wie sie wachsen.
Sie arbeiten nicht. Sie spinnen nicht.
²⁹Ich sage euch:
Auch ein Salomo in all seiner Pracht
war nicht gekleidet wie eine von ihnen.
³⁰Wenn aber Gott das Gras,
das heute steht und morgen verbrannt wird, so kostbar kleidet,
wird er nicht viel mehr für euch sorgen, ihr Stümper im Glauben?

³¹Verzehrt euch also nicht in der Sorge:
›Was essen? Was trinken? Was anziehen?‹
Um all das kreisen die Gedanken der Leute,
die von Gott nichts wissen.
³²Euer Vater im Himmel weiß, dass ihr das alles braucht.
³³Setzt euch ein für das Reich Gottes
und für die Gerechtigkeit, die er will.
Das Übrige wird euch zufallen.
³⁴Sorgt nicht für den kommenden Tag.
Der wird für sich selbst sorgen.
Es ist genug, dass jeder Tag seine eigene Mühe hat.

Kein Urteil über andere Menschen!

7 ¹Hütet euch, andere Menschen zu verurteilen,
sonst trifft euch selbst das Urteil.
²Wie ihr über andere zu Gericht sitzt,
wird man über euch zu Gericht sitzen.
Die Maßstäbe, die ihr an andere anlegt,
wird Gott an euch anlegen.
³Wie kommst du dazu,
auf den Splitter im Auge deines Bruders zu starren
und den Balken in deinem eigenen Auge zu übersehen?
⁴Wie kannst du zu deinem Bruder sagen:
›Halte still! Ich will dir den Splitter aus deinem Auge ziehen!‹
da doch in deinem eigenen Auge ein ganzer Balken steckt!
⁵Du spielst falsch!
Zieh erst den Balken aus deinem eigenen Auge,
dann magst du versuchen, den Splitter
aus dem Auge deines Bruders zu ziehen!

Das Heilige schützt man

⁶Füttert nicht den Hunden, was heilig ist.
Werft eure Perlen nicht vor die Säue.
Sie werden sie zertreten (weil sie sich betrogen fühlen),
sie werden sich umwenden und euch zerreißen.

Sprecht eure Bitten aus

⁷Bittet! So wird euch gegeben.
Sucht! So werdet ihr finden. Klopft an! So wird sich die Tür öffnen.
⁸Wer bittet, empfängt, wer sucht, findet,
wer anklopft, dem wird geöffnet.

⁹Wer von euch wird sein Kind mit einem Stein abspeisen,
wenn es ihn um Brot bittet?
¹⁰Oder mit einer Schlange, wenn es um einen Fisch bat?
¹¹Wenn aber ihr mit euren engen Herzen
euren Kindern zu geben wisst, was sie brauchen,
sollte dann nicht euer himmlischer Vater
denen Gutes geben, die ihn bitten?

¹²Was ihr also von den Menschen erwartet, das tut auch ihr für sie.
Das ist das ganze Gesetz Gottes und die ganze Lehre der Propheten.

Es geht nicht ohne Mühe

¹³Geht euren Weg durch die schmale Tür!
Denn das Tor ist weit und der Weg breit,
die ins Verderben führen.
Viele suchen den bequemen Weg und gehen zugrunde.
¹⁴Eng aber ist die Tür und schmal der Weg,
die ins Leben führen, und wenige werden sie finden.

Prüft, wem ihr glaubt

¹⁵Hütet euch vor den falschen Propheten!
Sie kommen in Schafspelzen,
in Wahrheit sind sie reißende Wölfe.
¹⁶An ihren Früchten erkennt ihr sie:
Dornen geben keine Trauben und Disteln keine Feigen.
¹⁷Ein gesunder Baum bringt gute Früchte, ein fauler schlechte.
¹⁸Ein guter Baum kann keine schlechten Früchte bringen,
und ein fauler keine guten.

¹⁹Der Baum, der nicht gute Frucht bringt,
wird abgehauen und ins Feuer geworfen.

²⁰Erkennt sie an ihren Früchten!
²¹Nicht jeder, der mich ›Herr!‹ nennt,
wird das himmlische Reich finden,
sondern, der den Willen meines Vaters erfüllt.
²²Viele werden an jenem Tag sagen:
›Herr! Herr! Wir haben doch geredet und gewirkt,
um dich bekannt zu machen!
Wir haben doch in deinem Namen gegen böse Mächte gekämpft!
Wir haben zu deiner Ehre doch so große Dinge getan!‹
²³Aber ich werde ihnen sagen: ›Ich kenne euch nicht!
Hinaus, ihr Übeltäter!‹

Baut auf festen Grund!

²⁴Wer also hört, was ich sage,
und danach lebt, ist klug wie ein Mann,
der sein Haus auf einen Felsen gründet.
²⁵Da kommt ein Regen,
Wassermassen überfluten das Land,
Stürme brechen herein und stoßen an das Haus.
Aber es stürzt nicht ein,
denn es ist auf einen Felsen gegründet.

²⁶Wer aber mein Wort hört
und nicht danach lebt, ist töricht
wie ein Mann, der sein Haus auf Sand setzte.
²⁷Da kommt ein Wolkenbruch,
Wassermassen überfluten das Land,
Stürme brechen herein und stoßen an das Haus,
da bricht es zusammen in gewaltigem Einsturz.«

²⁸Als nun Jesus diese Rede beendet hatte, da waren die Menschen bestürzt über seine Worte, ²⁹denn er redete nicht wie ihre Schriftgelehrten, sondern mit einer Vollmacht, wie nur Gott sie verleiht.

Gespräche und Begegnungen

Das Evangelium heilt

8 ¹Jesus stieg ab von jenem Berg und zog weiter. In Scharen folgten ihm die Menschen. ²Da kam ein Aussatzkranker und warf sich vor Jesus auf die Knie: »Herr, wenn du willst, kannst du mich heilen!« ³Jesus berührte ihn mit der Hand: »Ich will. Du sollst gesund sein.« Da schwand der Aussatz. ⁴»Hüte dich, zu irgendjemandem davon zu reden«, schärfte ihm Jesus ein. »Geh, zeige dich dem Priester (der eine Art Gesundheitsamt war und bestätigen musste, dass ein Kranker geheilt war) und opfere die Gabe, die Mose bestimmt hat, als Dank für deine Heilung, zum Zeichen für sie, dass alles dem Gesetz entsprechend geschah.«

⁵Als er die Stadt Kafarnaum betrat, kam ihm ein Offizier der römischen Armee entgegen, der Führer einer Hundertschaft, und sprach ihn an: ⁶»Herr, in meinem Haus liegt mein Diener, er ist gelähmt und leidet große Schmerzen.« ⁷Jesus antwortete: »Ja, ich komme. Ich will ihn heilen.« ⁸Aber der Hauptmann wehrte ab: »Herr, ich bin kein Jude. Ich kann dir nicht zumuten, unter mein Dach zu kommen. Sprich nur ein Wort, so wird mein Knecht gesund! ⁹Ich weiß das. Ich habe selbst Vorgesetzte und Untergebene, und bei ihnen allen genügt ein Wort. Sage ich zu einem Soldaten: ›Geh!‹ so geht er. Oder zu einem anderen: ›Komm!‹ so kommt er. Oder zu meinem Diener: ›Tu das!‹ so tut er es. Und so wird dir die Krankheit gehorchen!« ¹⁰Jesus staunte und sagte zu den Umstehenden: »Wahrhaftig! Einen so kühnen Glauben habe ich in Israel bei niemand gefunden! ¹¹So viel ist sicher: Viele werden von Osten und von Westen kommen und mit Abraham, Isaak und Jakob das Fest feiern im himmlischen Reich. ¹²Die aber darin Heimatrecht haben, wird man hinauswerfen in die äußerste Finsternis. Ihnen wird nichts bleiben als das Elend. Mit den Zähnen werden sie knirschen vor Verbitterung und Verzweiflung.« ¹³Und zu dem Hauptmann gewandt: »Geh nach Hause! Was du glaubst, soll geschehen.« In der Stunde wurde der Diener gesund.

¹⁴Als Jesus danach das Haus des Petrus betrat, traf er dort dessen Schwiegermutter krank an und fiebernd. ¹⁵Er fasste ihre Hand, und das Fieber verließ sie. Sie stand auf und sorgte für sein Wohl. ¹⁶In der Abenddämmerung brachten sie viele Kranke zu ihm, die unter dunklen

Geistern litten. Er trieb die Geister aus und machte die Kranken gesund. [17]So erfüllte sich, was Jesaja, der Prophet, angekündigt hatte: »Er nimmt unsere Leiden von uns und heilt unsere Krankheiten.«

Was Jüngerschaft erfordert

[18]Als nun die Menschen ihn umdrängten, befahl er seinen Jüngern, aufzubrechen und ans andere Ufer zu fahren. [19]Indessen kam ein Schriftgelehrter: »Meister, ich möchte dein Schüler sein und dich begleiten, wohin immer du gehst.« [20]Da erwiderte Jesus: »(Du kannst das nicht!) Die Füchse haben Höhlen, die Vögel Nester. Ich habe nicht einmal einen Schlafplatz für die Nacht.« [21]Ein anderer aus seiner Begleitung bat: »Herr, erlaube mir, dass ich noch einmal nach Hause gehe und meinem Vater die letzte Ehre erweise.« [22]Jesus antwortete: »Komm du mit mir und lass die Toten ihren Toten Ehre erweisen!«

[23]Danach bestieg er das Schiff zusammen mit seinen Begleitern. [24]Da brach über den See ein schwerer Sturm herein, und die Wogen schlugen ins Schiff. Er aber schlief. [25]Sie weckten ihn: »Herr! Hilf! Wir gehen unter!« [26]Er erwiderte: »Warum fürchtet ihr euch, ihr Anfänger im Glauben?« Er stand auf, herrschte den Sturm und das Meer an, und eine tiefe Stille breitete sich aus. [27]Die Männer im Schiff aber waren voll Staunen und fragten einander: »Was für ein Mensch ist das? Sogar Wind und Meer gehorchen ihm.«

Die beiden Kranken von Gadara

[28]Am anderen Ufer kam er in die Gegend der Stadt Gadara. Da liefen ihm zwei Kranke entgegen, die in der Gewalt dunkler Mächte waren. Sie hausten dort in den Grabhöhlen und waren so gefährlich, dass niemand auf jenem Weg bei ihnen vorbeigehen konnte. [29]Als sie Jesus sahen, schrien sie: »Was willst du von uns, du Sohn Gottes? Bist du gekommen, uns zu quälen, ehe es Zeit ist?« [30]Ein Stück weit entfernt von ihnen weidete eine große Herde Schweine, [31]und die dunklen Geister baten ihn: »Wenn du uns vertreiben willst, dann gib uns die Schweine zur Wohnung.« [32]Jesus fuhr sie an: »Fort mit euch!« Und sie fuhren in die Schweine. Da stürzte sich die ganze Herde den Abhang hinunter ins Meer, und sie ertranken im Wasser. [33]Die Hirten aber rannten davon, in

die Stadt, und berichteten dort alles, was mit den Kranken geschehen war. ³⁴Da kamen die Bewohner heraus, Jesus entgegen, und als sie ihn sahen, baten sie ihn, er möge doch ihre Gegend verlassen.

Der Gelähmte von Kafarnaum

9 ¹Jesus stieg wieder ins Schiff, fuhr auf die andere Seite des Sees und kam nach Kafarnaum, wo er zu Gast war. ²Da brachten sie ihm auf einer Trage einen Gelähmten. Als Jesus sah, mit wie großem Vertrauen sie kamen, redete er den Kranken an: »Fürchte nichts, mein Sohn! Was du Böses getan hast, soll dich nicht mehr von Gott trennen.« ³Einige Schriftgelehrte dachten in der Stille: »Der tut, als wäre er Gott!« ⁴Als Jesus ihre Gedanken sah, fragte er sie: »Warum denkt ihr etwas so Böses? ⁵Was ist denn leichter, zu sagen: ›Deine Schuld ist dir vergeben!‹ oder ›Steh auf, geh umher!‹? ⁶Ihr sollt aber sehen, dass ich, der Bevollmächtigte Gottes, die Macht habe, auf dieser Erde Sünden zu vergeben.« So wandte er sich an den Gelähmten: »Steh auf! Nimm dein Bett und geh heim!« ⁷Der stand auf und ging nach Hause. ⁸Als das die vielen Menschen sahen, erschraken sie und sagten: »Das hat Gott getan! Solche Macht hat kein Mensch, wenn nicht Gott sie ihm gegeben hat!«

Das Fest nimmt die Zukunft vorweg

⁹Jesus wanderte von dort weiter und kam an einer Zollstelle vorbei. Dort saß einer an dem Tisch, an dem man die Gebühren einzog, mit Namen Matthäus. Ihn redete Jesus an: »Komm! Mir nach!« Und der Mann stand auf und folgte ihm. ¹⁰Als Jesus danach im Haus des Matthäus zu Gast war, kamen die Leute vom Zolldienst und andere verrufene Gestalten dazu und speisten mit Jesus und seinen Begleitern. ¹¹Das sahen die Pharisäer und fragten seine Begleiter: »Warum macht sich euer Meister mit diesem Gesindel gemein?« ¹²Als Jesus das hörte, gab er ihnen die Antwort: »Die Gesunden brauchen den Arzt nicht, den brauchen die Kranken. ¹³Geht nach Hause und überlegt, was es heißt, wenn Gott sagt: ›Ich will Barmherzigkeit, nicht kultische Opfer!‹ Ich bin nicht gekommen, die Gerechten zu rufen, sondern die in Schuld Verstrickten.«

¹⁴Indessen kamen die Schüler Johannes des Täufers und fragten: »Wie kommt das? Wir halten uns streng an die Fastenzeiten, auch die Pharisäer tun es, nur deine Jünger nicht.« ¹⁵Jesus antwortete: »Können die Hochzeitsgäste traurig sein, solange der Bräutigam unter ihnen ist? Es werden früh genug Tage kommen, da wird ihnen der Bräutigam genommen. Dann werden sie fasten. ¹⁶Niemand flickt ein altes, zerrissenes Gewand mit einem neuen und starken Tuch, denn der Flicken reißt doch wieder vom Kleid, und der Riss wird nur noch schlimmer. ¹⁷Man füllt auch nicht neuen, gärenden Wein in alte Ledersäcke. Sonst platzen die Säcke, der Wein läuft aus, und das Leder ist zerstört. Neuen Wein zu fassen, bedarf es neuer Säcke. So bleiben sie beide miteinander erhalten.«

Leben, Sehen, Reden

¹⁸Während er ihnen das sagte, kam ein führender Mann der Gemeinde, warf sich vor ihm auf die Erde und rief: »Herr! Meine Tochter! Sie ist eben gestorben! Komm! Lege ihr die Hand auf! Mach sie lebendig!« ¹⁹Jesus stand auf und ging mit ihm, zusammen mit seinen Jüngern. ²⁰Da trat aber eine Frau von hinten an ihn heran und fasste den Zipfel seines Gewands. Sie litt seit zwölf Jahren an Blutungen und sagte sich: ²¹»Wenn ich nur sein Gewand berühre, bin ich gesund!« ²²Jesus wandte sich um, sah sie und sagte: »Nur Mut, meine Tochter, dein Glaube hat dich gesund gemacht!« Und die Frau war von der Stunde an gesund. ²³Als Jesus ins Haus jenes Mannes kam und die Flötenspieler sah und die erregte Menschenmenge, ²⁴befahl er: »Hinaus! Das Mädchen ist nicht gestorben, es schläft.« Und sie lachten über ihn. ²⁵Jesus aber ließ die Leute hinauswerfen und ging hinein. Er nahm das Kind bei der Hand, und es stand auf. ²⁶Die Kunde davon aber ging wie ein Lauffeuer durch das ganze Land.

²⁷Als Jesus von dort weiterzog, liefen zwei Blinde hinter ihm her, die schrien: »Hilf uns, du Sohn Davids!« ²⁸Als er ein Haus betrat, kamen sie zu ihm. »Ihr glaubt, dass ich euch helfen kann?«, fragte Jesus sie. Sie antworteten: »Ja, Herr!« ²⁹Da rührte er ihre Augen an: »Was ihr glaubt, soll geschehen!« ³⁰Und ihre Augen gingen auf. Da sagte Jesus mit drohender Stimme: »Hört zu! Ich will nicht, dass irgendjemand es erfährt!« ³¹Sie aber gingen hinaus und redeten über ihn im ganzen Land.

³²Kaum hatten die beiden das Haus verlassen, da brachte man ihm einen Stummen, der unter einem dunklen Geist litt. ³³Als er von dem

Geist befreit war, redete der Stumme. Die Menschen waren vor Staunen starr und sagten: »Das hat man in Israel noch nie gesehen!« ³⁴Die Pharisäer aber urteilten: »Er vertreibt die Geister, weil er vom bösesten unter den Teufeln seine Macht hat.«
³⁵Und Jesus wanderte durch alle Städte und Dörfer. Er lehrte in ihren Synagogen, verkündete die Botschaft vom nahen Gottesreich und heilte Leiden und Krankheiten. ³⁶Wenn er die Menschen ansah, taten sie ihm leid, denn sie waren übermüdet und verwahrlost wie Schafe, die keinen Hirten haben. ³⁷Da zeigte er den Jüngern das Feld ihrer Arbeit: »Hier wartet eine Ernte, aber es sind nicht genug Arbeiter da, um sie einzubringen. ³⁸Bittet also den Herrn, dem der Acker und die Frucht gehören: ›Sende mehr Arbeiter in deine Ernte!‹«

Regeln für Mitarbeiter

10 ¹Jesus rief seine zwölf Apostel zusammen und gab ihnen Macht, dunkle Geister auszutreiben und Krankheiten und Leiden zu heilen. ²Und das waren ihre Namen: der erste Simon, der auch Petrus hieß, dazu Andreas, sein Bruder, Jakobus, der Sohn des Zebedäus, und Johannes, sein Bruder. ³Dazu kamen Philippus und Bartholomäus, Thomas und Matthäus, der Zöllner, Jakobus, Sohn des Alphäus, und Thaddäus, ⁴Simon, der den Zeloten angehörte, und Judas Iskariot, der Jesus verriet. ⁵Diese Zwölf sandte Jesus aus und gab ihnen Weisungen mit für ihre Arbeit:

»Geht nicht auf die Straßen zu fremden Völkern.
Betretet keine Stadt der Samariter.
⁶Sucht vielmehr die Verlorenen auf, die zu Israel gehören.
⁷Auf dem Wege ruft aus: ›Nah ist das Reich der Himmel!‹
⁸Kranke heilt! Tote weckt auf! Aussatzkranke macht gesund,
Dämonen treibt aus.
Umsonst habt ihr die Kraft dazu empfangen,
umsonst gebt sie weiter.
⁹Sammelt kein Gold, kein Silber,
kein Kupfergeld in die Gürteltasche.
¹⁰Nehmt keinen Reisesack auf dem Weg mit,
kein zweites Gewand, kein zweites Paar Schuhe,
keinen Stock. Denn wer arbeitet, ist seinen Lohn wert.

¹¹Wenn ihr in eine Stadt kommt oder ein Dorf,
so fragt: ›Wer ist hier wert, uns aufzunehmen?‹
Und dort bleibt, bis ihr weiterzieht!
¹²Wenn ihr das Haus betretet, so grüßt es:
›Friede sei mit diesem Haus!‹
¹³Wenn es ihn wert ist, geht euer Friede auf das Haus über,
wenn nicht, wird euer Friede mit euch weiterziehen.

¹⁴Nimmt euch jemand nicht auf, will er eure Worte nicht hören,
so verlasst das Haus und die Stadt
und schüttelt ihren Staub von euren Füßen.
¹⁵Was ich sage, ist wahr:
Dem Lande der Sodomer und Gomorrer
wird es im Gericht erträglicher gehen als einer solchen Stadt.

¹⁶Seht euch vor!
Ich sende euch wehrlos wie Schafe mitten unter die Wölfe.
Seid darum klug wie die Schlangen und ohne Falsch wie die Tauben.
¹⁷Seht euch vor vor den Menschen!
Sie werden euch vor Gerichte stellen
und euch in ihren Synagogen auspeitschen.
¹⁸Sie werden euch vor Fürsten und Könige führen,
weil ihr die Meinen seid,
und so werdet ihr auch vor ihnen,
die fremden Völkern angehören, für mich aussagen.
¹⁹Wenn sie euch an ein Gericht ausliefern,
dann sorgt euch nicht darum,
was ihr sagen oder wie ihr euch verteidigen sollt.
Es wird euch zu der Stunde gegeben werden.
²⁰Denn dann redet nicht ihr, der Geist eures Vaters redet!

²¹Ein Bruder wird den Bruder verraten und ein Vater sein Kind.
Kinder werden sich gegen die Eltern erheben
und sie dem Henker ausliefern.

²²Ihr werdet gehasst sein von allen, denn ihr tragt meinen Namen.
Wer aber durchhält bis zum Ende, wird gerettet.
²³Verfolgen sie euch in der einen Stadt,
so flieht in eine andere. Was ich sage, ist wahr:

Ihr werdet mit den Städten Israels noch nicht zu Ende sein,
dann wird der Menschensohn erscheinen.

²⁴Kein Schüler steht höher als sein Lehrer.
Kein Knecht höher als sein Herr.
²⁵Es ist genug, dass es dem Schüler ergeht wie seinem Lehrer
und dem Knecht wie seinem Herrn.
Den Herrn nannten sie einen Oberteufel,
es wird ihnen nicht an Namen fehlen,
die sie seinen Leuten beilegen können.

²⁶Fürchtet sie nicht!
Was verborgen ist, wird man aufdecken.
Was heimlich geschieht, wird ans Licht kommen.
²⁷Was ich euch in der Nacht anvertraue, das sagt am Tage weiter.
Was ich euch leise ins Ohr sage, das ruft in aller Öffentlichkeit aus.

²⁸Fürchtet sie nicht!
Sie können euren Leib töten, aber nicht eure Seele.
Fürchtet allein den, der die Macht hat,
Leib und Seele ins Verderben zu stürzen.

²⁹Kauft man nicht zwei Sperlinge um einen Groschen?
Keiner aber fällt vom Baum, wenn nicht euer Vater es will.
³⁰Was soll aber euch zustoßen,
deren einzelne Haare auf eurem Haupt alle gezählt sind?
³¹Nein, fürchtet euch nicht! Ihr seid Gott kostbar,
mehr als ein ganzer Schwarm Sperlinge.
³²Wer sich zu mir stellt den Menschen gegenüber,
zu dem will auch ich mich stellen vor eurem Vater im Himmel.
³³Wer mich aber den Menschen gegenüber nicht kennen will,
den werde auch ich nicht kennen vor meinem Vater im Himmel.

³⁴Meint nicht, ich sei gekommen,
um Frieden auf die Erde zu bringen.
Ich bewirke nicht Frieden, sondern Scheidung.
³⁵An mir werden sich trennen der Sohn von seinem Vater,
die Tochter von ihrer Mutter, die Braut von der Schwiegermutter,
³⁶und dem Menschen werden zu Feinden seine Hausgenossen.

³⁷Wer Vater oder Mutter mehr liebt als mich,
eignet sich nicht zu meinem Jünger.
Wer Sohn oder Tochter mehr liebt als mich, kann mir nicht angehören.
³⁸Wer nicht seinen Kreuzbalken aufnimmt,
an den sie ihn hängen werden,
und ihn hinter mir her auf den Richtplatz trägt, gehört mir nicht an.
³⁹Wer sein Leben erhalten will, wird es verlieren.
Wer es hingibt, weil er mir angehört, wird es finden.

⁴⁰Wer euch aufnimmt, nimmt mich auf.
Wer mich aufnimmt, der nimmt den auf,
der mich gesandt hat.
⁴¹Wer einen Propheten in sein Haus aufnimmt,
weil er einen Propheten in ihm sieht,
wird wie ein Prophet belohnt.
Wer einen Gerechten aufnimmt, weil es ein Gerechter ist,
wird den Lohn eines Gerechten empfangen.
⁴²Wer einen von diesen Geringsten
mit einem Becher kalten Wassers erfrischt, weil er mein Jünger ist –
ich sage euch: Er geht nicht leer aus.«

Auseinandersetzungen

11 ¹Mit diesen Worten schloss Jesus die Weisungen ab, die er seinen zwölf Mitarbeitern gab, und zog von dort weiter, um in den Städten jener Gegend zu lehren und zu predigen. ²Da hörte Johannes, der Täufer, im Gefängnis von den großen Taten des Christus und sandte einige seiner Jünger zu ihm mit der Frage: ³»Bist du der, den Gott uns zugesagt hat, oder sollen wir weiter warten, bis ein anderer kommt?« ⁴Jesus gab zur Antwort: »Geht und berichtet Johannes, was ihr hört und seht: ⁵Blinde sehen, Gelähmte gehen, Aussatzkranke werden gesund, Taube hören, Tote stehen auf und die Armen hören, dass Gott sich ihrer annimmt. ⁶Und glücklich ist, wer an meinem Anspruch nicht irre wird.«

⁷Als die Boten des Johannes weggegangen waren, begann Jesus die Menschen über Johannes anzureden: »Wozu seid ihr in die Wüste hinausgezogen? Was wolltet ihr sehen? Ein Schilfrohr, das sich im Wind wiegt? ⁸Oder was wolltet ihr sehen? Einen Menschen in weichen Kleidern? Weiche Kleider trägt man in den Palästen der Könige. ⁹Oder was

hat euch getrieben? Wolltet ihr einen Propheten erleben? Ja, ich sage euch: Er ist mehr als ein Prophet. ¹⁰Er ist der Vorläufer, über den die Schrift sagt: ›Meinen Boten sende ich vor dir her, der soll dir den Weg bereiten.‹

¹¹Hört, was ich sage: Unter allen Menschen hat sich keiner gezeigt, der größer gewesen wäre als Johannes. Der Kleinste aber, der heute mit mir im Reich Gottes lebt, ist größer als er. ¹²Denn seit den Tagen des Johannes drängen die Menschen mit mir in das Reich Gottes hinein, mit Gewalt und ohne ein Anrecht darauf zu haben. Unsere Gegner nennen uns Gewalttäter, die nicht warten wollen, bis das Reich Gottes irgendwann kommt, sondern es heute an sich reißen. ¹³Denn dies ist die Stunde des Reiches Gottes! Alle Propheten und das Gesetz haben auf diese Zeit hin geweissagt. ¹⁴Und was Johannes selbst betrifft: Er ist Elija, der wieder auf diese Erde kam. ¹⁵Wer Ohren hat, höre!

¹⁶Wem aber soll ich dieses Volk vergleichen? Es ist Kindern gleich, ¹⁷die auf dem Markt sitzen und einander verklagen: ›Als wir Flöte spielten, wolltet ihr nicht tanzen! Als wir Klagelieder sangen, wolltet ihr nicht trauern!‹ ¹⁸Johannes kam, verzichtete auf Essen und Trinken, und sie sagten: ›Er ist nicht normal!‹ ¹⁹Danach kam ich, esse und trinke, und sie sagen: ›Seht, wie der Mensch lebt! Ein Fresser und Weinsäufer, ein Kumpan von Betrügern und Gesetzlosen!‹ Die Weisheit wird angeklagt, aber sie rechtfertigt sich aus dem, was sie bewirkt.«

²⁰Danach klagte er die Städte an, in denen er die meisten Zeichen getan hatte, die aber doch ihren Sinn nicht geändert hatten: ²¹»Weh dir, Chorazin! Weh dir, Betsaida! Wären in Tyrus und Sidon die Wunder geschehen, die ihr erlebt habt, in Sack und Asche hätten sie Buße getan. ²²Aber ich sage euch: Tyrus und Sidon wird es am Tag des Gerichts erträglicher gehen als euch! ²³Und du, Kafarnaum! Bist du nicht bis in den Himmel erhoben worden? Zur Hölle wirst du hinabfahren! Wenn in Sodom die Wunder geschehen wären, die du erlebt hast, es stünde bis heute unversehrt. ²⁴Wahrhaftig: Dem Lande der Sodomer wird es erträglicher gehen als dir am Tag des Gerichts!«

Ein Lobgesang

²⁵In jener Zeit rief Jesus aus:
»Ich preise dich, Vater,
Herr des Himmels und der Erde,

dass du dein Geheimnis verborgen hast
vor den Weisen und den Klugen
und es den Einfältigen offenbart.
²⁶Ja, Vater, so hast du es bestimmt!
²⁷Alles ist mir übergeben von meinem Vater.
Niemand kennt den Sohn als allein der Vater,
niemand kennt den Vater als der Sohn allein
und wem der Sohn ihn zeigt.

²⁸Kommt her zu mir, die ihr müde seid
und ermattet von übermäßiger Last!
Aufatmen sollt ihr und frei sein.
²⁹Fügt euch dem Willen Gottes, wie ich mich ihm füge.
Ich herrsche nicht über euch, sondern gehe mit euch den unteren Weg.
Ihr werdet den Frieden finden.
³⁰Was ich euch zumute, ist nicht hart,
und was ihr tragen sollt, nicht schwer.«

Das Gesetz ist eine Hilfe zum Leben

12 ¹In jener Zeit, es war Sabbat, kam Jesus einmal durch Getreidefelder. Seine Jünger hatten Hunger und fingen an, Ähren abzureißen und davon zu essen. ²Als die Pharisäer das sahen (dass die Jünger nämlich »Erntearbeit« leisteten), sagten sie zu ihm: »Sieh dir das an! Deine Begleiter tun etwas, das am Sabbat nicht erlaubt ist!« ³Darauf sagte er: »Habt ihr nie gelesen, was David sich erlaubt hat, als er und seine Begleiter Hunger hatten? ⁴Wie er in das Heiligtum eindrang und sie die heiligen Brote aufaßen, obwohl weder er noch seine Begleiter sie essen durften, sondern allein die Priester? ⁵Oder habt ihr noch nie im Gesetz gelesen, dass die Priester, die am Sabbat im Tempel Dienst tun, damit im Grunde den Sabbat verletzen und doch ohne Schuld sind? Denn der Tempel hat einen höheren Anspruch als die Sabbatordnung. ⁶Ich sage euch aber: Hier steht ein Anspruch vor euch, der höher ist als der des Tempels! ⁷Hättet ihr aber begriffen, was Gott meint, wenn er sagt: ›Ich suche Barmherzigkeit, nicht Zeremonien‹, ihr würdet sie nicht verdammen, wenn sie etwas tun, das ihnen doch erlaubt ist! ⁸Denn was am Sabbat geschehen kann und was nicht, bestimmt der Bevollmächtigte Gottes!«

⁹Danach ging Jesus weiter und kam in ihre Synagoge. ¹⁰Dort fand er einen Mann mit einer gelähmten Hand. Als er sich ihm zuwenden wollte, fragten ihn einige der Umstehenden: »Ist es erlaubt, am Sabbat zu heilen?« Denn sie suchten einen Grund, ihn vor das geistliche Gericht zu stellen. ¹¹Er antwortete ihnen: »Wie ist das? Wenn einem von euch am Sabbat ein Schaf in eine Grube fällt, das einzige, das er hat, wird er es nicht ergreifen und herausholen? ¹²Hier ist aber kein Schaf, sondern – und das ist mehr – ein Mensch. Es ist durchaus erlaubt, am Sabbat etwas Hilfreiches zu tun.« ¹³Dann wandte er sich dem Mann zu: »Gib deine Hand her! Streck sie aus!« Er streckte sie aus, und sie war gesund wie die andere. ¹⁴Da gingen die Pharisäer hinaus, besprachen sich miteinander und suchten Mittel und Wege, ihn umzubringen. ¹⁵Als Jesus davon hörte, verließ er den Ort. Eine große Menge Menschen begleitete ihn auf dem Weg, und er heilte sie alle ¹⁶und ermahnte sie, über ihn keinen Lärm zu machen, ¹⁷denn was Jesaja, der Prophet, gesagt hatte, sollte sich erfüllen:

»Gott spricht:
¹⁸Das ist mein Knecht, den ich erwählt habe,
mein Geliebter, an dem ich mich freue.
Ich gebe ihm meinen Geist,
und er wird den Völkern meinen Willen ansagen.
¹⁹Er wird nicht streiten und nicht schreien,
und niemand wird seine Stimme hören laut auf den Straßen.
²⁰Ein Schilfrohr, das schon geknickt ist, wird er nicht brechen,
und einen Docht, der eben noch glimmt, wird er nicht auslöschen,
bis er das Recht zum Sieg geführt hat.
²¹Auf ihn werden die Völker ihre Hoffnung setzen.«

Wer vom Teufel spricht, redet gefährlich

²²Danach brachte man Jesus einen Besessenen, der blind und stumm war, und als er ihn geheilt hatte, begann der Kranke zu reden und zu sehen. ²³Das Volk, das dabeistand, war entsetzt: »Ist das nicht der Bevollmächtigte Gottes?« ²⁴Die Pharisäer hörten das und verkehrten, was geschehen war, in sein Gegenteil: »Er vertreibt die Dämonen, weil er ein Abgesandter des Satans ist, des Fürsten unter den Teufeln.«
²⁵Jesus merkte es und sprach zu ihnen: »Was soll das? Habt ihr je gesehen, was mit einem Staat geschieht, in dem der eine gegen den

anderen steht? Es herrscht das Chaos. Oder mit einer Stadt oder einer Familie, in denen Streit ist? Sie haben keinen Bestand. ²⁶Wenn der Teufel den Teufel bekämpft, ist er in sich zerspalten. Dann aber ist seine Macht am Ende. ²⁷Außerdem: Wenn es der Teufel ist, der mir hilft, Besessene zu heilen, wer hilft dann den Männern in euren Kreisen, die dasselbe tun? An ihnen zeigt sich, wie töricht ihr redet. ²⁸Ist es aber der Geist Gottes, der mir hilft, Dämonen und böse Geister zu vertreiben, dann ist ja das Gottesreich zu euch gekommen! ²⁹Denn es ist doch nicht denkbar, dass jemand in die Burg eines Helden eindringt und ihm seinen Hausrat raubt, wenn er nicht vorher den Helden selbst überwältigt und gebunden hat. Danach erst kann er sein Haus ausräumen.

³⁰Wer nicht für mich ist, ist gegen mich. Wer nicht mit mir ein Hirt ist, der ist ein Wolf!

³¹Darum sage ich euch: Alles, was die Menschen an Schuld auf sich laden, alles, was sie spöttisch daherreden, kann ihnen verziehen werden. Wer aber Gottes Geist als einen Diener des Teufels bezeichnet, steht endgültig auf der Seite des Teufels.

³²Wer mich selbst verkennt oder verleumdet, dem kann verziehen werden. Wer aber den heiligen Geist mit Wissen und Absicht verteufelt, dem kann weder in dieser noch in der kommenden Welt verziehen werden.

³³Setzt einen edlen Baum, dann wird die Frucht gut. Setzt einen Wildling, dann wird die Frucht sauer. Was der Baum wert ist, merkt man an der Frucht. ³⁴Ihr Schlangenbrut! Wie könnt ihr die Wahrheit aussprechen, wenn ihr selbst böse seid? Denn wovon das Herz überläuft, davon redet der Mund. ³⁵Der gute Mensch redet Gutes und nimmt es aus dem Schatz an Wahrheit, der in ihm ist. Der schlechte Mensch gibt Böses von sich aus dem Vorrat an Bosheit, den er in sich trägt. ³⁶Ich sage euch: Über jedes Wort, mit dem die Menschen Gottes Wirken hindern, werden sie Rechenschaft geben am Tage des Gerichts. ³⁷An deinen Worten erweist sich deine Gerechtigkeit, und aufgrund deiner Worte wirst du verurteilt.«

³⁸Da antworteten einige Schriftgelehrte und Pharisäer auf die Rede und sagten: »Meister, wir wollen ein Zeichen sehen, ein überirdisches Zeichen, an dem wir merken, dass du berechtigt bist, so zu sprechen.« ³⁹Aber Jesus antwortete ihnen: »Böse sein, die Ehe brechen und gleichzeitig nach überirdischen Wundern verlangen! Ihr werdet ein Zeichen erleben von der Art, wie Gott es dem Propheten Jona gegeben hat.

⁴⁰Jona war drei Tage und drei Nächte im Bauch des Fisches, der Beauftragte Gottes wird drei Tage und drei Nächte in der Tiefe der Erde sein.

⁴¹Die Leute von Ninive werden am Tage des Gerichts mit dieser Generation zusammen auftreten und werden sie beschämen, denn sie änderten ihr Leben, als Jona mit seiner Predigt zu ihnen kam. Ihr aber habt es mit einem Größeren zu tun als mit Jona. ⁴²Die Königin aus dem Süden wird am Tag des Gerichts mit der gegenwärtigen Generation auferstehen und wird sie verdammen, denn sie kam vom Ende der Erde, um die Weisheit des Salomo zu hören. Ihr aber habt mehr vor euch als einen Salomo.

⁴³Wenn Gott aus einem Menschen einen Dämon vertrieben hat, dann irrt der durch wasserlose Wüsten, sucht Ruhe und findet sie nicht. ⁴⁴Da denkt er: ›Am besten gehe ich in das Haus zurück, das ich verlassen habe.‹ Und wenn er hinkommt, findet er es still, gekehrt und ausgeschmückt. ⁴⁵›Wunderbar!‹ denkt er, geht hin und holt sieben andere Dämonen, die schlimmer sind als er. Die brechen miteinander ein und lassen sich häuslich nieder. Mit dem Menschen aber steht es schrecklicher als am Anfang. Genau das wird dieser Generation in ihrer Bosheit widerfahren.«

⁴⁶·⁴⁷Während er noch mit der Menge redete, standen draußen seine Mutter und seine Brüder und wollten mit ihm sprechen. ⁴⁸Jesus aber antwortete dem, der ihm das ansagte: »Wer ist meine Mutter? Wer sind meine Brüder?« ⁴⁹Und er deutete mit der Hand zu seinen Jüngern hin: »Seht, das ist meine Mutter! Das sind meine Brüder! ⁵⁰Denn wer nach dem Willen meines Vaters im Himmel lebt, ist für mich Bruder, Schwester oder Mutter.«

Was heißt »Reich Gottes«?

Der Mensch ist ein Acker

13 ¹Im Lauf jenes Tages verließ Jesus das Haus und ging hinab zum See. ²Dort drängten sich so viele Menschen um ihn, dass er in ein Boot steigen musste und sich dort setzen. Die Leute standen am Ufer, ³und er erzählte ihnen vom Schiff aus Bildgeschichten, Gleichnisse.

»Ein Bauer«, so begann er,
»ging auf seinen Acker hinaus, um zu säen.
⁴Als er die Körner ausstreute, fielen einige auf den Weg,
und die Vögel kamen und pickten sie auf.
⁵Andere fielen auf felsigen Grund, an dem wenig Erde war.
Sie blieben an der Oberfläche liegen und gingen bald auf.
⁶Als aber die Sonne höher stieg, welkte die junge Saat und wurde dürr,
weil sie nicht wurzeln konnte.
⁷Einige fielen in ein Gestrüpp,
und die Hecken wuchsen zusammen, und sie erstickten.
⁸Das Übrige aber fiel in gute Erde
und gab Frucht, zum Teil hundertfach,
zum Teil sechzigfach, zum Teil auch dreißigfach.
⁹Wer Ohren hat, höre!«

¹⁰Später traten seine Jünger an ihn heran und fragten ihn: »Warum verbirgst du, was du ihnen sagst, in so schwer verständlichen Geschichten?« ¹¹Er antwortete: »Euch ist es gegeben, das Geheimnis des Reiches Gottes zu verstehen, den anderen nicht. ¹²Wer nämlich hat, dem wird gegeben, bis er die Fülle hat. Wer nicht hat, dem wird man auch noch nehmen, was er hat. ¹³Deshalb verberge ich, was ich ihnen sage, in Gleichnissen. Denn obwohl sie hinschauen, erblicken sie nichts, und obwohl sie zuhören, vernehmen sie nichts und verstehen nichts. ¹⁴An ihnen erfüllt sich die Weissagung des Jesaja:

›Mit den Ohren werdet ihr hören und doch nichts vernehmen.
Mit den Augen werdet ihr sehen und doch nichts erblicken.
¹⁵Denn dickfellig ist das Herz dieses Volks.
Die Ohren sind zu stumpf zum Hören,
die Augen schlafen. Sie sehen nichts.
Sonst bestünde ja die Gefahr,
dass ihre Augen etwas erblickten,
dass ihre Ohren etwas vernähmen und das Herz es begriffe.
Es könnte ja geschehen, dass sie umkehrten zu mir
und ich sie heilte.‹

¹⁶Wohl aber euch! Ihr habt Augen und seht. Ihr habt Ohren und hört.
¹⁷Was ich sage, ist wahr: Viele Propheten und begnadete Männer sehnten sich zu schauen, was ihr schaut, und haben es nicht gesehen,

und zu vernehmen, was ihr vernehmt, und haben es nicht gehört. ¹⁸Euch will ich die Geschichte vom Sämann deuten: ¹⁹Das Korn ist das Wort, das ich ausstreue, das Wort, durch das Gott in euch wirkt. Wer es vernimmt und es nicht begreift, ist wie der Weg, auf den die Körner fielen: Der Teufel stiehlt ihm wieder, was in sein Herz gesät war. ²⁰Dem felsigen Grund vergleiche ich den, der das Wort hört und es rasch mit Begeisterung aufnimmt. ²¹Er hat aber keine Tiefe, in der es Wurzeln treiben könnte, sondern bleibt dem Augenblick verhaftet. Wenn Nöte kommen oder gar eine Verfolgung, die sich gegen das Wort richtet, ist er sofort am Ende. ²²Dem mit Dornen überwucherten Platz vergleiche ich den, der für das Wort, das in ihn gelegt ist, keinen freien Raum hat. Er hört es, aber die tägliche Mühe und die Sucht nach Geld, die doch nichts einbringt, ersticken es, und es wächst kein Leben daraus. ²³Einiges war auf gutes Land gesät. Gutes Land sind die, die das Wort hören und verstehen, so dass Frucht daraus wächst, hundertfach, sechzigfach oder dreißigfach.«

²⁴Auch eine andere Geschichte erzählte er ihnen:

»Wie Gott in den Menschen wirkt, das seht an einem Gutsherrn,
der reines Saatgut auf seinem Acker auswarf.
²⁵Er hatte aber einen Feind, und als seine Leute schliefen, kam der,
säte Tollkraut dazwischen und ging weg.
²⁶Als nun die Frucht aufwuchs und sich die Ähre bildete,
erschien auch das Tollkraut.
²⁷Da kamen die Knechte zum Bauern
und fragten: ›Herr, hast du für deinen Acker
nicht reine Saat verwendet?
Woher kommt denn das Tollkraut?‹
²⁸›Das hat ein Mensch getan, der mir feindlich ist‹ antwortete er.
Da fragten die Knechte:
›Willst du, dass wir hingehen und es herausreißen?‹
²⁹Er erwiderte: ›Nein! Ihr reißt den Weizen mit heraus.
³⁰Lasst beides miteinander wachsen bis zur Ernte.
Dann sollen die Schnitter das Tollkraut herauslesen,
es bündeln und verbrennen,
den Weizen aber in meine Scheuer einbringen.‹«

Das Reich Gottes wächst in euch

³¹Ein anderes Gleichnis lautete so:
»Wenn Gott in einem Menschen wirkt,
geschieht es nach der Art, in der ein Senfkorn wächst.
Ein Mann nimmt es und wirft es in sein Feld.
³²Es ist das kleinste von allen Samen.
Wenn es aber aufwächst,
wird es größer als die Gartenstauden
und schließlich hoch wie ein Baum,
so dass die Vögel kommen
und in seinem Gezweig Nester bauen.«

³³Und noch einmal:
»Wenn Gott in einem Menschen wirkt,
geschieht es wie bei der Arbeit einer Hausfrau.
Sie nimmt ein Bällchen Sauerteig
und vermischt und verknetet es in einer großen Wanne Teig,
bis es den ganzen Teig durchdringt.«

³⁴Das alles erzählte Jesus den Leuten in vergleichenden Geschichten. Anders als so redete er nicht vom Wirken Gottes, ³⁵wie schon ein Prophet sagt: »Ich will meinen Mund auftun und Gleichnisse erzählen; so will ich aussprechen, was seit Anfang der Welt verborgen war.«
　³⁶Jesus entließ das Volk und begab sich ins Haus. Dort baten ihn seine Jünger: »Erkläre uns doch die Geschichte mit dem Unkraut auf dem Acker.« ³⁷Jesus antwortete: »Der ausgeht und den gesunden Samen wirft, bin ich, der Menschensohn. ³⁸Der Acker ist die Welt. Der gute Same sind die, die meinem Wirken offen sind. Das Tollkraut sind die, die von der Macht des Bösen herkommen und sie ausbreiten. ³⁹Der Feind, der sie aussät, ist der Teufel. Die Ernte ist das Ende der Welt. Die Schnitter sind die Engel. ⁴⁰Wie nun das Tollkraut auf einen Haufen geworfen und verbrannt wird, so wird es am Ende dieser Weltzeit zugehen. ⁴¹Ich werde meine Engel aussenden, und sie werden alle, die widerstrebten, und alle, die Böses getan haben, einsammeln ⁴²und sie ins Feuer werfen, wo das Jammergeschrei übrig bleibt und der ohnmächtige Hass gegen Gott. ⁴³Die aber Gott wirken lassen, werden strahlen wie die Sonne, mitten in dem mächtigen Tun ihres Vaters. Wer Ohren hat, höre!«

Eins ist wichtig

⁴⁴Und weiter:
»Wie gewinnt man Anteil an dem verborgenen Wirken Gottes?
Ein Bauer stieß in dem Acker, auf dem er pflügte,
auf einen vergrabenen Schatz.
Aber der Acker gehörte nicht ihm
und so auch nicht der versteckte Reichtum.
So deckte er den Fund wieder zu und ging in seiner Freude heim.
Er verkaufte alles, was er hatte, und kaufte den Acker.«

⁴⁵Und noch einmal:
»Ein Händler ging auf eine Reise, um echte, gute Perlen einzukaufen.
⁴⁶Da wurde ihm eine angeboten, die wertvoller war als alle,
die er bisher gesehen hatte. Er kehrte nach Hause zurück,
verkaufte alles, was er besaß, und kaufte die Perle.«

Das Leben hängt daran

⁴⁷Denn wo Gott am Werk ist, geht es zu wie drunten am See. Sie werfen die Schleppnetze aus, um die verschiedenen Arten von Fischen zu fangen. ⁴⁸Wenn das Netz voll ist, ziehen die Fischer es ans Ufer, setzen sich und sammeln die brauchbaren unter den Fischen in einen Bottich, die unbrauchbaren werfen sie weg. ⁴⁹So wird es am Ende der Zeit zugehen. Die Engel gehen aus und lesen die Bösen aus der Schar der Gerechten heraus ⁵⁰und werfen sie in den brennenden Ofen, wo sie in Angst und Schmerzen versinken. ⁵¹Habt ihr das verstanden?« Sie antworteten: »Ja.«

⁵²Jesus aber schloss:
»Ich habe euch von Gottes Wirken in der jetzigen Stunde geredet.
Wenn ihr, meine Jünger, verstanden habt,
wie das Gottesreich in diese Welt hereinkommt,
dann werdet ihr die wahren Schriftgelehrten sein.
Dann ist euch das Alte, Überlieferte wichtig,
vor allem aber das Neue, das ich euch zeige.
Ihr seid wie ein Hausvater, der aus seinem Besitz nimmt,
was die Seinen zum Leben brauchen:
das Neue und das Alte zugleich.«

Keine Zustimmung in Nazaret

⁵³Als nun Jesus mit diesen Geschichten zu Ende war, wanderte er weiter, ⁵⁴kam in seine Vaterstadt Nazaret und lehrte in der Synagoge. Dort gerieten die Hörer seiner Rede außer sich und fragten einander: »Woher hat der sein Wissen? Woher hat er diese rätselhafte Macht? ⁵⁵Ist das nicht der Sohn des Bauhandwerkers? Ist seine Mutter nicht Maria und heißen seine Brüder nicht Jakob und Josef, Simon und Judas? ⁵⁶Wohnen seine Schwestern nicht alle bei uns? Woher hat er denn das alles?« ⁵⁷Und sie konnten zu ihm und zu seinen Worten kein Ja finden. Jesus aber schloss mit den Worten ab: »Es ist wahr: Nirgends ist ein Prophet weniger geachtet als in seiner Heimat und in seiner Familie.« ⁵⁸Er gab dort auch nicht viele Zeichen, an denen sein Auftrag hätte sichtbar werden können. Ihr Unglaube war ein zu starkes Hindernis.

Die Grundfrage: Wer ist Jesus Christus?

Das Ende des Vorläufers

14 ¹In jener Zeit hörte auch Herodes Antipas, der Fürst in jenem Teil des Landes, was man über Jesus erzählte, ²und äußerte den Leuten seines Hofs gegenüber: »Das ist Johannes der Täufer. Er ist aus dem Totenreich zurückgekommen, daher hat sein Wirken diese übermenschliche Gewalt.« ³Herodes nämlich hatte Johannes festnehmen, fesseln und ins Gefängnis werfen lassen. Der Grund war der, dass Herodes seinem Bruder Philippus seine Frau Herodias weggenommen hatte und nun mit ihr lebte. ⁴Johannes hatte ihn angegriffen und gesagt: »Es ist dir nicht erlaubt, sie bei dir zu haben!« ⁵Nun hätte Herodes ihn gerne umgebracht, aber er fürchtete sich vor dem Volk, das Johannes als einen Propheten verehrte. ⁶Als er nun einmal seinen Geburtstag beging, trat die Tochter der Herodias inmitten der Gäste als Tänzerin auf, und Herodes war fasziniert von ihr. ⁷Er versprach ihr und bekräftigte es mit einem Schwur, er werde ihr geben, was immer sie von ihm erbitten werde. ⁸Sie aber, von ihrer Mutter so angewiesen, antwortete: »Dann gib mir hier auf einem Teller sogleich den Kopf Johannes des Täufers!« ⁹Den König traf die Bitte hart, weil er aber vor seinen Gästen einen Eid geschworen hatte, befahl er, man solle ihre Bitte erfüllen. ¹⁰Er schickte hin und ließ Johannes im Gefängnis enthaupten. ¹¹Man brachte sein Haupt auf einem Teller und gab es dem Mädchen, und das Mädchen gab es seiner Mutter. ¹²Da kamen die Jünger des Johannes, nahmen seinen Leib und begruben ihn, gingen zu Jesus und berichteten ihm, was geschehen war.

Das Mahl auf dem Golan

¹³Als Jesus das hörte, wich er aus und fuhr mit einem Schiff in eine unbewohnte Gegend, er allein. (Denn im Lande des Philippus, jenseits des Sees, war er vor den Nachstellungen des Herodes sicher.) Aber man erfuhr es, und die Leute gingen ihm aus ihren Dörfern nach, am Ufer entlang. ¹⁴Als Jesus das Schiff verließ, sah er die ungezählten Menschen. Ihr Jammer ging ihm zu Herzen, und er heilte die Kranken, die sie mitbrachten. ¹⁵Als es aber Abend war, gingen seine Jünger zu ihm und sagten: »Wir sind in der Wüste, es ist zu spät für den Heimweg. Lass die Leute gehen, dass sie sich in den nächsten Dörfern etwas zu essen kaufen.« ¹⁶»Niemand braucht zu gehen«, antwortete Jesus. »Gebt ihr ihnen zu essen!« ¹⁷Sie antworteten: »Wir haben nichts hier außer fünf Broten und zwei Fischen.« ¹⁸»Bringt sie her!«, befahl er und wies das Volk an, sich im Grase niederzulassen. ¹⁹Er nahm die fünf Brote und zwei Fische, sah zum Himmel auf und sprach den Mahlsegen. Dann brach er die Brote und gab sie den Jüngern, und die Jünger gaben sie dem Volk. ²⁰Alle aßen, und alle wurden satt. Man sammelte die Brocken ein, die übrig blieben: zwölf Körbe voll. ²¹Es hatten aber etwa fünftausend Männer mitgegessen, die Frauen und Kinder nicht eingerechnet.

Macht über die Elemente

²²Unmittelbar danach trieb Jesus seine Jünger ins Schiff und befahl, sie sollten vor ihm her ans andere Ufer fahren, während er das Volk entließ. ²³Danach ging er allein ins Gebirge, um zu beten, und war dort, bis es dunkel wurde. ²⁴Das Schiff war inzwischen weit vom Lande und kämpfte mit den Wellen, denn der Wind stand ihm entgegen. ²⁵Kurz vor Tag aber kam Jesus zu ihnen, indem er über das Wasser ging. ²⁶Die Jünger sahen, wie er auf dem Meer daherkam, und erschraken. Sie meinten, es sei ein Gespenst, und schrien vor Grauen. ²⁷»Habt keine Angst«, redete Jesus sie

an, »ich bin es, fürchtet euch nicht.« ²⁸Petrus aber antwortete ihm: »Herr, wenn du es bist, dann gib mir den Befehl, über das Wasser zu dir zu kommen!« Und Jesus befahl: »Komm!« ²⁹Da stieg Petrus über die Bordwand, trat auf das Wasser und schritt auf Jesus zu. ³⁰Er sah aber plötzlich den Sturm und erschrak, fing an zu sinken und schrie: »Herr, halt mich fest!« ³¹Jesus griff mit der Hand zu, fasste ihn und fragte: »Warum lässt du dich irre machen? Ist dein Glaube so schwach?« ³²Als er mit Petrus ins Schiff trat, legte sich der Wind. ³³Die im Schiff aber fielen vor ihm nieder und bekannten: »Du bist wirklich Gottes Sohn!«

³⁴Nach der Überfahrt kamen sie in Genezaret an Land. ³⁵Als die Bewohner ihn erkannten, machten sie in der ganzen Gegend bekannt, er sei da, brachten ihm alle ihre Kranken ³⁶und baten ihn, er möge es ihnen erlauben, den Saum seines Gewandes zu berühren. Und alle, die ihn anrührten, wurden gesund.

Was ist Reinheit?

15 ¹In jener Zeit kam einmal eine Abordnung von den Pharisäern und von den Schriftgelehrten aus Jerusalem und stellte Jesus die gefährliche Frage: ²»Wie ist es zu erklären, dass deine Anhänger das Gesetz unserer Väter übertreten? Sie halten sich nicht an die Ordnung der Waschungen und essen das Brot mit unreinen Händen.« ³Jesus aber fragte sie dagegen: »Wie ist es zu erklären, dass ihr das Gesetz Gottes übertretet aus lauter Verehrung für eure eigene Überlieferung? ⁴Zum Beispiel hat Gott geboten: ›Du sollst deinen Vater und deine Mutter ehren. Wer Vater oder Mutter die Ehre verweigert, hat sein Leben verwirkt.‹ ⁵Ihr aber lehrt: Wer zu seinem Vater oder seiner Mutter spricht: ›Was ich euch als Lebensunterhalt geben müsste, habe ich dem Tempel gespendet‹, der handelt richtig, ⁶obwohl er damit nie und nimmer seine Eltern ehrt. Und so setzt ihr Gottes Gebot um eurer Vorschriften willen außer Kraft. ⁷Ihr Heuchler! Wunderbar hat Jesaja euch durchschaut, als er sagte:

⁸›Dieses Volk ehrt mich mit den Lippen,
aber die Herzen sind ferne von mir.
⁹Ohne Sinn ist es, dass sie mich ehren,
denn ihre Lehren sind Lehren von Menschen
und eigenmächtige Zutat.‹«

¹⁰Und Jesus rief das Volk zusammen: »Hört zu und begreift es! ¹¹Nichts, was in den Mund eingeht, macht den Menschen unrein und scheidet ihn von Gott. Von Gott trennt ihn, was aus dem Munde ausgeht.« ¹²Da traten die Jünger näher heran und fragten: »Weißt du eigentlich, dass die Pharisäer, als sie dieses Wort hörten, sich darüber ärgerten und sagten, dies sei eine gottlose Lehre?« ¹³Er aber erwiderte: »Jede Pflanze, die nicht mein Vater, der Herr der himmlischen Welt, selbst gepflanzt hat, wird mit der Wurzel ausgerissen werden. ¹⁴Lasst sie fahren. Sie führen Blinde des Weges daher und sind selbst blind. Wenn ein Blinder einen Blinden führt, fallen sie beide in die Grube.«

¹⁵Da bat Petrus noch einmal: »Erkläre uns doch das Rätselwort, das du vorhin ausgesprochen hast, das Wort vom Aus- und Eingehen.« ¹⁶»Seid auch ihr«, antwortete Jesus, »noch immer so töricht? ¹⁷Begreift ihr nicht, dass alles, was in den Mund eingeht, seinen natürlichen Weg hat, den Gott bestimmte? Es wandert weiter in den Bauch und wird schließlich wieder ausgeschieden. ¹⁸Was aber aus dem Munde kommt, kommt aus dem Herzen und macht ihn unrein. ¹⁹Denn aus dem Herzen kommen die bösen Gedanken: Mord, Ehebruch, Unzucht, Diebstahl, Verleumdung und Fluch gegen Gott. ²⁰Das ist es, was den Menschen in Gottes Augen beschmutzt, nicht aber, vor dem Essen die Hände ungeweiht zu lassen.«

²¹Nachdem Jesus den Ort verlassen hatte, zog er sich in die Gegend von Tyrus und Sidon zurück. ²²Dort lief ihm eine kanaanäische Frau nach (die weder ihrer Herkunft noch ihrem Glauben nach zu den Juden gehörte und darum als unrein galt) und flehte ihn an: »Habe Erbarmen mit mir, Herr, du Sohn Davids! Meine Tochter leidet schwer unter einem bösen Geist.« ²³Er aber ging mit keinem Wort auf sie ein. Da wandten sich seine Jünger an ihn und drängten ihn: »Schicke sie weg. Sie schreit uns nach!« ²⁴Er antwortete: »Ich bin nur zu denen gesandt, die zum Volk Israel gehören und dort verloren sind.« ²⁵Sie aber lief herzu, warf sich vor ihm auf die Erde und bestürmte ihn: »Herr, hilf mir!« ²⁶»Es ist nicht richtig«, antwortete er ihr, »dass einer das Brot nimmt, das seinen Kindern bestimmt ist, und es den Hunden vorwirft.« ²⁷Sie aber ließ sich nicht abweisen: »Ja, das ist wahr, Herr, aber die kleinen Hunde essen doch auch von den Brocken, die vom Tische ihrer Herren fallen!« ²⁸Da gab Jesus ihr nach: »O Frau! Dein Glaube ist groß! Ich will tun, was du gebeten hast.« Und ihre Tochter war von dieser Stunde an gesund.

²⁹Auf dem Rückweg aus jener Gegend kam Jesus zum Galiläischen Meer zurück und wanderte am Ufer entlang, bestieg einen Berg und setzte sich dort nieder. ³⁰Unzählige Menschen folgten ihm dorthin und brachten ihre Lahmen, ihre Verkrüppelten, Blinden und Taubstummen und viele andere. Sie legten sie Jesus in Reihen vor die Füße, und er machte sie gesund. ³¹Durch das Volk aber ging ein atemloses Staunen: Da waren Stumme, die redeten, Verwachsene, die gesund waren, Gelähmte, die umhergingen, und Blinde, die anfingen zu sehen. Das alles sahen die Menschen und rühmten den Gott, der sich seines Volkes Israel annahm.

Das Brot, das Christus selbst ist

³²Jesus aber rief seine Jünger zu sich: »Mir tun diese Menschen von Herzen leid. Schon drei Tage halten sie hier bei mir aus und haben nichts zu essen. Sie aber den langen Weg hungrig nach Hause gehen lassen, das will ich nicht. Sie kommen mir unterwegs um.« ³³Da fragten die Jünger: »Woher nehmen wir in dieser Wüste so viel Brot, dass diese Menschenmenge satt wird?« ³⁴»Wie viele Brote habt ihr?«, fragte Jesus. »Sieben«, erwiderten sie, »und ein paar kleine Fische.« ³⁵Da befahl er der Menge, sich auf der Erde zu lagern, ³⁶nahm die sieben Brote und die Fische, sprach das Dankgebet, brach das Brot und gab Brot und Fische den Jüngern, und die Jünger gaben sie dem Volk. ³⁷Sie aßen alle und wurden satt, was aber an Resten übrig blieb, sammelten sie ein: Es waren sieben Körbe voll. ³⁸Insgesamt hatten viertausend Männer mitgegessen, die Frauen und Kinder nicht eingerechnet. ³⁹Jesus aber verabschiedete die Menge, bestieg ein Schiff und fuhr ans andere Ufer, in die Gegend von Magadan.

16 ¹Dort traten die Pharisäer und die Sadduzäer Jesus gemeinsam entgegen mit der Absicht, ihm eine Falle zu stellen. »Lass uns ein Wunder vom Himmel sehen«, forderten sie ihn auf, »ein Zeichen, an dem wir sehen, dass Gott auf deiner Seite ist!« ²Er aber fragte dagegen: »Wozu? Ihr habt doch Augen! Am Abend sagt ihr: ›Es wird ein schöner Tag werden, denn der Himmel ist rot.‹ ³Am Morgen: ›Es wird regnen, denn der Himmel ist rot und trübe.‹ Aus den Zeichen am Himmel zieht ihr eure Schlüsse, für die Zeichen der Stunde, in der Gott kommt, seid ihr blind. ⁴Eine bösartige und treulose Sorte von Menschen seid ihr! Ihr fordert ein Zeichen. Euch wird ein Zeichen gegeben wie das Zeichen des Propheten Jona.« Und er ließ sie stehen und ging seiner Wege. [5]Unterdessen waren auch seine Jünger mit einem anderen Schiff hinübergefahren. Sie hatten aber vergessen, Brot mitzunehmen. [6]Da empfing Jesus sie mit den Worten: »Nehmt euch in Acht! Hütet euch vor dem Sauerteig der Pharisäer und der Sadduzäer!« [7]Sie dachten hin und her, dann fiel ihnen ein: »Ach, das ist es! Wir haben vergessen, Brot mitzunehmen!« [8]Jesus merkte es und fragte: »Was macht ihr euch Sorgen, ihr Stümper im Glauben, dass ihr kein Brot habt? [9]Habt ihr noch immer nichts verstanden? Erinnert ihr euch nicht an die fünf Brote, die ihr an die Fünftausend verteilt habt? Wie viele Körbe blieben da übrig? [10]Erinnert ihr euch nicht an die sieben Brote für die Viertausend? Wie viele Körbe voll habt ihr eingesammelt? [11]Merkt ihr nicht, dass ich nicht über das irdische Brot sprach? Hütet euch vielmehr vor dem selbst gemachten Brot der Pharisäer und Sadduzäer!« [12]Da verstanden sie, dass er nicht vom irdischen Brot gesprochen hatte, sondern von der selbsterdachten Lehre der Pharisäer und Sadduzäer.

Der Christus wird leiden

[13]Auf seinem Weg durch den Norden des Landes kam Jesus in die Gegend von Cäsarea Philippi. Dort fragte er seine Jünger: [14]»Was sagen die Leute, wer ich sei?« »Einige meinen«, so antworteten sie, »du seiest Johannes der Täufer, andere, in dir sei Elija wiedergekommen, wieder andere, Jeremia oder ein anderer von den Propheten.« [15]»Was sagt denn ihr selbst, wer ich sei?«, fragte Jesus. [16]Da nahm Petrus das Wort: »Du bist Christus, der Bevollmächtigte Gottes, des lebendigen Gottes Sohn.« [17]Und Jesus bestätigte ihm: »Glücklich bist du, Simon, Sohn des Jona, denn das haben dir nicht Menschen gesagt, das hat dir mein Vater im Himmel offenbart. [18]Und nun sage ich dir, wer du bist: Du bist Petrus, das heißt Fels. Auf diesen Felsen will ich meine Kirche bauen, und die Mächte der Hölle werden sie nicht überwältigen. [19]Ich will dir die Schlüssel zum Himmelreich geben. Wen du auf der Erde binden wirst, der wird auch im Himmel gebunden sein, wen du auf der Erde lösen wirst, der wird auch im Himmel frei sein.« [20]Den Jüngern aber befahl er streng, keinem Menschen zu sagen, dass er der Christus, der Bevollmächtigte Gottes, sei.

²¹Damals deutete Jesus seinen Jüngern gegenüber zum erstenmal an, er werde nach Jerusalem gehen müssen und viel Qual und Leiden auf sich nehmen, welche die Ältesten und Hohenpriester und Schriftgelehrten ihm zufügen würden. Er werde getötet und am dritten Tage erweckt werden. ²²Da nahm ihn Petrus beiseite, beschwor ihn und redete auf ihn ein:»Herr, das verhüte Gott! Das darf dir nicht zustoßen!« ²³Jesus aber wandte sich um und fuhr Petrus an:»Weg! Geh mir aus den Augen, du Satan! Du bist mir im Weg, denn du meinst nicht, was Gott will. Du denkst wie ein Mensch!« ²⁴Zu den übrigen Jüngern gewandt, fuhr Jesus fort:»Wenn jemand mir nachfolgen will, dann denke er nicht an sich selbst und sehe von seinem eigenen Leben ab. Er nehme den Kreuzbalken auf seine Schulter, an den sie ihn hängen werden, und folge mir. ²⁵Denn wer sein Leben retten will, wird es verlieren. Wer aber sein Leben verliert um meinetwillen, wird es finden. ²⁶Was hat ein Mensch gewonnen, wenn die ganze Welt sein eigen wird und er verliert das Leben? Oder was will ein Mensch bieten, um sein Leben zurückzukaufen?

²⁷Denn es wird geschehen, dass ich, im Lichtglanz meines Vaters und von seinen Engeln umgeben, kommen und jedem den Lohn geben werde, den er verdient hat. ²⁸Was ich sage, ist wahr: Unter denen, die hier stehen, sind einige, die den Tod nicht kosten werden, ehe sie mich kommen sahen in der Fülle meiner Macht.«

Ein Blick in die andere Welt

17 ¹Sechs Tage später nahm Jesus Petrus und die beiden Brüder Johannes und Jakobus beiseite und führte sie allein auf einen hohen Berg. ²Dort oben verwandelte er sich plötzlich vor ihren Augen, sein Gesicht leuchtete wie die Sonne, und seine Kleider wurden schimmernd weiß wie das Licht. ³Und es erschienen ihnen Mose und Elija, die redeten mit Jesus. ⁴Da nahm Petrus das Wort:»Herr, es ist gut, dass wir hier sind! Wenn du willst, schlage ich drei Zelte auf, dir eines, Mose eines und Elija eines.« ⁵Während er noch so daherredete, fanden sie sich plötzlich von Licht umgeben wie von einer Wolke, und sie hörten aus der Wolke eine Stimme rufen:»Das ist mein geliebter Sohn, den ich erwählt habe. Ihn sollt ihr hören!« ⁶Da warfen sich die Jünger mit dem Gesicht auf die Erde vor Angst. ⁷Jesus trat zu ihnen, rührte sie an und sagte:»Steht auf! Ängstigt euch nicht!« ⁸Als sie danach um sich blickten, sahen sie nur noch Jesus und niemanden sonst.

⁹Während des Abstiegs vom Berg verbot ihnen Jesus streng, irgendeinem Menschen von dem Erlebnis zu berichten, bis er aus dem Totenreich wiedergekehrt sei. ¹⁰Die Jünger aber fragten ihn: »Die Schriftgelehrten reden davon, vor Christus müsse Elija kommen?« ¹¹»Ja«, antwortete Jesus, »sie sagen, Elija müsse kommen und die alte, von Gott gesetzte Ordnung in der Welt und unter den Menschen wiederherstellen. ¹²Ich aber sage euch, Elija war bereits unter uns, aber sie haben ihn nicht erkannt und sind mit ihm umgegangen, wie sie wollten. So werde auch ich unter ihnen leiden müssen.« ¹³Da begriffen die Jünger, dass er von Johannes dem Täufer redete.

Arbeit an der Erde

¹⁴Als sie wieder zu den Menschen kamen, näherte sich ihnen ein Mann, warf sich vor Jesus auf die Knie und bat: ¹⁵»Herr, nimm dich meines Sohnes an! Er ist fallsüchtig und leidet schwer. Er fällt oft in Feuer oder Wasser. ¹⁶Ich habe ihn zu deinen Jüngern gebracht, aber sie konnten ihn nicht heilen.« ¹⁷»O diese ungläubige Menschheit!«, gab Jesus zurück. »O diese Verkehrtheit! Wie lange muss ich noch bei euch sein? Wie lange soll ich euch noch tragen? Bringt ihn her!« ¹⁸Da trat Jesus dem dunklen Geist mit Macht entgegen. Der verließ den Kranken, und der Knabe war von der Stunde an gesund. ¹⁹Die Jünger aber fragten Jesus, als sie wieder mit ihm allein waren: »Warum konnten wir nicht mit ihm fertig werden?« ²⁰·²¹»Weil ihr zu wenig Glauben habt«, erwiderte er. »Was ich sage, ist wahr: Wenn ihr Glauben habt von der Größe und der verborgenen Wachstumskraft eines Senfsamens, könnt ihr zu diesem Berg sagen: ›Geh weg! Von hier nach dort!‹ Er wird dorthin gehen, und nichts wird euch unmöglich sein.«

²²So wanderte Jesus mit ihnen durch Galiläa und sagte unterwegs: »Ich werde den Menschen ausgeliefert werden. ²³Sie werden mich töten, aber am dritten Tag werde ich auferweckt werden.« Und eine tiefe Trauer erfasste sie.

²⁴Als sie nach Kafarnaum kamen, wandten sich Leute, die die Abgaben für den Tempel in Jerusalem einzogen, an Petrus und fragten ihn: »Zahlt euer Meister nicht die Doppeldrachme für den Tempel?« Er antwortete: »Doch, das tut er.« ²⁵Als sie wieder in jenem Hause waren, kam ihm Jesus zuvor mit der Frage: »Was meinst du, Simon? Von wem nehmen die Könige dieser Erde Zoll oder Kopfgeld? ²⁶Von ihren eige-

nen Söhnen oder von den übrigen Bürgern?« Als er antwortete: »Von den anderen Bürgern«, sagte Jesus: ²⁷»So sind die Söhne frei! Damit wir die Leute aus Jerusalem aber nicht verärgern, geh an den See hinunter und wirf die Angel aus. Nimm den ersten Fisch, der anbeißt. Wenn du sein Maul öffnest, wirst du eine Silbermünze finden. Nimm sie und gib sie ihnen für mich und dich.«

Maßstäbe, die bei Gott gelten

Groß und klein

18 ¹In jener Stunde fragten die Jünger Jesus: »Wer ist grundsätzlich größer oder kleiner in der Rangordnung, die bei Gott gilt?« ²Da rief er ein Kind zu sich und stellte es in die Mitte:

³»Was ich sage, ist wahr:
Wenn ihr nicht eure Maßstäbe umkehrt und wie Kinder werdet,
könnt ihr nicht in Gottes Reich gelangen.
⁴Wer aber sich selbst bis zur Machtlosigkeit dieses Kindes erniedrigt,
ist der Größte nach der Ordnung, die bei Gott gilt.
⁵Wer einen von meinen Mitarbeitern,
die sich so erniedrigen wie ein Kind,
bei sich aufnimmt, weil er mich liebt, der nimmt mich selbst auf.
⁶Wer aber einen von den Geringsten
unter denen, die mir ihr Vertrauen schenken,
irremacht an Gott und an mir, für den wäre es besser,
man hängte ihm einen Mühlstein an den Hals
und ertränkte ihn in der Tiefe des Meeres.
⁷Wehe der Welt der Verführungen wegen.
Die Menschheit muss zwar an der Verführung zu Fall kommen,
aber wehe dem Menschen, der ihr Werkzeug wird.

⁸Wenn deine Hand oder dein Fuß dich verführen,
etwas zu tun, das dich von Gott trennt,
dann haue sie ab und wirf sie weg.
Es ist besser für dich, verstümmelt oder lahm

in das ewige Leben zu gehen,
als mit beiden Händen und beiden Füßen
in der ewigen Verzweiflung zu enden.
⁹Wenn dein Auge dich verleitet, dich von Gott abzuwenden,
dann reiß es aus und wirf es weg. Es ist besser für dich,
einäugig in das ewige Leben zu gehen,
als mit beiden Augen im höllischen Feuer zu enden.

¹⁰·¹¹Seht euch vor, dass ihr nicht einen von den Geringen,
die hier bei mir sind, verachtet!
Denn ich sage euch: Ihre Engel im Himmel haben jederzeit
Zutritt zu Gott und vertreten ihr Recht.

¹²Wie ist eure Meinung?
Wenn ein Mensch hundert Schafe hat und eines davon sich verirrt,
lässt er nicht die neunundneunzig allein auf den Bergen,
bricht auf und sucht das eine verirrte?
¹³Was ich sage, ist wahr:
Wenn er es findet, freut er sich über das eine mehr
als über die neunundneunzig, die sich nicht verirrt haben.
¹⁴So will auch euer Vater im Himmel
nie und nimmer, dass irgendeiner
von diesen Geringsten verloren gehe.

Verzeihen und Verzeihung erlangen

¹⁵Wenn dein Bruder dir Böses antut, dann geh zu ihm
und besprich es mit ihm unter vier Augen.
Hört er dich, dann hast du deinen Bruder wiedergewonnen.
¹⁶Hört er dich nicht, dann nimm noch einen oder zwei mit dir
und geh wieder zu ihm,
damit jedes Wort durch die Zuverlässigkeit
von zwei oder drei Zeugen belegt sei.
¹⁷Wenn er auf die zwei oder drei nicht hört,
trage es der Gemeinde vor.
Hört er aber auch nicht auf die Bitte
oder den Willen der Gemeinde,
dann betrachte ihn als einen Fremden und Ungläubigen.

¹⁸Ich sage euch die Wahrheit: Wen ihr auf Erden bindet,
der wird auch in der Gotteswelt gebunden sein,
und wen ihr auf der Erde frei macht,
der wird auch in der Welt Gottes frei sein.
¹⁹Und noch eins sage ich euch: Wenn zwei von euch auf der Erde
irgendeine gemeinsame Bitte aussprechen,
was auch immer der Wunsch sein möge, der sie bewegt,
dann wird sie ihnen von meinem Vater im Himmel erfüllt werden.
²⁰Denn wo zwei oder drei verbunden sind im Vertrauen zu mir,
da bin ich mitten unter ihnen.«

²¹Da wandte sich Petrus an Jesus: »Herr, wie oft muss ich meinem Bruder vergeben, wenn er mir Unrecht tut? Ist siebenmal genug?« ²²Ihm antwortete Jesus:
»Ich sage dir, nicht siebenmal, sondern siebzigmal siebenmal.
²³Denn es geht bei Gott zu wie bei einem König,
der mit den Verwaltern seiner Güter abrechnen wollte.
²⁴Kaum hatte die Abrechnung begonnen, da brachte man ihm einen,
der zehntausend Zentner Silber schuldig geblieben war.
²⁵Da er sie nicht zahlen konnte, befahl der König,
man solle den Schuldner verkaufen,
dazu seine Frau, seine Kinder und sein gesamtes Eigentum,
als Ausgleich für seine Schuld.
²⁶Da warf sich der Mann auf die Knie und bat:
›Habe Geduld mir mir, ich will dir alles bezahlen.‹
²⁷Da tat er dem König leid, und er gab ihn frei
und erließ ihm darüber hinaus seine ganze Schuld.
²⁸Kurz danach ging eben dieser Verwalter aus dem Saal
und begegnete draußen einem seiner Kollegen,
der ihm eine geringe Summe schuldig war.
Er griff zu, würgte ihn und fuhr ihn an:
›Bezahle, was du schuldig bist!‹ ²⁹Da flehte der Kollege:
›Habe Geduld mit mir, ich will dir alles bezahlen.‹
³⁰Er aber wollte nicht, sondern ging
und ließ ihn ins Gefängnis werfen,
bis er die Schuld bezahlen würde.
³¹Als die Leute des Hofs das sahen,
waren sie entsetzt und berichteten ihrem Herrn,
was sich zugetragen hatte.

³²Da ließ der ihn kommen und sagte zu ihm: ›Du übler Bursche, deine Riesenschuld habe ich dir erlassen, weil du mich gebeten hast. ³³War es nun nicht deine selbstverständliche Pflicht, mit deinem Kollegen so barmherzig umzugehen wie ich mit dir?‹ ³⁴Danach übergab er ihn in seinem Zorn den Folterknechten und hieß ihn erst wieder freilassen, wenn er alles bezahlt haben würde, was er schuldig war. ³⁵Mein Vater im Himmel aber wird auch euch nicht von eurer Schuld freisprechen, wenn ihr nicht, ein jeder seinem Bruder, verzeiht, und zwar von Herzen.«

Disput über die Ehe

19 ¹Als Jesus diese Reden zu Ende geführt hatte, begab er sich aus Galiläa weg und kam in das Grenzgebiet von Judäa, jenseits des Jordan. ²Eine unübersehbare Menschenmenge war mit ihm unterwegs, und er heilte die Kranken, wohin er kam.

³Dort traten ihm eines Tages Pharisäer entgegen und wollten ihm eine Falle stellen: »Ist es erlaubt, sich von seiner Frau zu scheiden, wenn man irgendeinen Grund dafür hat?« ⁴Jesus antwortete: »Habt ihr nicht gelesen, was Gott mit Mann und Frau beabsichtigt hat? Die Schrift sagt: ⁵›Ein Mann wird seinen Vater und seine Mutter verlassen und wird seiner Frau so nahe verbunden sein, dass die beiden ein einziger Mensch sind.‹ ⁶So sind sie also nicht zwei, sondern ein einziger Mensch. Was nun Gott als Einheit gemeint hat, soll der Mensch nicht trennen.« ⁷Da erwiderten sie ihm: »Aber Mose hat doch geboten, man solle seiner Frau eine Scheidungsurkunde geben und sie entlassen!« ⁸»Weil ihr ein Herz aus Stein habt«, antwortete Jesus, »hat Mose euch erlaubt, euch von euren Frauen zu trennen; die Ordnung Gottes aber ist es nie gewesen. ⁹Ich sage euch: Wer sich von seiner ihm treuen Frau trennt, der ist schuld daran, wenn ein anderer sie zum Ehebruch verleitet (das heißt: sie heiratet), und wer eine geschiedene Frau heiratet, bricht ihre Ehe.«

¹⁰Da entgegneten die Jünger: »Wenn es um Mann und Frau so steht, ist nicht gut heiraten!« ¹¹Er aber fuhr fort: »Nicht alle können dieses Wort fassen, sondern nur die, denen Gott es schenkt. ¹²Denn es gibt Menschen, die ohne Ehe bleiben, weil sie von Geburt an nicht dazu fähig sind. Es gibt andere, die ohne Ehe bleiben müssen, weil Menschen sie zur eheli-

chen Verbindung unfähig gemacht haben. Und wieder andere verzichten von sich aus auf die Ehe, weil sie sich ganz ihrer Arbeit für das Reich Gottes zuwenden wollen. Wer es fassen kann, der fasse es.«
¹³Da brachten sie ihm Kinder mit der Bitte, er möge ihnen die Hände auflegen und über ihnen beten. Die Jünger aber fuhren sie an. ¹⁴Jesus verwies es ihnen: »Lasst die Kinder in Frieden und hindert sie nicht, zu mir zu kommen, denn denen, die so sind wie sie, gehört das Himmelreich.« ¹⁵Und er legte ihnen die Hände auf und wanderte weiter.

Reichtum macht arm

¹⁶Einmal lief einer ihm entgegen und sprach ihn an: »Meister, was muss ich Gutes tun, um das ewige Leben zu gewinnen?« ¹⁷»Was fragst du mich um ›das Gute‹?«, entgegnete Jesus. »Es gibt nur Einen, von dem man sagen kann, er sei ›gut‹. Wenn du aber ewiges Leben gewinnen willst, dann halte dich an seine Gebote.« ¹⁸»Welche?«, fragte er. Da zählte Jesus sie auf: »Du wirst nicht töten, du wirst die Ehe nicht brechen, du wirst nicht stehlen, du wirst keinen falschen Eid leisten, ¹⁹du wirst deinen Vater und deine Mutter in Ehren halten und wirst den Menschen neben dir lieben wie dich selbst.« ²⁰Da sagte der junge Mann: »Das habe ich alles schon bisher sorgfältig eingehalten. Was fehlt mir noch?« ²¹»Wenn du deinem Ziel gerecht werden willst«, antwortete Jesus, »dann geh nach Hause, verkaufe alle deine Güter und gib den Erlös an Arme weiter, so wirst du bei Gott reich sein, und dann komm und geh mit mir.« ²²Als der junge Mann das hörte, ging er traurig weg, denn er war reich.

²³Jesus aber redete mit den Jüngern weiter: »Was ich sage, ist wahr: Ein Reicher wird es sehr schwer haben, ins Himmelreich zu gelangen. ²⁴Ich will es noch einmal sagen: Leichter gelangt ein Kamel durch ein Nadelöhr als ein Reicher in das Reich Gottes.« ²⁵Als die Jünger das hörten, erschraken sie zu Tode und fragten: »Wer kann dann überhaupt selig werden?« ²⁶Jesus sah sie an: »Vom Menschen aus gesehen ist es unmöglich. Gott aber hat die Macht, alles zu tun, was er will.« ²⁷Petrus aber fragte nach: »Und wir? Wir haben alles verlassen und haben uns dir anvertraut. Wie wird es uns am Ende ergehen?« ²⁸»Was ich sage«, fuhr Jesus fort, »ist wahr:
Wenn die Zeit der Wiedergeburt kommen wird, werde ich in göttlicher Macht auf meinem Thron sitzen. Dann werdet auch ihr, die schon

auf dieser Erde mein waren, auf zwölf Thronen sitzen und über die zwölf Stämme Israels das Urteil sprechen.

²⁹Jeder, der Häuser, Brüder, Schwestern, Vater oder Mutter, Kinder oder Äcker verlässt, um mir zu dienen, wird hundertmal Größeres gewinnen und das ewige Leben empfangen. ³⁰Viele aber, jetzt die Ersten, werden die Letzten sein, und Letzte die Ersten.«

Das Gottesreich kann man nicht verdienen

20 ¹»Wo Gott am Werk ist,
geht es zu wie bei einem Grundbesitzer,
der für seinen Weinberg Arbeiter suchte.
Er ging in der Morgenfrühe auf die Suche nach Tagelöhnern.
²Als er mit den Männern einig war,
dass sie für den üblichen Taglohn,
einen Denar, bei ihm arbeiten wollten,
schickte er sie in seinen Weinberg.
³Als er gegen neun Uhr am Vormittag
noch einmal auf den Markt ging,
sah er dort andere untätig stehen und wies sie an:
›Auf! In den Weinberg!
⁴Was recht und üblich ist, will ich euch geben.‹
Und sie gingen.
⁵Um die Mittagszeit und nachmittags um drei Uhr
ging er noch einmal hin und tat dasselbe.
⁶Um fünf Uhr aber, am späten Nachmittag,
sah er wieder andere dastehen und fragte sie:
›Was steht ihr hier den ganzen Tag müßig herum?‹
⁷›Es hat uns niemand Arbeit gegeben‹, antworteten sie.
Da wies er sie an: ›Auf! In den Weinberg!‹
⁸Als die Dämmerung hereinbrach,
wandte sich der Eigentümer an den Verwalter:
›Rufe die Arbeiter zusammen und gib ihnen den Lohn.
Fang bei den Letzten an und geh durch bis zu den Ersten.‹
⁹Da kamen die, die von fünf Uhr nachmittags an gearbeitet hatten,
¹⁰und erhielten jeder den üblichen Taglohn.
Als aber die Ersten kamen, meinten sie, sie würden mehr bekommen,
erhielten aber, wie alle, den Lohn für einen Tag.

¹¹Als sie den in der Hand hielten,
protestierten sie und hielten dem Besitzer vor:
¹²›Die hier, die zuletzt kamen, haben nur eine Stunde gearbeitet,
und du behandelst sie wie uns,
die die Last und Hitze des ganzen Tages getragen haben.‹
¹³Er aber antwortete einem von ihnen:
›Mein Freund, ich tue dir kein Unrecht.
Bist du nicht mit mir einig geworden über einen Denar?
¹⁴Nimm, was dein ist, und geh.
Ich will aber dem hier, der zuletzt kam, dasselbe geben wie dir.
¹⁵Oder kann ich mit dem, was mir gehört, nicht tun, was ich will?
Siehst du neidisch auf die anderen, weil ich großzügig bin?‹
¹⁶So werden die Ersten die Letzten sein und die Letzten die Ersten.«

Der Weg nach Jerusalem

Macht ist kein Weg zum Reich Gottes

¹⁷Als er sich aber entschlossen hatte, nach Jerusalem hinaufzuziehen (um dort die Entscheidung zu suchen), nahm er die Zwölf zu sich und sprach mit ihnen auf dem Wege:

¹⁸»Es ist so weit! Wir gehen nach Jerusalem hinauf, und ich werde an die Oberpriester und die Schriftgelehrten verraten und verkauft werden. Sie werden mich zum Tode verurteilen ¹⁹und werden mich den Gottlosen, den Römern, ausliefern, die mich verspotten, geißeln und ans Kreuz schlagen werden. Am dritten Tag aber werde ich aus dem Tode erweckt werden.«

²⁰Da näherte sich ihm die Frau des Zebedäus mit ihren Söhnen Johannes und Jakobus und warf sich vor ihm auf die Knie, um damit zu zeigen, dass sie eine Bitte habe. ²¹»Was willst du?«, fragte er. »Ich will«, bat sie, »dass meine Söhne einen Ehrenplatz bekommen, wenn du dein Reich aufrichtest. Lass den einen zur Rechten deines Thrones sitzen und den anderen zu deiner Linken.« ²²Da wurde Jesus unwillig: »Ihr wisst nicht, was ihr bittet. Könnt ihr den Becher des Leidens trinken, den ich trinken werde?« Sie antworteten: »Das können wir.« ²³Darauf Jesus: »Gut. Ihr werdet meinen Becher trinken. Wer aber in mei-

nem Reich zu meiner Rechten sein wird und zu meiner Linken, das entscheide nicht ich. Diese Entscheidung hat mein Vater längst getroffen.« [24]Die übrigen Zehn hörten das Gespräch mit an und ärgerten sich über die beiden Brüder. Aber Jesus rief sie zusammen und sprach zu ihnen:

[25]»Ihr wisst, wie es zugeht. Die Fürsten regieren die Völker zugrunde. Die Machthaber halten sie unter der Peitsche. [26]Unter euch soll es anders sein. Wer unter euch eine Rolle spielen will, der soll die des Dieners übernehmen. [27]Und wer unter euch eine leitende Verantwortung sucht, soll euer aller Knecht sein. [28]Denn auch ich bin nicht gekommen, damit andere mir dienen. Ich bin gekommen, um mich wie einen Knecht zu verbrauchen und mein Leben hinzugeben, wie man das Lösegeld gibt, mit dem man Sklaven freikauft.«

In Jericho

[29]Als sie die Stadt Jericho durchschritten hatten und von dort weiterzogen, drängte ihm eine riesige Menschenmenge nach. [30]Unmittelbar am Wege aber saßen zwei Blinde, die hörten, Jesus komme vorbei, und fingen an zu schreien: »Herr, habe Erbarmen mit uns! Du König Israels!« [31]Da fuhren die Leute sie an, sie sollten den Mund halten. Aber sie schrien desto lauter: »Hilf uns! Du König Israels!« [32]Jesus blieb stehen, rief sie zu sich und fragte sie: »Was soll ich für euch tun?« [33]»Herr«, antworteten sie, »öffne uns die Augen!« [34]Da taten sie ihm leid, und er berührte ihre Augen mit der Hand. Sie aber fingen im selben Augenblick an zu sehen, schlossen sich Jesus an und folgten ihm auf dem Weg.

Einzug in die Stadt

21 [1]Kurz vor Jerusalem kamen sie über den Ölberg, zu dem Ort Betfage. Dort sandte Jesus zwei seiner Jünger voraus: [2]»Geht in das Dorf, das vor euch liegt. Dort werdet ihr gleich am Ortseingang eine Eselin angebunden finden und ein Füllen bei ihr. Bindet sie los und bringt sie zu mir. [3]Sollte euch jemand darauf ansprechen, so sagt: ›Der Herr braucht sie.‹ Dann wird er sie euch lassen.« [4]Damit geschah, was schon bei dem Propheten zu lesen ist, der sagt:

⁵»Ruft dem Volk, das auf dem Zion wohnt, zu:
Gebt Acht! Euer König kommt!
Er kommt ohne Gepränge.
Er kommt mit Frieden, reitend auf einem Esel,
auf dem Füllen des Lasttiers.«

⁶Die beiden Jünger gingen und taten, was Jesus befohlen hatte, ⁷holten die Eselin und das Füllen, legten ihre Mäntel auf den Rücken des Füllens und ließen Jesus aufsitzen. ⁸Die vielen Menschen aber, die mit ihm auf dem Weg waren, breiteten ihre Kleider auf die Straße, hieben Zweige von den Bäumen und streuten sie auf den Weg. ⁹Und die Menge, die ihm vorausging und ihm nachwogte, lärmte vor Begeisterung und sang:

»Gepriesen sei der König!
Gepriesen sei, der von Gott kommt!
Hilf ihm, Gott, du,
in den Höhen des Himmels!«

¹⁰Als er danach in Jerusalem einritt, geriet die ganze Stadt in Aufruhr: »Wer ist das?« ¹¹Und sie riefen einander zu: »Das ist Jesus, der Nazarener aus Galiläa, der Prophet!« ¹²Jesus ritt weiter und kam in den Tempel. Dort sah er das Gedränge der Verkäufer und der Käufer. Er trieb sie hinaus, warf die Tische der Geldwechsler um und die Stände der Taubenhändler und rief: ¹³»Gott spricht: ›Mein Haus gehört dem Gebet‹ – ihr aber macht eine Räuberhöhle daraus.«

¹⁴Da kamen Blinde und Lahme im Tempel zu ihm, und er heilte sie. ¹⁵Als aber die Priester und Schriftgelehrten die wunderbaren Dinge sahen, die er tat, und die Kinder hörten, die im Tempel lärmten und jubelten: »Heil dem König Israels!«, ¹⁶ärgerten sie sich und fragten ihn: »Hörst du, was die schreien?« Jesus gab zur Antwort: »Ja! Habt ihr nie gelesen: ›Aus dem Munde der Kinder und Säuglinge hört man die Freude an Gott‹?« ¹⁷Und er ließ sie stehen, ging hinaus aus der Stadt nach Betanien und übernachtete dort.

¹⁸Als er anderentags in aller Frühe wieder in die Stadt hinaufging, hungerte ihn. ¹⁹Da sah er einen einzelnen Feigenbaum am Wege und ging hin, fand aber nichts an ihm als Blätter. Und er redete ihn an: »Nun soll an dir für alle Ewigkeit keine Frucht wachsen!« Und der Baum verdorrte im selben Augenblick.

²⁰Die Jünger sahen das und wunderten sich: »Wie ist das möglich, dass der Baum so schnell verdorrte?« ²¹»Was ich sage, ist wahr«, antwortete Jesus: »Wenn ihr euch auf Gott verlasst und keinen Zweifel habt, werdet ihr nicht nur bewirken, was mit diesem Feigenbaum geschah, sondern mehr: Wenn ihr zu diesem Berg sagt: ›Hebe dich und stürze dich ins Meer‹, so wird es geschehen. ²²Denn alles, was ihr im Gebet erbittet, wenn es im Glauben geschieht, werdet ihr empfangen.«

Entscheidung in der letzten Stunde

Das Leben kann man verfehlen

²³Als er in den Tempel kam und begann, zum Volk zu reden, traten die Oberpriester und die Volksvertreter im Hohen Rat auf ihn zu und fragten ihn: »Aus welcher Vollmacht tust du das? Wer hat dir das Recht dazu gegeben?« ²⁴Jesus antwortete mit einer Gegenfrage: »Ich will euch auch eine Frage stellen. Wenn ihr die beantwortet habt, gebe ich euch Antwort auf eure Frage nach meiner Vollmacht. ²⁵Ich rede von Johannes und seiner Taufe: Woher hatte er seinen Auftrag? Von Gott oder von den Menschen?« Sie aber dachten an der Frage herum und sagten zueinander: »Wenn wir sagen: ›Von Gott‹, wird er uns fragen: ›Warum habt ihr ihm dann nicht gehorcht?‹ ²⁶Wenn wir aber sagen: ›Von den Menschen‹, haben wir das Volk gegen uns. Denn die Leute halten Johannes alle für einen von Gott gesandten Propheten.« ²⁷So gaben sie Jesus die Antwort: »Wir wissen es nicht!« Da gab Jesus zurück: »So sage ich euch auch nicht, woher meine Vollmacht kommt. ²⁸Wie ist denn eure Meinung über die folgende Geschichte:

Ein Mann hatte zwei Söhne.
Er wandte sich an den einen: ›Geh und arbeite heute im Weinberg.‹
²⁹Der Sohn antwortete: ›Nein! Ich will nicht!‹
Danach tat es ihm leid, und er ging doch.
³⁰Da ging der Vater zum anderen und sagte ihm dasselbe.
Der gab zur Antwort: ›Ja!‹ und ging doch nicht hin.
³¹Wer von den beiden hat nach dem Willen des Vaters gehandelt?«

Sie entschieden: »Der Erste!«
»Ich sage euch«, erwiderte Jesus,
»die verrufenen Zöllner und die Dirnen
werden eher ins Reich Gottes kommen als ihr.
³²Johannes kam zu euch und zeigte euch den Weg zur Gerechtigkeit.
Ihr habt ihm nicht geglaubt, Zöllner und Dirnen glaubten ihm.
Ihr habt eure Entscheidung danach nicht geändert.
Das Letzte war euer Nein.

³³Lasst euch eine andere Geschichte erzählen:
Es war ein Gutsbesitzer, der legte einen Weinberg an.
Er grenzte ihn mit einem Zaun ab, hob eine Kelter aus
und baute einen Turm hinein.
Dann beauftragte er einige Arbeiter, den Weinberg zu bebauen,
und begab sich auf eine Reise.
³⁴Als die Erntezeit kam, sandte er seine Verwalter zu den Arbeitern.
Sie sollten den Ertrag abholen.
³⁵Die Arbeiter aber packten die Verwalter,
peitschten den Ersten aus, schlugen den Zweiten tot
und warfen den Dritten mit Steinen zu Tode.
³⁶Da sandte der Besitzer andere von seinen Dienern,
eine größere Zahl, und die Arbeiter taten mit ihnen dasselbe.
³⁷Zuletzt überlegte er sich: ›Meinen Sohn werden sie nicht antasten‹
und schickte seinen Sohn.
³⁸Als die Arbeiter den Sohn sahen, sagten sie:
›Das ist der Erbe! Wenn wir den töten, gehört der Besitz uns!‹
³⁹Sie griffen ihn, stießen ihn aus dem Weinberg und brachten ihn um.
⁴⁰Was meint ihr? Was wird der Besitzer des Weinbergs
mit den Arbeitern tun, wenn er kommt?«

⁴¹»Er wird die Verbrecher auf eine böse Art umbringen«, meinten die Zuhörer, »er wird den Weinberg an andere verpachten, die den Ertrag abliefern, wenn es Zeit ist.« Da fragte Jesus:

⁴²»Habt ihr nie in der heiligen Schrift gelesen:
›Der Stein, den die Bauleute als unbrauchbar wegwarfen,
ist zum Eckstein geworden.
Das ist nach Gottes Willen geschehen
und ist ein Wunder vor unseren Augen.‹

⁴³Ich sage euch:
Gott gab euch das Vorrecht, sein Volk zu sein.
Er hat euch seine Nähe, seine Güte zugesagt.
Er wird euch dieses Vorrecht nehmen und es einem Volk geben,
das tut, was der Güte Gottes entspricht.
⁴⁴Was aber das Wort vom Stein betrifft:
Wer auf diesen Stein fällt, wird auf ihm zerschellen.
Auf wen er stürzt, den wird er zermalmen.«

⁴⁵Die Priester und die Pharisäer, die seinen Geschichten zuhörten, merkten, dass er von ihnen sprach. ⁴⁶Sie hätten ihn gerne festgenommen, wagten es aber nicht. Sie fürchteten sich vor der Menschenmenge, denn er galt ihr als Prophet.

22 ¹Was Jesus in jenen Tagen sagen wollte, fasste er immer wieder in Geschichten, zum Beispiel die folgende:

²»Wenn Gott sein Reich unter den Menschen aufrichtet,
geht es zu wie bei einem König,
der seinem Sohn die Hochzeit vorbereitete.
³Er sandte seine Boten aus, um die Gäste zum Fest zu bitten,
aber die wollten nicht kommen.
⁴Da sandte er gleich danach andere Boten:
›Sagt den Geladenen: Das Festmahl steht bereit,
meine Stiere und mein Mastvieh sind geschlachtet.
Alles ist vorbereitet! Kommt zum Fest!‹
⁵Aber sie verachteten das Fest und gingen weg,
der eine auf sein Feld, der andere an sein Handelsgeschäft,
⁶die dritten griffen die Boten,
trieben ihren Spott mit ihnen und schlugen sie tot.
⁷Da fasste den König der Zorn,
er sandte sein Heer aus und ließ die Mörder umbringen
und ihre Stadt in Brand stecken.
⁸Dann sprach er zu seinen Dienern: ›Das Hochzeitsfest ist zwar bereit,
aber die als Gäste kommen sollten, waren es nicht wert.
⁹Darum geht noch einmal aus, und zwar bis in die Seitenstraßen,
und ruft zum Fest, wen immer ihr findet.‹
¹⁰Die Boten machten sich noch einmal auf den Weg
und brachten zusammen,

wen immer sie fanden, Böse und Gute,
bis der Festsaal voll war mit Gästen.
¹¹Als aber der König eintrat, die Gäste zu begrüßen,
sah er einen Mann, der kein Festgewand trug.
¹²Und der König sprach ihn an:
›Freund, wie kommst du unter meine Gäste
und lässt dir kein Festgewand geben?‹
Er aber verschloss sich im Trotz und schwieg.
¹³Da rief der König die Saaldiener:
›Fesselt ihn an Füßen und Händen
und werft ihn weit hinaus in die Finsternis,
wo Geheul ist und zähneknirschende Verbitterung.‹
¹⁴Viele nämlich sind eingeladen,
aber wenige nehmen wirklich am Fest teil.«

Streitgespräche

¹⁵Da beschlossen die Pharisäer, Jesus mit einer Frage zu einer Antwort zu zwingen, in der er sich wie in einer Schlinge fangen würde. ¹⁶So sandten sie ihre Anhänger hin, zusammen mit einigen Parteigängern des Herodes, die wandten sich an ihn:»Meister, wir wissen, dass du kein Unrecht willst und nur lehrst, was Gott befohlen hat. Du lässt dich durch Meinungen nicht beeinflussen und redest niemandem nach dem Munde. ¹⁷Sage uns, wie du darüber denkst: Ist es richtig, dass man dem Kaiser Steuern zahlt? Ist es falsch?« (Antwortete Jesus nun: Es ist richtig, verlor er die national Gesinnten. Antwortete er: Es ist falsch, konnte man ihn bei den Römern anzeigen.) ¹⁸Jesus hörte die böse Absicht und antwortete: ¹⁹»Was soll diese Falle, ihr Lügner? Zeigt mir die Münze, die man dem Kaiser zahlt.« ²⁰Sie brachten ihm eine solche Münze, da fragte er sie:»Was für einen Kopf zeigt sie? Wen nennt die Inschrift?« ²¹»Den Kaiser.« »Dann gehört die Münze also dem Kaiser«, erwiderte Jesus. »Dann gebt doch dem Kaiser, was ihm ohnedies gehört, gebt aber Gott, worauf Gott Anspruch hat.« ²²Als sie das hörten, wunderten sie sich, ließen ihn stehen und gingen davon.

²³An diesem Tage kamen auch Sadduzäer. Die glaubten nicht an eine Auferstehung nach dem Tode. Sie fragten: ²⁴»Meister, Mose hat geschrieben, folgende Regel solle gelten: Wenn einer stirbt und eine kinderlose Frau hinterlässt, dann soll sein Bruder die Frau heiraten, dami

sie Kinder bekommt. Die Kinder sollen dann als Kinder des Verstorbenen gelten, damit dessen Familie nicht ausstirbt. [25]Nun stelle dir vor: Da waren sieben Brüder. Der erste heiratete und starb kinderlos. Der zweite nahm die Frau zu sich und starb auch, ohne Kinder zu hinterlassen. [26]Der dritte und der vierte und schließlich alle sieben nahmen sie. [27]Zuletzt starb auch die Frau. Wenn sie nun alle aus dem Tode wieder lebendig werden, [28]mit wem wird sie dann verheiratet sein, alle sieben haben sie ja gehabt?«

[29]»Ihr irrt!«, antwortete Jesus. »Ihr kennt die Schrift nicht und auch nicht die Macht Gottes. [30]In der Auferstehung heiraten sie nicht und sie werden nicht geheiratet. Sie leben wie die Engel im Himmel! [31]Was aber die Auferstehung überhaupt betrifft, habt ihr nie gelesen, was Gott euch sagt in der Schrift: [32]›Ich bin der Gott Abrahams, Isaaks und Jakobs‹? Gott ist doch kein Gott von Leichnamen, sondern von lebendigen Wesen.« [33]Als die Menschen das hörten, gerieten sie außer sich über seine Lehre.

[34]Nun hörten die Pharisäer, er habe den Sadduzäern das Maul gestopft, und kamen zusammen, um das Streitgespräch wieder aufzunehmen. [35]Einer unter ihnen, der ein Gesetzeslehrer war, stellte ihm eine Falle und fragte: [36]»Meister, welche Vorschrift unter den vielen Geboten im Gesetz ist die bedeutsamste?« [37]Er erwiderte ihm: »›Liebe Gott mit deinem ganzen Herzen, mit allen deinen Kräften und allen deinen Gedanken.‹ [38]Das ist das bedeutsamste und wesentlichste Gebot. [39]Das andere aber gehört unmittelbar dazu: ›Liebe den Menschen neben dir wie dich selbst.‹ [40]Diese beiden Regeln sind der Mittel- und Angelpunkt des ganzen Gesetzes und alles dessen, was die Propheten jemals gesagt haben.«

[41]Als nun die Pharisäer sich versammelt hatten, richtete Jesus selbst eine Frage an sie: [42]»Wie ist eure Meinung über den Bevollmächtigten Gottes, den Messias, den Christus? Wessen Nachkomme ist er?« »Davids!«, war die Antwort. [43]»Wie ist es aber dann möglich, dass David ihn seinen ›göttlichen Herrn‹ nennt? Er hat doch einmal gesagt und war dabei von Gottes Geist erfüllt:

[44]›Gott, der Herr, sprach zu meinem Herrn:
Setze dich zu meiner Rechten,
ich will deine Feinde unterwerfen,
sie als Schemel unter deine Füße legen.‹

⁴⁵Wenn nun David ihn seinen Herrn nennt, kann er doch nicht sein Sohn sein! Ist denn ein Sohn jemals Herr über seinen Vater?« ⁴⁶Darauf konnte ihm keiner eine Antwort geben, und es wagte von diesem Tag an niemand mehr, ihm Fallen zu stellen.

Eine Kampfrede

23 ¹Da redete Jesus zum Volk und zu seinen Jüngern:
²»Einen Lehrer des Gesetzes haben wir: Mose.
Auf seinem Stuhl sitzen heute die Schriftgelehrten und die Pharisäer.
³Gut so! Ihre Worte sind richtig. Was sie euch sagen, das hört!
Das nehmt ernst und lebt danach!
Was sie aber selbst tun, davor hütet euch!
Sie reden viel und tun es nicht. ⁴Sie bündeln gewaltige Lasten
und packen sie den Menschen auf die Schultern,
selbst aber rühren sie mit keinem Finger daran.
⁵Was sie tun, tun sie allein mit dem Ziel,
bei den Menschen Ansehen zu finden.
Sie machen ihre Gebetsriemen breit
und die Quasten an ihren Mänteln lang.
⁶Sie lieben die Ehrenplätze an der Tafel
und die vorderen Sitze in den Synagogen.
⁷Sie lieben es, wenn die Leute sie grüßen
auf den Märkten und sie anreden: ›Ehrwürdiger Meister!‹

⁸Ihr aber lasst euch nicht anreden mit ›Hochwürden‹,
denn auf einen nur sollt ihr hören; ihr aber seid alle Brüder.
⁹Auch ›Vater‹ sollt ihr niemanden nennen
auf der Erde, denn einer ist euer Vater, der Herr der Welt.
¹⁰Lasst euch auch nicht als Autoritäten verehren,
denn Autorität ist für euch allein Christus.
¹¹Der Hochgestellte unter euch sei euer Diener.
¹²Wer seine Würde hervorkehrt, wird sie dabei verlieren,
und wer sich erniedrigt, wird erhöht werden.

¹³Unheil über euch, ihr Schriftgelehrten, ihr Pharisäer, ihr Heuchler!
Ihr verschließt den Menschen das Himmelreich!

Ihr selbst kommt nicht hinein,
und denen, die davor stehen, versperrt ihr den Zugang.

¹⁴Unheil über euch, ihr Schriftgelehrten,
ihr Pharisäer, ihr Heuchler!
Ihr verschlingt die Häuser der Witwen
und murmelt lange Gebete zur Tarnung.
Doch das verschärft nur das Urteil Gottes über euch Räuber.

¹⁵Unheil über euch, ihr Schriftgelehrten, ihr Pharisäer, ihr Heuchler!
Ihr durchreist das Meer und das Land, um einen Menschen zu finden,
der den Glauben annimmt. Und wenn er ihn annahm,
macht ihr aus ihm einen Sohn der Hölle, schlimmer als ihr selbst.

¹⁶Unheil über euch!
Ihr wollt andern den Weg zeigen und seid selbst blind!
Ihr sagt: ›Wer beim Tempel schwört,
braucht seinen Eid nicht zu halten.
Wer aber das Gold am Tempel anruft,
der ist gebunden.‹ ¹⁷Ihr Narren und Blinden,
was ist denn mehr, das Gold oder der Tempel,
der dem Goldschmuck erst seinen Sinn gibt?
¹⁸Ihr sagt: ›Wer beim Altar schwört,
braucht seinen Eid nicht zu halten,
wer aber schwört beim Opfer auf dem Altar,
der ist gebunden.‹ ¹⁹Ihr Blinden, was ist denn größer,
das Opfer oder der Altar, der das Opfer heiligt?
²⁰Nein, wer beim Altar schwört,
der schwört bei allem, was darauf liegt.
²¹Wer beim Tempel schwört, schwört bei dem Gott,
der dort seine Stätte hat. ²²Wer beim Himmel schwört,
schwört beim Wohnsitz Gottes und bei dem, der dort waltet.

²³Unheil über euch, ihr Schriftgelehrten,
ihr Pharisäer, ihr Heuchler!
Ihr opfert den Zehnten von Minze, Kümmel und Dill
und werft das Wichtigste am Gesetz weg:
Gerechtigkeit, Erbarmen und Treue.
Tut das eine, lasst aber das andere nicht!

²⁴Ihr blinden Blindenführer!
Mücken fangt ihr sorglich im Sieb, Kamele schluckt ihr hinunter.

²⁵Unheil über euch, ihr Schriftgelehrten,
ihr Pharisäer, ihr Heuchler!
Von außen wascht ihr Becher und Schüsseln,
innen aber sind sie voll Raub und Gier!
²⁶Du blinder Pharisäer!
Reinige erst den Becher von innen,
so dass auch die äußere Reinigung Sinn hat.

²⁷Unheil über euch, ihr Schriftgelehrten,
ihr Pharisäer, ihr Heuchler!
Ihr gleicht den hell getünchten Gräbern, die außen hübsch erscheinen,
innen aber gefüllt sind mit Totenresten und stinkender Fäulnis.
²⁸Nach außen spielt ihr den braven Mann,
innen aber füllen euch Falschheit und Niedertracht.

²⁹Unheil über euch, ihr Schriftgelehrten,
ihr Pharisäer, ihr Heuchler,
ihr baut den Propheten Grabmäler,
schmückt die Gräber der Gerechten und sagt:
³⁰›Hätten wir gelebt in den Tagen unserer Väter,
wir wären nicht wie sie zu Mördern von Propheten geworden.‹
³¹So beweist ihr selbst, dass ihr Söhne seid von Prophetenmördern.
³²Auf denn! Zeigt, dass ihr könnt, was eure Väter konnten!
³³Ihr Schlangen, ihr Otternbrut,
wie wollt ihr dem Strafgericht und der Hölle entrinnen?
³⁴Was gilt die Probe?
Ich sende Propheten zu euch und Weise und Lehrer.
Einige werdet ihr kreuzigen und töten,
andere auspeitschen in euren Synagogen
und verfolgen von Stadt zu Stadt.
³⁵So kommt auf euer Haupt das Blut all der Gerechten,
das die Erde getrunken hat
vom Blut des unschuldigen Abelbis hin zum Blut des Secharja,
des Sohnes Berechjas, den ihr ermordet habt
zwischen Tempel und Altar.
³⁶Ich sage euch: An dieser Generation wird es sich rächen.

³⁷O Jerusalem! Jerusalem!
Du tötest die Propheten und steinigst die Boten von Gott.
Wie oft wollte ich deine Kinder sammeln,
wie ein Vogel seine Jungen sammelt unter seinen Flügeln –
und ihr habt nicht gewollt.
³⁸Schaut hin! Verlassen liegt euer Haus!

³⁹Ich sage euch:
Ihr werdet mich nicht mehr sehen, bis ihr ruft:
›Gepriesen sei, der zu uns kommt mit der Vollmacht,
die ihm Gott gegeben hat.‹«

Die Rede über die Endzeit

24 ¹Und Jesus verließ den Tempel und ging hinaus. Da sammelten sich die Jünger um ihn und wollten ihm die Prachtbauten des Tempelplatzes zeigen. ²Er aber wehrte ab: »Ja, schaut sie an! Kein Stein wird davon auf dem andern bleiben. Alle wird man abreißen.« ³Als er danach auf dem Ölberg saß und sie allein waren, fragten ihn die Jünger: »Sag doch! Wann wird das geschehen? Woran werden wir erkennen, dass du wiederkommst und das Ende dieser Weltzeit da ist?« ⁴Jesus gab zur Antwort:

»Seht euch vor! Lasst euch nicht täuschen!
⁵Viele werden kommen und sagen:
›Ich bin Christus!‹ und werden viele verwirren.
⁶Ihr werdet Kriege erleben und von Kriegen hören.
Schaut hin, aber fürchtet euch nicht.
Das muss so kommen, aber das Ende ist es nicht.
⁷Krieg führen wird Volk gegen Volk, Staat gegen Staat.
Hungersnöte und Erdbeben werden sich ereignen hier oder dort.
⁸All das aber ist nur der Anfang der Schrecken.
⁹Sie werden euch Leid zufügen und euch töten.
Sie werden euch hassen, weil ihr euch zu mir bekennt.
¹⁰Viele werden an mir irrewerden,
werden einander hassen und verraten.
¹¹Viele falsche Propheten werden auftreten
und viele in die Irre führen.

¹²Das Unrecht wird sich ausbreiten
und die Liebe in vielen erkalten.
¹³Wer aber fest bleibt bis ans Ende, der wird gerettet werden.
¹⁴Das Evangelium vom Reich Gottes aber
wird ausgerufen auf der ganzen Erde,
und alle Völker werden es hören. Dann kommt das Ende.

¹⁵Wenn ihr drüben im Tempel
das Scheusal stehen seht, das Götzenbild –
schon Daniel kündigt es an, und wer es liest, der achte darauf! –,
¹⁶dann ist hohe Zeit!
Wer dann in Judäa ist, fliehe auf die Berge.
¹⁷Wer auf dem Dach seines Hauses steht,
steige nicht hinab in sein Haus, etwas zu retten.
¹⁸Wer auf dem Feld arbeitet,
laufe nicht zum Ackerrand zurück, seinen Mantel zu holen.
¹⁹Schrecklich wird es sein für die Frauen,
die ein Kind erwarten oder stillen.
²⁰Bittet aber darum, dass eure Flucht
nicht in den Winter fällt oder auf den Sabbat.
²¹Das Elend wird so groß sein wie nie, seit die Welt steht,
und wie es nie mehr sein wird.
²²Und wenn jene Tage nicht abgekürzt würden,
könnte kein Mensch gerettet werden,
aber um der Erwählten willen werden sie verkürzt.
²³Wenn euch dann einer zurufen wird:
›Schau hier! Da ist Christus!‹
oder: ›Schau dort! Dort ist er!‹, so glaubt nicht.
²⁴Denn es werden falsche Christusse und falsche Propheten auftreten
und werden große Zeichen und Wunder tun,
so dass auch die Erwählten irrewürden,
wenn es denn möglich wäre.
²⁵Haltet das fest! Ich habe es euch vorausgesagt.
²⁶Wenn ihr dann das Gerücht hört: ›Er ist in der Wüste!‹,
dann geht nicht hinaus!
Oder: ›Er ist in der Kammer!‹, dann glaubt nicht.
²⁷Wie nämlich der Blitz herüberzuckt vom Osten in den Westen,
so wird die Erscheinung des Menschensohnes sein.
²⁸Wo das Aas ist, da sammeln sich die Geier.

²⁹Bald nach dem Grauen jener Tage wird die Sonne finster werden,
der Mond wird seinen Schein verlieren,
die Sterne werden vom Himmel fallen
und die Kräfte im Weltall aus ihrer Ordnung springen.
³⁰Dann wird mein Zeichen am Himmel erscheinen,
die Völker der Erde wird es treffen wie ein Schlag,
und sie werden mich, den Menschensohn,
kommen sehen auf den Wolken des Himmels
mit Macht und Herrlichkeit.
³¹Ich werde meine Engel senden mit großem Posaunenton,
die werden die Erwählten sammeln von den vier Winden
und von einem Ende des Himmels bis zum anderen.

³²Nehmt den Feigenbaum als Beispiel:
Wenn sein Zweig anfängt, saftig zu sein
und Blätter zu treiben, dann wisst ihr: Der Sommer ist nahe.
³³Und wenn ihr all das wahrnehmt,
dann wisst: Es ist unmittelbar vor der Tür.
³⁴Was ich sage, ist wahr:
Noch ehe diese Generation stirbt, wird das alles geschehen.
³⁵Himmel und Erde werden vergehen, meine Worte vergehen nicht.
³⁶Wann aber jener Tag anbricht,
wann die Stunde schlägt, weiß niemand,
weder die Engel im Himmel noch auch der Sohn.
Das weiß allein der Vater.

³⁷Es wird, wenn ich komme, zugehen,
wie es zu Zeiten des Noach zuging.
³⁸Sie lebten dahin in den Tagen vor der Flut
mit Essen und Trinken, mit Heiraten und Verheiraten,
bis zu dem Tag, an dem Noach in das Schiff trat.
³⁹Sie merkten nichts, bis die Flut kam und sie alle verschlang.
Und so wird es wieder gehen, wenn ich komme.
⁴⁰Dann werden zwei auf dem Feld sein,
der eine wird angenommen, der andere verworfen.
⁴¹Zwei Frauen werden mahlen auf der Mühle,
die eine wird angenommen, die andere verworfen.
⁴²Darum seid wach! Ihr wisst den Tag nicht, an dem ich komme.

⁴³Wenn ein Hausbesitzer wüsste,
zu welcher Stunde der Nacht der Dieb kommt,
bliebe er wach und ließe nicht zu, dass jener ins Haus einbräche.
⁴⁴So bleibt auch ihr bereit,
denn ich werde zu einer Stunde kommen,
in der ihr nicht damit rechnet.
⁴⁵Wer von euch wird dem treuen und klugen Verwalter gleichen,
den sein Herr verantwortlich macht für alle seine Mitarbeiter,
dass er ihnen ihre Nahrung zur rechten Stunde gibt?
⁴⁶Glücklich der Verwalter,
den sein Herr bei seiner Rückkehr bei sorgfältiger Arbeit antrifft.
⁴⁷Ich sage euch:
Er wird ihm alle seine Güter anvertrauen.
⁴⁸Ein schlechter Verwalter könnte sich sagen:
›Mein Herr kommt noch lange nicht!‹
⁴⁹Er könnte anfangen, seine Mitarbeiter zu misshandeln
und mit den Säufern zu essen und zu trinken.
⁵⁰Aber sein Herr kommt an einem Tag, den er nicht vermutet,
und zu einer Stunde, die er nicht weiß.
⁵¹Er wird ihn in Stücke hauen und ihm geben, was ihm zusteht:
Mit allen, die ihr Amt vergessen oder missbrauchen,
wird er ihn hinauswerfen an einen Ort der Verzweiflung
und der Verbitterung.

Wachsamkeit ist nötig

25 ¹Wenn Gott euch zu sich holen will in sein Reich,
wird es euch ergehen wie zehn jungen Mädchen,
die als Brautjungfern zu einer Hochzeit geladen waren.
Am Abend begann das Fest.
So nahmen sie Öllampen mit, um den Bräutigam zu erwarten,
wenn er seine Braut heimführen würde.
²Fünf von ihnen hatten ihre Gedanken bei der Sache, fünf nicht.
³Die nahmen zwar ihre Lampen mit, aber kein Öl zum Nachfüllen.
⁴Die Klugen nahmen außer ihren Lampen
auch Öl mit in ihren Kannen.
⁵Als nun der Bräutigam einige Stunden ausblieb,
wurden sie alle müde und schliefen ein.

⁶Mitten in der Nacht aber gab es plötzlich ein Geschrei:
›Er kommt! Der Bräutigam! Auf! Ihm entgegen!‹
⁷Da standen die Mädchen alle auf und schmückten ihre Lampen.
⁸Die Törichten aber wandten sich an die Klugen und baten:
›Gebt uns von eurem Öl, unsere Lampen verlöschen!‹
⁹Die wehrten sich: ›Unmöglich!
Dann reicht es weder für euch noch für uns!
Lauft und holt euch Öl beim Händler!‹
¹⁰Während die fünf unterwegs waren,
um Öl zu kaufen, kam der Bräutigam.
Die bereit waren, gingen mit ihm in den Festsaal,
und die Tür wurde verschlossen.
¹¹Später kamen auch die anderen fünf und riefen:
›Herr! Herr! Mach auf!‹
¹²Der aber gab die Antwort:
›Ich weiß nicht, wer ihr seid! Ich kenne euch nicht.‹
¹³Darum seid wach! Ihr wisst weder Tag noch Stunde.

¹⁴Ein reicher Mann, der auf eine weite Reise ging,
rief seine Angestellten zusammen und übergab ihnen sein Vermögen.
¹⁵Dem Ersten gab er fünfzigtausend Mark,
dem Zweiten zwanzigtausend, dem Dritten zehntausend,
wie er eben ihre Fähigkeiten einschätzte, und reiste ab.
¹⁶Da fing der eine sofort an, mit seinem Geld zu arbeiten,
und verdiente damit weitere fünfzigtausend Mark.
¹⁷Der Zweite trieb ebenfalls sein Geld um
und verdiente zwanzigtausend Mark.
¹⁸Der Dritte ging weg, grub ein Loch in die Erde
und versteckte das Geld seines Herrn.
¹⁹Lange Zeit danach kam der Herr zurück
und ließ sich die Abrechnung vorlegen.
²⁰Der Erste kam und legte außer dem Geld,
das er bekommen hatte,
weitere fünfzigtausend Mark auf den Tisch.
›Fünfzigtausend Mark habe ich erhalten‹, berichtete er,
›weitere fünfzigtausend habe ich verdient.‹
²¹›Gut!‹, antwortete der Herr.
›Du hast sorgsam und zuverlässig gearbeitet.
Mit einer geringen Summe bist du gewissenhaft umgegangen.

Ich will dir viel anvertrauen. Geh hinein zu meinem Fest!‹
²²Da kam der Zweite an die Reihe und berichtete:
›Du hast mir zwanzigtausend Mark gegeben,
weitere zwanzigtausend habe ich damit verdient.‹
²³›Gut!‹, antwortete der Herr.
›Du hast sorgsam und zuverlässig gearbeitet.
Ich will dir viel anvertrauen. Geh hinein!
Ich will ein Fest mit dir feiern!‹
²⁴Zuletzt kam auch der Dritte, der zehntausend Mark erhalten hatte,
und sagte: ›Herr, ich wusste, dass du ein harter Rechner bist.
Du willst ernten, wo du nicht gesät hast,
einsammeln, wo du nicht ausgestreut hast.
²⁵Ich war besorgt um dein Geld und vergrub es in der Erde.
Hier hast du unversehrt wieder, was dir gehört.‹
²⁶Der Herr antwortete: ›Du übler Kerl, du fauler Bursche!
Wenn dir klar war, dass ich ernten wollte,
wo ich nicht gesät habe, und einsammeln,
wo ich nicht ausgestreut habe, wäre es deine Sache gewesen,
²⁷mein Geld auf eine Bank zu geben,
so dass es wenigstens Zinsen gebracht hätte.
²⁸Die zehntausend Mark soll der erhalten,
der hunderttausend gebracht hat.
²⁹Denn wer hat, dem wird man mehr geben,
und er wird Überfluss haben.
Wer aber nichts hat, der wird auch das Letzte verlieren.
³⁰Den unbrauchbaren Burschen aber
werft hinaus in die finsterste Finsternis,
wo nur noch die Klage übrig bleibt
und die hoffnungslose Verbitterung.‹

³¹Wenn aber der Herr der himmlischen Welt
kommen wird in der strahlenden Fülle seiner Macht
und alle seine Engel mit ihm,
dann wird er sich auf den Thron seiner Herrlichkeit setzen.
³²Dann werden sich vor ihm alle Völker versammeln,
und er wird sie voneinander trennen,
wie der Hirte, der tagsüber die Schafe und die Böcke weidete,
sie am Abend trennt ³³und die Schafe auf seiner Rechten sammelt,
die Böcke auf seiner Linken.

³⁴Dann wird er zu denen zu seiner Rechten sagen:
›Kommt her, ihr, die mein Vater gesegnet hat!
Nehmt den Anteil am himmlischen Reich, der für euch vorgesehen ist,
seit der Grund dieser Welt gelegt wurde.
³⁵Denn ich war hungrig, und ihr habt mir zu essen gegeben.
Ich war durstig, und ihr habt mich getränkt.
Ich war in der Fremde, ihr habt mich aufgenommen.
³⁶Ich war nackt, ihr habt mich gekleidet.
Ich war krank, ihr habt mich besucht.
Ich war im Gefängnis, ihr seid zu mir gekommen.‹

³⁷Dann werden die Gerechten ihn fragen:
›Herr, wann sahen wir dich hungrig und haben dich gespeist
oder durstig und haben dich getränkt
³⁸oder als Fremdling und haben dich aufgenommen
oder nackt und haben dich bekleidet?
³⁹Wann sahen wir dich krank oder gefangen
und sind zu dir gekommen?‹
⁴⁰Dann wird ihnen der König antworten:
›Dies ist wahr: Was ihr einem unter meinen geringsten Brüdern
getan habt, das habt ihr mir getan.‹

⁴¹Dann wird er zu denen zu seiner Linken
sagen: ›Geht weg von mir, ihr Verfluchten, in das ewige Feuer,
das für den Teufel und seine Helfer vorbereitet ist!
⁴²Denn ich war hungrig, und ihr habt mich nicht gespeist.
Ich war durstig, und ihr habt mich nicht getränkt.
⁴³Ich war ein Fremdling, und ihr habt mich von eurer Tür gewiesen.
Ich war nackt, und ihr habt mich nicht bekleidet.
Ich war krank und im Gefängnis, und ihr habt mich nicht besucht.‹
⁴⁴Dann werden auch sie fragen: ›Herr, wann sahen wir dich hungrig
oder durstig oder als Fremdling oder nackt
oder krank oder im Gefängnis und haben dir nicht gedient?‹
⁴⁵Dann wird er ihnen antworten:
›Dies ist wahr: Was ihr einem unter meinen
geringsten Brüdern verweigert habt, das habt ihr mir verweigert.‹
⁴⁶Und sie werden die endgültige Strafe empfangen,
die Gerechten aber das ewige Leben.«

Die Leidensgeschichte

26 ¹Nach all diesen Reden und Gesprächen sprach Jesus zu seinen Jüngern: »Ihr wisst, es sind noch zwei Tage bis zum Passafest. ²Nun wird man mich den Henkern übergeben und kreuzigen.« ³In derselben Zeit kamen die Oberpriester und die Volksvertreter im Palast des Hohenpriesters Kajaphas zusammen ⁴und überlegten, wie sie Jesus mit List in die Hand bekommen und umbringen könnten. ⁵Aber – so beschlossen sie – nicht am Fest, sondern noch vorher, damit im Volk nicht ein Aufruhr entsteht.

Eine Geste der Dankbarkeit

⁶Als nun Jesus in Betanien im Hause eines Simon, der aussatzkrank gewesen war, weilte, ⁷betrat eine Frau den Raum mit einer Alabasterflasche voll sehr wertvollen Salböls und goss es über seinem Haupt aus, während er zu Tisch lag. ⁸Als die Jünger das sahen, wurden sie ärgerlich: »Was soll diese Verschwendung? ⁹Man hätte das Öl teuer verkaufen können und das Geld den Armen geben!« ¹⁰Jesus hörte es und nahm sie in Schutz: »Was macht ihr der Frau das Herz schwer? Sie hat etwas Schönes für mich getan. ¹¹Von Armen seid ihr jeden Tag umgeben, mich habt ihr künftig nicht mehr. ¹²Wenn sie Salböl über mir ausgoss, tat sie es, um meinen Leib für sein Begräbnis zu salben. ¹³Was ich sage, ist wahr: Wo immer man in der Welt davon sprechen wird, dass ich starb, um der Welt das Leben zu schenken, da wird man auch reden über das, was sie jetzt getan hat, und wird es als Zeichen ihrer Liebe festhalten.«

Das letzte Mahl, ein Abschied

¹⁴Einer von den Zwölfen, Judas Iskariot, ging um diese Zeit zu den Oberpriestern. ¹⁵»Ich will dafür sorgen«, schlug er vor, »dass ihr ihn festnehmen könnt. Was gebt ihr dafür?« »Dreißig Silberstücke«, war die Antwort. ¹⁶Von da an suchte er eine günstige Gelegenheit, ihn zu verraten.

¹⁷Am ersten Tag des Festes der ungesäuerten Brote kamen die Jünger zu Jesus und fragten: »Wo sollen wir dir das Passamahl zuberei-

ten?« ¹⁸»Geht in die Stadt«, antwortete er, »zu dem und dem und bestellt ihm: ›Der Meister lässt dir sagen: Die Stunde meines Todes ist nahe. Ich will bei dir mit meinen Jüngern zusammen das Passa feiern.‹« ¹⁹Die Jünger taten, was Jesus ihnen aufgetragen hatte, und bereiteten das Passamahl vor.
²⁰Der Abend kam, und Jesus legte sich mit den Jüngern zu Tisch. ²¹Während sie aßen, begann er: »Was ich sage, ist wahr: Einer von euch wird mich verraten.« ²²Da erschraken sie bis ins Herz und fragten, einer nach dem andern: »Meinst du mich, Herr?« ²³Er antwortete: »Der mit mir jetzt eben mit der Hand das Brot in die Schüssel eintaucht, der ist es, der wird mich verraten. ²⁴Es ist mir zwar bestimmt zu sterben, aber wehe dem Menschen, der mich verrät. Es wäre besser für ihn, er wäre nie zur Welt gekommen.« ²⁵Da fragte Judas, der Verräter: »Meinst du mich?«, und Jesus gab zur Antwort: »Ja! Dich.«
²⁶Während sie aßen, nahm Jesus Brot und sprach das Segensgebet. Er brach es in Stücke und gab es seinen Jüngern mit den Worten: »Nehmt und esst! Das ist mein Leib.« ²⁷Und er nahm einen Kelch, sprach das Dankgebet und gab ihn weiter mit den Worten: »Trinkt alle daraus. ²⁸Das ist mein Blut, das für viele vergossen wird zur Vergebung ihrer Schuld. Es setzt den neuen Bund in Kraft, den Gott mit uns schließt. ²⁹Ich sage euch: Von jetzt an werde ich von dieser Frucht des Weinstocks nicht mehr trinken bis an den Tag, an dem ich aufs neue mit euch von ihr trinken werde im Reich meines Vaters.«
³⁰Als sie aber den Dankpsalm gesungen hatten, gingen sie hinaus an den Ölberg. ³¹Und Jesus sprach zu ihnen: »In dieser Nacht werdet ihr alle an mir irre werden. In der Schrift steht:

›Ich werde den Hirten erschlagen,
und die Schafe der Herde werden sich zerstreuen.‹

³²Wenn ich aber aus dem Tode auferstehen werde, will ich euch vorausgehen nach Galiläa.« ³³Petrus antwortete: »Und wenn alle den Glauben an dich verlören, ich werde nicht an dir zweifeln.« ³⁴»Ich sage dir«, sagte ihm Jesus voraus, »in dieser Nacht, ehe der Hahn kräht, wirst du dreimal versichern, du habest nichts mit mir zu tun.« ³⁵Aber Petrus blieb dabei: »Wenn ich auch mit dir sterben müsste, würde ich mich nicht von dir lossagen.« Ähnlich sprachen auch alle anderen.

Einwilligung

³⁶Schließlich kam Jesus zu einem Landgut mit Namen Getsemani und sagte zu den Jüngern: »Setzt euch hier. Ich will dort hinübergehen und beten.« ³⁷Er nahm Petrus, Johannes und Jakobus mit sich und fing an zu trauern und zu zagen: ³⁸»Meine Seele ist zu Tode betrübt. Bleibt hier und wacht mit mir.« ³⁹Dann ging er ein paar Schritte weit, sank auf die Erde und betete: »Mein Vater, wenn es möglich ist, lass diesen Kelch, diesen entsetzlichen, an mir vorübergehen! Aber es soll nicht kommen wie ich will, sondern wie du willst.« ⁴⁰Und er kam zu den Jüngern zurück, fand sie schlafend und weckte Petrus: »Könnt ihr nicht eine Stunde mit mir wachen? ⁴¹Wacht und betet, dass euch die Macht der Finsternis nicht überwältigt. Unser aller Geist ist willig, aber unsere Kräfte sind schwach.«

⁴²Noch ein zweites Mal ging Jesus beiseite und betete: »Mein Vater, wenn es keinen Ausweg gibt und ich diesen Kelch trinken muss, so soll dein Wille geschehen!« ⁴³Als er wieder zurückkam, traf er sie schlafend an und so müde, dass sie kaum die Augen öffnen konnten. ⁴⁴Da ließ er sie, ging wieder ein wenig abseits und betete zum dritten Mal mit den gleichen Worten. ⁴⁵Schließlich kam er zu den Jüngern zurück und weckte sie: »Schlaft ein andermal! Ruht ein andermal aus! Es ist so weit. Meine Stunde ist da. Die Menschen kommen und greifen nach mir. ⁴⁶Steht auf! Wir gehen! Der Verräter ist da.«

Die Gefangennahme

⁴⁷Kaum hatte er das gesagt, da kam Judas, einer von den Zwölfen, an der Spitze einer mit Schwertern und Spießen bewaffneten Truppe von Söldnern und Gerichtsdienern, die entsandt waren von den Priestern und den Ältesten des Volks. ⁴⁸Der Verräter hatte mit ihnen ein Zeichen verabredet: »Der, dem ich einen Kuss gebe, ist es. Den nehmt fest.« ⁴⁹Sofort ging er auf Jesus zu: »Ich grüße dich, Meister!« und küsste ihn. ⁵⁰»Mein Freund«, erwiderte Jesus, »dazu also bist du gekommen.« Da umstellten sie ihn und nahmen ihn fest. ⁵¹Nur einer, der mit Jesus war, zog sein Schwert und schlug zu. Er traf den Beauftragten des Hohepriesters und hieb ihm ein Ohr ab. ⁵²Jesus aber wandte sich an ihn: »Stecke dein Schwert weg! Wer zum Schwert greift, kommt durchs Schwert um. ⁵³Oder meinst du, ich könnte nicht meinen Vater bitten,

mir mehr als zwölf Legionen Engel zu senden? ⁵⁴Wie aber soll dann geschehen, was Gott längst bestimmt und angekündigt hat?« ⁵⁵Und zu den Söldnern gewandt: »Mit Schwertern und Spießen kommt ihr daher, mich zu fangen. Bin ich denn ein Räuber? Jeden Tag saß ich im Tempel und habe geredet, und ihr hattet nicht den Mut, mich festzunehmen. ⁵⁶Aber das alles geschieht, wie Gott es durch die Propheten angekündigt hat.« Da verließen ihn alle seine Jünger und flohen.

Das Verhör vor dem Hohepriester

⁵⁷Die Mannschaft aber, die ihn festgenommen hatte, brachte ihn zu Kajaphas, dem Hohepriester, bei dem sich die Schriftgelehrten und die Ältesten eingefunden hatten. ⁵⁸Petrus indessen folgte ihm in einigem Abstand bis zum Palast des Hohepriesters, ging in den Hof und setzte sich dort zu den Söldnern, um zu sehen, worauf es hinausliefe. ⁵⁹Die Oberpriester und der Hohe Rat aber versuchten, Jesus irgendeine Schuld nachzuweisen, auf der der Tod stand, und sei es mit Hilfe falscher Zeugenaussagen. ⁶⁰Sie fanden aber keine, obwohl sich eine Menge meineidiger Zeugen bereit fand. Zuletzt kamen zwei und sagten: ⁶¹»Er hat behauptet: ›Ich kann den Tempel Gottes abreißen und in drei Tagen wieder aufbauen.‹« (Mit dem Tempel hatte er seinen Leib gemeint, seinen Tod und seine Auferstehung.) ⁶²Der Hohepriester erhob sich und fragte: »Hast du auf diese Anklage nichts zu antworten?« ⁶³Da fuhr der Hohepriester fort: »Ich stelle dich unter Eid und frage dich im Angesicht des lebendigen Gottes: Bist du der Christus, Gottes Sohn?« ⁶⁴Jesus antwortete: »Ja. Es ist, wie du sagst. Ich bin es. Ihr werdet mich, den Menschensohn, künftig sitzen sehen zur Rechten Gottes und wiederkommen auf den Wolken des Himmels.« ⁶⁵Da zerriss der Hohepriester sein Gewand zum Zeichen des Entsetzens und rief: »Er vergreift sich an Gott! Wozu brauchen wir weitere Zeugen? Ihr habt alle seine Gotteslästerung gehört. Was ist euer Urteil?« ⁶⁶Sie antworteten: »Er ist des Todes schuldig!« ⁶⁷Sie spuckten ihm ins Gesicht und schlugen ihn, andere aber gaben ihm Ohrfeigen: ⁶⁸»Du bist doch der Christus! Du weißt doch alles! Wie heißt der, der dich schlug?«

⁶⁹Petrus saß währenddessen draußen im Hof. Eine Magd trat auf ihn zu und sagte: »Du warst auch mit diesem Jesus aus Galiläa!« ⁷⁰Er aber leugnete, während alle zuhörten, und sagte: »Ich weiß nicht, wovon du sprichst!« ⁷¹Als er später durch die Tür ins Freie trat, sah ihn eine an-

dere und sagte vor den Umstehenden: »Du gehörst auch zu den Anhängern dieses Jesus aus Nazaret.« [72]Und wieder leugnete er und schwur dazu: »Bei Gott! Ich kenne den Menschen nicht!« [73]Einen Augenblick später kamen einige, die in der Nähe standen, und sprachen ihn an: »Kein Zweifel, du gehörst auch zu denen, deine Sprache verrät dich!« [74]Und noch einmal fing er an zu fluchen und zu schwören: »Ich kenne den Menschen nicht!« Und da krähte ein Hahn. [75]Petrus aber erinnerte sich, dass Jesus gesagt hatte: »Ehe der Hahn kräht, wirst du mich dreimal verleugnen.« Und er ging hinaus und weinte bitterlich.

27 [1]Als der Morgen kam, beschlossen die Priester und die Volksvertreter, Jesus zu töten. [2]Sie fesselten ihn wieder und überstellten ihn dem römischen Gouverneur, der für Todesurteile zuständig war, Pontius Pilatus.

[3]Als Judas, der ihn den Juden in die Hände gespielt hatte, sah, dass Jesus tatsächlich zum Tode verurteilt werden sollte, packte ihn die Reue. Er brachte den Priestern und Ältesten die dreißig Silberstücke zurück und sagte: [4]»Ich habe schweres Unrecht getan. Ich habe einen unschuldigen Menschen verraten!« Die wehrten ab: »Was geht das uns an? Das ist deine Sache!« [5]Da nahm Judas das Silber und warf es in den Tempel, ging davon und erhängte sich. [6]Die Priester nahmen das Geld und meinten: »Es ist nicht gut, wenn wir es in den Opferkasten legen, denn es ist der Lohn für eine Bluttat.« [7]Sie verhandelten hin und her und beschlossen endlich, den Acker des Töpfers davon zu kaufen, um einen Friedhof anzulegen, auf dem man verstorbene Pilger begraben könne. [8]Darum heißt das Feld bis heute »Blutacker«. [9]So gewann das Rätselwort seinen Sinn, mit dem Jeremia davon gesprochen hatte:

»Sie nahmen die dreißig Silberstücke –
so viel war er den Söhnen Israels wert –
[10]und kauften dafür den Acker des Töpfers,
wie Gott es mir gesagt hatte.«

Der Prozess vor Pilatus

[11]Als Jesus vor dem Gouverneur stand, fragte ihn der: »Bist du der König der Juden?« Und Jesus gab zur Antwort: »Ja. Ich bin es.« [12]Als aber die Priester und die Ältesten ihn anklagten, schwieg er. [13]Pilatus fragte

ihn: »Hörst du nicht, wie schwer diese Anklagen sind?« [14]Doch Jesus antwortete, zum großen Erstaunen des Gouverneurs, mit keinem Wort.

[15]Nun hatte Pilatus die Gewohnheit, alljährlich zum Fest einen Gefangenen freizulassen, den das Volk bestimmen durfte. [16]Damals hatte er einen besonders berüchtigten Gefangenen, der Jesus Barabbas hieß. [17]So fragte er die Menge: »Wen soll ich freilassen, Jesus Barabbas oder Jesus, den man den Christus nennt?« [18]Denn er wusste wohl, dass hinter der Anklage gegen Jesus nur der Neid stand.

[19]Während Pilatus auf dem Richterstuhl saß, sandte ihm seine Frau die Botschaft: »Lass die Hände von diesem Gerechten. Ich habe heute seinetwegen in einem Traum viel erlitten.«

[20]Die Priester und Ältesten beredeten inzwischen die Leute, sie sollten um Barabbas bitten, für Jesus aber die Todesstrafe fordern. [21]Als nun der Gouverneur noch einmal fragte: »Wen soll ich freigeben?« Da rief die Menge: »Barabbas!« [22]Pilatus fragte dagegen: »Was soll ich mit Jesus tun, von dem man sagt, er sei der Christus?« Sie schrien alle zusammen: »Schlag ihn ans Kreuz!« [23]Wieder fragte Pilatus: »Was hat er denn Böses getan?« Sie schrien aber immer lauter: »Ans Kreuz!« [24]Als Pilatus sah, dass er gegen das immer stärker anschwellende Geschrei nichts ausrichtete, nahm er eine Schüssel mit Wasser, wusch öffentlich vor dem Volk die Hände und sagte: »Ich bin unschuldig, wenn hier ein Gerechter getötet wird. Die Schuld wird bei euch sein.« [25]Da antwortete das ganze Volk: »Wenn das ein Verbrechen ist, dann soll die Strafe uns und unsere Kinder treffen.« [26]Da gab er ihnen Barabbas frei, Jesus aber ließ er mit der Geißel peitschen und zur Kreuzigung abführen.

[27]Danach holten die Soldaten des Gouverneurs Jesus in die Kaserne und riefen die ganze Mannschaft zusammen. [28]Sie zogen ihn aus, warfen ihm einen ihrer roten Mäntel um, [29]flochten einen Kranz aus Dornen und drückten ihm den aufs Haupt. In die rechte Hand gaben sie ihm einen Rohrstock als Zepter, warfen sich vor ihm auf die Knie und spotteten: [30]»Heil dir, König der Juden!« Sie spien ihn an, nahmen den Rohrstock und schlugen ihm damit aufs Haupt.

[31]Nachdem sie so ihren Spott mit ihm getrieben hatten, nahmen sie ihm den Mantel wieder, zogen ihm seine eigenen Kleider an und führten ihn zur Hinrichtung ab. [32]Als sie die Stadt verließen, trafen sie auf einen Mann aus Zyrene, der Simon hieß. Den zwangen sie, den Kreuzbalken für Jesus hinauszutragen.

Die Hinrichtung

³³Schließlich kamen sie an das Ziel, an einen Platz, der Golgota hieß, das heißt »Totenkopfhügel«. ³⁴Dort gaben sie ihm – zur Betäubung – Essig mit Galle vermischt zu trinken, aber als er das schmeckte, nahm er es nicht. ³⁵Nachdem sie ihn ans Kreuz genagelt hatten, verteilten sie unter sich seine Kleider, indem sie das Los darüber warfen, ³⁶setzten sich und bewachten ihn. ³⁷Über seinem Haupt befestigten sie am Kreuz eine Tafel, auf der sein Verbrechen angegeben war: »Das ist Jesus, der König der Juden.« ³⁸Und mit ihm zugleich kreuzigten sie zwei Räuber, einen zu seiner Rechten, einen zu seiner Linken.

³⁹Die Leute aber, die dort vorbeigingen, verspotteten ihn und schüttelten ihre Köpfe und riefen: ⁴⁰»Bist du der, der den Tempel abreißen und in drei Tagen wieder aufbauen wollte? Hilf dir selber, wenn du Gottes Sohn bist, und steig herab vom Kreuz!« ⁴¹Auch die Priester verlachten ihn, die Schriftgelehrten und die Ältesten: ⁴²»Anderen hat er geholfen, sich selbst kann er nicht helfen! Er ist doch der König Israels! Er soll vom Kreuz herabsteigen, dann wollen wir an ihn glauben! ⁴³Er hat sich auf Gott verlassen, der soll ihn befreien, wenn er ihn liebt. Hat er nicht gesagt: ›Ich bin Gottes Sohn‹?« ⁴⁴Mit dem gleichen Spott schmähten ihn auch die Räuber, die mit ihm gekreuzigt worden waren.

⁴⁵Von der Mittagsstunde an legte sich eine Finsternis über das Land, über drei Stunden hin. ⁴⁶Um die dritte Stunde nach Mittag schrie Jesus auf und rief mit lauter Stimme: »Eli, Eli, lema sabachtani?« Das heißt: Mein Gott, mein Gott, warum hast du mich verlassen? ⁴⁷Einige von den Umstehenden, die das hörten, meinten: »Er ruft den Elija!« ⁴⁸Da kam einer von ihnen, nahm einen Schwamm, füllte ihn mit Essig, steckte ihn auf einen Rohrstock und gab ihm zu trinken. ⁴⁹Die Übrigen aber hielten ihn zurück: »Halt! Lass doch! Wir wollen sehen, ob Elija kommt und ihm hilft!« ⁵⁰Jesus aber schrie noch einmal laut auf und verschied.

⁵¹Da zerriss der Vorhang im Tempel von oben bis unten in zwei Teile. Die Erde bebte, die Felsen zerbrachen, ⁵²und als Jesus aus dem Tod auferstanden war, kamen viele Tote aus dem Volk Gottes aus ⁵³ihren Gräbern in die heilige Stadt und erschienen vielen. ⁵⁴Der Hauptmann aber und seine Söldner, die Jesus bewachten, erschraken zu Tode, als sie das Erdbeben erlebten und alles, was da geschah, und sagten: »Es ist wahr! Der war Gottes Sohn!«

⁵⁵Es waren dort auch viele Frauen, die alles von ferne mitansahen. Sie waren mit Jesus aus Galiläa mitgewandert und hatten für ihn ge-

sorgt. ⁵⁶Maria aus Magdala war eine von ihnen, Maria, die Mutter des Jakobus und des Josef, und die Mutter der Zebedäussöhne.

Bestattung

⁵⁷Als es Abend war, kam ein reicher Mann aus Arimathäa namens Josef, der Jesus als sein Jünger verbunden gewesen war. ⁵⁸Der ging zu Pilatus und bat um den Leib des Toten, und Pilatus ordnete an, man solle ihm den übergeben. ⁵⁹Josef nahm den Leib, hüllte ihn in eine reine Leinwand ⁶⁰und bestattete ihn in seinem eigenen, neuen Grabgewölbe, das er in einen Felsen hatte hauen lassen. Er wälzte einen großen runden Stein vor den Eingang des Grabes und ging seiner Wege. ⁶¹Noch immer aber waren dort Maria Magdalena und die andere Maria. Die setzten sich dem Grab gegenüber.

⁶²Am anderen Morgen, dem Sabbat, kamen die Oberpriester und die Pharisäer zu Pilatus: ⁶³»Herr, wir erinnern uns, dass dieser Betrüger gesagt hat, als er noch lebte: ›Ich werde am dritten Tage ins Leben zurückkehren!‹ ⁶⁴Gib nun den Befehl, dass das Grab bewacht wird bis an den dritten Tag, damit nicht seine Anhänger kommen, den Leichnam stehlen und dem Volk erklären: ›Er ist wieder lebendig geworden!‹ und etwa der zweite Betrug schlimmer würde als der erste.« ⁶⁵Pilatus erwiderte: »Ihr sollt eine Wache haben. Geht hin und sichert, so gut ihr könnt.« ⁶⁶Sie gingen hin, umgaben das Grab mit der Wache und versiegelten den Stein.

Der Ostermorgen

28 ¹Nach dem Sabbat, als der Morgen des ersten Tages der Woche anbrach, kamen Maria aus Magdala und die andere Maria, um nach dem Grab zu sehen. ²Da ereignete sich ein schwerer Erdstoß. Sie schauten eine Lichtgestalt vom Himmel herabkommen, die den Stein abwälzte und sich auf ihm niederließ. ³Sie sah aus wie ein Blitz und ihr Gewand weiß wie Schnee. ⁴Die Soldaten erbebten vor Grauen und fielen wie tot zur Erde. ⁵Der Engel aber sprach die Frauen an: »Fürchtet euch nicht! Ich weiß, ihr sucht Jesus, den Gekreuzigten! ⁶Er ist nicht hier. Er ist auferweckt aus dem Tode, wie er gesagt hat. Kommt her und seht die Stelle, an der er gelegen hat. ⁷Lauft zu den Jüngern und sagt ihnen: Er lebt! Er wird vor euch her nach Galiläa gehen. Dort werdet ihr ihn sehen, verlasst euch darauf!« ⁸Und sie liefen fort von dem Grab, bebend vor Furcht und vor übergroßer Freude, und berichteten den Jüngern.

⁹Da geschah es: Unterwegs trat ihnen plötzlich Jesus selbst entgegen und grüßte sie: »Friede sei mit euch!« Sie liefen zu ihm hin, warfen sich vor ihm nieder und fassten seine Füße. ¹⁰Jesus aber sprach weiter: »Fürchtet euch nicht. Geht und sagt meinen Brüdern, sie sollen nach Galiläa gehen. Dort werden sie mich sehen.«

¹¹Während sie weiterliefen, eilten auch einige von den Soldaten in die Stadt. Die berichteten den Oberpriestern alles, was geschehen war. ¹²Die traten mit den Ältesten zu einer Beratung zusammen, gaben den Soldaten ein ausreichendes Schweigegeld und wiesen sie an: ¹³»Sagt: ›Seine Anhänger kamen in der Nacht und stahlen ihn, während wir schliefen.‹ ¹⁴Sollte es dem Gouverneur zu Ohren kommen, so werden wir euch decken und dafür sorgen, dass euch nichts geschieht.« ¹⁵Die Soldaten nahmen das Geld und taten, wie sie angewiesen waren. Und so geht unter den Juden bis zum heutigen Tag das Gerede um, der Leichnam sei gestohlen worden.

¹⁶Die elf Jünger aber brachen auf nach Galiläa und stiegen auf den Berg, den Jesus ihnen genannt hatte. ¹⁷Als sie Jesus sahen, warfen sie sich vor ihm nieder. Einige aber waren unsicher, ob dies alles wirklich und wahr sei. ¹⁸Und Jesus trat zu ihnen und sprach:

»Mir ist alle Macht gegeben im Himmel und auf Erden.
¹⁹Geht nun zu allen Völkern und macht die Menschen zu Jüngern.
Tauft sie auf den Namen des Vaters
und des Sohnes und des heiligen Geistes.
²⁰Gebt ihnen die Weisungen weiter, die ich euch gegeben habe,
und helft ihnen, danach zu leben. Und seid gewiss:
Ich bin bei euch alle Tage bis an das Ende der Welt.«

JESUS VON NAZARET, DAS GEHEIME ZEICHEN VON GOTT: DAS EVANGELIUM NACH MARKUS

Der Vorläufer

1 ¹Hier beginnt die Geschichte von Jesus Christus, die wir das Evangelium nennen. ²Jesaja, der Prophet, kündigt sie an:

»Ich sende meinen Boten vor dir her«, sagt Gott zu Christus,
»der soll dir den Weg bereiten!
³Eine Stimme soll hinrufen über die Wüste:
›Frei macht dem Christus den Weg. Gebt Raum dem, der einzieht!‹«

⁴Dieses Wort erfüllte sich, als Johannes auftrat. Der begann, in der Wüste zu taufen und rief: »Lasst euch taufen! Fangt ein neues Leben an! So wird Gott euch eure Schuld vergeben!« ⁵In Massen strömten die Menschen zu ihm hinaus aus Judäa und Jerusalem, ließen sich von ihm im Jordan taufen und bekannten offen, was sie gegen Gottes Willen getan hatten. ⁶Johannes trug einen rauen Mantel aus Kamelhaaren und einen ledernen Gürtel darum und lebte von Heuschrecken und wildem Honig. ⁷Und er rief den Menschen zu:

»Nach mir kommt einer, der hat größere Macht als ich!
Ich selbst bin nicht wert,
mich vor ihm zu bücken und ihm die Schuhriemen zu lösen.
⁸Ich taufe euch mit Wasser. Er wird euch taufen mit heiligem Geist!«

⁹In jenen Tagen kam Jesus aus Nazaret in Galiläa und ließ sich von Johannes im Jordan taufen. ¹⁰Als er aus dem Wasser stieg, sah er, wie der Himmel aufriss und der Geist Gottes auf ihn herabfuhr, wie eine Taube sich herabsenkt. ¹¹Und er hörte eine Stimme: »Du bist mein Sohn, mein geliebter, den ich erwählt habe.«

¹²Danach trieb ihn der Geist Gottes von dort in die Wüste. ¹³Er blieb vierzig Tage in der Einsamkeit, bedrängt vom Satan. Er lebte mit den Tieren, und die Engel dienten ihm.

Wirksamkeit in Galiläa

Der Beginn in Kafarnaum

¹⁴Als aber Johannes gefangengenommen und eingekerkert war, weil er das Unrecht des Herodes beim Namen genannt hatte, ging Jesus nach Galiläa und fing dort an auszusprechen, was ihm aufgetragen war: ¹⁵»Die Stunde ist da! Gott ist nahe und sein Reich. Denkt um! Verlasst euch auf dieses gute Wort!«

¹⁶Als er einmal am Galiläischen See entlangging, sah er die Brüder Simon und Andreas, die ihre Netze vom Boot aus ins Meer warfen. Sie waren Fischer. ¹⁷Da rief er sie an: »Auf! Mir nach! Ich will euch zu Menschenfischern machen!« ¹⁸Und augenblicklich ließen sie die Netze liegen und schlossen sich ihm an. ¹⁹An einer anderen Stelle sah er im Weitergehen die beiden Söhne des Zebedäus, Jakobus und Johannes, wie sie im Schiff saßen und ihre Netze flickten. ²⁰Er rief auch sie, da ließen sie ihren Vater Zebedäus mit den Gehilfen im Schiff und schlossen sich ihm an.

²¹Ihr Weg führte sie nach Kafarnaum, und weil gerade Sabbat war, ging Jesus in die Synagoge, um die heilige Schrift zu lesen und auszulegen. ²²Die Zuhörer aber erschraken und waren bestürzt über seine Worte, denn er redete zu ihnen wie einer, der Vollmacht von Gott hat, und nicht wie ihre Schriftgelehrten.

²³In jenem Gottesdienst saß unter anderen ein Kranker, der von einem bösen Geist besetzt war. Der schrie auf: ²⁴»Lass mich in Frieden, du Jesus von Nazaret. Du bist gekommen, mich zu verderben. Ich weiß, wer du bist! Du bist Christus, der Heilige Gottes!« ²⁵Aber Jesus fuhr den Dämon hart an: »Schweig! Verlass diesen Menschen!« ²⁶Da riss der Dämon den Mann zu Boden, schrie mit schrecklicher Stimme und verließ ihn. ²⁷Die Umstehenden, die das sahen, erschraken und fragten einander: »Was ist das? Was der sagt, hat Macht! Er gibt den Geistern Befehle, und sie gehorchen ihm!« ²⁸Wie ein Lauffeuer breitete sich die Kunde von ihm im ganzen Lande Galiläa aus.

²⁹Nach dem Gottesdienst gingen Jesus und seine Begleiter zusammen mit Jakobus und Johannes in das Haus des Simon und des Andreas. ³⁰Dort lag die Schwiegermutter des Simon krank und fiebernd darnieder. Sie sagten es ihm, ³¹und er ging zu ihr. Er fasste ihre Hand und richtete sie auf, da verließ sie das Fieber. Und sie bewirtete ihre Gäste.

³²Als es Abend wurde und die Sonne untergegangen war, brachten sie alle Kranken zu ihm und alle, die unter einem bösen Geist litten, ³³so dass sich schließlich die ganze Stadt vor seiner Tür drängte. ³⁴Er heilte viele Leidende von allerlei Krankheiten und befreite viele von dunklen Geistern. Er ließ die Geister aber nicht reden, denn sie wussten, wer er war.

³⁵Am frühen Morgen, vor Tag, ging Jesus hinaus an einen einsamen Ort und betete dort. ³⁶Simon und einige andere eilten ihm nach, ³⁷fanden ihn und sagten: »Komm, alle suchen dich!« ³⁸Er aber wehrte ab: »Wir gehen weiter in die nächsten Dörfer. Ich will auch dort reden, denn dazu bin ich (vom Vater) ausgegangen.« ³⁹Und er wanderte weiter, besuchte ihre Versammlungen in den Synagogen in ganz Galiläa, redete zu ihnen und heilte ihre seelisch und geistig Kranken.

⁴⁰Da kam ein Aussätziger zu ihm, flehte ihn an und fiel vor ihm auf die Knie: »Wenn du willst, kannst du mich heilen!« ⁴¹Jesus berührte ihn mit der Hand, weil er ihm leid tat: »Ich will es tun. Du sollst gesund sein.« ⁴²Da schwand der Aussatz, und er wurde gesund. ⁴³Jesus aber hielt ihn fest und befahl ihm mit aller Strenge, ehe er ihn entließ: ⁴⁴»Sage zu keinem Menschen ein Wort davon! Geh und zeige dich dem Priester, dass er dich für gesund erklärt, und gib das von Mose vorgeschriebene Opfer, damit man sieht, was mit dir geschehen ist.« ⁴⁵Der Mann ging weg, fing aber sofort an, überall davon zu reden und die Geschichte zu verbreiten, so dass Jesus die Stadt nicht mehr unerkannt betreten konnte. Da blieb er draußen an einsamen Plätzen, und die Menschen kamen von überall her zu ihm.

Erste Auseinandersetzungen

2 ¹Nach einigen Tagen kam er wieder nach Kafarnaum, und es sprach sich herum, dass er im Haus (des Simon) sei. ²Da strömten die Menschen zusammen, so dass sie keinen Raum mehr hatten, auch nicht draußen vor der Tür, und er redete zu ihnen. ³Da kamen auch einige, von denen vier einen Gelähmten trugen. ⁴Als sie aber im Gedränge nicht zu Jesus durchkamen, gruben sie das Lehmdach auf, unter dem er stand, machten eine Lücke und ließen das Tragbett, auf dem der Kranke lag, hinab. ⁵Als Jesus sah, mit wie festem Vertrauen sie gekommen waren, sprach er den Gelähmten an: »Mein Sohn, was du Böses

getan hast, soll dich nicht mehr von Gott trennen!« ⁶Es saßen aber in der Runde auch einige Schriftgelehrte, die dachten hin und her in ihren Herzen: ⁷»Was nimmt der sich heraus? Er tut, als wäre er Gott! Wer kann denn Verfehlungen vergeben außer Gott selbst?«
⁸Jesus erkannte, was sie dachten, und fragte sie: »Warum denkt ihr so? ⁹Was ist leichter, dem Gelähmten zu sagen: ›Deine Verfehlungen sind dir vergeben‹ oder: ›Steh auf, nimm deine Matte und geh umher‹? ¹⁰Ihr sollt sehen, dass ich Vollmacht habe, auf der Erde Sünden zu vergeben. Ich will also tun, was schwerer scheint.« Und er wandte sich an den Gelähmten: ¹¹»Ich sage dir: Steh auf! Nimm deine Matte und geh nach Hause!« ¹²Der stand auf, nahm im selben Augenblick seine Matte und ging vor aller Augen aus dem Haus. Da gerieten sie alle außer sich und rühmten Gott. »So etwas«, sagten sie, »haben wir noch nie gesehen!«

¹³Danach ging Jesus wieder hinaus an den See, die Menschen strömten bei ihm zusammen, und er redete zu ihnen. ¹⁴Als er weiterzog, sah er an einer Zollstelle Levi, den Sohn des Alphäus, Dienst tun, und forderte ihn auf: »Komm! Geh mit!« Der stand auf und schloss sich ihm an. ¹⁵Als er im Hause des Levi zu Gast war, kamen viele von den Kollegen des Levi, von den verhassten Zollpächtern, und andere verrufene Gestalten und speisten mit Jesus und seinen Begleitern. Es war eine Menge, die sich da um ihn her sammelte. ¹⁶Die Schriftgelehrten aber, die zum Kreis der Pharisäer gehörten, sahen, dass er mit Sündern und mit den Betrügern vom Zoll speiste, und griffen seine Jünger an: »Wie kommt es, dass er sich mit diesen Ausbeutern und mit diesen Ungerechten gemein macht?« ¹⁷Jesus hörte das und gab die Antwort: »Die Gesunden brauchen den Arzt nicht, den brauchen die Kranken. Ich bin nicht gekommen, die Gerechten zu Gott zu rufen, sondern die Schuldigen.«

¹⁸An einem Tag, an dem die Anhänger des Johannes und die Pharisäer fasteten, kamen einige und fragten ihn: »Wie kommt es, dass die Leute um Johannes und die Pharisäer sich an die Ordnungen der Fastenzeiten halten, deine Jünger aber nicht?« ¹⁹Jesus antwortete ihnen: »Wer könnte sich vorstellen, dass die Gäste des Bräutigams fasten, solange er mit ihnen sein Fest feiert? ²⁰Seid ohne Sorge! Früh genug werden Tage kommen, da wird man den Bräutigam von ihnen reißen. Dann werden sie fasten. ²¹Niemand flickt einen Lappen aus neuem und starkem Tuch auf ein altes, brüchiges Gewand, denn der Flicken reißt doch wieder vom Kleid, der neue vom alten, und der Riss wird schlimmer. ²²Niemand begeht den Fehler, neuen, gärenden Wein in alte, brüchige Ledersäcke zu füllen, sonst sprengt der Wein die Säcke, der

Wein läuft aus, und die Säcke zerreißen. Neuer Wein gehört in neue Säcke.«
²³Einmal war Jesus am Sabbat unterwegs und wanderte durch Getreidefelder. Während sie so dahingingen, rissen seine Jünger Ähren ab, weil sie Hunger hatten. ²⁴Das sahen die Pharisäer und machten ihn darauf aufmerksam: »Gib Acht! Die tun etwas, das am Sabbat nicht erlaubt ist!« ²⁵Er gab zurück: »Habt ihr nie gelesen, was David sich erlaubt hat, als er und seine Begleiter in Not waren und Hunger hatten? ²⁶Wie er ins Heiligtum eindrang, als Abjatar Oberpriester war, und die heiligen Brote aß, die doch niemand essen darf außer den Priestern, und wie er sie auch seinen Begleitern weitergab? ²⁷Der Sabbat ist gemacht, damit der Mensch leben kann, und nicht der Mensch, weil der Sabbat sein Opfer haben muss. ²⁸Darum hat der Bevollmächtigte Gottes auch das Recht zu sagen, was am Sabbat geschehen kann und was nicht.«

3 ¹Danach betrat Jesus wieder eine Synagoge und traf da einen Mann an, dessen Hand gelähmt war. ²Einige standen da und beobachteten, ob er ihn am Sabbat heilen würde, denn sie suchten einen Grund, Jesus vor das geistliche Gericht zu stellen. ³Jesus rief dem Mann mit der gelähmten Hand zu: »Komm hierher in die Mitte!« ⁴Die anderen fragte er inzwischen: »Was ist am Sabbat erlaubt? Das Gute zu tun oder das Böse? Leben zu retten oder zuzusehen, wie Leben zugrunde geht?« ⁵Er blickte sie reihum an, voll Zorn und zugleich voll Trauer über die Starrheit ihrer Herzen, und befahl dem Mann: »Strecke deine Hand aus!« Er streckte sie aus, und sie war gesund. ⁶Die Pharisäer aber gingen hinaus und berieten zusammen mit Leuten des Herodes, wie sie ihn umbringen könnten.

⁷Da begab sich Jesus mit seinen Jüngern hinaus ans Seeufer, und eine große Menschenmenge drängte ihm nach. ⁸Sie kamen aus Galiläa und Jerusalem, aus dem Land der Idumäer und aus der Gegend östlich des Jordan, aber auch aus Tyrus und Sidon. Sie hatten von seinen Taten gehört und kamen, ihn zu sehen. ⁹Weil sie ihn aber so sehr bedrängten, ließ er sich von seinen Jüngern ein Boot herbeischaffen. ¹⁰Denn weil er so viele heilte, fielen sie geradezu über ihn her, alle, die irgendein Leiden hatten, um ihn nur ja zu berühren. ¹¹Und die dunklen Geister warfen, wenn sie ihn sahen, die Menschen, in denen sie waren, vor Jesus nieder mit dem Schrei: »Du bist der Sohn Gottes!« ¹²Er aber musste ihnen unablässig widerstehen, damit sie nicht öffentlich sagten, wer er sei.

¹³Einmal stieg er auf einen Berg und rief diejenigen zu sich, die er als seine Jünger bei sich haben wollte, und sie versammelten sich bei ihm. ¹⁴Zwölf bestimmte er dazu, ständig bei ihm zu sein. Sie sollten seine Botschaft weitertragen ¹⁵und mit der Kraft ausgestattet sein, die dunklen Mächte auszutreiben. ¹⁶Diese Zwölf, die er auch Apostel, das heißt Botschafter, nannte, waren es: Simon, den er Petrus nannte, ¹⁷Jakobus und Johannes, die Brüder, Söhne des Zebedäus, die er »Donnersöhne« nannte, ¹⁸Andreas und Philippus, Bartolomäus und Matthäus, Thomas und Jakobus, der Sohn des Alphäus, Thaddäus, Simon von der Partei der Zeloten, ¹⁹und Judas Iskariot, der ihn verriet.

²⁰Als er in einem Haus einkehrte, liefen die Menschen wieder zusammen, so dass sie nicht einmal zum Essen kamen. ²¹Als aber seine Angehörigen hörten, wo er war, kamen sie und wollten ihn ergreifen, denn sie sagten: »Er hat den Verstand verloren!«

²²Inzwischen trafen aus Jerusalem die Schriftgelehrten ein und stellten fest: »Er ist in der Macht des dunkelsten aller Geister, und wenn er mit Dämonen fertig wird, dann nur deshalb, weil er selbst ein Werkzeug des Teufels ist.« ²³Er aber rief sie zusammen und fragte sie: »Wie stellt ihr euch das vor, dass der Teufel den Teufel besiegt? ²⁴Wenn ein Land in sich selbst uneins wird, kann es nicht bestehen, ²⁵und wenn eine Familie in sich zerfällt, kann sie nicht gedeihen. ²⁶Wenn aber der Teufel sich gegen sich selbst erhebt und seine Macht gegen sich selbst wendet, hat er keine Zukunft mehr. Es ist aus mit ihm. ²⁷Es kann niemand in das Haus eines Mächtigen eindringen und seinen Besitz plündern, wenn er nicht zuvor den Mächtigen in Fesseln schlug. Erst dann kann er sein Haus ausrauben. ²⁸Das eine sage ich euch! Es ist wahr: Alles wird den Menschen vergeben werden können, alle ihre Bosheiten und ihre Gotteslästerungen. ²⁹Wer aber den Geist Gottes als einen Geist aus der Hölle bezeichnet, der hat sich auf die Seite des Teufels gestellt. Er trägt eine Schuld, die in Ewigkeit auf ihm lastet.« ³⁰Denn das hatten sie ja gesagt: »Er hat einen Teufel in sich.«

³¹Unter den vielen Menschen kamen auch seine Mutter und seine Brüder. Sie standen draußen und ließen ihn herausrufen. ³²Indessen umlagerten ihn die vielen Menschen, dicht gedrängt, und gaben die Bitte an ihn weiter: »Deine Mutter, deine Brüder, deine Schwestern sind draußen und wollen dich sprechen.« ³³Er aber gab zur Antwort: »Wer ist meine Mutter? Wer sind meine Brüder?« ³⁴Und er sah über die vielen hin, die im Kreis um ihn saßen, und sagte: »Seht! Das ist meine

Mutter! Das sind meine Brüder! ³⁵Denn wer nach dem Willen Gottes lebt, der ist mir Bruder, Schwester und Mutter!«

Bildgeschichten vom Reich Gottes

4 ¹Und wieder begann Jesus am Seeufer zu den Menschen zu sprechen. Die Menge, die ihm zulief, war so groß, dass er ein Boot bestieg und sich draußen auf dem Wasser niedersetzte, während das Volk Kopf an Kopf am Ufer stand. ²Bildgeschichten, Gleichnisse, waren es, die er in einer langen Rede erzählte:

³»Hört zu!
Ein Bauer ging hinaus auf seinen Acker, um zu säen.
⁴Als er die Körner ausstreute, fielen einige auf den Weg,
und die Vögel kamen und pickten sie weg.
⁵Andere fielen auf felsigen Grund,
eine Stelle, an der nicht viel Erde war.
Weil sie an der Oberfläche liegen blieben, gingen sie rasch auf,
⁶als aber die Sonne heiß wurde,
welkte die junge Saat und wurde dürr,
weil die Wurzeln nicht tief reichten.
⁷Einige fielen in ein Gestrüpp,
und die Hecken wuchsen zusammen und erstickten sie,
so dass sie keine Ähre bilden konnten.
⁸Das übrige aber fiel in gute Erde und brachte Frucht,
die wuchs und zunahm und sich lohnte,
zum Teil dreißigfach, zum Teil sechzig- oder hundertfach.
⁹Wer Ohren hat, höre!«

¹⁰Als er wieder allein war, fragten ihn seine Begleiter und die Zwölf nach dem Sinn seiner Bildgeschichten. ¹¹Er antwortete ihnen: »Ihr habt die Gabe, zu verstehen, wie es sich mit dem Geheimnis der Herrschaft Gottes verhält. Denen draußen muss ich es in Bildgeschichten erzählen, damit sie (wie Gott zu Jesaja spricht) ¹²trotz unaufhörlichen Schauens doch nichts erblicken und trotz allen Hörens doch nichts vernehmen, sonst müssten sie sich ja ändern und würde ihnen ihre Sünde vergeben.« ¹³Und er fuhr fort: »Ihr solltet dieses Gleichnis eigentlich verstehen, wie wollt ihr denn die anderen alle begreifen?

¹⁴Der, der hinausgeht, um zu säen, sät das Wort von Gottes liebender Nähe. ¹⁵Die hören und nicht begreifen, sind wie der Weg, auf den die Körner fielen: Wenn das Wort ausgesät ist und sie es gehört haben, kommt der Widersacher und rafft das Wort weg, das in ihr Herz gesät war. ¹⁶Ein Teil fiel auf felsigen Grund. Damit meine ich die, die das Wort hören und es mit Freude und Zustimmung aufnehmen, ¹⁷aber keinen Wurzelgrund in sich haben. Sie lassen sich vom Augenblick bestimmen, einmal so und einmal so, und wenn sich Schwierigkeiten ergeben wegen des Worts oder gar Verfolgungen, werfen sie alles wieder weg. ¹⁸Wieder andere sind gemeint mit dem Gestrüpp, in das der Same fiel: Sie hören das Wort, ¹⁹aber die tägliche Mühe, die Jagd nach Geld, die doch nichts einbringt, und das Rennen um alles übrige Vielerlei kommen hinzu und ersticken das Wort, und es wächst kein Leben daraus. ²⁰Einiges war auf gutes Land gesät. Mit dem guten Land sind die gemeint, die das Wort hören und aufnehmen und ihm Raum geben, so dass es Frucht bringt, dreißigfach oder sechzig- oder hundertfach.«

²¹Und er fuhr fort:

»Holt man sich denn eine Lampe,
um sie unter einem Eimer zu verstecken
oder unter einem Bett? Nein, man holt sie,
um sie frei und offen aufzustellen.
²²Denn was geheim ist, will offenbar werden,
Verborgenes will sich zeigen. ²³Wer Ohren hat, höre!

²⁴Fasst, was ihr hört: Mit dem Maß, mit dem ihr messt,
wird man euch das Eure zumessen.
Ja, mehr noch wird man euch geben.
²⁵Wer nämlich hat, wird empfangen.
Wer nicht hat, dem wird man auch noch nehmen, was er hat.«

²⁶Und wieder:
»So unmerklich und unwiderstehlich kommt Gottes Reich,
wie es einem Mann geschieht, der Samen auf sein Feld wirft.
²⁷Er geht nach Hause, schläft und steht auf, Nacht und Tag,
und die Körner quellen und treiben, ohne dass er darum weiß.
²⁸Ohne sein Zutun bringt die Erde Frucht.
Erst den Halm, dann die Ähre, dann den vollen Weizen in der Ähre.

²⁹Wenn aber die Frucht reif ist, schickt er die Sichel hinaus, denn die Ernte ist da.

³⁰In welchen Bildern und Vergleichen
kann man denn noch weiter zeigen,
wie Gott kommt und wie er wirkt? Etwa in diesem:
³¹Ein Senfsame ist, wenn er ausgesät wird,
der kleinste aller Samen der Erde.
³²Wenn er aber in der Erde liegt,
wächst er und wird größer als alle Gartenkräuter
und treibt große Zweige, so dass die Vögel des Himmels
in seinem Schatten Nester bauen können.«

³³In vielen solchen Bildern und Geschichten sagte er ihnen das Wort vom Kommen und Wirken Gottes, wie sie es fassen konnten. ³⁴Ohne Bilder redete er nicht zu ihnen. Wenn sie aber unter sich waren, enthüllte er seinen Jüngern, was die Bilder bedeuteten.

Auf dem Golan

³⁵Als es an jenem Tag Abend wurde, sagte er: »Auf! Wir fahren ans andere Ufer!« ³⁶Sie entließen das Volk und fuhren mit dem Schiff, in dem er gerade saß, und in Begleitung anderer Schiffe auf den See hinaus. ³⁷Da brach ein Wirbelsturm herein, und die Wellen schlugen ins Schiff, so dass es voll zu laufen drohte. ³⁸Er selbst aber lag am Heck des Schiffs auf einem Kissen und schlief. Da weckten sie ihn und riefen: »Meister, wir gehen unter! Kümmert dich das nicht?« ³⁹Er stand auf, beschwor den Sturm und rief den See an: »Still! Kein Laut!« Da legte sich der Wind, und eine tiefe Stille breitete sich aus. ⁴⁰Und er wandte sich an sie: »Warum seid ihr so verängstigt? Habt ihr keinen Glauben?« ⁴¹Da fragten sie einander starr vor Entsetzen: »Was für einer ist das, dass ihm der Wind und der See gehorchen?«

5 ¹Am anderen Ufer des Sees kamen sie in die Gegend der Stadt Gerasa. ²Kaum hatte Jesus das Schiff verlassen, da lief ihm ein Mann, der in der Gewalt eines dunklen Geistes war und der dort in den Grabhöhlen hauste, entgegen. ³Man konnte ihn auf keine Weise bändigen. ⁴Man hatte ihn nämlich oft mit Fußfesseln und Ketten gebunden, aber

er riss die Ketten ab und zerrieb die Fußfesseln aneinander. Niemand war so stark, dass er ihn hätte bezwingen können. [5]Er war Tag und Nacht in den Grabhöhlen und auf den Bergen, schrie und schlug mit Steinen auf sich ein. [6]Als er Jesus von weitem sah, lief er zu ihm hin, warf sich vor ihm auf die Erde und es schrie aus ihm: [7]»Was willst du von mir, Jesus, Sohn Gottes des Höchsten? Ich flehe dich an, bei Gott! Quäle mich nicht!« [8]Denn Jesus hatte ihm entgegengerufen: »Hinaus, du böser Geist! Hinaus aus diesem Menschen!« [9]»Wie ist dein Name?« fragte ihn Jesus. Der Geist antwortete: »Ich heiße Gedränge, denn ich bin eine Menge dunkler Kräfte!«, [10]und bat ihn, er möge ihn nicht aus der Gegend verjagen. [11]Nun war dort eine große Herde Schweine, die weideten am Berghang. [12]Da baten die Geister: »Lass uns doch in die Schweine fahren!« [13]Jesus erlaubte es, und heraus fuhren sie, hinein in die Schweine, und die Herde stürmte den Abhang hinab in den See, zweitausend Tiere, und sie ertranken im Wasser. [14]Die Schweinehirten aber liefen davon und trugen die Nachricht in Stadt und Land, so dass die Leute kamen und sehen wollten, was es damit auf sich habe. [15]Als sie zu Jesus kamen und den Geheilten ordentlich bekleidet und vernünftig dasitzen sahen, eben jenen, der in seinem Wahnsinn so gefährlich gewesen war, wurde ihnen unheimlich. [16]Die es aber selbst mit angesehen hatten, erzählten ihnen, wie es dem Kranken ergangen war und den Schweinen. [17]Da baten sie Jesus dringend, er möge doch ihr Land verlassen.

[18]Als er nun wieder ins Schiff stieg, bat ihn der eben Geheilte, er möge ihn doch bei sich behalten. [19]Doch Jesus wies ihn ab und befahl ihm: »Geh nach Hause zu deinen Angehörigen und erzähle ihnen, welche große Hilfe du von Gott empfangen hast und wie viel Barmherzigkeit.« [20]Und jener ging weg und fing an, überall im Gebiet der Zehn Städte zu erzählen, welches Wunder Jesus an ihm getan hatte, und die es hörten, wussten sich vor Staunen kaum zu fassen.

Die Tochter des Jaïrus

[21]Als Jesus im Schiff wieder ans andere Ufer gelangt war, sammelte sich eine große Menschenmenge um ihn, während er am Strand verweilte. [22]Da geschah es, dass einer von den Vorstehern der Gemeinde mit Namen Jaïrus zu ihm hinlief und, als er ihn erblickte, sich ihm zu Füßen warf [23]und ihn mit vielen Worten anflehte: »Meine kleine Toch-

ter liegt im Sterben! Komm doch! Leg ihr die Hände auf, dann wird sie gesund werden und am Leben bleiben!« ²⁴Während die Menge mitströmte, ging Jesus, von allen Seiten bedrängt, mit Jaïrus.

²⁵Da war auch eine Frau, die seit zwölf Jahren an Blutungen litt. ²⁶Sie hatte unter den Händen vieler Ärzte viel erlitten und dabei ihr ganzes Vermögen ausgegeben, aber doch keine Heilung gefunden, sondern ihr Leiden verschlimmerte sich. ²⁷Die hörte von Jesus reden und kam mit den vielen Menschen mitten im Gedränge zu ihm und berührte von hinten seinen Mantel, ²⁸denn sie sagte sich: Wenn es mir gelingt, seinen Mantel zu berühren, bin ich gesund. ²⁹Im selben Augenblick stockte ihre Blutung, und sie merkte, dass sie von ihrem Leiden geheilt war.

³⁰Da aber empfand Jesus, dass jemand seine Macht in Anspruch genommen hatte, wandte sich in der Menge um und fragte: »Wer hat meine Kleider berührt?« ³¹Seine Begleiter wunderten sich: »Du siehst doch, wie die Leute dich von allen Seiten drängen und schieben, und fragst: Wer hat mich berührt?« ³²Jesus aber sah sich weiter nach der um, die es getan hatte. ³³Die fürchtete sich und zitterte, denn sie wusste, was ihr widerfahren war, kam, fiel vor ihm nieder und gestand, wie es alles zugegangen war. ³⁴»Meine Tochter«, antwortete er, »dein Glaube hat dich gesund gemacht. Geh! Du wirst Frieden finden. Sei geheilt von deinem Leiden.«

³⁵Während er noch redete, kamen Leute aus dem Hause des Gemeindevorstehers und sagten ihm: »Deine Tochter ist gestorben! Bemühe den Meister nicht länger!« ³⁶Das hörte auch Jesus und wandte sich Jaïrus zu: »Fürchte dich nicht! Glaube!« ³⁷Und er nahm niemanden mit sich außer Petrus und den beiden Brüdern Jakobus und Johannes.

³⁸Als sie in das Haus kamen, fand er ein lärmendes Gewühl von weinenden und klagenden Menschen vor. Die wies er zurecht, als er hineinging: ³⁹»Lasst doch dieses Lärmen und Weinen! Das Kind ist nicht tot, es schläft.« ⁴⁰Ein Gelächter war die Antwort. Da trieb er sie alle hinaus, nahm Vater und Mutter des Kindes und die Angehörigen mit und betrat das Zimmer, in dem das Kind lag. ⁴¹»Steh auf, Kind«, sprach er, indem er es an der Hand fasste, ⁴²und schon stand es auf und ging umher, ein Mädchen von zwölf Jahren. Die aber mit im Zimmer waren, gerieten außer sich vor Entsetzen. ⁴³»Keinem Menschen«, befahl er ihnen immer wieder, »keinem Menschen sollt ihr davon erzählen!« Und fügte hinzu: »Gebt ihr zu essen.«

6 ¹Und Jesus setzte seine Wanderung fort und gelangte in Begleitung seiner Jünger in seine Vaterstadt Nazaret. ²Als es Sabbat war, begann er im Gottesdienst die heilige Schrift auszulegen, und es kam ein Fragen und Staunen unter den versammelten Menschen auf: »Woher hat er denn das? Was ist das für eine Weisheit, die aus ihm spricht? Was sind das für seltsame Taten, die unter seinen Händen geschehen? ³Hat der nicht hier bei uns das Bauhandwerk gelernt? Ist er nicht der Sohn der Maria und der Bruder von Jakobus, Joses, Judas und Simon? Sind nicht auch alle seine Schwestern hier bei uns?« Und sie konnten kein Ja zu ihm finden. ⁴Da antwortete Jesus: »Ja, ein Prophet gilt nirgends so wenig wie in seiner Heimat, bei seinen Verwandten und in seinem Elternhaus.« ⁵Es war ihm dort nicht möglich, ein einziges Zeichen seiner Macht zu geben, außer, dass er einigen wenigen Kranken die Hände auflegte und sie heilte. ⁶Er wunderte sich, dass sie so gar kein Vertrauen aufbrachten, zog weiter und redete zu den Menschen in den Orten der Umgebung.

Anweisungen für Mitarbeiter

⁷Danach rief er die Zwölf zu sich und begann, sie auszusenden, je zwei und zwei, gab ihnen Macht über die dunklen Kräfte, denen sie in den Kranken begegnen würden:

⁸»Nehmt nichts mit auf die Reise außer einem Stock,
aber kein Brot, keinen Reisesack und kein Geld in der Gürteltasche.
⁹Geht mit Sandalen an den Füßen, aber nehmt kein zweites Kleid mit.
¹⁰Wenn ihr gastlich aufgenommen werdet
in einem Haus, dann bleibt dort,
solange ihr euch in dem Ort aufhaltet.
¹¹Und wenn es geschehen sollte,
dass man euch nicht haben will
in einem Ort und euch nicht zuhört,
dann verlasst ihn, den Staub aber
von euren Schuhen schüttelt ab
zum Zeichen, dass man euch nicht aufnahm.«

¹²Und sie zogen aus und riefen den Menschen zu, sie sollten umdenken und einen neuen Anfang machen. ¹³Sie heilten viele seelisch und geistig Kranke, salbten viele Leidende mit Öl und machten sie gesund.

Das Schicksal des Johannes

¹⁴Auch Herodes, der König, hörte, was Jesus tat, denn sein Name war inzwischen bekannt geworden, so dass die Leute sagten: »Johannes der Täufer muss wieder lebendig geworden sein. Woher sollten seine Taten sonst diese Gewalt haben?« ¹⁵Andere meinten: »Nein, das ist Elija!« Oder: »Er ist einer von den Propheten.« ¹⁶Herodes aber, dem die Meinungen zu Ohren kamen, ängstigte sich: »Es ist Johannes, den ich enthauptet habe. Er ist wieder lebendig geworden!« ¹⁷Herodes hatte nämlich Johannes verhaften und im Gefängnis fesseln lassen, weil dieser ihn auf Herodias angesprochen hatte, die Frau seines Bruders Philippus, die er geheiratet hatte. ¹⁸»Es ist dir nicht erlaubt«, hatte er gesagt, »mit der Frau deines Bruders zu leben.« ¹⁹Herodias ihrerseits hätte ihn gern umgebracht. Sie konnte es aber nicht, ²⁰denn Herodes verehrte Johannes im Stillen, weil er wusste, dass er ein Gerechter und Heiliger war, und schützte ihn. Wenn er ihn hörte, geriet er zwar immer wieder in schwere Verlegenheit, aber er hörte ihm dennoch gern zu.

²¹Als ein festlicher Tag kam, an dem Herodes für die Würdenträger seines Hofes, die Heerführer und die Vornehmen von Galiläa ein Essen gab, ²²trat die Tochter der Herodias auf und tanzte. Herodes und seine Gäste waren von ihr begeistert, und der König gab dem Mädchen eine Bitte frei: »Bitte mich, was du willst. Ich werde es dir geben.« ²³Er schwur sogar einen Eid: »Ich gebe dir alles, was du willst, bis zur Hälfte meines Reichs.« ²⁴Das Mädchen lief zu seiner Mutter und fragte: »Was soll ich verlangen?« Herodias antwortete: »Den Kopf Johannes des Täufers!« ²⁵Es lief augenblicklich wieder zum König hinein und sagte: »Ich will den Kopf Johannes des Täufers haben! Jetzt sofort, auf einem Teller!« ²⁶Der König erschrak zu Tode. Weil er aber einen Eid geschworen hatte und sich vor seinen Gästen nicht bloßstellen wollte, mochte er sie nicht abweisen. ²⁷So schickte er einen Leibwächter und hieß ihn den Kopf des Johannes bringen. Der ging hin, schlug ihm im Gefängnis den Kopf ab, ²⁸brachte ihn auf einem Teller und gab ihn dem Mädchen, und das Mädchen gab ihn seiner Mutter. ²⁹Als die Jünger des Johannes davon hörten, kamen sie, nahmen seinen Leib und bestatteten ihn in einem Grab.

Brot

³⁰Nach einiger Zeit fanden sich die Apostel wieder bei Jesus ein und berichteten ihm alles, was sie getan und was sie gelehrt hatten. ³¹Und Jesus lud sie ein: »Kommt mit mir, ihr allein, an einen einsamen Platz und ruht ein wenig.« Denn es war ein pausenloses Ab- und Zugehen ungezählter Menschen, und Jesus und die Zwölf hatten nicht einmal Zeit zu essen. ³²So fuhren sie im Schiff allein an eine menschenleere Stelle am anderen Ufer. ³³Aber man hatte gesehen, wie sie abfuhren, und viele hatten es erfahren. Zu Fuß liefen sie aus allen Orten der Gegend zusammen und kamen ihnen zuvor.

³⁴Als Jesus aus dem Schiff trat, sah er die unzählbare Menge, und ihr Jammer ging ihm zu Herzen, denn sie standen da, verlassen und verloren wie Schafe, die keinen Hirten haben. So fing er an, in einer langen Rede zu ihnen zu sprechen. ³⁵Mittlerweile vergingen die Stunden, und es wurde Abend. Da kamen seine Jünger zu ihm und meinten: »Wir sind hier in einer unbewohnten Gegend, und es ist spät. ³⁶Verabschiede sie! Lass sie in die nächsten Höfe und Dörfer gehen, dass sie sich zu essen kaufen.« ³⁷Er antwortete: »Gebt ihr ihnen zu essen!« »Sollen wir denn«, fragten sie, »für zweihundert Denare Brot kaufen und ihnen allen zu essen geben?« ³⁸»Wie viele Brote habt ihr denn?«, fragte er. »Geht und seht nach!« Sie zählten zusammen, was sie hatten: »Fünf«, sagten sie, »und zwei Fische.« ³⁹Da befahl Jesus den Leuten, sie sollten sich auf dem grünen Gras zum Essen niedersetzen, in Gruppen wie Tischgemeinschaften. ⁴⁰So setzten sie sich zu hundert oder zu fünfzig in Gruppen. ⁴¹Und er nahm die fünf Brote und die zwei Fische, sah zum Himmel auf und sprach das Segensgebet. Dann brach er die Brote und gab sie den Jüngern, sie sollten sie austeilen, und auch die zwei Fische teilte er unter sie alle. ⁴²Da aßen sie alle und wurden satt. ⁴³Man hob die Brocken auf, die übrig blieben: Es waren zwölf Körbe voll, und auch von den Fischen war noch übrig. ⁴⁴Die aber von den Broten gegessen hatten, waren fünftausend Mann.

Bewahrung

⁴⁵Unmittelbar danach gebot Jesus den Zwölfen, sie sollten ins Schiff steigen und ans andere Ufer, nach Betsaida, fahren. Er wolle inzwischen das Volk entlassen. ⁴⁶Als er die Menge verabschiedet hatte, stieg

er höher in die Berge, um zu beten. ⁴⁷Spät am Abend, als es schon dunkel war, war das Schiff mitten auf dem See, während er selbst noch allein am Land war. ⁴⁸Da sah er, wie sie sich mit verzweifelter Kraft mühten, gegen den Wind voranzukommen, und kam in der Frühe, noch vor Tag, zu ihnen über den See und wollte an ihnen vorbeigehen. ⁴⁹Als sie ihn aber auf dem Wasser gehen sahen, meinten sie, es sei ein Gespenst, und schrien, ⁵⁰denn sie erblickten ihn alle und zitterten vor Entsetzen. »Nur Mut«, redete Jesus sie an, »ich bin's! Fürchtet euch nicht!« ⁵¹Er trat zu ihnen ins Schiff, und der Wind legte sich, sie aber gerieten erst recht außer sich vor Schrecken. ⁵²Denn sie hatten trotz ihrer Erfahrung mit den Broten nichts verstanden, und ihr Herz war noch immer nicht wach geworden.

⁵³Indessen fuhren sie weiter auf das Ufer zu und landeten bei Gennesaret. ⁵⁴Als sie aber aus dem Schiff traten, erkannte man sie sofort, ⁵⁵die Leute liefen überall hin und begannen, die Kranken auf Tragbetten herbeizuschaffen, immer dorthin, wo sie hörten, er halte sich dort auf. ⁵⁶Er mochte sich wenden, wohin er wollte, in die Städte, in die Dörfer, auf die Felder oder auf die Marktplätze, überall legten sie die Kranken nieder und baten ihn, er möge doch erlauben, dass sie nur den Saum seines Gewandes anrührten. Und alle, die ihn berührten, wurden gesund.

Gespräch über die rituelle Reinheit

7 ¹In jener Zeit kamen Pharisäer und einige Schriftgelehrte aus Jerusalem zusammen. ²Als die sahen, dass einige seiner Jünger mit ungewaschenen, das heißt unreinen, Händen aßen, griffen sie Jesus an. ³Die Pharisäer nämlich und die Juden überhaupt essen erst, wenn sie die Hände mit einer Handvoll Wasser genetzt haben, und befolgen darin die Vorschriften der geistlichen Obrigkeit. ⁴Wenn sie vom Markt kommen, essen sie erst, wenn sie ihre Hände so abgespült haben, und vieles andere mehr ist es, an das sie sich herkömmlicherweise halten, mit rituellen Waschungen an Trinkgefäßen, Krügen und Kupfergeschirr, auch an ihren Betten. ⁵Die Pharisäer und die Schriftgelehrten also stellten ihm die Frage: »Warum missachten deine Jünger die Vorschriften der Alten und essen mit unreinen Händen?« ⁶Jesus gab zur Antwort: »Wunderbar hat Jesaja euch durchschaut, ihr Heuchler, als er schrieb:

›Dieses Volk ehrt mich mit den Lippen,
aber die Herzen sind ferne von mir.
7Ohne Sinn ist es, dass sie mich ehren,
denn ihre Lehren sind Menschenwerk
und eigenmächtige Erfindungen.‹

8Ihr werft das Gebot Gottes von euch und haltet euch an menschliche Überlieferungen. 9Gründlich verachtet ihr Gottes Willen, um eure eigenen Bräuche zu pflegen. 10Mose hat gesagt: ›Ehre deinen Vater und deine Mutter!‹ Und: ›Wer über Vater oder Mutter schlecht redet, hat sein Leben verwirkt.‹ 11Ihr aber sagt: ›Wer seinem Vater und seiner Mutter erklärt: Eigentlich müsste ich für euch sorgen, aber das Geld dafür habe ich dem Tempel geopfert, der handelt richtig.‹ 12Er darf Vater und Mutter vernachlässigen und vergessen. 13Ihr setzt Gottes Wort außer Geltung und richtet dafür die Traditionen auf, die ihr einander weitergebt, und Ähnliches geschieht viel bei euch.«

14Und Jesus rief das Volk wieder zusammen: »Hört mir alle zu und begreift es! 15.16Nichts, was außerhalb des Menschen ist und in ihn eingeht, kann ihn unrein machen. Unrein macht ihn, was aus ihm kommt!«

17Als er ins Haus getreten und die Menge verabschiedet war, fragten ihn seine Jünger, was er damit gemeint habe. 18Und er antwortete: »Begreift ihr nicht, dass nichts, was von außen in den Menschen eingeht, ihn unrein machen kann? 19Es geht ja nicht in sein Herz, sondern in seinen Bauch und wird wieder ausgeschieden. Der Leib macht sich von allen Speisen selbst wieder rein. 20Was aber aus dem Menschen kommt, das macht ihn unrein. 21Von innen nämlich, aus dem Herzen der Menschen, kommen die bösen Gedanken, kommen Lüsternheit, Diebstahl, Mord und Totschlag, 22Ehebruch, Habgier und Gemeinheit, Hinterlist und Begehrlichkeit, Neid und Gotteslästerung, Überheblichkeit und Verbohrtheit. 23Alle diese Scheußlichkeiten kommen von innen heraus und machen den Menschen unrein.«

24Danach brach Jesus auf und zog weiter in das Gebiet von Tyrus. Als er ein Haus betrat, um sich dort aufzuhalten, wollte er dort unerkannt sein, aber es war doch nicht möglich, dass er verborgen blieb. 25Eine Frau hörte von ihm, deren kleine Tochter von einem dunklen Geist gequält wurde, und sie kam und warf sich ihm zu Füßen. 26Sie war eine aus dem Libanon gebürtige Griechin. Und sie bat ihn, er möge doch ihr Kind von dem dunklen Geist befreien. 27Er wehrte ab: »Lass erst die Kinder (die Juden) satt werden! Es ist nicht richtig, dass man das Brot, das den Kindern zusteht, nimmt und den Hunden (den Nichtjuden) hinwirft!« ²⁸Sie aber ließ sich das Wort gefallen:»Ja, Herr, aber selbst die Hunde unter dem Tisch essen noch von den Resten, die die Kinder übrig lassen!« ²⁹Da wandte er sich ihr zu:»Weil du das gesagt hast, will ich es tun. Deine Tochter ist frei.« ³⁰Und als sie nach Hause kam, fand sie das Kind normal und gesund auf dem Bett liegend.

³¹Als Jesus die Gegend von Tyrus verließ, reiste er durch Sidon an den See von Galiläa und hinüber in das Gebiet der Zehn Städte. ³²Dort brachten sie ihm einen Tauben, der nur mühsam reden konnte, und baten ihn, er möge ihm die Hand auflegen. ³³Jesus nahm ihn beiseite, so dass er mit ihm allein war, legte ihm die Finger in die Ohren, berührte seine Zunge mit Speichel, ³⁴blickte zum Himmel auf, seufzte und sprach:»Geh auf!« ³⁵Da öffneten sich die Ohren des Tauben, seine Zunge löste sich, und er redete richtig. ³⁶Jesus verbot den Umstehenden, es irgendjemandem weiterzusagen. Je dringlicher er es ihnen aber verbot, desto eifriger erzählten sie es weiter. ³⁷Denn sie gerieten über alle Maßen außer sich:»Gut hat er alles gemacht. Tauben gibt er das Gehör, Stumme finden ihre Sprache durch ihn!«

8 ¹In jenen Tagen waren wieder einmal Menschen in unübersehbarer Menge zusammengeströmt, und sie hatten nichts zu essen bei sich. Da rief Jesus seine Jünger: ²»Mir tun diese Menschen von Herzen leid. Sie sind nun drei Tage bei mir und haben nichts zu essen. ³Wenn ich sie aber so hungrig nach Hause gehen lasse, brechen sie mir unterwegs zusammen. Viele von ihnen haben lange Wege vor sich.« ⁴Die Jünger waren ratlos:»Woher soll man denn das Brot nehmen, um sie alle satt zu machen, hier in der Einöde?« ⁵Er fragte:»Wie viele Brote habt ihr?« »Sieben«, erwiderten sie. ⁶Da befahl er der Menge, sich auf der Erde zu lagern. Und er nahm die sieben Brote, sprach das Dankgebet, brach die Brote und gab sie den Jüngern:»Gebt sie weiter! An alle!« Und die Jünger verteilten sie an das Volk. ⁷Da hatten sie außerdem noch einige kleine Fische. Wieder sprach Jesus das Dankgebet und wieder befahl er, sie sollten sie an die große Tischgemeinschaft weitergeben. ⁸Und sie aßen alle und wurden satt. Was aber an Resten übrig blieb, sammelten sie ein: sieben Körbe voll. ⁹Es waren aber viertausend gewesen, die mitgegessen hatten. Da ließ Jesus sie nach Hause gehen, ¹⁰stieg mit seinen Begleitern in ein Schiff und gelangte in die Gegend von Dalmanuta.

¹¹Dort kamen Pharisäer aus ihren Häusern und begannen, mit ihm zu streiten. Sie wollten ihm eine Falle stellen und forderten:»Lass uns ein

Wunder vom Himmel sehen!« ¹²Aber Jesus seufzte tief: »Warum wohl solche Leute nach Wundern verlangen? Ich sage euch: Nie und nimmer wird diese Art Menschen ein Zeichen von Gott sehen!« ¹³Und er ließ sie stehen, stieg wieder ins Schiff und fuhr ans andere Ufer.

¹⁴Unterwegs merkten seine Begleiter, dass sie vergessen hatten, Brot mitzunehmen, und dass sie nur ein einziges Brot im Schiff hatten. ¹⁵Als nun Jesus anfing zu reden: »Seid wach! Nehmt euch in Acht vor dem versäuerten Brot der Pharisäer (ihrer eigenmächtigen Lehre) und dem versäuerten Brot des Herodes (seiner falschen Gesinnung)!«, ¹⁶da dachten sie hin und her. Dann fiel ihnen ein: »Ach, das ist es! Wir haben vergessen, Brot mitzunehmen!« ¹⁷Jesus merkte es und fragte: »Was macht ihr euch noch Sorgen um Brot? Seid ihr noch immer so töricht, so ohne Einsicht? Ist euer Herz noch immer so verschlossen? ¹⁸Ihr habt doch Augen! Warum seht ihr so gar nichts? Ihr habt doch Ohren? Warum hört ihr so gar nichts? ¹⁹Erinnert ihr euch an den Tag, an dem ich fünf Brote brach für fünftausend? Wie viele Körbe mit Resten blieben übrig?« »Zwölf«, antworteten sie. ²⁰»Als es sieben Brote waren für viertausend – wie viele Körbe voll Brocken habt ihr eingesammelt?« »Sieben«, sagten sie. ²¹»Wie kommt es«, fragte er, »dass ihr immer noch nicht begreift?«

²²In Betsaida gingen sie an Land. Da führten die Leute einen Blinden zu ihm und baten ihn, er möge ihn anrühren. ²³Jesus nahm den Blinden an der Hand und führte ihn vor das Dorf hinaus. Dort berührte er seine Augen mit Speichel, legte ihm die Hände auf und fragte: »Siehst du etwas?« ²⁴Er blickte um sich und sagte: »Ich sehe Menschen, als wären es Bäume, die umhergehen.« ²⁵Da legte er ihm noch einmal die Hände auf die Augen, und der Blinde begann hell und deutlich zu sehen. Er sah nun alles scharf und klar. ²⁶Schließlich schickte Jesus ihn nach Hause und wies ihn an, er solle auf dem Heimweg nicht durch das Dorf gehen.

Das Geheimnis, wer Jesus sei

²⁷Von dort aus zog Jesus mit seinen Jüngern weiter in die Orte bei Cäsarea Philippi. Auf dem Weg fragte er seine Jünger: »Was sagen die Leute, wer ich sei?« ²⁸»Manche meinen«, war die Antwort, »du seist Johannes der Täufer, andere du seist Elija, wieder andere, irgendeiner von den Propheten.« ²⁹»Was sagt denn ihr selbst, wer ich sei?« Petrus

antwortete: »Du bist der Christus!« ³⁰Da verbot Jesus ihnen streng, irgendeinem Menschen gegenüber davon zu sprechen, ³¹und er fing an, von seinem eigenen Schicksal zu reden: er werde viel leiden müssen, er werde von den Ältesten in Jerusalem, von den Oberpriestern und den Schriftgelehrten aus der Gemeinschaft des jüdischen Glaubens ausgestoßen und hingerichtet werden, am dritten Tage aber werde er aus dem Tode aufstehen. ³²All das sagte er ihnen frei und offen. Da nahm Petrus ihn beiseite, bedrängte ihn und versuchte, ihn von diesem Gedanken abzubringen. ³³Er aber wandte sich um und fuhr Petrus vor den Augen aller anderen Jünger an: »Weg! Geh mir aus den Augen, du Satan! Dir geht es nicht um Gottes Willen. Du denkst wie ein Mensch!« ³⁴Und er rief der Menge und seinen Jüngern zu:

»Wenn jemand meinen Weg gehen will,
sehe er von seinem eigenen Leben ab.
Er nehme den Kreuzbalken, an den sie ihn hängen werden,
auf seine Schulter und gehe hinter mir her zur Richtstätte.
³⁵Wer sein Leben retten will, wird es verlieren,
wer aber sein Leben verliert, weil er mir angehört
und meiner Botschaft glaubt, wird das Leben finden.
³⁶Denn was hätte ein Mensch gewonnen,
wenn ihm die ganze Welt zu Füßen läge,
er hätte aber an seiner Seele Schaden genommen?
³⁷Oder was wollte er zahlen, um seine Seele zurückzukaufen?
³⁸Wer sich aber vor dieser treulosen
und gottfernen Art Menschen meiner schämt
und der Worte, die ich gesprochen habe,
dessen werde auch ich mich schämen,
wenn ich, mit der Macht des Vaters angetan,
kommen werde mit seinen heiligen Engeln.

9 ¹Ich versichere euch
einige von euch, die hier stehen,
werden nicht sterben, ehe sie Gottes Reich
in diese Welt haben einbrechen sehen.«

²Sechs Tage später nahm Jesus Petrus, Jakobus und Johannes mit sich, und sie bestiegen einen hohen Berg. Es war sonst niemand bei ihnen. ³Dort verwandelte sich Jesus vor ihren Augen, sein Gewand glänzte in

einem strahlenden, weißen Licht, wie es kein Färber auf der Erde erreichen wird. ⁴Da erschienen ihnen Elija und Mose, wie sie mit Jesus redeten. ⁶Sie waren alle vor Furcht benommen, und Petrus redete, ohne zu wissen, was er sagte: ⁵»Meister, es ist gut, dass wir hier sind. Wir wollen drei Zelte aufschlagen, dir eines, Mose eines und Elija eines.« ⁷Eine Wolke überzog den Berg und bedeckte sie, und sie hörten eine Stimme aus der Wolke: »Das ist mein geliebter Sohn, hört auf ihn!« ⁸Als sie sich aber in ihrer Erregung umsahen, war nur noch Jesus allein bei ihnen.

⁹Während des Abstiegs vom Berg verbot ihnen Jesus, irgendeinem Menschen zu erzählen, was sie gesehen hatten, ehe er aus dem Tode auferstanden sei. ¹⁰Sie dachten über die Auferstehung ihres Meisters nach und versuchten miteinander zu ergründen, in welchem Verhältnis sie stehe zu der großen allgemeinen Auferstehung. ¹¹Und sie wandten sich an Jesus: »Wie kommt es, dass die Schriftgelehrten sagen, Elija müsse kommen, ehe die große Auferstehung geschehen könne?« ¹²Er erwiderte: »Ja, sie haben recht, Elija sollte vorausgehen, um die Nähe und Gemeinschaft zwischen Gott und seinem Volk wiederherzustellen. Aber es steht doch auch geschrieben, dass der Christus, der Menschensohn, viel Leiden und viel Spott ertragen müsse. ¹³Nein, ich sage euch, Elija war schon da, und sie haben mit ihm gemacht, was sie wollten, wie es die Schrift über ihn angekündigt hat!«

¹⁴Als sie wieder zu den übrigen Jüngern kamen, sahen sie, dass diese von einer großen Menschenmenge umlagert und einige Lehrer eben in eine Diskussion mit ihnen verwickelt waren. ¹⁵Die Leute erblickten Jesus und erschraken, liefen herzu und begrüßten ihn. ¹⁶Und er fragte sie: »Was gibt es zu streiten?« ¹⁷Einer aus der Menge antwortete: »Hochwürdiger Lehrer, ich habe meinen Sohn zu dir hergebracht. Er ist in der Gewalt eines Geistes, der ihm die Sprache nimmt. ¹⁸Wenn ihn der Geist fasst, reißt er ihn zu Boden, und der Junge hat Schaum vor dem Mund, knirscht mit den Zähnen und bleibt wie tot liegen. Ich habe mich an deine Jünger gewandt und sie gebeten, sie möchten ihn doch befreien, aber sie konnten es nicht.« ¹⁹»O diese ungläubige Menschheit!«, rief Jesus aus. »Wie lange soll ich bei euch sein, bis ihr anfangt zu glauben? Wie lange soll ich euch tragen? Bringt ihn her!«

²⁰Und sie brachten ihn. Als aber der Geist Jesus erblickte, riss er den Jungen zu Boden, und der wälzte sich und tobte und hatte Schaum vor dem Mund. ²¹»Wie lange hat er dieses Leiden?«, fragte Jesus den Vater, und der antwortete: »Von Kindheit an. ²²Oft hat ihn der Geist auch in

Feuer oder Wasser geworfen, denn er will ihn umbringen. Wenn du aber etwas kannst, nimm dich unserer Not an und hilf uns!« ²³»›Wenn du etwas kannst!‹ sagst du«, erwiderte Jesus. »Alles ist dem möglich, der glaubt.« ²⁴Da rief der Vater des Jungen unter Tränen: »Ich glaube! Hilf meinem Unglauben!« ²⁵Als nun Jesus sah, dass immer mehr Leute zusammenliefen, beschwor er den Geist der Krankheit mit Schärfe: »Du Geist der Stummheit und der Taubheit, ich befehle dir, ihn zu verlassen und nicht mehr wiederzukommen.« ²⁶Da schrie der Geist auf, schüttelte den Jungen und verließ ihn. Und der Junge lag wie tot, so dass die meisten sagten: »Er ist gestorben!« ²⁷Jesus aber nahm ihn an der Hand und half ihm aufzustehen, da stand er auf. ²⁸Als Jesus in ein Haus eingekehrt war und sie allein waren, fragten ihn die Jünger: »Warum konnten wir nicht mit ihm fertig werden?« ²⁹Er antwortete: »Gegen diese Art eines dunklen Geistes könnt ihr nicht bestehen, wenn ihr nicht im ständigen Gespräch mit Gott lebt, im ständigen Gebet.«

Maßstäbe für Mitarbeiter

³⁰Von dort wanderten sie immer weiter durch Galiläa, und er bemühte sich, unerkannt zu bleiben, ³¹denn er hatte seinen Jüngern noch viel zu sagen. Was er ihnen aber auf diesen Wanderungen sagte, fasste er immer wieder in der Ankündigung zusammen, er werde in die Hände von Menschen ausgeliefert werden, und sie würden ihn hinrichten. Er aber werde nach seinem Tode am dritten Tage aufstehen. ³²Sie aber verstanden es nicht und fürchteten sich, ihn danach zu fragen.

³³Einmal kamen sie wieder nach Kafarnaum. Als er daheim war, fragte er seine Jünger: »Worüber habt ihr unterwegs gestritten?« ³⁴Sie schwiegen, denn sie hatten darüber verhandelt, was für eine Rangordnung unter ihnen gelten solle. ³⁵Da setzte er sich, rief die Zwölf zu sich und sprach zu ihnen: »Wenn jemand der Oberste sein will, muss er der Unterste sein von allen und ein Knecht aller.« ³⁶Und er holte ein kleines Kind, stellte es mitten unter sie, nahm es in die Arme und sagte zu ihnen: ³⁷»Wer eines von diesen Kindern zu sich nimmt, um es zu schützen, weil er zu mir gehören will, der nimmt mich zu sich. Wer aber mich zu sich nimmt, der hat es letztlich nicht mit mir zu tun, er lässt vielmehr den zu sich ein, der mich gesandt hat.«

³⁸Einmal berichtete Johannes: »Meister, wir sahen einen, der beschwor die Dämonen in den Kranken und berief sich dabei auf dich.

Wir haben es ihm verboten, weil er nicht zu uns gehören will.« ³⁹Jesus erwiderte: »Ihr sollt ihn nicht hindern. Es ist ja nicht denkbar, dass einer sich bei seinem Tun auf mich beruft, danach aber gegen mich redet. ⁴⁰Wer nicht gegen uns ist, ist für uns.«

⁴¹Und Jesus sagte zu ihnen:
»Wer euch auch nur mit einem Becher Wasser erfrischt,
weil ihr euch zu mir bekennt, der wird nicht ohne Lohn bleiben.
⁴²Wer hingegen einen der Geringsten,
die sich auf mich verlassen, an mir irremacht,
der hat eine Strafe zu erwarten,
der gegenüber es leicht zu ertragen wäre,
hängte ihm einer einen Mühlstein
an den Hals und versenkte ihn im Meer.
⁴³·⁴⁴Wenn deine Hand etwas tut,
das dich von Gott entfernt, dann haue sie ab.
Es ist besser, als Krüppel in das Leben einzugehen
als mit zwei Händen in die ewige Verzweiflung.
⁴⁵·⁴⁶Wenn dein Fuß dich irgendwohin trägt,
wo du Gott nicht angehören kannst, dann hacke ihn ab.
Es ist besser, lahm ins Leben einzugehen
als mit zwei gesunden Füßen in das ewige Feuer.
⁴⁷Und wenn dein Auge etwas sehen möchte,
was du nur sehen kannst,
wenn du Gottes Willen missachtest, dann reiß es aus.
Es ist besser,
einäugig ins Reich Gottes einzugehen
als mit zwei Augen in das Reich der Finsternis,
⁴⁸wo der alles fressende Drache wohnt
und das unlöschbare Feuer brennt.
⁴⁹Jeder muss durch eine Feuerprobe gehen.
Sie wird ihn vor dem Verderben bewahren,
wie Salz vor dem Verderben schützt.
⁵⁰Das Salz ist gut und wichtig.
Wenn es aber wirkungslos wird,
wie wollt ihr ihm seine Salzkraft wiedergeben?
Verbindet darum eure harte Entschlossenheit
mit dem Frieden, der euch zusammenhält.«

Der Weg nach Jerusalem

Reden und Gespräche

10 ¹Danach brach Jesus auf und wanderte nach Judäa und in das Land jenseits des Jordan. Auch strömte ihm das Volk zu, und wie es seine Gewohnheit war, lehrte er sie. ²Einmal kamen Pharisäer hinzu, die ihm eine Falle stellen wollten, und fragten ihn: »Ist es einem Manne erlaubt, sich von seiner Frau zu trennen?« ³»Was hat Mose darüber gesagt?«, fragte Jesus dagegen. ⁴»Mose hat gesagt, man solle, wenn man seine Frau entlasse oder verstoße, ihr zu ihrer Sicherung eine Scheidungsurkunde mitgeben.«

⁵»Das hat Mose euch erlaubt, weil ihr ein Herz aus Stein habt. ⁶Die ursprüngliche Wahrheit ist die: Gott hat den Menschen als Mann und Frau geschaffen. ⁷Weil er zu seiner Frau gehören will, sagt Mose, wird ein Mann Vater und Mutter verlassen, ⁸und die beiden werden so eng und so endgültig zusammengehören, dass sie beide zusammen eine Person sind. Eins mit Leib und Seele. So sind sie also nicht zwei, sondern ein einziger, ganzer Mensch. ⁹Was nun Gott als Einheit gemeint hat, soll der Mensch nicht zerreißen.«

¹⁰Als sie danach wieder allein waren in einer Unterkunft, fragten die Jünger ihn darüber. ¹¹Und Jesus ergänzte: »Wer sich von seiner Frau scheidet und eine andere heiratet, begeht Ehebruch an ihr. ¹²Und wenn sie ihren Mann verlässt und einen anderen heiratet, begeht sie selbst Ehebruch.«

¹³Dort brachte man einmal Kinder zu ihm, damit er sie berühre und segne. Die Jünger aber trieben die Leute mit harten Worten weg. ¹⁴Als Jesus das sah, wurde er unwillig: »Lasst die Kinder zu mir kommen! Hindert sie nicht! Das Reich Gottes steht Menschen offen, die sind wie diese Kinder. ¹⁵Was ich sage, ist wahr: Wer Gottes Nähe und Freundlichkeit nicht annimmt wie ein Kind, wird zum Reich Gottes keinen Zugang haben.« ¹⁶Und er nahm sie in die Arme, legte ihnen die Hände auf und segnete sie.

¹⁷Während er weiterzog, kam einer zu ihm gelaufen, kniete vor ihm nieder und fragte: »Guter Meister, was muss ich tun, um das ewige Leben zu gewinnen?« ¹⁸»Was nennst du mich ›gut‹?«, wehrte Jesus ab. »Niemand ist gut außer Gott allein. ¹⁹Du kennst die Gebote: nicht töten, die Ehe nicht brechen, nicht stehlen, keinen falschen Eid leisten,

niemandem seinen Lohn vorenthalten, Vater und Mutter ehren.« ²⁰»Meister«, antwortete er, »das alles habe ich streng eingehalten seit meinen jungen Jahren.« ²¹Jesus sah ihn an und gewann ihn lieb: »Eines fehlt dir noch: Geh, verkaufe alles, was du hast, und gib es den Armen, so wirst du bei Gott einen großen Reichtum gewinnen. Dann komm und geh mit mir.« ²²Doch als jener dieses Wort hörte, verschattete sich sein Gesicht und er ging traurig weg, denn er war ein reicher Mann.

²³Jesus sah seine Jünger der Reihe nach an. »Wie schwer werden es die Reichen haben, in Gottes Reich Eingang zu finden!« ²⁴Als die Jünger erschraken, fuhr er fort: »Kinder, es ist nicht leicht, ins Reich Gottes zu gelangen. ²⁵Leichter geht ein Kamel durch ein Nadelöhr als ein Reicher ins Reich Gottes.« ²⁶Da erschraken sie erst recht und fragten einander: »Wer kann dann überhaupt Rettung finden?« ²⁷Und Jesus fasste sie noch einmal ins Auge: »Vom Menschen aus gesehen ist es auf alle Fälle ganz unmöglich, nicht aber von Gott her. Was Gott tun will, dazu hat er auch die Macht.«

²⁸Da wandte sich Petrus an Jesus: »Bedenke, wir haben alles verlassen und haben uns ohne Bedingungen dir anvertraut.« ²⁹Und Jesus antwortete: »Was ich sage, ist wahr: Wer sein Haus verließ, Brüder und Schwestern, Mutter und Vater, seine Kinder und sein Ackerland, um sich ganz auf mich zu verlassen und nur noch dem Evangelium zu dienen, ³⁰wird alles hundertfach gewinnen: in dieser Welt schon ein neues Zuhause bei Schwestern und Brüdern, Müttern und Kindern, einen neuen festen Grund unter den Füßen mitten in allen Verfolgungen, und in der kommenden Welt ewiges Leben. ³¹Viele allerdings, die als Erste zu mir kamen, werden die Letzten sein, und andere, die sich erst in letzter Stunde für mich entscheiden, die Ersten.«

³²Nach Jerusalem waren sie unterwegs. Er ging ihnen voraus. Sie erschraken, dass er dorthin ging, und die mit ihm zogen, fürchteten sich. Da nahm er die Zwölf beiseite und sagte ihnen alles, was ihm dort zustoßen würde: ³³»Wir gehen nach Jerusalem. Dort wird man mich den Hohepriestern und den Schriftgelehrten ausliefern. Die werden mich zum Tod verurteilen, und die Römer werden das Urteil vollstrecken. ³⁴Sie werden mich verspotten und anspeien, geißeln und töten. Nach drei Tagen aber werde ich auferstehen.«

³⁵Einmal traten Jakobus und Johannes, die Söhne des Zebedäus, vor Jesus: »Meister, wir möchten gerne, dass du uns eine Bitte erfüllst!« ³⁶»Und was soll ich tun?« ³⁷»Gib uns das Vorrecht«, baten sie, »zu deiner Rechten und zu deiner Linken zu sitzen, wenn du dein Reich auf-

richtest!« ³⁸Jesus antwortete: »Ihr wisst nicht, was ihr redet. Könnt ihr den Becher des Leidens und des Todes bis zur Neige trinken, den ich trinken werde? Könnt ihr euch mit der Taufe taufen lassen, die mir zugedacht ist?« ³⁹Sie erwiderten: »Das können wir!« Darauf Jesus: »Gut. Ihr werdet denselben Becher trinken wie ich und den gleichen Untergang im Wasser des Todes erleben wie ich. ⁴⁰Wer aber zu meiner Rechten oder zu meiner Linken sitzen wird, das entscheide nicht ich. Diesen Platz erhalten die, für die er bestimmt ist.«

⁴¹Die übrigen Zehn hörten das Gespräch mit an und ärgerten sich über Jakobus und Johannes. ⁴²Da rief Jesus sie zusammen: »Ihr wisst, wie es zugeht! Die Machthaber regieren ihre Völker zugrunde. Die großen Männer missbrauchen ihre Gewalt. ⁴³Unter euch soll es anders sein. Wer unter euch eine Rolle spielen will, der übernehme die Rolle des Dieners. ⁴⁴Wer von euch eine leitende Verantwortung sucht, soll die Kleinarbeit eines Knechts tun. ⁴⁵Denn auch ich bin nicht gekommen, damit mich andere bedienen, sondern um mich wie einen Knecht zu verbrauchen. Ich bin gekommen, mein Leben hinzugeben, wie man das Lösegeld gibt, mit dem man Sklaven freikauft.«

Von Jericho nach Jerusalem

⁴⁶Nach Jericho kamen sie und durchzogen die Stadt. Als sie diese eben verlassen hatten, er, seine Jünger und eine beträchtliche Menschenmenge, saß da ein Blinder namens Bartimäus am Weg und bettelte. ⁴⁷Als der hörte, Jesus aus Nazaret komme vorbei, fing er an zu schreien: »Jesus, du König Israels, hilf mir!« ⁴⁸Die Leute fuhren ihn an, er solle den Mund halten. Er rief aber um so lauter: »König Israels, hilf mir!« ⁴⁹Da blieb Jesus stehen: »Holt ihn her!« Und sie holten ihn: »Steh auf! Du hast Glück! Er ruft dich!« ⁵⁰Er ließ seinen Mantel liegen, sprang auf und ging zu Jesus. ⁵¹Der fragte ihn: »Was willst du? Was soll ich für dich tun?« »Meister«, war die Antwort, »ich will sehen!« ⁵²Jesus erfüllte seine Bitte: »Geh! Dein Glaube war deine Rettung.« Da öffnete der Blinde die Augen und sah. Er schloss sich Jesus an und folgte ihm auf dem Weg.

11 ¹Kurz vor Jerusalem kamen sie nach Betfage und Betanien am Ölberg. Da sandte Jesus zwei seiner Jünger voraus: ²»Geht in das Dorf, das da vor euch liegt. Wenn ihr hineinkommt, findet ihr ein Eselsfüllen, auf dem bisher niemand gesessen hat. Bindet es los und bringt es zu mir. ³Sollte euch jemand darauf anreden, so sagt: ›Der Herr braucht es‹ und er wird es euch ohne weiteres mitgeben.« ⁴Sie gingen und fanden das Füllen außen an einer Tür angebunden an der Straße und banden es los. ⁵Einige standen dabei und fragten: »Wie kommt ihr dazu, das Füllen loszubinden? Was habt ihr vor?« ⁶Sie gaben Auskunft, wie Jesus sie angewiesen hatte, da ließen sie es zu. ⁷Und sie brachten das Füllen zu Jesus, legten ihre Mäntel darauf und ließen ihn aufsitzen. ⁸Viele, die mit unterwegs waren, breiteten ihre Mäntel auf den Weg, andere grüne Zweige, die sie in den Gärten abgeschnitten hatten, ⁹und die Menge, die ihm vorauswogte und nachdrängte, lärmte vor Begeisterung:

¹⁰»Gepriesen sei, der von Gott kommt!
Gepriesen das Reich, das anbricht,
das Reich unseres Vaters David.
Heil und Segen von den Höhen des Himmels!«

¹¹Und Jesus ritt nach Jerusalem hinein und in den Tempel und besah alles. Da es aber schon Abend war, ging er mit den Zwölfen nach Betanien.
¹²Am anderen Morgen, als sie von Betanien aus wieder in die Stadt hinüberwanderten, war er hungrig. ¹³Da sah er von weitem einen Feigenbaum stehen, der Blätter trug, und ging hin in der Hoffnung, etwas an ihm zu finden, fand aber nichts als Blätter, denn es war noch nicht Erntezeit für Feigen. ¹⁴Da redete Jesus mit dem Baum: »Nun soll in Ewigkeit niemand mehr von dir eine Frucht essen!« Und die Jünger hörten es.

Die Tage im Tempel

Tempelreinigung

¹⁵Danach gelangten sie nach Jerusalem. Er stieg in den Tempel hinauf und fing an, das ganze Gedränge der Händler und der Käufer aus dem Tempelhof hinauszutreiben. Er stieß die Tische der Geldwechsler und die Stände der Taubenverkäufer um ¹⁶und ließ nicht zu, dass jemand

ein Werkzeug oder Gerät durch den Tempelbezirk trug. [17]Und er erklärte, warum er das tat: »Steht nicht in der heiligen Schrift: ›Mein Haus ist ein Ort des Gebets für alle Menschen‹? Ihr aber habt eine Räuberhöhle daraus gemacht!« [18]Das alles wurde auch den Oberpriestern und den Schriftgelehrten berichtet, und sie suchten Mittel und Wege, ihn umzubringen, aber heimlich, denn sie fürchteten ihn, und die ganze Menschenmenge, die ihn gehört hatte, war von seinen Worten aufgewühlt.

[19]Am Abend ging er wieder aus der Stadt hinaus. [20]Als sie aber in der Morgenfrühe zurückkamen, sahen sie, dass der Feigenbaum von der Wurzel an verdorrt war. [21]Petrus dachte an gestern und redete Jesus an: »Meister, schau! Der Feigenbaum, den du verflucht hast, ist verdorrt!« (Diese Gleichnishandlung bezog sich auf Jerusalem und das Volk. Vom Feigenbaum Israel war in der Stunde, in der Christus kam, Frucht, das heißt Glaube zu erwarten. Aber die Stunde, die die Erlösung bringen sollte, brachte das Gericht.) [22]Da wandte sich Jesus an sie alle: [23]»Was ich sage, ist wahr! Wer zu diesem Berg spricht: ›Hebe dich und stürze dich ins Meer!‹ und in seinem Herzen keinen Zweifel aufkommen lässt, sondern fest glaubt, dass er es tun wird, wird erleben, dass es tatsächlich so geschieht. [24]Deshalb sage ich euch: Alles, was ihr im Gebet erbittet, im Vertrauen darauf, dass ihr es empfangen werdet, das werdet ihr auch empfangen. [25.26]Allerdings: Wenn ihr steht und betet, dann verzeiht jedem, gegen den ihr etwas habt, damit auch euer Vater im Himmel wegräumt, was an Schuld zwischen euch und ihm steht.«

Auseinandersetzung mit den Autoritäten

[27]Und wieder kamen sie in die Stadt. Als Jesus im Tempel umherging, traten ihm die Oberpriester und die Schriftgelehrten entgegen mit der Frage: [28]»Wie kommt es, dass du hier auftrittst, als wärest du der Christus? In welcher Vollmacht tust du das? Wer hat dir das Recht dazu gegeben?« [29]Jesus antwortete mit einer Gegenfrage: »Ich will euch auch eine Frage stellen. Wenn ihr die beantwortet habt, gebe ich euch Antwort auf die Frage, woher meine Vollmacht sei. [30]Ich rede von Johannes und seiner Taufe. Woher hatte er seinen Auftrag, von Gott oder von den Menschen? Antwortet mir!« [31]Sie aber dachten an dieser Frage herum und sagten zueinander: »Wenn wir antworten: ›Von Gott‹, wird er uns fragen: ›Warum habt ihr ihn dann nicht anerkannt?‹ [32]Wenn wir

aber sagen: ›Von den Menschen oder von ihm selbst‹, haben wir das Volk gegen uns. Denn die Leute halten Johannes alle für einen Propheten.« ³³So gaben sie Jesus die Antwort: »Wir wissen es nicht!« Da gab Jesus zurück: »Dann sage ich auch nicht, woher meine Vollmacht kommt.«

12 ¹Da fing Jesus an, in Gleichnissen zu reden:
»Es war ein Gutsbesitzer,
der legte einen Weinberg an.
Er grenzte ihn mit einem Zaun ab,
hob eine Kelter aus und baute einen Turm hinein.
Dann beauftragte er eine Anzahl Weingärtner,
ihn zu bearbeiten, und begab sich auf eine Reise.
²Als die Erntezeit kam, sandte er einen Mitarbeiter,
der sich von den Weingärtnern
einen Teil vom Ertrag des Weinbergs geben lassen sollte.
³Die aber nahmen ihn her, schlugen ihn wund
und ließen ihn mit leeren Händen wieder laufen.
⁴Da sandte der Besitzer einen anderen,
dem zerschlugen sie den Kopf und trieben ihren Spott mit ihm.
⁵Wieder schickte er einen, den töteten sie,
und dann noch viele andere.
Die einen trieben sie geschunden davon, die anderen schlugen sie tot.

⁶Da hatte er noch einen: den eigenen, geliebten Sohn.
Den sandte er zuletzt zu ihnen, weil er sich sagte:
Vor meinem Sohn werden sie sich scheuen.
⁷Die Weingärtner aber überlegten sich: ›Das ist der Erbe!
Wenn wir den umbringen, gehört uns der ganze Besitz!‹
⁸Sie nahmen ihn und schlugen ihn tot
und warfen den Leichnam aus dem Weinberg hinaus.
⁹Was meint ihr? Was wird der Gutsbesitzer tun?
Er wird kommen, die Weingärtner umbringen
und den Weinberg an andere verpachten.
¹⁰Habt ihr nicht gelesen, was in der Schrift steht?
›Der Stein, den die Bauleute weggeworfen haben,
ist zum Eckstein geworden!
¹¹Das hat Gott so bestimmt, und es ist ein unerklärliches Wunder,
das vor unseren Augen geschieht.‹«

¹²Da überlegten sie sich, wie sie seiner habhaft werden könnten, denn es war ihnen nicht entgangen, dass die ganze Geschichte von ihnen handelte. Sie verließen ihn und zogen ab.
¹³Später schickten sie eine Abordnung von Pharisäern und von Parteigängern des Herodes zu ihm, um ihm mit Worten eine Falle zu stellen. ¹⁴Die kamen und fragten ihn: »Meister, wir wissen, dass du redest, wie du denkst, und dich nach niemandem richtest. Du lässt dich durch Menschen nicht beeinflussen und lehrst unverfälscht, was Gott geboten hat. Sage uns: Ist es recht, dem Kaiser die Steuer zu zahlen, oder nicht? Sollen wir zahlen oder uns weigern?« ¹⁵Jesus erkannte die Unredlichkeit ihrer Absicht und fragte dagegen: »Was soll diese Falle? Zeigt mir eine Steuermünze!« ¹⁶Sie brachten ihm eine, und er fragte: »Wessen Bild ist das und wessen Name?« Sie erwiderten: »Des Kaisers.« ¹⁷Da antwortete Jesus: »Dann gehört das Geld also dem Kaiser. Was dem Kaiser ohnehin gehört, das gebt ihm. Was Gott gehört, das gebt Gott.« Sie aber standen da und staunten.

¹⁸Einmal kamen auch Sadduzäer zu ihm, die der Meinung sind, es gebe keine Auferstehung, und fragten: ¹⁹»Meister, Mose hat geschrieben, folgende Regel solle gelten: Wenn einer einen Bruder hat, der stirbt und eine kinderlose Frau hinterlässt, dann solle er die Frau zu sich nehmen und ihr zu einem Kind verhelfen, das dann als Kind seines Bruders gilt. ²⁰Nun waren da sieben Brüder. Der erste nahm eine Frau und starb, ohne Kinder zu hinterlassen. ²¹Der zweite nahm sie zu sich und starb ohne Kinder. Der dritte ebenso. ²²Und so ging es durch alle sieben. Keiner konnte der Frau zu einem Kind verhelfen. Ganz zuletzt starb die Frau auch. ²³Wenn sie nun alle wieder zum Leben auferstehen, wessen Frau wird sie dann sein, alle sieben haben sie ja gehabt!«
²⁴Da gab Jesus zur Antwort: »Der Grund für euer törichtes Gerede ist der, dass ihr von der heiligen Schrift nichts versteht und auch nichts von der Kraft Gottes. ²⁵Wenn sie aus dem Tode auferstehen, werden sie nicht heiraten oder geheiratet werden, sondern ausschließlich Gott zugewandt leben wie die Engel im Himmel. ²⁶Was aber die Auferstehung der Toten überhaupt betrifft, habt ihr nie gelesen, was im Buch Moses in der Geschichte vom brennenden Busch steht, wo Gott zu Mose sagt: ›Ich bin der Gott Abrahams, Isaaks und Jakobs‹? ²⁷Gott ist aber kein Gott von Leichnamen, sondern ein Gott von lebenden Menschen. Ihr irrt gründlich.«
²⁸Da kam ein Schriftgelehrter und hörte ihnen eine Weile zu. Als er den Eindruck hatte, die Antworten, die Jesus gab, seien richtig und

wahr, stellte er selbst auch eine Frage: »Es gibt so viele Regeln und Ordnungen, die Gott uns vorgeschrieben hat. Welche ist die wichtigste?« [29]»Höre, Israel, es gibt nur den einen Gott«, antwortete Jesus mit einem Wort des Alten Testaments, [30]»und du sollst Gott, deinen Herrn, lieben mit deinem ganzen Herzen, mit deiner ganzen Seele, mit allen deinen Gedanken und mit deiner ganzen Kraft. [31]Das andere: Du sollst den Menschen neben dir lieben wie dich selbst. Es gibt kein wichtigeres Gebot.« [32]Der Schriftgelehrte wiederholte: »Das ist wahr. Das hast du gut gesagt. Einer ist Gott und keiner ist neben ihm. [33]Ihn lieben mit ganzem Herzen, mit allen Kräften des Geistes und der Seele, den Mitmenschen aber lieben wie sich selbst, das ist besser als alle Opfer im Tempel.« [34]Als Jesus sah, dass er vernünftig antwortete, fügte er hinzu: »Du bist nicht weit vom Reich Gottes.« Und niemand hatte von da an noch den Mut, ihm unlautere Fragen zu stellen.

[35]Jesus redete zu ihnen: »Die Schriftgelehrten sagen, der Christus sei der Nachkomme Davids. [36]Aber wie stimmt das zusammen mit dem, was David selbst sagt und was ihm der heilige Geist eingab: ›Gott sprach zu meinem Herrn: Setze dich zu meiner Rechten, und ich will deine Feinde dir zum Schemel unter die Füße legen‹? [37]Wenn David ihn hier seinen Herrn nennt, dann kann er doch nicht sein Sohn sein!« (David kann also nicht das Muster sein, nach dem der Christus zu verstehen ist!) [38]Und die große Menschenmenge hörte ihn gern.

Jesus fuhr fort: »Lasst euch nicht blenden von den Schriftgelehrten, die gerne in langen Gewändern umhergehen und es schätzen, wenn die Leute sie ehrfürchtig grüßen, während sie über den Markt schreiten, [39]die gerne auf Ehrenplätzen sitzen in den Synagogen und bei den Gastmählern, [40]die die Häuser der Witwen fressen und zur Tarnung lange Gebete hersagen. Sie werden ein desto härteres Urteil empfangen.«

[41]Als er einmal dem Opferkasten gegenübersaß und zusah, wie die Leute Geld hineinwarfen, da warfen viele Reiche größere Beträge hinein. [42]Es kam aber auch eine arme Witwe und warf zwei Heller hinein, die etwa einem Pfennig entsprechen. [43]Und Jesus rief seine Jünger zu sich: »Diese arme Witwe hat mehr in den Opferkasten geworfen als alle anderen. [44]Die haben alle nur ein wenig von ihrem Überfluss gegeben. Sie aber gab von ihrer Armut alles, was sie hatte, ihre ganze Nahrung für diesen Tag.«

Rede über das Weltende

13 ¹Als Jesus den Tempel verließ, sagte einer seiner Jünger zu ihm: »Meister, schau! Diese gewaltigen Steine! Diese wunderbaren Bauwerke!« ²Jesus erwiderte: »Ja, schau sie an, die großen Gebäude, solange sie da sind! Kein Stein wird auf dem anderen bleiben, sie werden alle abgerissen werden!« ³Als er, jenseits des Tals, auf dem Ölberg saß, dem Tempel gegenüber, fragten ihn Petrus, Jakobus, Johannes und Andreas allein: ⁴»Wann geschieht das? Woran merken wir, dass es so weit ist, dass dies alles zerstört wird?« ⁵Da fing Jesus an zu reden: »Seht euch vor! Lasst euch nicht verwirren! ⁶Es werden viele kommen, die sagen: ›In meiner Person kommt Christus!‹ Und viele werden ihnen zum Opfer fallen. ⁷Wenn ihr Kriege erlebt und von Kriegen hört, dann fürchtet euch nicht. Kriege müssen kommen, aber sie sind nicht das Zeichen für das Ende der Welt. ⁸Ein Volk wird sich auf das andere stürzen und ein Reich das andere überfallen. Erdbeben werden geschehen, einmal hier und einmal dort, und Hungersnöte werden kommen. Aber all das ist nur ein Anfang der Schrecken. ⁹Ihr aber: Nehmt euch in Acht! Sie werden euch vor die Richter führen. In den Synagogen werden sie euch auspeitschen. Vor Fürsten und Könige werden sie euch stellen, weil ihr die Meinen seid, und sie werden damit zeigen, wie es um sie selbst steht. ¹⁰Die Botschaft vom kommenden Gottesreich aber muss allen Völkern verkündigt werden, ehe das Ende kommt.

¹¹Wenn sie euch nun in ihren Gerichten vorführen, dann macht euch keine angstvollen Gedanken, was ihr dort sagen sollt, denn es wird euch in der entscheidenden Stunde gegeben werden, Wort für Wort. Nicht ihr selbst braucht eure Sache zu führen, denn der Geist des heiligen Gottes redet durch euren Mund. ¹²Es wird aber ein Bruder den anderen ans Messer liefern und der Vater sein Kind. Die Kinder werden sich gegen die Eltern empören und sie zur Hinrichtung führen. ¹³Man wird euch hassen, weil ihr euch zu mir bekennt. Wer aber durchhält bis ans Ende, wird gerettet werden.

¹⁴Wenn ihr nun dort drüben, im Tempel, das Scheusal der Gottlosigkeit stehen seht, wo es kein Recht hat, zu sein, das Götzenbild – achtet darauf! –, dann ist hohe Zeit, zu fliehen. Wer dann in Judäa ist, fliehe auf die Berge. ¹⁵Wer auf dem Dach seines Hauses steht, gehe nicht mehr in sein Haus hinab oder zur Tür hinein, um etwas aus seinem Hause zu retten. ¹⁶Wer auf dem Felde arbeitet, kehre nicht mehr an den Ackerrand zurück, um seinen Mantel zu holen. ¹⁷Am schrecklichsten aber werden

die Schwangeren jene Zeit erleben und die, die ein Kind stillen. [18]Bittet aber Gott, dass eure Flucht nicht in den Winter fallen möge. [19]Es wird ein so furchtbares Elend herrschen, wie es nicht gewesen ist, seit Gott die Welt schuf bis heute, und wie es auch danach nicht mehr kommen wird. [20]Und wenn jene Tage des Grauens nicht abgekürzt würden von Gott, würde kein Mensch seinen Glauben bewahren. Aber um derer willen, die Gott auserwählt hat, wird er die Zeit verkürzen.

[21]Wenn euch dann einer zurufen wird: ›Sieh her! Hier ist Christus!‹ oder: ›Schau! Dort ist er!‹, dann glaubt es nicht. [22]Es werden falsche Gottesbeauftragte und lügnerische Gotteskünder aufstehen, die werden große, staunenswerte Wunder und himmlische Zeichen geschehen lassen, so dass auch die Erwählten irrewürden, wenn Gott es zuließe. [23]Seid euch darüber klar: Ich habe euch alles vorausgesagt.

[24]Bald nach dem Grauen jener Tage wird die Sonne sich verfinstern, der Mond wird seinen Glanz verlieren, [25]die Sterne werden aus ihren Bahnen stürzen und die Kräfte im Weltall aus ihrer Ordnung geraten. [26]Dann wird man mich sehen, wie ich in den Wolken komme, mit großer Macht und im Lichtglanz Gottes. [27]Ich werde die Engel senden und werde die Meinen sammeln aus allen vier Winden, vom Ende der Erde bis zum Ende des Himmels. [28]Der Feigenbaum kann euch ein Beispiel sein: Wenn sein Zweig anfängt, saftig zu werden und Blätter zu treiben, merkt ihr, dass es Sommer wird. [29]So sollt ihr, wenn ihr seht, dass dies alles geschieht, wissen, dass das Ende vor der Tür ist. [30]Ich sage euch: Dieses Geschlecht wird nicht sterben, ehe das alles geschieht. [31]Himmel und Erde werden vergehen, meine Worte vergehen nicht.

[32]Wann aber jener Tag anbricht, wann jene Stunde schlägt, weiß niemand. Das wissen die Engel nicht im Himmel, das weiß auch ich selbst nicht, der Sohn, das weiß allein und einzig der Vater. [33]Haltet die Augen offen! Seid wach! Ihr wisst nicht, wann es Zeit ist. [34]Ein Hausherr, der auf eine Reise geht, verlässt sein Haus und übergibt die Verantwortung seinen Bediensteten. Er teilt jedem seinen Auftrag zu und befiehlt dem Türhüter, wachsam zu sein. [35]So seid wachsam! Ihr wisst nicht, wann der Herr des Hauses zurückkommt, es könnte abends sein oder um Mitternacht oder zum Hahnenschrei oder zum frühen Tag. [36]Nicht, dass er euch schlafend findet, wenn er plötzlich das Haus betritt! [37]Ich sage es euch und sage es allen: Seid wach!«

Die Leidensgeschichte

Ein Zeichen der Liebe

14 ¹Zwei Tage später begann das Passa, das »Fest der ungesäuerten Brote«, und inzwischen berieten die Oberpriester und die Schriftgelehrten, auf welche Weise sie Jesus unbemerkt zu fassen bekämen und wie sie ihn umbringen könnten. ²»Aber«, so sagten sie, »nicht erst am Fest, sondern vorher, damit nicht im Volk für seine Sache ein Aufruhr entsteht.«
³Als nun Jesus in Betanien weilte, im Hause Simons, des Aussätzigen, und dort zu Tische lag, kam eine Frau herein, die eine Alabasterflasche bei sich hatte mit echtem, sehr kostbarem Nardenöl. Sie zerbrach die Flasche und goss das Öl über seinem Haupt aus. ⁴Da äußerten einige ihren Unwillen: »Was soll diese Verschwendung? ⁵Man hätte das Öl für mehr als dreihundert Denare verkaufen und den Erlös den Armen geben können.« Und sie fuhren sie hart an. ⁶Jesus aber nahm sie in Schutz: »Lasst sie! Macht ihr das Herz nicht schwer! Sie hat etwas Schönes für mich getan. ⁷Von Armen seid ihr täglich umgeben, und wenn ihr wollt, könnt ihr ihnen Liebe erweisen, mich aber habt ihr nicht alle Zeit. ⁸Sie tat, was in ihrer Macht lag. Sie hat mir im Leben die Ehre erwiesen, die man sonst erst den Toten erweist. ⁹Ich sage euch: Wo immer Menschen davon sprechen werden, dass ich starb, um der Welt das Leben zu schenken, wird man auch erzählen, was sie soeben getan hat, und es als ein Zeichen ihrer Liebe verstehen.«
¹⁰Inzwischen ging Judas Iskariot, einer von den Zwölfen, zu den Oberpriestern, um ihnen Jesus durch Verrat zuzuspielen. ¹¹Als sie das hörten, freuten sie sich und versprachen ihm Geld als Lohn. Da suchte er nach einer günstigen Gelegenheit dafür.

Das Abschiedsmahl

¹²Am ersten Tag des Fests der ungesäuerten Brote, an dem man das Osterlamm schlachtete, wandten sich die Jünger an Jesus: »Wo sollen wir dir das Passamahl zubereiten?« ¹³Da sandte Jesus zwei von ihnen nach Jerusalem: »Wenn ihr in die Stadt kommt, wird euch ein Mann begegnen, der einen Wasserkrug trägt. Dem geht nach. ¹⁴Wenn er durch

eine Tür tritt, dann sagt dem Hausherrn dort: ›Der Meister lässt fragen: Ist in deinem Haus Raum für mich, mit meinen Jüngern das Passa zu feiern?‹ [15]Dann wird er euch im Obergeschoß einen großen mit Polstern versehenen Saal zeigen. Dort bereitet uns das Mahl.« [16]Die Jünger gingen und kamen in die Stadt. Dort begegnete ihnen alles so, wie er gesagt hatte, und sie bereiteten das Mahl vor.

[17]Es wurde Abend, und Jesus kam mit den Zwölfen. [18]Während sie nun zu Tische lagen und aßen, sagte Jesus: »Es ist die Wahrheit: Einer von euch wird mich verraten. Einer, der jetzt mit mir speist!« [19]Das traf sie hart, und sie fragten, einer nach dem anderen: »Du meinst doch nicht mich?« [20]Er antwortete: »Einer von den Zwölfen. Der, der jetzt eben mit der Hand das Brot in die Schüssel taucht. [21]Es ist mir zwar bestimmt zu sterben, wie es über mich geschrieben steht, aber wehe dem Menschen, der mich verrät. Es wäre besser für ihn, er wäre nie zur Welt gekommen.«

[22]Während des Essens nahm Jesus ein Brot, sprach das Segensgebet, brach das Brot und gab es seinen Jüngern mit den Worten: »Nehmt! Das bin ich.« [23]Und er nahm den Becher, sprach das Segensgebet, reichte ihnen den Becher, und sie tranken alle daraus, [24]während er sagte: »Das ist mein Blut, das Siegel für unsere Gemeinschaft mit dem nahen Gott. Es wird für viele vergossen. [25]Ich sage euch: Ich werde von der Frucht des Weinstocks nicht mehr trinken bis an jenen Tag, an dem ich aufs neue davon trinken werde im Reiche Gottes.«

Das Gebet im Garten

[26]Als sie den Lobgesang gesungen hatten, gingen sie an den Ölberg hinaus. [27]Auf dem Weg fuhr Jesus fort, zu ihnen zu sprechen: »Alle werdet ihr an mir irrewerden! In der Schrift steht: ›Ich werde den Hirten erschlagen, und die Schafe der Herde werden sich zerstreuen.‹ [28]Wenn ich aber aus dem Tod auferweckt sein werde, will ich euch nach Galiläa vorausgehen.« [29]Da widersprach Petrus: »Wenn alle den Glauben an dich verlören, mir kann das nicht geschehen.« [30]»Ich sage dir«, kündigte Jesus ihm an, »in dieser Nacht, ehe der Hahn zweimal kräht, wirst du dreimal feierlich versichern, du habest nichts mit mir zu tun.« [31]Er aber blieb dabei: »Wenn ich auch mit dir sterben müsste, würde ich mich doch nicht von dir lossagen.« Und ähnlich sprachen sie alle.

³²Indessen kamen sie zu einem Landgut, das Getsemani hieß. Dort wandte er sich an seine Jünger: »Setzt euch hier! Ich will dort drüben beten.« ³³Er nahm Petrus, Jakobus und Johannes mit sich und fing an zu zittern und zu zagen: ³⁴»Meine Seele ist zu Tode betrübt. Bleibt hier und wacht.« ³⁵Dann ging er ein paar Schritte weit, sank nieder auf die Erde und betete, wenn es möglich sei, so möge doch diese schreckliche Stunde an ihm vorübergehen: ³⁶»Vater, mein Vater! Alles liegt in deiner Macht. Lass diesen Kelch an mir vorübergehen! Aber nicht, wie ich will, sondern wie du willst!« ³⁷Als er wieder zu ihnen kam, fand er sie schlafend und weckte Petrus: »Simon, schläfst du? Kannst du nicht eine Stunde wachen? ³⁸Wacht und betet, dass euch nicht die Finsternis überwältigt! Unser Geist ist willig, aber unsere Kräfte sind schwach.«

³⁹Noch einmal ging Jesus weg und betete dieselben Worte. ⁴⁰Als er zurückkam, traf er sie abermals schlafend an und so müde, dass sie kaum die Augen öffnen oder eine rechte Antwort finden konnten. ⁴¹Und zum drittenmal kam er zu ihnen: »Schlaft ein andermal aus! Ruht ein andermal! Jetzt ist es genug! Die Stunde ist da. Die Hände der Gottlosen greifen nach mir. ⁴²Steht auf! Wir gehen! Der Verräter ist da!«

Die Verhaftung

⁴³Während er noch so sprach, kam Judas, einer der Zwölf, an der Spitze einer mit Schwertern und Spießen bewaffneten Truppe, die von den Oberpriestern, den Schriftgelehrten und den Ältesten gesandt war. ⁴⁴Der Verräter hatte ein Zeichen mit ihnen verabredet: »Der, dem ich zur Begrüßung einen Kuss gebe, der ist es, den nehmt fest. Den führt ab.⁴⁵« Kaum waren sie da, ging Judas auf Jesus zu: »Meister!« und küsste ihn. ⁴⁶Da fassten sie zu und nahmen ihn fest. ⁴⁷Einer von denen aber, die dabeistanden, zog das Schwert, schlug nach dem Beauftragten des Hohepriesters und hieb ihm ein Ohr ab. ⁴⁸Und Jesus redete zu ihnen: »Mit Schwertern und Spießen seid ihr ausgezogen, mich festzunehmen, als wäre ich ein Räuber. ⁴⁹Jeden Tag saß ich bei euch im Tempel und redete zu euch, und ihr hattet nicht den Mut, Hand an mich zu legen. Aber das alles geschieht, weil Gott es will.« ⁵⁰Da verließen ihn alle und flohen. ⁵¹Ein junger Mann aber, der nur ein Leinenkleid über dem bloßen Leib trug, war mit ihm gegangen. Den hielten sie fest. ⁵²Da ließ er das Kleid in ihren Händen und floh nackt.

Die Verhandlung vor dem Hohepriester

⁵³Und sie führten Jesus vor den Hohepriester, während sie alle zusammenkamen: die Priester, die Ältesten und die Schriftgelehrten. ⁵⁴Petrus folgte ihm in einigem Abstand bis in den Hof des hohepriesterlichen Palastes. Dort blieb er bei den Knechten sitzen und wärmte sich am Feuer. ⁵⁵Aber die Oberpriester und der ganze Hohe Rat bemühten sich, Jesus eine Schuld nachzuweisen, auf die der Tod stand, und konnten keine finden. ⁵⁶Viele nämlich brachten irgendeine ausgedachte Beschuldigung vor, aber ihre Aussagen stimmten nicht überein. ⁵⁷Schließlich traten einige auf, die behaupteten: ⁵⁸»Wir haben gehört, wie er sagte: Ich kann diesen von Menschenhänden erbauten Tempel abreißen und in drei Tagen einen anderen bauen, der nicht mit Händen gemacht ist.« ⁵⁹Aber auch darin waren ihre Aussagen ungleich. ⁶⁰Da erhob sich der Hohepriester, trat in die Mitte der Versammlung und fragte: »Hast du auf diese Anklage nichts zu antworten?« ⁶¹Er aber schwieg und erwiderte kein Wort. Da fragte der Hohepriester: »Bist du der Christus, der Sohn des Hochgelobten?« ⁶²»Ich bin es«, antwortete Jesus, »und ihr werdet mich als den Menschensohn sitzen sehen zur Rechten Gottes, der die Macht hat, und kommen mit den Wolken des Himmels.« ⁶³Da zerriss der Hohepriester sein Gewand zum Zeichen des Entsetzens und rief: »Wozu brauchen wir noch Zeugen? ⁶⁴Ihr habt es gehört: Er vergreift sich an Gott! Was ist euer Urteil?« Sie aber urteilten alle, er habe den Tod verdient. ⁶⁵Einige begannen, ihn anzuspeien. Sie verdeckten ihm das Gesicht, schlugen auf ihn ein und fragten: »Wer war das? Sage es uns! Du bist doch der Christus.« Auch die Diener gaben ihm Ohrfeigen.

⁶⁶Petrus saß währenddessen drunten im Innenhof. Da kam eine von den Mägden des Hohepriesters vorbei, ⁶⁷und als sie Petrus sich da wärmen sah, schaute sie ihn genauer an und sagte: »Der war auch mit dem Nazarener, diesem Jesus, zusammen!« ⁶⁸Er aber leugnete: »Ich kenne ihn nicht. Ich verstehe nicht, wovon du redest!« Und er ging hinaus in die Vorhalle, und der Hahn krähte. ⁶⁹Das Mädchen sah ihn draußen wieder und sagte zu den Umstehenden: »Der gehört auch dazu!« ⁷⁰Er aber leugnete wieder. Eine kleine Weile danach wandten sich die Leute, die dastanden, an Petrus: »Kein Zweifel! Du gehörst auch dazu! Man hört es: Du bist ein Galiläer!« ⁷¹Da fing er an, sich zu verfluchen und zu schwören: »Ich kenne ihn nicht! Von wem sprecht ihr?« ⁷²Und der Hahn krähte zum zweitenmal. Da erinnerte sich Petrus, dass Jesus

gesagt hatte: »Ehe der Hahn zweimal kräht, wirst du dreimal leugnen, mich zu kennen.« Und er fing an zu weinen.

Der Prozess vor Pilatus

15 ¹In der Morgenfrühe fassten die Oberpriester mit den Ältesten, den Schriftgelehrten und mit dem ganzen Hohen Rat den Beschluss, Jesus zu fesseln, abzuführen und dem Pilatus zu übergeben. ²Pilatus begann das Verhör: »Du bist der König der Juden?« »Ja, ich bin es«, antwortete Jesus. ³Als aber die Priester eine Menge von Beschuldigungen vorgebracht hatten, ⁴wandte sich Pilatus noch einmal an Jesus: »Du antwortest nichts – bei so schweren Anklagen?« ⁵Aber Jesus erwiderte kein Wort mehr, so dass Pilatus sich sehr wunderte.

⁶Nun pflegte er zum Fest jeweils einen Gefangenen nach ihrer Wahl freizugeben. ⁷Damals hatte er einen mit Namen Barabbas, der mit den Aufständischen eingekerkert war, die im Aufruhr einen Mord begangen hatten, ⁸und das Volk versammelte sich oben vor ihm und bat, er möge tun, was er üblicherweise tue. ⁹Pilatus fragte: »Wollt ihr, dass ich euch den König der Juden freigebe?« ¹⁰Denn er hatte wohl bemerkt, dass hinter der Anklage gegen Jesus der Neid der Priester stand. ¹¹Die Priester aber beredeten die Leute, sie sollten um Barabbas bitten. ¹²»Was soll ich mit dem tun«, fragte Pilatus, »den ihr den König der Juden nennt« ¹³Sie schrien: »Schlag ihn ans Kreuz!« ¹⁴»Was hat er denn Böses getan?«, wollte Pilatus wissen, aber sie schrien noch lauter: »Ans Kreuz!« ¹⁵Pilatus wollte der Menge einen Gefallen erweisen; er gab den Barabbas frei und ließ Jesus geißeln und zur Kreuzigung abführen.

¹⁶Die Soldaten aber führten Jesus in den Palasthof, das Prätorium, und riefen die ganze Mannschaft zusammen. ¹⁷Sie legten ihm einen ihrer roten Mäntel um, flochten einen Kranz aus Dornen und setzten ihm den aufs Haupt. ¹⁸Sie verehrten ihn kniefällig: »Heil dir, König der Juden!«, ¹⁹schlugen ihn mit einem Rohrstock aufs Haupt und spien ihn an, sie beugten die Knie und huldigten ihm. ²⁰Nach dieser Szene des Spotts zogen sie ihm den roten Mantel aus und gaben ihm seine eigenen Kleider. Und sie führten ihn hinaus zur Hinrichtung. ²¹Auf dem Weg trafen sie einen Mann aus Zyrene, der eben vom Feld kam, Simon, den Vater des Alexander und des Rufus. Den zwangen sie, den Kreuzbalken für Jesus hinauszutragen.

Die Hinrichtung

²²Schließlich brachten sie ihn ans Ziel: einen Platz, der Golgota hieß, auf deutsch: »Totenkopfhügel«. ²³Dort gaben sie ihm Myrrhe in Wein zu trinken (um ihn ein wenig zu betäuben), aber er nahm es nicht an. ²⁴Sie kreuzigten ihn und teilten seine Kleider unter sich, indem sie durch das Los bestimmten, welches Stück wem zufallen solle. ²⁵Neun Uhr am Vormittag war es, als sie ihn kreuzigten. ²⁶Am Kreuz befestigten sie eine Tafel, auf der der Grund seiner Hinrichtung zu lesen war: »Der König der Juden«. ²⁷Mit ihm zugleich kreuzigten sie zwei Räuber, einen rechts von ihm, den anderen links. ²⁹Währenddessen gingen die Spaziergänger vorbei, verspotteten ihn, schüttelten die Köpfe und riefen: »Ha! Du wolltest doch den Tempel abreißen und ihn in drei Tagen wieder aufbauen! ³⁰Hilf dir nun selber und steige vom Kreuz!« ³¹Auch die Priester verlachten ihn und sagten – und die Schriftgelehrten sagten dasselbe: »Anderen hat er geholfen, sich selbst kann er nicht retten! ³²Dieser Christus, dieser König Israels soll doch vom Kreuz herabsteigen. Wenn wir das sehen, wollen wir ihm glauben!« Mit dem gleichen Spott beschimpften ihn auch die beiden, die mit ihm gekreuzigt waren.

³³Von der Mittagszeit an lag drei Stunden lang eine Finsternis über dem Land. ³⁴Um die dritte Stunde nach Mittag schrie Jesus laut: »Eloï, Eloï, lema sabachtani!« Das hieß: Mein Gott, mein Gott, warum hast du mich verlassen! ³⁵Einige von den Umstehenden, die das hörten, meinten: »Er ruft den Elija!« ³⁶Da kam einer gelaufen, füllte einen Schwamm mit Essig, steckte ihn auf einen Rohrstock und gab ihm den zu trinken mit den Worten: »Wir wollen doch sehen, ob Elija kommt und ihn herabnimmt!« ³⁷Aber Jesus schrie noch einmal laut auf und verschied.

³⁸Da zerriss der Vorhang im Tempel von oben bis unten in zwei Teile. ³⁹Der Hauptmann aber, der Jesus gegenüberstand und sah, dass er so starb, rief: »Es ist wahr! Der war Gottes Sohn!« ⁴⁰Es waren auch Frauen dabei, die von ferne alles mit ansahen: Maria aus Magdala, Maria, die Mutter von Jakobus dem Kleinen und von Joses, und Salome, ⁴¹die schon in Galiläa mit ihm gezogen waren und ihn versorgt hatten. Aber auch viele andere Frauen standen da, die mit ihm nach Jerusalem gekommen waren.

⁴²Als es Abend war vor dem Sabbat und man sich auf das Hauptfest vorbereitete, ⁴³kam Josef, ein Mann aus Arimathäa, ein angesehener

Ratsherr, der selbst zu denen gehörte, die auf Gottes Reich warteten. Er wagte es, zu Pilatus hineinzugehen, und bat um den Leib des Toten. ⁴⁴Pilatus wunderte sich, dass Jesus schon gestorben sei, rief den diensttuenden Hauptmann und fragte ihn, ob er schon lange tot sei, ⁴⁵und als der Hauptmann ihm berichtet hatte, stellte Pilatus dem Josef den Leib zur Verfügung. ⁴⁶Der kaufte ein Leinentuch, nahm Jesus vom Kreuz ab, hüllte ihn in das Tuch, bestattete ihn in einem Grab, das in einen Felsen gehauen war, und wälzte einen Stein vor den Eingang. ⁴⁷Maria aus Magdala aber und Maria, die Mutter des Joses, merkten sich den Ort, an dem Jesus begraben worden war.

Der Ostermorgen

16 ¹Als der Sabbat vorüber war, kauften Maria aus Magdala, Maria, die Mutter des Jakobus, und Salome Salben, um den Leib Jesu zu balsamieren. ²In der Morgenfrühe des ersten Tages der Woche kamen sie zum Grab, als eben die Sonne aufging, ³und fragten sich bange: »Wer wird uns den Stein vom Eingang des Grabes wegwälzen?« ⁴Da blickten sie auf und sahen, dass der riesige Stein weggewälzt war. ⁵Sie gingen in das Grab und sahen dort die Gestalt eines jungen Mannes in weißem Gewande an der rechten Seite sitzen und erschraken bis ins Herz. ⁶Sie hörten ihn sagen: »Habt keine Angst! Ihr sucht Jesus von Nazaret, den Gekreuzigten? Er ist auferstanden, er ist nicht hier! Seht her: Das ist der Platz, an den man ihn gelegt hat! ⁷Geht zurück und sagt seinen Jüngern und Petrus, er werde euch voraus nach Galiläa gehen. Dort werdet ihr ihn sehen, wie er euch gesagt hat.« ⁸Da stürzten die Frauen aus dem Grab und flohen, denn Angst und Grauen hatte sie erfasst. Sie sagten aber niemandem etwas, denn sie fürchteten sich.

⁹Christus aber, der in der Frühe am ersten Tag der Woche auferstanden war, erschien zuerst der Maria aus Magdala, die er von einem siebenfachen Leiden geheilt hatte. ¹⁰Sie ging und berichtete es denen, die um ihn gewesen waren und die nun klagten und weinten. ¹¹Aber sie glaubten ihr nicht, dass er lebe und sie ihn gesehen habe. ¹²Später erschien er zweien, die unterwegs waren aufs Feld, in einer fremden Gestalt. ¹³Die eilten nach Hause und erzählten es den Übrigen. Die aber glaubten auch ihnen nicht.

¹⁴Danach zeigte er sich den elf Jüngern, während sie zum Essen versammelt waren, schalt ihren Unglauben und ihre Stumpfheit, in der sie denen misstrauten, die ihn lebendig gesehen hatten, ¹⁵und sprach: »Geht aus über die ganze Erde und bringt das Evangelium allen Menschen. ¹⁶Wer glaubt und sich taufen lässt, wird gerettet, wer nicht glaubt, wird verloren sein. ¹⁷Die aber glauben, werden von großen Kräften erfüllt sein. Sie werden dunkle Geister überwinden, sie werden in neuen Sprachen reden, ¹⁸Schlangen werden sie nicht verletzen und Gifte ihnen nicht schaden. Kranken werden sie die Hände auflegen und sie heilen.«

¹⁹Nachdem Jesus, der Herr, so mit ihnen geredet hatte, wurde er in den Himmel aufgenommen und empfing göttliche Macht. ²⁰Sie aber zogen aus und redeten an allen Orten von ihm. Der Herr wirkte durch sie. Er ließ Zeichen seiner Nähe geschehen und bestätigte ihr Wort.

JESUS, DER BRUDER DER ARMEN: DAS EVANGELIUM NACH LUKAS

Geburt und Kindheit

1 ¹Lieber, verehrter Theophilus, ich versuche hier etwas, das schon einige andere versucht haben: nämlich über die großen Ereignisse zu berichten, die unter uns geschehen und nun zum Ziel gekommen sind. ²Augenzeugen, die von Anfang an mit dabei waren und ihre Lebensaufgabe darin sahen, unermüdlich immer neu zu berichten, haben uns davon erzählt. ³Und so finde ich, der erst spät hinzukam, ich sollte den Versuch unternehmen, alle ihre Berichte von Anfang an zu sammeln, zu prüfen und in einer guten, klaren Ordnung für dich neu niederzuschreiben, ⁴denn du sollst wissen, worauf der Glaube ruht, den man dir nahe gebracht hat.

Die Herkunft des Vorläufers

⁵Die Anfänge dieser Geschichte reichen bis in die Zeit zurück, als Herodes König in Judäa war. Damals lebte ein Mann mit Namen Zacharias, der zu der Priestergruppe Abia gehörte. Seine Frau stammte aus der Familie Aaron und hieß Elisabet. ⁶Sie lebten beide, wie es vor Gott recht war, und hielten sich ohne jeden Fehler an das ganze Gesetz. ⁷Sie hatten aber kein Kind. Elisabet war unfruchtbar, und beide waren alt.

⁸Als nun Zacharias nach der priesterlichen Ordnung an der Reihe war, am Tempel vor Gott eine Woche lang Dienst zu tun, ⁹traf ihn das Los, er habe im Tempel das Rauchopfer darzubringen. ¹⁰Er betrat das Heiligtum, und die Menge betete indessen draußen während der Stunde des Rauchopfers. ¹¹Da erschien ihm an der rechten Seite des Räucheraltars ein Engel, ¹²und Zacharias erschrak, als er ihn sah, und fürchtete sich. ¹³Der Engel aber sprach ihn an:

»Fürchte dich nicht, Zacharias! Deine Bitte ist erhört.
Deine Frau Elisabet wird einen Sohn zur Welt bringen,
dem gib den Namen Johannes.

¹⁴Er wird eine große Freude für dich sein
und das Glück deines Lebens.
Viele Menschen werden sich freuen, dass er da ist.
¹⁵Gott wird ihm Großes anvertrauen.
Er wird ein Großer sein vor Gott
und weder Wein noch anderes berauschendes Getränk
zu sich nehmen.
Von Mutterleib an wird Gottes Geist und Kraft ihn erfüllen,
¹⁶und er wird viele im Volk Israel dazu bringen,
Ernst zu machen mit Gott, ihrem Herrn.
¹⁷Er wird ein Vorbote sein des kommenden Herrn,
und seinen Auftrag wahrnehmen mit der Kraft, die Elija zu eigen war.
Er wird die Herzen der Väter ihren Kindern zuwenden
und die Ungehorsamen zu der Klugheit führen,
die aus der Gerechtigkeit kommt.
Denn der Herr soll, wenn er kommt, ein vorbereitetes Volk finden.«

¹⁸Da antwortete Zacharias dem Engel:
»Wie soll ich das für möglich halten?
Ich bin ein alter Mann,
und auch meine Frau ist fortgeschritten an Jahren!«
¹⁹»Ich bin Gabriel«, fuhr der Engel fort, »ich komme von Gott.
Ich bin gesandt, dir das alles anzukündigen.
²⁰Du suchst einen Beweis? Gut.
Du wirst die Sprache verlieren
und nicht mehr reden können bis an den Tag,
an dem das eintrifft, weil du meinen Worten nicht geglaubt hast,
die doch Wirklichkeit werden, wenn es Zeit ist.«

²¹Inzwischen warteten die Menschen draußen auf Zacharias und wunderten sich, dass er so lange drinnen verweilte. ²²Als er aber zu ihnen hinaustrat, konnte er nicht zu ihnen sprechen, und sie verstanden, dass er im Tempel ein Gesicht gehabt hatte. Er gab ihnen einen Wink und blieb stumm.

²³Einige Tage später war seine Amtszeit zu Ende, und er ging nach Hause. ²⁴Elisabet aber, seine Frau, wurde schwanger und lebte fünf Monate in tiefer Zurückgezogenheit, denn sie wusste: ²⁵Das ist Gottes Werk. Es ist seine Freundlichkeit, dass er mich nun von der Schmach meiner Kinderlosigkeit befreien will.

Das Wort an Maria

²⁶Ein halbes Jahr später sandte Gott den Engel Gabriel in eine Stadt in Galiläa, nach Nazaret, ²⁷zu einem Mädchen, das mit einem Mann aus dem Stamm Davids verlobt war. Das Mädchen hieß Maria. ²⁸Der Engel kam in ihr Haus, erschien ihr und redete sie an:»Sei gegrüßt, du Gesegnete, Gott ist mit dir.« ²⁹Sie aber erschrak, als sie die Stimme hörte und dachte:»Was für ein Gruß ist das?« ³⁰Der Engel fuhr fort:

»Fürchte dich nicht, Maria!
Gott ist dir freundlich, seine Liebe gehört dir.
³¹Achte wohl auf das, was ich dir sage:
Du wirst schwanger werden und einen Sohn zur Welt bringen.
Dem gib den Namen Jesus.
³²Er wird Vollmacht haben aus Gottes Macht,
und man wird ihn den ›Sohn Gottes‹ nennen.
Gott wird ihn zum König machen,
wie es David war, der sein Vorfahr ist.
³³Er wird ein Herr sein über das Volk Gottes
über alle Ewigkeiten hin,
und sein Reich wird kein Ende haben.«

³⁴Maria antwortete:»Wie kann das geschehen? Ich bin mit keinem Mann zusammengewesen!« ³⁵Der Engel fuhr fort:

»Heiliger Geist wird über dich kommen,
und die schaffende Kraft des Höchsten
wird wie ein Schatten über dir sein.
Darum wird dein Kind ›heilig‹ heißen und ›Sohn Gottes‹.
³⁶Achte darauf: Auch Elisabet, deine Verwandte, ist schwanger und wird einen Sohn zur Welt bringen in ihrem Alter.
Im sechsten Monat trägt sie ihn, die als unfruchtbar gilt.
³⁷Denn nichts ist bei Gott unmöglich.«

³⁸Maria aber sprach:»Ja! Ich bin die Magd Gottes! Ich bin bereit.« Und der Engel schied von ihr.

³⁹In jenen Tagen brach Maria auf und eilte in eine Stadt auf den Bergen von Judäa, ⁴⁰trat in das Haus des Zacharias und grüßte Elisabet. ⁴¹Als

Elisabet den Gruß der Maria hörte, hüpfte das Kind in ihrem Leibe, sie wurde mit heiligem Geist erfüllt, erhob ihre Stimme [42]und sang:

»Gesegnet bist du wie keine Frau vor dir, und gesegnet ist dein Kind!
[43]Wie ist es möglich, dass die Mutter meines Herrn zu mir kommt?
[44]Wisse, als ich deine Stimme hörte und den Klang deines Grußes, hüpfte das Kind vor Freude in meinem Leib!
[45]Glücklich bist du,
die du Gottes Tun im Vertrauen hast geschehen lassen.
Glücklich, die du geglaubt hast,
dass Gott vollenden wird, was er begann!«

[46]Und Maria sang ihr Lied: »Meine Seele preist Gott, meinen Herrn,
[47]mein Geist ist glücklich über den Gott, der mir hilft.
[48]Denn mein Gott hat mich erhoben aus meiner Niedrigkeit.
Glücklich werden mich preisen alle meine Kindeskinder.
[49]Er hat Großes an mir getan, der mächtige, der heilige Gott.
[50]Von Generation zu Generation
waltet seine Barmherzigkeit über denen, die ihn ehren.
[51]Gewaltiges wirkt er; dieÜbermütigen zerstreut er wie Sand.
[52]Mächtige holt er vom Thron, Niedrige richtet er auf.
[53]Hungrige sättigt er mit guter Nahrung,
Reiche treibt er mit leeren Händen davon.
[54]Er nimmt sich Israels an, seines Dieners,
und bewahrt ihm seine Barmherzigkeit.
[55]Unseren Vätern hat er es zugesagt,
und in Ewigkeit gilt es Abrahams Volk.«

Die Geburt des Johannes

[56]Drei Monate lang blieb Maria bei Elisabet, dann kehrte sie nach Nazaret zurück. [57]Für Elisabet aber kam die Zeit der Geburt, und sie brachte einen Sohn zur Welt. [58]Ihre Nachbarn und Verwandten hörten davon und freuten sich mit ihr, dass Gott sich ihr so freundlich erwiesen hatte. [59]Am achten Tage kamen sie, um das Kind mit der Sitte der Beschneidung in die Gemeinschaft des Glaubens aufzunehmen, und wollten ihm den Namen seines Vaters Zacharias geben. [60]Die Mutter aber widersprach: »Nein, er soll Johannes heißen!« [61]»Warum?«, fragten die

anderen.»Es gibt doch in eurer Familie keinen, der so heißt!« ⁶²Und sie gaben seinem Vater einen Wink, er solle den Namen des Kindes bestimmen. ⁶³Der forderte ein Schreibtäfelchen und schrieb zu ihrem Erstaunen:»Er heißt Johannes!« ⁶⁴Im selben Augenblick wurde seine Stimme wieder frei, und er konnte reden und rühmte Gott. ⁶⁵Und alle, die davon hörten im ganzen Bergland Judäa, erschraken und redeten über alle diese Vorgänge. ⁶⁶Sie nahmen es sich zu Herzen und fragten sich:»Was wird wohl aus diesem Kinde werden?« Denn es war offenkundig Gott selbst, der hier am Werk war.

⁶⁷Zacharias, der Vater, aber, erfüllt von heiligem Geist,
sprach in prophetischer Erregung:
⁶⁸»Ich rühme den Gott Israels! Er ist uns nahe! Er macht uns frei!
⁶⁹Voll Kraft ist der Retter, den er sendet,
der Nachfahr seines Dieners David.
⁷⁰Seit uralten Zeiten hat er versprochen
durch den Mund seiner heiligen Propheten,
⁷¹er wolle uns bewahren vor unseren Feinden
und retten aus den Händen der Hasser.
⁷²Er wolle barmherzig sein mit unseren Vätern
und uns seine Treue bewahren.
⁷³Abraham, unserem Vater, hat er geschworen,
⁷⁴er wolle uns geben, furchtlos, der Macht unserer Feinde entrissen,
⁷⁵heilig und gerecht ihm zu dienen von Tag zu Tag,
ihm allein zugewandt in allen unseren Tagen.

⁷⁶Du aber, Kind, wirst ein Prophet des Höchsten sein,
der Vorbote des Herrn. Du wirst ihm den Weg bereiten.
⁷⁷Denn unser Volk soll verstehen:
Im Erlass unserer Schuld liegt unser Heil.
⁷⁸Denn freundlich ist Gott.
Aus der Höhe sendet er ihn, der das Licht ist.
⁷⁹Der wird aufglänzen für uns
in der Finsternis und im Schatten des Todes
und wird unsere Füße lenken auf den Weg des Friedens.«

⁸⁰Das Kind aber wuchs heran und wurde stark im Geist. In der Wüste lebte Johannes bis zu dem Tag, an dem er vor dem Volk Israel öffentlich auftrat.

Das Evangelium nach Lukas 2

Die Weihnachtsgeschichte

2 ¹Es begab sich aber in jenen Tagen,
dass ein Gebot von dem Kaiser Augustus ausging,
dass alle Bewohner des Reiches gezählt werden
und eine Steuer zahlen sollten. ²Zum ersten Male geschah das;
es war in der Zeit, als Quirinius Statthalter in Syrien war.
³Und jedermann war gezwungen, an den Ort zu gehen,
an dem er geboren war, um sich zählen und einschätzen zu lassen.

⁴Da wanderte auch Josef von Galiläa,
aus der Stadt Nazaret, nach Judäa
in die Stadt der Familie Davids, nach Betlehem,
denn er war vom Hause und vom Stamme Davids,
⁵um sich eintragen zu lassen zusammen mit Maria, seiner Verlobten.
Die war schwanger.
⁶Während sie aber dort waren, kam die Zeit der Geburt,
⁷und sie gebar ihren ersten Sohn,
wickelte ihn in Windeln und legte ihn in eine Krippe,
denn sie hatten sonst keinen Raum in der Herberge.

⁸Nun waren Hirten in derselben Gegend auf dem Felde
bei den Hürden, die hüteten des Nachts ihre Herde.
⁹Ihnen erschien ein Engel Gottes,
Licht aus Gottes Licht strahlte um sie, und sie fürchteten sich sehr.
¹⁰Und der Engel sprach zu ihnen:»Fürchtet euch nicht!
Hört! Ich verkündige große Freude, euch und dem ganzen Volk:
¹¹Euch ist heute der Retter geboren,
der Christus, der Herr, in der Stadt Davids.
¹²Und das ist das Zeichen:
Ihr findet ein Kind, in Windeln gewickelt
und in einer Krippe liegend.«
¹³Da plötzlich stand um den Engel
die Menge himmlischer Wesen,
die rühmten Gott und sangen: ¹⁴»Ehre sei Gott in der Höhe
und Friede auf Erden euch Menschen, den Gottgeliebten!«

¹⁵Als nun die Engel von ihnen schieden und zum Himmel fuhren, sprachen die Hirten zueinander:»Lasst uns nach Betlehem gehen und die

Geschichte sehen, die da geschehen ist, die uns Gott kundgetan hat.« ¹⁶Sie kamen in aller Eile und fanden Maria, Josef und das Kind, das in der Krippe lag. ¹⁷Als sie es aber sahen, fingen sie an, allen, die dabei waren, zu erzählen, was sie erlebt hatten, und die Worte zu wiederholen, die ihnen über dieses Kind gesagt worden waren. ¹⁸Und alle, die davon hörten, wunderten sich. ¹⁹Maria aber behielt, was geschehen war, und alle diese Worte und bewegte sie in ihrem Herzen. ²⁰Und die Hirten kehrten wieder um, rühmten Gott und priesen ihn für alles, was sie gehört und gesehen hatten und was so genau den Worten des Engels entsprach.

Simeon und Hanna

²¹Als nach acht Tagen die Zeit kam, das Kind durch die Beschneidung in die jüdische Glaubensgemeinschaft aufzunehmen, gab man ihm den Namen, den der Engel genannt hatte, ehe das Kind im Mutterleib empfangen war: Jesus. ²²Nachdem Maria aber vierzig Tage lang, wie es das Gesetz Moses vorschrieb, in der Stille zurückgezogen gelebt hatte, brachten sie Jesus nach Jerusalem, ²³denn es war Sitte, erste Kinder einer Mutter, wenn sie Knaben waren, im Tempel feierlich darzustellen, zum Dank für die besondere Güte Gottes und als Zeichen, dass dieses Kind in besonderer Weise Gott gehören solle. ²⁴Dabei opferten die Eltern nach der Vorschrift des Gesetzes zwei Turteltauben oder zwei junge Tauben.

²⁵Da war nun in Jerusalem ein Mann mit Namen Simeon. Der lebte streng nach dem Gesetz und wartete unablässig auf den Trost Israels, und Gott hatte ihm Herz und Geist für sein Geheimnis geöffnet. ²⁶So hatte ihm Gott auch zu verstehen gegeben, er werde nicht sterben, ehe er den Christus gesehen habe. ²⁷An jenem Tage nun trieb es ihn in den Tempel, und als die Eltern das Kind Jesus zu der gewohnten Feier hereintrugen, ²⁸nahm er es auf die Arme und rühmte Gott mit den Worten:

²⁹»Nun magst du, o Herr, deinen Diener im Frieden entlassen;
was du versprochen hast, ist erfüllt.
³⁰Denn meine Augen sahen dein Heil, ³¹das du bereitest,
uns und der ganzen Welt sichtbar:
³²ein Licht, das den Völkern zeigt, wer du bist,
und das einen hellen Schein wirft auf dein Volk Israel.«

³³Die Eltern hörten die Worte über ihr Kind erstaunt und bewegt. ³⁴Simeon segnete sie und sprach zu Maria, der Mutter: »Wisse, er ist für viele in Israel gesetzt zu Tod oder Leben, ein Zeichen von Gott, das Widerspruch erregt ³⁵und die Gedanken vieler offenbart. Ein Schwert wird dringen auch durch deine Seele.«

³⁶Im Tempel war auch Hanna, eine Prophetin, aus der Familie Penuël, vom Stamm Ascher. Sie stand in hohem Alter. Als junge Frau hatte sie sieben Jahre mit ihrem Mann gelebt, ³⁷dann war sie bis zu ihrem vierundachtzigsten Jahr Witwe gewesen. Sie verließ den Tempel nicht mehr und lebte nur noch dem Gottesdienst mit Fasten und Beten, Gott dienend Nacht und Tag. ³⁸Die kam in jener Stunde auch zu den Feiernden, sprach einen Lobgesang und redete über das Kind Jesus zu allen, die auf die Erlösung Jerusalems warteten. ³⁹Als sie die Feier beendet hatten, wie das Gesetz Gottes sie vorschrieb, kehrten sie zurück nach Galiläa, in ihre Stadt Nazaret. ⁴⁰Das Kind aber wuchs heran und nahm zu an geistiger Kraft, und Gottes Freundlichkeit war mit ihm.

Der Zwölfjährige im Tempel

⁴¹Jedes Jahr, wie es die Sitte vorschrieb, reisten seine Eltern zum Passafest nach Jerusalem, ⁴²und als Jesus zwölf Jahre alt war, ging auch er mit ihnen. ⁴³Nun geschah es, dass die Eltern nach dem Ende des Festes den Heimweg antraten, während das Kind ohne Wissen der Eltern in Jerusalem blieb. ⁴⁴Sie meinten, er sei mit auf dem Wege unter den anderen Festgästen, wanderten also eine Tagereise weit und suchten ihn schließlich bei Verwandten und Bekannten, ⁴⁵und als sie ihn nicht finden konnten, kehrten sie um nach Jerusalem und suchten ihn dort. ⁴⁶Nach drei Tagen erst fanden sie ihn: Im Tempel saß er, mitten unter den Gesetzeslehrern, hörte ihnen zu und stellte ihnen Fragen, ⁴⁷und sie staunten alle über seine Einsicht und seine Antworten. ⁴⁸Die Eltern waren entsetzt, als sie ihn sahen, und die Mutter fragte ihn: »Kind, warum hast du uns das angetan? Dein Vater und ich suchen dich verzweifelt!« ⁴⁹»Wie habt ihr mich nur suchen können?«, fragte er. »Wusstet ihr nicht, dass ich im Haus meines Vaters sein muss?« ⁵⁰Aber sie verstanden ihn nicht. ⁵¹Danach reiste er mit ihnen nach Nazaret zurück und gehorchte ihnen willig. Seine Mutter aber hielt alles, was geschehen

war, in ihrem Herzen fest. ⁵²Und Jesus wuchs an Weisheit und Alter. Er stand unter dem Schutz Gottes, und die Menschen hatten Freude an ihm.

Johannes der Täufer

Der Vorläufer tritt auf

3 ¹Es war im fünfzehnten Regierungsjahr des Kaisers Tiberius. Pontius Pilatus war in Judäa Statthalter, Herodes Antipas Provinzkönig in Galiläa, sein Bruder Philippus in Ituräa und Trachonitis und Lysanias Fürst in Abilene. ²Es war in der Amtszeit der Hohepriester Hannas und Kajaphas. ³Da berief Gott den Johannes. Der durchzog die ganze Gegend am Jordan und rief die Menschen auf: »Lasst euch taufen! Fangt ein neues Leben an, und Gott wird euch eure Schuld vergeben.«

⁴Schon Jesaja, der Prophet, sprach davon:
»Ich höre in der Wüste die Stimme eines Rufers:
›Macht den Weg frei für den Herrn! Macht eben seine Straße!
⁵Die Schluchten füllt auf, Berge und Hügel tragt ab,
Windungen macht gerade. Was holprig ist, das ebnet.
⁶Alle Welt soll sehen, wie Gott Heil schafft!‹«

⁷Die Menschen, die zu ihm hinauszogen, um sich taufen zu lassen, fuhr er an: »Schlangenbrut! Wer hat euch eingeredet, ihr würdet dem kommenden Gericht entrinnen? ⁸Ihr wollt umkehren – so lebt, wie es die Umkehr fordert! Und fangt ja nicht an, euch vorzusagen: ›Wir haben doch Abraham zum Vater!‹ Ich sage euch: Wenn Gott will, dass Abraham Kinder hat, kann er sie sich aus diesen Steinen erwecken! ⁹Die Axt liegt schon den Bäumen an der Wurzel, und kein Baum bleibt stehen, der keine lohnende Frucht bringt. Abgehauen wird er und ins Feuer geworfen!«

¹⁰Da fragten ihn die Leute: »Was sollen wir denn tun?« ¹¹Seine Antwort war: »Wer zwei Mäntel hat, gebe dem einen, der keinen hat. Wer zu essen hat, teile mit dem, der nichts hat.« ¹²Da kamen auch die Zollpächter, ließen sich taufen und fragten: »Meister, was sollen wir tun?« ¹³Er

erwiderte: »Fordert nicht mehr, als die Vorschrift gestattet.« [14]Auch Soldaten kamen zu ihm: »Was sollen wir tun?« Sein Bescheid war: »Quält niemanden, plündert niemanden aus, begnügt euch mit eurem Sold.«

[15]Als nun die Leute ihn gespannt beobachteten und sich hin und her überlegten, ob Johannes nicht vielleicht der Gesalbte sei, der Christus, [16]erklärte Johannes vor allen: »Ich taufe euch mit Wasser. Es kommt aber einer nach mir, der mächtiger ist als ich, und ich werde nicht wert sein, die Riemen an seinen Schuhen zu lösen. Der wird euch mit heiligem Geist taufen und mit Feuer. [17]Er wird die Wurfschaufel in die Hand nehmen. Er wird auf seiner Tenne stehen und trennen zwischen dem Weizen und der Spreu. Er wird den Weizen in seine Scheuer sammeln, die Spreu aber verbrennen in unlöschbarem Feuer.«

[18]Auch in vielen anderen Fragen gab er den Leuten Weisungen und verkündigte das Evangelium vom kommenden Christus. [19]Als er aber Herodes, dem Provinzfürsten, die Wahrheit vorhielt über Herodias, die Frau seines Bruders, mit der er lebte, und über all das Unrecht, das er sonst tat, [20]da fügte Herodes zu allem Bösen auch dies hinzu, dass er Johannes ins Gefängnis einschloss.

Jesus lässt sich taufen

[21]Während nun das ganze Volk sich taufen ließ, reihte sich auch Jesus unter die Täuflinge ein, und während er betete, geschah es, dass sich der Himmel vor seinen Augen auftat. [22]Gottes Geist senkte sich auf ihn hinab, wie eine Taube herabfährt, und er hörte eine Stimme sagen: »Du bist mein Sohn, mein geliebter. Dich habe ich erwählt.«

[23]Als Jesus öffentlich hervortrat, war er ungefähr dreißig Jahre alt und galt als Sohn Josefs, der ein Sohn des Eli war. [24-38]Seine Ahnenreihe ging zurück über Eli zu Mattat und über Levi, Melchi, Jannai, Josef, Mattitja, Amos, Nahum, Hesli, Naggai, Mahat, Mattitja, Schimi, Josech, Joda, Johanan, Resa, Serubbabel, Schealtiël, Neri, Melchi, Addi, Kosam, Elmadam, Er, Joschua, Eliëser, Jorim, Mattat, Levi, Simeon, Juda, Josef, Jonam, Eljakim, Melea, Menna, Mattata, Natan, David, Isai, Obed, Boas, Salmon, Nachschon, Amminadab, Admin, Arni, Hezron, Perez, Juda, Jakob, Isaak, Abraham, Terach, Nahor, Serug, Regu, Peleg, Eber, Schelach, Kenan, Arpachschad, Sem, Noach, Lamech, Metuschelach, Henoch, Jered, Mahalalel, Kenan, Enosch und Set bis zu Adam, den Gott schuf.

Wüstenzeit

4 ¹Jesus aber, voll heiligen Geistes, verließ den Jordan und wurde vom Geist in die Wüste geführt und dort vom Teufel vierzig Tage lang versucht. ²Er aß nichts in jenen Tagen, bis ihn der Hunger fasste. ³Da sprach der Teufel zu ihm:»Wenn du der Sohn Gottes bist, dann sprich zu diesem Stein, er solle Brot werden!« ⁴Jesus antwortete:»Es steht geschrieben: ›Der Mensch lebt nicht vom Brot allein!‹« ⁵Und der Teufel führte ihn auf eine Höhe und zeigte ihm alle Reiche der Welt in einem Augenblick: ⁶»Dir will ich sie alle übergeben mit ihrer ganzen Herrlichkeit, denn sie gehören mir, und ich gebe sie, wem ich will. ⁷Wenn du dich vor mir niederwirfst, sollen sie alle dein sein.« ⁸Jesus antwortete:»Es steht geschrieben: ›Vor Gott, deinem Herrn, wirf dich nieder und ihm allein diene.‹« ⁹Da führte der Teufel ihn nach Jerusalem und stellte ihn auf das Dach des Tempels:»Wenn du Gottes Sohn bist, spring hinab! ¹⁰Es steht doch geschrieben: ›Er wird seinen Engeln den Befehl geben, dich zu behüten, ¹¹sie werden dich auf den Händen tragen, dass du deinen Fuß an keinem Stein anschlägst.‹« ¹²»Es ist uns aber auch gesagt«, antwortete Jesus:»›Du sollst Gott, deinen Herrn, nicht auf die Probe stellen!‹« ¹³Da verließ ihn der Teufel am Ende und hielt sich von ihm fern bis zu gelegener Zeit.

Die Zeit in Galiläa

In Nazaret

¹⁴Und Jesus kehrte aus der Wüste zurück und wandte sich in der Kraft des Geistes nach Galiläa. Da verbreitete sich im ganzen Lande die Nachricht, er sei da. ¹⁵Er lehrte in ihren Synagogen und legte unter der begeisterten Zustimmung seiner Hörer die Schrift aus. ¹⁶So kam er auch nach Nazaret, wo er aufgewachsen war. Er ging, wie er gewohnt war, am Sabbat in die Synagoge, und während des Gottesdienstes erhob er sich, um aus der Schrift vorzulesen. ¹⁷Da reichte man ihm die Rolle mit den Worten des Propheten Jesaja, und als er sie öffnete, fand er die Stelle:

¹⁸»Gottes Geist spricht durch mich. Er hat mich berufen. Er hat mich gesandt, seine Liebe den Armen zu bringen, Gefangenen Freiheit zu geben und Blinden das Licht, Misshandelte zu erlösen ¹⁹und die Zeit anzukündigen, in der Gott Heil gibt.«

²⁰Er schloss die Rolle, gab sie dem Diener zurück und setzte sich, und alle Augen waren auf ihn gerichtet. ²¹Und er begann zu reden: »Jetzt ist Gottes Stunde! Heute erfüllt sich, was da steht, vor euren Ohren.« ²²Alle bestätigten ihm, dass das wahr sei, und sie staunten, denn sie empfanden deutlich, dass Gottes Freundlichkeit zu ihnen sprach. Aber sie zweifelten und fragten einander: »Ist der nicht der Sohn Josefs?«

²³Und Jesus fuhr fort: »Ihr werdet mir jetzt das Sprichwort entgegenhalten: ›Der Arzt beweist seine Kunst, indem er sich selbst heilt. Wir haben große Dinge gehört, die du in Kafarnaum getan hast, beweise jetzt deine Kunst in deiner Vaterstadt! Zeige uns ein Wunder!‹ ²⁴Aber das ist wahr: Kein Prophet gilt etwas in seiner Heimat. ²⁵In den Tagen des Elija gab es in Israel unzählige Witwen, als es drei Jahre und sechs Monate nicht regnete und die große Hungersnot im Lande war, ²⁶aber Elija wurde nur zu einer einzigen gesandt, und zwar zu einer, die draußen in Sarepta zu Hause war, in dem Land, das zu Sidon gehört und nicht zu Israel. ²⁷Es gab viele Aussatzkranke in Israel in der Zeit des Propheten Elischa, aber ein einziger wurde von ihm geheilt, und zwar Naaman, der Syrer.«

²⁸Da gerieten sie in einen wilden Zorn, alle, die im Gottesdienst waren. ²⁹Sie standen auf, stießen ihn vor sich her aus der Stadt hinaus und trieben ihn auf einen Felsen an dem Berg, auf dem ihre Stadt lag, um ihn dort hinabzustürzen. ³⁰Aber er schritt mitten durch die Menge, ging weg und setzte seine Reise fort.

In Kafarnaum

³¹Und er ging hinab nach Kafarnaum, eine Stadt in Galiläa, und lehrte dort an einem Sabbat. ³²Da lief ein Erschrecken durch den Saal, denn er redete wie einer, der Vollmacht von Gott hat. ³³Dort war auch ein Kranker, der unter dem Zwang eines bösen Geistes stand. Der schrie aus ihm: ³⁴»Ha! Was willst du von mir, Jesus von Nazaret? Du willst mich umbringen! Ich weiß, wer du bist: der Heilige, der von Gott

kommt.« ³⁵Da fuhr Jesus ihn drohend an: »Kein Wort mehr! Fort mit dir!« Da brach der Kranke zusammen, der Dämon ließ ihn los, und er war frei. ³⁶Über die Menschen aber kam ein Erschrecken, und sie fragten einander: »Was war das? Der gebietet den Geistern mit Macht und sie weichen?« ³⁷Und man redete von ihm im ganzen Lande.

³⁸Nach dem Gottesdienst kam er in das Haus des Simon. Dort lag die Schwiegermutter des Simon krank und fiebernd. Und die Angehörigen baten Jesus für sie. ³⁹Da trat er an das Kopfende des Bettes, fuhr das Fieber an und vertrieb es. Sie stand auf und bewirtete ihre Gäste.

⁴⁰Als die Sonne untergegangen war, kamen alle, die Kranke mit verschiedenen Leiden zu Hause hatten, und brachten sie zu ihm. Er aber legte jedem einzelnen die Hände auf und heilte sie alle. ⁴¹Er machte auch viele von dunklen Geistern frei, die umherlärmten: »Du bist Gottes Sohn!« Er brachte sie zum Schweigen, denn sie wussten, wer er war: der Christus.

⁴²Als es wieder Tag war, ging er hinaus an eine einsame Stelle. Da suchten die Leute nach ihm, fanden ihn und wollten ihn festhalten, damit er immer bei ihnen bliebe. ⁴³Er aber wehrte ab: »Nein! Ich muss auch in den anderen Städten zeigen, wie nahe Gottes Reich ist. Denn dazu hat mich Gott gesandt.« ⁴⁴Und er ging in Galiläa von Ort zu Ort und redete in den Synagogen.

5 ¹An einem Tage, an dem die Menschen, wie so oft, ihn in Massen umlagerten, um das Wort von Gott zu hören, stand er am Strand des Sees Gennesaret und sah, ²dass da zwei Kähne am Ufer lagen, während die Fischer ein paar Schritte davon ihre Netze wuschen. ³Da stieg er in das eine der Schiffe, das Simon gehörte, und bat ihn, er möge es doch ein wenig vom Lande abstoßen. So saß er denn und redete vom Schiff aus zur Menge. ⁴Nach dem Ende seiner Rede wandte er sich an Simon: »Fahrt auf den See hinaus, wo es tief ist, und werft eure Netze aus.« ⁵»Meister«, antwortete Simon, »die ganze Nacht haben wir gearbeitet und nichts gefangen, aber wenn du es sagst, will ich noch einmal auswerfen.« ⁶Sie taten es und fingen eine gewaltige Menge Fische, so dass die Netze dabei anfingen zu reißen, ⁷und sie winkten ihren Freunden im anderen Schiff, sie sollten kommen und ihnen helfen, den Fang zu bergen. Die kamen, und sie füllten miteinander beide Schiffe bis an den Rand, so dass sie zu sinken drohten. ⁸Als Simon Petrus das sah, warf er sich Jesus zu Füßen: »Geh weg von mir! Ich bin ein gottloser Mensch.« ⁹Denn der Schrecken hatte ihn und seine Gehilfen erfasst des unerhör-

ten Fanges wegen, ¹⁰und Jakobus und Johannes, den Söhnen des Zebedäus, die mit Petrus zusammenarbeiteten, war es ebenso ergangen. Da wandte sich Jesus an Simon: »Erschrick nicht! Von jetzt an wirst du Menschen sammeln.« ¹¹Und sie fuhren mit dem Schiff ans Land, ließen alles liegen und schlossen sich ihm an.

¹²In einem der Dörfer, die Jesus besuchte, kam ein Mann zu ihm, der war über und über mit Aussatz bedeckt. Als er Jesus sah, warf er sich vor ihm auf das Gesicht und flehte ihn an: »Herr, wenn du willst, kannst du mich heilen!« ¹³Jesus rührte ihn mit der Hand an: »Ich will's tun. Du sollst heil sein.« Da schwand der Aussatz, und er wurde gesund. ¹⁴Jesus aber verbot ihm, irgendjemandem davon zu erzählen: »Geh, zeige dich dem Priester, dass er dich gesund erklärt, und gib das von Mose vorgeschriebene Opfer, damit man sieht, was mit dir geschehen ist.« ¹⁵Aber die Kunde von ihm breitete sich immer weiter aus, und unzählige Menschen strömten zusammen, um ihn zu hören und sich von ihren Krankheiten heilen zu lassen. ¹⁶Er aber zog sich immer wieder in einsame Gegenden zurück, um in der Stille zu beten.

¹⁷Eines Tages redete Jesus in einem Haus, und es saßen Pharisäer dabei und Gesetzeslehrer, die aus allen Dörfern Galiläas und Judäas, auch aus Jerusalem, gekommen waren. Gottes Geist und Kraft wirkte durch ihn, und er heilte, die zu ihm gebracht wurden. ¹⁸Da geschah es, dass Männer auf einem Tragbett einen Gelähmten brachten und versuchten, in das Haus zu kommen und ihn Jesus zu Füßen zu legen. ¹⁹Sie kamen aber nicht durch die Tür, weil das Gedränge zu groß war. Da stiegen sie aufs Dach, hoben die Ziegel ab und ließen ihn mit seinem Tragbett hinunter unmittelbar vor Jesus. ²⁰Als Jesus sah, mit wie festem Glauben sie gekommen waren, sagte er zu ihm: »Mann! Deine Sünden sind dir vergeben!« ²¹Da ging ein Raunen durch die Schriftgelehrten und Pharisäer: »Will der Gott lästern? Einem Menschen die Sünden erlassen, das kann doch nur Gott!« ²²Jesus merkte wohl, was sie dachten, und fragte sie: »Was ärgert euch? Was habt ihr auszusetzen? ²³Was ist leichter, zu sagen: ›Du sollst von deiner Schuld frei sein‹ oder: ›Steh auf und geh umher‹? ²⁴Ihr sollt aber sehen, dass ich Recht und Macht habe, Menschen von ihrer Schuld loszusprechen.« Und er wandte sich zu dem Gelähmten: »Ich befehle dir: Nimm dein Bett! Geh nach Hause!« ²⁵Im selben Augenblick stand er vor aller Augen auf, nahm das Bett, ging glücklich nach Hause und dankte Gott. ²⁶Sie erschraken aber und gerieten außer sich, und sie priesen Gott: »Es ist unmöglich! Und doch – wir haben es mit eigenen Augen gesehen!«

Berufung des Levi

²⁷Als er weiterzog, sah er an einer Grenzstelle einen Zöllner sitzen mit Namen Levi und forderte ihn auf: »Komm! Geh mit!« ²⁸Der ließ alles liegen und schloss sich ihm an. ²⁹Levi lud ihn zu einem festlichen Mahl in sein Haus ein, und eine große Menge von Zöllnerkollegen und anderen versammelte sich dort und aß mit ihm. ³⁰Die Pharisäer aber und ihre Schriftgelehrten wandten sich an die Jünger: »Was soll das? Ihr feiert Tischgemeinschaft mit den Zöllnern und den Gesetzlosen!« ³¹Die Antwort gab Jesus selbst: »Die Gesunden brauchen den Arzt nicht, den brauchen die Kranken. ³²Ich bin nicht gekommen, die zu Gott heimzurufen, die schon zu Hause sind, sondern die anderen, die fern von Gott leben und von den Menschen ausgestoßen sind – damit sie umkehren und heimfinden.«

³³Sie redeten aber weiter: »Die Anhänger des Johannes halten sich an die Fastenzeiten, die Pharisäer tun es auch, aber die Deinen essen und trinken unbekümmert!« ³⁴Jesus gab zur Antwort: »Ihr könnt von den Gästen des Bräutigams, solange er da ist und solange das Fest währt, nicht verlangen, dass sie fasten. ³⁵Es werden Tage kommen, da wird man ihnen den Bräutigam nehmen, dann werden sie fasten.

³⁶Niemand trennt ein Stück Tuch aus einem neuen Mantel, um einen alten damit zu flicken, sonst ist der neue zerschnitten, und der Flicken passt nicht zum alten. ³⁷Und niemand begeht den Fehler, neuen, gärenden Wein in alte, brüchige Ledersäcke zu füllen, sonst sprengt der neue Wein die Säcke, der Wein läuft aus, und die Säcke werden zerstört. ³⁸Neuen Wein zu fassen bedarf es neuer Säcke. ³⁹Freilich, wer den alten Wein trinkt, will keinen neuen – man muss das verstehen! –, denn er hat sich an die Milde des alten gewöhnt.«

6 ¹In jener Zeit war Jesus an einem Sabbat unterwegs und kam durch Getreidefelder. Im Vorbeigehen rissen die Jünger Ähren ab, rieben die Körner in den Händen aus und aßen. ²Das sahen einige von den Pharisäern und sagten zu den Jüngern: »Was ihr da tut (nämlich ernten!), ist am Sabbat verboten!« ³Jesus gab zurück: »Habt ihr nie gelesen, was David sich erlaubt hat, als ihn und seine Begleiter hungerte? ⁴Wie er ins Heiligtum eindrang, die heiligen Brote nahm und aß und sie an seine Begleiter verteilte, obwohl niemand sie essen durfte außer den Priestern? ⁵Was am Ruhetag geschehen darf und was nicht, bestimmt der Menschensohn.«

⁶An einem anderen Sabbat ging Jesus wieder in eine Synagoge, um im Gottesdienst zu lehren. Da traf er cinen Mann an, dessen rechte Hand gelähmt war. ⁷Die Schriftgelehrten und die Pharisäer aber lauerten darauf, ob er es wagen würde, am Sabbat zu heilen, denn sie suchten eine Gelegenheit, ihn vor das Gericht zu bringen. ⁸Er verstand ihre Absicht wohl und befahl dem Mann mit der gelähmten Hand: »Steh auf! Komm hierher! Nach vorn!« Und er kam. ⁹Da wandte sich Jesus an sie alle: »Ich frage euch: Was ist am Sabbat erlaubt? Das Gute zu tun? Oder das Böse? Leben zu retten? Leben zugrunde gehen zu lassen?« ¹⁰Er blickte sie reihum im Kreis an und befahl dem Mann: »Strecke deine Hand aus!« Der tat es, und sie war gesund. ¹¹Sie aber gerieten in eine sinnlose Wut und redeten alle durcheinander, was sie diesem Jesus tun wollten.

Die Berufung der Apostel

¹²Einmal stieg er in dieser Zeit auf einen Berg, um allein zu sein und zu beten, und blieb über Nacht oben im Gespräch mit Gott. ¹³Als es Tag war, rief er seine Begleiter zu sich und wählte zwölf von ihnen aus, die er auch »Apostel«, das heißt Botschafter, nannte: ¹⁴Simon, dem er den Namen Petrus, das heißt »Fels«, gab, und Andreas, seinen Bruder, Jakobus und Johannes, Philippus und Bartholomäus, ¹⁵Matthäus und Thomas, Jakobus, den Sohn des Alphäus, und Simon von der Partei der Zeloten, ¹⁶Judas, den Sohn des Jakobus, und Judas Iskariot, der sein Verräter wurde. ¹⁷Danach stieg er mit ihnen hinab und verharrte auf einem ebenen Feld. Eine Menge Menschen, die seine Anhänger waren, und eine unübersehbare Versammlung von Leuten aus ganz Judäa, aus Jerusalem und aus dem Küstengebiet von Tyrus und Sidon drängte sich um ihn. ¹⁸Sie waren gekommen, ihn zu hören und sich von ihren Krankheiten heilen zu lassen, auch die, die von dunklen Mächten besetzt waren. ¹⁹Alle versuchten sie, ihn zu berühren, denn es ging eine Kraft von ihm aus, und er heilte sie. ²⁰Und Jesus sah über seine Jünger hin und fing an zu reden:

Die Feldrede

»Wohl euch, ihr Armen! Euch ist Gott nahe!
²¹Wohl euch, die ihr hungert, ihr werdet satt werden.
Wohl euch, die ihr weint, denn ihr werdet lachen.

²²Wohl euch, wenn euch die Leute hassen,
wenn sie euch von sich treiben, euch verleumden und verstoßen,
als wäret ihr Verbrecher, nur, weil ihr die Meinen seid.
²³Freut euch an jenem Tag und seid glücklich,
denn bei Gott erwartet euch hoher Lohn.

²⁴Aber wehe euch, ihr Reichen, ihr habt euren Trost schon gehabt!
²⁵Wehe euch, ihr Satten, ihr werdet hungern.
Wehe euch, die ihr heute lacht, ihr werdet trauern und klagen.
²⁶Wehe euch, die ihr gerühmt seid von allen Menschen,
denn auch ihre Väter rühmten die falschen Propheten.

²⁷Ich sage euch, die mich hören: Liebt eure Feinde!
Tut denen wohl, die euch hassen!
²⁸Wünscht Segen von Gott denen, die euch die Hölle wünschen.
Bittet für die, die euch misshandeln.

²⁹Wenn einer dich auf die eine Wange schlägt,
dann biete ihm auch die andere.
Wenn jemand dir deinen Mantel nimmt,
dann lass ihm auch das Hemd.
³⁰Wer dich bittet, dem gib.
Wer dir das Deine nimmt, von dem fordere es nicht zurück.

³¹Was ihr euch von den Menschen wünscht,
das tut ihnen in gleicher Weise.
³²Wenn ihr nur die liebt, die euch mit Liebe begegnen,
was ist das Besondere daran?
Auch die Gottlosen lieben die, die ihnen Liebe erweisen.
³³Wenn ihr denen Gutes tut, die euch gut sind,
was ist das Besondere? Auch die Bösen tun das.
³⁴Und wenn ihr denen leiht, die euch leihen sollen,
was ist das Besondere?
Auch die Sünder leihen den Sündern und wollen dasselbe von ihnen.
³⁵Vielmehr: liebt eure Feinde,
helft denen und leiht, von denen nichts zu hoffen ist.
Euer Lohn wird groß sein; Kinder des Höchsten werdet ihr sein,
denn auch er ist gütig gegen Undankbare und Böse.
³⁶So werdet barmherzig, wie euer Vater barmherzig ist.

³⁷Richtet nicht, so werdet ihr nicht gerichtet.
Verurteilt nicht, so werdet ihr nicht verurteilt.
Sprecht frei, die durch Schuld gebunden sind,
so wird man euch Freiheit geben.
³⁸Gebt, so wird euch gegeben.
Ein gutes, gedrücktes, gerütteltes und überfließendes Maß
wird man euch in den Schoß schütten,
denn das Maß, mit dem ihr messt,
wird man euch zumessen.«

³⁹Er sprach auch in Bildern zu ihnen:
»Ein Blinder kann keinen Blinden führen.
Sonst fallen beide in die Grube.« ⁴⁰Oder:
»Der Lernende ist nicht über dem Lehrer,
wenn er alles gelernt hat, wird er wie sein Meister sein.«
⁴¹Oder: »Was starrst du auf den Splitter im Auge deines Bruders
und bemerkst nicht den Balken in deinem eigenen Auge?
⁴²Wie kannst du zu deinem Bruder sagen: ›Halte still, Bruder!
Ich will den Splitter aus deinem Auge ziehen!‹
und übersiehst den Balken im eigenen Auge?
Du Heuchler!
Zieh erst den Balken aus deinem Auge, dann sieh zu,
wie du den Splitter aus deines Bruders Auge ziehst.«
⁴³Oder: »Kein guter Baum bringt schlechte Frucht,
und kein schlechter bringt gute.
⁴⁴Ob er gut oder schlecht sei, nimmt man an seiner Frucht wahr.
Man erntet ja nicht Feigen von den Disteln
oder Trauben von den Dornen.
⁴⁵Der gute Mensch bringt Gutes hervor
aus dem Schatz der Güte seines Herzens,
der Böse Böses aus seiner Bosheit.
Denn der Mund redet, wie es aus dem Herzen überquillt.

⁴⁶Wozu aber nennt ihr mich ›Herr! Herr!‹
und tut nicht, was ich sage?
⁴⁷Gebt Acht, was ich von dem halte,
der zu mir kommt, meine Worte hört und nach ihnen lebt!
⁴⁸Er gleicht einem Mann, der ein Haus baute, der in die Tiefe grub
und das Fundament auf den Felsen gründete.

Als nun ein Hochwasser kam
und die Wassermassen ans Haus stießen, konnte es nicht einstürzen,
denn es war mit Sachkunde gebaut.
⁴⁹Wer aber hört und es nicht tut,
gleicht einem Menschen, der ein Haus baute
und es auf lose Erde stellte. Als nun das Wasser kam,
brach es zusammen in gewaltigem Einsturz.«

Dienst am Leben

7 ¹Als Jesus seine Rede an das Volk beendet hatte, kehrte er nach Kafarnaum zurück. ²Dort lag der Diener eines römischen Hauptmanns, der diesem besonders lieb war, todkrank. ³Als der Hauptmann von Jesus hörte, sandte er die Vorsteher der jüdischen Gemeinde zu ihm mit der Bitte, er möge doch kommen und seinen Knecht heilen. ⁴Die kamen zu Jesus, baten ihn aufs dringlichste und sagten: »Er ist es wert, dass du ihm seine Bitte erfüllst, ⁵er liebt unser Volk. Er hat unsere Synagoge gebaut.« ⁶Und Jesus ging mit ihnen. Als sie schon nahe an seinem Haus waren, sandte ihm der Hauptmann Freunde entgegen, die zu Jesus sagten: »Herr, bemühe dich nicht! Ich bin nicht wert, dass du unter mein Dach kommst. ⁷Deshalb komme ich auch nicht selbst zu dir, denn ich bin nicht wert, dir zu begegnen. Du brauchst es ja nur mit einem Wort auszusprechen, und mein Diener wird gesund sein. ⁸Denn auch ich bin Vorgesetzten unterstellt und habe selbst wieder Soldaten unter mir. Wenn ich zu dem einen sage: ›Geh!‹, dann geht er. Wenn ich dem anderen befehle: ›Her zu mir!‹, dann kommt er. Und wenn ich meinen Diener anweise: ›Tu das!‹, dann tut er es.« ⁹Als Jesus das hörte, staunte er und wandte sich an die Menge, die ihm nachdrängte: »In ganz Israel habe ich diesen Glauben nicht gefunden.« ¹⁰Als die Boten in ihr Haus zurückkehrten, fanden sie den Diener von seiner Krankheit genesen.

¹¹In der Zeit danach begab es sich, dass Jesus, von seinen Jüngern und von einer großen Menschenmenge begleitet, die Stadt Nain besuchte. ¹²Als er sich dem Stadttor näherte, trug man eben einen Toten heraus, den einzigen Sohn einer Witwe, und eine große Trauergemeinde begleitete sie. ¹³Als Jesus sie sah, ging ihm ihr Leid zu Herzen, und er sprach sie an: »Weine nicht!« ¹⁴Dann trat er an die Bahre, berührte sie, während die Träger stehen blieben, und sprach: »Junger Mann! Ich sage dir: Steh auf!« ¹⁵Und der Tote richtete sich auf und fing

an zu reden, und Jesus gab ihn seiner Mutter zurück. [16]Die Umstehenden aber fasste ein Schrecken. Sie begriffen, dass hier Gott am Werk war, und sagten: »Ein großer Prophet ist unter uns aufgestanden, und Gott hat sein Volk besucht.« [17]Und die Kunde von diesem Ereignis breitete sich im ganzen jüdischen Land und in seiner Umgebung aus.

Die Anfrage des Johannes

[18]Was Jesus in dieser Zeit redete und tat, berichteten die Jünger des Johannes ihrem Meister, während er im Gefängnis saß. Da beauftragte Johannes zwei von ihnen, [19]Jesus aufzusuchen und ihn zu fragen: »Bist du der, der kommen soll, oder sollen wir auf einen anderen warten?« [20]Sie kamen zu ihm und stellten sich vor: »Johannes der Täufer schickt uns zu dir. Er will wissen, ob du der bist, den Gott uns senden will, oder ob wir auf einen anderen warten sollen.« [21]In jener Stunde war Jesus eben dabei, viele Menschen von ihren Krankheiten und Leiden und von dunklen Mächten zu befreien. Und vielen Blinden schenkte er das Augenlicht. [22]Da antwortete er ihnen: »Geht und berichtet Johannes, was ihr seht und hört: Blinde sehen, Gelähmte gehen, Aussatzkranke werden gesund, Taube hören, Tote wachen auf, und die Armen empfangen die Botschaft, dass Gott sie liebt. [23]Glücklich zu preisen aber ist, wer an meinem Anspruch nicht irrewird.«

[24]Als die Boten des Johannes weggegangen waren, begann Jesus die Menschen anzureden, weil sie Johannes kannten: »Wozu seid ihr zu Johannes in die Wüste hinausgezogen? Was wolltet ihr am Jordan sehen? Ein Schilfrohr, das jedem Wind nachgibt? [25]Wozu seid ihr hinausgegangen? Einen Menschen zu sehen, der prächtige Kleider trug? Aber prächtige Gewänder und üppiges Leben findet man in den Palästen der Könige. [26]Oder was hat euch getrieben? Was wolltet ihr sehen? Einen Propheten? Ja, wahrhaftig, das sage ich euch: Johannes ist mehr als ein Prophet. [27]Er ist der Vorläufer, über den geschrieben ist: ›Meinen Boten sende ich vor dir her, der dir deinen Weg bereiten soll.‹ [28]Was ich sage ist wahr: unter allen, die von Frauen geboren wurden, ist keiner, der größer gewesen wäre als er. Aber der Kleinste, der heute mit mir im Anbruch des Reiches Gottes lebt, ist größer als er. [29]Das ganze Volk, das ihn hörte, und die Zöllner kamen dem Willen Gottes nach und ließen sich von Johannes taufen. [30]Aber die Pharisäer und die Gesetzeslehrer lehnten Gottes Heilsangebot ab und ließen sich nicht von ihm taufen.

³¹Wem soll ich denn die Menschen dieser Zeit vergleichen? ³²Sie sind wie die Kinder, die auf dem Markt sitzen und einander verklagen: ›Wir haben geflötet, und ihr wolltet nicht tanzen. Wir haben Klagelieder gesungen, und ihr wolltet nicht weinen!‹ ³³Da kam nun dieser Johannes, der Täufer, verzichtete auf Brot und auf Wein, und ihr sagt: ›Er ist nicht normal!‹ ³⁴Nun komme ich, esse und trinke wie jeder andere, und ihr sagt: ›Seht, wie der Mensch lebt! Ein Fresser und Weinsäufer, ein Kumpan von Ausbeutern und Gottlosen!‹ ³⁵Und es hat sich doch Gottes Weisheit so klar bewiesen durch seine Kinder, die von ihr erfüllt und bewegt sind.«

Liebe zu den Ausgestoßenen

³⁶Einmal war Jesus von einem Pharisäer eingeladen, bei ihm zu essen, und er kam in das Haus und legte sich zu Tisch. ³⁷In jener Stadt lebte eine Frau, die von den Frommen gemieden war, weil sie eine Dirne war. Als die sah, dass er bei dem Pharisäer speiste, brachte sie ein Glas mit Salbe, ³⁸trat von hinten her zu seinen Füßen und weinte, netzte seine Füße mit ihren Tränen, wischte sie mit ihren Haaren ab, küsste sie und rieb sie mit Salbe ein. ³⁹Als der Pharisäer das sah, machte er sich seine Gedanken: ›Wenn der ein Prophet wäre, wüsste er, was für eine Frau das ist, die ihn berührt, dass sie nämlich eine Sünderin ist.‹ ⁴⁰Da wandte sich Jesus an ihn: »Simon, ich habe dir etwas zu sagen.« Er ging darauf ein: »Meister, rede!« Und Jesus sprach: ⁴¹»Ein Geldverleiher hatte zwei Schuldner. Der eine war tausend Mark schuldig, der andere hundert. ⁴²Als sie das Geld nicht zurückzahlen konnten, schenkte er es beiden. Wer von den beiden wird ihm dankbarer sein?« ⁴³Simon meinte: »Ich vermute, der, dem er mehr geschenkt hat.« »Du hast richtig geurteilt«, antwortete Jesus, ⁴⁴und zu der Frau gewendet, fuhr er fort: »Siehst du diese Frau? Ich kam in dein Haus, und du gabst mir kein Wasser für meine Füße. Sie aber netzt sie mit Tränen und trocknet sie mit ihren Haaren. ⁴⁵Du gabst mir keinen Kuss. Sie aber küsst, seit ich hier bin, unaufhörlich meine Füße. ⁴⁶Du hast mir das Haupt nicht mit Öl gesalbt. Sie aber hat mir mit der viel kostbareren Salbe die Füße eingerieben. ⁴⁷Daran wird eins deutlich, und das sage ich dir: Ihr sind ihre vielen Sünden vergeben, denn sie hat viel Liebe.

Wer wenig Vergebung empfangen hat, hat auch wenig Liebe zu geben.« ⁴⁸Und er wandte sich an sie: »Deine Sünden sind dir erlassen.« ⁴⁹Da redeten die übrigen Gäste miteinander und fragten sich: »Wer ist das, der hier Sünden vergibt?« ⁵⁰Jesus aber wandte sich an die Frau: »Dein Glaube hat dich gerettet. Geh! Friede wird mit dir sein.«

8 ¹In der folgenden Zeit wanderte Jesus von Stadt zu Stadt und von Dorf zu Dorf und rief den Menschen zu: »Die Stunde ist da! Die Stunde, in der Gott kommt!« Und die zwölf Jünger begleiteten ihn. ²In seiner Begleitung waren auch einige Frauen, die er von geistigen und leiblichen Leiden geheilt hatte: Maria aus Magdala, die besonders schwer unter einem dunklen Geist gelitten hatte, ³Johanna, die Frau des Chuza, eines Beamten des Herodes, Susanna und viele andere, die aus ihrem Vermögen für ihn sorgten.

Wie Gott in die Seele kommt

⁴Als einmal wieder eine große Menschenmenge bei ihm zusammengeströmt war und die Leute aus allen Städten zu ihm eilten, sagte er ihnen ein Gleichnis:

⁵»Ein Bauer ging auf sein Feld, um zu säen.
Als er den Samen auswarf,
fiel ein Teil an den Weg und wurde zertreten,
und die Vögel kamen und pickten ihn weg.
⁶Ein anderer Teil fiel auf felsigen Grund.
Er wuchs rasch auf und wurde dürr, weil er keine Feuchtigkeit hatte.
⁷Einiges fiel unter die Dornen,
und die Hecken wuchsen zusammen und erstickten es.
⁸Das übrige aber fiel in gute Erde, und als es aufwuchs,
bildete es hundertfache Frucht.«

Wer Ohren hat, höre!

⁹Da fragten ihn seine Jünger nach dem Sinn dieser Geschichte. ¹⁰Er antwortete: »Euch, den Erwählten, ist es gegeben, das Geheimnis, wie Gott uns nahe kommt, zu verstehen. Zu den anderen, den Widerstre-

benden, rede ich in Geschichten, so dass sie mit sehenden Augen nichts sehen und mit hörenden Ohren nichts vernehmen. [11]Der Sinn der Geschichte ist der: Die Saat ist Gottes Wort. Es wird in die Menschen hineingesprochen. [12]Die nun das Wort hören und es nicht fassen, sind wie der Weg, auf den die Körner fielen: Wenn das Wort ausgesät ist, kommt der Widersacher und rafft das Wort aus ihren Herzen hinweg. Denn sie sollen sich ja dem Wort nicht anvertrauen und nicht gerettet werden. [13]Ein Teil fiel auf felsigen Grund. Damit meine ich die, die das Wort hören und es mit Freude empfangen, die aber keinen Wurzelgrund in sich haben. Für den Augenblick glauben sie, wenn aber der Glaube bedroht wird, fallen sie ab. [14]Wieder andere meine ich mit den Dornen: Sie hören das Wort, aber die Sorgen, die Jagd nach Geld und Vergnügen ersticken es, und es wächst kein Leben daraus. [15]Einiges war auf das gute Land gesät: Das sind die, die das Wort hören, es in einem aufmerksamen und willigen Herzen aufnehmen und das Reich Gottes in Geduld wachsen lassen.

[16]Niemand holt sich eine Lampe,
um sie unter einem Eimer oder unter dem Bett zu verstecken.
Er holt sie, um sie frei aufzustellen,
damit die Eintretenden Licht haben.
[17]Nichts ist so verborgen, dass es nicht offenkundig würde,
oder so versteckt, dass man es nicht bemerkte
und es nicht ans Licht käme.

[18]Macht euch klar, was ihr hört: Gott wird euch,
die schon so viel von seinem Geheimnis empfingen,
noch mehr hinzuschenken, und er wird denen,
die nichts wissen vom Geheimnis,
auch das nehmen, was sie zu besitzen meinen.«

[19]Einmal kamen seine Mutter und seine Brüder zu ihm, die konnten wegen des dichten Gedränges nicht zu ihm durchdringen. [20]Da sagte man ihm: »Deine Mutter und deine Brüder sind draußen und wollen dich sehen!« [21]Er aber wehrte ab: »Meine Mutter und meine Brüder sind die, die das Wort von Gott hören und nach ihm leben.«

Das Evangelium ist Heilung

²²An einem jener Tage bestieg er mit seinen Jüngern zusammen ein Schiff: »Auf! Wir fahren ans andere Ufer!« Und sie fuhren ab. ²³Während der Fahrt schlief er ein. Plötzlich kam ein Sturm auf, das Wasser schlug ins Schiff, und sie kamen in große Gefahr. ²⁴Da weckten sie ihn und riefen: »Meister, Meister, wir gehen unter!« Er stand auf und herrschte den Sturm an und das Gewoge der Wasser. Da ließen sie nach, und tiefe Stille breitete sich über dem See aus. ²⁵An seine Begleiter aber gewandt sagte er: »Wo habt ihr denn euren Glauben?« Die fürchteten sich und waren ratlos und fragten einander: »Was ist das für einer, dass er dem Wind und dem Wasser gebietet und sie ihm gehorchen?«

²⁶In der Gegend von Gerasa, Galiläa gegenüber am anderen Ufer, gingen sie an Land. ²⁷Kaum war Jesus aus dem Schiff getreten, begegnete ihm ein Mann, der war von dunklen Geistern besetzt. Schon seit langer Zeit trug er keine Kleider mehr, er wohnte auch in keinem Haus, sondern in den Grabhöhlen. ²⁸Als der Jesus sah, warf er sich vor ihm auf die Erde, und es schrie aus ihm: »Was willst du von mir, Jesus, du Sohn Gottes, des Höchsten? Ich flehe dich an! Quäle mich nicht!« ²⁹Denn Jesus hatte dem Dämon seiner Krankheit soeben befohlen, den Menschen zu verlassen. Dieser Geist hatte ihn seit langer Zeit in seiner Gewalt. Man hatte den Mann mit Ketten und Fußfesseln gebunden und bewacht, aber er hatte die Ketten jedes Mal zerrissen und war von dem Geist in einsame Gegenden getrieben worden. ³⁰Jesus fragte den Dämon: »Wie ist dein Name?« Er antwortete: »Ich heiße ›Gedränge‹!«, denn in dem Menschen war eine Menge dunkler Kräfte, ³¹und er bat ihn, er möge ihn doch nicht in den Abgrund verbannen.

³²Nun war dort eine große Herde Schweine, die am Berg weideten. Da bat der Geist weiter, er möge ihm doch erlauben, in die Schweine zu fahren, und Jesus erlaubte es. ³³Und heraus fuhren die dunklen Kräfte, heraus aus dem Menschen und hinein in die Schweine, und die Schweine rasten den Abhang hinab ins Meer und ertranken. ³⁴Die Schweinehirten sahen, was geschah, liefen davon und trugen die Nachricht in die Stadt und ins Land, ³⁵so dass die Leute kamen und sehen wollten, was sich da zugetragen habe. Sie kamen zu Jesus und fanden den Geheilten, Jesus zu Füßen sitzend, ordentlich bekleidet und vernünftig, und fürchteten sich. ³⁶Die es aber selbst mit angesehen hatten, erzählten ihnen, wie es zugegangen sei, dass der Kranke geheilt wurde. ³⁷Und die ganze Bevölkerung

der Gegend um Gerasa bat Jesus, er möge doch ihr Land verlassen, so groß war ihre Furcht. Jesus stieg wieder ins Schiff und fuhr zurück. ³⁸Zuvor bat ihn der soeben Geheilte, bei ihm bleiben zu dürfen, aber Jesus schickte ihn weg: ³⁹»Geh nach Hause und sage den Deinen, welche große Hilfe du von Gott empfangen hast.« Und er ging weg und erzählte in der ganzen Stadt, was Jesus an ihm getan habe.

⁴⁰Am anderen Ufer wurde Jesus vom Volk schon erwartet und mit Freude empfangen. ⁴¹Da geschah es, dass ein Mann mit Namen Jaïrus zu ihm kam, der der Leiter der Gemeinde war. Der warf sich vor Jesus auf die Erde und bat ihn, er möchte doch in sein Haus kommen, ⁴²denn seine einzige Tochter von zwölf Jahren lag im Sterben. Als aber Jesus mit ihm gehen wollte, hielt ihn das Gedränge der Menschen fest. ⁴³Und es kam eine Frau, die seit zwölf Jahren an Blutungen litt. Sie hatte an die Ärzte ihr ganzes Vermögen verloren, und niemand konnte sie heilen. ⁴⁴Die drängte sich zu Jesus durch und berührte den Saum seines Gewandes von hinten. Im selben Augenblick stockte ihre Blutung. ⁴⁵Jesus sah sich um: »Wer hat mich berührt?« Als aber niemand sich dazu bekannte, meinte Petrus: »Meister, die Leute umdrängen und stoßen dich von allen Seiten!« ⁴⁶Aber Jesus wiederholte: »Es hat mich jemand berührt. Es ist Kraft von mir ausgegangen.« ⁴⁷Die Frau sah, dass es sich nicht verheimlichen ließ, kam zitternd und gestand vor aller Ohren, warum sie ihn berührt hatte und wie sie im Augenblick gesund geworden war. ⁴⁸»Meine Tochter«, erwiderte er, »dein Glaube hat dich gerettet. Geh im Frieden.«

⁴⁹Während er noch redete, kam jemand aus dem Hause des Jaïrus: »Deine Tochter ist gestorben! Bemühe den Meister nicht weiter!« ⁵⁰Aber Jesus wandte sich ihm zu: »Fürchte dich nicht! Halte dein Vertrauen fest, und sie wird gerettet werden.« ⁵¹Beim Betreten des Hauses hieß er alle zurückbleiben außer Petrus, Johannes, Jakobus und den Eltern des Kindes. ⁵²Rundum war ein allgemeines Weinen und Klagen, und Jesus rief den Leuten zu: »Lasst das Geschrei! Sie ist nicht tot. Sie schläft!« ⁵³Ein Gelächter war die Antwort. Man wusste doch, dass sie gestorben war. ⁵⁴Drinnen nahm er ihre Hand und sprach sie an: »Kind, steh auf!« ⁵⁵Da kehrte ihr Atem wieder, sie stand sogleich auf, und Jesus ordnete an, man solle ihr zu essen geben. ⁵⁶Die Eltern gerieten außer sich vor Schrecken, er aber schärfte ihnen ein, sie sollten keinem Menschen erzählen, was geschehen war.

Der innere Kreis und sein Auftrag

9 ¹Und Jesus rief die Zwölf zusammen und gab ihnen Auftrag und Macht, dunkle Mächte auszutreiben und Krankheiten zu heilen. ²Und er sandte sie ins Land aus, das Reich Gottes auszurufen und die Kranken zu heilen, ³und sagte ihnen: »Nehmt nichts mit auf den Weg, keinen Stock, keinen Reisesack, kein Brot und kein Geld, auch nicht zwei Kleider. ⁴Wenn ihr in ein Haus eingekehrt seid, dann bleibt dort, bis ihr weiterzieht. ⁵Und wenn sie euch nicht aufnehmen, dann verlasst den Ort und schüttelt den Staub von euren Füßen zum Zeichen dafür, dass man Gottes Nähe und Liebe dort nicht wollte.« ⁶Und sie gingen auseinander, wanderten durch die Orte des Landes, verkündigten das Evangelium und heilten, wohin sie kamen.

⁷Nun hörte auch Herodes, der Provinzfürst, was hier geschah. Er wusste nicht, was er davon halten sollte, denn er hörte einige sagen, Johannes der Täufer sei aus dem Tode wiedergekommen, ⁸während andere sagten, Elija sei erschienen, und wieder andere meinten, in diesem Jesus sei irgendeiner von den Gottesmännern früherer Zeiten wiedergekommen. ⁹Und Herodes äußerte: »Den Johannes habe ich enthauptet. Ich muss wissen, wer nun dieser Jesus ist, von dem ich so viel höre.« Und er wollte ihn sehen.

¹⁰Nach ihrer Rückkehr erzählten die Ausgesandten Jesus, wie große Dinge sie getan hätten. Und Jesus nahm sie beiseite und zog sich mit ihnen nach Betsaida zurück. ¹¹Aber sie konnten nicht allein sein, denn die Leute sahen ihn und strömten ihm nach. Er wies sie nicht zurück, sondern fing wieder an, zu der Menge über Gottes Reich zu sprechen. Und er heilte, die es nötig hatten.

¹²Der Tag neigte sich, und die Zwölf wandten sich an Jesus: »Lass die Leute gehen. Es wäre gut, sie gingen in die nächsten Dörfer und Gehöfte und suchten dort Unterkunft und Speise. Wir sind hier in einer einsamen Gegend.« ¹³»Gebt doch ihr ihnen zu essen!«, war die Antwort. Sie aber meinten: »Wir haben hier nicht mehr als fünf Brote und zwei Fische. Oder sollen wir selbst gehen und für diese ganze Menge Nahrung kaufen?« ¹⁴Es waren nämlich ungefähr fünftausend Mann. Aber Jesus sagte: »Sorgt dafür, dass sie sich in Gruppen von je fünfzig zu Tischgemeinschaften niederlassen.« ¹⁵Sie taten es und hießen sie sich lagern. ¹⁶Da nahm Jesus die fünf Brote und die zwei Fische, sah auf zum Himmel, sprach das Segensgebet, brach sie und gab sie den

Jüngern mit der Weisung, sie sollten sie an die Menge weitergeben. ¹⁷Sie alle aßen und wurden satt. Am Ende hob man die Brocken auf, die sie übrig gelassen hatten: zwölf Körbe voll.

Das Christusbekenntnis des Petrus

¹⁸Als nun Jesus sich zum Gebet in die Einsamkeit zurückgezogen hatte, kamen seine Jünger zu ihm. Da fragte er sie: »Was sagen denn die Leute, wer ich sei?« ¹⁹»Manche meinen«, antworteten sie, »du seist Johannes der Täufer, andere, in dir sei Elija wiedergekommen, wieder andere, einer von den alten Propheten.« ²⁰»Und was sagt ihr selbst, wer ich sei?«, fragte er weiter, und Petrus antwortete: »Du bist der Christus, der von Gott kommt.« ²¹Da verbot ihnen Jesus streng, das zu irgendeinem Menschen zu sagen, ²²und fügte hinzu, er werde viel leiden müssen, er werde von den Ältesten, den Priestern und den Schriftgelehrten ausgestoßen. Man werde ihn töten, am dritten Tage aber werde er aus dem Tode auferstehen.

²³An alle gewandt, fuhr er fort:
»Wer zu mir gehören will, sehe von sich selbst ab.
Tag für Tag nehme er sein Kreuz auf sich und sei bereit,
mir zur Hinrichtung zu folgen.
²⁴Wer sein Leben retten will, wird es verlieren,
wer aber sein Leben verliert, weil er mich bekennt, wird es finden.
²⁵Denn was gewinnt er, wenn er die ganze Welt gewinnt,
aber sich selbst verliert oder sich schadet?
²⁶Wer sich meiner schämt und meiner Worte,
dessen werde auch ich mich schämen,
wenn ich in meinem und meines Vaters Licht
und mit meinen Engeln kommen werde.
²⁷Ich sage die Wahrheit:
Es stehen einige hier, die den Tod nicht schmecken werden,
ehe sie Gottes Reich geschaut haben.«

Himmel und Erde durchdringen einander

²⁸Etwa eine Woche nach diesen Gesprächen nahm Jesus Petrus, Johannes und Jakobus beiseite und stieg mit ihnen ins Gebirge, um zu beten. ²⁹Da geschah es, als er betete, dass sich das Aussehen seines Gesichtes veränderte und sein Gewand zu leuchten anfing in einem strahlenden Glanz. ³⁰Und zwei Männer, Mose und Elija, traten zu Jesus und sprachen mit ihm. ³¹Sie erschienen in überhellem Licht und sprachen mit ihm über sein Geschick, über den Tod, den er in Jerusalem erleiden würde.

³²Petrus aber und seine Begleiter waren in tiefem Schlaf befangen, und als sie erwachten, sahen sie ihn in seinem strahlenden Licht und die beiden Männer, die bei ihm standen. ³³Als die Erscheinungen schwanden, sprach Petrus zu Jesus: »Meister, es ist gut, dass wir hier sind, wir wollen drei Zelte aufschlagen, eins für dich, eins für Mose und eins für Elija.« Er wusste aber selbst nicht, was er da sagte. ³⁴Während er aber so redete, zog eine Wolke über den Berg und hüllte sie ein, und sie fürchteten sich vor der Wolke. ³⁵Eine Stimme redete plötzlich aus ihr: »Das ist mein Sohn, den ich mir erwählt habe, den sollt ihr hören«, ³⁶und Jesus war wieder allein. Sie aber verschwiegen das Erlebnis und erzählten niemandem in jenen Tagen, was sie gesehen hatten.

³⁷Anderentags, als sie wieder vom Berg abstiegen, kam ihnen eine große Menschenmenge entgegen. ³⁸Mitten unter den anderen rief einer: »Du Meister! Ich bitte dich! Sieh hierher auf meinen Sohn! Ich habe nur diesen einen! ³⁹Der wird von einem dunklen Geist gequält, der ihn immer wieder ergreift, so dass er aufschreit. Er reißt ihn hin und her und treibt ihm den Schaum vor den Mund. Er lässt kaum von ihm ab und nimmt ihm alle seine Kräfte. ⁴⁰Ich habe deine Jünger gebeten, sie möchten doch mein Kind von ihm befreien, aber sie konnten es nicht!« ⁴¹»O du ungläubiges und verdrehtes Geschlecht!«, rief Jesus aus. »Wie lange muss ich noch bei euch sein und euch ertragen? Bring deinen Sohn her!« ⁴²Als der zu Jesus kam, riss der Geist ihn zu Boden und zerrte ihn hin und her. Da trieb Jesus den Geist der Krankheit mit Macht aus, heilte den Jungen und gab ihn seinem Vater wieder. ⁴³Die Leute aber gerieten außer sich vor Staunen über die Größe Gottes.

Da, während noch alle voll Begeisterung waren über all sein Tun, sprach er zu seinen Jüngern: ⁴⁴»Nehmt die Worte, die ich jetzt sage, in eure Ohren: In Kürze wird man mich dem Hass und der Gewalt der Menschen ausliefern.« ⁴⁵Sie aber verstanden das Wort nicht, es war ihnen unbegreiflich, so dass sie seinen Sinn nicht erfassten. Ihn aber darum zu befragen, scheuten sie sich.

⁴⁶Einmal kam auch ein Streit unter ihnen auf, wer von ihnen am meisten zu sagen habe. ⁴⁷Jesus sah, dass sie mit solchen Gedanken umgingen, nahm ein Kind und stellte es neben sich: ⁴⁸»Wer dieses Kind aufnimmt, weil er begriffen hat, dass er dabei mit mir zu tun hat, der nimmt in Wirklichkeit mich selbst auf. Wer aber mich aufnimmt, der hat es nicht mit mir allein zu tun, er nimmt den bei sich auf, der mich gesandt hat. Wer unter euch am kleinsten ist, der ist wirklich groß.«

⁴⁹Einmal sagte Johannes: »Meister, wir sahen einen, der beschwor die Geister der Krankheiten und berief sich dabei auf dich. Er will sich uns aber nicht anschließen, und wir haben ihm untersagt, so fortzufahren.« ⁵⁰Aber Jesus erwiderte: »Hindert ihn nicht. Wer nicht gegen uns ist, ist für uns.«

Der Weg nach Jerusalem

⁵¹Dann kam die Zeit, in der er von der Erde weggenommen werden sollte. Er wandte sich auf den Weg nach Jerusalem. ⁵²Als er dorthin unterwegs war, sandte er Boten vor sich her, die kamen in ein Dorf, in dem Samaritaner wohnten, und sollten ihm das Quartier bereiten. ⁵³Die Leute aber wollten ihn nicht aufnehmen, weil er auf dem Weg nach Jerusalem war. ⁵⁴Als Jakobus und Johannes, die beiden Jünger, das erkannten, fragten sie: »Herr, bist du einverstanden, wenn wir Feuer vom Himmel fallen lassen, das sie verzehrt?« ⁵⁵Er aber wandte sich zu ihnen um und wies sie zurecht. ⁵⁶Und sie wanderten weiter in ein anderes Dorf.

Maßstäbe für Mitarbeiter

⁵⁷Eines Tages, als sie auf diesem Weg waren, kam einer zu Jesus: »Ich will mit dir gehen, überallhin, wohin immer du gehst!« ⁵⁸Aber Jesus erwiderte: »Die Füchse haben ihren Bau. Die Vögel des Himmels ihr Nest. Ich selbst habe keinen Ort, an den ich mein Haupt legen könnte.«

⁵⁹Einen anderen forderte er auf: »Komm mit!« Der bat ihn: »Erlaube mir, dass ich vorher nach Hause gehe und meinem Vater die letzte Ehre erweise.« ⁶⁰Jesus erwiderte: »Lass die Toten ihren Toten Ehre erweisen! Fang du an! Verkündige das Reich Gottes!« ⁶¹Ein dritter kam von sich aus: »Ich will zu dir gehören, nur erlaube mir noch eine Abschiedsfeier mit meiner Familie.« ⁶²Doch Jesus wehrte ab: »Wer mit den Händen den Pflug fasst und dabei zurücksieht, taugt nicht dazu, dem Reich Gottes den Boden zu bereiten.«

10 ¹Später wählte Jesus aus der großen Zahl seiner Anhänger weitere siebzig aus. Die sandte er, immer zu zweien, vor sich her in alle Städte und Ortschaften, die er besuchen wollte, ²und sagte ihnen:

»Die Ernte ist groß, der Schnitter sind wenige.
Bittet darum den Herrn der Ernte,
er möge Arbeiter senden, sie einzubringen.

³Geht! Ich sende euch wie Schafe mitten unter die Wölfe.
⁴Tragt keinen Beutel und keinen Reisesack mit euch
und haltet euch bei niemandem auf.
⁵Wenn ihr in ein Haus kommt, dann sprecht: ›Friede diesem Haus!‹
⁶Wohnt dort ein Mensch des Friedens,
so wird euer Friede auf ihm ruhen.
Wenn nicht, wird er wieder mit euch ziehen.
⁷In jenem Hause aber bleibt, esst und trinkt, was sie anbieten,
denn der Arbeiter ist seinen Lohn wert.
⁸Wenn ihr in einen Ort kommt, der euch aufnimmt,
dann esst, was sie euch auftragen,
⁹heilt ihre Kranken und sagt ihnen: ›Das Reich Gottes ist euch nahe!‹
¹⁰Kommt ihr aber in einen Ort, der euch nicht aufnimmt,
so geht wieder hinaus auf die Straße
und sprecht: ¹¹›Auch den Staub aus eurer Stadt,
der an unseren Füßen blieb, schütteln wir ab.
Aber ihr sollt wissen, dass euch Gottes Reich nahe war.‹
¹²Ich sage euch, Sodom wird es erträglicher gehen
an jenem Gerichtstag als dieser Stadt.
¹³Wehe dir, Chorazin! Wehe dir, Betsaida!
Wären in Tyrus und Sidon die Machttaten geschehen,
die ihr erlebt habt, sie hätten in Sack und Asche Buße getan.

¹⁴Aber Tyrus und Sidon
wird es erträglicher gehen im Gericht als euch.
¹⁵Und du, Kafarnaum,
wirst du etwa erhöht werden bis an den Himmel?
In die Hölle wirst du fahren!

¹⁶Denn wer euch hört, hört mich,
und wer euch verachtet, verachtet mich.
Wer aber mich verachtet, der weist den ab, der mich gesandt hat.«

¹⁷Damals kamen die Siebzig wieder zurück und erzählten voller Freude: »Herr, wenn wir deinen Namen nennen, weichen uns sogar die dämonischen Mächte!« ¹⁸Da bekräftigte Jesus:

»Ja! Ich sah, wie der Satan vom Himmel stürzte,
wie ein Blitz herabfährt.
¹⁹Ja! Ich gab euch Macht, auf Schlangen und Skorpione zu treten!
Ich gab euch Macht über alle Gewalt des Widersachers,
und nichts wird euch schaden.
²⁰Aber freut euch nicht darüber, dass die Geister euch fürchten.
Freut euch, dass Gott euch kennt und ihr Wohnrecht habt bei ihm.«

²¹In jener Zeit dankte Jesus Gott mit einem Lobgesang. In der Kraft des Geistes jubelte er:

»Ich preise dich, Vater, du Herr des Himmels und der Erde.
Du hast dein Geheimnis verborgen vor den Weisen und Klugen
und es den Unmündigen offenbart. Ja, Vater, so gefiel es dir.
²²Alles ist mir anvertraut von meinem Vater.
Niemand weiß, wer der Sohn ist, außer dem Vater,
niemand weiß, wer der Vater ist, außer dem Sohn
und dem der Sohn ihn zeigen will!«

²³Und zu den Zwölfen gewandt:
»Glücklich sind eure Augen, dass sie sehen dürfen, was ihr seht.
²⁴Viele Propheten und Könige wollten schauen,
was ihr schaut, und nahmen es nicht wahr,
und wollten hören, was ihr hört, und haben es nicht vernommen.«

Den Menschen zum Leben helfen

²⁵Einmal stand während eines Gesprächs ein Gesetzeslehrer auf, wollte ihm eine Falle stellen und fragte: »Meister, was muss ich tun, um das ewige Leben zu gewinnen?« ²⁶Jesus entgegnete: »Du kannst doch lesen. Was steht denn im Gesetz?« ²⁷»Liebe den Herrn, deinen Gott«, sagte jener, »aus ganzem Herzen, ganzer Seele, mit allen Kräften und Gedanken, und deinen Mitmenschen wie dich selbst.« ²⁸Jesus antwortete: »Richtig! Tu das, so wirst du leben.« ²⁹Er aber wollte seine Frage noch einmal rechtfertigen und fragte weiter: »Wer ist denn mein Mitmensch?« ³⁰Jesus nahm die Frage auf und erzählte:

»Ein Mann ging hinab von Jerusalem nach Jericho
und wurde überfallen von Räubern.
Die zogen ihn aus, schlugen ihn zusammen,
gingen davon und ließen ihn halbtot liegen.
³¹So fand ihn ein Priester.
Als er ihn sah, wich er aus und ging vorüber.
³²Ebenso ein Tempeldiener. Auch er sah ihn, auch er ging vorüber.
³³Ein Samariter aber, der des Weges kam,
ein Mann aus Samaria, kümmerte sich um ihn.
³⁴Er ging hin zu ihm, verband seine Wunden,
goss Öl und Wein darüber, setzte ihn auf sein Lasttier
und brachte ihn in eine Herberge.
Dort versorgte er ihn bis zum nächsten Tag.
³⁵Dann gab er dem Wirt zwei Silberstücke
und sagte: ›Sorge für ihn,
und wenn er dich mehr kostet, will ich das bezahlen,
wenn ich wiederkomme.‹
³⁶Was meinst du, wer von den dreien
ist dem ein Mitmensch geworden, der unter die Räuber fiel?«

³⁷Er antwortete: »Der barmherzig war.«
Da sagte ihm Jesus: »Geh und tu wie er!«

Das Gespräch mit Gott und das Gebet

³⁸Auf dieser Reise kam er in ein Dorf, in dem eine Frau mit Namen Marta ihn aufnahm. ³⁹Sie hatte eine Schwester namens Maria. Die setzte sich zu seinen Füßen und hörte ihm zu. ⁴⁰Marta aber lief umher und machte sich viel zu schaffen, um ihren Pflichten als Gastgeberin nachzukommen. Da fragte sie Jesus:»Herr, stört es dich nicht, dass meine Schwester mich so allein arbeiten lässt? Sag ihr, sie solle mit anfassen!« ⁴¹»Marta«, erwiderte Jesus,»Marta, du machst dir Sorgen und kümmerst dich um tausend Dinge. ⁴²Es ist weniger nötig, als du glaubst. Nur eins. Maria hat das bessere Teil gewählt, das soll man ihr nicht nehmen.«

11 ¹Eines Tages, als er sich zum Gebet zurückgezogen hatte und wiederkam, bat ihn einer von seinen Jüngern:»Gib uns ein Gebet, das wir immer beten können. Auch Johannes hat ja seinen Jüngern ein Gebet gegeben!« ²Er antwortete:»Wenn ihr beten wollt, dann sprecht:

Vater!
Dein Name werde geheiligt.
Dein Reich komme.
³Gib uns das Brot für den kommenden Tag.
⁴Vergib uns unser Unrecht,
denn auch wir vergeben denen,
die uns Unrecht tun.
Und bewahre uns vor der Gefahr,
dich zu verlieren.

⁵Denkt euch folgenden Fall: Es hat einer einen Freund.
Zu dem geht er mitten in der Nacht und ruft ihn: ›Lieber Freund, hilf mir doch aus mit drei Broten!
⁶Ein Bekannter ist bei mir eingekehrt,
und ich habe nichts für ihn zu essen.‹
⁷Da ruft der von drinnen heraus:
›Lass mich in Frieden! Die Tür ist verriegelt,
meine Kinder schlafen bei mir auf dem Lager.
Ich kann nicht aufstehen und dir Brot geben!‹
⁸Aber ich sage euch: Wenn er nicht aufsteht,

weil er sein Freund ist, dann wird er doch aufstehen,
weil er ihn immer wieder mit seinem Rufen
aus dem Schlaf reißt, und ihm helfen.
9Und ich sage euch: Bittet, so wird euch gegeben.
Sucht, so werdet ihr finden. Klopft an, so wird euch aufgetan.
10Jeder, der bittet, empfängt. Wer sucht, der findet,
und wer anklopft, dem wird aufgetan.

11Denkt euch einen Vater. Sein Sohn bittet um einen Fisch,
und der Vater gibt ihm eine Schlange.
12Der Sohn bittet um ein Ei,
und der Vater reicht ihm einen Skorpion.
13Nicht einmal unter euch Menschen würde man das tun.
Ihr wisst euren Kindern zu geben, was sie brauchen.
Wie viel mehr wird euer himmlischer Vater
den heiligen Geist geben denen, die ihn darum bitten!«

Worte über das Böse

14Einmal hatte Jesus einen stummen Menschen frei gemacht von einem Dämon. Und als der dunkle Geist ihn verlassen hatte, redete der Stumme. Die Leute waren außer sich vor Staunen. 15Aber einige sagten: »Er treibt die kleinen Teufel aus mit Hilfe des großen.« 16Andere forderten ihn auf: »Gib ein Zeichen, an dem wir merken, dass du in Gottes Auftrag handelst.« 17Aber Jesus verstand ihre Absicht und sprach:

»Ein Reich, das in Teile zerfällt,
die gegeneinander Krieg führen, wird zur Wüste.
Ein Haus fällt über das andere.
18Wenn der Satan sich selbst bekämpft,
wie kann seine Macht bestehen?
Ihr sagt, ich treibe mit Hilfe des obersten Teufels
die Teufel aus. 19Wer aber hilft den Männern
aus euren eigenen Kreisen,
die dasselbe tun? Wem dienen denn sie?
Sie bringen den Unsinn ans Licht, den ihr redet.
20Wenn es aber Gottes Finger ist, der durch mich solches Tun wirkt,
dann ist ja das Reich Gottes gekommen!

²¹Wenn ein Bewaffneter und Starker
sein Haus bewacht, ist es im Frieden mit allem, was darin ist.
²²Kommt aber ein Stärkerer als er und besiegt ihn,
so kann er ihm seine Rüstung nehmen, auf die er sich verließ,
und seinen Besitz als Beute verteilen.

²³Wer mir nicht hilft, widerstreitet mir.
Wer nicht mit mir Hirte ist, der ist ein Wolf.

²⁴Denkt euch einen, der von einem Dämon besetzt war. Der Dämon verlässt ihn, nun treibt er sich in der Wüste umher, sucht eine Wohnung und findet sie nicht. Da sagt er sich: ›Ich will in das Haus gehen, das ich verlassen habe.‹ ²⁵Wenn er es betritt, findet er es gekehrt und geschmückt. ²⁶Er geht hin und holt sieben andere Geister, die schlimmer sind als er selbst, die kommen und lassen sich häuslich nieder. Mit dem Menschen aber steht es am Ende schrecklicher als am Anfang.«

²⁷Während er so sprach, rief plötzlich eine Frau mit lauter Stimme: »Ach, wenn man doch so glücklich sein könnte wie die Frau, die dich in ihrem Leib trug, an deren Brust du getrunken hast!« ²⁸Jesus aber fing das Wort auf:

»Halt! Wer ist wirklich glücklich?
Glücklich sind, die es hören,
wenn Gott spricht, und sein Wort bewahren!«

Das Zeichen des Jona

²⁹Und Jesus sprach weiter zu der versammelten Menge:
»Diese schrecklichen Menschen wollen immerfort Wunder sehen!
Sie werden von Gott kein Zeichen erleben außer dem, das Jona traf.
³⁰Jona war den Leuten von Ninive ein Zeichen
für den Tod und das Leben.
So werde ich ihnen ein Zeichen von Gott sein.
³¹Die Königin aus dem Süden wird im letzten Gericht
mit den heute Lebenden zusammen auftreten
und wird sie verdammen,
denn sie kam vom Ende der Erde, um Salomos Weisheit zu hören.
Ihr aber seht einen Größeren als Salomo!

³²Die Leute von Ninive werden im letzten Gericht
mit den heute Lebenden zusammen auftreten und sie verdammen,
denn sie kehrten um, als Jona zu ihnen sprach.
Ihr aber seht einen Größeren als Jona.

³³Niemand zündet ein Licht an,
um es in einem Winkel zu verstecken oder unter einer Wanne.
Er stellt es auf einen Leuchter,
denn wer das Haus betritt, soll Licht haben.

³⁴Das Auge gibt dem ganzen Menschen das Licht.
Ist es klar, so ist der Mensch für das Licht offen.
Wenn das Auge dunkel wird,
ist der ganze Mensch umgeben von Finsternis.
³⁵Darum achte darauf, dass das Licht in dir nicht zur Finsternis wird.
³⁶Denn wenn dein Leib dem Licht offen ist,
bist du frei von Finsternis und ganz erfüllt von Licht,
wie es geschieht, wenn der Lichtstrahl der Lampe dich trifft.«

Über rituelle Waschungen

³⁷Während er so redete, kam ein Pharisäer und lud ihn zum Essen ein, und Jesus ging mit ihm zu Tisch. ³⁸Da sagte der Pharisäer: »Ich muss mich wundern. Du hast deine Hände nicht gewaschen, du bist unrein!« ³⁹Jesus antwortete:

»Ihr Pharisäer!
Ihr reinigt Becher und Schüsseln von außen,
innen aber ist nichts als Raubtierfutter und Bosheit!
⁴⁰Ihr Toren, hat, der das Äußere geschaffen hat,
nicht auch das Innere geschaffen?
⁴¹Gebt, was in der Schüssel ist, weiter
an die, die es brauchen, so ist alles rein.

⁴²Weh euch, ihr Pharisäer!
Ihr gebt den Zehnten für Minze, Raute und Küchenkräuter,
aber geht achtlos am Recht vorüber und an der Gottesliebe.
Das eine sollte man tun, das andere nicht lassen.

⁴³Weh euch, ihr Pharisäer!
Ihr liebt die vorderen Plätze in den Gotteshäusern
und die Ehrerbietung der Leute auf dem Markt.
⁴⁴Wie Gräber seid ihr, unkenntliche.
Die Leute gehen darüber und wissen nicht,
was unter ihren Füßen ist an Fäulnis.«

⁴⁵Da nahm einer der Gesetzeslehrer das Wort: »Meister, damit machst du auch uns verächtlich!«

Und Jesus fuhr fort:

⁴⁶»Ja! Wehe auch euch, ihr Gesetzeskundigen!
Ihr bürdet den Menschen Lasten auf, immer mehr, immer mehr!
Ihr selbst aber rührt keinen Finger,
sie mit ihnen gemeinsam zu tragen!
⁴⁷Wehe euch, die ihr Denkmäler baut
für die Propheten, die eure Väter morden.
⁴⁸So beweist ihr selbst, dass ihr Söhne seid von Prophetenmördern.
Jene haben gemordet, ihr baut Monumente!
⁴⁹Deshalb sagt die Weisheit Gottes:
›Ich sende Propheten und Apostel zu ihnen.
Die einen werden sie totschlagen, die anderen verfolgen.‹
⁵⁰Am Ende wird das Blut aller Propheten,
vergossen seit dem Anfang der Geschichte,
⁵¹vom Blut des Abel bis zum Blut des Secharja,
vergossen zwischen Tempel und Altar,
zusammengerechnet. Was ich sage, steht fest:
An dieser Generation wird es sich rächen.

⁵²Wehe euch, ihr Gesetzeskundigen!
Ihr versteckt den Schlüssel zur Erkenntnis.
Ihr selbst findet die Tür nicht
und versperrt denen, die sie suchen, den Zugang.«

⁵³Als Jesus das Haus verließ, fingen die Schriftgelehrten und die Pharisäer an, ihm erbittert zuzusetzen und ihn über viele Dinge auszufragen, ⁵⁴und standen dabei auf der Lauer, um irgendein Wort aus seinem Munde zu erhaschen.

Weisungen an die Jünger

12 ¹Inzwischen drängten sich die Tausende so dicht um ihn, dass sie einander traten. Da wandte er sich, gesondert, seinen Jüngern zu:

»Nehmt euch in Acht vor der Heuchelei,
der falschen Frömmigkeit der Pharisäer!
²Nichts aber geschieht so heimlich und so falsch,
dass es nicht ans Licht käme.
Nichts ist so verborgen, dass man es nicht erführe.
³So wird man, was ihr im Dunkeln sprecht, im Licht hören.
Was ihr ins Ohr sagt in den Kammern,
wird man auf den Dächern ausrufen.
⁴Ich sage euch, meinen Freunden:
Fürchtet euch nicht vor denen, die den Leib töten
und danach am Ende sind mit ihrer Kunst.
⁵Ich will euch sagen, wen zu fürchten lohnt:
den, der euch töten kann und euch danach in die Hölle stoßen.
Ja, den fürchtet!

⁶Kauft man nicht fünf Sperlinge um zwei Pfennige?
Dennoch ist keiner vergessen von Gott.
⁷Gezählt sind alle Haare auf eurem Haupt.
Lasst das Fürchten! Ihr seid kostbarer als viele Sperlinge!

⁸Ich sage euch: Wer sich den Menschen gegenüber zu mir bekennt, zu dem werde auch ich mich bekennen vor den Engeln Gottes. ⁹Wer mich aber den Menschen gegenüber verleugnet, der wird selbst vor den Engeln Gottes verleugnet werden. ¹⁰Wer gegen mich Stellung nimmt, dem kann vergeben werden. Wer aber Gottes Geist als Werkzeug des Bösen bezeichnet, für den ist Vergebung nicht möglich. ¹¹Wenn sie euch nun in ihren Synagogen vor Gericht stellen, wenn sie euch bei Regierungen und Behörden vorführen, dann macht euch keine angstvollen Gedanken, wie ihr euch verteidigen oder was ihr sagen sollt. ¹²Der heilige Geist selbst wird euch in jener Stunde eingeben, was da zu sagen ist.«

Über den Reichtum

¹³Da forderte ihn einer aus der Menge auf: »Meister, sage meinem Bruder, er solle das Erbe mit mir teilen!« ¹⁴»Mensch«, fuhr ihn Jesus an, »wer hat mich zum Richter oder Notar über euch gesetzt?« ¹⁵Und zu allen gewandt fuhr er fort:

»Nehmt euch in Acht und hütet euch vor aller Habsucht.
Denn der Besitz gibt kein Leben,
auch dem nicht, der an allem Überfluss hat.«
¹⁶Dann erzählte er ihnen eine Geschichte:
»Ein reicher Mann hatte eben eine gute Ernte eingebracht.
¹⁷Nun überlegte er: ›Was soll ich tun?
Ich habe nicht genug Lagerraum für meine Frucht.
¹⁸Ich weiß, was ich tue:
Ich reiße meine Scheunen ab und baue größere,
und in ihnen sammle ich meinen ganzen Weizen
und alle meine Vorräte. ¹⁹Dann sage ich zu mir selbst:
Nun hast du einen Vorrat für viele Jahre.
Lass dir's wohl sein, iss, trink und sei fröhlich.‹
²⁰Aber Gott sprach zu ihm:
›Du Tor, in dieser Nacht wird man dein Leben von dir nehmen.
Wem wird dann dein Vorrat gehören?‹
²¹So endet, wer Schätze aufhäuft und in Wirklichkeit arm bleibt,
weil er den Reichtum nicht sucht,
den Gott ihm geben will.«

²²Und wieder an seine Jünger gewandt:
»Beunruhigt euch nicht in eurem Herzen,
was ihr essen oder was ihr eurem Leibe anziehen sollt.
²³Das Leben, das ihr von Gott empfangen habt,
ist mehr als die Nahrung, die ihr dazu braucht.
Der Leib, den zu schaffen Gott reich genug war,
ist mehr wert als die Kleidung.
²⁴Seht euch die Raben an: Sie säen nicht, sie ernten nicht,
sie haben weder Vorratskammer noch Scheune.
Gott selbst ist es, der sie ernährt.
Wie viel kostbarer aber seid ihr als die Vögel!
²⁵Was sollen denn die Sorgen nützen?

Wer erreicht mit allen Sorgen, dass er um eine Elle länger lebt?
²⁶Wenn ihr aber zu so kleinen Veränderungen nicht fähig seid,
was sorgt ihr euch um die Kraft Gottes,
die euer ganzes Leben und Wesen erhält?

²⁷Seht euch die Lilien an! Sie spinnen nicht. Sie weben nicht.
Ich sage euch: Auch ein Salomo in aller seiner Pracht
war nicht gekleidet wie irgendeine von ihnen!
²⁸Wenn aber Gott das Gras auf dem Felde,
das doch heute steht und morgen im Ofen verbrennt,
so kostbar kleidet, kann er für euch keine Kleidung finden,
ihr Stümper im Glauben?
²⁹So sollt ihr euch nicht ängstlich fragen:
›Was sollen wir essen?‹ ›Was sollen wir trinken?‹
und sollt euch keine Unruhe machen.
³⁰Um all das kreisen die Gedanken derer,
die von Gott nichts wissen.
Euer Vater weiß, dass ihr das alles braucht.
³¹Sorgt euch darum, dass Gott bei euch geehrt wird
und sein Wille bei euch geschieht. Alles andere wird er euch geben.

³²Ein kleines Häuflein seid ihr, aber fürchtet euch nicht.
Der Vater selbst will euch sein Reich öffnen.
³³Macht euren Besitz zu Geld
und wandelt das Geld in Barmherzigkeit.
Macht euch Vorratstruhen, die nicht moderig werden.
Schafft euch ein Vermögen, das nicht abnimmt,
weil es im Himmel gesammelt ist,
wo der Dieb nicht herzuschleicht und die Motte nicht frisst.
³⁴Denn wo euer Schatz ist, da wird auch euer Herz sein.

³⁵Seid jederzeit bereit aufzustehen, lasst die Lampen brennen.
³⁶So sollt ihr Menschen gleichen, die ihren Herrn erwarten.
Der wird vom Hochzeitsmahl aufbrechen, wird kommen und klopfen,
und sie werden ihm im selben Augenblick öffnen.
³⁷Glücklich seid ihr, die ihr wartet
wie Knechte auf ihren Herrn, wenn ich komme.
Was ich sage, ist wahr:
Ich werde das Gewand des Dieners umschürzen,

und ihr werdet an meinem Tisch das Fest feiern,
ich aber werde hinzutreten und euch aufwarten.
³⁸Und wenn es spät wird, spät in der Nacht,
wenn ihr bis in den beginnenden Morgen
wartet und wacht, glücklich seid ihr, wenn ich euch wachend finde.
³⁹Versteht! Wenn ein Hausherr wüsste,
um welche Stunde der Dieb einsteigt,
ließe er ihn nicht ins Haus einbrechen.
⁴⁰Ich aber will zu einer Stunde kommen,
in der ihr mich nicht erwartet.«

⁴¹Da fragte Petrus: »Herr, gilt dieser Vergleich für uns allein, oder meinst du alle damit?« Jesus erwiderte: ⁴²»Wer von euch ist der zuverlässige, kluge Verwalter, den der Herr über seine Dienerschaft setzt und der verantwortlich ist, dass alle zur rechten Zeit erhalten, was sie zum Leben brauchen? ⁴³Glücklich der Mitarbeiter, den der Herr bei seiner Rückkehr seine Pflicht tun sieht! ⁴⁴Es ist wahr, was ich sage: Über alle seine Güter wird er ihn setzen. ⁴⁵Wenn aber einer, der so Verantwortung trägt, sich vorsagt: ›Mein Herr kommt ja doch nicht!‹ und anfängt, die jungen Knechte und Mägde zu schlagen und selbst zu essen, zu trinken und zu saufen, ⁴⁶dann kommt sein Herr an einem Tage, an dem er ihn nicht erwartet, und zu einer Stunde, in der er es nicht vermutet. Er wird ihn in Stücke hauen und ihn belohnen, wie man Treulose belohnt. ⁴⁷Ein Mitarbeiter, der Gottes Willen kennt, sich aber nicht auf ihn eingestellt und ihn nicht erfüllt hat, wird eine harte Strafe leiden. ⁴⁸Wer ihn nicht kennt, tut aber, was Strafe verdient, wird eine leichtere Strafe empfangen. Wem viel gegeben ist, bei dem wird man viel suchen, und wem viel anvertraut ist, von dem wird man viel fordern.

⁴⁹Ich bin gekommen, ein Feuer auf die Erde zu werfen, und nichts wünschte ich sehnlicher, als dass es brennte! ⁵⁰Aber zuvor muss ich mich taufen lassen mit dem Wasser des Todes, und wie ist mir so bange, bis es vollbracht ist!

⁵¹Meint ihr, ich sei gekommen, um auf der Erde alles beim Alten zu lassen? O nein! Ich kam, damit Teilungen geschehen. ⁵²Von nun an werden fünf Menschen in einem einzigen Hause im Streit liegen: drei gegen zwei und zwei gegen drei, ⁵³der Vater gegen den Sohn und der Sohn gegen den Vater, die Mutter gegen die Tochter und die Tochter gegen die Mutter, die Schwiegermutter gegen die Schwiegertochter und die Schwiegertochter gegen die Schwiegermutter.«

Was bringt die Zukunft?

⁵⁴Dann wandte Jesus sich wieder dem Volk zu:
»Wenn ihr eine Wolke von Westen her aufsteigen seht,
dann sagt ihr: ›Es kommt ein Regen‹, und wirklich, er kommt!
⁵⁵Wenn ihr den Südwind fühlt, dann wisst ihr, dass es heiß wird,
und wirklich, es wird heiß! ⁵⁶Wie seltsam seid ihr zerspalten!
Die Zeichen an Erde und Himmel wisst ihr zu deuten.
Wie kommt es, dass ihr so blind seid
für die Zeichen dieser Stunde?
⁵⁷Und warum seid ihr so kurzsichtig?
Warum bringt ihr nicht schnell noch in Ordnung,
was ihr in Gerechtigkeit ordnen könnt?
⁵⁸Wenn du mit einem Prozessgegner
unterwegs bist zur Verhandlung, dann bemühe dich,
noch auf dem Wege mit ihm zurechtzukommen.
Er schleppt dich sonst vor den Richter,
der Richter übergibt dich dem Schließer,
der wirft dich ins Gefängnis,
⁵⁹und von dort wirst du nicht herauskommen,
ehe du den letzten Pfennig bezahlt hast.«

13 ¹In jenen Tagen berichtete man Jesus, Pilatus habe eine Gruppe von galiläischen Pilgern im Tempel beim Opfergottesdienst niedermachen lassen.

²»Meint ihr«, antwortete Jesus, »dass in diesen Leuten mehr Bosheit gewesen sei als in irgendwelchen anderen Galiläern, weil ihnen das zugestoßen ist? ³Nein, vielmehr werdet ihr alle so oder ähnlich zugrunde gehen, wenn ihr euch nicht ändert. ⁴Oder meint ihr, die achtzehn, auf die der Turm im Stadtteil Schiloach fiel und sie erschlug, hätten mehr Schuld gehabt als die übrigen Bürger von Jerusalem? ⁵Nein, wenn ihr euch nicht ändert, werdet ihr alle so zugrunde gehen.« Und Jesus erzählte eine Geschichte:

⁶»Ein Mann besaß einen Feigenbaum in seinem Weinberg.
Eines Tages kam er, suchte Frucht an ihm und fand keine.
⁷Da redete er mit dem Weingärtner:
›Du weißt, seit drei Jahren komme ich,
suche Frucht an diesem Baum und finde keine.

Haue ihn ab. Wozu saugt er das Land aus?‹
⁸Der Weingärtner aber bat ihn: ›Herr, lass ihn noch dieses Jahr.
Ich will noch einmal um ihn her aufgraben und ihn düngen.
⁹Vielleicht bringt er künftig Frucht.
Wenn nicht, dann haue ihn heraus.‹«

¹⁰Einmal war er wieder am Sabbat im Gottesdienst und legte die Schrift aus. ¹¹Da sah er eine Frau, die seit achtzehn Jahren verkrümmt war, so dass sie sich nicht aufrichten konnte. ¹²Er rief sie zu sich und sprach sie an: »Sei frei von deiner Krankheit, Frau!« ¹³Er legte die Hände auf sie, und sie richtete sich auf und war voller Freude und Dank gegen Gott. ¹⁴Da ärgerte sich der Synagogenvorsteher, dass Jesus am Sabbat heilte, und fuhr die Leute an: »Zum Arbeiten sind sechs Tage da. An denen kommt und lasst euch heilen, aber nicht am Sabbat.« ¹⁵Jesus nahm die Herausforderung an: »Ihr Heuchler! Bindet nicht jeder von euch am Sabbat sein Rind und seinen Esel vom Futtertrog und führt ihn zur Tränke? ¹⁶Hier aber ist eine Tochter Abrahams, vom Geist ihrer Krankheit gebunden durch achtzehn Jahre. Muss man sie nicht losbinden, gerade am Sabbat?« ¹⁷Als er das sagte, schämten sich seine Gegner, und die Leute freuten sich über das Wunderbare, das er getan hatte.

¹⁸Und er fuhr fort:

»In welchen Bildern kann man zeigen,
was geschieht, wenn Gott wirkt?
¹⁹Es geschieht in der Art, wie ein Senfkorn wächst:
Ein Mann nimmt es und wirft es in seinen Garten.
Dort wächst es und wird ein Baum,
und die Vögel bauen Nester in seinen Zweigen.

²⁰Und noch einmal: ²¹Wenn Gott wirkt,
geht es zu wie bei einem Bällchen Sauerteig,
das eine Hausfrau vermischt und verknetet
mit einem großen Ballen Teig,
so dass man nichts mehr davon sieht,
bis der Teig durch und durch gesäuert ist.«

Klage über Jerusalem

²²Und er wanderte durch Städte und Dörfer und redete zu den Menschen auf seiner Reise nach Jerusalem. ²³Einmal fragte ihn einer: »Herr, sind es wenige, die gerettet werden?« Er antwortete: ²⁴»Viele oder wenige! Kämpft ihr selbst darum, durch die enge Tür zu kommen. Denn viele, das sage ich euch, werden am Ende eintreten wollen, und es wird ihnen nicht gelingen. ²⁵Der Hausherr wird aufstehen und die Tür schließen. Ihr aber werdet draußen stehen und gegen die Tür hämmern: ›Herr, mach auf!‹ Und er wird antworten: ›Ich weiß nicht, wo ihr herkommt.‹ ²⁶Dann werdet ihr rufen: ›Wir haben doch mit dir gegessen und getrunken, wir haben dir zugehört, als du uns auf den Straßen lehrtest!‹ ²⁷Und er wird sagen: ›Ich weiß nicht, woher ihr kommt. Weg, ihr Übeltäter!‹ ²⁸Da wird Jammer herrschen und Verbitterung. Da werdet ihr sehen, wie Abraham, Isaak und Jakob und alle die Gottesmänner der alten Zeit im Hause Gottes sind, ihr aber ausgeschlossen. ²⁹Die anderen, die ihr Gottlose nennt, werden kommen von Osten und Westen, von Norden und Süden, und werden das Fest feiern im Reich Gottes. ³⁰Merkt euch: Letzte werden Erste sein und Erste die Letzten.«

³¹Zu jener Stunde kamen Pharisäer zu ihm und warnten ihn: »Geh! Sieh zu, dass du dich entfernst! Herodes fahndet nach dir und will dich töten!« ³²Er antwortete: »Geht hin zu diesem Raubtier und sagt ihm:

Noch heile ich Menschen von ihren Leiden
an Seele und Leib. Heute und morgen.
Am dritten Tag werde ich vollendet werden.
³³Aber heute und morgen und am dritten Tag
muss ich meinen Weg gehen.
Denn es geht nicht an, dass ein Prophet
anderswo umkommt als in Jerusalem.

³⁴Jerusalem! Ihr Leute von Jerusalem!
Ihr tötet die Propheten und steinigt die Boten Gottes!
Wie oft wollte ich euch sammeln,
wie ein Vogel seine Jungen unter seinen Flügeln birgt,
und ihr habt nicht gewollt.
³⁵Leer wird euer Haus stehen! Ich sage euch:
Ihr werdet mich erst in der Stunde wieder sehen, in der ihr mir zuruft:
›Wir preisen dich, den Gott sendet!‹«

Das Gastmahl und sein Sinn

14 ¹Einmal war er am Sabbat in das Haus eines führenden Pharisäers eingeladen, und die Tischgesellschaft lauerte darauf, was er tun oder sagen würde. ²Dort traf er einen Mann an, der unter Wassersucht litt. ³Er wandte sich an die Gesetzeskundigen und die Pharisäer und fragte sie: »Ist es erlaubt, am Sabbat einen Kranken zu heilen? Ist es verboten?« ⁴Sie schwiegen. Da holte er ihn zu sich, heilte ihn und ließ ihn nach Hause gehen. ⁵An die Anwesenden richtete er die Frage: »Wer von euch, dem sein Sohn oder ein Ochse in den Brunnen fällt, geht nicht augenblicklich hin und zieht ihn heraus, auch am Sabbat?« ⁶Aber sie hatten keine Antwort.

⁷Bei jenem Essen fiel Jesus auf, dass die Gäste sich bemühten, möglichst weit oben am Tisch zu sitzen. Da sagte er ihnen: ⁸»Wirst du von jemandem zur Hochzeit eingeladen, dann setze dich nicht ans obere Ende, sonst kommt vielleicht ein besonders vornehmer Gast, ⁹und der Hausherr nimmt dir deinen Platz und sagt: ›Lass den hier sitzen!‹ Dann suchst du dir ganz unten einen Platz und bist herabgesetzt vor der ganzen Gesellschaft. ¹⁰Bist du eingeladen, dann setze dich auf den letzten Platz. Dann wird der Gastgeber zu dir kommen und sagen: ›Freund, dein Platz ist weiter oben!‹ Das wird dich vor der ganzen Gesellschaft ehren. ¹¹Denn wer mehr aus sich macht, als er ist, dem wird man nehmen, was er sich anmaßt. Wer aber weniger sein will, als er ist, dem wird man mit Ehrerbietung begegnen.«

¹²Dem Hausherrn gegenüber fügte er hinzu: »Gibst du ein Mittag- oder Abendessen, dann lade nicht deine Freunde ein und nicht deine Brüder, nicht deine Verwandten und nicht die reichen Nachbarn. Sonst laden sie dich wieder ein, und so wirst du für deine Einladung bezahlt. ¹³Wenn du ein Festessen gibst, dann lade die Armen, Krüppel, Lahmen und Blinden ein. ¹⁴So bist du glücklich zu preisen, denn sie können es dir nicht vergelten. Du wirst deinen Lohn aber empfangen, wenn Gott die Gerechten in das ewige Leben ruft.«

¹⁵Einer von den Gästen, die das hörten, antwortete ihm: »Wohl dem, der Gottes Hausgenosse ist und bei ihm zu Tisch geladen in seiner kommenden Welt!« ¹⁶Auf diesen Zuruf ging Jesus mit einer Geschichte ein:

»Es war ein Mann, der bereitete ein großes Festmahl vor
und lud eine Menge Gäste dazu ein.

¹⁷Als es Zeit war für das Fest,
schickte er seinen Boten zu den Eingeladenen:
›Es ist alles fertig! Kommt!‹
¹⁸Aber jeder hatte eine andere Ausrede zur Hand.
Der Erste ließ sagen: ›Ich habe einen Acker gekauft.
Es geht nicht anders! Ich muss hinaus, ihn besehen!
Ich bitte dich, entschuldige mich.‹
¹⁹Der Zweite ließ sagen: ›Ich habe zehn Ochsen gekauft.
Es geht nicht anders! Ich muss hin und sie abholen.
Ich bitte dich, entschuldige mich.‹
²⁰Der Dritte ließ sagen: ›Ich habe eben geheiratet.
Ich bitte dich, zu verstehen, dass ich nicht kommen kann.‹
²¹Da kehrte der Bote um und berichtete das alles seinem Herrn.
Der wurde zornig und befahl:
›Schnell! Geh gleich hinaus auf die Plätze und Gassen der Stadt,
hol alle Armen, Behinderten, Blinden und Lahmen zusammen
und führe sie herein.‹
²²Als das geschehen war, meldete der Bote:
›Sie sind alle da, wie du befohlen hast,
es ist aber noch Platz.‹ ²³Da befahl der Hausherr:
›So geh auf die Landstraßen und an die Zäune und mache es dringlich!
Hole sie alle herein, dass mein Haus voll wird.‹
²⁴Ich sage euch: Von den Leuten, die zuerst eingeladen waren,
wird keiner mein Festmahl genießen.«

Klarheit schaffen

²⁵Als er danach weiterzog, drängten ihm viele nach, und er wandte sich
um und sprach zu ihnen:

²⁶»Wer sich mir anschließen will
und nicht einen klaren Abstand schafft
zu seinem Vater, zu seiner Mutter, zu seiner Frau und seinen Kindern,
zu seinen Brüdern und Schwestern und vor allem zu sich selbst,
kann mein Jünger nicht sein.
²⁷Wer nicht das Kreuz auf die Schulter nimmt
und es hinter mir her auf die Richtstätte trägt,
der kann mein Jünger nicht sein.

²⁸Wer einen Turm bauen will, setzt sich vorher,
rechnet die Kosten und prüft, ob er das Geld hat, ihn zu vollenden.
²⁹Sonst legt er das Fundament
und kann den Turm nicht zu Ende bauen,
so dass die Zuschauer anfangen zu spotten:
³⁰›Der hat angefangen zu bauen und kann es nicht hinausführen!‹

³¹Oder welcher König plant einen Krieg
gegen einen anderen König
und setzt sich nicht zuvor und überlegt,
ob er mit zehntausend Mann dem begegnen kann,
der ihm mit zwanzigtausend entgegenkommt?
³²Sonst muss er, noch ehe er ihm begegnet,
ihm eine Botschaft senden und ihn um Frieden bitten.
³³Bedenkt: Niemand kann mein Jünger sein,
der sich nicht lossagt von allem, was ihn bindet.

³⁴Das Salz ist gut. Wenn aber das Salz seine Schärfe verliert,
womit will man es salzig machen?
³⁵Es taugt nicht einmal als Dünger aufs Feld.
Es nützt nicht einmal mehr auf dem Mist.
Man kann es nur wegwerfen. Wer Ohren hat, höre!«

Gott liebt die schwarzen Schafe

15 ¹Indessen kamen die Verrufenen des Orts zusammen, um ihn zu hören. ²Und die Pharisäer und die Schriftgelehrten runzelten die Stirn: »Der macht sich mit dem Gesindel gemein und hält mit ihnen Tischgemeinschaft.« ³Da wandte sich Jesus mit einem Gleichnis an sie:

⁴»Denkt euch einen Hirten und versetzt euch in seine Lage:
Der hat hundert Schafe. Eins davon läuft ihm weg.
Lässt er nicht die neunundneunzig in der Steppe,
geht los und sucht das verlorene, bis er es findet?
⁵Und wenn er es gefunden hat,
nimmt er es mit Freuden auf die Schulter,
⁶geht nach Hause und ruft seine Freunde zusammen
und seine Nachbarn: ›Freut euch mit mir!

Ich habe mein verlorenes Schaf wieder gefunden.‹
⁷Ich sage euch:
So freut man sich im Himmel über jeden einzelnen Gottlosen,
der zu Gott umkehrt, mehr als über neunundneunzig Gerechte,
die keiner Umkehr bedürfen.

⁸Oder eine Hausfrau:
Die hat zehn Silbergroschen und verliert einen.
Nimmt sie nicht eine Lampe, fegt im ganzen Haus
und sucht den, der ihr verloren ging?
⁹Und wenn sie ihn gefunden hat,
ruft sie ihren Freundinnen und Nachbarinnen zu:
›Freut euch mit mir!
Ich habe den verlorenen Silbergroschen wieder!‹
¹⁰So, das sage ich euch, freuen sich die Engel Gottes
über jeden einzelnen Gottlosen, der zu Gott umkehrt.«

Und weiter erzählte Jesus: ¹¹»Ein Mann hatte zwei Söhne.
¹²Eines Tages bat ihn der Jüngere:
›Vater, gib mir das Teil deiner Güter, das mir zusteht.‹
Der teilte das Gut.
¹³Der Jüngere aber machte wenige Tage danach seinen Anteil zu Geld,
packte alles zusammen und zog in ein fernes Land.
Dort lebte er in Saus und Braus, bis sein Besitz aufgezehrt war.

¹⁴Als er alles verbraucht hatte, kam eine schwere Hungersnot
über jenes Land, und er geriet in Not.
¹⁵Da ging er zu einem Bürger des Landes und wurde sein Knecht.
Der schickte ihn zum Schweinehüten auf seine Felder.
¹⁶Und er hätte gerne seinen Bauch gefüllt
mit den Schoten, die die Schweine fraßen,
aber niemand gab sie ihm.
¹⁷Da ging er in sich und überlegte: Mein Vater hat so viele Tagelöhner,
die mehr Brot haben, als sie brauchen,
und ich gehe im Hunger zugrunde.
¹⁸Ich will mich auf den Weg machen,
zu meinem Vater gehen und zu ihm sagen:
›Vater, ich habe Unrecht getan gegen Gott und gegen dich.
¹⁹Ich bin nicht mehr dein Sohn.

Mach mich zu einem deiner Tagelöhner.‹
²⁰Und er brach auf und wanderte nach Hause zu seinem Vater.

Als er noch fern war vom Haus, sah ihn sein Vater kommen.
Es tat ihm weh, ihn so zu sehen, und er tat ihm leid.
Er eilte ihm entgegen, fiel ihm um den Hals und küsste ihn.
²¹Der Sohn fing an:
›Vater, ich habe Unrecht getan gegen Gott und gegen dich.
Ich bin nicht mehr dein Sohn.‹ ²²Der Vater rief seine Knechte:
›Schnell, bringt das beste Kleid und zieht es ihm an!
Und holt einen Ring für seinen Finger und Schuhe für seine Füße!
²³Bringt das gemästete Kalb her und schlachtet es,
und dann lasst uns essen und fröhlich sein.
²⁴Denn der hier, mein Sohn, war tot und ist wieder lebendig.
Wir hatten ihn verloren und haben ihn wieder gefunden.‹
Und sie fingen an, ein Fest zu feiern.

²⁵Der ältere Sohn war eben auf dem Feld.
Als er kam und auf das Haus zuging, hörte er Musik und Reigentanz.
²⁶Da rief er einen der Knechte und fragte, was das zu bedeuten habe.
²⁷Der antwortete: ›Dein Bruder ist gekommen.
Da hat dein Vater das Kalb geschlachtet, das gemästete,
weil er ihn gesund wiederhat.‹
²⁸Da wurde er zornig und wollte nicht hineingehen.
Der Vater aber kam heraus und bat ihn: ›Komm herein!‹
²⁹Er aber antwortete: ›Das musst du verstehen.
Ich arbeite für dich so viele Jahre
und habe noch nie eine Anordnung missachtet.
Du hast mir aber noch nie auch nur einen Bock gegeben,
dass ich mit meinen Freunden hätte feiern können.
³⁰Jetzt aber, da er – dein Sohn! – kommt,
der sein Vermögen mit den Huren verludert hat,
schlachtest du für ihn das gemästete Kalb.‹
³¹›Kind‹ antwortete der Vater, ›du bist immer bei mir,
und alles, was mir gehört, gehört auch dir.
³²Es ist aber nötig, dass wir ein Fest feiern und uns freuen.
Denn er – dein Bruder! – war tot und ist wieder lebendig geworden.
Wir hatten ihn verloren und haben ihn wieder gefunden.‹«

Reden über die Zukunft

Klugheit ist nötig

16 ¹Einmal erzählte er den Jüngern folgende Geschichte:
»Ein Großgrundbesitzer hatte einen Verwalter.
Über den wurde ihm berichtet, er veruntreue ihm sein Vermögen.
²Er ließ ihn kommen: ›Ich höre böse Dinge über dich!
Lege deine Kasse und deine Bücher zur Prüfung vor,
denn du kannst deinen Posten nicht behalten.‹
³Da überlegte der Verwalter hin und her:
›Was tun? Meine Stellung habe ich verloren.
Graben kann ich nicht. Betteln mag ich nicht.
⁴Ich weiß es! Ich habe noch eine Möglichkeit:
Ich muss erreichen, dass ich,
wenn ich entlassen bin, Freunde habe, die für mich sorgen!‹
⁵Und er rief alle Pächter einzeln zu sich.
Als der erste kam, fragte er ihn:
›Wie hoch ist die Pacht, die du bezahlen musst?‹
⁶Der sagte: ›Hundert Fass Öl.‹
Da antwortete der Verwalter: ›Hier! Nimm deinen Pachtvertrag!
Wir schließen einen neuen über fünfzig Fass!‹
⁷Danach kam der zweite. ›Wie hoch ist deine Pacht?‹, fragte er ihn.
›Hundert Sack Weizen‹ war die Antwort.
›Gut‹ fuhr er fort, ›nimm deinen Vertrag!
Wir schließen einen neuen ab über achtzig.‹«

⁸Und Jesus lobte den ungerechten Verwalter, weil er klug gehandelt hatte: »Die Söhne dieser Welt«, sagte er, »sind klüger als die Söhne des Lichts denen gegenüber, zu denen sie gehören. ⁹Und ich rate euch: Wenn euch schon Geld anvertraut ist, an dem das Unrecht klebt, dann macht euch wenigstens Freunde damit! Es wird eines Tages wertlos sein. Sorgt dafür, dass sie euch aufnehmen in die ewigen Hütten!«

¹⁰Und weiter:
»Wer mit kleinen Dingen sachgemäß umgeht, tut es auch im Großen.
Und wer mit dem Kleinen nicht umgehen kann,
kann es auch mit dem nicht, was groß ist.

[11] Wenn ihr also nicht wisst,
was ihr mit dem trügerischen Geld
tun sollt, wird man euch das wahre Gut nicht anvertrauen.
[12] Und wenn ihr mit dem, was euch nicht gehört,
sondern nur für kurze Zeit in eurer Hand liegt,
nicht sinnvoll umgeht, wer will euch das anvertrauen,
was euch als euer Eigentum zugedacht ist?

[13] Niemand kann für zwei Herren arbeiten.
Er wird den einen vernachlässigen und sich dem anderen zuwenden,
oder wird den einen vorziehen und den anderen missachten.
Ihr könnt nicht Gott dienen und dem Geist des Geldes zugleich.«

[14] Das alles hörten auch die Pharisäer, die das Geld sehr schätzten, und sie meinten über Jesus: »Er ist ein Schwärmer!«, und verspotteten ihn. [15] Da sprach er zu ihnen: »Ihr spielt vor den Menschen den braven Mann, aber Gott kennt eure Herzen! Denn was die Menschen mit Bewunderung anschauen, das nennt Gott einen Götzen! [16] Bis zu Johannes galten das Gesetz und die Propheten ihre begrenzte Zeit. Seit ich die Tür zum Reich Gottes geöffnet habe zur Freude der Armen, drängt jeder mit Gewalt hinein. [17] Bedenkt: Eher vergehen Himmel und Erde, als dass auch nur der kleinste Buchstabe vom Gesetz ungültig wird.

[18] Wer zum Beispiel seine Frau von sich stößt und eine andere heiratet, bricht die Ehe, und wer die geschiedene Frau nimmt, bricht die Ehe auch.

Die Zukunft entscheidet sich heute

[19] Es war ein reicher Mann, der kleidete sich in Purpur und kostbare Leinwand und lebte Tag für Tag in Freuden und in Ehren. [20] Vor dem Portal seines Hauses lag ein Bettler namens Lazarus, der gelähmt und mit Geschwüren bedeckt war. [21] Er hätte sich gerne von den Abfällen gesättigt, die man im Haus des Reichen unter den Tisch warf. Hunde leckten an seinen Geschwüren, und er konnte sich ihrer nicht erwehren. [22] Da starb der Arme, und die Engel trugen ihn in Abrahams Schoß. Der Reiche starb auch und wurde bestattet. [23] Als er in der Hölle war und in der Qual, blickte er auf und sah Abraham aus großer Ferne und Lazarus in seinem Schoß [24] und rief hinüber: ›Vater Abraham! Sei barmherzig

mit mir und schicke Lazarus, er soll seine Fingerspitze in Wasser tauchen und meine Zunge netzen, denn ich halte die Schmerzen nicht aus in diesem Feuer!‹ ²⁵›Mein Sohn‹, rief Abraham zurück, ›erinnere dich! Du hast in deinem Leben Glück genossen, während Lazarus im Elend lag. Nun empfängt er den Trost und du die Schmerzen. ²⁶Zudem aber klafft zwischen euch und uns ein ungeheuer großer und breiter Abgrund, und niemand, selbst wenn er wollte, gelangte von uns zu euch hinüber oder von euch zu uns!‹ ²⁷›Dann bitte ich dich, Vater‹, fuhr der Reiche fort, ›sende ihn in das Haus meines Vaters. ²⁸Ich habe fünf Brüder! Er muss ihnen das alles schildern, damit sie nicht auch hierher kommen an den Ort der Schmerzen.‹ ²⁹›Sie haben Mose und die Propheten‹, entgegnete Abraham, ›auf die sollen sie hören.‹ ³⁰›Nein, Vater Abraham, das tun sie nicht. Aber wenn ihnen jemand von den Toten erscheint, dann bessern sie sich.‹ ³¹›Wenn sie Mose und die Propheten nicht hören‹, antwortete Abraham, ›glauben sie auch nicht, wenn jemand von den Toten zu ihnen kommt.‹«

17 ¹Und er sprach zu seinen Jüngern:
»Es kann nicht ausbleiben, dass Dinge geschehen,
durch die der eine den Glauben des anderen zu Fall bringt.
Aber wehe dem, der den Anlass gibt.
²Es wäre besser für ihn, wenn man ihm einen Mühlstein
um seinen Hals hängte und ihn ins Meer würfe,
als dass er ein Hindernis oder eine Gefahr würde
für den Glauben eines dieser Geringsten.

³Achtet auf euch selbst!
Wenn dein Bruder sich schuldig macht, dann stelle ihn zur Rede,
und wenn er sich ändert, dann vergib ihm.
⁴Und wenn er siebenmal am Tag an dir schuldig würde
und siebenmal zu dir käme und sagte: ›Es ist mir leid!‹,
sollst du ohne Vorwurf immer wieder neu mit ihm anfangen.«

⁵Einmal baten ihn die Apostel: »Gib uns doch mehr Glauben!«
⁶Aber Jesus erwiderte:
»Wenn ihr Glauben habt auch nur so klein wie ein Senfkorn,
reicht er aus, und ihr könnt zu diesem Maulbeerbaum sagen:
›Hebe dich mit allen Wurzeln aus der Erde
und pflanze dich ins Meer!‹ Er wird euch gehorchen.

⁷Denkt an euren eigenen Knecht:
Der pflügt den Acker und weidet das Vieh.
Wenn er aber vom Feld zurückkommt,
sagt ihr ihm nicht: ›Setz dich zu Tisch, ich will dich bedienen!‹
⁸Vielmehr sagt ihr zu ihm:
›Decke mir den Tisch! Zieh die Schürze über
und bring mir zu essen und zu trinken.
Danach iss und trink auch du selbst.‹
⁹Ihr ehrt ihn doch nicht
aus lauter Dankbarkeit dafür, dass er seine Pflicht tat.
¹⁰Das gilt auch für euch selbst:
Wenn ihr alles getan habt, was euch befohlen war, dann sprecht:
›Wir sind unbrauchbare Knechte.
Wir haben nur getan, was wir zu tun schuldig waren.‹«

¹¹Auf seiner Wanderung nach Jerusalem reiste Jesus mitten durch Samaria und Galiläa. ¹²Als er in ein Dorf kam, begegneten ihm zehn aussatzkranke Männer, die in einiger Entfernung stehen blieben ¹³und ihm zuriefen: »Jesus! Meister! Hab Erbarmen mit uns!« ¹⁴Er sah sie stehen und rief ihnen zu: »Geht und zeigt euch den Priestern!« Während sie noch auf dem Wege waren, wurden sie gesund. ¹⁵Einer unter ihnen jedoch, der sah, dass er gesund war, kehrte um und pries Gott mit lauter Stimme. ¹⁶Er warf sich vor Jesus nieder und dankte ihm. Und das war ausgerechnet ein Samaritaner (also nach jüdischer Auffassung ein Ungläubiger). ¹⁷»Sind nicht zehn gesund geworden?«, fragte Jesus. »Wo sind die neun anderen? ¹⁸Hatten sie es nicht nötig umzukehren, Gott zu ehren und ihm zu danken wie dieser Fremde?« ¹⁹Zu dem Samaritaner gewandt, fügte er hinzu: »Steh auf und geh! Dein Glaube hat dich gerettet.«

Wann kommt das Reich Gottes?

²⁰Als die Pharisäer fragten: »Wann kommt das Reich Gottes?«, antwortete ihnen Jesus: »Das Reich Gottes kommt nicht so, dass man sein Kommen beobachten kann. ²¹Man wird auch nicht sagen können: ›Schau her! Hier ist es!‹ Oder: ›Dort!‹ Denn das Reich Gottes ist innen in euch selbst.«

²²Zu seinen Jüngern gewandt, fuhr er fort: »Es kommt eine Zeit, da werdet ihr das Verlangen haben, mich auch nur einen Tag lang zu sehen, und werdet mich nicht sehen. ²³Dann werden die Gerüchte umgehen:

›Wir wissen's! Er ist dort!‹ Oder: ›Er ist hier!‹ Es hat keinen Sinn, dass ihr dem Geschwätz nachlauft. ²⁴Denn wenn ich wiederkomme, wird man nicht auf das Gerede angewiesen sein. Man wird mich sehen, den Menschensohn, wenn ich komme, wie man einen Blitz sieht, der am Himmel aufleuchtet und über die ganze Erde hin zuckt. ²⁵Aber ehe das geschehen kann, werde ich leiden müssen und verstoßen werden von den Menschen dieser meiner Zeit. ²⁶Es wird gehen, wie es zu Noachs Zeiten gewesen ist: ²⁷Sie aßen, sie tranken, sie heirateten, sie ließen sich heiraten – so lange, bis Noach in das Schiff ging und die Flut kam und sie alle umbrachte. ²⁸Es wird wieder so gehen wie zu Zeiten Lots: Sie aßen, sie tranken, sie kauften, sie verkauften, sie pflanzten und bauten, ²⁹bis zu dem Tag, an dem Lot Sodom verließ: Da regnete es Feuer und Schwefel vom Himmel, und sie kamen alle um. ³⁰Nicht anders wird es gehen, wenn ich wiederkomme. ³¹Wer dann auf dem Dach ist und seinen Hausrat im Haus hat, mache sich keine Mühe mehr, hinunterzusteigen und ihn zu holen. Und wer auf dem Acker ist, wende sich nicht um nach dem, was er hinter sich abgelegt hat. ³²Haltet euch vor Augen, was mit Lots Frau geschah (als sie sich umwandte). ³³Wer dann nach irgendwelchen Sicherheiten sucht, um sein Leben zu schützen, wird es verlieren, und wer sein Leben hingibt, wird es gewinnen.

³⁴In der Nacht werden zwei auf einem Bett liegen. Den einen werde ich zu mir nehmen, der andere wird verloren sein. ³⁵Zwei Frauen werden miteinander auf einer Handmühle mahlen. Die eine werde ich zu mir nehmen, die andere wird zurückbleiben.«

³⁶·³⁷Da fragten sie ihn: »Wo wird das sein?« Jesus antwortete: »Das müsst ihr selbst sehen. Wo das Aas liegt, sammeln sich die Geier.«

Wie man Zugang findet

18 »¹Es ist nötig zu beten, und zwar zu jeder Stunde, und darin nicht müde zu werden«, sagte Jesus und erzählte eine Geschichte:

²»In einer Stadt lebte ein Richter,
der sich vor Gott nicht scheute
und von den Menschen nichts hielt.
³In derselben Stadt lebte auch eine Witwe,
die kam immer wieder zu ihm und bat ihn:
›Verschaffe mir mein Recht gegen meinen Widersacher!‹

⁴Er aber wollte lange nicht.
Schließlich sagte er sich: ›Ich halte zwar nichts von Gott,
mich interessiert auch das Recht der Leute nicht,
⁵aber diese Witwe macht mir so viel Ärger
mit ihrem Geschrei, es ist das Beste, ich verschaffe ihr Recht.
Sie kommt am Ende und wird handgreiflich!‹
⁶Hört gut zu, was dieser ungerechte Richter sagt!
⁷Meint ihr nicht,
Gott werde denen zu ihrem Recht helfen,
die er erwählt hat und die zu ihm rufen Tag und Nacht,
auch wenn sich seine Hilfe lange hinzieht?
⁸Ich sage euch: Er wird ihnen ihr Recht verschaffen,
und zwar plötzlich. Nur: Meint ihr,
ich werde noch jemand auf der Erde finden, der glaubt,
wenn ich als der Menschensohn wieder komme?«

⁹Einmal erzählte Jesus folgende Geschichte und meinte damit jene Menschen, die von sich überzeugt sind, sie seien recht und in Ordnung und Gott habe Freude an ihnen, und die die Übrigen verachten:

¹⁰»Zwei Männer gingen in den Tempel hinauf, um zu beten.
Der eine ein Pharisäer, der andere ein Zöllner.
¹¹Der Pharisäer trat vor Gott und betete im Stillen:
›Ich danke dir, Gott, dass ich nicht bin wie die anderen Leute,
die Räuber, die Betrüger, die Ehebrecher oder wie dieser Zöllner.
¹²Ich faste zweimal in der Woche
und gebe den zehnten Teil auch dessen, was ich selbst einkaufe.‹
¹³Der Zöllner stand weiter weg und getraute sich nicht,
den Blick zum Himmel zu erheben.
Er schlug an seine Brust zum Zeichen,
dass er sich seiner Schuld bewusst war,
und sprach: ›O Gott, sei barmherzig mit mir schlechtem Menschen!‹

¹⁴Ich sage euch: Gott hatte an ihm, als er den Tempel verließ,
mehr Freude als an dem anderen
und war ihm näher als jenem.
Denn wer sich als fehlerfrei ausgibt,
dem wird man seine Schuld vorhalten,
und wer sich vor Gott in den Staub wirft, den wird er aufheben.«

¹⁵Da brachten sie ihm Kinder mit der Bitte, er möge sie berühren und segnen. Als die Jünger das sahen, fuhren sie die an, die sie trugen. ¹⁶Aber Jesus rief sie zu sich: »Lasst die Kinder zu mir kommen und hindert sie nicht, denn das Reich Gottes ist denen bestimmt, die ihnen gleich sind. ¹⁷Was ich sage, ist wahr: Wer das Reich Gottes nicht annimmt wie ein Kind, wird nicht hineinkommen.«

¹⁸Einmal fragte ihn ein Mann in leitender Stellung: »Guter Meister, was muss ich tun, um ewiges Leben zu gewinnen?« ¹⁹»Was nennst du mich gut?«, fragte Jesus. »Niemand ist ›gut‹ außer Gott allein. ²⁰Du kennst die Gebote: Die Ehe nicht brechen. Nicht töten. Nicht stehlen. Als Zeuge die Wahrheit sagen. Vater und Mutter in Ehren halten.« ²¹»Auf all das habe ich streng geachtet«, erwiderte er, »seit meiner Jugend.« ²²Als Jesus das hörte, fuhr er fort: »Eins fehlt dir. Verkaufe alles, was du hast, und verteile es an die Armen. Damit wirst du einen Schatz besitzen, den Gott für dich bewahrt. Dann komm her und geh meinen Weg mit mir.« ²³Da versank der Mann in tiefe Trauer, denn er war sehr reich.

²⁴Jesus sah es und sagte: »Wie schwer haben es doch die Reichen, in Gottes Reich zu gelangen. ²⁵Leichter kommt ein Kamel durch ein Nadelöhr, als ein Reicher durch die Tür zu Gottes Herrlichkeit.« ²⁶Da fragten die Zuhörer: »Wer kann denn überhaupt ewiges Leben finden?« ²⁷»Vom Menschen her gesehen«, antwortete Jesus, »ist es auf alle Fälle unmöglich. Möglich ist es, wenn Gott es will.« ²⁸Petrus aber wollte es wissen: »Und wir? Wir haben alles verlassen, was wir besaßen, und haben uns dir anvertraut.« ²⁹»Was ich sage«, erwiderte Jesus, »ist wahr: Wer sein Haus verließ, seine Frau, seine Brüder, seine Eltern oder Kinder, um nur noch für Gottes Reich unter den Menschen zu wirken, ³⁰der wird ein Vielfaches wieder erhalten, jetzt schon in dieser Welt, und in der kommenden ewiges Leben.«

³¹Danach nahm er die Zwölf beiseite und redete mit ihnen: »Seht, wir gehen nach Jerusalem hinauf, und es wird sich alles erfüllen, was die Propheten über mich geschrieben haben. ³²Dann wird man mich an die Ungläubigen ausliefern, man wird mich verspotten, schmähen und anspeien. ³³Man wird mich geißeln und hinrichten. Am dritten Tage aber werde ich lebendig auferstehen.«

³⁴Sie aber begriffen nichts von alledem, der Sinn dieser Rede blieb ihnen verborgen, und sie verstanden nicht, was er meinte.

³⁵Schließlich näherte er sich Jericho. Da saß ein Blinder bettelnd am Wege. ³⁶Als er die vielen durchziehenden Menschen hörte, fragte er, worum es sich handle. ³⁷Man sagte ihm, Jesus, der Nazarener, komme

vorbei. ³⁸»Jesus!«, schrie er da, »du König Israels! Hilf mir!« ³⁹Die Vorübergehenden fuhren ihn an, er solle den Mund halten; er rief aber desto lauter: »König Israels, hilf mir!« ⁴⁰Da blieb Jesus stehen: »Holt ihn her!«, und fragte ihn, als er näher kam: ⁴¹»Was willst du? Was soll ich tun?« »Meister«, war die Antwort, »ich will sehen.« ⁴²Jesus erfüllte seine Bitte: »Du sollst sehen! Dein Glaube hat dich gerettet.« ⁴³Im selben Augenblick begann der Blinde zu sehen, er schloss sich Jesus an, Gott rühmend. Die vielen Menschen aber, die das erlebt hatten, riefen: »Das hat Gott getan!«

19 ¹Jesus zog nach Jericho ein und durchwanderte die Stadt. ²Hier lebte ein Mann namens Zachäus. Der war ein leitender Mann im Zollwesen und war reich. ³Er wollte Jesus sehen, aber es war ihm unmöglich. Er stand im Gedränge und sah nichts, denn er war klein. ⁴Da lief er auf dem Weg, den Jesus ging, voraus und stieg auf einen Maulbeerfeigenbaum, um etwas von Jesus zu sehen. ⁵Als Jesus an die Stelle kam, sah er ihn oben sitzen und rief ihm zu: »Zachäus, schnell! Komm herunter! Ich muss heute in deinem Hause Rast machen!« ⁶Zachäus beeilte sich herunterzukommen, nahm ihn auf und freute sich. ⁷Als die anderen das sahen, murrten sie: »Das geht doch nicht! Er kann doch nicht bei einem so schlechten Menschen einkehren!« ⁸Zachäus aber wandte sich an Jesus: »Herr, die Hälfte meines Besitzes will ich den Armen geben. Und wenn ich von jemand etwas durch Erpressung gewonnen habe, dann gebe ich ihm vierfachen Ersatz.« ⁹Da antwortete Jesus: »Heute ist ein Freudentag für dieses Haus! Denn auch er ist ein Sohn Abrahams. ¹⁰Ich jedenfalls bin gekommen, die zu suchen und zu retten, die verloren sind.«

¹¹Sie waren schon nahe bei Jerusalem, und seine Anhänger meinten, nun müsse das Reich Gottes jeden Augenblick sichtbar in diese Welt einbrechen. ¹²Da erzählte er ihnen eine Geschichte:

»Ein Fürst zog in ein fremdes Land.
Er wollte sich dort die Königswürde holen und dann wiederkehren.
¹³Er rief zehn seiner Beamten,
gab jedem eine Mine Goldes und den Auftrag:
›Seht zu, dass das Geld Gewinn bringt, bis ich wiederkomme.‹
¹⁴Als er unterwegs war, sandten seine Bürger eine Botschaft hinterher, denn sie hassten ihn: Den wollen wir nicht als König!
¹⁵Als er später als König bestätigt war und wiederkehrte,

rief er die zehn Beamten,
denen er das Geld gegeben hatte, um zu hören,
wie sie es inzwischen verwaltet hatten.
¹⁶Da kam der Erste: ›Herr, deine Mine hat zehn weitere gewonnen.‹
¹⁷›Gut‹ antwortete jener, ›du hast umsichtig gearbeitet.
Du bist mit einem geringen Wert sorgsam verfahren,
ich will dir die Verwaltung von zehn Städten anvertrauen.‹
¹⁸Der Zweite kam: ›Deine Mine, Herr, hat fünf weitere erbracht.‹
¹⁹›Dann sollst du‹, war die Antwort,
›die Verwaltung von fünf Städten übernehmen.‹
²⁰Einer der Übrigen trat mit den Worten vor:
›Herr, da hast du deine Mine wieder,
ich habe sie in einem Tuch verknotet und aufbewahrt,
²¹denn ich fürchtete mich vor dir, weil du ein harter Mann bist.
Du forderst, was du nicht eingezahlt,
und erntest, was du nicht gesät hast.‹
²²Ihm gab er zur Antwort: ›Du sprichst dir selbst dein Urteil,
du unbrauchbarer Mensch!
Wenn du schon gewusst hast, dass ich ein harter Mann bin und fordere,
was ich nicht eingezahlt, und ernte, was ich nicht gesät habe,
²³warum hast du mein Geld nicht auf eine Bank gegeben,
dann hätte ich es mit Zinsen wiedererhalten?‹
²⁴Und er wandte sich an die Übrigen:
›Nehmt ihm seine Mine und gebt sie dem,
der zehn Minen gebracht hat.‹
²⁵Die hielten ihm entgegen: ›Aber der hat doch schon zehn!‹
²⁶›Ja‹, war die Antwort, ›wer etwas hat,
dem wird man noch mehr geben,
wer nichts bringt, dem wird man auch nehmen, was er hat.
²⁷Übrigens: Wo sind meine Feinde,
die nicht wollten, dass ich über sie herrsche?
Bringt sie her und haut sie vor meinen Augen in Stücke!‹«

Ankunft in Jerusalem

²⁸Nach diesen Worten setzte Jesus seine Reise fort und wanderte nach Jerusalem hinauf. ²⁹Kurz vor Betfage, am Ölberg, sandte er zwei der Jünger voraus: ³⁰»Geht in das Dorf, das da vor uns liegt. Wenn ihr hi-

neinkommt, werdet ihr einen jungen Esel angebunden finden, auf dem bisher niemand geritten ist. Bindet ihn los und bringt ihn zu mir. ³¹Wenn euch jemand fragt: ›Wie kommt ihr dazu, den Esel loszubinden?‹, dann sagt: ›Der Herr braucht ihn.‹« ³²Die beiden gingen und fanden es so, wie er es angekündigt hatte. ³³Als sie das Füllen losbanden, fragten die Besitzer: »Was soll das? Warum bindet ihr den Esel los?«, ³⁴und sie antworteten: »Der Herr braucht ihn.« ³⁵Sie führten ihn zu Jesus, warfen ihre Mäntel auf das Füllen und ließen Jesus aufsitzen. ³⁶Während er nun reitend weiterzog, breiteten sie ihre Mäntel auf der Straße aus. ³⁷Als er aber an der Stelle ankam, wo die Straße den Ölberg hinunterführt, konnten seine Begleiter nicht mehr an sich halten: Das ganze Volk fing vor Freude an, Gott zu rühmen und zu preisen, mit lauten Gesängen und mit Jubel, für all die großen Dinge, die es erlebt hatte:

³⁸»Gepriesen sei der König! Gepriesen sei, der von Gott kommt!
Gott stiftet Frieden! Ehre dem Höchsten!«

³⁹Einige Pharisäer, die auch in der Menge standen, tadelten ihn: »Meister, verbiete deinen Jüngern, das zu sagen!« ⁴⁰Er antwortete: »Ich sage euch, wenn die schweigen, schreien die Steine!« ⁴¹Als er aber die Stadt vor sich sah, weinte er über sie und klagte:
⁴²»Könntest du doch heute begreifen, woher dein Friede kommt!
Aber du bist geschlagen mit Blindheit.
⁴³Es wird eine Zeit kommen, da werden deine Feinde dich
mit Wall und Graben einschließen und von allen Seiten belagern.
⁴⁴Sie werden dich dem Erdboden gleich machen
mit deinen Kindern und werden keinen Stein
auf dem anderen lassen.
Warum? Weil du die Stunde nicht begriffen hast,
in der Gott dich besuchen wollte.«
⁴⁵Als er den Tempel betrat, begann er, die Händler hinauszutreiben mit dem Ruf: ⁴⁶»In der heiligen Schrift steht: ›Mein Haus ist ein Haus des Gebets!‹ Ihr aber habt es zu einer Räuberhöhle gemacht!« ⁴⁷In den Tagen darauf redete er ständig im Tempel. Die Oberpriester und die Schriftgelehrten, die dort amtierten, dazu die Ältesten suchten Mittel und Wege, ihn umzubringen, ⁴⁸denn das ganze Volk drängte sich um ihn und stimmte seinen Reden zu.

Reden und Gespräche im Tempel

20 ¹An einem dieser Tage, als er im Tempel zu den Menschen sprach und ihnen deutlich machte, wie nahe ihnen Gott sei, kamen die Oberpriester, die Schriftgelehrten und die Ältesten zu ihm: ²»Woher nimmst du dieses Recht? Wer gab dir die Vollmacht, das zu tun?« ³Jesus gab zurück: »Ich will euch auch eine Frage stellen. ⁴Ich rede von Johannes und seiner Taufe. Woher hatte er seinen Auftrag? Von Gott oder von den Menschen?« ⁵Sie waren unschlüssig und sagten zueinander: »Wenn wir antworten: ›Von Gott‹, wird er fragen: ›Warum habt ihr ihn dann nicht anerkannt?‹ ⁶Wenn wir sagen: ›Von den Menschen‹, wird uns das Volk steinigen, denn die Leute halten Johannes alle für einen Propheten.« ⁷So gaben sie die Antwort: »Wir wissen es nicht.« ⁸Da brach Jesus ab: »Dann sage ich euch auch nicht, woher ich meine Vollmacht habe.«

⁹Dem Volk aber erzählte Jesus diese Geschichte:
»Es war ein Mann, der legte einen Weinberg an
und beauftragte eine Anzahl Weingärtner, ihn zu bearbeiten.
Dann begab er sich auf eine Reise über eine lange Zeit.
¹⁰Als die Erntezeit kam, sandte er einen Mitarbeiter,
der sich von den Weingärtnern
einen Teil vom Ertrag des Weinbergs geben lassen sollte.
Die aber nahmen ihn her,
schlugen ihn wund und ließen ihn leer wieder laufen.
¹¹Da sandte er noch einen anderen Beauftragten,
aber auch den prügelten sie, verhöhnten ihn
und schickten ihn mit leeren Händen zurück.
¹²Und er sandte noch einen dritten,
aber auch den trieben sie mit Verletzungen wieder davon.
¹³Da sagte sich der Besitzer des Weinbergs:
›Es gibt noch eine Möglichkeit!
Ich werde meinen lieben Sohn senden,
vielleicht werden sie sich vor dem scheuen.‹
¹⁴Als die Weingärtner den sahen, überlegten sie miteinander:
›Das ist der Erbe! Den wollen wir umbringen,
dann gehört uns der ganze Besitz!‹
¹⁵Und sie stießen ihn aus dem Weinberg hinaus
und schlugen ihn tot.

Was meint ihr? Was wird der Besitzer mit ihnen tun? ¹⁶Er wird kommen, die Weingärtner umbringen und den Weinberg anderen anvertrauen.«

Als sie das hörten, waren sie entsetzt: »Davor behüte uns Gott!«, sagten sie. ¹⁷Aber Jesus fasste sie ins Auge und fragte sie: »Was meint ihr denn, von wem die Schrift spricht, wenn sie sagt: ›Der Stein, den die Bauleute weggeworfen haben, ist zum Eckstein geworden‹? ¹⁸Wer auf diesen Stein fällt, der wird zerschellen. Auf wen er aber stürzt, den wird er zermalmen.« ¹⁹Da suchten die Schriftgelehrten und die Oberpriester nach einer Gelegenheit, ihn noch in dieser Stunde festzunehmen, aber sie fürchteten sich vor dem Volk. Ihnen war klar, dass er mit dieser Geschichte von ihnen gesprochen hatte.

²⁰Und sie stellten ihre Fallen. Sie schickten Spitzel, die so taten, als seien sie an religiösen Fragen interessiert, und die ihn bei seinen Äußerungen fassen sollten. Die Absicht war, ihn der römischen Macht und der Rechtsprechung des Gouverneurs zu übergeben. ²¹So fragten sie: »Meister, wir wissen, dass du aufrichtig bist in deinen Worten und niemandem nach dem Munde redest, sondern in Wahrhaftigkeit aufzeigst, was Gott von uns fordert. ²²Ist es recht, dass wir dem römischen Kaiser Steuern zahlen oder nicht?« ²³Jesus durchschaute die Unredlichkeit ihrer Absicht: ²⁴»Zeigt mir einen Denar! Wessen Kopf ist das? Wessen Name?« Sie antworteten: »Des Kaisers.« ²⁵Da sagte er: »Was dem Kaiser also ohnedies gehört, das gebt dem Kaiser zurück. Was Gott gehört (nämlich ihr selbst!), das gebt Gott!« ²⁶Dieses Wortes wegen konnten sie ihn dem Volk gegenüber nicht angreifen, und sie wussten vor Staunen über seine Antwort nichts mehr zu sagen.

²⁷Es kamen auch einige von den Sadduzäern, die nicht an eine Auferstehung glaubten, ²⁸und sagten: »Meister, Mose hat geschrieben: Wenn einer stirbt und eine kinderlose Frau hinterlässt, dann soll sein Bruder die Frau heiraten, damit sie Kinder bekommt. Die Kinder sollen dann als Kinder des Verstorbenen gelten. ²⁹Nun stelle dir vor: Da waren sieben Brüder. Der erste heiratete und starb kinderlos. ³⁰Der zweite nahm die Frau zu sich und starb auch, ohne Kinder zu hinterlassen. ³¹Der dritte und der vierte und schließlich alle sieben nahmen sie. Sie starben alle, ohne dass die Frau ein Kind bekam. ³²Zuletzt starb die Frau auch. ³³Wenn sie nun alle wieder lebendig werden, mit wem wird sie dann verheiratet sein, alle sieben haben sie ja gehabt?« ³⁴Da antwortete ihnen Jesus: »Die Menschen in dieser Welt heiraten und werden geheiratet. ³⁵Für die, die Gott

würdigt, in seinem ewigen Reich mit ihm zu leben, hat die Ehe keinen Sinn mehr. ³⁶Denn sie sterben nicht mehr und brauchen keine Nachkommen. Sie sind ausschließlich Gott zugewandt wie die Engel. Sie sind Söhne Gottes, Kinder der Auferstehung. ³⁷Dass aber die Toten auferweckt werden, darauf hat Mose beim Dornbusch hingewiesen. Er nennt Gott den Gott Abrahams, Isaaks und Jakobs. ³⁸Gott aber ist kein Gott von Leichnamen, sondern von lebendigen Menschen. Alle leben sie für ihn.« ³⁹Da antworteten einige der Schriftgelehrten: »Meister, das ist wahr!« ⁴⁰Und sie wagten nicht mehr, ihm Fragen zu stellen.

⁴¹Da fragte er sie: »Wie kommt man eigentlich dazu, den Christus einen ›Sohn Davids‹ zu nennen? ⁴²David selbst spricht in den Psalmen ganz anders von ihm. Dort heißt es: ›Der Herr sprach zu meinem Herrn: Setze dich zu meiner Rechten, ⁴³und ich will deine Feinde wie einen Schemel unter deine Füße legen!‹ ⁴⁴Wenn David ihn hier seinen ›Herrn‹ nennt, kann er doch nicht sein ›Sohn‹ sein!« (Das heißt: Ihr könnt mich doch nicht an David messen.)

⁴⁵Während nun das ganze Volk zuhörte, wandte er sich an seine Jünger: ⁴⁶»Lasst euch nicht blenden von den Schriftgelehrten, die gerne in langen Gewändern umherwandeln und es schätzen, wenn die Leute sie ehrerbietig grüßen, während sie über den Markt schreiten. Die gerne auf den vorderen Stühlen in den Synagogen sitzen und auf Ehrenplätzen, wenn sie tafeln. ⁴⁷Sie verschlingen die Häuser der Witwen und murmeln lange Gebete zur Tarnung. Über sie wird ein desto schärferes Urteil ergehen.«

21 ¹Da blickte er auf und sah die Leute vorbeigehen, die ihre Spenden in den Opferkasten warfen, die zum Teil beträchtlich waren. ²Als er aber unter ihnen auch eine arme Witwe sah, die zwei Groschen einwarf, sagte er: ³»In Wirklichkeit hat diese arme Witwe mehr gegeben als die anderen alle, ⁴denn sie alle haben aus ihrem Überfluss ein Opfer gegeben, sie aber hat, was sie in ihrer Not besaß, eingelegt, ihren ganzen Lebensunterhalt.«

Rede über das Ende der Welt

⁵Als sich einige voll Bewunderung über den Tempel aussprachen, über die schönen Steine und die wertvollen Weihgeschenke, die ihn schmückten, antwortete Jesus: ⁶»Es werden Tage kommen, an denen

kein Stein auf dem anderen bleiben wird von allem, was ihr hier seht. Sie werden alle zerstört werden.« ⁷Da fragten sie: »Meister, wann wird das geschehen? Was ist das Zeichen, an dem wir merken, dass es so weit ist?« ⁸Und er fuhr fort:

»Seht euch vor! Lasst euch nicht in die Irre führen!
Es werden viele kommen, sich auf mich berufen und sagen:
›Ich bin es!‹ Und: ›Die Stunde ist da!‹ Lauft ihnen nicht nach.
⁹Wenn ihr von Kriegen und Aufständen hört,
dann habt keine Angst!
All das muss zunächst geschehen, aber es ist nicht das Ende.
¹⁰Ein Volk wird sich auf das andere stürzen
und ein Reich das andere überfallen,
¹¹gewaltige Erdbeben werden das Land erschüttern
und Hungersnöte und Seuchen hereinbrechen.
Schreckliche Bilder werden erscheinen
und große Zeichen am Himmel.
¹²Ehe aber all das geschieht, wird man euch ergreifen,
in die Synagogen schleppen und in die Gefängnisse,
wird euch vor Königen verklagen und vor Fürsten,
weil ihr die Meinen seid.
¹³In all dem soll deutlich werden, wer ihr seid.
¹⁴Haltet das eine fest:
Macht euch keine Gedanken, wie ihr euch verteidigen könnt!
¹⁵Ich werde euch die Sprache geben und die Weisheit,
und sie alle, die euch verklagen,
werden ihr nicht widerstehen können und nicht widersprechen.
¹⁶Eure Eltern und Brüder, Verwandten und Freunde
werden euch verraten,
und manche von euch werden sie töten,
¹⁷und ihr werdet verhasst sein bei allen Menschen,
weil ihr euch zu mir bekennt.
¹⁸Aber kein Haar auf eurem Haupt wird verloren sein.
¹⁹Mit eurer Geduld werdet ihr das Leben gewinnen.

²⁰Wenn ihr nun Jerusalem von Heeren eingeschlossen seht, dann wisst ihr, dass die Verwüstung der Stadt nahe bevorsteht. ²¹Wer dann in Judäa ist, fliehe in die Berge. Wer in Jerusalem wohnt, suche das Weite. Wer auf dem Lande lebt, betrete die Stadt nicht. ²²Denn das sind die Tage

der Strafe, in denen sich alles erfüllen soll, was in der heiligen Schrift über Jerusalems Ende gesagt ist.

²³Wehe aber in jenen Tagen den Frauen, die ein Kind erwarten, und denen, die stillen. Denn es wird eine entsetzliche Not sein, und Gottes strafende Hand wird auf dem Volke liegen. ²⁴Sie werden fallen durch die Schärfe des Schwerts, als Gefangene wird man sie wegtreiben ringsum in die Länder der Fremden. Ungläubige werden Jerusalem zerstampfen, bis auch die Tage ihres Triumphs abgelaufen sind.

²⁵An der Sonne, an Mond und Sternen werden Zeichen erscheinen, auf der Erde wird lähmende Angst herrschen unter den Menschen beim Tosen des Meeres und seiner Flutwellen. ²⁶Die Menschen werden vergehen vor Furcht und banger Erwartung all dessen, das über die Erde kommen soll. Denn auch die Kräfte im Weltall werden aus ihrer Ordnung geraten. ²⁷Dann wird man mich sehen, wie ich in einer Wolke komme mit großer Macht und im Lichtglanz Gottes. ²⁸Wenn aber all dies anfängt zu geschehen, dann richtet euch auf und seht nach oben, denn eure Befreiung ist nahe.

²⁹Der Feigenbaum und alle die anderen Bäume können ein Gleichnis sein. ³⁰Wenn sie Blätter treiben, dann seht ihr und wisst: Der Sommer ist vor der Tür. ³¹Wenn ihr nun all das erlebt, dann wisst: Das Reich Gottes ist nahe! ³²Ich sage euch: Diese Generation wird nicht untergehen, ehe es alles geschieht. ³³Himmel und Erde werden vergehen, meine Worte vergehen nicht.

³⁴Hütet euch aber, dass ihr das Herz nicht belastet mit Schlemmen und Trinken und Gieren nach Nahrung, dass jener Tag euch nicht plötzlich fasst, wie eine Schlinge ein Tier fängt, ³⁵denn er kommt über alle, die auf der Erde wohnen. ³⁶Seid wach! Stunde um Stunde, Tag um Tag. Und bittet Gott um die Kraft, dem allem zu entfliehen, das geschehen soll, und vor mir zu bestehen.«

³⁷So lehrte Jesus tagsüber im Tempel, die Nächte verbrachte er draußen vor der Stadt am Ölberg. ³⁸Sobald es aber Tag wurde, strömte das Volk wieder zusammen, um ihn im Tempel zu hören.

Die Leidensgeschichte

Der Abschiedsabend

22 ¹Das Fest der ungesäuerten Brote stand vor der Tür, das Passa. ²Nun suchten die Oberpriester und die Schriftgelehrten Mittel und Wege, Jesus umzubringen. Sie fürchteten sich aber vor dem Volk. ³Da fuhr in Judas Iskariot, der zu den Zwölf gehörte, der Satan. ⁴Er ging zu den Oberpriestern und den Hauptleuten der Tempelwache und besprach mit ihnen, wie er ihnen Jesus zuspielen könne. ⁵Die freuten sich und sagten zu, sie würden ihn mit Geld entlohnen. ⁶Er war einverstanden und suchte von da an eine Gelegenheit, ihn unauffällig auszuliefern.

⁷Es kam aber der Tag der ungesäuerten Brote heran, an dem das Passalamm geschlachtet werden musste, ⁸und Jesus sandte Petrus und Johannes voraus mit der Weisung: »Geht und bereitet uns das Passamahl.« ⁹»Wo sollen wir es zurichten?«, fragten sie. ¹⁰»Wenn ihr in die Stadt kommt«, erwiderte er, »wird euch ein Mann begegnen, der einen Wasserkrug trägt. Dem geht in das Haus nach, das er betritt, und ¹¹bestellt dem Herrn des Hauses: ›Der Meister lässt dich fragen: Wo ist der Raum, in dem ich das Passalamm mit meinen Freunden essen kann?‹ ¹²Er wird euch einen großen Saal zeigen, der mit Liegepolstern ausgestattet ist, dort bereitet das Essen vor.« ¹³Die beiden gingen, trafen alles an, wie er es ihnen beschrieben hatte, und sorgten für das Mahl. ¹⁴Als nun die Stunde kam, legte Jesus sich zum Essen nieder, und die Apostel mit ihm. ¹⁵Und er fing an, zu ihnen zu reden:

»Von ganzem Herzen habe ich mich danach gesehnt, das Passamahl mit euch zu feiern, ehe ich leide. ¹⁶Denn ich werde es nicht mehr feiern, bis es wieder begangen wird, wenn das Reich Gottes da ist.« ¹⁷Dann nahm er den Kelch, betete den Dankpsalm und sprach: »Nehmt hin und trinkt alle daraus. ¹⁸Ich selbst werde von der Frucht des Weinstocks nicht mehr trinken, ehe das Reich Gottes da ist.« ¹⁹Darauf nahm er ein Brot, sprach das Dankgebet, brach das Brot und gab es ihnen: »Das bin ich, der für euch in den Tod gegeben wird. So sollt ihr es halten, wenn ihr später an mich denkt.« ²⁰Nach dem Essen nahm er in gleicher Weise den Becher und sprach: »Dieser Becher ist das Siegel des neuen Bundes. Denn das ist mein Blut, das für euch vergossen wird.

²¹Aber seht! Mein Verräter isst mit mir am selben Tisch! ²²Es ist zwar von Gott bestimmt, dass ich den Tod erleide, aber wehe dem

Menschen, der mich verrät.« ²³Da fragten sie einander hin und her: »Wer kann das sein, der das tut?«

²⁴Im Lauf des Essens begannen die Jünger zu streiten, wer von ihnen am meisten zu sagen habe. ²⁵Da redete Jesus mit ihnen: »Die Könige beherrschen ihre Völker, und die Machthaber lassen sich dazu noch Wohltäter nennen. ²⁶Bei euch soll es anders sein: Der Größte soll wie der Jüngste gelten und der Führende wie ein Knecht. ²⁷Wer gilt denn mehr, der zu Tisch liegt oder der, der aufträgt? Doch wohl der, der zu Tisch liegt! Ich aber bin in eurem Kreis derjenige, der euch dient. ²⁸Ihr seid bei mir geblieben, wenn es so aussah, als sei Gott nicht auf meiner Seite. ²⁹So will ich euch das Reich zueignen, wie es mir Gott zueignen wird. ³⁰Und ihr sollt an meinem Tisch essen und trinken. Ihr werdet auf Thronen sitzen und die zwölf Stämme Israels richten.

³¹Petrus! Gib Acht! Der Satan hat sich von Gott ausgebeten, euch sieben zu dürfen, wie einer Weizen im Sieb schüttelt! ³²Ich aber habe für dich gebeten, dass dein Glaube nicht aufhöre. Und wenn du einstmals umkehrst, dann stärke deine Brüder.« ³³»Herr«, antwortete ihm Petrus, »ich bin bereit, mit dir ins Gefängnis und in den Tod zu gehen!« ³⁴Aber Jesus kündigte ihm an: »Ich sage dir, Petrus, der Hahn wird heute nicht krähen, ehe du dreimal behauptet hast, du habest nichts mit mir zu tun.«

³⁵Und er fuhr fort, zu allen gewandt: »Als ich euch aussandte ohne Geldtasche, ohne Reisesack, ohne Schuhe, habt ihr da jemals Mangel gelitten an irgendetwas?« Sie antworteten: »An nichts.« ³⁶»Aber nun«, sprach Jesus weiter, »ist es Zeit: Wer eine Geldtasche hat, nehme sie mit. Wer einen Reisesack besitzt, nehme ihn auf. Wer keine Waffe hat, verkaufe seinen Mantel und kaufe ein Schwert. ³⁷Denn ich sage euch: Was über mich geschrieben ist, dass man mich nämlich wie einen Verbrecher behandeln wird, wird sich erfüllen.« ³⁸Da sagten sie: »Herr, hier sind zwei Schwerter!« Er antwortete: »Das ist genug!«

Das Gebet im Garten

³⁹Und er wanderte, wie jeden Abend, hinüber an den Ölberg und mit ihm seine Jünger. ⁴⁰Dort redete er mit ihnen: »Betet! Damit ihr in der kommenden Prüfung nicht versagt.« ⁴¹Er entfernte sich einen Steinwurf weit von ihnen, kniete nieder und betete: ⁴²»Vater, wenn es möglich ist, dann erlasse es mir, diesen Kelch zu trinken! Doch nicht mein Wille soll geschehen, sondern der deine!« ⁴³Da erschien ihm ein Engel

und stärkte ihn. ⁴⁴Und er geriet in ausweglose Angst und betete mit aller Kraft, und sein Schweiß fiel zur Erde, dunkel wie Blutstropfen. ⁴⁵Danach erhob er sich vom Gebet, kam zu seinen Jüngern, fand sie in ihrer Bangigkeit eingeschlafen ⁴⁶und sprach sie an: »Was schlaft ihr? Steht auf! Betet, damit euch die Finsternis nicht überwältigt.«

Gefangennahme

⁴⁷Während er noch so sprach, kam eine Truppe herzu. Judas, einer von den Zwölfen, ging an ihrer Spitze und näherte sich Jesus, um ihn zu küssen. ⁴⁸Jesus aber redete ihn an: »Judas, mit einem Kuss verkaufst du mich?« ⁴⁹Als seine Jünger sahen, was da geschehen sollte, fragten sie: »Herr, sollen wir mit dem Schwert zuschlagen?« ⁵⁰Und tatsächlich schlug einer mit dem Schwert zu, traf den Beauftragten des Hohepriesters und hieb ihm das rechte Ohr ab. ⁵¹Aber Jesus hielt ihn zurück: »Lass! Nicht weiter!« Und er rührte das Ohr an und heilte den Verletzten. ⁵²Er wandte sich aber an die herzutretenden Priester, die Hauptleute und die Ältesten: »Wie gegen einen Räuber seid ihr ausgezogen mit Schwertern und Spießen. ⁵³Jeden Tag war ich bei euch im Tempel, und ihr habt mich nicht gegriffen. Aber dies ist eure Stunde. Heute hat die Finsternis die Macht.«

Die Verhandlung vor dem Hohepriester

⁵⁴Sie fesselten ihn, führten ihn ab und brachten ihn in den Palast des Hohepriesters, während Petrus in einiger Entfernung folgte. ⁵⁵Dort zündeten sie mitten im Innenhof ein Feuer an und sammelten sich im Kreis darum, und auch Petrus setzte sich dazu. ⁵⁶Da sah ihn eine Magd, wie er am Feuer saß, betrachtete ihn aufmerksam und sagte: »Der gehört auch zu seinen Leuten!« ⁵⁷Er stritt es aber ab: »Ich kenne ihn nicht, Frau!« ⁵⁸Eine kleine Weile später sah ihn ein anderer: »Du gehörst auch zu denen!« Aber Petrus leugnete: »Mensch, ich habe nichts mit ihm zu tun!« ⁵⁹Nach einer weiteren Stunde bekräftigte es noch einer: »Es ist wahr! Der war auch bei ihm! Er ist ja auch ein Galiläer.« ⁶⁰Petrus gab zurück: »Mann, ich verstehe dein Gerede nicht!« Im selben Augenblick, noch während er dies sagte, krähte der Hahn. ⁶¹Und Jesus wandte sich um und sah Petrus an. Da erinnerte sich Pet-

rus, dass er gesagt hatte: »Ehe der Hahn heute krähen wird, wirst du dreimal leugnen, mich zu kennen.« ⁶²Und er ging hinaus und fing an, verzweifelt zu weinen.

⁶³Die Männer aber, die Jesus festhielten, trieben ihren Spott mit ihm. ⁶⁴Sie verdeckten ihm das Gesicht, schlugen zu und fragten: »Du bist doch ein Prophet! Wer war es, der dich eben schlug?« ⁶⁵Und vieles andere redeten sie, um ihn zu erniedrigen und zu verspotten.

⁶⁶Als es Tag wurde, trat das Gericht zusammen: die Vertreter des Volks, die Oberpriester und die Schriftgelehrten. Man führte ihn vor die Versammlung ⁶⁷und begann das Verhör: »Wenn du der Christus bist, dann sage es uns!« Er aber gab zur Antwort: »Würde ich es euch sagen, so fände ich doch keinen Glauben. ⁶⁸Würde ich aber eine Gegenfrage stellen, so erhielte ich keine Antwort. ⁶⁹Von jetzt an aber werde ich sitzen zur Rechten Gottes.« ⁷⁰Da riefen sie alle miteinander: »Dann bist du also der Sohn Gottes?« Und er antwortete: »Ja. Ich bin es.« ⁷¹Sie aber stellten fest: »Wir brauchen keine Zeugen mehr. Wir haben es selbst aus seinem Munde gehört.«

Vor Pilatus und Herodes

23 ¹Da erhob sich die ganze Menge der Versammelten, und sie führten ihn zu Pilatus. ²Dort brachten sie ihre Klagen vor: »Das ist einer, der unser Volk in Aufruhr versetzt und öffentlich dazu aufruft, dem Kaiser keine Steuern zu bezahlen. Außerdem behauptet er, er sei der von Gott eingesetzte König Israels.« ³Da fragte ihn Pilatus: »Trifft das zu? Bist du der König der Juden?« Und Jesus gab zur Antwort: »Ja. Du sagst es.« ⁴Danach wandte sich Pilatus an die Oberpriester und die Menge: »Ich kann an dem Mann kein Verbrechen feststellen.« ⁵Sie aber fuhren fort: »Er wiegelt das Volk mit seinen Reden auf! Ganz Judäa hat er schon in Unruhe gebracht. In Galiläa hat er es angefangen, und bis hierher hat er es getrieben.« ⁶Als Pilatus das hörte, fragte er, ob der Mann aus Galiläa stamme, ⁷und als er erfuhr, er gehöre in die Zuständigkeit des Herodes, sandte er ihn zu diesem, der in jenen Tagen ebenfalls in Jerusalem weilte.

⁸Herodes freute sich sehr, als er Jesus sah. Er hätte ihn nämlich längst gerne gesehen, nachdem er viel von ihm gehört hatte, und hoffte, Jesus würde für ihn ein Wunder geschehen lassen. ⁹Er stellte ihm allerlei Fragen, erhielt aber keine Antwort. ¹⁰Die Oberpriester und die

Schriftgelehrten standen dabei und verklagten ihn. ¹¹Herodes aber verachtete ihn und mit ihm seine Hofbeamten, seine Knechte und Soldaten, und erlaubte sich einen Ulk mit ihm: Er legte ihm ein weißes Gewand an (das Gewand, das der trug, der sich um ein öffentliches Amt bewarb!) und schickte ihn (als Kandidaten für die Königswürde) zu Pilatus zurück. ¹²Durch diesen Scherz wurden Herodes und Pilatus an jenem Tag Freunde, zuvor nämlich hatten sie einander gehasst.

¹³Da rief Pilatus die Oberpriester und die Volksvertreter der Juden und die ganze Menge wieder zusammen ¹⁴und sprach: »Ihr habt mir diesen Mann gebracht und behauptet, er verführe das Volk, und ich habe ihn in eurer Gegenwart verhört, aber ich habe an ihm das Verbrechen, dessen ihr ihn anklagt, durchaus nicht feststellen können. ¹⁵Herodes ging es ebenso, denn er hat ihn zu mir zurückgesandt. Ihr seht: Er hat nichts begangen, auf das die Todesstrafe stünde. ¹⁶·¹⁷Ich will ihn also geißeln lassen und dann freigeben.« ¹⁸Sie schrien aber alle zusammen: »Weg mit dem! Gib uns den Barabbas frei!« ¹⁹Dieser Barabbas war wegen eines Aufruhrs, der in der Stadt geschehen war, und wegen eines Mordes in den Kerker geworfen worden. ²⁰Und noch einmal redete Pilatus mit ihnen, er wolle Jesus freigeben, ²¹sie aber schrien: »Kreuzige! Kreuzige ihn!« ²²Da fragte er sie zum drittenmal: »Worin besteht denn sein Verbrechen? Ich finde nichts Todeswürdiges an ihm. Ich will ihn geißeln und loslassen.« ²³Aber sie bedrängten ihn mit lautem Geschrei und forderten die Kreuzigung, und ihr Lärm hatte Erfolg. ²⁴So entschied Pilatus, es solle nach ihrem Willen geschehen. ²⁵Er ließ den frei, der wegen Aufruhr und Mord im Gefängnis lag und den sie haben wollten, Jesus aber opferte er ihrem Willen.

Kreuzigung und Tod

²⁶Als sie ihn vor die Stadt hinausführten, ergriffen sie einen Mann, der eben vom Felde kam, Simon von Zyrene, und zwangen ihn, Jesus den Kreuzbalken nachzutragen. ²⁷Eine große Volksmenge lief hinterher, unter anderem auch Frauen, die ihn bejammerten und beweinten. ²⁸Jesus wandte sich ihnen zu und sprach: »Ihr Frauen von Jerusalem! Weint nicht über mich! Weint über euch selbst! ²⁹Weint über eure Kinder! Es werden Zeiten kommen, in denen man sagen wird: ›Glücklich die Unfruchtbaren! Glücklich die, die keine Kinder in die Welt brachten! Glücklich die, die kein Kind gestillt haben!‹ ³⁰Dann wird man zu den

Bergen sagen: ›Verbergt uns!‹ und zu den Hügeln: ›Deckt uns zu!‹ ³¹Denn wenn man das am grünen Holz tut, was soll mit dem dürren geschehen?«

³²Mit ihm zusammen trieb man aber auch noch zwei Übeltäter hinaus, um sie gleichzeitig mit ihm hinzurichten. ³³Als sie an dem Ort angekommen waren, den man den »Totenkopfhügel« nennt, schlugen sie ihn ans Kreuz und die beiden Verbrecher neben ihm, so dass der eine links, der andere rechts von ihm hing. ³⁴»Vater, vergib ihnen!«, betete Jesus. »Sie wissen nicht, was sie tun.« Die Soldaten aber verteilten seine Kleider unter sich, indem sie das Los warfen, und die Leute standen herum und schauten zu, ³⁵während die Vornehmen ihren Spott mit ihm trieben: »Anderen hat er geholfen, sich selbst kann er nicht helfen! Er ist doch der Christus! Er kommt doch von Gott! Er ist doch von Gott erwählt.« ³⁶Auch die Soldaten, die kamen und ihm Essig reichten, spotteten: ³⁷»Wenn du der König Israels bist, dann befreie dich doch!« ³⁸Denn so lautete auch die Tafel, die über ihm befestigt war: »Das ist der König der Juden.« ³⁹Auch einer der beiden Verbrecher, die neben ihm gekreuzigt wurden, stimmte in den Spott ein: »Du bist doch Christus, dann befreie dich selbst und uns mit!« ⁴⁰Da widersprach ihm der andere: »Du solltest dich vor Gott fürchten, wenn du schon zum Tode verdammt bist! ⁴¹Wir haben ihn verdient mit dem, was wir verbrochen haben, aber der hier hat nichts Böses getan.« ⁴²Und er fuhr fort zu Jesus hin: »Jesus, denke an mich, wenn du in dein Reich kommst.« ⁴³Und Jesus sagte es ihm zu: »Das verspreche ich dir, heute noch wirst du mit mir im Paradiese sein.«

⁴⁴Um die Mittagszeit legte sich eine Finsternis über das ganze Land. Diese Finsternis währte drei Stunden, ⁴⁵und die Sonne verlor ihren Schein. Danach riss der große Vorhang im Tempel mitten entzwei. ⁴⁶Und Jesus rief laut: »Vater, deinen Händen vertraue ich meinen Geist an!« Mit diesen Worten starb er. ⁴⁷Als der Hauptmann sah, was da vorging, gab er Gott die Ehre und rief: »Dieser Mann war wirklich ein Gerechter!« ⁴⁸Auch die Leute, die zusammengelaufen waren, um zuzusehen, und die miterlebten, was sich da abspielte, erschraken, schlugen sich an die Brust und gingen davon. ⁴⁹Unterdessen standen alle seine Bekannten und auch die Frauen, die ihn von Galiläa an begleitet hatten, in einiger Entfernung und sahen das alles.

⁵⁰Nun war da ein Mann namens Josef, ein Ratsherr, ein ehrenhafter und gerechter Mann, ⁵¹der mit ihrem Beschluss und ihrem Vorgehen nicht einverstanden gewesen war. Er wohnte in Arimathäa, einer Stadt in Judäa, und gehörte zu denen, die dem Anbruch der Herrschaft Gottes entgegen-

lebten. ⁵²Der ging zu Pilatus und bat ihn um den Leib des Toten, ⁵³nahm ihn vom Kreuz, hüllte ihn in eine kostbare Leinwand und bestattete ihn in einem Grab, das in einen Felsen gehauen und in dem noch niemand beigesetzt worden war. ⁵⁴Es war aber der Rüsttag für den Sabbat. ⁵⁵Die Frauen, die mit Jesus aus Galiläa gekommen waren, gingen mit ihm, besahen das Grab und beobachteten die Beisetzung des Leibes, ⁵⁶kehrten in die Stadt zurück und legten Öle und Salben bereit. Den Sabbat über aber blieben sie zu Hause in der Stille, wie das Gesetz es vorschrieb.

Erfahrungen seiner Auferstehung

Am Grab

24 ¹Am ersten Tag der neuen Woche kamen sie in der Morgenfrühe mit den Salben, die sie bereitet hatten, zum Grab. ²Sie sahen aber den Stein vom Eingang der Höhle abgewälzt, ³und als sie eintraten, fanden sie den Leib des Herrn Jesus nicht. ⁴Während sie ratlos dastanden, erschienen ihnen zwei Männer in blitzenden Gewändern. ⁵Sie erschraken, wandten ihr Gesicht ab und blickten zur Erde. Sie hörten die Männer sagen: »Warum sucht ihr den Lebendigen bei den Toten? ⁶Er ist nicht hier. Er ist lebendig! Erinnert euch! In Galiläa schon hat er es euch gesagt: ⁷›Ich muss mich der Gewalt der Menschen ausliefern und mich kreuzigen lassen und am dritten Tage aus dem Tode aufstehen.‹« ⁸Sie erinnerten sich, dass er das gesagt hatte, ⁹und verließen das Grab, liefen zurück und erzählten das alles den Übrigen. ¹⁰Die Frauen aber waren Maria aus Magdala, Johanna und Maria, die Frau des Jakobus, und mit ihnen berichteten auch alle die anderen den Aposteln dasselbe. ¹¹Aber die meinten, es handle sich um ein Gerede, und glaubten ihnen kein Wort. ¹²Danach stand Petrus auf, lief zum Grab und schaute hinein, sah nur die Leinentücher und rätselte, was da geschehen sein mochte, und ging weg.

In Emmaus

¹³Noch mehr geschah an diesem Tag: Zwei aus dem Kreis der Freunde wanderten nach Emmaus, das man von Jerusalem aus in einer Stunde er-

reichte, ¹⁴und redeten miteinander über alles, was geschehen war. ¹⁵Während sie so miteinander sprachen und rätselten, näherte sich Jesus und gesellte sich zu ihnen. ¹⁶Sie aber erkannten ihn nicht, ihre Augen waren wie verschlossen. ¹⁷»Was sind das für Geschichten, die ihr auf eurem Weg beredet?«, fragte sie Jesus. Da blieben sie traurig und verdrossen stehen, ¹⁸und der eine, der Kleopas hieß, entgegnete: »Du bist wohl der Einzige unter den Fremden in Jerusalem, der nicht weiß, was in den letzten Tagen drüben geschehen ist?« ¹⁹»Was war das?«, fragte Jesus. »Das mit Jesus von Nazaret«, erwiderten sie, »der ein großer, gewaltiger Prophet war. In Wort und Werk hat er vor Gott und den Menschen unerhörte Dinge getan. ²⁰Den haben unsere Priester und Obersten zum Tod verurteilt und gekreuzigt! ²¹Und wir hatten gehofft, er sei der, der kommen würde, Israel zu befreien. Vorgestern ist es geschehen. ²²Aber nun haben uns ein paar Frauen aus unserem Kreis erschreckt. Heute morgen waren sie am Grab, ²³fanden seinen Leib nicht und kamen mit der Nachricht zurück: ›Wir haben Engel gesehen! Die haben uns gesagt, er lebe!‹ ²⁴Da gingen einige andere von uns an das Grab und fanden alles so, wie die Frauen gesagt hatten. Ihn selber aber sahen sie nicht.«

²⁵»Warum versteht ihr so wenig?«, entgegnete Jesus. »Warum braucht ihr so lange, um zu begreifen, was die Propheten längst gesagt haben? ²⁶Gott wollte es! Christus musste all das leiden und von diesen Leiden aus seine Herrlichkeit gewinnen.« ²⁷Und er fing an zu erzählen und zu erklären, was in den Büchern des Alten Testaments bei Mose und den Propheten über ihn geschrieben sei. ²⁸Mittlerweile näherten sie sich dem Dorf, und er tat so, als wolle er weitergehen. ²⁹Sie baten ihn aber dringend: »Bleibe bei uns! Es ist Abend, bald wird es dunkel sein!« So ging er mit ihnen in ihr Haus und blieb bei ihnen.

³⁰Da geschah es: Während er mit ihnen zu Tische lag, nahm er das Brot, sprach das Dankgebet, brach das Brot und gab es ihnen. ³¹Da fiel es wie Schuppen von ihren Augen, und sie erkannten ihn. Er aber verschwand vor ihnen. ³²»Wir haben es doch gespürt!«, durchfuhr es sie. »Unser Herz brannte doch in uns, während er an unserer Seite ging und uns das Wort der Schrift erklärte!«

³³Noch am Abend, in derselben Stunde, brachen sie auf und kehrten nach Jerusalem zurück. Dort fanden sie die elf Apostel und ihre Gefährten versammelt. ³⁴Die riefen ihnen entgegen: »Es ist wahr! Der Herr ist auferstanden! Simon hat ihn gesehen!« ³⁵Dann berichteten sie selbst, was auf dem Wege geschehen war und wie sie ihn an der Art, in der er das Brot brach, erkannt hatten.

Segen im Abschied

³⁶Während sie noch hin- und herredeten, stand Jesus plötzlich mitten unter ihnen mit den Worten: »Friede sei mit euch!« ³⁷Da überfiel sie Angst und Schrecken, und sie meinten, ein Gespenst zu sehen. ³⁸Aber er fuhr fort: »Warum seid ihr so erschrocken? Warum kommen solche Zweifel in eure Herzen? ³⁹,⁴⁰Seht meine Hände und meine Füße! Ich bin es selbst! Fühlt mich an und betrachtet mich! Ein Gespenst hat ja nicht Fleisch und Bein, wie ihr es an mir seht!« ⁴¹Als sie aber vor Freude immer noch nicht recht glauben konnten und vor Staunen noch immer außer sich waren, fragte er sie: »Habt ihr hier etwas zu essen?« ⁴²Da reichten sie ihm ein Stück gebratenen Fisch, ⁴³und er nahm ihn und aß ihn vor ihren Augen. ⁴⁴Dann fuhr er fort: »Das alles habe ich gemeint mit den Worten, die ich euch damals mitgab, als ich noch bei euch war: Es muss alles erfüllt und verwirklicht werden, was im Gesetz Moses, in den Büchern der Propheten und in den Psalmen über mich geschrieben ist.« ⁴⁵Da öffnete er ihnen das Verständnis für den Sinn jener Worte der heiligen Schrift, ⁴⁶die davon sprechen, und sagte zu ihnen: »Der Christus musste leiden und am dritten Tage zu neuem Leben auferstehen! ⁴⁷Nun aber muss es allen Völkern bezeugt werden. Zu ihm müssen sie umkehren, damit sie Gott finden und ihre Sünden ihnen vergeben werden. Der Anfang aber muss in Jerusalem geschehen. ⁴⁸Ihr seid es, denen dieser Auftrag gilt, denn ihr seid dabei gewesen! ⁴⁹Gebt Acht! Ich will auf euch herabsenden, was mein Vater verheißen hat. Bleibt in Jerusalem so lange, bis die Kraft aus der Höhe über euch kommt!«

⁵⁰Danach führte er sie zur Stadt hinaus bis in die Nähe von Betanien. Dort breitete er die Hände über sie und segnete sie, ⁵¹und während er ihnen seinen Segen gab, schied er von ihnen und wurde in den Himmel erhoben. ⁵²Sie aber fielen vor ihm nieder, dann kehrten sie nach Jerusalem zurück, von übergroßer Freude erfüllt, ⁵³und waren von da an ständig im Tempel, Gott rühmend.

CHRISTUS, IN DEM GOTT SICHTBAR WIRD: DAS EVANGELIUM NACH JOHANNES

Der Uranfang

1 ¹Im Anfang war das Wort. Das Wort war bei Gott,
und Gott war sprechendes Wort.
²Im Anfang erklang es aus Gott.

³Alles wurde durch das Wort, das Gott sprach,
und ohne das Wort ist nichts geworden, nicht eines.

⁴Im Wort war Leben aus Gott,
und das Leben wurde zum Licht der Menschen.
⁵Das Licht strahlte auf in der Finsternis,
aber die Finsternis hat sich ihm verschlossen.

⁶Ein Mensch trat auf, von Gott gesandt, der hieß Johannes.
⁷Er wurde zum Zeugen für das Licht,
damit alle durch sein Wort das Licht schauten.
⁸Er war nicht das Licht, er war sein Zeuge.

⁹Das Wort war das wahrhaftige Licht,
das jeden Menschen zum Licht macht
dadurch, dass es in die Welt kommt.
Der Christus war das Wort.

¹⁰Der Christus war immer schon in der Welt.
Die Welt ist durch ihn geschaffen,
und die Welt hat ihn nicht erkannt.
¹¹Er betrat sein eigenes Haus,
aber die Seinen nahmen ihn nicht auf.

¹²Die ihn aber aufnahmen und an ihn glaubten,
machte er zu Kindern Gottes.
¹³Kinder Gottes entstehen nicht durch Geburt,

nicht durch menschliche Begierden,
nicht aus dem Willen eines Mannes,
sie erlangen ihr Leben aus Gott.

[14]Und das Wort wurde ein Mensch.
Es wohnte unter uns, und wir schauten seine Herrlichkeit,
die Herrlichkeit, die der eine Sohn hat vom Vater.
Seine Gnade schauten wir;
seine Wahrheit, die ganze, wurde uns zuteil.

[15]Johannes bezeugt ihn und ruft:
»Der ist es, von dem ich sagte:
Der nach mir kommt, ist mir voraus. Er war eher als ich.«
[16]Aus seiner Fülle empfingen wir alle
und empfangen noch Gnade über Gnade.

[17]Das Gesetz kam zu uns durch Mose,
die Gnade und die Wahrheit aber durch Jesus Christus.
[18]Niemand hat Gott je geschaut.
Der eine Sohn, der aus Gott ist und bei Gott,
er hat uns Kunde gebracht.

Die Stimme eines Rufenden

[19]Aus Jerusalem sandten die Juden Priester und Leviten zu Johannes, um ihn zu fragen: »Wer bist du?« [20]Da wich er nicht aus, sondern bezeugte der Wahrheit gemäß: »Ich bin nicht der Christus.« [21]»Wer bist du dann?«, fragten sie. »Bist du Elija?« »Nein, auch nicht Elija.« »Bist du der Prophet?« »Nein, auch nicht der Prophet.« [22]Da fragten sie ihn: »Wer bist du dann? Wir müssen denen, die uns gesandt haben, deine Antwort bringen. Sage selbst, wer du bist.« [23]Da gab Johannes zur Antwort: »Ich bin der, von dem Jesaja sprach, als er verkündete:

›Die Stimme eines Rufenden ergeht in der Wüste:
Ebnet dem Herrn den Weg!‹«

[24]Einige der Abgesandten waren von den Pharisäern. [25]Die fragten: »Warum taufst du, wenn du weder der Christus bist noch Elija noch der

Prophet?« ²⁶Johannes antwortete: »Ich taufe euch mit Wasser. Aber mitten unter euch steht der, den ihr nicht kennt. ²⁷Der nach mir kommt. Ich aber bin nicht wert, ihm die Riemen an seinen Schuhen zu lösen.« ²⁸In Betanien geschah das, jenseits des Jordan. Dort taufte Johannes.

²⁹Am anderen Tag sah er, wie Jesus zu ihm kam, und rief:
»Seht! Das ist er! Den sandte Gott in die Welt,
ihn zu opfern wie ein Lamm.
Der macht die Welt frei von Schuld.
³⁰Der ist es, von dem ich gesagt habe:
›Es kommt einer nach mir,
der mir voraus ist und der eher war als ich.‹
³¹Auch ich kannte ihn nicht,
aber um auf ihn zu deuten in Israel,
kam ich und taufte mit Wasser.
³²Ich sah, wie der Geist herabkam vom Himmel wie eine Taube
und auf ihm ruhte. ³³Ich kannte ihn nicht,
aber der mich gesandt hat, mit Wasser zu taufen,
der hat mir gesagt: ›Auf wen du siehst
den Geist herabkommen, auf wem er ruht,
der ist es, der mit heiligem Geist tauft.‹
³⁴Ich sah es und bezeuge: Dieser Mann ist Gottes Sohn!«

³⁵Einen Tag danach stand Johannes wiederum dort, und zwei seiner Jünger waren bei ihm. ³⁶Als er nun Jesus in der Ferne umhergehen sah, sagte er: »Seht! Das ist Gottes Lamm!« ³⁷Die beiden hörten, was er sagte, und gingen zu Jesus hinüber, um sich ihm anzuschließen. ³⁸Jesus wandte sich um, sah, wie sie ihm nachgingen, und fragte: »Was wollt ihr?« Sie antworteten mit der Frage: »Meister, wo bist du zur Herberge?« ³⁹Und Jesus lud sie ein: »Kommt! Seht selbst!« So gingen sie mit ihm, sahen, wo er übernachtete, und blieben jenen Tag über bei ihm. Als sie ankamen, war es die zehnte Stunde des Tages. ⁴⁰Andreas, der Bruder des Simon Petrus, war der eine von den beiden, die den Hinweis des Johannes gehört hatten und sich nun Jesus anschlossen. ⁴¹Der fand als ersten seinen Bruder Simon und berichtete: »Wir haben den Messias, den Christus, gefunden!«, ⁴²und führte ihn zu Jesus. Der erblickte ihn und sprach ihn an: »Du bist Simon, Sohn des Johannes. Du wirst einen anderen Namen tragen: Kephas, der Fels. Petrus!«

⁴³Einen Tag später wollte Jesus die Rückreise nach Galiläa antreten. Da traf er den Philippus und forderte ihn auf: »Komm mit!« ⁴⁴Philippus stammte aus Betsaida, dem Heimatort des Andreas und des Petrus. ⁴⁵Danach traf Philippus den Natanaël und rief ihm zu: »Wir haben ihn gefunden! Den, von dem Mose im Gesetz und von dem die Propheten geschrieben haben: Es ist Jesus, der Sohn des Josef, aus Nazaret!« ⁴⁶Natanaël fragte: »Aus Nazaret? Was kann aus Nazaret Gutes kommen?« »Komm mit!«, beharrte Philippus. »Überzeuge dich selbst!« ⁴⁷Da sah Jesus, wie Natanaël zu ihm kam, und äußerte über ihn: »Seht, das ist in Wahrheit ein Israelit, ein Mann ohne Falsch.« ⁴⁸Natanaël fragte ihn: »Woher kennst du mich?« Jesus erwiderte: »Ich sah dich schon, ehe dich Philippus rief. Du saßest unter einem Feigenbaum!« ⁴⁹Da war Natanaël überwunden: »Meister, du bist der Sohn Gottes! Du bist der König Israels!« ⁵⁰Aber Jesus wehrte ab: »Weil ich dir sagte, dass ich dich unter dem Feigenbaum gesehen habe, glaubst du. Du wirst Größeres erleben als das. ⁵¹Was ich sage, ist heilig wahr: Ihr werdet Gottes Lichtwelt offen vor euch sehen und seine Engel schauen, wie sie auf- und absteigen zwischen Gott und mir.«

Das erste Zeichen: Die Fülle des Fests

Die Hochzeit in Kana

2 ¹Am dritten Tage danach wurde in Kana in Galiläa eine Hochzeit gefeiert, an der Maria, seine Mutter, teilnahm ²und zu der auch Jesus selbst und seine Jünger eingeladen waren. ³Nun stellte sich während des Festes heraus, dass sie zu wenig Wein hatten, und die Mutter wandte sich an Jesus: »Es fehlt an Wein.« ⁴Aber Jesus wies sie ab: »Was willst du von mir, Frau? Meine Stunde ist noch nicht gekommen!« ⁵Da sprach seine Mutter zu den Dienern: »Was er euch sagen wird, das tut!« ⁶Nun standen dort sechs steinerne Wasserkrüge. Sie waren aufgestellt, wie es die Sitte der Waschungen bei den Juden vorschrieb, und jeder von ihnen fasste zwei bis drei Eimer. ⁷»Füllt die Krüge mit Wasser!«, befahl Jesus, und sie füllten sie bis an den Rand. ⁸»Nun schöpft und bringt es dem Festordner!« Und sie taten es. ⁹Der Festordner kostete das Wasser, das Wein geworden war, er wusste aber

nicht, woher der Wein kam. Das wussten nur die Diener, die das Wasser geschöpft hatten. Und so rief er den Bräutigam und meinte: [10]»Es ist üblich, dass man zuerst den guten Wein anbietet und später, wenn sie betrunken sind, den geringeren. Du hingegen hast den guten Wein bis jetzt zurückgehalten!«

[11]Das war das erste Zeichen, das Jesus gab, das erste Zeichen seiner Herrlichkeit. Es geschah in Kana in Galiläa, und seine Jünger glaubten an ihn. [12]Danach zog er weiter und ging mit seiner Mutter, seinen Brüdern und seinen Jüngern nach Kafarnaum hinab, und sie blieben dort einige Tage.

Tempelreinigung

[13]Es war kurz vor dem jüdischen Passafest, und Jesus reiste nach Jerusalem. [14]Dort traf er im Vorhof des Tempels Händler an, die Rinder, Schafe und Tauben verkauften, und die Geldwechsler, die ihre Geschäfte trieben. [15]Da machte er sich eine Geißel aus Stricken und trieb sie alle aus dem heiligen Bezirk hinaus mit ihren Schafen und Rindern, er fegte das Geld der Wechsler zur Erde, stieß die Tische um [16]und rief den Taubenhändlern zu: »Schafft das hier weg! Macht das Heiligtum meines Vaters nicht zu einem Markt!« [17]Seine Helfer aber dachten daran, dass in der heiligen Schrift steht: »Die Leidenschaft für dein Heiligtum frisst mich auf!« [18]Da fragten ihn die Juden: »Woher hast du das Recht, hier im Tempel so aufzutreten? Gib einen Beweis, dass du in Gottes Auftrag handelst!« [19]Er antwortete: »Brecht ihn ab, diesen Tempel! In drei Tagen will ich ihn wieder erstehen lassen!« [20]Die Juden verstanden ihn falsch: »Dieser Tempel ist in sechsundvierzig Jahren aufgebaut worden, und du willst ihn in drei Tagen aufführen?« [21]Aber Jesus hatte über den Tempel seines Leibes gesprochen. [22]Als er vom Tode auferstanden war, erinnerten sich seine Jünger, dass er das gesagt hatte, und fanden die Schrift und sein Wort bestätigt.

[23]Während er nun das Passafest über in Jerusalem weilte, glaubten viele an ihn und schlossen sich ihm an, denn sie sahen die großen Zeichen, die er tat. [24]Jesus selbst allerdings verließ sich nicht auf sie, denn er kannte sie alle. [25]Er brauchte niemanden, der ihm Auskunft über den Menschen gab, denn er kannte das Menschenherz bis auf seinen Grund.

Nächtlicher Besuch

3 ¹Nun war da ein Pharisäer, ein Führender unter den Juden, mit dem Namen Nikodemus. ²Der besuchte Jesus bei Nacht und grüßte ihn: »Ehrwürdiger Lehrer! Wir wissen, dass du von Gott kommst und in seinem Auftrag sprichst, denn wie könnte geschehen, was du tust, ohne ihn?« ³Jesus nahm das Wort auf:

»Heilig wahr ist, was ich dir sage!
Wer nicht von oben neu geboren wird,
kann Gottes Reich nicht sehen.«
⁴Da fragte Nikodemus:
»Wie kann einer neu geboren werden,
wenn er ein Greis ist?
Kann ihn denn seine Mutter noch einmal
in ihren Leib aufnehmen und zur Welt bringen?«
⁵»Was ich sage«, antwortete Jesus, »ist heilig wahr:

Wer nicht neu geboren wird aus Wasser und Geist,
findet keinen Zugang zu Gottes Reich.
⁶Was Menschen zur Welt bringen, ist menschlich.
Was der Geist schafft, ist Geist.
⁷Wundere dich nicht, dass ich sage:
Du musst von oben her geboren werden!
⁸Der Wind weht, wo er will. Du hörst sein Sausen wohl,
aber du weißt nicht, woher er kommt und wohin er treibt.
Du kannst den nicht fassen, der aus dem Geist geboren ist.«
⁹Da fragte ihn Nikodemus: »Wie kann das geschehen?«
¹⁰»Du bist der Lehrer Israels«, fragte Jesus, »und weißt das nicht?
¹¹Was ich sage, ist heilig wahr: Ich rede, was ich weiß,
und berichte von dem, was ich gesehen habe.
Ihr aber nehmt mein Wort nicht an.
¹²Ihr glaubt schon nicht, wenn ich von dem rede,
was auf dieser Erde vor euren Augen ist.
Wie könnt ihr glauben, wenn ich euch Gottes Geheimnisse darlege?
¹³Niemand stieg bisher in den Himmel
außer dem, der von dort herabstieg. Der bin ich.
¹⁴Mose hat in der Wüste eine Schlange
an einen Pfahl gehängt und hoch aufgerichtet.

So muss ich erhöht werden,
¹⁵damit alle, die zu mir aufsehen, ewiges Leben finden.
¹⁶Denn so sehr hat Gott die Welt geliebt,
dass er seinen einzigen Sohn hingab,
damit, die an ihn glauben, nicht verloren gehen,
sondern ewiges Leben gewinnen.
¹⁷Gott hat den Sohn nicht in die Welt gesandt mit dem Auftrag,
die Welt zu richten, sondern sie vor dem Tode zu retten.

¹⁸Wer an ihn glaubt, hat kein Gericht mehr zu fürchten.
Wer nicht glaubt, hat das Urteil über sich selbst schon gesprochen,
sein Unglaube ist das Gericht.
¹⁹Die Menschen selbst sprechen das Urteil über sich,
denn das Licht kommt in die Welt,
die Menschen aber lieben die Finsternis mehr als das Licht,
denn was sie tun, ist böse.
²⁰Wer Böses tut, hasst das Licht und geht dem Licht aus dem Wege,
damit, was er tut, nicht an den Tag kommt.
²¹Wer aber tut, was aus Gott ist, wendet sich dem Licht zu,
damit sichtbar wird, dass, was er tut, in Gott getan ist.«

Johannes der Täufer über Jesus

²²Später kamen Jesus und seine Jünger wieder nach Judäa, wo er längere Zeit mit ihnen zusammen blieb und taufte. ²³In derselben Zeit taufte Johannes ebenfalls, und zwar bei Änon in der Nähe von Salim, weil dort reichlich Wasser floss, und auch zu ihm kamen Menschen und ließen sich taufen. ²⁴Johannes nämlich war damals noch nicht im Gefängnis. ²⁵Nun erhob sich eine Streitfrage zwischen den Jüngern des Johannes und einem Juden über die religiösen Waschungen. ²⁶Sie gingen zu Johannes und berichteten ihm: »Meister! Der Mann, der mit dir auf der anderen Jordanseite zusammen war und von dem du öffentlich gesagt hast, er sei der von Gott Gesandte, der tauft nun auch, und alles läuft zu ihm!« ²⁷Da antwortete Johannes:

»Niemand kann sich nehmen, was nur Gott gibt. ²⁸Ihr selbst seid meine Zeugen, dass ich gesagt habe, ich sei nicht der Christus, sondern nur der, der ihm vorausgeht! ²⁹Der die Braut hat, ist der Bräutigam. Der Freund des Bräutigams steht dabei und hört die glückliche Stimme des

Bräutigams. Diese Freude habe ich gefunden. [30]Er muss wachsen, ich aber muss abnehmen. [31]Wer von oben kommt, ist über allem. Wer irdischen Ursprungs ist, ist irdischen Wesens und redet aus irdischer Sicht. Er, der vom Himmel kommt, ist über allem. [32]Was er gesehen und gehört hat, bezeugt er den Menschen, aber niemand nimmt sein Wort an. [33]Wer es aber aufnimmt und bejaht, bekräftigt damit, dass Gott sich in ihm wahrhaftig offenbart. [34]Den Gott gesandt hat, der spricht Gottes eigene Worte aus, denn Gott gibt seinen Geist in ungeteilter Fülle. [35]Der Vater liebt den Sohn und gab ihm Macht und Verfügungsgewalt über alles. [36]Wer nun an den Sohn glaubt, hat ewiges Leben. Wer dem Sohn den Glauben verweigert, wird das Leben nicht sehen. Das Todesurteil über ihn ist rechtskräftig.«

Gespräch mit der Frau am Brunnen

4 [1]Als nun Jesus erfuhr, es sei den Pharisäern zu Ohren gekommen, dass er mehr Anhänger gewonnen und mehr Menschen getauft habe als Johannes – [2]obwohl ja Jesus nicht selbst die Taufen vollzog, sondern seine Jünger –, [3]verließ er Judäa und wandte sich wieder nach Galiläa. [4]Er musste aber durch Samaria reisen. [5]So kam er an eine Stadt in Samaria namens Sychar, in der Nähe des Feldes, das Jakob seinem Sohn Josef vererbt hatte. [6]Dort war der Brunnen Jakobs. Weil er nun ermattet war von der Wanderung, setzte sich Jesus in seiner Müdigkeit an den Brunnen, als es gerade Mittag war. [7]Da kam eine Frau aus Samarien, um Wasser zu holen, und Jesus bat sie:»Schöpfe mir doch! Gib mir zu trinken!« [8]Seine Jünger waren nämlich in die Stadt gegangen, um Nahrungsmittel einzukaufen. [9]Die Frau wunderte sich:»Du bist doch ein Jude! Wie kannst du mich, eine samaritische Frau, um Wasser bitten?« Denn die Juden verkehren nicht mit Samaritanern. [10]Jesus antwortete: »Verstündest du das Geschenk Gottes, das dir in meiner Bitte zukommt, und wüsstest du, wer dich um Wasser bittet, du würdest die Bitte umkehren. Du würdest ihn um lebendiges Wasser bitten, und er würde es dir geben!« [11]Sie aber wunderte sich noch mehr. »Herr, du hast keinen Eimer bei dir, und der Brunnen ist tief, woher willst du Quellwasser nehmen? [12]Bist du größer als unser Vater Jakob, der diesen Brunnen für uns grub und der daraus trank samt seinen Kindern und seinem Vieh?«

[13]Jesus antwortete:»Wer von diesem Wasser trinkt, den wird wieder dürsten, [14]wer aber von dem Wasser trinken wird, das ich ihm gebe,

den wird nie wieder dürsten, denn das Wasser, das ich ihm gebe, wird in ihm zu einer Quelle werden, aus der ihm ewiges Leben zufließt.« [15]Da bat ihn die Frau: »Herr, gib mir dieses Wasser, dass ich meinen Durst nicht mehr stillen und nicht immerfort hierher kommen muss, um zu schöpfen.« [16]Er antwortete ihr: »Geh erst nach Hause, rufe deinen Mann und komm wieder.« [17]Die Frau erwiderte: »Ich habe keinen Mann.« Da sprach Jesus zu ihr: »Es ist richtig, was du sagst: ›Ich habe keinen Mann.‹ [18]Fünf Männer hast du gehabt, und der, den du jetzt hast, ist nicht dein Mann. Das ist wahr.« [19]Darauf die Frau: »Herr, ich merke, dass du ein Prophet bist. [20]Sage, was ist wahr? Unsere Väter haben auf diesem Berg angebetet. Ihr hingegen sagt, in Jerusalem sei der richtige Ort zur Anbetung.«

[21]Jesus antwortete: »Glaube mir, Frau, es wird eine Zeit kommen, in der ihr weder auf diesem Berg noch in Jerusalem den Vater anbeten werdet. [22]Ihr verehrt einen Gott, den ihr nicht kennt. Wir beten einen Gott an, der sich uns zu erkennen gab. Denn das Heil kommt von den Juden. [23]Aber es kommt die Stunde, und sie ist jetzt schon da, in der die wahren Beter Gott anbeten werden vom Geist erfüllt und der Wahrheit offen. Denn solche Beter sucht Gott. [24]Gott ist Geist, und die ihn anbeten, die müssen es tun, neu geschaffen durch Gottes Geist und von der Wahrheit durchdrungen.« [25]Noch einmal setzte die Frau an: »Ich weiß, einmal wird der Gesalbte kommen, der Christus. Wenn der kommt, wird er uns alles erklären.« [26]Da schloss Jesus: »Der Christus bin ich, der mit dir redet.«

[27]Mittlerweile kamen seine Jünger zurück und wunderten sich, dass er mit einer Frau redete, doch keiner fragte ihn: »Was tust du da?« Oder: »Warum redest du mit ihr?« [28]Da ließ die Frau ihren Krug stehen, lief in die Stadt und rief den Leuten zu: [29]»Kommt! Draußen ist ein Mann, der mir alles gesagt hat, was ich getan habe. Ich glaube, es ist der Christus.« [30]Und sie kamen aus der Stadt zu ihm hinaus.

[31]Indessen baten ihn seine Begleiter: »Meister! Iss!« [32]Er aber wehrte ab: »Ich habe eine Speise, von der ihr nicht wisst.« [33]Da fragten sie einander: »Es hat ihm doch niemand zu essen gebracht?« Und Jesus fuhr fort: [34]»Die Speise, von der ich lebe, ist die, den Willen dessen zu erfüllen, der mich gesandt hat, und sein Werk zu vollenden. [35]Sagt ihr nicht, es seien noch vier Monate bis zur Ernte? Wenn ihr die Augen wirklich auftut, seht ihr es: Das Land ist schon weiß. Die Felder sind reif zur Ernte. [36]Schon jetzt empfängt der Schnitter seinen Lohn dafür, dass er Frucht sammelt: ewiges Leben für die Menschen; denn zur glei-

chen Zeit sollen der Säende und der Erntende sich freuen. ³⁷Hier trifft das Sprichwort zu: ›Der eine sät, der andere schneidet.‹ ³⁸Ich habe euch ausgesandt, zu ernten auf einem Feld, das ihr nicht bearbeitet habt. Andere hatten die Mühe damit, und ihr schließt an ihre Arbeit an.«

³⁹Viele der Samaritaner aus der Stadt aber glaubten an ihn, nachdem die Frau berichtet hatte: »Er hat mir alles, was ich getan habe, auf den Kopf zugesagt.« ⁴⁰Als sie nun zu ihm hinauskamen, baten sie ihn, er möge bei ihnen bleiben, und er blieb zwei Tage da. ⁴¹Während er mit ihnen sprach, glaubten noch viel mehr Leute an ihn, ⁴²und sie sagten zu der Frau: »Nicht, was du gesagt hast, ist der Grund, dass wir glauben. Wir haben es selbst gehört und wissen: Dieser Mann ist wirklich und in Wahrheit der Retter der Welt.«

Das zweite und das dritte Zeichen: Heilung

Der kranke Knabe

⁴³Nach diesen beiden Tagen wanderte er weiter nach Galiläa. ⁴⁴Jesus hatte zwar selbst gesagt, dass ein Prophet in seinem Vaterlande keine Ehre zu erwarten habe, ⁴⁵als er aber nach Galiläa kam, nahmen ihn die Galiläer doch auf, nachdem sie, die selbst auf dem Fest gewesen waren, alles gesehen hatten, was er in Jerusalem beim Fest getan hatte.

⁴⁶So kam er auch wieder nach Kana, wo er das Wasser zu Wein gemacht hatte. Nun lebte in Kafarnaum ein königlicher Beamter, dessen Sohn krank lag. ⁴⁷Als der hörte, Jesus sei aus Judäa nach Galiläa gekommen, machte er sich zu ihm auf den Weg und bat ihn, er möge doch herabkommen und seinen Sohn heilen, denn der liege im Sterben. ⁴⁸»Wenn ihr nicht immerfort überirdische Zeichen und Wunder seht«, sagte Jesus zu ihm, »dann glaubt ihr nicht.« ⁴⁹»Herr«, wiederholte der Beamte, »komm, ehe mein Kind stirbt.« ⁵⁰Da erwiderte Jesus: »Geh! Dein Sohn lebt!« Der Mann vertraute dem Wort, das Jesus gesprochen hatte, und machte sich auf den Weg. ⁵¹Während er noch unterwegs war, begegneten ihm seine Knechte: »Dein Sohn lebt!« ⁵²Als er nach der Stunde fragte, in der sich sein Zustand gebessert habe, antworteten sie: »Gestern um ein Uhr mittags verließ ihn das Fieber.« ⁵³Da erkannte der Vater, dass das die Stunde war, in der Jesus gesagt hatte: »Dein Sohn

lebt.« Und er glaubte und mit ihm seine ganze Hausgemeinschaft. [54]Das war nun das zweite Zeichen seiner Vollmacht, das Jesus gab. Es geschah, als er aus Judäa nach Galiläa zurückgekommen war.

Der Gelähmte am Teich

5 [1]Einige Zeit danach feierten die Juden ein Fest, und Jesus wanderte nach Jerusalem hinauf. [2]Dort befindet sich in der Nähe des Schaftors ein Wasserbassin, das von einem Krankenhaus umbaut ist, das fünf Hallen hat und Betesda heißt: »Haus der Barmherzigkeit«. [3]Dort lagen viele Kranke, Blinde, Gelähmte und Schwindsüchtige. [5]Nun lag dort unter anderem auch ein Mann seit achtunddreißig Jahren. [6]Den sah Jesus liegen, und als er erfuhr, er liege schon so lange hier, fragte er ihn: »Willst du gesund werden?« [7]»Herr«, klagte der Kranke, »ich habe keinen Menschen, der mir hilft, in das Wasser zu kommen, wenn es sich bewegt, und während ich mich hinschleppe, steigt längst ein anderer vor mir hinein.« [4](Der erste, so glaubte man, der in das aufquellende Wasser steigt, wird gesund.) [8]»Steh auf!«, sagte Jesus zu ihm. »Nimm dein Bett und geh!« [9]Im selben Augenblick wurde der Mann gesund, er nahm sein Bett und konnte gehen.

Nun war an jenem Tage Sabbat, [10]und so sprachen die Juden den Geheilten an: »Heute ist Sabbat! Es ist dir nicht erlaubt, das Bett herumzutragen!« [11]Der antwortete ihnen: »Der, der mich gesund gemacht hat, hat mir befohlen: ›Nimm dein Bett auf und geh!‹ [12]»Wer war das«, wollten sie wissen, »der dir gesagt hat: ›Nimm auf! Geh‹?« [13]Der Geheilte wusste aber nicht, wer es war, denn Jesus hatte das Krankenhaus im Gedränge der Leute unbemerkt wieder verlassen. [14]Später begegnete Jesus ihm im Tempel und sprach mit ihm: »Du bist gesund geworden. Sieh zu, dass du nun Gottes Willen nicht mehr zuwiderhandelst! Was dir dadurch geschehen würde, wäre schlimmer als deine Krankheit!« [15]Da ging der Mann und erzählte den Juden, Jesus sei es, der ihn gesund gemacht habe. [16]Da stellten die Juden Jesus nach, weil er das am Sabbat getan hatte. [17]»Mein Vater«, antwortete ihnen Jesus, »wirkt ohne Unterbrechung bis zu diesem Augenblick, und so wie er wirke auch ich.« [18]Um so mehr aber suchten die Juden nun, ihn zu töten, weil er sich nicht nur an der Sabbatordnung vergangen, sondern auch behauptet hatte, Gott sei sein Vater, und sich also mit Gott auf eine Stufe stellte.

Jesus über seine Vollmacht

¹⁹Da redete Jesus zu ihnen: »Ich sage die Wahrheit: Der Sohn tut nichts aus eigener Kraft, er kann nur tun, was er den Vater tun sieht. Was der tut, das tut der Sohn ihm nach. ²⁰Denn der Vater liebt den Sohn und zeigt ihm das Geheimnis all seines Tuns. Er wird ihm noch größere Werke zeigen, ihr werdet euch wundern! ²¹Wie der Vater die Toten weckt und lebendig macht, so gibt auch der Sohn denen das Leben, die er auswählt. ²²Denn nicht der Vater spricht das Urteil über Lebendige und Tote, er hat das Gericht vielmehr ganz und gar dem Sohn in die Hände gelegt, ²³damit man den Sohn ebenso ehre, wie man den Vater ehrt. Wer den Sohn missachtet, der ehrt auch den Vater nicht, der ihn gesandt hat.

²⁴Was ich sage, ist heilig wahr: Wer mein Wort hört und dem glaubt, der mich gesandt hat, der hat – schon jetzt – ewiges Leben. Niemand wird ihn vor Gottes Gericht anklagen, er ist schon heute aus dem Tode ins Leben hinübergeschritten. ²⁵Was ich sage, ist heilig wahr: Es kommt eine Stunde, und sie hat schon begonnen, in der die Toten die Stimme des Sohnes Gottes hören werden, und die ihn hören, werden leben. ²⁶Denn Gott hat sein Leben in sich selbst. Und so verlieh er auch dem Sohn die Kraft, sein Leben in sich selbst zu haben. ²⁷Er gab ihm den Auftrag, Gericht zu halten, weil er sein Bevollmächtigter ist, den ihr den Menschensohn nennt. ²⁸Wundert euch nicht darüber. Es wird die Stunde kommen, in der auch alle Toten in den Gräbern seine Stimme hören werden ²⁹und heraustreten: die Gutes getan haben zu einer Auferstehung ins Leben, die Böses getan haben zu einer Auferstehung, die ihnen die Verdammung bringt. ³⁰Nichts aber kann ich aus eigener Vollmacht tun. Wie ich Gott urteilen höre, so urteile ich, und mein Urteil ist gerecht wie das Urteil Gottes. Denn ich handle nicht nach meinem eigenen Willen, sondern nach dem Willen dessen, der mich gesandt hat.

³¹Wenn ich über mich selbst Zeugnis ablege, so hat mein Zeugnis keine Kraft. ³²Ein anderer bürgt für mich, und ich weiß, dass sein Zeugnis über mich wahr ist. ³³Ihr habt Johannes um sein Urteil gebeten, und er hat sich für die Wahrheit verbürgt. ³⁴Nicht dass ich ihn brauchte, aber ich weise euch auf ihn hin, damit ihr das Heil findet. ³⁵Er war ein brennendes, scheinendes Licht, ihr aber wolltet nicht mehr, als in seinem Licht eine kurze Stunde selber zu glänzen.

³⁶Ich habe ein stärkeres Zeugnis als das des Johannes. Gott selbst verbürgt sich für mich. Er gab mir die Kraft, die Taten zu tun, die ich

vollbringen soll. Diese Taten zeugen dafür, dass mich der Vater gesandt hat. ³⁷Er hat selbst für mich Zeugnis abgelegt. Ihr aber habt seine Stimme nie gehört, ihr begreift sein Wesen nicht, ³⁸sein Wort hat in euch keinen Raum, weil euch der Glaube an den fehlt, den er gesandt hat. ³⁹Ihr sucht in der heiligen Schrift, weil ihr meint, sie sichere euch ewiges Leben, und sie ist es auch, die von mir zeugt. ⁴⁰Aber ihr wollt nicht zu mir kommen, um das Leben zu finden. ⁴¹Es geht mir nicht darum, von Menschen anerkannt zu sein, ⁴²und schon gar nicht von euch, die ihr der Liebe Gottes keinen Raum gebt. ⁴³Ich kam im Auftrag meines Vaters, und ihr nehmt mich nicht an. Wenn ein anderer kommt, der sich seine Würde selbst gibt, werdet ihr ihn annehmen. ⁴⁴Wie könnt ihr auch glauben, die ihr Ehre sucht untereinander, aber die Ehre, die von Gott ist, nicht wollt?

Dass ihr seine Stimme nicht kennt, dass ihr sein Wesen nicht begreift, dass sein Wort in euch keinen Raum hat, erweist sich daran, dass ihr dem nicht glaubt, den er gesandt hat, und seine Stimme, sein Wort nicht vernehmt. Sucht nur immer weiter in der Schrift! Sucht nach Regeln, nach Ordnungen und Gesetzen, die euch das ewige Leben sichern! In der Tat ist es ja die heilige Schrift, die auf mich hinweist. Aber ihrem Hinweis folgt ihr nicht, so dass ihr zu mir kämet, um Leben zu empfangen.

⁴⁵Glaubt nicht, dass ich euch vor dem Vater anklagen werde. Es ist ein anderer, der euch anklagt: Mose, auf den ihr hofft. ⁴⁶Wenn ihr Mose glaubtet, so glaubtet ihr auch mir, denn er hat über mich geschrieben. ⁴⁷Wenn ihr aber seinen Schriften nicht glaubt, wie könnt ihr meinen Worten glauben?«

Das vierte Zeichen: Brot

6 ¹Danach fuhr Jesus über das Galiläische Meer, den See von Tiberias, hinüber ans östliche Ufer. ²Eine große Menschenmenge eilte ihm nach, denn die Leute hatten die Wunder miterlebt, die er an den Kranken tat. ³Drüben stieg Jesus aufs Gebirge und hielt sich mit seinen Jüngern dort oben auf. ⁴Es war kurz vor dem Passa, dem Fest der Juden. ⁵Als Jesus nun die vielen Menschen sah, die ihm zuströmten, wandte er sich an Philippus: »Woher nehmen wir so viel Brot, dass sie

alle genug zu essen haben?« [6]Das fragte er aber, um ihn auf die Probe zu stellen. Er selbst wusste wohl, was er tun würde. [7]Philippus antwortete: »Brot für zweihundert Denare ist nicht genug für sie, auch wenn jeder nur wenig bekommt.« [8]Ein anderer von seinen Jüngern, Andreas, der Bruder des Simon Petrus, fügte hinzu: [9]»Es ist ein kleiner Junge hier, der fünf Gerstenbrote und zwei Fische bei sich hat. Aber was ist das für so viele?« [10]Da sagte Jesus: »Sorgt dafür, dass die Leute sich lagern.« Es war an der Stelle viel Gras, wo sich die etwa fünftausend Männer lagerten. [11]Und Jesus nahm die Brote, sprach das Dankgebet und verteilte sie an die große Tischgemeinschaft. Mit den Fischen tat er dasselbe und gab ihnen davon, so viel sie wollten. [12]Als sie satt waren, wandte er sich wieder an seine Jünger: »Sammelt die übrig gebliebenen Brocken, damit nichts umkommt!« [13]Sie sammelten ein und füllten zwölf Körbe mit Brocken, die die Essenden von den fünf Gerstenbroten übrig gelassen hatten.

[14]Als nun die Leute begriffen, was für ein Zeichen Jesus gegeben hatte, sagten sie: »Das ist ganz gewiss der große Prophet, der in die Welt kommen soll!« [15]Als Jesus sah, dass sie kommen und sich seiner bemächtigen wollten, um ihn zum König Israels auszurufen, wich er aus und stieg noch höher ins Gebirge hinauf, er allein.

Das fünfte Zeichen: Bewahrung

[16]Inzwischen war es spät geworden, und seine Jünger gingen an den See hinab. [17]Sie bestiegen ein Schiff und wollten über den See nach Kafarnaum fahren. Es war schon dunkel, und Jesus war noch nicht zu ihnen gekommen. [18]Es wehte aber ein stürmischer Wind und peitschte die Wellen hoch. [19]Nachdem sie nun fünfundzwanzig oder dreißig Stadien weit gekommen waren, sahen sie plötzlich Jesus über das Wasser gehen und ihrem Schiff nahe kommen: Und sie fürchteten sich. [20]Da rief ihnen Jesus zu: »Ich bin's! Keine Angst!« [21]Als sie das hörten, wollten sie ihn zu sich ins Schiff nehmen, aber ehe sie es sich versahen, war es schon an dem Ufer, auf das sie zusteuerten.

Rede über das Brot

²²Am anderen Tag stellten die Leute am östlichen Ufer fest, dass nur ein einziges Boot hier gewesen war und dass Jesus es nicht mit seinen Begleitern zusammen bestiegen hatte, dass diese vielmehr allein abgefahren waren. ²³Nun kamen aber aus Tiberias einige Schiffe in die Nähe des Platzes, an dem sie unter dem Dankgebet des Herrn das Brot gegessen hatten. ²⁴Als nun die Leute sahen, dass Jesus und seine Jünger nicht da waren, stiegen sie in die Schiffe und fuhren nach Kafarnaum hinüber, um Jesus zu suchen. ²⁵Da fanden sie ihn auf der anderen Seite des Sees! »Meister«, fragten sie, »wann bist du herübergekommen?« ²⁶Aber Jesus gab ihnen zur Antwort: »Das ist die Wahrheit: Ihr sucht mich nicht, weil ihr das Wunder als ein Zeichen von Gott verstanden hättet, sondern weil ihr gegessen habt und satt geworden seid. ²⁷Verschafft euch nicht die vergängliche Nahrung, sondern die Speise, die ewiges Leben gibt. Denn die will ich euch geben. Weil er euch die geben wollte, hat Gott, der Vater, mich eingesetzt.« ²⁸Da fragten sie ihn: »Was sollen wir denn tun, um den Willen Gottes zu erfüllen?« ²⁹»Was Gott von euch fordert«, antwortete Jesus, »das ist, dass ihr an den glaubt, den er gesandt hat.« ³⁰»Aber wie kannst du das handgreiflich zeigen«, fragten sie, »wie kannst du uns beweisen, dass Gott dich gesandt hat? ³¹Unsere Vorfahren haben das Manna gegessen, als sie auf der Wanderung durch die Wüste waren. Die Schrift berichtet davon: ›Brot vom Himmel gab ihnen Gott zu essen.‹« ³²»Was ich sage, ist die Wahrheit«, erwiderte Jesus: »Nicht Mose gab euch das Brot vom Himmel. Das wirkliche Brot vom Himmel gibt euch mein Vater. ³³Denn das Brot Gottes ist der, der aus dem Himmel herabkommt und der Welt das Leben gibt.« ³⁴Da baten sie ihn: »Herr, gib uns doch dieses Brot ein für allemal!«

³⁵Und Jesus fuhr fort:

»Ich bin das Brot, das das Leben gibt.
Wer zu mir kommt, den wird nicht mehr hungern.
Wer sich auf mich verlässt, den wird niemals mehr dürsten.
³⁶Aber ich sagte euch schon:
Ihr habt mich gesehen, aber ihr fandet kein Ja.
³⁷Die mein Vater mir gibt, die werden zu mir kommen,
und wer zu mir kommt, den werde ich nicht hinausstoßen.

³⁸Denn nicht dazu bin ich vom Himmel gekommen,
nach meinem eigenen Willen zu handeln,
sondern nach dem Willen dessen, der mich gesandt hat.
³⁹Das aber will er, der mich gesandt hat:
dass ich von allen, die er mir gab, keinen verlieren soll,
so dass sie ferne wären von ihm,
sondern sie zum Leben erwecken am letzten Tag.
⁴⁰Das ist der Wille meines Vaters:
Wer den Sohn ansieht und an ihn glaubt,
wird ewiges Leben gewinnen.
Ihn werde ich zum Leben erwecken am letzten Tag.«
⁴¹Da empörten sich die Juden über ihn, weil er sagte: »Ich bin das Brot, das vom Himmel kommt.« ⁴²Und sie sagten: »Das ist doch Jesus, der Sohn des Josef, dessen Vater und Mutter wir kennen! Wie kann er behaupten, er sei vom Himmel herabgestiegen?« ⁴³»Empört euch nicht«, antwortete Jesus, ⁴⁴»nur der kommt mir nahe, den Gott zu mir zieht. Er, der mich gesandt hat. Ich aber werde ihn auferstehen lassen am letzten Tag. ⁴⁵Bei den Propheten könnt ihr es nachlesen: ›Sie werden alle von Gott Erkenntnis erlangen.‹ Wer nun hört, was Gott spricht, und es sich zu eigen macht, kommt zu mir. ⁴⁶Nie hat jemand den Vater gesehen außer dem, der von Gott her ist. Nur er sah den Vater.

⁴⁷Was ich euch sage, ist heilig wahr: Wer glaubt, hat ewiges Leben.
⁴⁸Ich bin das Brot des Lebens.
⁴⁹Eure Väter haben in der Wüste
das Manna gegessen und sind gestorben.
⁵⁰Ich aber rede von dem Brot, das vom Himmel herabkommt.
Wer von dem isst, stirbt nicht.
⁵¹Das lebendige Brot, das vom Himmel herabkommt, bin ich.
Wer von diesem Brot isst, wird leben in Ewigkeit.
Das Brot, das ich ihm gebe, bin ich, der sich hingibt
für das Leben der Welt.«

⁵²Da entbrannte unter den Juden ein erbitterter Streit: »Wie kann der uns sich selbst zu essen geben?« ⁵³Jesus erwiderte: »Was ich euch sage, gilt: Wenn ihr nicht meinen Leib esst und mein Blut trinkt, habt ihr kein Leben in euch. ⁵⁴Wer meinen Leib isst und mein Blut trinkt, hat ewiges Leben, und ich werde ihn erwecken am letzten Tag. ⁵⁵Denn mein Leib ist die wahre Speise und mein Blut ist der wahre Trank. ⁵⁶Wer meinen

Leib isst und mein Blut trinkt, bleibt in mir, und ich bleibe in ihm. ⁵⁷Wie mich der lebendige Vater gesandt hat und ich durch den Vater lebe, so wird auch, wer mich isst, durch mich leben. ⁵⁸Das Brot, das vom Himmel herabkommt, ist anders als jenes, das eure Väter aßen und das sie nicht vor dem Tode bewahrte. Wer dieses Brot isst, wird in Ewigkeit leben.«

⁵⁹Das alles sagte er in einer Rede in der Synagoge von Kafarnaum. ⁶⁰Viele nun von seinen Anhängern, die das hörten, waren verdrossen: »Das ist eine unmögliche Rede. Man kann sie nicht anhören!« ⁶¹Da sah Jesus, dass seine Anhänger darüber ungehalten waren, und fuhr fort: »So steht es also? Schon das bringt euren Glauben zu Fall? ⁶²Was soll denn erst werden, wenn ihr seht, wie ich dorthin zurückkehre, wo ich vorher war? ⁶³Der Geist Gottes ist es allein, der das Leben gibt. Das Fleisch nützt nichts. Die Worte aber, die ich zu euch gesprochen habe, sind Geist und sind Leben. ⁶⁴Einige unter euch freilich nehmen sie nicht auf.«

Jesus wusste nämlich von Anfang an, wer die waren, die den Glauben verweigerten, und wer der war, der ihn verraten würde, ⁶⁵und sagte: »Deshalb habe ich euch gesagt: Niemand kann mir angehören, wenn es ihm nicht vom Vater gegeben wird.« ⁶⁶Auf dieses Wort hin wandten sich viele seiner Anhänger von ihm ab und hielten keine Gemeinschaft mehr mit ihm. ⁶⁷Da fragte Jesus die Zwölf: »Wollt ihr auch weggehen?« ⁶⁸Simon Petrus antwortete: »Herr, zu wem sollen wir gehen? Du hast Worte, aus denen ewiges Leben kommt, ⁶⁹und wir haben geglaubt und erkannt, dass du der Heilige Gottes bist.« ⁷⁰Da schloss Jesus: »Habe ich nicht euch Zwölf ausgewählt? Und einer von euch ist ein Teufel!« ⁷¹Er sprach aber von Judas, dem Sohn des Simon, dem Iskariot, einem von den Zwölfen, der ihn verriet.

Kampfrede auf dem Laubhüttenfest

7 ¹In der Zeit danach wanderte Jesus durch Galiläa. In Judäa nämlich wollte er sich nicht aufhalten, weil man dort nach ihm fahndete, um ihn zu töten. ²Als nun das Laubhüttenfest nahe bevorstand, ³forderten ihn seine Brüder auf: »Geh doch nach Judäa! So werden deine Anhänger dort alle die wunderbaren Taten sehen, die du tust! ⁴Wer öffentlich etwas gelten will, versteckt sich doch nicht in einem Winkel! Wenn du hier mit solchem Anspruch auftrittst, dann zeige dich doch öffentlich!«

⁵Nicht einmal seine Brüder nämlich glaubten an ihn. ⁶Da gab Jesus zur Antwort: »Meine Zeit ist noch nicht da. Wenn *ihr* wirken wollt, könnt ihr das an jedem beliebigen Tage tun. ⁷Ihr habt keinen Auftrag, der euch den Hass der Welt einbringt; mich hingegen verfolgt sie mit Hass, weil allein schon mein Auftreten ihr beweist, dass ihr Leben böse ist. ⁸Zieht ihr nur hinauf zum Fest, ich werde mich eurem Zug nicht anschließen, denn meine Zeit ist noch nicht gekommen.« ⁹Und nachdem er das gesagt hatte, blieb er in Galiläa.

¹⁰Als nun seine Brüder zum Fest hinaufgezogen waren, machte auch er sich auf den Weg, nicht in der Öffentlichkeit der übrigen Festpilger, sondern allein und unerkannt. ¹¹Die Juden aber suchten ihn während der festlichen Tage und fragten nach ihm: »Wo bleibt er?« ¹²Und es war viel Unruhe unter den Menschen, viel Unsicherheit. Die einen sagten: »Er ist ein guter Mensch!« Andere dagegen: »Er führt das Volk in die Irre!« ¹³Niemand freilich sagte seine Meinung über ihn frei und offen, denn sie fürchteten sich alle vor den geistlichen Autoritäten.

¹⁴Als schon über die Hälfte des Fests vergangen war, kam Jesus, ging in den Tempel hinauf und lehrte dort. ¹⁵Da staunten die Juden und fragten sich: »Woher hat er sein Wissen über die Schrift? Er gehört doch nicht zu den Schriftgelehrten!« ¹⁶Jesus gab ihnen die Antwort: »Was ich euch vortrage, ist nicht ein Wissen, das ich mir angelernt hätte. Dieses Wissen gab mir der, der mich gesandt hat: Gott selbst. ¹⁷Wenn nun jemand den Willen Gottes erfüllen will, wird er entscheiden können, ob meine Lehre von Gott sei oder ob ich eigenmächtig rede. ¹⁸Wer seine eigenen Gedanken vorträgt, dem geht es um sein eigenes Ansehen. Wer aber auf den verweist, der ihn gesandt hat, der ist lauter in seinen Reden und hat kein trügerisches Spiel nötig. ¹⁹Wie kommt es denn, dass Mose euch das göttliche Gesetz vermittelt hat und keiner von euch ordnet sein Leben wirklich nach diesem Gesetz? Und warum wollt ihr mich töten?« ²⁰Da antworteten sie aus der Menge: »Du bist besessen! Wer will dich denn töten?« ²¹»Ein einziges Mal«, fuhr Jesus fort, »habe ich ein Wunder getan am Sabbat, und schon seid ihr befremdet. ²²Mose hat die Beschneidung eingeführt, genau genommen zwar nicht Mose, sondern die Erzväter. Und nun nehmt ihr diese Beschneidung auch am Sabbat vor. ²³Die Beschneidung empfängt ein Mensch am Sabbat, damit das Gebot des Mose nicht verletzt wird. Über mich seid ihr aufgebracht, weil ich einen ganzen Menschen am Sabbat gesund gemacht habe. ²⁴Wenn ihr schon urteilt, dann urteilt nicht nach dem Augenschein, sondern gerecht.«

²⁵Da wunderten sich einige Leute aus Jerusalem: »Ist das nicht der, den sie umbringen wollen? ²⁶Jetzt hält er öffentliche Reden, und niemand hindert ihn daran! Hat die Behörde eingesehen, dass er der Christus ist? ²⁷Nein, es ist unmöglich! Wir wissen doch, woher der kommt. Wenn aber der Christus kommt, weiß niemand etwas über seine Herkunft.« ²⁸Da rief Jesus in seiner Rede im Tempel: »Natürlich kennt ihr mich. Ihr wisst, woher ich bin. Und doch bin ich nicht der, den ihr kennt. Es ist Gott, der mich gesandt hat. Ihn aber kennt ihr nicht. ²⁹Ich kenne ihn, denn ich komme von ihm, und von ihm ist mein Auftrag.« ³⁰Da hätten sie ihn gerne festgenommen, aber niemand legte Hand an ihn, denn seine Stunde war noch nicht gekommen.

³¹Unter der Menge begannen indessen viele, an ihn zu glauben, etwa mit der Begründung: »Wenn der Christus wirklich kommt, wird er dann mehr Wunder vollbringen als dieser?« ³²Auch die Pharisäer hörten, dass man im Volk so redete, und die Oberpriester und die Pharisäer sandten Tempeldiener, die ihn festnehmen sollten. ³³Da sprach Jesus weiter: »Ich bin noch eine kurze Zeit bei euch, dann kehre ich zu dem zurück, der mich gesandt hat. ³⁴Ihr werdet mich suchen und nicht finden, und dorthin, wo ich dann sein werde, könnt ihr nicht gelangen.« ³⁵Da diskutierten die Juden: »Wohin will der gehen, wo wir ihn nicht finden sollen? Will er denn ins Ausland gehen und die Griechen belehren? ³⁶Was soll das, was er da sagt: ›Ihr werdet mich suchen und nicht finden‹ und: ›Wo ich dann bin, dahin könnt ihr nicht kommen‹?«

³⁷Am letzten, dem höchsten Tag des Festes, trat Jesus wieder auf und rief: »Wen dürstet, der komme zu mir und trinke. ³⁸Wer an mich glaubt, von dem werden Ströme quellfrischen Wassers ausgehen. Das sagt schon die Schrift.« ³⁹Er meinte damit den Gottesgeist, den die empfangen würden, die an ihn glauben. Denn der Geist war noch nicht da, er sollte erst kommen, wenn Jesus verherrlicht (das heißt: durch seinen Tod vor aller Welt zu einem sichtbaren Zeichen der Liebe Gottes geworden) sein würde. ⁴⁰Viele aus der Menge, die diese Worte hörten, erklärten: »Das ist in Wahrheit der Prophet!« ⁴¹Andere sagten: »Das ist der Christus!« Die dritten zweifelten: »Kann denn der Christus aus Galiläa kommen? ⁴²Sagt nicht die heilige Schrift, der Christus werde aus der Familie Davids hervorgehen und aus Betlehem, dem Wohnsitz Davids, stammen?« ⁴³So war das Volk durch dieses Für und Wider tief gespalten.

⁴⁴Wieder wollten einige zufassen und ihn festnehmen, aber niemand griff wirklich zu. ⁴⁵Als nun auch die Tempeldiener zu den Oberpriestern und Pharisäern kamen und diese sie zur Rede stellten: »Warum habt ihr

ihn nicht gebracht?«, ⁴⁶antworteten die Diener: »Niemals hat ein Mensch so gesprochen, wie dieser Mann spricht!« ⁴⁷Da fragten die Pharisäer: »Seid ihr auch schon umgefallen? ⁴⁸Hat denn irgendjemand von den Mitgliedern des Hohen Rates oder von den Pharisäern ihn anerkannt? ⁴⁹Nur dieser gottlose Pöbel tut es, der das Gesetz nicht kennt. Verflucht sei er!« ⁵⁰Da widersprach ihnen Nikodemus, der früher einmal zu Jesus gekommen war, einer aus ihren Kreisen: ⁵¹»Bricht denn unser Gesetz den Stab über einen Menschen, ehe man ihm zugehört hat, ehe man überprüft hat, was er tut?« ⁵²»Du bist wohl auch ein Galiläer!«, antworteten sie ihm. »Lies nach und sieh: Aus Galiläa steht kein Prophet auf!« ⁵³Und sie gingen nach Hause, ein jeder auf seinem Weg.

Güte für die Ehebrecherin

8 ¹Jesus aber ging hinaus an den Ölberg. ²In der Morgenfrühe begab er sich wieder in den Tempel und setzte sich dort nieder, um die Schrift auszulegen, und das ganze Volk drängte sich um ihn. ³Da brachten die Schriftgelehrten und die Pharisäer eine Frau, die man beim Ehebruch ergriffen hatte, stellten sie zwischen sich und Jesus in die Mitte ⁴und fragten ihn: »Meister, diese Frau ist gefasst worden auf frischer Tat im Ehebruch. ⁵Im Gesetz hat Mose vorgeschrieben, solche zu steinigen. Was sagst du?« ⁶Das aber sagten sie, um ihm eine Falle zu stellen und ihn danach anzuklagen. Aber Jesus bückte sich und schrieb mit dem Finger auf die Erde. ⁷Als sie fortfuhren, ihn zu fragen, richtete er sich auf und sagte: »Der, der unter euch ohne Sünde ist, werfe den ersten Stein.« ⁸Und wieder bückte er sich und schrieb auf die Erde. ⁹Als sie das hörten, gingen sie hinaus, einer nach dem anderen, die Ältesten zuerst, und er blieb allein mit der Frau, die vor ihm stand. ¹⁰Er richtete sich auf und fragte sie: »Frau, wo sind sie? Hat dich niemand verurteilt?« ¹¹Sie antwortete: »Niemand, Herr.« Und Jesus schloss: »Auch ich verurteile dich nicht. Geh und sündige in Zukunft nicht mehr!«

Erneute Rede über die Vollmacht des Christus

¹²Jesus fuhr in seiner Rede fort: »Ich bin das Licht der Welt. Wer mir nachfolgt, wird nicht in der Finsternis irren, sondern das Licht schauen und das Leben finden.«

¹³Da warfen ihm die Pharisäer vor: »Du redest immer nur über dich selbst. Das beweist nichts.« ¹⁴Jesus antwortete: »Auch wenn ich über mich selbst spreche – es ist die Wahrheit, denn ich weiß, woher ich komme und wohin ich gehe. ¹⁵Ihr urteilt nach dem Augenschein. So urteile ich über niemanden. ¹⁶Wenn ich urteile, dann trifft mein Urteil die Wahrheit. Denn ich bin nicht allein, sondern eins mit dem, der mich gesandt hat. ¹⁷Aber auch euer Gesetz sagt, die Aussage zweier Zeugen gelte als wahr. ¹⁸So stehe ich selbst vor euch und sage über mich aus. Als Zweiter spricht mein Vater, der mich gesandt hat.« ¹⁹»Wo ist er denn, dein Vater?« Jesus erwiderte: »Ihr wisst nichts über mich und auch nichts über meinen Vater. Wüsstet ihr etwas über mich, wäre euch auch mein Vater vertraut.«

²⁰Diese Worte sprach er bei der Schatzkammer, während er sich lehrend im Tempel aufhielt. Niemand aber nahm ihn fest, denn seine Stunde war noch nicht gekommen.

²¹»Ich werde weggehen. Ihr werdet mich vergeblich suchen und darüber sterben. Denn wohin ich gehe, dahin könnt ihr nicht gelangen.« ²²Da rätselten die Juden: »Er will sich doch nicht etwa selbst töten? Was soll das heißen: ›Wohin ich gehe, dahin könnt ihr nicht kommen‹?« ²³»Ihr seid aus der unteren Welt«, fuhr Jesus fort, »ich bin aus der oberen. Ihr gehört dieser Welt zu, ich nicht. ²⁴In eurem Unglauben werdet ihr sterben. Denn wenn ihr nicht fassen wollt, dass ich der bin, der ich bin, werdet ihr in euren Sünden sterben.« ²⁵Da fragten sie: »Wer bist du denn?« Und Jesus gab zur Antwort: »Was soll ich noch mit euch reden? ²⁶Ich hätte zwar viel über euch zu reden und zu richten, doch der mich gesandt hat, ist wahrhaftig, und ich rede in die Welt hinein, was ich von ihm gehört habe.« ²⁷Sie begriffen aber nicht, dass er über den Vater sprach. ²⁸»Erst wenn ihr mich (ans Kreuz) erhöht haben werdet, werdet ihr erkennen, was ich tue. Dann erst werdet ihr begreifen, dass ich nicht in eigener Sache, sondern im Auftrag des Vaters spreche. ²⁹Der mich gesandt hat, ist bei mir. Er lässt mich nicht allein, weil durch mich geschieht, was seinem Willen entspricht.«

³⁰Als er das sagte, fassten viele Vertrauen zu ihm, ³¹und er redete weiter zu ihnen: »Wenn ihr in dem bleibt, was euch mein Wort eröffnet, gehört ihr wirklich zu mir. ³²Ihr werdet die Wahrheit erkennen, und die Wahrheit wird euch frei machen.« ³³Aber da widersprachen sie: »Wir sind Nachkommen Abrahams (und Abraham war ein freier Mensch). Wir waren niemals Knechte irgendeiner Macht. Wie kommst du dazu zu sagen: Ihr sollt freie Menschen werden?« ³⁴»Was ich sage«, antwor-

tete Jesus, »ist wahr: Wer Böses tut, ist des Bösen Knecht. ³⁵Wer aber ein Knecht ist, hat kein Heimatrecht in dem Haus, in dem er lebt. Wer Sohn im Hause ist, bleibt dort in Ewigkeit. ³⁶Wenn euch nun der Sohn frei macht, so seid ihr wirklich frei. ³⁷Dass ihr Nachkommen Abrahams seid, weiß ich wohl. Und doch sucht ihr mich zu töten, weil mein Wort keinen Raum in euch hat. ³⁸Ich rede, was ich bei meinem Vater gesehen habe, und ihr hört, was ihr von eurem Vater gehört habt.« ³⁹Da beharrten sie noch einmal: »Unser Vater ist Abraham!« »Wenn ihr Kinder Abrahams wäret, würdet ihr handeln, wie Abraham gehandelt hat. ⁴⁰Aber nun wollt ihr mich töten, weil ich euch die Wahrheit sage, die ich von Gott weiß. Das hätte Abraham nicht getan. ⁴¹Was ihr tut, ist von der Art *eures* Vaters.«

Da widersprachen sie erneut: »Wir haben eine klare, eindeutige Herkunft: Unser Vater ist Gott!« ⁴²»Wenn Gott wirklich euer Vater wäre«, fuhr Jesus fort, »würdet ihr mich lieben. Ich komme ja aus Gott und rede sein Wort. ⁴³Warum also könnt ihr mein Wort nicht verstehen? ⁴⁴Ihr seid Kinder des Bösen. Ihr tut, was er, der Böse, will. Er ist ja ein Menschenmörder von Anfang an. Er steht nicht in der Wahrheit, und die Wahrheit ist nicht in ihm. Wenn er lügt, gibt er seinem Wesen Ausdruck, denn er ist ein Lügner und bringt die Lüge hervor. ⁴⁵Ihr aber könnt mir nicht glauben, weil ich die Wahrheit sage. ⁴⁶Wer von euch kann mir eine einzige Sünde vorwerfen? Warum glaubt ihr denn der Wahrheit nicht, die ich euch sage? ⁴⁷Wer aus Gott ist, versteht Gottes Sprache. Ihr hört sie nicht, und ihr seid nicht aus Gott.«

⁴⁸Da griffen sie ihn noch einmal an: »Haben wir nicht Recht, wenn wir sagen, du seiest ein gottloser Mensch und vom Teufel besessen?« ⁴⁹»Nein«, antwortete Jesus, »ich gebe Gott die Ehre, die ihm zukommt, und ihr verweigert sie mir. ⁵⁰Ich suche nicht meine Ehre, es ist aber einer, der sie wahrt und der den richtet, der sie verletzt. ⁵¹Wahr ist: Wer mein Wort bewahrt, wird in Ewigkeit keinen Tod sehen.« ⁵²Und wieder: »Jetzt ist erwiesen, dass du vom bösen Geist besessen bist. Abraham starb, die Propheten starben, und du sagst: ›Wer mein Wort bewahrt, wird nicht sterben!‹ ⁵³Bist du mehr als unser Vater Abraham, der doch sterben musste? Mehr als die Propheten? Was machst du aus dir?«

⁵⁴»Wenn ich mich selbst rühme, so ist mein Ruhm nichts. Mich ehrt Gott, von dem ihr sagt, er sei euer Vater. ⁵⁵Sagte ich: ›Ich weiß nichts von ihm‹, so wäre ich ein Lügner wie ihr. Aber ich kenne ihn und erfülle seinen Auftrag! ⁵⁶Abraham sah meinen Tag voraus und freute

sich.« ⁵⁷»Du bist noch nicht fünfzig Jahre alt und hast Abraham gesehen?« ⁵⁸»Was ich sage, ist wahr: Ehe Abraham geboren wurde, war ich schon der, der ich bin.« ⁵⁹Da hoben sie Steine auf, um sie nach ihm zu werfen, aber Jesus entzog sich ihnen und verließ den Tempel.

Das sechste Zeichen: Licht

9 ¹Im Vorübergehen erblickte er einen Mann, der von Geburt an blind war. ²Da fragten ihn seine Jünger: »Meister, wer hat Schuld auf sich geladen, er selbst oder seine Eltern, dass er blind geboren wurde?« ³Jesus erwiderte: »Es ist nicht seine Schuld und nicht die seiner Eltern. Er ist blind, weil an ihm das Walten Gottes sichtbar werden soll. ⁴Ich muss im Dienste dessen wirken, der mich gesandt hat, denn noch ist es Tag. Es kommt eine Nacht, in der niemand mehr wirken wird. ⁵Solange ich in der Welt bin, bin ich das Licht der Welt.« ⁶Nach diesen Worten spie er auf die Erde und machte aus dem Speichel einen Brei, strich dem Blinden den Brei auf die Augen ⁷und befahl ihm: »Geh! Wasche dich im Teich Schiloach.« Schiloach bedeutet »(von Gott) gesandt«. Der Mann ging, wusch sich und kehrte sehend zurück.

⁸Seine Nachbarn und alle, die ihn vorher als Bettler gekannt hatten, wunderten sich und fragten einander: »Ist das nicht der, der da herumgesessen hatte? Ist das nicht der Bettler?« ⁹Einige meinten, er sei es, andere hielten es für unmöglich: »Nein, er sieht ihm nur ähnlich!« Der Mann selber allerdings behauptete: »Ich bin es selbst!« ¹⁰»Wie kommt das«, fragten sie ihn, »dass du nun sehende Augen hast?« ¹¹»Der Mann, den sie Jesus nennen«, antwortete er, »machte einen Brei, bestrich meine Augen damit und sagte: ›Geh an den Schiloachteich und wasche dich!‹ Als ich hinging und mich wusch, konnte ich plötzlich sehen.« ¹²»Wo ist er denn jetzt?«, fragten sie, und er antwortete: »Ich weiß es nicht.«

¹³Da führten sie ihn, der bisher blind gewesen war, zu den Pharisäern. ¹⁴Nun war aber an dem Tage, an dem Jesus den Brei gemacht und dem Mann die Augen geöffnet hatte, gerade Sabbat. ¹⁵Die Pharisäer begannen noch einmal, ihn auszufragen, auf welche Weise er sehend geworden sei, und wieder antwortete er: »Es strich mir einer einen Brei auf die Augen, dann wusch ich mich, und nun kann ich sehen.« ¹⁶»Dieser Mensch handelt nicht in Gottes Auftrag«, urteilten einige unter den Pha-

risäern, »denn er hält sich nicht an die Ordnung des Ruhetages.« Andere widersprachen: »Es ist doch nicht möglich, dass ein Mensch, der ohne Gott lebt, solche Wunder zuwege bringt!« Und die Versammlung konnte sich nicht einigen. [17]So fragten sie noch einmal den Blinden selbst: »Was hältst du von ihm, nachdem er dir deine Augen geöffnet hat?« Und er gab zur Antwort: »Er ist ein Prophet.«

[18]Aber sie wollten nicht einmal glauben, dass er, der jetzt sehen konnte, vorher wirklich blind gewesen sei. So riefen sie seine Eltern [19]und verhörten auch sie: »Ist das euer Sohn, von dem ihr sagt, er sei blind geboren? Wie kommt es, dass er jetzt sehen kann?« [20]Sie antworteten: »Wir wissen, dass das unser Sohn ist und dass er blind geboren wurde. [21]Wie es kommt, dass er jetzt sehen kann, wissen wir nicht. Wir wissen auch nicht, wer ihm die Augen geöffnet hat. Fragt ihn selbst! Er ist erwachsen genug. Er kann für sich selbst reden.« [22]Das sagten die Eltern deshalb, weil sie sich vor den Juden fürchteten, denn man hatte bereits beschlossen, wer von Jesus behaupten würde, er sei der Christus, solle aus der Synagoge ausgestoßen werden. [23]Das war der Grund, warum die Eltern sagten: »Er ist erwachsen genug. Fragt ihn selbst!«

[24]Da riefen sie den Mann, der blind gewesen war, zum zweitenmal herein und setzten das Verhör fort: »Gib Acht, dass du dich nicht an Gott versündigst! Wir wissen, dass dieser Jesus ein gottloser, eigenmächtiger Mensch ist!« [25]»Ob er gottlos ist«, entgegnete er, »weiß ich nicht. Ich weiß nur eins: Früher war ich blind, jetzt kann ich sehen.« [26]Und wieder fragten sie: »Was hat er dir getan? Wie hat er deine Augen geöffnet?« [27]»Ich habe es euch doch gesagt«, antwortete er, »und ihr habt nicht zugehört. Wozu wollt ihr es noch einmal hören? Wollt ihr auch seine Schüler werden?« [28]Da fuhren sie ihn an: »Vermutlich bist du sein Schüler! Unser Lehrer ist Mose! [29]Dass Gott mit Mose geredet hat, das wissen wir. Von diesem wissen wir noch nicht einmal, woher er überhaupt kommt!« [30]Der Mann erwiderte: »Das ist doch sonderbar, dass ihr nicht wisst, woher er kommt, nachdem er mir die Augen geöffnet hat! [31]Wir wissen doch, dass Gott nicht auf Gottlose hört, dass er aber durch den handelt, der fromm ist und seinen Willen erfüllt. [32]Solange die Welt steht, ist es nicht vorgekommen, dass einer einem Blindgeborenen die Augen geöffnet hat! [33]Käme der nicht von Gott, hätte er das nicht tun können.« [34]Da brachen sie die Verhandlung ab: »Du bist als ein durch und durch gottloser Mensch geboren (deine Blindheit beweist es!) und willst uns belehren?« Und sie stießen ihn aus der Synagogengemeinschaft aus.

³⁵Jesus erfuhr von dieser Ausstoßung und fragte ihn, als er ihn traf: »Glaubst du an den Bevollmächtigten Gottes, den Menschensohn?« ³⁶»Wer ist das?«, fragte jener. »Ich möchte gerne an ihn glauben!« ³⁷»Du hast ihn gesehen«, antwortete Jesus, »und der jetzt mit dir spricht, ist es.« ³⁸»Herr«, sagte er, »ich glaube«, und warf sich vor ihm auf die Knie.

³⁹Aber Jesus sprach weiter: »Ich bin zum Gericht in diese Welt gekommen, damit die Blinden sehend werden und die Sehenden blind.« ⁴⁰Einige Pharisäer, die dabeistanden, hörten das und fragten: »Willst du damit sagen, auch wir seien blind?« ⁴¹Jesus gab zur Antwort: »Wenn ihr blind wäret, träfe euch keine Schuld. Nun aber, da ihr behauptet, sehend zu sein, kann niemand euch eure Schuld abnehmen.«

Der zuverlässige Hüter

10 »¹Was ich sage, ist heilig wahr: Wer nicht durch die Tür in den Schafstall hineingeht, sondern anderswo einsteigt, ist ein Dieb und ein Räuber. ²Wer aber durch die Tür eintritt, ist der rechtmäßige Hirte der Schafe. Dem öffnet der Türhüter, ³und die Schafe hören seine Stimme. Er ruft die Schafe, die ihm gehören, mit ihrem Namen und führt sie hinaus. ⁴Wenn er aber seine Schafe alle hinausgelassen hat, geht er ihnen voraus, und die Schafe gehen hinter ihm her, denn sie kennen seine Stimme. ⁵Einem Fremden dagegen folgen sie nicht, sondern laufen vor ihm davon, denn sie kennen die Stimme des Fremden nicht.« ⁶In diesen Bildern redete Jesus zu ihnen, sie aber begriffen nicht, was er mit ihnen sagen wollte. ⁷Und Jesus redete weiter:

»Was ich sage, ist heilig wahr:
Ich bin die Tür zu den Schafen.
⁸Die vor mir kamen, sind Diebe und Räuber,
und die Schafe hörten nicht auf sie.
⁹Ich bin die Tür. Wer durch mich eintritt, wird selig sein,
er wird ein- und ausgehen und Weide finden.
¹⁰Ein Dieb kommt, um zu stehlen, zu schlachten und umzubringen.
Ich bin gekommen, damit sie leben können
und im Überfluss finden, was sie brauchen.

¹¹Ich bin der gute Hirte.
Der gute Hirte setzt sein Leben ein für die Schafe.

¹²Der Taglöhner, dem die Schafe nicht gehören,
sieht den Wolf kommen, lässt die Schafe allein und läuft davon.
Der Wolf aber fällt die Schafe an und treibt sie auseinander.
¹³Ihm, dem Taglöhner, liegt an den Schafen nichts.

¹⁴Ich bin der gute Hirte.
Ich kenne die Meinen, und die Meinen kennen mich,
¹⁵wie mich mein Vater kennt und ich ihn kenne.
Und ich setze mein Leben ein für die Schafe.
¹⁶Ich habe noch andere Schafe,
die nicht aus diesem Stall stammen,
und es wird eine Herde entstehen unter einem Hirten.

¹⁷Mein Vater liebt mich, denn ich gebe mein Leben hin,
und ich werde es wieder empfangen.
¹⁸Niemand nimmt mir das Leben, sondern ich selbst gebe es hin.
Ich habe die Freiheit, es hinzugeben,
und die Freiheit, es wieder zu nehmen.
Beides liegt in dem Auftrag, den ich von meinem Vater empfing.«

¹⁹Und wieder entstand ein Streit unter den Zuhörern dieser Worte wegen. ²⁰Viele von ihnen meinten: »Er ist wahnsinnig! Er ist nicht normal! Warum hört ihr ihm überhaupt zu?« ²¹Andere hielten ihnen entgegen: »So redet doch kein Kranker! Kann ein Mensch, der von einem bösen Geist verwirrt ist, die Augen von Blinden öffnen?«
²²Damals feierte man in Jerusalem gerade das Fest der Tempelweihe. Es war Winter. ²³Und Jesus ging im Heiligtum, in der Halle Salomos, umher. ²⁴Da umdrängten ihn die Juden und fragten ihn: »Wie lange willst du uns noch im Unklaren lassen? Wenn du der Christus bist, sage es mit klaren Worten.« ²⁵»Ich habe es euch gesagt«, antwortete Jesus, »aber ihr glaubt es mir nicht. Was ich im Namen meines Vaters tue, beweist, wer ich bin. ²⁶Aber ihr wollt nun einmal nicht glauben, denn ihr gehört nicht zu meinen Schafen.

²⁷Meine Schafe hören meine Stimme.
Ich kenne sie, und sie folgen mir.
²⁸Ich gebe ihnen ewiges Leben.
Sie werden in Ewigkeit nicht umkommen,
und niemand wird sie aus meiner Hand reißen.

²⁹Was mein Vater mir gegeben hat, ist größer als alles, und niemand kann es aus der Hand des Vaters reißen. ³⁰Ich und der Vater sind eins.«

³¹Da hoben sie wieder Steine auf. ³²»Viele große Wohltaten habe ich euch erwiesen«, fuhr Jesus fort, »sie kamen von Gott. Welche von ihnen ist der Grund dafür, dass ihr Steine gegen mich aufhebt?« ³³»Wegen einer guten und klaren Tat dich zu steinigen«, antworteten die Juden, »daran denken wir nicht, aber wegen Gotteslästerung! Du bist ein Mensch und machst dich selbst zu Gott!« ³⁴»Steht denn nicht in eurem Gesetz«, fragte Jesus: »›Ich habe gesagt: Ihr seid Götter‹? ³⁵Wenn Gott aber schon diejenigen ›göttliche Wesen‹ nennt, an die er sein Wort richtet – und ihr wollt doch nicht etwa sagen, die Schrift habe Unrecht! –, ³⁶ist es dann nicht unsinnig, dass ihr dem, dem der Vater an seinem Wesen teilgab und den er in die Welt sandte, vorwerft: ›Du vergreifst dich an Gott!‹, nur weil er sagt: ›Ich bin Gottes Sohn‹? ³⁷Wenn an meinen Taten nicht die Hand Gottes erkennbar ist, braucht ihr mir nicht ein Wort zu glauben. ³⁸Geschehen aber wirkliche Taten Gottes durch meine Hand und durch mein Wort, und ihr wollt mir selbst kein Vertrauen schenken, dann setzt euer Vertrauen doch auf das, was sichtbar vor euren Augen geschieht, damit ihr seht und begreift, dass der Vater in mir ist und ich im Vater bin.«

³⁹Da versuchten sie aufs Neue, sich seiner zu bemächtigen, aber er entging ihrem Zugriff. ⁴⁰Er wanderte wieder auf die andere Jordanseite hinüber, kam an die Stelle, an der Johannes getauft hatte, und blieb dort eine Zeit lang. ⁴¹Da gingen viele zu ihm hinaus und erklärten: »Johannes hat keine einzige wunderbare Tat vollbracht, aber alles, was er über Jesus gesagt hat, hat sich als wahr erwiesen.« Und viele fassten dort Vertrauen zu ihm.

Das siebte Zeichen: Auferstehung

11 ¹Nun geschah es, dass ein Mann namens Lazarus krank wurde. Er wohnte in Betanien, dem Dorf, in dem auch Maria und ihre Schwester Marta lebten. ²Das war jene Maria, die später den Herrn mit Salböl salbte und seine Füße mit ihren Haaren trocknete, und Lazarus, der Kranke, war ihr Bruder. ³Die beiden Schwestern sandten zu Jesus: »Herr, dein Freund, den du liebst, liegt krank!« ⁴Als Jesus das hörte, äußerte er: »Diese Krankheit führt nicht zum Tode. Sie soll vielmehr an Lazarus zeigen, was Gott mit mir in meinem Tod und meiner Auferstehung tun wird.« ⁵Jesus aber war Marta, ihrer Schwester und Lazarus mit besonderer Liebe verbunden.

⁶Nachdem er erfahren hatte, Lazarus sei krank, hielt er sich noch zwei Tage an dem Ort auf, an dem er damals war. ⁷Dann erst wandte er sich an seine Jünger: »Auf! Wir gehen wieder nach Judäa!« ⁸Die hielten ihm entgegen: »Meister, das letzte Mal wollten die Leute dort dich steinigen, und du willst wieder hingehen?« ⁹»Hat nicht der Tag zwölf Stunden? Wer bei Tage geht, stößt sich nicht, denn er hat das Licht der Sonne um sich. Lasst uns gehen, denn noch ist Tag. ¹⁰Wer bei Nacht geht, stößt sich, denn er hat kein Licht. ¹¹Lazarus, unser Freund, schläft, ich will zu ihm gehen und ihn wecken.« ¹²»Herr«, meinten die Jünger, »wenn er schläft, wird er gesund!« ¹³Jesus hatte von seinem Tod gesprochen, sie aber meinten, er rede von der Ruhe des Schlafs. ¹⁴Da redete Jesus deutlicher: »Lazarus ist gestorben. ¹⁵Ich bin aber froh für euch, dass ich nicht dort war, denn ihr sollt glauben lernen. Auf! Lasst uns hingehen!« ¹⁶Da fügte Thomas, der Zwilling, den anderen Jüngern gegenüber hinzu: »Ja, lasst uns hingehen und mit ihm sterben.«

¹⁷Als Jesus kam, lag Lazarus bereits vier Tage in der Grabhöhle. ¹⁸Da aber Betanien nahe Jerusalem lag, etwa eine halbe Stunde entfernt, ¹⁹waren viele von den Juden bei Maria und Marta, um sie ihres Bruders wegen zu trösten. ²⁰Als Marta hörte, Jesus komme, lief sie ihm entgegen, während Maria zu Hause blieb. ²¹»Herr«, rief sie Jesus zu, »wenn du da gewesen wärest, wäre mein Bruder nicht gestorben! ²²Aber auch jetzt weiß ich, dass Gott dir alles gibt, um das du ihn bittest.« ²³Jesus gab zur Antwort: »Dein Bruder wird aufstehen.« ²⁴»Ja, ich weiß«, erwiderte Marta, »am letzten Tage, in der großen Auferstehung wird er ins Leben treten.« ²⁵Da sagte Jesus:

»Die Auferstehung bin ich. Das Leben bin ich.
Wer an mich glaubt, wird leben, auch wenn er jetzt stirbt,
²⁶und wer lebt und an mich glaubt, wird in Ewigkeit nicht sterben.

Glaubst du das?« ²⁷Da antwortete Marta: »Ja, Herr. Ich glaube, dass du der Christus bist, der Sohn Gottes, der in die Welt kam.«

[28] Nach diesen Worten ging sie, rief ihre Schwester Maria und sagte ihr leise ins Ohr: »Der Meister ist da. [29] Er lässt dich rufen!« Als sie das hörte, stand sie in aller Eile auf und ging zu ihm. [30] Jesus war nämlich noch nicht in ihrem Dorf angekommen, sondern weilte noch dort, wo Marta ihn aufgesucht hatte. [31] Die Trauergäste, die mit Maria im Haus waren, sahen sie aufstehen und weggehen und gingen ihr nach in der Meinung, sie sei weggegangen, um sich am Grab auszuweinen. [32] Maria kam indessen zu Jesus, und als sie ihn sah, warf sie sich ihm vor die Füße: »Herr, wärest du hier gewesen, mein Bruder hätte nicht zu sterben brauchen.« [33] Als Jesus nun sie und alle die versammelten Trauergäste weinen sah, fasste ihn der Zorn (über den alten Feind der Menschen, den Tod), und er fragte, bebend vor Erschütterung: »Wo habt ihr ihn begraben?« [34] »Herr, komm und sieh!« [35] Und Jesus weinte. [36] Da sagten sie zueinander: »Er muss ihn sehr lieb gehabt haben.« [37] Einige freilich meinten: »Er hat doch dem Blinden die Augen geöffnet. Hätte er nicht verhindern können, dass Lazarus starb?«

[38] Als nun Jesus zum Grab kam, einer Grabkammer, vor der ein Stein lag, fasste ihn aufs neue der Ingrimm. [39] »Nehmt den Stein weg!« Da klagte Marta, die Schwester des Toten: »Herr, er verwest schon! Er liegt ja schon vier Tage.« [40] »Habe ich dir nicht gesagt«, fragte Jesus, »wenn du glauben würdest, solltest du Gottes Herrlichkeit sehen?« [41] Inzwischen wälzten sie den Stein ab. Jesus aber wandte das Gesicht zum Himmel und betete: »Vater, ich danke dir, dass du mich erhört hast. [42] Ich weiß, dass du mich immer hörst, aber ich danke dir der Menschen wegen, die hier stehen, denn sie sollen glauben, dass du mich gesandt hast.« [43] Dann rief er mit gewaltiger Stimme: »Lazarus! Komm heraus!« [44] Und der Tote kam heraus, mit Totenbinden an Händen und Füßen umwickelt, ein Schweißtuch über dem Gesicht. »Macht die Binden los«, rief Jesus, »und lasst ihn nach Hause gehen!«

[45] Viele von den Gästen, die zu Maria gekommen waren und nun sahen, was Jesus tat, glaubten an ihn. [46] Einige von ihnen aber gingen zu den Pharisäern und berichteten ihnen davon. [47] Und die Priester und die Pharisäer traten zum Rat zusammen: »Was soll man tun? Dieser Mann tut erstaunliche Dinge! [48] Wenn wir ihn gewähren lassen, werden sie alle auf seine Seite treten, und schließlich werden die Römer kommen, unser Land verwüsten und das Volk ausrotten.« [49] Einer von ihnen aber, Kajaphas, der in jenem Jahr das Amt des Hohepriesters bekleidete, nahm das Wort: »Ihr redet an der Sache vorbei. [50] Überlegt euch: Es ist besser für euch, dass ein einzelner Mensch an der Stelle des Volks

stirbt, als dass das ganze Volk zugrunde geht.« ⁵¹Das sagte er aber nicht aus eigener Einsicht. Er war in diesem Jahr Hoherpriester und redete als Träger dieses Amts, was Gott ihm eingab: dass nämlich in der Tat Jesus für das Volk sterben würde, ⁵²und nicht nur, um sein Volk zu retten, sondern auch, um die Kinder Gottes aus allen Ländern zusammenzuführen. ⁵³Von dem Tage an berieten sie, wie sie ihn aus dem Wege räumen könnten. ⁵⁴Darum wirkte Jesus nun nicht mehr öffentlich unter den Juden, er zog sich vielmehr in eine Gegend am Rande der Wüste zurück, in das Dorf Efraim, und blieb dort mit seinen Jüngern.

⁵⁵Nun stand das Passafest nahe bevor, und aus dem ganzen Lande wanderten die Menschen nach Jerusalem hinauf, um sich darauf vorzubereiten. ⁵⁶Sie suchten auch nach Jesus und diskutierten, während sie auf dem Tempelplatz beieinander standen: »Was meint ihr? Er wird doch wohl kaum zum Fest kommen?« ⁵⁷Die Oberpriester und die Pharisäer aber hatten die Anordnung herausgegeben, wenn jemand wisse, wo er sei, habe er es anzuzeigen, damit man ihn festnehmen könne.

Der Abschied

Die Salbung in Betanien

12 ¹Sechs Tage vor dem Passafest kam Jesus nach Betanien, wo Lazarus wohnte, dem er das Leben zurückgegeben hatte. ²Dort feierten sie ein Mahl mit ihm, und Marta bediente sie, während Lazarus unter den Tischgästen war. ³Da nahm Maria ein Pfund echten, kostbaren Nardenöls, salbte Jesus die Füße damit und trocknete sie mit ihrem Haar, und das ganze Haus war voll vom Duft des Öls. ⁴Judas Iskariot, einer seiner Jünger, der ihn später verriet, widersprach: ⁵»Warum hat man dieses Öl nicht lieber um dreihundert Denare verkauft und das Geld den Armen gegeben?« ⁶Er sagte das aber nicht, weil sein Herz für die Armen schlug, sondern weil er die Kasse führte und sich am gemeinsamen Geld bereicherte. ⁷Aber Jesus trat für sie ein: »Lass sie! Sie hat die Salbung vorweggenommen, die am Tage meines Begräbnisses geschehen soll. ⁸Die Armen habt ihr immer um euch, mich nicht.«

⁹In der Bevölkerung sprach es sich inzwischen herum, er sei da, und unzählige Menschen kamen, nicht wegen Jesus allein, sondern auch,

weil sie Lazarus sehen wollten, dem er das Leben zurückgegeben hatte. ¹⁰Die Oberpriester aber berieten, ob sie nicht auch den Lazarus töten sollten, ¹¹denn seinetwegen gingen viele zu Jesus über und glaubten an ihn.

Einzug in Jerusalem

¹²Am anderen Tage wurde unter den Festpilgern bekannt, Jesus komme nach Jerusalem, und eine große Menschenmenge ¹³nahm Palmzweige und ging ihm auf dem Weg entgegen mit dem Gesang:

»Heil und Segen, Ruhm und Ehre dem,
der zu uns kommt, von Gott gesandt!
Ruhm und Ehre dem König Israels!«

¹⁴Und Jesus fand einen jungen Esel und ritt auf ihm ein, wie die heilige Schrift es ankündigt:

¹⁵»Fürchte dich nicht, du Stadt Jerusalem!
Reitend auf einem Eselsfüllen kommt dein König zu dir!«

¹⁶Das alles war seinen Jüngern am Anfang nicht bewusst. Nach Ostern erst, als sie ihn in seiner lebendigen Herrlichkeit geschaut hatten, erinnerten sie sich, dass die heilige Schrift so über ihn sprach und dass die Menge ihn, ohne es zu wissen, so begrüßt hatte. ¹⁷Zugleich verbreitete das Volk, das mitzog, die Kunde, er habe den Lazarus aus der Grabhöhle herausgerufen und ihm das Leben zurückgegeben. ¹⁸Das war auch der Grund, warum die Massen ihm entgegeneilten, dass sie gehört hatten, er habe dieses große Zeichen bewirkt. ¹⁹Die Pharisäer aber redeten hin und her: »Ihr seht, dass ihr nichts erreicht. Seht euch das an: Die ganze Welt läuft ihm nach!«

Das Symbol »Weizenkorn«

²⁰Unter den Gästen, die nach Jerusalem gekommen waren, um dort das Passafest mitzufeiern, waren auch einige Griechen. ²¹Die interessierten sich für Jesus, wandten sich aber nicht an ihn selbst, sondern baten Philippus aus Betsaida in Galiläa: »Herr, ist es wohl möglich, dass du uns

mit Jesus in Verbindung bringst? Wir möchten ihn kennen lernen.«
²²Philippus ging zu Andreas und besprach sich mit ihm, was zu tun sei, und die beiden sagten es schließlich Jesus. (Darin lag eine verlockende Möglichkeit. Jesus hätte sein Leben retten können, wenn er sein Land verlassen hätte und in die griechische Welt gegangen wäre, um dort zu wirken.) ²³Doch Jesus wehrte ab:

»Die Stunde ist da, in der die göttliche Herrlichkeit
an mir sichtbar werden soll.
²⁴Heilig wahr ist, was ich sage:
Wenn das Weizenkorn nicht in die Erde fällt
und stirbt, so bleibt es allein.
Wenn es stirbt, bringt es viel Frucht.
²⁵Wer sein Leben festhalten will, wird es verlieren.
Wer es aber hingibt in dieser Welt, bewahrt es zum ewigen Leben.
²⁶Wer mir dienen will, folge mir nach,
und wo ich bin, da soll mein Diener auch sein.
Wer aber mir dient, den wird mein Vater ehren.

²⁷Nun ist mein Herz voll Angst.
Aber soll ich sagen: ›Vater, bewahre mich vor dieser Stunde‹?
Nein, ich kam ja in diese Stunde durch seinen Willen.
²⁸Ich will sagen: ›Vater, tu, was den Menschen
deine göttliche Herrlichkeit vor Augen führt!‹«

Da hörte man eine Stimme vom Himmel:
»Ich habe es getan und werde es weiter tun.«
²⁹Die Menschen, die dabeistanden und das hörten, meinten, es habe gedonnert. Einige meinten auch: »Ein Engel hat mit ihm geredet!«

Die Kreuzigung ist die Erhöhung des Christus

³⁰Jesus fuhrt fort:
»Diese Stimme geschah nicht, damit *ich* sie hörte,
sondern damit *ihr* sie hört.
³¹Nun entscheidet sich das Geschick dieser Welt.
Nun wird der Herr dieser Welt entmachtet.
³²Wenn ich aber von der Erde ans Kreuz erhöht werde

und in der Herrlichkeit Gottes bin,
will ich sie alle zu mir ziehen.«

³³Mit diesen Worten deutete er an, auf welche Weise er sterben würde. ³⁴Das Volk verstand ihn aber nur halb: »Wir wissen aus der heiligen Schrift, dass der Christus ewig leben wird. Wie kannst du sagen: ›Der Menschensohn muss ans Kreuz erhöht werden.‹ Wir wissen nichts von einem solchen Menschensohn!« ³⁵Jesus gab zur Antwort:

»Das Licht ist noch eine kurze Zeit bei euch.
Lebt so, dass ihr Licht habt,
damit euch die Finsternis nicht überfällt.
Wer in der Finsternis geht, sieht seinen Weg nicht.
³⁶Vertraut dem Licht, solange ihr es habt,
so werdet ihr Söhne des Lichts sein.«

Nach diesen Worten ging Jesus weg und entzog sich der Menge. ³⁷Denn obwohl er so unerhört große Dinge vor aller Augen getan hatte, glaubten sie doch nicht an ihn. ³⁸Es war, wie schon Jesaja, der Prophet, klagte:

»Herr, wer glaubt uns, wenn wir von dir reden? Wer macht schon Ernst mit deiner Nähe, wenn er auch alle deine Macht sichtbar vor Augen hat?« ³⁹Auch der Grund, den Jesaja angab, trifft auf ihren Unglauben zu: ⁴⁰»Er hat ihre Augen blind gemacht, ihre Herzen unbeweglich und starr, denn sie sollen nichts sehen mit ihren Augen und mit ihrem Herzen nichts begreifen, sie müssten ja sonst umkehren, und ich könnte sie heilen!«

⁴¹So schrieb Jesaja, weil er auf Jesus und auf sein Leben und Sterben vorausblickte. ⁴²Freilich, es waren auch unter den führenden Männern viele, die an ihn glaubten, aber sie standen in der Öffentlichkeit nicht zu ihrer Überzeugung, weil sie fürchteten, die Pharisäer würden sie aus der Synagogengemeinschaft ausstoßen. ⁴³Es ging ihnen eben mehr um ihr Ansehen unter den Menschen als um die Ehre Gottes.

⁴⁴»Wer mir angehört«, rief Jesus aus, »der gehört im Grunde nicht mir an, sondern Gott, der mich gesandt hat. ⁴⁵Wer mich sieht, sieht den, der mich gesandt hat. ⁴⁶Als ein Licht kam ich in die Welt, damit, wer sich mir zuwendet, von der Finsternis frei sei. ⁴⁷Wer meine Worte hört und sein Leben nicht auf sie gründet, wird nicht von mir sein Urteil empfangen. Denn ich kam nicht in die Welt, um sie zu richten, sondern um sie vom

Tode zu retten. ⁴⁸Wer mich verachtet und meine Worte nicht aufnimmt, hat den eigenen Richter: Das Wort, das ich sprach, wird ihm das Urteil sprechen, wenn der Tag des Gerichts kommt. ⁴⁹Denn nicht meine eigenen Gedanken habe ich in Worte gefasst. Was ich tun und reden solle, das trug mir der Vater auf, der mich gesandt hat. ⁵⁰Ich weiß: Mit diesem Auftrag hat er den Menschen das ewige Leben angeboten. Was ich rede, das rede ich so, wie der Vater es zu mir sprach.«

Die Fußwaschung

13 ¹Ehe nun das Passafest kam, empfing Jesus Klarheit darüber, dass nun die Stunde gekommen war, in der er die Welt verlassen und zum Vater gehen sollte. Wie er aber die Seinen geliebt hatte, während er mit ihnen in der Welt gewesen war, so liebte er sie weiter bis ans Ende. ²Als die Zeit des festlichen Mahls kam, war alles entschieden. Der Widersacher hatte dem Judas, dem Sohn des Simon Iskariot, den Plan ins Herz gegeben, Jesus zu verraten. ³Jesus aber wusste, dass ihm der Vater alles anvertraut hatte. Er wusste, dass er von Gott ausgegangen war und nun zu Gott heimkehrte.

⁴Da feierten sie miteinander das Passamahl. Während des Essens erhob sich Jesus vom Tisch, legte sein Obergewand ab und band sich eine Schürze um. ⁵Dann goss er Wasser in ein Becken und fing an, seinen Jüngern die Füße zu waschen und sie mit der Schürze zu trocknen. ⁶Als er zu Petrus kam, wehrte der sich: »Was soll das? Du willst mir die Füße waschen?« ⁷Jesus antwortete: »Was ich tue, verstehst du jetzt noch nicht. Später wirst du es verstehen.« ⁸Aber Petrus redete weiter: »Auf keinen Fall sollst du mir die Füße waschen! Niemals!« »Wenn ich das nicht tue«, erwiderte Jesus, »gehörst du nicht zu mir.« ⁹Da redete Petrus plötzlich ganz anders: »Herr, nicht die Füße allein, sondern auch die Hände und das Haupt!« ¹⁰»Wer mir angehört«, erwiderte Jesus, »braucht nur das Zeichen, dass ich ihm die Füße wasche, der ganze Mensch ist ja schon rein. Ihr seid rein, freilich – nicht alle.« ¹¹Er wusste, wer ihn verraten würde, darum sagte er: »Ihr seid nicht alle rein.«

¹²Als er ihnen die Füße gewaschen hatte, legte er wieder sein Gewand um und ließ sich auf sein Polster nieder. »Wisst ihr«, fragte er, »was das bedeutete? ¹³Ihr nennt mich ›Meister‹ und ›Herr‹. Das ist richtig. Ich bin es. ¹⁴Wie ich aber als euer Herr und Meister euch die Füße gewaschen habe, so sollt ihr einander die Füße waschen. ¹⁵Ein

Beispiel habe ich euch gegeben für das, was ihr tun sollt. ¹⁶Das steht fest: Der Knecht ist nicht größer als sein Herr und steht nicht höher als der, der ihm seinen Auftrag gab. ¹⁷Wenn ihr das verstanden habt, wohl euch, wenn ihr danach lebt.

¹⁸Ich rede nicht von allen, sondern nur von denen, die ich erwählt habe. Aber es muss geschehen, was die Schrift ankündigt: ›Der mein Brot isst, tritt mit dem Fuß nach mir.‹ ¹⁹Ich sage euch das jetzt schon, ehe es geschieht, damit ihr, wenn es eintrifft, euer Vertrauen behaltet und wisst, dass ich der bin, der ich immer war.

²⁰Wahr ist, was ich sage: Wer den aufnimmt, den ich ausgesandt habe, der nimmt mich auf, und wer mich aufnimmt, nimmt den auf, der mich gesandt hat.«

²¹Als Jesus das gesagt hatte, ergriff ihn eine tiefe Erregung, und er sprach: »Ich sage euch die Wahrheit! Einer von euch wird mich verraten!« ²²Da sahen die Jünger einander an und wussten nicht, wen er meinte. ²³Der, den Jesus besonders liebte, hatte seinen Platz an seiner Brust. ²⁴Dem gab Petrus ein Zeichen, er solle ihn fragen, wen er meinte. ²⁵»Herr, wer ist das?« fragte der Jünger, indem er sich an die Brust Jesu zurücklehnte, und Jesus antwortete: ²⁶»Der, dem ich den Bissen eintauchen und geben werde.« Und er tauchte den Bissen ein und gab ihn dem Judas, dem Sohn des Simon Iskariot. ²⁷Als der den Bissen genommen hatte, fuhr der Teufel in ihn. Und Jesus sprach: »Was du tun willst, tu bald!« ²⁸Keiner, der mit am Tisch lag, begriff in diesem Augenblick, was das heißen sollte. ²⁹Einige meinten, weil Judas die Kasse hatte, habe Jesus ihn angewiesen, er solle für das Fest das Nötige einkaufen, oder er solle den Armen etwas geben. ³⁰Als er aber den Bissen gegessen hatte, ging Judas hinaus. Es war Nacht.

Ein Wort an Petrus

³¹Als er den Raum verlassen hatte, sprach Jesus: »Jetzt offenbart sich an mir Gottes Herrlichkeit. Gottes Herrlichkeit hat sich euch in mir gezeigt. ³²Wie nun Gott in mir seine Herrlichkeit offenbart hat, so wird er euch in seine Herrlichkeit aufnehmen, und zwar bald. ³³Kinder, nur eine kurze Zeit noch werde ich bei euch sein. Ihr werdet mich vermissen, aber ich habe schon draußen zu den anderen gesagt: ›Wohin ich gehe, könnt ihr nicht gelangen.‹ Das sage ich jetzt auch zu euch.

³⁴Ich gebe euch aber ein neues Gebot: Liebt einander!
Wie ich euch geliebt habe, so liebt nun einander.
³⁵Das wird das Zeichen sein, an dem sichtbar wird,
dass ihr die Meinen seid: dass ihr einander liebt.«

³⁶Da fragte ihn Petrus: »Wohin wirst du gehen?« Jesus antwortete: »Wohin ich nun gehe, dahin kannst du mir nicht folgen, aber du wirst später denselben Weg gehen wie ich.« ³⁷Noch einmal wollte Petrus wissen: »Herr, warum kann ich dir jetzt nicht folgen? Ich werde mein Leben für dich hingeben.« ³⁸»Wirklich? Dein Leben willst du für mich hingeben? Ich sage die Wahrheit: Der Hahn wird nicht krähen, ehe du dreimal behaupten wirst, du habest nichts mit mir zu tun.«

Ich bin der Weg

14 ¹Und Jesus fuhr fort:
»Euer Herz erschrecke nicht! Vertraut Gott und vertraut mir.
²In meines Vaters Haus sind viele Wohnungen.
Wäre es nicht so, würde ich dann zu euch sagen:
›Ich gehe hin, euch eine Wohnung zu bereiten‹?
³Gehe ich aber hin, euch eine Wohnung zu bereiten,
so werde ich wiederkommen und euch zu mir nehmen,
damit ihr seid, wo ich bin.
⁴Der Weg aber, den ich gehe, ist euch bekannt.«

⁵Da sagte Thomas: »Herr, wir wissen nicht, wohin du gehst.
Wie könnten wir den Weg wissen?« ⁶Jesus antwortete:
»Ich bin der Weg und die Wahrheit und das Leben.
Den Vater findet ihr durch mich allein.
⁷Wenn ihr mich erkannt habt,
werdet ihr auch meinen Vater erkennen.
Von jetzt an kennt ihr ihn und habt ihn gesehen.«

Ich bin die Wahrheit

⁸Herr«, bat Philippus,
»zeige uns den Vater, so ist uns genug.«

⁹Da antwortete Jesus:

»So lange bin ich bei euch, Philippus,
und du hast mich nicht erkannt.
Wer mich sieht, sieht den Vater.
Wie kannst du sagen: ›Zeige uns den Vater‹?
¹⁰Glaubst du nicht, dass du in mir dem Vater begegnest?
Ich bin im Vater, und der Vater ist in mir.
Was ich rede, sage ich nicht aus mir selbst.
Der Vater, der in mir ist, wirkt durch mich und tut sein Werk.
¹¹Vertraut mir, dass ich im Vater lebe und der Vater in mir lebt.
Könnt ihr das nicht, so glaubt mir doch um der Taten willen,
die ihr an mir gesehen habt.

Ich bin das Leben

¹²Heilige Wahrheit ist, was ich sage:
Wer an mich glaubt, wird die Werke auch vollbringen,
die ich tue, ja, er wird größere tun,
denn ich gehe zum Vater.
¹³Was immer ihr dann bitten werdet
in meinem Namen, das will ich erfüllen,
und euch damit den Geber aller Herrlichkeit zeigen.
¹⁴Ja, was immer ihr von mir erbittet, das will ich tun.

¹⁵Wenn ihr mich liebt,
dann werdet ihr nach meinen Weisungen leben.
¹⁶Ich werde den Vater bitten,
dass er euch einen anderen Helfer sendet,
der immer bei euch bleibt: ¹⁷den Geist der Wahrheit.
Die Welt kann ihn nicht empfangen.
Sie sieht ihn nicht und versteht ihn nicht. Ihr aber versteht ihn,
denn er wird bei euch bleiben und in euch wohnen.
¹⁸Ich lasse euch nicht als Waisen zurück.
Ich komme wieder zu euch.
¹⁹Über eine kleine Zeit wird mich die Welt nicht mehr sehen.
Ihr aber werdet mich schauen, denn ich lebe,
und ihr sollt auch leben.

²⁰An jenem Tag werdet ihr erkennen,
dass ich in meinem Vater bin,
dass ihr in mir seid und ich in euch lebe.
²¹Wer nach meinen Weisungen lebt, der ist es, der mich liebt.
Wer aber mich liebt, den wird mein Vater lieben.
Ich werde ihn lieben und mich ihm lebendig erweisen.«

Ankündigung des Geistes

²²Da fragte ihn Judas, nicht der Iskariot:
»Warum willst du dich nur uns zeigen und nicht der Welt?«
²³Jesus gab zur Antwort:
»Wenn jemand mich liebt und nach meinen Weisungen lebt,
wird ihn auch mein Vater lieben,
und wir werden zu ihm kommen und in ihm wohnen.
²⁴Wer mich nicht liebt, wird nicht nach meinen Worten leben.
Die Worte aber, die ihr hört, sind nicht von mir,
sondern von meinem Vater, der mich gesandt hat.
²⁵Das sage ich euch alles heute, da ich noch bei euch bin.
²⁶Der Helfer und Beistand, der heilige Geist,
den mein Vater statt meiner senden wird,
wird euch alles lehren und euch an alles erinnern,
was ich gesagt habe.

Ankündigung des Friedens

²⁷Frieden lasse ich euch.
Meinen Frieden gebe ich euch.
Ich gebe euch nicht, wie die Welt gibt.
Euer Herz erschrecke nicht und fürchte sich nicht.

²⁸Ihr habt gehört, dass ich sagte:
›Ich gehe, und ich komme wieder zu euch.‹
Wenn ihr mich liebtet, freutet ihr euch,
dass ich zum Vater gehe, denn der Vater ist größer als ich.
²⁹Das sage ich jetzt, ehe es geschieht,
damit ihr, wenn es eintrifft, glauben könnt.

³⁰Ich werde nicht mehr viel mit euch reden,
denn der kommt, der in dieser Welt die Macht hat.
Er wird freilich nichts gegen mich ausrichten.
³¹Damit aber die Welt erkenne, dass ich den Vater liebe,
tue ich, was er mir aufgetragen hat. Steht auf! Lasst uns gehen!

Der Weinstock und die Reben

15 ¹Ich bin der wahre Weinstock.
Mein Vater aber ist der Gärtner.
²Jede Rebe an mir, die keine Frucht trägt, schneidet er weg.
Und jede, die Frucht bringt, reinigt er,
damit sie mehr Frucht bringt.
³Ihr seid schon rein durch das Wort,
das ich zu euch gesprochen habe.
⁴Bleibt in mir, so wie ich in euch bin.
Wie eine Rebe keine Frucht bringen kann,
wenn sie nicht am Weinstock bleibt,
so auch ihr nicht, wenn ihr nicht in mir bleibt.

⁵Ich bin der Weinstock, ihr seid die Reben.
Wer in mir bleibt und ich in ihm, der bringt viel Frucht.
Denn ohne mich könnt ihr nichts tun.
⁶Wer nicht in mir bleibt, wird abgeschnitten und verdorrt.
Man wird die verdorrten Reben sammeln
ins Feuer werfen und verbrennen.
⁷Wenn ihr an mir bleibt, wenn meine Worte in euch bleiben,
werdet ihr bitten, was ihr wollt, und es wird euch widerfahren.
⁸Darin preist ihr meinen Vater, dass ihr viel Frucht bringt
und so als meine Mitarbeiter mit mir wirkt.

⁹Wie mich mein Vater liebt, so liebe ich euch.
Bleibt in meiner Liebe.
¹⁰Wenn ihr nach meinen Weisungen lebt,
bleibt ihr in meiner Liebe,
wie ich nach den Weisungen meines Vaters lebe
und in seiner Liebe bleibe.

¹¹Das sage ich euch, damit meine Freude in euch sei
und eure Freude vollkommen werde.
¹²Das ist mein Gebot, dass ihr einander liebt, wie ich euch liebe.
¹³Größere Liebe hat niemand als die,
dass er sein Leben hingibt für seine Freunde.
¹⁴Ihr seid meine Freunde, wenn ihr tut, was ich euch auftrage.
¹⁵Ich nenne euch nicht mehr Knechte,
denn ein Knecht weiß nicht, was sein Herr tut.
Ich nenne euch Freunde, denn alles,
was ich hörte von meinem Vater, habe ich euch kundgetan.

¹⁶Nicht ihr habt mich erwählt,
sondern ich erwählte euch und gab euch den Auftrag,
hinzugehen und Frucht zu bringen, und eure Frucht wird bleiben.
Mein Vater im Himmel wird euch geben,
um was immer ihr ihn in meinem Namen bittet.
¹⁷Das gebiete ich euch, dass ihr einander liebt.

Feindschaft wird euch treffen

¹⁸Wenn die Welt euch hasst, so wisst, dass
sie mich vor euch gehasst hat.
¹⁹Wenn ihr aus der Welt wäret,
würde die Welt lieben, was ihr zugehört.
Da ihr aber nicht aus der Welt seid,
sondern ich euch aus der Welt heraus erlesen habe,
darum hasst euch die Welt.
²⁰Denkt daran! Ich habe es euch gesagt:
Der Knecht steht nicht über seinem Herrn.
Wie sie mich verfolgt haben, werden sie auch euch verfolgen.
Wie sie mein Gebot halten,
so werden sie auch das eure achten.
²¹Aber das alles wird euch begegnen,
weil ihr meinen Namen tragt und weil sie den nicht kennen,
der mich gesandt hat.

²²Wäre ich nicht gekommen
und hätte nicht zu ihnen gesprochen, so trügen sie keine Schuld.

Nun aber bleibt ihnen keine Ausflucht ihres Unrechts wegen.
²³Wer mich hasst, hasst auch meinen Vater.
²⁴Hätte ich nicht das alles in ihrer Mitte getan,
das kein anderer getan hat, träfe sie keine Schuld.
Nun aber haben sie alles gesehen
und hassen doch mich und meinen Vater.
²⁵In dem allen erfüllt sich das Wort,
das in ihrem Gesetz geschrieben ist:
›Ohne Grund hassen sie mich!‹

²⁶Der Beistand aber, den ich vom Vater zu euch senden werde,
der Geist der Wahrheit, der vom Vater ausgeht,
wird für mich zeugen.
²⁷Durch euch wird er für mich zeugen,
denn ihr seid von Anfang an bei mir.

16 ¹Das alles sage ich euch,
damit ihr den Halt nicht verliert.
²Sie werden euch aus der Synagogengemeinschaft ausstoßen.
Es wird eine Stunde kommen, da wird, wer euch tötet, meinen,
er erweise Gott einen Dienst damit. ³Und sie werden das tun,
weil sie weder den Vater noch mich kennen.

⁴Das alles sage ich euch, damit,
wenn die Stunde kommt, ihr euch erinnert,
dass ich es euch gesagt habe.
Früher brauchte ich es euch nicht zu sagen,
denn ich war ja bei euch.
⁵Nun aber gehe ich hin zu dem,
der mich gesandt hat, und niemand von euch fragt mich:
›Wo gehst du hin?‹,
⁶sondern weil ich das sagte, ist euer Herz von Trauern erfüllt.
⁷Aber ich sage euch die Wahrheit:
Es ist gut für euch, dass ich weggehe.
Denn ginge ich nicht dorthin, käme auch der Helfer nicht zu euch:
Nun aber gehe ich und werde ihn euch senden.
⁸Wenn der kommt, wird er der Welt die Augen öffnen darüber,
was es um die Sünde sei, um die Gerechtigkeit und um das Gericht.
⁹Denn das ist die eigentliche Sünde, dass sie nicht an mich glauben.

¹⁰Darin erweist sich meine Gerechtigkeit,
dass ich zum Vater gehe in seine unsichtbare Welt.
¹¹Das ist das Gericht: dass die finstere Macht,
die in der Welt herrscht, keine Zukunft hat.

Der Geist wird kommen

¹²Ich habe euch noch viel zu sagen,
aber ihr könnt es jetzt nicht ertragen.
¹³Wenn aber der Geist der Wahrheit kommt,
wird er euch in alle Wahrheit leiten,
denn er wird nicht aus sich selbst reden.
Er wird sagen, was er hört. Was kommt, wird er euch ansagen.
¹⁴Er wird auf mich verweisen, denn aus mir wird er nehmen,
was er euch verkündigt.
¹⁵Alles, was der Vater hat, ist mein, darum sage ich:
Aus mir wird er nehmen, was er euch verkündigt.

¹⁶Es ist noch eine kurze Zeit, dann werdet ihr mich nicht mehr sehen.
Und wieder eine kurze Zeit, dann werdet ihr mich schauen.«
¹⁷Da fragten einige seiner Jünger einander: »Was soll das heißen:
›Es ist noch eine kurze Zeit, dann werdet ihr mich nicht mehr sehen,
und wieder eine kurze Zeit, dann werdet ihr mich schauen‹?
Und was heißt: ›Ich gehe zum Vater‹?
¹⁸Was meint er mit der kurzen Zeit?
Wir verstehen das nicht.«

Ihr werdet euch freuen

¹⁹Jesus merkte, dass sie ihn fragen wollten,
und gab zur Antwort:
»Ihr fragt, was ich damit meine, wenn ich sage:
›Es ist noch eine kurze Zeit,
dann werdet ihr mich nicht mehr sehen,
und wieder eine kurze Zeit, dann werdet ihr mich sehen!‹
²⁰Ich sage euch die Wahrheit: Ihr werdet weinen und klagen.
Die Welt aber wird sich freuen.

Ihr werdet bekümmert sein,
eure Trauer aber wird in Freude umschlagen.
²¹Eine Frau, die ein Kind zur Welt bringt, hat Schmerzen,
denn ihre Stunde ist gekommen.
Hat sie aber das Kind geboren,
so denkt sie nicht mehr an ihre Angst, sondern ist glücklich,
dass ein Mensch zur Welt gekommen ist.
²²Ihr seid jetzt traurig, aber ich werde euch wieder sehen,
und euer Herz wird sich freuen.
Und diese Freude wird euch niemand nehmen.
²³An jenem Tag werdet ihr mich nichts mehr fragen.

Der Weg zum Vater ist offen für euch

Ich sage euch:
Was immer ihr vom Vater erbittet,
mir zuliebe wird er es euch geben.
²⁴Bisher habt ihr nicht in meinem Namen gebetet;
bittet ihn, und ihr werdet empfangen,
so dass eure Freude alles Maß übersteigt.

²⁵Das habe ich euch in Andeutungen gesagt.
Es kommt eine Stunde, in der ich
nicht mehr in Rätseln reden werde,
sondern frei und unmittelbar den Vater verkündigen.
²⁶An jenem Tag werdet ihr in meinem Namen bitten.
Aber ich werde vor dem Vater
eure Bitte nicht zu unterstützen brauchen,
²⁷denn er selbst, der Vater, liebt euch,
weil ihr mich geliebt habt und geglaubt,
dass ich von Gott ausging.
²⁸Ich ging vom Vater aus und kam in die Welt,
nun verlasse ich die Welt und gehe zum Vater.«

²⁹Da sagten die Jünger:
»Ja, nun redest du offen und nicht in Rätseln.
³⁰Nun wissen wir, dass du alles weißt und unsere Fragen kennst,
ehe wir sie stellen.

Nun glauben wir, dass du von Gott kommst.«
³¹Aber Jesus antwortete: »Nun glaubt ihr?
³²Eine Stunde wird kommen, und sie ist schon da,
in der ihr zerstreut werdet, jeder für sich selbst,
und mich allein lasst. Ich bin freilich auch dann nicht allein,
denn der Vater ist bei mir.

³³Das sage ich euch, damit ihr Frieden findet in mir.
In der Welt habt ihr Angst, aber fasst Mut:
Ich habe die Welt überwunden.«

Das Gebet des Christus für die Seinen

17 ¹Nach diesen Worten hob Jesus die Augen.
Er sah zum Himmel und betete:
»Vater, die Stunde ist da.
Zeige der Welt, dass ich dein Sohn bin,
damit ich deine Lichtherrlichkeit zeigen kann.
²Du hast mir Vollmacht gegeben,
allen denen ewiges Leben zu verleihen,
die du mir gegeben hast.
³Darin liegt der Glanz des ewigen Lebens,
dich zu erkennen als den einen wahren Gott
und mich, den du gesandt hast.
⁴Ich habe dich den Menschen gezeigt
und habe den Auftrag erfüllt, den du mir gabst.
⁵Und nun verleihe mir aufs Neue die Herrlichkeit,
die ich bei dir hatte, ehe die Welt war.

⁶Ich habe dich den Menschen gezeigt,
die du mir aus der Welt gegeben hast.
Sie waren dein, und du hast sie mir gegeben,
und sie haben dein Wort bewahrt.
⁷Sie wissen nun, dass alles, was du mir gabst, von dir kam.
⁸Denn die Worte, die du mir gabst, gab ich ihnen weiter,
und sie nahmen sie auf. Sie erkannten die Wahrheit,
dass ich von dir kam,
und kamen zu dem Glauben, dass du mich gesandt hast.

⁹Ich bitte für sie. Ich bitte nicht für die ganze Menschheit,
sondern für die, die du mir gegeben hast.
Sie gehören dir, ¹⁰wie alles, was mir gehört, dein ist,
und alles, was dir gehört, mein.
Meine Liebe ist nun in ihnen sichtbar.
¹¹Ich bin nicht mehr in der Welt.
Sie aber bleiben in ihr, und ich komme und bitte dich für sie:

Heiliger Vater, bewahre sie in dir,
damit sie eins seien, wie wir eins sind.
¹²Solange ich bei ihnen war, habe ich sie bewahrt,
und keiner unter ihnen ging verloren,
außer dem einen, dem das Verderben bestimmt war.

¹³Nun komme ich zu dir und rede das alles vor ihren Ohren,
damit die Freude, die mich erfüllt, auch ihr Herz fülle.
¹⁴Ich habe ihnen dein Wort gegeben,
und die Menschen hassen sie,
weil sie nicht aus der Welt der Menschen sind,
wie auch ich dort nicht herkomme.
¹⁵Ich bitte nicht, dass du sie aus der Welt nimmst,
sondern dass du sie bewahrst vor dem Bösen.
¹⁶Sie sind nicht von der Welt,
wie auch ich nicht aus der Welt bin.
¹⁷Heilige sie in der Wahrheit. Dein Wort ist die Wahrheit.
¹⁸Wie du mich in die Welt gesandt hast,
so habe ich sie ausgesandt in die Welt.
¹⁹Ich weihe mich zum Opfer für sie,
damit sie für ihren Dienst geweiht sind in der Wahrheit.

²⁰Ich bitte aber nicht nur für sie allein,
sondern auch für die, die ihr Wort hören und an mich glauben.
²¹Denn sie sollen alle eins sein,
wie du, Vater, in mir bist und ich in dir.
Sie sollen in uns verbunden sein,
damit die Welt glaubt, du habest mich gesandt.
²²Ich habe ihnen die Herrlichkeit gegeben,
die du mir verliehen hast,
damit sie eins seien, wie wir eins sind.

²³Wie ich in ihnen bin und du in mir bist,
so sollen sie vollkommen eins sein,
damit die Welt erkenne, dass du mich gesandt hast,
und dass du sie liebst ebenso wie mich.

²⁴Vater, ich will, dass die, die du mir gegeben hast,
bei mir seien, wo immer ich bin,
damit sie die Macht und wirksame Kraft schauen,
die du mir gegeben hast,
denn du hast mich geliebt, ehe die Welt war.
²⁵Gerechter Vater, die Welt kennt dich nicht,
ich aber habe dich erkannt,
und meine Freunde wissen, dass du mich gesandt hast.
²⁶Ich habe dich ihnen kund getan
und werde dich ihnen weiter offenbaren,
damit die Liebe, mit der du mich liebst,
in ihnen sei, und ich in ihnen lebe.«

Die Erhöhung des Christus

Gefangennahme

18 ¹Nach allen diesen Worten verließ Jesus mit seinen Jüngern die Stadt und ging durch die Schlucht des Kidronbachs auf die andere Talseite. Dort betraten er und seine Jünger einen Garten. ²Von der Stelle wusste aber auch Judas, der ihn verriet, denn Jesus hatte sich dort schon oft mit ihnen aufgehalten. ³Inzwischen nahm Judas eine Schar von römischen Soldaten und von Knechten der Priester und Pharisäer. Die kamen an jenen Platz mit Fackeln, Lampen und Waffen. ⁴Da trat Jesus vor den Garten hinaus – er wusste alles, was ihn erwartete – und fragte sie: »Wen sucht ihr?« ⁵Sie antworteten: »Jesus von Nazaret!« Und er gab sich ihnen zu erkennen: »Ich bin es.« Judas aber, der Verräter, stand bei ihnen. ⁶Als nun Jesus sagte: »Ich bin es«, wichen sie zurück und fielen zur Erde. ⁷Noch einmal fragte Jesus: »Wen sucht ihr?« Und wieder antworteten sie: »Jesus von Nazaret!« ⁸»Ich habe euch doch gesagt, ich sei es. Wenn ihr mich sucht, dann lasst die anderen gehen.« ⁹So erfüllte sich sein Wort: »Ich habe keinen verloren von allen, die du mir gegeben hast.« ¹⁰Simon Petrus, der ein Schwert bei sich trug, zog es aus und schlug nach dem Beauftragten des Hohepriesters und hieb ihm das rechte Ohr ab. Der Mann hieß Malchus. ¹¹Aber Jesus wandte sich an Petrus: »Stecke dein Schwert in die Scheide. Soll ich den Kelch nicht trinken, den mir mein Vater reicht?«

Jesus und Kajaphas

¹²Die Truppe und ihr Anführer sowie die Gerichtsdiener der Juden nahmen danach Jesus, fesselten ihn ¹³und führten ihn zunächst zu Hannas, dem Schwiegervater des derzeitigen Hohepriesters Kajaphas. ¹⁴Kajaphas war es gewesen, der den Juden vor Augen gestellt hatte, es sei gut, wenn ein Mensch für das ganze Volk sterbe. ¹⁵Petrus und ein anderer der Jünger gingen hinter Jesus her, und weil der andere dem Hohepriester bekannt war, ging er mit Jesus in den Palast, während Petrus draußen vor der Tür blieb. ¹⁶Da kam der andere, der dem Hohepriester bekannt war, wieder heraus, redete mit der Magd, die die Aufsicht am Eingang hatte, und führte auch Petrus hinein. ¹⁷Die fragte ihn: »Gehörst du nicht auch zu den Anhängern dieses Menschen?« Aber Petrus verneinte: »Ich gehöre nicht dazu!« ¹⁸Drinnen standen die Knechte und die Soldaten um ein Kohlenfeuer, das sie angezündet hatten, weil es kalt war, und wärmten sich, und Petrus stand bei ihnen, um sich ebenfalls zu wärmen.

¹⁹Der Hohepriester aber befragte währenddessen Jesus, wer denn seine Jünger seien und was er für eine Lehre vertrete. ²⁰Jesus antwortete: »Ich habe öffentlich geredet vor allen Menschen. Ich habe überall gelehrt, in der Synagoge und im Tempel, wo alle Juden zusammenkommen. Nichts von allem, was ich gesagt habe, ist geheim. ²¹Wieso fragst du mich? Frage doch die, die mir zugehört haben; sie wissen, was ich gesagt habe.« ²²Da gab ihm einer von den Knechten, die dabeistanden, einen Schlag ins Gesicht und fragte: »So antwortest du dem Hohepriester?« ²³»Wenn ich ungehörig geredet habe«, entgegnete ihm Jesus, »dann beweise, was ungehörig war. War es aber richtig, hast du keinen Anlass, zuzuschlagen!« ²⁴Hannas aber ließ Jesus in Fesseln zu dem Hohepriester Kajaphas bringen.

²⁵Indessen stand Petrus noch immer da und wärmte sich. Da fragten sie ihn: »Bist du nicht auch einer von seinen Jüngern?« Aber er bestritt

es: »Ich gehöre nicht dazu.« ²⁶Und noch einmal sprach ihn einer von den Knechten des Hohepriesters an, ein Verwandter dessen, dem Petrus das Ohr abgehauen hatte: »Habe ich dich nicht im Garten bei ihm gesehen?« ²⁷Aber noch einmal leugnete Petrus, und im selben Augenblick krähte der Hahn.

Jesus vor Pilatus

²⁸In der Morgenfrühe führten sie Jesus von Kajaphas aus vor den Palast des römischen Gouverneurs. Sie blieben aber draußen im Hof und gingen nicht in das Gebäude hinein, weil sie kein heidnisches Haus betreten durften, wenn sie danach das Passa feiern wollten. ²⁹Da kam Pilatus zu ihnen heraus und fragte: »Was habt ihr für eine Klage gegen diesen Menschen vorzubringen?« ³⁰Sie antworteten: »Wäre der nicht ein Verbrecher, hätten wir ihn nicht zu dir gebracht!« ³¹»Ich habe kein Interesse an ihm«, entgegnete Pilatus. »Nehmt ihn mit und verurteilt ihn, wie es euer Gesetz vorschreibt.« »Wir dürfen niemanden töten!«, war ihre Antwort. ³²Denn das Wort sollte sich erfüllen, das Jesus gesprochen hatte: welchen Tod er sterben werde.

³³Da ging Pilatus wieder hinein in das Gericht, ließ Jesus kommen und fragte ihn: »Bist du der König der Juden?« ³⁴Jesus antwortete: »Fragst du das von dir aus, oder haben es dir andere über mich gesagt?« ³⁵»Ich bin doch kein Jude!«, wehrte Pilatus ab. »Dein Volk und die Oberpriester haben dich mir übergeben. Was hast du getan?« ³⁶»Mein Reich«, antwortete Jesus, »gehört nicht dieser Welt an wie andere Reiche. Wäre es ein Reich wie andere, würden mich meine Anhänger gegen die Juden schützen. Aber mein Reich ist von ganz anderer Art.« ³⁷Pilatus fragte weiter: »Aber ein König bist du doch?« »Ja, ich bin ein König, ich bin geboren und in die Welt gekommen, um für die Wahrheit einzustehen. Wer aus der Wahrheit ist, hört meine Stimme.« ³⁸Da schloss Pilatus ab: »Was ist Wahrheit?« Als er diese Frage hingeworfen hatte, trat er wieder ins Freie und rief den Juden zu: »Ich finde keine Schuld an ihm.« ³⁹Ich habe aber die Gewohnheit, euch auf das Passafest einen Gefangenen nach eurer Wahl freizugeben. Wollt ihr, dass ich euch diesmal den ›König der Juden‹ freigebe?« ⁴⁰Aber sie schrien: »Nein, den nicht! Gib den Barabbas heraus!« Barabbas war ein Räuber.

19 ¹Da befahl Pilatus, man solle Jesus abführen und geißeln. ²Und die Soldaten flochten eine Krone aus Dornen und setzten sie ihm aufs Haupt und warfen einen ihrer roten Mäntel um seine Schultern. ³Sie traten vor ihn hin und grüßten ihn: »Heil dir, König der Juden!«, und schlugen ihm ins Gesicht. ⁴Pilatus ging wieder hinaus und sprach zum Volk: »Seht! Ich führe ihn zu euch heraus, damit ihr erkennt, dass ich keine Schuld an ihm finde.« ⁵So kam Jesus heraus, noch immer mit Dornenkrone und Purpurmantel. Und Pilatus sprach zu ihnen: »Seht den Menschen!« ⁶Als ihn aber die Priester und ihre Diener so sahen, schrien sie: »Kreuzige! Kreuzige ihn!« Da erwiderte Pilatus: »Nehmt ihn mit! Kreuzigt ihn selbst! Ich finde keine Schuld an ihm.« ⁷»Wir haben ein Gesetz«, antworteten die Juden, »nach dem er sterben muss, denn er hat behauptet, er sei Gottes Sohn.«

⁸Als Pilatus das Wort »Gottes Sohn« hörte, fürchtete er sich noch mehr. ⁹Er ging wieder in das Gerichtsgebäude hinein, ließ Jesus noch einmal vorführen und fragte ihn: »Woher kommst du?« Aber Jesus gab ihm keine Antwort. ¹⁰Da drohte Pilatus: »Sprichst du nicht mit mir? Weißt du nicht, dass ich die Macht habe, dich freizulassen, und die Macht, dich zu kreuzigen?« ¹¹»Du hättest keine Macht über mich«, war die Antwort, »wenn sie dir nicht von oben verliehen wäre. Die größere Schuld liegt bei denen, die mich dir ausgeliefert haben.« ¹²Von da an bemühte sich Pilatus um Mittel und Wege, Jesus freizulassen.

Aber die Versammelten lärmten weiter: »Wenn du den freigibst, bist du kein Freund des Kaisers! Wer sich selbst zum König macht, erhebt sich gegen den Kaiser!« ¹³Als Pilatus dieses Wort hörte, gab er nach, ließ Jesus herausführen und setzte sich auf den Platz des Richters, auf einer Terrasse, die »Steinpflaster« hieß, auf hebräisch Gabbata. ¹⁴Es war der Tag vor dem Passa, an dem man sich auf das Fest vorbereitete, um die Mittagszeit. Und Pilatus redete zu den Juden: »Seht! Das ist euer König!« ¹⁵Sie aber schrien: »Weg mit dem! Schlag ihn ans Kreuz!« Pilatus fragte noch einmal: »Soll ich euren König kreuzigen?« Und die Priester gaben zur Antwort: »Wir haben keinen König außer dem Kaiser.« ¹⁶Da übergab er ihn den Soldaten zur Hinrichtung.

Kreuzigung

¹⁷Die Soldaten nahmen Jesus, und er ging mit dem Kreuzbalken, den er selbst tragen musste, hinaus an den Platz, der »Totenkopfhügel« hieß,

auf hebräisch Golgota. ¹⁸Dort schlugen sie ihn ans Kreuz, zugleich mit zwei anderen, deren Kreuze sie rechts und links aufstellten, so dass Jesus in der Mitte zwischen ihnen hing.

¹⁹Pilatus aber hatte eine Tafel anfertigen lassen, die oben am Kreuz angebracht wurde, mit der Inschrift: »Jesus. Aus Nazaret. König der Juden.« ²⁰Diese Inschrift lasen viele Juden, denn der Ort der Kreuzigung lag nahe bei der Stadt. Sie war hebräisch, lateinisch und griechisch wiedergegeben. ²¹Da wandten sich die Priester der Juden an Pilatus: »Du sollst nicht schreiben: ›Der König der Juden‹, sondern: ›Behauptete, König der Juden zu sein‹.« ²²»Was ich geschrieben habe«, antwortete Pilatus, »habe ich geschrieben.«

²³Nachdem die Soldaten Jesus gekreuzigt hatten, nahmen sie seine Kleider und machten vier Teile, für jeden von ihnen einen. Als sie an den Rock kamen, stellte sich heraus, dass er ohne Naht war, von oben bis unten in einem Stück gewebt. ²⁴Da sagten sie: »Halt! Den zerteilen wir nicht! Das Los soll bestimmen, wem er gehören soll.« Die Schrift sagt: »Sie haben meine Kleider unter sich geteilt, und über meinen Rock haben sie das Los geworfen.« Was die Soldaten vornahmen, war genau dies.

²⁵Beim Kreuz Jesu stand aber auch seine Mutter und die Schwester seiner Mutter, dazu Maria, die Frau des Klopas, und Maria aus Magdala. ²⁶Als nun Jesus seine Mutter da stehen sah und den Jünger, den er besonders liebte, sagte er zu ihr: »Nimm ihn statt meiner, er soll dein Sohn sein.« ²⁷Und zu dem Jünger: »Nimm sie als deine Mutter!« Von der Stunde an nahm der Jünger sie zu sich in sein Haus.

²⁸Jesus wusste, dass schon alles vollendet war. Da rief er : »Mich dürstet!« und erfüllte damit, was die heilige Schrift sagte. ²⁹Nun stand da ein Gefäß mit Essig, und die Soldaten steckten einen mit Essig gefüllten Schwamm auf ein Rohr und hielten es an seinen Mund. ³⁰Jesus nahm von dem Essig und sprach: »Es ist vollbracht!«, ließ das Haupt sinken und starb.

Abnahme und Bestattung

³¹An jenem Freitag bereitete man das Fest vor. Es war der Tag vor dem Sabbat, dem Höhepunkt des Fests. Nun wollten die Juden nicht, dass die Leichen den Sabbat über an den Kreuzen blieben, gingen zu Pilatus und erbaten von ihm, dass ihnen die Beine gebrochen und sie abge-

nommen würden. ³²Da kamen die Soldaten und zerschlugen zunächst dem Ersten der zwei mit Jesus zusammen Gekreuzigten die Beine, danach dem anderen. ³³Als sie zu Jesus kamen und sahen, dass er schon tot war, zerschlugen sie ihm die Beine nicht. ³⁴Statt dessen stieß ihm einer von den Soldaten die Lanze in die Seite, da floss Blut und Wasser heraus. ³⁵Das alles berichtet einer, der es mit eigenen Augen gesehen hat. Sein Bericht ist zuverlässig, und er selbst kann dafür einstehen, dass es alles wahr ist und euer Glaube eine feste Grundlage hat. ³⁶In all dem erfüllten sich die Worte, die in der heiligen Schrift stehen: »Ihm soll kein Bein zerbrochen werden«, und: ³⁷»Sie werden auf ihn hinblicken, den sie durchbohrt haben.«

³⁸Später wandte sich Josef von Arimathäa an Pilatus. Er war ein Anhänger Jesu, aber er war es nur heimlich, weil er sich vor den Juden fürchtete. Er bat Pilatus um die Erlaubnis, den Leib Jesu abzunehmen, und Pilatus gab sie ihm. Da ging er hin und nahm ihn vom Kreuz ab. ³⁹Auch Nikodemus, der Jesus seinerzeit bei Nacht besucht hatte, kam und brachte eine Mischung aus Myrrhe und Aloe, dem Gewicht nach etwa hundert Pfund. ⁴⁰Da nahmen sie den Leib des Herrn, umwickelten ihn mit Binden und balsamierten ihn mit den Salben, wie man bei den Juden üblicherweise die Toten bestattete.

⁴¹Nahe der Stelle, an der er gekreuzigt worden war, lag ein Garten. In ihm war ein neu ausgehauenes Grab, in dem noch niemand bestattet worden war. ⁴²Dort hinein legten sie Jesus, weil es der Vorabend des Sabbats war und das Grab in der Nähe lag.

Erfahrungen seiner Auferstehung

Der Ostermorgen

20 ¹Am ersten Tage der Woche kam sehr früh Maria aus Magdala, als es noch dunkel war, an das Grab und sah, dass der Stein, der vor dem Grab gelegen hatte, zur Seite gewälzt war. ²Da lief sie zu Simon Petrus und zu dem anderen Jünger, den Jesus besonders lieb hatte, und berichtete: »Sie haben den Herrn aus dem Grab geholt, und wir wissen nicht, wohin sie ihn gebracht haben!« ³Petrus und der andere eilten miteinander zum Grab, die beiden liefen miteinander, ⁴und der andere war schneller als Petrus, lief voraus und kam zuerst zum Grab, ⁵bückte sich und sah die leinenen Tücher daliegen, ging jedoch nicht hinein. ⁶Nun kam auch Simon Petrus nach, betrat das Grab, sah die Tücher liegen ⁷und sah auch das Schweißtuch, das auf seinem Gesicht gelegen hatte, das nun nicht bei den anderen Tüchern lag, sondern ein wenig beiseite, zusammengefaltet, an einer besonderen Stelle. ⁸Nach ihm stieg auch der andere, der als erster angekommen war, ins Grab hinunter, sah und glaubte. ⁹Denn bis dahin hatten sie noch nicht verstanden, dass in der heiligen Schrift steht, es sei ihm bestimmt, vom Tode aufzustehen. ¹⁰Und die beiden gingen wieder nach Hause.

Begegnung mit Maria aus Magdala

¹¹Maria aber stand vor dem Grab draußen und weinte. Wie sie nun so weinte, bückte sie sich und sah in das Grab hinein. ¹²Da erblickte sie zwei Engel in weißen Kleidern. Der eine saß am Kopfende, der andere am Fußende der Grabstätte, in der der Leib des Herrn gelegen hatte. ¹³Die fragten sie: »Warum weinst du?« »Sie haben meinen Herrn weggetragen«, antwortete sie, »und ich weiß nicht, wohin.«
¹⁴Während sie das sagte, wandte sie sich um und sah Jesus dastehen. Sie wusste aber nicht, dass er es war. ¹⁵Jesus fragte sie: »Frau, was weinst du? Wen suchst du?« Sie hielt ihn aber für den Gärtner und bat ihn: »Herr, wenn du ihn weggetragen hast, dann sage mir doch, wohin du ihn gelegt hast, damit ich ihn holen kann.«
¹⁶Da redete Jesus sie an: »Maria!« Sie fuhr herum, wandte sich ihm zu und rief: »Mein Meister!« ¹⁷Aber Jesus wehrte ab: »Rühre mich nicht an, denn ich bin noch nicht zu meinem Vater aufgefahren. Geh aber zu meinen Brüdern und sage zu ihnen: Ich kehre zu meinem Vater zurück und zu eurem Vater, zu meinem Gott und zu eurem Gott!«
¹⁸Da lief Maria Magdalena zu den Jüngern und berichtete ihnen: »Ich habe den Herrn gesehen! Und das hat er zu mir gesagt!«

Erscheinung bei den Jüngern

¹⁹Es wurde Abend an jenem ersten Tag nach dem Sabbat. Die Türen an dem Haus, in dem der Kreis der Jünger und Jüngerinnen sich aufhielt, hatten sie aus Furcht vor den Juden verschlossen. Da kam Jesus, stand

plötzlich mitten unter ihnen und sprach sie an: [20]»Friede sei mit euch!« Nach diesem Wort zeigte er ihnen die Hände und die verwundete Seite, und sie freuten sich, den Herrn zu sehen. [21]Noch einmal nahm Jesus das Wort: »Friede sei mit euch! Wie mich mein Vater gesandt hat, so sende ich euch.« [22]Dann hauchte er sie an und sagte: »Nehmt den heiligen Geist! [23]Von jetzt an wird gelten: Wen ihr von seiner Schuld befreit, der ist frei. Wen ihr gefangen lasst, der bleibt in seiner Schuld gefangen.«

[24]Thomas, einer von den Zwölfen, den man den Zwilling nannte, war nicht dabei, als Jesus ihnen erschien. [25]Da erzählten ihm die andern: »Wir haben den Herrn gesehen!« Er aber wollte nicht glauben. »Wenn ich nicht an seinen Händen die Nägelmale sehe und sie nicht mit meiner Hand berühre, und wenn ich nicht die Wunde an seiner Seite mit der Hand anfasse, glaube ich es nicht.« [26]Acht Tage später war der Kreis der Jünger wieder in jenem Haus, und Thomas war bei ihnen. Obwohl die Türen verschlossen waren, erschien Jesus, stand mitten im Raum und sagte: »Friede sei mit euch!« [27]Danach wandte er sich an Thomas: »Lege deinen Finger hierher und sieh meine Hände an, betaste meine Seite mit deiner Hand und wehre dich nicht länger zu glauben!« [28]Da antwortete Thomas: »Mein Herr! Mein Gott!« [29]Und Jesus fügte hinzu: »Weil du mich gesehen hast, glaubst du? Wohl denen, die nicht sehen und doch glauben.«

[30]Noch viele andere Zeichen gab Jesus seinen Jüngern. Es ist nicht alles in diesem Buch aufgeschrieben. [31]Aber das, was hier steht, ist aufgeschrieben, damit ihr glauben könnt, dass Jesus der Christus ist, der Sohn Gottes. Es ist aufgeschrieben, damit ihr glaubt und so das Leben gewinnt.

Morgenfrühe am See

21 [1]Später erschien Jesus seinen Freunden aufs neue, und zwar am See von Tiberias. Das ging so zu: [2]Petrus, Thomas, der Zwilling, Natanaël von Kana in Galiläa, die beiden Zebedäussöhne und noch zwei andere waren dort beisammen. [3]Als nun Simon Petrus sagte: »Ich will fischen gehen!«, erklärten die anderen: »Wir auch!« So gingen sie an den See hinunter und stiegen ins Boot. Aber während der ganzen Nacht fingen sie nichts. [4]In der ersten Morgenfrühe stand Jesus am Ufer, und die Jünger wussten nicht, dass er es war. [5]»Kinder«, redete er sie an, »habt ihr nichts zu essen?« »Nein«, antworteten sie. [6]»Werft das

Netz über die rechte Seite des Boots, dann werdet ihr etwas finden.« Sie taten es und konnten das Netz wegen der Last der Fische nicht mehr einholen. [7]Da sagte der Jünger, den Jesus lieb hatte, zu Petrus: »Es ist der Herr!« Als Petrus das hörte, zog er das Gewand über, denn er war nackt, und sprang ins Wasser. [8]Die anderen Jünger kamen im Boot nach – sie waren nur etwa hundert Meter vom Land – und zogen das Netz mit den Fischen. [9]Als sie ans Ufer traten, sahen sie ein Kohlenfeuer, auf dem Fische und Brot lagen. [10]»Bringt von den Fischen, die ihr eben gefangen habt«, hörten sie Jesus sagen. [11]Da stieg Petrus wieder ins Boot und zog das Netz aufs Land. Es stellte sich heraus, dass einhundertdreiundfünfzig große Fische darin waren, und obwohl es so viele waren, zerriss das Netz nicht. [12]»Kommt her«, rief Jesus ihnen zu. »Wir wollen essen!« Aber niemand hatte den Mut zu fragen: »Wer bist du?« Sie wussten, dass es der Herr war. [13]Da kam Jesus, nahm das Brot und verteilte es an sie, ebenso die Fische. [14]Das war das dritte Mal, dass Jesus sich dem Kreis seiner Jünger zeigte, nachdem er vom Tode auferstanden war.

Erneuter Auftrag an Petrus

[15]Als sie gegessen hatten, wandte sich Jesus an Simon Petrus: »Simon, Sohn des Johannes, liebst du mich mehr als die anderen?« »Ja, Herr«, antwortete der, »du weißt, dass ich dich lieb habe.« Da fügte Jesus hinzu: »Dann hüte meine Lämmer.« [16]Zum zweitenmal fragte er ihn: »Simon, Sohn des Johannes, liebst du mich?« »Ja, Herr, du weißt, dass ich dich liebe.« Jesus setzte hinzu: »Dann sorge für meine Schafe.« [17]Aber Jesus fragte ihn noch ein drittes Mal: »Simon, Sohn des Johannes, liebst du mich?« Da wurde Petrus traurig, weil Jesus zum drittenmal fragte: »Liebst du mich?« So antwortete er: »Herr, du weißt alles, du weißt, dass ich dich liebe.« Jesus fuhr fort: »Dann weide meine Schafe. [18]Höre zu, was ich sage: Du warst einmal jung. Du hast dir deinen Gürtel selbst umgebunden und gingst, wohin du wolltest. Du wirst einmal alt werden, dann wirst du deine Hände ausstrecken und ein anderer wird dich binden und dich führen, wohin du nicht willst.« [19]Das sagte er ihm, um anzudeuten, welchen Tod er zu Gottes Ehre erleiden würde, und fügte hinzu: »Folge mir nach!«

[20]Da wandte Petrus sich und sah den Jünger, den Jesus besonders liebte, nachkommen, den, der bei jenem Mahl an seiner Brust gelegen

und gefragt hatte: »Herr, wer ist es, der dich verrät?« [21]Als Petrus ihn sah, fragte er Jesus: »Herr, was wird denn mit dem geschehen?« [22]»Wenn ich will«, entgegnete Jesus, »dass er bleibt, bis ich wiederkomme, was geht es dich an? Du jedenfalls geh meinen Weg.« [23]Da entstand die Meinung unter den Brüdern: »Dieser Jünger stirbt nicht!« Jesus hatte aber nicht gesagt: »Er stirbt nicht«, sondern nur abgewehrt: »Wenn ich will, dass er lebt, bis ich wiederkomme, was geht es dich an?«

[24]Das ist der Jünger, der von all dem berichtet und es aufgeschrieben hat. Wir wissen, dass wahr ist, was er bezeugt. [25]Vieles andere aber wäre darüber hinaus zu berichten, was Jesus getan hat, aber ich fürchte, die Welt würde die Bücher nicht fassen, die zu schreiben wären, wenn es alles, eins nach dem anderen, aufgeschrieben werden sollte.

EIN BERICHT ÜBER DIE EREIGNISSE DER ERSTEN ZEIT NACH JESUS: DIE APOSTEL-GESCHICHTE

Der Neuanfang nach dem Ende

1 ¹In dem vorigen Buch, das ich, Lukas, für dich geschrieben habe, lieber Theophilus, habe ich über Jesus berichtet. Ich habe erzählt, wie er anfing zu lehren und öffentlich zu wirken, und was er getan hat ²bis zu dem Tag, an dem er in die unsichtbare Welt hinüberging. An diesem Tag gab er seinen Aposteln, die er erwählt hatte, Weisung. Es war der heilige Geist Gottes, der aus ihm sprach. ³Denn nach seinem Leiden zeigte er sich ihnen in lebendiger Kraft, vierzig Tage lang, er erschien ihnen sichtbar und redete zu ihnen darüber, wie Gott sein Reich aufrichten und sein Werk vollenden werde.

⁴Als er sie an jenem Tag versammelte, befahl er ihnen, Jerusalem nicht zu verlassen, sondern dort zu warten, bis die Ankündigung Gottes sich erfüllen würde, die er ihnen mitgab. ⁵Denn »Johannes hat«, so sagte er, »mit Wasser getauft. Ihr aber werdet mit dem heiligen Geist getauft werden, und zwar bald, in wenigen Tagen.«

⁶Da fragten sie ihn: »Bedeutet das, Herr, dass du in diesen Tagen das Reich Israel wieder aufrichten wirst?« ⁷Er antwortete: »Es ist nicht eure Sache, Gottes Pläne zu kennen oder Zeit und Stunde zu wissen, die der Vater in seiner Freiheit festgesetzt hat. ⁸Aber der Geist Gottes wird über euch kommen und euch mit Kraft erfüllen. Ihr werdet meine Boten und Zeugen sein, nicht nur in Jerusalem und Judäa, sondern auch in Samaria und bis in die entferntesten Länder der Erde.«

⁹Nachdem er das gesagt hatte, sahen sie, wie er emporgehoben wurde, wie eine Wolke ihn umschloss und ihn ihren Blicken entzog. ¹⁰Während sie nun unverwandt zum Himmel starrten, wo er ihren Augen entschwunden war, standen plötzlich zwei Männer in lichtglänzenden Kleidern bei ihnen ¹¹und sprachen sie an: »Ihr Männer aus Galiläa, was steht ihr hier und schaut zum Himmel? Dieser Jesus, der eben von euch geschieden ist und in Gottes Welt einging, wird auf dieselbe Weise wiederkehren, wie ihr ihn habt weggehen sehen.«

¹²Da wandten sie sich von der Höhe, die Ölberg heißt, nach Jerusalem zurück. Es war nicht weit, es war ein Weg, den man in einer halben Stunde ging. ¹³Sie traten in das Haus ein, in dem sie sich in jenen Tagen gemeinsam aufhielten, und stiegen ins Obergemach hinauf, Petrus und Johannes, Jakobus und Andreas, Philippus und Thomas, Bartholomäus und Matthäus, Jakobus, der Sohn des Alphäus, Simon, der Zelot, und Judas, der Sohn des Jakobus. ¹⁴Sie wohnten dort zusammen mit den

Frauen, mit Maria, der Mutter Jesu, und mit seinen Brüdern und warteten miteinander auf das, was geschehen würde, im Gebet verbunden.

Nachwahl des Matthias

15In diesen Tagen erhob sich Petrus inmitten der Gemeinschaft, während etwa hundertundzwanzig Menschen versammelt waren, und fing an zu reden: 16»Ihr Brüder, was der Geist Gottes in der heiligen Schrift über Judas durch den Mund Davids angekündigt hat, musste sich erfüllen: Er wurde ein Führer derer, die Jesus gefangen nahmen. 17Er gehörte zu uns. Er hat das hohe Gut dieses Amts empfangen. 18Von dem Lohn, den er für seine Untat empfing, erwarb er ein Grundstück. Er stürzte und wurde in der Mitte auseinander gerissen. 19In ganz Jerusalem sprach man davon und nannte das Feld Hakeldamach, das heißt Blutacker. 20In den Psalmen steht: ›Sein Gehöft werde öde, und der es besitzt, soll es nicht bewohnen‹ und: ›Ein anderer empfange sein Amt.‹

21Es muss also ein anderer an seine Stelle treten, der die ganze Zeit über bei uns war, in der Jesus, der Herr, bei uns aus- und einging, 22von der Zeit an, als Johannes taufte, bis zu dem Tag seines Abschieds, an dem er uns entrückt wurde. Er soll mit uns zusammen ein Zeuge seiner Auferstehung sein.«

23Da stellten sie zwei Männer auf, Josef Barsabbas, der auch Justus hieß, und Matthias 24und beteten: »Herr, du Kenner aller Herzen, zeige uns, welchen von beiden du bestimmt hast, 25Dienst und Apostelamt zu übernehmen, an den Platz zu treten, den Judas verlassen hat. Denn er ist weggegangen an den ihm gebührenden Ort.« 26Sie warfen das Los über die beiden, und es fiel auf Matthias, und so wurde Matthias als Zwölfter in den Kreis der Apostel aufgenommen.

Feuer von Gott

2 1Als fünfzig Tage nach Ostern das Pfingstfest anbrach, waren sie alle versammelt. 2Plötzlich kam ein Brausen über sie, als überfiele sie ein schwerer Sturm. Das ganze Haus, in dem sie saßen, war davon erfüllt. 3Sie sahen Feuer, wie in einzelne Flammen zerrissen, das fuhr

über sie her. Gottes Geist erfasste sie alle ⁴und erfüllte sie und sie fingen an, fremdartige Worte zu stammeln, wie der Geist sie ihnen eingab. ⁵Nun wohnten aber damals in Jerusalem fromme Juden, die an Gott glaubten, aus den verschiedensten Völkern, die unter dem Himmel sind. ⁶Als die das Reden und Rufen hörten, kamen sie zusammen, eine große Menge, und waren entsetzt. Sie hörten fremde Laute und verstanden sie doch, so, als hörte jeder seine eigene Sprache, ⁷und sie fragten in Schrecken und Ratlosigkeit: »Sind das nicht Galiläer? ⁸Wie kommt es, dass jeder von uns sie in seiner eigenen Sprache reden hört? ⁹Wir Parther und Meder und Elamiter, wir Bewohner von Mesopotamien, Judäa, Kappadozien, Pontus und Asien, ¹⁰Phrygien, Pamphylien, von Ägypten und Libyen und Zyrene? Wir Bewohner von Rom, ¹¹Juden und Judengenossen, Kreter und Araber? Wir hören sie reden. Wir verstehen sie, und sie reden von den großen Taten Gottes!« ¹²Sie waren entsetzt und verwirrt und fragten: »Was ist das? Worauf soll das hinaus?« ¹³Andere lachten und meinten: »Sehr einfach! Sie sind betrunken!« ¹⁴Da erhob sich Petrus mit den elf Aposteln und redete mit erhobener Stimme:

»Ihr Juden, ihr Bewohner von Jerusalem!
Das lasst euch sagen! Hört zu!
¹⁵Diese sind nicht betrunken, wie ihr wähnt;
es ist ja erst neun Uhr am Morgen!
¹⁶Hier geschieht, was Gott durch den Propheten Joel ankündigt:
¹⁷›Am Ende der Zeit will ich ausgießen
Geist von meinem Geist über alle Menschen.
Eure Söhne und Töchter werden weissagen,
Jünglinge werden Gesichte sehen, die Alten werden Träume träumen.
¹⁸Über alle, die mir dienen, werde ich ausgießen in jenen Tagen
Geist von meinem Geist,
und sie werden reden, was ich ihnen eingebe.

¹⁹Ich werde Zeichen geben am Himmel oben
und Zeichen auf der Erde unten,
Zeichen aus Blut und Feuer und Rauchqualm.
²⁰Die Sonne wird ihren Schein verlieren,
das Licht des Mondes sich wandeln in blutiges Rot,
ehe der Tag des Herrn kommt, der große Tag seines Erscheinens.
²¹Wer dann den Namen des Herrn anruft,
der soll gerettet werden.‹

²²Ihr Männer von Israel, hört, was ich sage:
Ihr kennt Jesus, den Nazoräer.
Ihr habt seine Wunder und Zeichen erlebt.
Gott war auf seiner Seite und hat durch ihn gewirkt, ihr wisst das.
²³Den habt ihr den Gottlosen ausgeliefert,
habt ihn angenagelt und umgebracht.
Dass darin Gottes Wille und Absicht geschah,
ist ein eigenes Geheimnis. ²⁴Den hat Gott auferweckt
und aus den Qualen des Todes erlöst,
es war ja nicht möglich, dass der Tod ihn festhielt.
²⁵Schon David spricht von ihm und lässt ihn sagen:
›Ich sehe den Herrn vor mir durch alle Zeit.
Steht er zu meiner Rechten, so wanke ich nicht.
²⁶Deshalb ist mein Herz fröhlich und mein Mund voller Lieder,
denn wenn auch mein Leib zur Ruhe geht,
verlässt ihn die Hoffnung nicht.
²⁷Denn du wirst mich nicht dem Tode überlassen
und nicht zulassen, dass dein Heiliger verwest.
²⁸Du zeigst mir den Weg zum Leben
und wirst mich erfüllen mit Freude bei dir.‹
²⁹Ihr Männer, liebe Brüder,
ich rede offen mit euch über den Urvater David.
Er ist gestorben und bestattet,
und jeder kennt sein Grab bis zum heutigen Tag.
³⁰Er kannte aber Gottes Plan und wusste,
einer seiner Nachkommen werde auf seinem Thron sitzen.
Gott hatte es ihm versprochen. ³¹Vorausschauend sprach er
von der Auferstehung des Christus, wenn er sagt,
Gott werde ihn nicht versinken lassen
in der Welt der Toten und nicht zulassen,
dass sein Leib verwese.
³²Diesen Jesus hat Gott erweckt, dessen sind wir Zeugen.
³³Er ist erhöht zur Rechten Gottes.
Ihm wurde der Geist, der heilige, zugesagt von Gott,
nun goss er ihn aus, wie ihr seht und hört.
³⁴Denn das steht doch fest: Nicht David ging in die Himmel ein.
Er sagt selbst: ›Gott sprach zu meinem Herrn:
Setze dich zu meiner Rechten.
³⁵Deine Feinde werde ich dir zu Füßen legen wie einen Schemel.‹

³⁶Mit Gewissheit erkenne nun ganz Israel,
dass Gott diesen Jesus, den ihr gekreuzigt habt,
zum Herrn und Christus gemacht hat.«

³⁷Als sie das hörten, ging es ihnen wie ein Stich durchs Herz, und sie fragten Petrus und die übrigen Apostel: »Männer! Brüder! Was sollen wir tun?« ³⁸Petrus antwortete: »Kehrt um, jeder lasse sich taufen auf den Namen Jesus Christus. So werdet ihr frei von euren Verschuldungen und empfangt die Gabe des heiligen Geistes. ³⁹Denn diese Verheißung gilt euch und euren Kindern und allen, die fern von Gott leben und die er zu sich rufen wird.« ⁴⁰Auch mit vielen anderen Worten bezeugte er das und rief sie auf: »Lasst euch herausrufen aus diesem verkehrten Geschlecht!« ⁴¹Die sich sein Wort zu Herzen nahmen, ließen sich taufen, und es kamen so an die dreitausend Männer hinzu an diesem Tag.

⁴²Nach diesem Tag blieben sie eng verbunden. Was die Apostel über Jesus Christus berichteten, hielt sie zusammen. Die Gemeinschaft, das gemeinsame Mahl, das sie feierten, und das gemeinsame Gebet waren die verbindenden Kräfte. ⁴³Um sie her bildete sich ein Ring staunender Menschen, während durch die Apostel Wunder und erregende Vorgänge geschahen.

⁴⁴Alle aber, die sich zu Christus zählten, fühlten sich einander zugehörig und legten all ihren Besitz zusammen. ⁴⁵Sie verkauften ihr Hab und Gut und teilten den Erlös an alle aus, die eine Hilfe nötig hatten.

⁴⁶Sie waren Tag für Tag im Tempel und feierten, sie hielten von Haus zu Haus das heilige Mahl. Wenn sie so gemeinsam aßen, taten sie es in ihrer einfachen Freude an Gott, ⁴⁷sie priesen ihn, und das ganze Volk freute sich mit. Der Herr aber fügte täglich neue Menschen hinzu, die das Heil fanden.

Auseinandersetzungen der ersten Zeit

Der Gelähmte an der Schönen Tür

3 ¹Einmal gingen Petrus und Johannes in den Tempel hinauf. Es war gerade Gebetszeit, nachmittags drei Uhr. ²Dort trug man eben einen Mann herbei, der von Geburt an gelähmt war. Täglich trug man ihn vor

die Schöne Tür des Tempels, damit er betteln konnte bei denen, die in den Tempel gingen. ³Als nun Petrus und Johannes kamen und im Begriff waren, den Tempel zu betreten, bat er auch sie um eine Gabe. ⁴Da blieben die beiden stehen, und Petrus fasste ihn ins Auge: »Sieh uns an!« ⁵Der Bettler sah sie an und dachte, nun eine Gabe zu bekommen. ⁶Aber Petrus fuhr fort: »Silber und Gold habe ich nicht. Ich habe etwas anderes, das will ich dir geben. Du sollst tun, was Jesus Christus, der Nazoräer, dich tun heißt: Geh umher!«
⁷Da fasste er ihn an der rechten Hand und richtete ihn auf. Im selben Augenblick waren seine Füße und Knöchel fest. ⁸Er sprang auf und lief hin und her, trat mit ihnen zusammen in den Tempel, ging umher, hüpfte vor Freude und rühmte Gott. ⁹·¹⁰Dabei sahen ihn die Leute und sagten: »Das ist doch der Bettler, der an der Schönen Tür saß!« Ein Staunen, ja ein Erschrecken ging durch die Menge über das, was ihm widerfahren war.
¹¹Da er nun Petrus und Johannes nicht weggehen ließ, strömte die ganze Menge, außer sich vor Erregung, bei ihnen in der so genannten Halle Salomos zusammen. ¹²Als Petrus das sah, fing er an, zum Volk zu sprechen:

»Ihr Israeliten, was wundert ihr euch darüber?
Was starrt ihr uns an, als hätten wir mit eigener Zauberkraft
oder geistiger Gewalt bewirkt, dass er gehen kann?
¹³Vielmehr hat der Gott Abrahams,
Isaaks und Jakobs, der Gott unserer Väter,
seinem Sohn Jesus Macht von seiner Macht verliehen.
Ihr kennt ihn: Ihr habt ihn ausgeliefert
und euch von ihm losgesagt, als gehöre er nicht zu euch,
während ihr vor Pilatus standet,
als der gerecht über ihn urteilte und ihn loslassen wollte.
¹⁴Ihr aber wolltet den Heiligen und Gerechten nicht haben
und batet den Pilatus, er möge euch einen Mörder schenken.
¹⁵Den Urheber des Lebens habt ihr umgebracht,
aber Gott war es, der ihn lebendig machte.
Dafür stehen wir hier als Zeugen.
¹⁶Weil er an ihn glaubte, hat er diesem Mann,
den ihr seht und kennt, die Kraft gegeben, aufrecht zu stehen.
Er selbst gab ihm den Glauben,
und sein Glaube hat ihn vor euer aller Augen gesund gemacht.

¹⁷Ich weiß wohl, ihr Brüder,
dass ihr aus Unwissenheit so gehandelt habt, wie auch eure Oberen.
¹⁸Gott aber hat auf diese Weise verwirklicht,
was er durch den Mund aller Propheten angekündigt hat:
dass nämlich sein Christus leiden solle.
¹⁹Ändert euch also und kehrt um,
damit euch eure Untaten verziehen werden
²⁰und die Zeiten der Erquickung
von Gott kommen mögen, da er Jesus sendet,
den er zum Christus für euch bestimmt hat.
²¹Jetzt noch hat er seinen Ort und seine Herrschaft im Himmel
bis zu der Zeit, in der alles das wiedergebracht wird,
von dem Gott durch den Mund seiner heiligen Propheten
von Uranfang an gesprochen hat.

²²Denn Mose hat gesagt:
›Einen Propheten wird Gott, der Herr,
erstehen lassen aus der Mitte eurer Brüder,
einen Propheten wie mich.
Ihn sollt ihr hören in allem, was er euch gebietet.
²³Wer jenem Propheten nicht gehorcht,
wird aus Gottes Volk ausgestoßen werden.‹

²⁴Auch alle Propheten von Samuel an,
die in Gottes Auftrag sprachen,
haben angekündigt, was in unseren Tagen geschah.
²⁵Ihr aber seid die Nachkommen, für die sie redeten.
Euch gilt das Versprechen, das Gott euren Vätern gab,
als er zu Abraham sprach: ›Durch deinen Nachkommen
werden alle Völker der Erde Segen empfangen.‹
²⁶Ihr seid die ersten,
für die Gott seinen Sohn lebendig gemacht hat.
Zu euch hat er ihn gesandt, euch zu segnen,
damit jeder umkehre von seinem bösen Tun.«

4 ¹Während sie eben zu den versammelten Menschen sprachen, traten die Priester hinzu, der Hauptmann der Tempelwache und die Sadduzäer. ²Die waren verärgert, dass die beiden das Volk lehrten, von der Auferstehung der Toten redeten und Jesus als Beweis anführten;

³sie verhafteten die beiden und setzten sie fest bis zum folgenden Tag. Es war nämlich inzwischen Abend geworden. ⁴Viele von den Hörern aber glaubten dem Wort von Christus, und die Gemeinde wuchs durch dieses Ereignis auf etwa fünftausend Menschen.

⁵Am anderen Morgen traten die Oberen, die Ältesten und die Schriftgelehrten in Jerusalem zusammen, ⁶Hannas, der Hohepriester, Kajaphas, Johannes, Alexander und alle anderen, die außer ihnen zu den hohepriesterlichen Familien gehörten, ⁷ließen die beiden vortreten und fragten sie: »Wer hat euch Macht und Fähigkeit gegeben, das zu tun?« ⁸Petrus, erfüllt von heiligem Geist, gab zur Antwort:

»Ihr Führer des Volkes, Älteste von Israel!
⁹Wir werden heute vor Gericht gestellt,
weil wir einem kranken Menschen eine Wohltat erwiesen,
und ihr fragt, woher sie kam.
¹⁰Wir sagen es gerne und laut, euch und dem ganzen Volk Israel:
von Jesus Christus, dem Nazarener,
den ihr gekreuzigt und dem Gott neues Leben gegeben hat!
Wenn dieser Mann hier gesund vor euch steht, ist es sein Werk.
¹¹Er ist der Stein, den ihr, die Bauleute, weggeworfen habt
und den Gott zum Eckstein gemacht hat.
¹²Heil gibt es nirgends als bei ihm.
Kein anderer Name ist uns Menschen gegeben,
auf den wir uns berufen könnten.
Niemand hilft uns unter dem weiten Himmel,
mit Gott ins Reine zu kommen, als er allein.«

¹³Als sie den Mut und die Freiheit der beiden sahen, wunderten sie sich, denn sie wussten, dass es keine geschulten Leute waren, sondern Laien, und erinnerten sich daran, dass sie seinerzeit zu Jesus gehört hatten. ¹⁴Sie konnten auch nichts Rechtes dagegen sagen, denn vor ihnen stand, das war nicht zu leugnen, der Mann, den sie geheilt hatten.

¹⁵Da hießen sie die beiden den Saal verlassen und berieten hin und her: ¹⁶»Was soll man mit diesen Leuten tun? Ihre Tat kennt man in ganz Jerusalem. Sie zu bestreiten ist sinnlos. ¹⁷Aber damit die Sache keine weiteren Kreise zieht, sollte man ihnen verbieten, irgendeinem Menschen gegenüber den Namen Jesus in den Mund zu nehmen, wenn sie öffentlich reden.« ¹⁸Man rief sie wieder herein und verbot ihnen, künftig von Jesus zu sprechen oder irgendetwas über ihn zu behaupten.

¹⁹Da widersprachen aber Petrus und Johannes: »Beurteilt selbst, ob es zulässig ist, dass wir euch mehr gehorchen als Gott. ²⁰Wir können doch nicht schweigen über das, was wir selbst gesehen und gehört haben!« ²¹Da verwarnte man sie mit neuen Drohungen, ließ sie aber für diesmal gehen, weil man einfach keine Strafe für sie finden konnte, die sich das Volk hätte gefallen lassen, denn draußen erzählten die Menschen einander, was geschehen war, und rühmten Gott über seine Tat. ²²Der Mann, an dem das Wunder dieser Heilung geschehen war, war immerhin über vierzig Jahre alt.

²³Nach ihrer Entlassung kehrten sie zu ihren Freunden zurück und berichteten, was die Priester und Ältesten von ihnen verlangt hatten. ²⁴Als die das hörten, riefen sie alle miteinander Gott an mit einem Lobgesang:

»Herr, du hast den Himmel gemacht
und die Erde, das Meer und alles, was besteht.
²⁵Du sprichst durch den Mund
unseres Vaters David, deines Knechts –
und es ist derselbe heilige Geist, der in ihm redet,
den auch wir empfangen haben:
›Warum toben die Völker? Warum machen sie Pläne,
die doch nicht gelingen können?
²⁶Die Könige der Erde lehnen sich auf,
und die Fürsten vereinigen sich
gegen den Herrn und gegen seinen Christus.‹
²⁷Ja, es ist wahr, sie haben sich verbündet in dieser Stadt
gegen deinen heiligen Knecht Jesus,
den du zum Herrn eingesetzt hast.
Herodes und Pontius Pilatus,
die Römer und die Juden verbündeten sich,
²⁸aber sie taten ohne ihr Wissen ja nur, was du gewollt hast.
²⁹Und nun, Herr, sieh, wie sie drohen!
Gib deinen Knechten Mut, dein Wort in aller Freiheit zu sagen.
³⁰Hilf uns und gib uns Kraft, dass durch uns geschieht,
was Jesus, dein Sohn, will: dass Menschen geheilt werden,
dass sie Zeichen deiner Macht sehen
und über deinen Taten dich erkennen.«
³¹Als sie geendet hatten, bebte der Ort, an dem sie standen, und erfüllt von heiligem Geist, sprachen sie die Botschaft von Gott aus mit Freimut und unerschrockenem Herzen.

Gemeinsames Leben

³²Die Gemeinde aber war ein Herz und eine Seele, und nicht einer sagte von seinem Besitz, er gehöre ihm, vielmehr war ihnen alles gemeinsam. ³³Mit großer Kraft predigten die Apostel die Auferstehung des Herrn Jesus, und die Freundlichkeit Gottes war sichtbar mit ihnen allen. ³⁴Es gab auch keinen Armen in der Gemeinde, denn wer immer ein Grundstück oder Haus besaß, verkaufte es, brachte den Erlös für sein Gut ³⁵und legte ihn den Aposteln zu Füßen, die davon jedem gaben, was er eben brauchte. ³⁶Einer von ihnen war Josef, den die Apostel Barnabas, »Sohn des Trostes«, nannten, ein Levit aus Zypern. ³⁷Er besaß einen Acker, verkaufte ihn, brachte den Erlös und legte ihn den Aposteln zu Füßen.

5 ¹So verkaufte auch ein Mann namens Hananias, zusammen mit seiner Frau Saphira, ein Grundstück. ²Er schaffte aber einen Teil des Geldes mit Wissen seiner Frau auf die Seite, brachte den Rest und legte ihn den Aposteln zu Füßen. ³Aber Petrus fragte ihn: »Hananias, warum hast du dem Satan Raum gegeben in deinem Herzen? Warum betrügst du den heiligen Geist und schaffst einen Teil vom Wert deines Ackers auf die Seite? ⁴Gehörte er nicht dir? Du konntest ihn doch behalten! Und wenn du ihn verkauftest, gehörte das Geld immer noch dir! Warum hast du dir in deinem Herzen ein so falsches Spiel vorgenommen? Du hast nicht Menschen belogen, sondern Gott!« ⁵Als Hananias das hörte, brach er zusammen und starb, und alle, die zuhörten, erschraken bis ins Herz. ⁶Einige junge Männer aber standen auf, hüllten ihn ein, trugen ihn hinaus und begruben ihn.

⁷Nach etwa drei Stunden kam auch seine Frau in den Raum, ohne zu wissen, was geschehen war. ⁸Da redete Petrus sie an: »Sage, habt ihr den Acker um diesen Betrag verkauft?« »Ja, um diesen Betrag!«, war die Antwort. ⁹»Warum«, fuhr Petrus fort, »habt ihr es gemeinsam unternommen, den Geist Gottes zu prüfen, ob er sich betrügen lasse? Sieh! Die Füße derer, die deinen Mann begraben haben, stehen noch an der Tür und werden auch dich hinaustragen!« ¹⁰Da brach auch sie unmittelbar vor ihm zusammen und starb. Die jungen Männer aber kamen herein und fanden sie tot. Sie trugen sie hinaus und begruben sie neben ihrem Mann. ¹¹Da kam ein tiefer Schrecken über die ganze Gemeinde und über alle, die davon hörten.

Der Rat des Gamaliël

¹²Die Apostel aber wirkten im Volk in Geist und Auftrag Gottes, und man erlebte viele Zeichen seiner Nähe. Die Gemeinde versammelte sich täglich in der Halle Salomos, durch einen starken, gemeinsamen Sinn verbunden. ¹³Das Volk war voll des Lobes über sie, und eine heilige Scheu hielt sie davon ab, sich unter sie zu mischen. ¹⁴Viele, eine Menge Männer und Frauen, glaubten an den Herrn und schlossen sich der Gemeinde an. ¹⁵Das Zutrauen war so groß, dass man sogar die Kranken auf Betten und Tragen auf die Straße hinaustrug, damit, wenn Petrus vorbeigehe, sein Schatten auf den einen oder anderen falle. ¹⁶Selbst aus den Städten der Umgebung von Jerusalem kamen die Leute zusammen und brachten leiblich oder seelisch Kranke, und alle wurden geheilt.

¹⁷Da entschlossen sich in ihrem Hass der Hohepriester und die mit ihm verbundene Partei der Sadduzäer einzugreifen. ¹⁸Sie nahmen die Apostel fest und lieferten sie in das öffentliche Gefängnis ein. ¹⁹Ein Engel aber, ein Bote von Gott, öffnete ihnen in der Nacht die Türen, führte sie ins Freie und gab ihnen den Auftrag, ²⁰in den Tempel zu gehen, dort öffentlich aufzutreten und die Botschaft vom Leben auszurufen. ²¹Sie gehorchten, gingen in der Frühe in den Tempel und redeten dort. Als der Hohepriester und seine Berater sich einfanden, berief man den Hohen Rat, die ganze Ältestenschaft des israelitischen Volks, und sandte ins Gefängnis, sie vorzuführen. ²²Die Boten kamen dorthin, fanden sie aber nicht vor und meldeten bei ihrer Rückkehr: ²³»Wir fanden das Gefängnis sorgfältig verschlossen, und die Wachen standen an den Türen; als wir aber aufschlossen, war niemand drinnen!« ²⁴Als der Hauptmann der Tempelwache und die Priester das hörten, konnten sie sich nicht erklären, wie das zugegangen sein mochte, und gerieten in schwere Verlegenheit. ²⁵Da kam einer in den Saal und rief: »Die Männer, die ihr ins Gefängnis gebracht habt, stehen im Tempel und reden öffentlich zu den Leuten!« ²⁶Unverzüglich eilte der Hauptmann mit den Soldaten hin und forderte sie auf mitzukommen. Er wandte aber keine Gewalt an, denn sie fürchteten von der Menge gesteinigt zu werden. ²⁷So brachte er sie vor den Hohen Rat, wo der Hohepriester das Verhör begann: ²⁸»Wir haben euch amtlich und feierlich verboten, im Namen Jesu zum Volk zu reden. Nun verbreitet ihr eure Lehre in ganz Jerusalem. Ihr wollt uns mit der Schuld an seinem Tode belasten! Ihr klagt uns des Mordes an und wollt, dass Gott uns töte!«

²⁹Petrus und die Apostel gaben zur Antwort: »Man muss Gott mehr gehorchen als den Menschen! ³⁰Denn hier hat Gott gehandelt, der Gott unserer Väter! Der hat Jesus, den ihr am Kreuz hingerichtet habt, zu neuem Leben erweckt. ³¹Er hat ihn zum Herrscher und Retter erhoben und ihm göttliche Macht gegeben. Nun bietet er dem Volk Israel Gelegenheit zu Umkehr und Besinnung und will ihm seine Untaten verzeihen. ³²Als Zeugen dafür, dass das wahr ist, stehen wir hier, und mit uns bezeugt es der heilige Geist, den Gott denen verliehen hat, die ihm gehorchen.«

³³Als sie das hörten, waren sie empört und erbittert und wollten die Apostel umbringen. ³⁴Da erhob sich in der Versammlung ein Pharisäer mit Namen Gamaliël, ein im ganzen Volk hochgeehrter Lehrer des Gesetzes, und bat, die Leute für einen Augenblick aus dem Saal zu führen. ³⁵Dann hielt er eine Rede:

»Ihr Männer von Israel! Seht euch vor! Überlegt euch gut, was ihr mit diesen Menschen tun wollt! ³⁶Früher einmal erhob sich Theudas und gab vor, er sei von Gott gesandt, und vierhundert Männer schlossen sich ihm an. Er wurde erschlagen, seine Anhänger versprengt und vernichtet. ³⁷Später erhob sich Judas, der Galiläer, in den Tagen der Volkszählung, und ein ganzes Heer schloss sich seinem Aufstand an. Auch der ging zugrunde, und alle seine Anhänger sind zerstreut. ³⁸Und nun rate ich euch: Lasst die Hände von diesen Männern und gebt sie frei! Denn wenn hinter diesen Gedanken, hinter diesen Ereignissen nur Menschen stehen, wird alles von selbst untergehen. ³⁹Steht aber Gott dahinter, könnt ihr die Sache nicht unterdrücken, und es könnte geschehen, dass ihr unversehens gegen Gott selbst kämpft.«

Die Versammlung stimmte ihm zu, ⁴⁰man rief die Apostel herein, peitschte sie aus und gab ihnen den Befehl, die Predigt über Jesus einzustellen. Dann ließ man sie frei. ⁴¹Sie aber gingen fröhlich aus der Versammlung, glücklich, dass sie gewürdigt worden waren, für Christus Schmerzen und Verachtung zu tragen. ⁴²Den ganzen Tag, teils im Tempel, teils zu Hause, predigten sie weiter, ohne aufzuhören, um aufs neue aller Welt bekannt zu machen, Jesus sei der Christus.

Teilung der Ämter

6 ¹In jenen Tagen, in denen die Gemeinde rasch wuchs, entstand eine Spannung zwischen den griechisch und den jüdisch sprechenden Gliedern der Gemeinde. Die griechisch sprechenden Gemeindeglieder warfen den jüdisch sprechenden vor, ihre Witwen würden bei der täglichen Verteilung der Lebensmittel an die Bedürftigen übergangen. ²Da beriefen die Zwölf eine Versammlung der ganzen Gemeinde ein und sagten: »Es ist nicht in Ordnung, wenn wir Gottesdienst und Predigt vernachlässigen und für die Verteilung der Lebensmittel sorgen. ³Seht doch zu, Brüder, dass ihr sieben Männer aus eurer Mitte bestimmt, die in gutem Ansehen stehen, die voll sind des Geistes und der Weisheit. Die wollen wir mit dieser Aufgabe betrauen, ⁴wir aber wollen uns ungeteilt mit den Gottesdiensten und der Auslegung des Wortes Gottes befassen.«

⁵Der Vorschlag wurde von der ganzen Gemeinde einmütig angenommen, und man wählte Stephanus, einen Mann mit festem Glauben, einen mit göttlichem Geist erfüllten Christen, ferner Philippus, Prochorus, Nikanor, Timon, Parmenas und Nikolaus aus Antiochia, der kein geborener Jude, aber zum jüdischen Glauben übergetreten war. ⁶Diese sieben schlug die Gemeinde den Aposteln vor, und sie legten ihnen unter Gebet die Hände auf. ⁷Das Wort Gottes aber breitete sich aus, die Gemeinde in Jerusalem wuchs schnell, und auch viele Priester nahmen den Glauben an.

Der Tod des Stephanus

⁸Durch Stephanus aber, einen Mann, von dem Gottes Gnade und Kraft ausging, geschahen wunderbare und große Dinge im Volk. ⁹Da kamen einige aus den Versammlungsstätten römischer, cyrenäischer und alexandrinischer Juden und aus denen der Juden aus Zilizien und Kleinasien, um gegen Stephanus ein Streitgespräch zu führen. ¹⁰Sie konnten sich aber gegen sein Wissen und seinen Geist nicht behaupten.

¹¹Da stifteten sie Leute an, sie sollten gegen ihn aussagen: »Wir haben gehört, dass er frevelhaft über Mose und Gott redete!« ¹²Sie versetzten das Volk, die Ältesten und die Schriftgelehrten in Aufruhr, gingen auf ihn los, nahmen ihn fest und führten ihn vor den Hohen Rat. ¹³Dort stellten sie ihm Zeugen gegenüber, die seine Worte fälschten: »Dieser Mensch redet unaufhörlich gegen den Tempel und das Gesetz. ¹⁴Wir hörten ihn sagen: ›Jesus von Nazaret wird diesen Tempel zerstören und wird statt des Gesetzes Moses eine andere Ordnung aufrichten.‹« ¹⁵Da schauten ihn alle an, die im Hohen Rat versammelt waren, und sahen sein Gesicht, schön und leuchtend wie das Gesicht eines Engels.

7 ¹Der Hohepriester fragte: »Trifft das zu?« ²Er aber antwortete mit einer Rede:
»Brüder und Väter, hört zu! Der Gott, der im Glanz ewigen Lichtes wohnt, erschien Abraham, unserem Vater, als er in Mesopotamien war, ehe er nach Haran zog, ³und befahl ihm: ›Lass Land und Sippe hinter dir und geh in das Land, das ich dir weise.‹ ⁴Da verließ er das Land der Chaldäer und ließ sich in Haran nieder. Gott aber führte ihn, als sein Vater gestorben war, in das Land, das ihr heute bewohnt. ⁵Er gab ihm keinen Grundbesitz, nicht einen Fußbreit, sondern nur ein Versprechen: Land für ihn und seine Kinder. Aber Abraham hatte kein Kind!

⁶Und Gott sprach über die kommende Zeit: ›Deine Nachkommen werden Fremdlinge sein, rechtlos in einem anderen Lande. Man wird sie knechten und quälen vierhundert Jahre. ⁷Das Volk aber, dem sie dienen‹, sprach Gott, ›will ich richten. Sie werden das Land verlassen und hier, an diesem Ort, mir dienen.‹

⁸Und Gott gab Abraham das Zeichen der Beschneidung. Die vollzog Abraham an dem Sohn, den er empfing, an Isaak, am achten Tage nach seiner Geburt. Isaak nahm das Zeichen auf und vollzog es an Jakob, und Jakob gab es weiter an seine Söhne, die zwölf Erzväter.

⁹Nun neideten die Erzväter Josef, ihrem Bruder, die Liebe des Vaters und verkauften ihn nach Ägypten. Aber Gott stand ihm bei ¹⁰und rettete ihn aus allen Gefahren. Er gab ihm ein Wesen, das Menschen gefiel, und einen Geist voll Weisheit, als er vor Pharao, dem König Ägyptens, stand. Der setzte ihn zum Regenten ein über ganz Ägypten, über seinen Hof und Palast.

¹¹Da brach der Hunger über ganz Ägypten und Kanaan herein und ein entsetzliches Elend, und unsere Väter hatten kein Brot. ¹²Als nun Jakob hörte, Ägypten habe noch Korn, sandte er unsere Väter hinab, seine Söhne, zum erstenmal. ¹³Beim zweitenmal entdeckte sich Josef seinen Brüdern, die ihn nicht erkannten, und der Pharao sah Josefs Sippe und begriff.

¹⁴Josef aber sandte Botschaft und Weisung und rief seinen Vater Jakob zu sich, mit ihm fünfundsiebzig Menschen, die zu seiner Familie gehörten. ¹⁵Und Jakob zog nach Ägypten hinab, und er und seine Söhne starben, die unsere Väter waren. ¹⁶Man überführte sie nach Sichem und bestattete sie in dem Grab, das Abraham in Sichem um Silbergeld von der Sippe des Hemor gekauft hatte.

¹⁷Als aber die Zeit kam, da Gott sein Volk auf dem versprochenen Weg weiterleiten wollte, den er dem Abraham vorausgedeutet hatte, wuchs es und wurde groß und mehrte sich in Ägypten, ¹⁸bis dort ein anderer König den Thron bestieg, der nichts von Josef wusste. ¹⁹Der wollte das Volk mit Arglist verderben und zwang unsere Väter, ihre Kinder auszusetzen und zu töten. ²⁰In dieser Zeit kam Mose zur Welt, ein liebliches Kind. Drei Monate nährte man ihn im Haus seines Vaters. ²¹Als man ihn aber aussetzte, nahm ihn die Tochter des Pharao zu sich und zog ihn auf als ihren eigenen Sohn. ²²Und Mose lernte alle ägyptische Weisheit und wurde stark in Worten und Taten.

²³Als er aber ein Mann von vierzig Jahren war, verlangte sein Herz, die Brüder zu sehen, seine Brüder vom Volk Israel. ²⁴Da sah er einen, der Unrecht litt, dem stand er bei. Er übte Rache für den Unterdrückten und schlug den Ägypter tot. ²⁵Er meinte aber, seine Brüder verstünden, dass Gott ihnen durch seine Hand Rettung bringe. Aber sie begriffen es nicht.

²⁶Am andern Tage kam er zu ihnen, als sie untereinander stritten, um sie zu versöhnen, und bat sie, Frieden zu halten: »Ihr Männer, Brüder seid ihr! Was tut ihr einander Gewalt an?« ²⁷Der aber im Unrecht war, stieß ihn weg mit den Worten: »Wer hat dich zum Herrscher bestellt, der uns befiehlt, und zum Richter? ²⁸Willst du mich töten, wie du gestern an dem Ägypter getan hast?«

²⁹Da floh Mose im Schrecken über dieses Wort und wurde ein Fremdling im Lande Midian. Dort gab er zwei Söhnen das Leben. ³⁰Vierzig Jahre gingen dahin. Da erschien ihm ein Engel des Herrn in der Feuerflamme des Dornbuschs, am Gebirge Sinai, in der Wüste. ³¹Als Mose das sah, wunderte er sich und trat hinzu, um zu verstehen, was es um das rätselhafte Feuer sei. Da hörte er Gottes Stimme:

³²›Ich bin der Gott deiner Väter, Abrahams Gott, der Gott des Isaak und Jakob.‹ Mose zitterte und wagte nicht, in die Flammen zu sehen. ³³Aber der Herr redete weiter zu ihm: ›Löse die Schuhe von deinen Füßen! Die Stelle, auf der du stehst, ist heiliges Land. ³⁴Ich sehe wohl, was mein Volk duldet, das in Ägypten ist, und höre sein Seufzen, ich bin gekommen, ihm Hilfe zu bringen. Du aber komm! Sei bereit! Ich sende dich nach Ägypten!‹

³⁵Diesen Mose, den sie nicht wollten, den sie von sich stießen mit den Worten: ›Wer hat dich zum Herrscher und Richter gemacht?‹, den hat Gott ihnen gesandt als Führer und Befreier durch den Engel, der

ihm im Dornbusch erschien. ³⁶Der führte sie in die Freiheit, der tat Wunder und Zeichen göttlicher Macht im Lande Ägypten, im Roten Meer, in der Wüste, immer aufs neue durch vierzig Jahre.

³⁷Das ist der Mose, der zu den Israeliten sprach: ›Einen Propheten wie mich wird Gott euch erstehen lassen aus der Mitte eurer Brüder.‹ ³⁸Das ist der Mose, der ein Mittler für das Volk in der Wüste war, ein Mittler zwischen dem Engel Gottes, der auf dem Gebirge Sinai mit ihm sprach, und unseren Vätern, der Mose, der lebendige Worte empfing und der sie euch weitergab. ³⁹Die ihm nicht gehorchen wollten, waren unsere Väter! Sie stießen ihn von sich und kehrten in ihren Herzen nach Ägypten zurück! ⁴⁰Sie sprachen zu Aaron: ›Mache uns Götter, die vor uns herziehen! Denn was diesem Mose geschah, der uns aus Ägypten geführt hat, wissen wir nicht.‹

⁴¹Sie machten ein Stierbild in jenen Tagen, brachten Opfer dem Götzenbild und freuten sich über ihr Machwerk. ⁴²Aber Gott wandte sich ab und verbarg sich und gab ihnen freie Hand, sich selbst zu verderben, so dass sie die Sterne des Himmels verehrten, wie geschrieben steht im Buch der Propheten:

›Habt ihr Schlachtopfer und andere Opfer mir dargebracht in der Wüste vierzig Jahre lang? War ich es, dem sie bestimmt waren, ihr Leute von Israel? ⁴³Das Zelt des Abgotts, des Molochs, begleitete euch auf der Reise, und das Sternzeichen Räfans, des Götzen, Bilder, die ihr gemacht habt, um sie anzubeten. Noch über Babylon hinaus will ich euch vertreiben!‹

⁴⁴Unsere Väter hatten das Zelt in der Wüste, in dem Gott ihnen erschien. Gott sprach mit Mose und zeigte ihm, wie er das Zelt bauen sollte. ⁴⁵Unsere Väter haben es übernommen und mit Josua hereingebracht in dies Land. Das war von fremden Völkern bewohnt, aber Gott vertrieb sie und gab unseren Vätern Raum bis zu den Tagen Davids.

⁴⁶Dem half Gott. Dem war Gott freundlich. So bat David ihn, er möge ihm zeigen, wie er dem Haus Jakobs einen Tempel bauen solle. ⁴⁷Salomo aber baute ihm ein Haus! ⁴⁸Doch der Höchste wohnt nicht in Tempeln, die Menschenhände erbauten! So sagt der Prophet:

⁴⁹›Der Herr spricht: Der Himmel ist mein Thron, die Erde Schemel meiner Füße! Was für ein Haus wollt ihr bauen, in dem ich wohnen soll? Was für eine Stätte, an der ich ruhe? ⁵⁰Hat nicht meine eigene Hand alles geschaffen?‹

⁵¹Ihr Stiernacken und Gottesverächter, im Herzen ihm fremd und taub seinen Worten, ihr widerstrebt von jeher dem heiligen Geist, wie

eure Väter es taten, so auch ihr selbst. ⁵²Welchen Propheten haben eure Väter nicht verfolgt? Ja, sie haben sie alle getötet, die von ihm sprachen, die ihn schauten: den Gerechten, der kommen werde! Nun, da er kam, seid ihr seine Verräter, seine Mörder geworden! ⁵³Ihr habt durch die Weisung von Engeln das Gesetz empfangen und nicht danach gelebt.«

⁵⁴Als sie das hörten, wurden sie zornig und pressten die Zähne zusammen im Hass gegen ihn. ⁵⁵Er aber sah, erfüllt von heiligem Geist, zum Himmel auf, sah Gott im Glanz seines Lichts und Jesus zu seiner Rechten stehen ⁵⁶und rief: »Ich sehe den Himmel offen und den Menschensohn zu seiner Rechten!« ⁵⁷Da schrien sie alle zusammen, hielten sich die Ohren zu, stürmten in ihrer ganzen Masse auf ihn ein ⁵⁸und schleppten ihn aus der Stadt hinaus, um ihn zu steinigen. Die mit der Steinigung beauftragten Zeugen legten ihre Oberkleider zu Füßen eines jungen Mannes namens Saulus nieder. ⁵⁹Und sie steinigten den Stephanus, der im Gebet ausrief: »Jesus! Herr! Nimm meinen Geist auf!« ⁶⁰Er kniete nieder und schrie laut: »Herr! Rechne ihnen diese Untat nicht an!« Nach diesen Worten starb er.

8 ¹Saulus aber freute sich und war befriedigt, dass Stephanus tot war. An jenem Tage griff die Verfolgung auf die anderen Christen in Jerusalem über. Mit Ausnahme der Apostel wurden sie alle in das umgebende Land Judäa und nach Samaria versprengt. ²Einige fromme Männer bestatteten den Stephanus und hielten eine große Totenklage über ihn. ³Saulus aber suchte die Gemeinde zu verwirren. Er durchsuchte die Häuser, schleppte Männer und Frauen heraus und lieferte sie ins Gefängnis ein.

Ausbreitung im Land

⁴Nun wanderten die Zerstreuten im Lande umher und verbreiteten die Botschaft. ⁵So kam Philippus nach Samaria und erzählte den Leuten von Christus. ⁶Die Leute achteten aufmerksam auf alles, was Philippus sagte, und hörten einmütig zu, vor allem auch, da sie die wunderbaren Vorgänge sahen, die durch ihn geschahen. ⁷Denn die dunklen Geister fuhren mit großem Geschrei aus vielen Kranken, viele Gelähmte und Behinderte wurden gesund, ⁸und es ging eine Welle der Freude durch die Stadt.

⁹Nun lebte dort auch ein Mann namens Simon, der zuvor Zauberei getrieben und das Volk von Samaria in seinen Bann gezogen hatte. Der sagte von sich, er sei etwas Großes. ¹⁰Sie verehrten ihn alle, von den einfachen Leuten bis zu den Regierenden, und sagten: »Der ist die große Kraft, er ist Gott selbst!« ¹¹Und sie standen darum so sehr in seinem Bann, weil sie so lange Zeit hindurch seine Zaubereien erlebt hatten. ¹²Als sie aber zu Philippus Zutrauen gewannen und ihm glaubten, was er über die kommende Welt und Gottes Herrschaft und über Christus sagte, ließen sie sich taufen, Männer und Frauen. ¹³Auch Simon selbst nahm den Glauben an, ließ sich taufen und hielt sich von da an ständig bei Philippus auf. Als er aber sah, was für überwältigende Zeichen und Machttaten da geschahen, war er außer sich vor Staunen.

¹⁴Als nun die Apostel in Jerusalem hörten, dass in Samaria eine christliche Gemeinde entstanden sei, sandten sie Petrus und Johannes. ¹⁵Die reisten hinab und beteten für sie, Gott möge auch ihnen den heiligen Geist verleihen, ¹⁶denn keiner von ihnen hatte bisher den heiligen Geist empfangen, sie waren lediglich getauft und so Jesus Christus zugeeignet worden. ¹⁷Die Apostel legten ihnen die Hände auf, und sie empfingen den heiligen Geist.

¹⁸Als nun Simon sah, dass die Apostel den Geist durch Handauflegung weitergeben konnten, brachte er ihnen Geld ¹⁹und bat: »Gebt auch mir diese Kraft, den heiligen Geist jedem weiterzugeben, dem ich die Hände auflege!« ²⁰Petrus aber fuhr ihn an: »Zur Hölle sollst du fahren mitsamt deinem Geld, wenn du meinst, du könntest Gottes freies Geschenk mit Geld kaufen! ²¹Du hast an dieser Sache weder Teil noch Erbe, denn dein Herz ist nicht lauter in Gottes Augen! ²²Ändere also deine Gesinnung und lass deine niedrigen Gedanken fahren! Bitte Gott, er möge dir deine unsaubere Absicht vergeben! ²³Denn ich sehe, dass die Bosheit tief in dir sitzt und du vom Unrecht nicht loskommst.« ²⁴Simon antwortete: »Bittet ihr den Herrn für mich, dass mich die Strafe nicht treffe, von der ihr gesprochen habt!«

²⁵Die beiden Apostel aber kehrten, nachdem sie das Wort des Herrn vor aller Ohren bezeugt und ausgelegt hatten, nach Jerusalem zurück und predigten unterwegs in vielen samaritanischen Dörfern.

²⁶Zu Philippus aber redete ein Engel des Herrn: »Steh auf! Geh nach Süden auf die einsame Straße, die von Jerusalem nach Gaza hinabführt!« ²⁷Und er stand auf und ging. Nun war auf ihr ein Mann aus Äthiopien unterwegs, der ein Minister und Schatzmeister der Kandake war, der Königin der Äthiopier. Er war nach Jerusalem gekommen, um anzubeten,

²⁸und war nun auf der Heimreise. Er saß in seinem Wagen und las im Propheten Jesaja. ²⁹Der Geist aber befahl dem Philippus: »Geh hin! Halte dich an diesen Wagen!« ³⁰Philippus lief hin und hörte, wie er das Buch des Propheten Jesaja laut vor sich hin las, und fragte ihn: »Verstehst du auch, was du liest?« ³¹Er gab zur Antwort: »Wie soll ich das können, wenn mir niemand hilft?«, und bat den Philippus, aufzusteigen und sich neben ihn zu setzen. ³²Die Stelle, die er eben las, lautete:

»Wie ein Schaf, das zum Schlachten geführt wird,
wie ein Lamm, das still ist vor dem, der sein Fell schert,
so tat er seinen Mund nicht auf.
³³In der äußersten Tiefe endete das Gericht,
das über ihn verhängt war.
Nun ist er lebendig. Wer will beschreiben, wie groß sein Volk ist?
Denn sein Leben ist von der Erde aufgehoben.«

³⁴Da wandte sich der Minister an Philippus: »Ich bitte dich, von wem sagt der Prophet das? Von sich selbst oder von einem anderen?« ³⁵Und Philippus fing an, zu reden und zu deuten und zeigte von dieser Schriftstelle aus, wer Jesus sei und was es heiße, ihm anzugehören. ³⁶·³⁷Als sie so den Weg dahinfuhren, kamen sie an ein Wasser, und der Minister fragte: »Da ist Wasser! Was hindert, dass ich getauft werde?« ³⁸Er ließ den Wagen halten, und beide stiegen ins Wasser hinab, Philippus und der Minister, und er taufte ihn. ³⁹Als sie aber aus dem Wasser stiegen, entrückte der Geist des Herrn den Philippus, und der Minister sah ihn nicht mehr. Er reiste aber, von Herzen froh, seinen Weg weiter. ⁴⁰Philippus fand sich in Aschdod wieder. Er wanderte durch alle Städte jener Gegend und machte das Evangelium bekannt, bis er nach Cäsarea kam.

Die Wandlung des Saulus

Die Vision vor Damaskus

9 ¹Saulus aber drohte und stritt damals noch in wildem Hass gegen die Christen. Er ging zum Hohepriester ²und erbat von ihm Briefe an die Synagogen in Damaskus, die ihm die Vollmacht verschaffen sollten, alle Christen, die er fände, Männer und Frauen, in Fesseln nach Jerusalem zu bringen. ³Auf der Reise aber, kurz vor Damaskus, geschah es plötzlich: Ein blendend helles Licht vom Himmel umleuchtete ihn, ⁴er stürzte zu Boden und hörte eine Stimme: »Saul! Saul! Was verfolgst du mich?« ⁵»Herr! Wer bist du?«, fragte er. »Ich bin Jesus«, war die Antwort, »ich bin der, den du verfolgst! ⁶Auf! Geh in die Stadt, und du wirst erfahren, was du tun sollst!« ⁷Seinen Begleitern verschlug es die Sprache, sie hörten zwar eine Stimme, sahen aber niemanden. ⁸Da stand Saulus auf und öffnete die Augen, konnte aber nichts sehen. So nahmen sie ihn an der Hand und führten ihn nach Damaskus. ⁹Noch drei Tage lang war er blind und nahm weder Speise noch Trank zu sich.

Paulus und Hananias

¹⁰Nun lebte in Damaskus ein Christ namens Hananias. Der hörte die Stimme des Herrn rufen: »Hananias!« und antwortete: »Hier bin ich, Herr!« ¹¹Der Herr fuhr fort: »Steh auf, geh in die ›Gerade Straße‹ und suche im Hause des Judas einen Mann aus Tarsus namens Saul. Er betet in diesem Augenblick, ¹²und ich habe ihm gezeigt, wie ein Mann mit Namen Hananias zu ihm kommt und ihm die Hände auflegt, damit er wieder sehend wird.« ¹³Hananias gab zur Antwort: »Herr, ich habe von vielen über diesen Mann gehört. Ich weiß, wie viel Böses er deiner Gemeinde in Jerusalem angetan hat, ¹⁴und dass er nun Vollmacht von den Priestern hat, alle zu verhaften, die hier an dich glauben.« ¹⁵Aber der Herr sprach weiter: »Geh hin! Ihn habe ich dazu bestimmt, mein Werkzeug zu sein. Er soll von mir sprechen und für mein Wort einstehen vor den fremden Völkern, den Königen und dem Volk Israel. ¹⁶Ich werde ihm zeigen, wie viel er leiden muss, wenn er mir dient und von mir spricht.«

¹⁷Hananias ging, kam in das Haus und legte Saulus die Hände auf mit den Worten: »Saul, mein Bruder, der Herr hat mich gesandt, Jesus, der dir auf dem Wege hierher erschienen ist. Er will, dass du wieder sehen kannst und erfüllt wirst mit heiligem Geist.« ¹⁸Da fiel es wie Schuppen von seinen Augen, und er konnte sehen. Er stand auf, ließ sich taufen ¹⁹und nahm Speise zu sich, so dass er wieder zu Kräften kam.

Danach blieb er einige Tage bei den Christen in Damaskus ²⁰und fing sogleich an, in den Synagogen öffentlich darzulegen, dass Jesus der Sohn Gottes sei. ²¹Die Zuhörer waren fassungslos. »Ist das nicht der«, so fragten sie einander, »der in Jerusalem alle umgebracht hat, die an Jesus glaubten? Ist er nicht hergekommen, sie hier festzunehmen und den Priestern auszuliefern?« ²²Saulus aber trat mit immer größerer Kraft auf und brachte die Juden von Damaskus in Verwirrung, indem er ihnen zeigte, dieser Jesus sei der erwartete Christus.

²³Eine längere Zeit später beschlossen die Juden, ihn umzubringen, ²⁴Saulus aber erfuhr von ihrem Anschlag. Tag und Nacht wachten sie an den Toren, um ihn zu erschlagen, ²⁵die Christen aber nahmen ihn und ließen ihn bei Nacht in einem Korb über die Mauer hinunter. ²⁶Als er nach Jerusalem kam, versuchte er, sich dort der Gemeinde anzuschließen, aber sie fürchteten sich alle vor ihm und glaubten nicht, dass er ein Christ sei. ²⁷Da nahm sich Barnabas seiner an und brachte ihn mit den Aposteln zusammen. Er erzählte ihnen, wie er auf dem Wege den Herrn gesehen und der Herr mit ihm gesprochen habe und wie er in Damaskus unerschrocken für ihn und seine Sache eingetreten sei. ²⁸Und Saulus ging in Jerusalem längere Zeit bei ihnen aus und ein, er redete klar und freimütig und bekannte seinen Glauben an den Herrn. ²⁹Er redete und diskutierte auch mit den griechisch sprechenden Juden, sie aber suchten Mittel und Wege, ihn umzubringen. ³⁰Als die Brüder das erfuhren, geleiteten sie ihn nach Cäsarea hinab und sandten ihn nach Tarsus.

³¹So hatte die Kirche nun in ganz Judäa, Galiläa und Samarien Frieden. Sie konnte sich festigen, sie lebte im Glauben an den Herrn und wuchs durch die tröstliche Kraft des heiligen Geistes.

Ein erster Weg zu den Fremden

³²Während einer Reise, auf der Petrus eine Gemeinde nach der anderen besuchte, kam er auch zu den Christen in Lydda. ³³Dort traf er einen Mann namens Äneas an, der seit acht Jahren darniederlag. ³⁴Zu dem sprach Petrus: »Äneas! Jesus Christus macht dich gesund! Steh auf! Sorge selbst für dich!« Und augenblicklich stand der Kranke auf. ³⁵Die Bewohner von Lydda und aus der Landschaft Saron aber sahen ihn geheilt und wurden Christen.

³⁶In Jafo lebte Tabita, auf deutsch »die Gazelle«, eine Christin, die mit großer Liebe für alle sorgte, die Hilfe nötig hatten. ³⁷Nun wurde sie in jenen Tagen krank und starb, und man wusch sie und legte sie ins Obergemach. ³⁸Weil aber Lydda nahe bei Jafo liegt und die Gemeinde

erfahren hatte, Petrus halte sich dort auf, sandte man zwei Männer zu Petrus, die ihn baten: »Komm zu uns! Komm rasch!« [39]Petrus entschloss sich sofort und ging mit. Als er ankam, führte man ihn ins Obergemach, wo alle Witwen der Gemeinde versammelt waren, die ihm unter Tränen die Wäsche und die Kleider zeigten, die die Gazelle ihnen gemacht hatte, als sie noch bei ihnen war. [40]Petrus aber schickte sie alle hinaus, kniete nieder, betete und sprach, zu der Toten gewandt: »Tabita, steh auf!« Da öffnete sie die Augen und setzte sich auf, als sie Petrus sah. [41]Er gab ihr die Hand und half ihr aufzustehen. Dann rief er die Gemeinde und die Witwen herein und zeigte sie ihnen als lebendig. [42]Das erfuhr man in ganz Jafo, und viele glaubten an den Herrn. [43]Danach blieb Petrus noch eine längere Zeit in Jafo und war bei einem Gerber Simon zu Gast.

10 [1]In Cäsarea wohnte ein römischer Hauptmann, der bei der Italischen Kohorte Dienst tat, Kornelius. [2]Der stand dem jüdischen Glauben nahe mit seiner ganzen Familie, half der jüdischen Gemeinde, wenn irgendwo Not war, und betete beständig zu Gott. [3]Der hatte eines Tages, etwa nachmittags drei Uhr, eine Vision. Er sah, wie ein Engel Gottes zu ihm kam, und hörte ihn sagen: »Kornelius!« [4]Er schaute zu ihm hin, gespannt und erschrocken, und fragte: »Was willst du, Herr?« Der Engel fuhr fort: »Gott hat deine Gebete gehört. Er hat gesehen, was du Gutes getan hast. [5]Sende nun Boten nach Jafo und bitte Simon, den man Petrus nennt, zu dir zu kommen. [6]Er wohnt als Gast bei einem Gerber Simon, der ein Haus am Meer hat.« [7]Als der Engel, der mit ihm gesprochen hatte, unsichtbar geworden war, rief Kornelius zwei Knechte und einen Soldaten jüdischen Glaubens aus dem Kreis derer, die ihn bedienten, [8]erzählte ihnen alles und sandte sie nach Jafo.

[9]Anderntags, als die drei noch auf dem Wege waren, kurz vor der Stadt, stieg Petrus auf das flache Dach des Hauses, um zu beten. Es war zwölf Uhr mittags. [10]Da wurde er hungrig und wollte essen. Während sie ihm nun ein Essen zubereiteten, geriet er in Verzückung. [11]Er sah die Lichtwelt Gottes offen vor sich und sah daraus etwas wie einen Sack herabschweben, ein großes leinenes Tuch, das, an den vier Ecken gefasst, zur Erde herabgelassen wurde. [12]In dem waren Tiere jeder Art, vierfüßige, Kriechtiere und Vögel. [13]Und er hörte eine Stimme: »Auf, Petrus! Schlachte und iss!« [14]Petrus wehrte sich: »Unmöglich, Herr! Ich habe noch nie etwas Unerlaubtes, Unreines gegessen!« [15]Und wieder kam die Stimme: »Was Gott rein gemacht hat, sollst du nicht unrein

nennen!« ¹⁶Das geschah dreimal, dann wurde das Tuch wieder emporgehoben und verschwand.

¹⁷Petrus war in seinen Gedanken noch mit dem Erlebnis beschäftigt und wusste nicht, was es bedeuten sollte, da kamen die Männer, die Kornelius gesandt hatte. Sie hatten sich nach dem Hause des Gerbers Simon durchgefragt und standen nun an der Haustür, ¹⁸riefen und fragten: »Ist hier ein Simon mit Beinamen Petrus zu Gast?« ¹⁹Während Petrus noch immer über das Gesicht nachsann, redete Gottes Geist weiter zu ihm: »Drei Männer sind da und suchen dich! ²⁰Steh auf, geh hinab und folge ihnen ohne Bedenken, sie kommen in meinem Auftrag.«

²¹Petrus stieg also hinab und sprach mit den Männern: »Ich bin der, nach dem ihr fragt. Was ist der Grund eures Besuchs?« ²²»Hauptmann Kornelius«, antworteten sie, »ein gerechter und frommer Mann, der bei allen jüdischen Bürgern in gutem Ruf steht, bekam von einem heiligen Engel die Weisung, dich in sein Haus zu bitten, du habest ihm etwas zu sagen.« ²³Da hieß er sie eintreten und nahm sie als Gäste auf. Am nächsten Tag trat er mit ihnen zusammen die Reise an, und einige von den Brüdern aus Jafo begleiteten ihn.

²⁴Als sie tags darauf in Cäsarea eintrafen, erwartete sie Kornelius bereits zusammen mit seiner Familie und seinen nächsten Freunden. ²⁵Petrus trat ins Haus, während Kornelius ihm entgegenging, sich ihm zu Füßen warf und ihn verehrte. ²⁶Da hob Petrus ihn auf mit den Worten: »Steh auf! Ich bin auch ein Mensch!« ²⁷Und indem er sich mit ihm unterhielt, trat er ein und fand eine große Versammlung vor. ²⁸Die begrüßte er mit einer Rede: »Ihr wisst, es ist einem jüdischen Mann nach seinem Gesetz nicht erlaubt, sich mit einem Fremden zu befreunden oder bei ihm einzukehren. Mir aber hat Gott gezeigt, dass es gegen seinen Willen ist, irgendeinen Menschen als kultisch unrein anzusehen. ²⁹Darum bin ich auch gekommen, als ich gerufen wurde, und habe nicht widersprochen. Nun frage ich: Warum habt ihr mich kommen lassen?«

³⁰Kornelius gab zur Antwort: »Vor vier Tagen um diese Stunde – es war drei Uhr nachmittags – betete ich in meinem Hause, da trat ein Mann auf mich zu in einem blendend hellen Gewand, ³¹der redete mich an: ›Kornelius! Gott hat dein Gebet erhört. Er hat gesehen, was du Gutes getan hast. ³²Sende nach Jafo und bitte Simon Petrus, zu dir zu kommen. Er wohnt im Hause des Gerbers Simon am Meer.‹ ³³Da habe ich dich sogleich rufen lassen, und du bist so freundlich gewesen zu kommen. Nun sind wir alle hier vor Gott versammelt und wollen hören, was dir vom Herrn aufgetragen ist.«

³⁴Da nahm Petrus wieder das Wort: »Nun begreife ich die Wahrheit! Gott macht keinen Unterschied zwischen den Menschen. ³⁵In jedem Volk ist er dem Menschen zugetan, der sich ihm beugt und der tut, was gerecht ist. ³⁶Zum Volk Israel hat er ein besonderes Wort gesprochen. Er hat ihm verkündigt, Jesus Christus habe Frieden gestiftet, er, der Herr aller. ³⁷Ihr wisst, was in Judäa geschehen ist. Es begann in Galiläa in jener Zeit, in der Johannes die Menschen zu seiner Taufe aufgefordert hatte. ³⁸Damals wirkte Jesus von Nazaret, von Gott zum Herrn Israels eingesetzt und mit heiligem Geist und göttlicher Kraft ausgestattet. Er zog durchs Land und brachte denen Hilfe und Heilung, die vom Teufel geknechtet waren, und Gott selbst war es, der durch ihn wirkte. ³⁹Wir können es bezeugen. Wir haben alles gesehen, was er in Judäa und in Jerusalem getan hat. Zuletzt haben sie ihn an ein Holz gehängt und umgebracht. ⁴⁰Aber Gott hat ihn am dritten Tag erweckt, und er ist sichtbar erschienen. ⁴¹Freilich, nicht das ganze Volk hat ihn gesehen, sondern wir, die Zeugen, die Gott dafür ausgewählt hat, und wir haben mit ihm gegessen und getrunken, als er aus dem Reich der Toten auferstanden war. ⁴²Er gab uns den Auftrag, dem Volk zu sagen und zu bezeugen, dass er von Gott zum Richter über Lebendige und Tote bestimmt sei. ⁴³Auf ihn weisen alle Propheten hin, und sie bezeugen, dass durch ihn alle von ihrer Schuld befreit werden, die an ihn glauben.«

⁴⁴Während Petrus noch redete, kam Gottes Geist über sie alle, die der Rede zuhörten. ⁴⁵Die jüdischen Christen aber, die mit Petrus gekommen waren, gerieten außer sich, dass die Gabe des heiligen Geistes auch Menschen aus gottlosen Völkern verliehen wurde. ⁴⁶Sie hörten sie nämlich in ekstatischen Rufen Gott preisen. Da fuhr Petrus fort: ⁴⁷»Wer kann hier das Wasser verweigern? Wer will noch sagen, diese Menschen dürften nicht getauft werden, nachdem sie den heiligen Geist empfangen haben wie wir?« ⁴⁸Und er befahl, man solle sie taufen auf den Namen des Jesus Christus. Danach baten sie ihn, er möge einige Tage bei ihnen bleiben.

11 ¹Nun hörten aber die Apostel und die Brüder in Judäa, dass auch Menschen, die mit dem jüdischen Volk nichts zu tun hatten, den christlichen Glauben angenommen hätten, ²und als Petrus nach Jerusalem zurückkam, machten ihm die jüdischen Christen Vorwürfe: ³»Du bist bei heidnischen Menschen zu Gast gewesen und hast Tischgemeinschaft mit ihnen gehalten!« ⁴Da begann Petrus, ihnen alles der Reihe nach darzulegen:

⁵»Ich war in Jafo, und als ich mein Gebet hielt, geriet ich in Verzückung und sah, wie ein großes, leinenes Tuch, an den vier Ecken gehalten, sich von oben zu mir herabsenkte. ⁶Als ich hineinschaute, sah ich alle Arten von vierfüßigen Tieren der Erde, von wilden Tieren, Kriechtieren und Vögeln des Himmels ⁷und hörte eine Stimme sagen: ›Auf, Petrus! Schlachte und iss!‹ ⁸›Unmöglich, Herr!‹ antwortete ich, ›ich habe nie etwas kultisch Unreines gegessen!‹ ⁹Da kam die Stimme noch einmal von oben her: ›Was Gott rein gemacht hat, sollst du nicht unrein nennen!‹ ¹⁰Das geschah dreimal, und alles wurde wieder zum Himmel hinaufgezogen. ¹¹Im selben Augenblick standen drei Männer vor unserem Haus, aus Cäsarea gesandt mit einer Botschaft für mich. ¹²Der Geist aber gebot mir, mich ihnen ohne Widerspruch anzuschließen, und die sechs Brüder, die hier bei uns sind, begleiteten mich auf dem Weg in das Haus jenes Mannes. ¹³Der berichtete uns, wie er den Engel in sein Haus treten sah und hörte, wie er sagte: ›Sende Boten nach Jafo und bitte Simon Petrus, er möge zu dir kommen. ¹⁴Der hat eine Botschaft für dich, die dir und deinem ganzen Hause das Leben verschaffen wird.‹ ¹⁵Als ich nun anfing zu reden, kam der heilige Geist über sie, wie es auch mit uns am Anfang geschah. ¹⁶Da kam mir das Wort des Herrn in den Sinn: ›Johannes hat mit Wasser getauft, ihr aber werdet mit heiligem Geist getauft werden.‹ ¹⁷Wenn nun Gott ihnen dasselbe Geschenk gemacht hat wie uns, ihnen, die an Jesus Christus als an ihren Herrn glauben, wer war denn ich, der ich Gott hätte im Weg stehen können?«

¹⁸Als sie das hörten, wurden sie still und priesen Gott mit den Worten: »So hat Gott also auch den Fremden die Umkehr zum Leben eröffnet!«

Ausbreitung über das Land hinaus

¹⁹Aber die Unruhen, die um Stephanus entstanden waren, wirkten noch weiter. Die versprengten Christen aus Jerusalem kamen bis nach Phönizien und bis nach Zypern und Antiochia und wandten sich mit ihrer Botschaft ausschließlich an die dort lebenden Juden. ²⁰Unter ihnen waren aber auch einige Männer, die aus Zypern und Kyrene in Nordafrika stammten, die kamen nach Antiochia und redeten dort auch zu griechisch sprechenden Menschen und sagten ihnen von Jesus, dem Herrn. ²¹Und Gott gab ihrem Tun das Gelingen: Eine große Zahl solcher Menschen nahm ihr Wort auf und glaubte und wandte sich dem Herrn zu.

²²Nun hörte aber auch die Gemeinde in Jerusalem davon und gab Barnabas den Auftrag, seine Reisen bis Antiochia auszudehnen. ²³Als Barnabas sah, dass Gott hier wirklich Geist und Glauben geschenkt hatte, freute er sich und ermahnte sie alle, fest zu ihrem Entschluss zu stehen und beim Herrn zu verharren. ²⁴Denn er war ein gütiger Mann, voll heiligen Geistes und voll Glaubens. Und die Gemeinde in jener Stadt wurde größer und größer.

²⁵Von dort aus reiste Barnabas weiter nach Tarsus, um Saulus zu suchen, ²⁶und als er ihn gefunden hatte, bewegte er ihn, nach Antiochien mitzugehen. Und sie blieben in der Gemeinde ein ganzes Jahr lang und lehrten eine große Zahl von Menschen. In Antiochia aber wurden die Angehörigen der Gemeinde von den Außenstehenden zum erstenmal »Christen« genannt.

Die erste Verfolgung durch den Staat

²⁷In jenen Tagen kamen Propheten von Jerusalem nach Antiochien. ²⁸Einer von ihnen, Agabus, erhob sich im Gottesdienst und sagte eine große Hungersnot voraus, die über alle Völker kommen solle und die unter Kaiser Klaudius tatsächlich eintraf. Es war Gottes Geist, der durch ihn sprach. ²⁹Da beschlossen sie, es solle jeder, wie er eben die Mittel habe, den in Judäa wohnenden Brüdern eine Unterstützung schicken. ³⁰Sie taten es auch und sandten ihre Gabe durch Barnabas und Saulus an die Ältesten der dortigen Gemeinde.

12 ¹Um diese Zeit griff König Herodes zu, um einige aus der Gemeinde zu misshandeln. ²So ließ er Jakobus, den Bruder des Johannes, mit dem Schwert hinrichten, ³und als er sah, dass es den Juden gefiel, ließ er auch Petrus festnehmen, und zwar am Passafest. ⁴Er ließ ihn ins Gefängnis legen und durch vier Gruppen von je vier Soldaten bewachen. Nach dem Fest wollte er ihn dem Volk vorführen. ⁵Während nun Petrus im Gefängnis eingeschlossen war, betete die Gemeinde seinetwegen zu Gott, ohne abzulassen.

⁶In der Nacht aber, ehe Herodes den Schauprozess beginnen wollte, schlief Petrus zwischen zwei Soldaten und war mit zwei Ketten an sie gefesselt, während vor der Tür die Posten standen und die Zelle bewachten. ⁷Da stand plötzlich ein Engel des Herrn im Raum, strahlend von Licht. Der schlug Petrus an die Seite und weckte ihn: »Schnell!

Steh auf!« Und die Ketten fielen von seinen Händen. ⁸»Gürte dich und zieh deine Schuhe an!« Petrus tat es, und der Engel fuhr fort: »Wirf deinen Mantel um und komm mit!« ⁹Und Petrus schritt hinaus, dem Engel nach, und wusste nicht, dass es alles Wirklichkeit war, was da geschah, er meinte vielmehr zu träumen. ¹⁰Sie durchschritten die erste, dann die zweite Wache und kamen zu dem eisernen Tor, das zur Stadt führte. Das öffnete sich vor ihnen ohne ihr Zutun, und sie gingen hinaus und eine Gasse entlang, da schied der Engel von ihm.

¹¹Als Petrus zu sich kam, wurde ihm deutlich: »Es ist wahr! Der Herr hat seinen Engel gesandt und mich aus der Gewalt des Herodes gerettet und von allem, was die Juden mit mir vorhatten.« ¹²Während ihm das alles klar wurde, kam er an das Haus der Maria, der Mutter des Johannes Markus, wo sich viele Christen versammelt hatten, um miteinander zu beten. ¹³Er klopfte an die Tür am Torgebäude, und es kam eine Magd mit Namen Rhode heraus. ¹⁴Als die die Stimme des Petrus erkannte, freute sie sich so sehr, dass sie vergaß, das Tor zu öffnen. Statt dessen lief sie hinein und rief, Petrus stehe vor der Tür. ¹⁵»Du bist nicht bei Sinnen!«, antworteten sie ihr, aber sie bestand darauf, es sei so. »Es ist sein Engel!«, war die Antwort. ¹⁶Petrus klopfte unterdessen weiter, und sie öffneten ihm und waren außer sich vor Freude. ¹⁷Da winkte er ihnen mit der Hand, sie sollten schweigen, und erzählte, wie der Herr ihn aus dem Gefängnis befreit habe, und fügte hinzu: »Sagt das Jakobus weiter und den anderen Brüdern!« Dann verließ er sie und begab sich an einen anderen Ort.

¹⁸Als es Tag wurde, herrschte eine nicht geringe Bestürzung unter den Soldaten, was wohl aus Petrus geworden sei. ¹⁹Herodes wollte ihn holen lassen, da man ihm Petrus aber nicht bringen konnte, verhörte er die Wachen und ließ sie zur Bestrafung abführen. Er selbst reiste von Judäa nach Cäsarea hinab und verweilte dort. ²⁰Er war nämlich entschlossen, gegen die Tyrer und Sidonier Krieg zu führen. Die aber kamen gemeinsam zu ihm, suchten die Vermittlung des Blastus, des Kämmerers des Königs, und baten um Frieden, denn ihr Land war auf den Handel mit dem Land des Königs angewiesen. ²¹Am festgesetzten Tag kleidete Herodes sich in sein königliches Gewand, setzte sich auf den Thron und hielt eine Rede an sie. ²²Da lärmte der Pöbel: »Das ist Gottes Stimme, nicht die eines Menschen!« ²³Aber ein Engel des Herrn schlug ihn, weil er sich selbst an die Stelle Gottes gesetzt hatte, und er starb, von Würmern gefressen.

²⁴Inzwischen wuchs die Gemeinde, und das Evangelium breitete sich aus. ²⁵Barnabas und Saulus aber verließen Jerusalem wieder, nachdem sie die Gabe übergeben hatten, und nahmen Johannes Markus mit sich.

Die erste Reise des Paulus: Nach Kleinasien

Aussendung

13 ¹Damals wirkten in der Gemeinde in Antiochien Barnabas, Simeon Niger, Luzius von Zyrene, Manaën, ein Jugendfreund des Herodes Antipas, und Saulus als Prediger und Lehrer. ²Als sie einmal in strenger Enthaltsamkeit dem Gebet lebten und so dem Herrn dienten, empfingen sie eine Weisung des heiligen Geistes: »Übergebt Barnabas und Saulus ihren besonderen Auftrag: Sendet sie aus zu dem Werk, das ich für sie bestimmt habe!« ³Da fasteten sie und beteten, legten ihnen die Hände auf und ließen sie gehen.

Nach Zypern

⁴So traten sie, vom heiligen Geist gesandt, ihre Reise an. Sie kamen nach Seleuzia hinab und fuhren zu Schiff nach Zypern. ⁵In Salamis gingen sie in die Versammlungshäuser der Juden und predigten dort das Wort Gottes, während Johannes Markus sie als Helfer begleitete. ⁶Auf ihrem Weg über die Insel, der sie bis nach Paphos führte, begegneten sie einem Magier, einem Juden namens Barjesus. ⁷Der wirkte am Hof des Statthalters Sergius Paulus, eines klugen, einsichtigen Mannes, der Barnabas und Saulus zu sich kommen ließ, um zu hören, was ihre Botschaft sei. ⁸Nun widersetzte sich ihnen der Magier Elymas – so lautet der griechische Name des Barjesus – und versuchte dem Statthalter den Glauben auszureden.

⁹Saulus aber, der mit seinem Beinamen Paulus hieß, sah ihn, erfüllt vom heiligen Geist, an ¹⁰und sprach: »Du Sohn des Teufels, du Sack voll Lüge und aller Bosheit! Du Feind aller Gerechtigkeit! Wirst du nicht aufhören, die geraden Wege des Herrn zu verkrümmen? ¹¹Gib Acht! Nun handelt Gott! Blind wirst du sein und die Sonne nicht sehen bis zu gelegener Zeit!« Im selben Augenblick senkte sich finstere Nacht über ihn, er tappte umher und suchte Leute, die ihn führen sollten. ¹²Als der Statthalter sah, was da vorging, erschrak er über die Kraft des Wortes von Christus und glaubte.

In das südliche Kleinasien und nach Anatolien

¹³Von Paphos aus fuhren Paulus und seine Begleiter nach Perge in Pamphylien. Johannes aber trennte sich von ihnen und kehrte nach Jerusalem zurück. ¹⁴Sie durchreisten Perge und gelangten in das Antiochia, das in Pisidien liegt, wo sie am Sabbat in die Synagoge gingen und sich unter die Zuhörer setzten. ¹⁵Nachdem man aus den Schriften des Gesetzes und der Propheten vorgelesen hatte, ließen die Vorsteher der Synagoge sie fragen: »Ihr Brüder, wenn ihr ein Wort habt, das der Gemeinde hilfreich ist, dann redet!« ¹⁶Da erhob sich Paulus, bat mit einem Zeichen der Hand um Stille und fing an zu sprechen:

»Ihr Israeliten! Ihr Männer aus anderen Völkern, die Gott fürchten! Hört zu! ¹⁷Gott, dem unser Volk Israel dient, hat unser Volk hoch erhoben. Er machte es groß in der Fremde, im Lande Ägypten, und mit hoch erhobenem Arm führte er es in die Freiheit. ¹⁸Vierzig Jahre nährte er es in der Wüste, ¹⁹sieben Völker machte er zunichte in Kanaan und gab ihr Land unserem Volk, ²⁰vierhundertfünfzig Jahre währte seine Hilfe. Er gab ihm Richter, bis Samuel, der Prophet, kam. ²¹Danach erbat das Volk einen König, und Gott gab ihm Saul, den Sohn des Kis, einen Mann aus dem Stamme Benjamin, für vierzig Jahre. ²²Dann entfernte er Saul und gab David die Macht und das Königtum. Ihm gab er das Zeugnis: ›David, der Sohn des Isai, ist ein Mann, wie mein Herz ihn sich wünscht. Alles wird er nach meinem Willen tun.‹

²³Aus seiner Nachkommenschaft schenkte Gott, wie er versprach, dem Volk Israel den Retter: Jesus. ²⁴Johannes kündigte ihn an und brachte das Zeichen der Umkehr, die Taufe, ehe er kam. ²⁵Als aber Johannes den Lauf vollendete, sprach er: ›Ich bin der nicht, den ihr in mir vermutet. Aber gebt Acht! Er kommt nach mir, und ich bin nicht wert, ihm die Schuhe von den Füßen zu lösen!‹

²⁶Ihr Männer und Brüder, Söhne des Volkes Abrahams, und ihr, die ihr Gott fürchtet, aus anderen Völkern, uns gilt diese Botschaft! ²⁷Denn die Bewohner Jerusalems und die regierenden Häupter haben ihn nicht erkannt und nicht die Stimme der Propheten, die sie doch Sabbat für Sabbat hören. Aber indem sie ihn richteten, führten sie die Worte der Propheten zum Ziel.

²⁸Sie konnten ihn nicht überführen, dass er des Todes schuldig sei, und baten doch den Pilatus, er möge ihn töten. ²⁹Als sie aber alles erfüllt hatten, was über ihn geschrieben ist, nahmen sie ihn herab vom Holz und legten ihn in ein Grab. ³⁰Gott aber weckte ihn und holte ihn

aus dem Reich der Toten. ³¹Und manchen Tag sahen ihn jene, die ihn von Galiläa nach Jerusalem begleitet hatten und die nun seine Zeugen sind für das Volk.

³²Wir aber sagen euch, dass das Versprechen erfüllt ist, das Gott den Vätern gegeben hatte. ³³Uns ist es erfüllt, den Kindern, als er Jesus erweckte, wie schon der zweite der Psalmen es ausspricht: ›Du bist mein Sohn, heute habe ich dir die Herrschaft gegeben!‹ ³⁴Dass er ihm aber Leben gab aus dem Tode und nun nicht will, dass er je in der Verwesung ende, das spricht Gott aus in den Worten: ›Ich will euch die Gnade, die David verheißen war, treu bewahren.‹

³⁵In diesem Sinn spricht die Schrift an anderer Stelle: ›Du wirst nicht zulassen, dass dein Heiliger verwese.‹ ³⁶David diente den Menschen seiner Zeit und starb, wie Gott es bestimmte. In die Gräber seiner Väter legte man ihn, und er erlitt die Verwesung. ³⁷Er aber, den Gott erweckte, verweste nicht.

³⁸Das sollt ihr begreifen, ihr Brüder: Durch ihn erlangt ihr die Lösung von all eurer Schuld, auch von all dem Ungenügen vor Gott, das eure Mühe um Moses Gesetz nicht aufheben konnte. ³⁹Wer sich auf ihn verlässt, wird von Gott als gerecht angesehen. ⁴⁰Seht nun zu, dass nicht auf euch zutrifft, was die Propheten sagten: ⁴¹›Schaut zu, ihr Verächter! Schaudert vor Staunen und werdet zunichte! Eine Tat will ich tun, in euren Tagen soll sie geschehen, die ihr nicht glaubtet, wenn sie euch einer erzählte!‹«

⁴²Als sie nach dem Gottesdienst die Synagoge verließen, bat man sie, sie sollten doch am folgenden Sabbat weiter von diesen Dingen reden, ⁴³und während die Gemeinde sich verlief, schlossen sich viele Juden und auch viele zur jüdischen Gemeinde gehörende Nichtjuden Paulus und Barnabas an. Die sprachen weiter zu ihnen und forderten sie auf, nun, nachdem sie Gottes Freundlichkeit begegnet seien, sie mit ganzem Herzen zu bejahen und zu bewahren. ⁴⁴Am nächsten Sabbat versammelte sich fast die ganze Stadt, um zu hören, was Paulus über den Herrn zu sagen hatte. ⁴⁵Als die Juden aber die Massen sahen, die da zusammenströmten, wurden sie neidisch und begannen, Paulus zu widersprechen und über Christus zu spotten. ⁴⁶Da traten ihnen Paulus und Barnabas mit großem Freimut entgegen und sagten:

»Euch Juden musste, was Gott getan hat, zuerst berichtet werden. Da ihr es aber nicht hören wollt und damit zu erkennen gebt, das ewige Leben sei für Menschen bestimmt, die würdiger sind als ihr, wenden wir uns an die Fremden. ⁴⁷Denn der Herr sagt über unseren Auftrag:

›Ich habe dich eingesetzt, ein Licht für die Völker zu sein und allen Menschen das Heil zu bringen bis an das Ende der Erde.‹«
⁴⁸Als die Nichtjuden das hörten, freuten sie sich und dankten Gott für sein Wort. Alle, die Gott für ewiges Leben bestimmt hatte, schlossen sich der entstehenden Gemeinde an, ⁴⁹und die Botschaft von Christus verbreitete sich über das ganze Land. ⁵⁰Die Juden aber brachten die vornehmen Frauen unter den nichtjüdischen Synagogenmitgliedern und auch die einflussreichen Bürger in Bewegung, so dass ein Aufruhr gegen Paulus und Barnabas entstand, und vertrieben sie aus ihrem Gebiet. ⁵¹Die beiden schüttelten den Staub der Stadt von ihren Füßen und wanderten nach Ikonion. ⁵²Die Jünger aber wurden erfüllt von Freude und heiligem Geist.

Nach Ikonion (Konja)

14 ¹In Ikonion betraten sie wiederum miteinander die Synagoge der Juden, und ihre Predigt wirkte so stark, dass eine große Zahl Juden und Griechen sich dem christlichen Glauben anschloss. ²Andererseits reizten diejenigen Juden, die den Glauben nicht annahmen, die übrige Bevölkerung zum Hass gegen die Brüder auf. ³Nun blieben Paulus und Barnabas eine geraume Zeit in der Stadt, in freimütigem Vertrauen auf den Herrn, der ihrem Wort Nachdruck gab und Zeichen und Wunder geschehen ließ durch ihre Hände. ⁴Indessen aber spaltete sich die Einwohnerschaft: Die einen hielten sich zu den Juden, die anderen zu den Aposteln. ⁵Als zuletzt Juden und Griechen sich mit den führenden Männern der Stadt in blinder Wut zusammenrotteten, um sie zu misshandeln und zu steinigen, ⁶und sie davon erfuhren, flüchteten sie nach Lykaonien, in die Städte Lystra und Derbe und deren Umgebung, ⁷und verkündigten dort das Evangelium.
⁸Nun lebte in Lystra ein Mann, dessen Füße keine Kraft hatten und der von Geburt an lahm war. Er hatte noch nie gehen können. ⁹Der saß nun unter den Zuhörern des Paulus. Als Paulus ihn erblickte und merkte, dass er glaubte, ihm könne geholfen werden, ¹⁰rief er ihm zu: »Steh auf! Stell dich auf deine Füße!« Und er sprang auf und konnte gehen. ¹¹Als die Leute sahen, was Paulus getan hatte, fingen sie an, in lykaonischer Sprache zu rufen und zu reden: »Die Götter sind zu uns gekommen! Die Götter in Menschengestalt!« ¹²Und sie nannten den Barnabas »Zeus«, den Paulus »Hermes«, weil er das Wort führte, ¹³und

der Zeuspriester aus dem Tempel vor der Stadt brachte Stiere und Kränze an den Opferplatz vor dem Tor und wollte mit der Menge ein Opferfest feiern. ¹⁴Als die beiden Apostel Barnabas und Paulus das hörten, zerrissen sie ihre Gewänder zum Zeichen des Entsetzens, sprangen unter die Leute hinab und riefen: ¹⁵»Ihr Männer! Was tut ihr da? Wir sind Menschen wie ihr! Darum sind wir ja hier, weil ihr euch von diesen ›Göttern‹, die es nicht gibt, abwenden und den einen wirklichen Gott erkennen sollt, der den Himmel gemacht hat und die Erde und das Meer und alles, was darin ist! ¹⁶Er hat euch bisher eure eigenen Wege gehen lassen, aber ihr kennt ihn: ¹⁷Es ist der, von dem ihr alles Gute habt, der euch Regen sendet und die Ernte gibt, der euch satt macht und Wohlergehen schenkt!« ¹⁸Nur mit Mühe hielten sie das Volk davon ab, ihnen ein Opfer darzubringen.

¹⁹Nun kamen aber Juden aus Antiochia und Ikonion, die überredeten die Leute. Sie steinigten Paulus und schleiften ihn aus der Stadt hinaus in der Meinung, er sei tot. ²⁰Als aber draußen die Christen sich um ihn sammelten, erhob er sich und ging in die Stadt zurück.

Rückkehr

Anderntags brach er mit Barnabas auf und reiste nach Derbe. ²¹Dort predigten sie den Bewohnern wiederum das Evangelium und machten viele zu Jüngern. Danach kehrten sie nach Lystra, Ikonion und Antiochia zurück, ²²um die Christen in jenen Städten zu stärken. Sie ermahnten sie, am Glauben festzuhalten, und zeigten ihnen, dass es keinen anderen Weg in die himmlische Welt Gottes gebe als den, der durch viel Leiden führt. ²³In jeder Gemeinde bestimmten sie verantwortliche Leiter und setzten sie unter Beten und Fasten in ihr Amt ein: dem Herrn zu dienen, an den sie glaubten.

²⁴Sie durchzogen Pisidien und gelangten nach Pamphylien, ²⁵sie machten das Evangelium in Perge bekannt, wanderten nach Attalia hinab ²⁶und fuhren zu Schiff von dort nach Antiochia. Sie hatten den Auftrag erfüllt, den sie empfangen hatten, und kehrten an den Ort zurück, an dem sie dem Schutz und Geleit Gottes übergeben worden waren. ²⁷Nach ihrer Ankunft riefen sie die Gemeinde zusammen und berichteten, was Gott durch sie ausgerichtet hatte und wie er Menschen aus fremden Völkern eine Tür des Glaubens geöffnet hätte. ²⁸Von da an verweilten sie längere Zeit in der Gemeinde.

Die Kirchenversammlung von Jerusalem

15 ¹Nun kamen einige aus Judäa und wollten den Christen in Antiochia einreden: »Wenn ihr nicht die Tradition der Beschneidung übernehmt, könnt ihr kein ewiges Leben gewinnen.« ²Da entstand eine harte Auseinandersetzung in der Gemeinde, und Paulus und Barnabas traten auf und widerstanden ihnen mit aller Leidenschaft. Schließlich beschloss man, Paulus, Barnabas und einige andere sollten nach Jerusalem reisen und die Streitfrage mit den Aposteln und den Ältesten klären. ³Sie wurden also feierlich entlassen und reisten durch Phönizien und Samarien, erzählten überall, wie Menschen aus fremden Völkern Gott gefunden hätten, und machten den Brüdern in all jenen Gemeinden große Freude.

⁴In Jerusalem wurden sie von der Gemeinde, den Aposteln und den Ältesten empfangen, und sie berichteten, was Gott durch sie getan hatte. ⁵Da erhoben sich einige aus der Gemeinschaft der Pharisäer, die Christen geworden waren, und forderten, man solle alle jene neuen Glieder der Kirche in den fremden Ländern beschneiden und sie auf die Vorschriften des Gesetzes Moses verpflichten. ⁶Nun kamen die Apostel und die Ältesten unter sich zusammen, um die Sache zu beraten. ⁷Als man aber in einen immer heftigeren Streit geriet, erhob sich Petrus:

»Liebe Brüder, ihr wisst, dass Gott schon vor langer Zeit bestimmt hat, die fremden Völker sollten durch meinen Mund das Evangelium hören und zum Glauben finden. ⁸Er selbst, der die Herzen der Menschen kennt, nahm sie an und sagte Ja zu ihnen. Zum Zeichen dafür gab er ihnen den heiligen Geist, ebenso wie uns. ⁹Er machte zwischen ihnen und uns keinen Unterschied und gab ihnen reine Herzen, weil sie an ihn glaubten. ¹⁰Warum arbeitet ihr nun gegen Gott und fordert, was Gott nicht will? Was legt ihr den Gliedern der Kirche wieder das alte Joch auf den Nacken, das weder unsere Väter noch wir selbst haben tragen können? ¹¹Was glauben wir denn? Wir glauben, dass wir gerettet werden durch die Gnade unseres Herrn Jesus Christus, wie sie.«

¹²Da schwieg die ganze Versammlung und hörte zu, als Barnabas und Paulus von den großen Zeichen göttlicher Nähe und Macht erzählten, die Gott in den fremden Ländern durch sie habe geschehen lassen. ¹³Nach einer Weile des Schweigens nahm Jakobus das Wort:

»Liebe Brüder, hört mir zu! ¹⁴Petrus hat erzählt, wie Gott zum erstenmal Menschen aus nichtjüdischen Völkern erwählt hat, um unter ihnen eine Kirche zu begründen. ¹⁵Dazu stimmen schon die Worte der Propheten:

¹⁶›Danach will ich mich euch wieder zuwenden und das Haus Davids errichten, das zerfallen ist. Ich will bauen, was an ihm zerstört ist, und will es aufrichten, ¹⁷damit die übrigen Menschen beginnen, nach Gott zu fragen, und alle Völker, die doch mir gehören. Das spricht Gott. Er wird es tun. ¹⁸Von Ewigkeit her ist es sein Plan.‹

¹⁹Darum ist es meine Überzeugung, wir sollten ihnen, die aus fremden Völkern Christen werden, keine unnötigen Lasten aufbürden, ²⁰sondern ihnen lediglich mitteilen: Bewahrt euch davor, euch zu beflecken durch den Dienst an falschen Göttern, bewahrt euch vor Unzucht, vor dem Fleisch von Tieren, die nicht nach jüdischer Sitte geschlachtet sind, und vor dem Genuss von Blut. ²¹Denn diese Regeln des Mose werden seit alter Zeit in allen Städten von den Predigern gefordert, die an jedem Sabbat in den Synagogen aus dem Gesetz vorlesen.«

²²Da fassten die Apostel und die Ältesten zusammen mit der ganzen Gemeinde den Beschluss, Männer zu bestimmen, die mit Paulus und Barnabas zusammen nach Antiochia reisen sollten, und wählten Judas Barsabbas und Silas, führende Männer der Gemeinde. ²³Ihnen gaben sie einen Brief mit, in dem sie schrieben:

»Die Apostel und die Ältesten der Brüder grüßen die einheimischen Gemeinden in Antiochien, Syrien und Zilizien. ²⁴Wir haben vernommen, dass einige Glieder unserer Gemeinde euch Unruhe gebracht und euch mit ihren Forderungen verwirrt haben, und zwar ohne von uns beauftragt zu sein. ²⁵Nun haben wir in unserer Versammlung einmütig beschlossen, Männer zu bestimmen und sie mit unseren lieben Barnabas und Paulus zu euch zu senden, ²⁶also mit Männern, die ihr Leben für Jesus Christus, unseren Herrn, eingesetzt haben. ²⁷Wir senden Judas und Silas, die euch auch mündlich wiederholen werden, was wir beschlossen haben. ²⁸Denn wir haben dem Willen des heiligen Geistes gemäß beschlossen, euch keine Verpflichtungen aufzuerlegen außer den vier Regeln, die auch weiterhin nötig sind: ²⁹dass ihr euch rein haltet von heidnischen Göttern, vom Genuss von Blut und nicht nach unserer Ordnung geschlachtetem Fleisch und von Unzucht. Wenn ihr das einhaltet, tut ihr, was recht ist. Lebt wohl!«

³⁰Man verabschiedete die Gesandten, und sie reisten nach Antiochia hinab. Dort riefen sie die Gemeinde zusammen und übergaben den Brief. ³¹Als die Zuhörer seinen Inhalt erfuhren, wurden sie froh über den tröstlichen Bescheid. ³²Judas und Silas aber, die von Gott begna-

dete Prediger waren, machten der Gemeinde in vielen Reden Mut und stärkten sie. ³³·³⁴Nach einiger Zeit wurden sie im Frieden von den Brüdern verabschiedet und reisten zu denen zurück, die sie gesandt hatten. ³⁵Paulus und Barnabas dagegen lebten von da an in Antiochien und lehrten und predigten mit vielen anderen zusammen die Botschaft von Jesus Christus, dem Herrn.

Die zweite Reise des Paulus: Nach Griechenland

³⁶Es war einige Zeit später, da schlug Paulus dem Barnabas vor: Lass uns doch unsere frühere Arbeit wieder aufnehmen und nach den Brüdern sehen in all den Städten, in denen wir damals mit dem Wort des Herrn waren, um zu erfahren, wie es den Gemeinden geht. ³⁷Da wollte Barnabas auch Johannes Markus mitnehmen. ³⁸Aber Paulus weigerte sich. Nachdem er sich in Pamphylien von ihnen entfernt und die gemeinsame Aufgabe im Stich gelassen habe, sei es unmöglich, ihn noch einmal mitzunehmen. ³⁹So kam es zu erbittertem Streit. Schließlich trennten sie sich, und Barnabas fuhr mit Markus zusammen nach Zypern, ⁴⁰Paulus dagegen wählte Silas zu seinem Begleiter, brach, von den Brüdern der Hilfe und dem Segen Gottes befohlen, mit ihm zusammen auf ⁴¹und durchzog Syrien und Zilizien und stärkte die Gemeinden.

16 ¹So kam er auch wieder nach Derbe und Lystra. Nun lebte in Lystra ein Christ namens Timotheus, der Sohn einer Jüdin, die zur Gemeinde gehörte, und eines griechischen Vaters. ²Dieser Timotheus hatte bei den Gemeinden in Lystra und Derbe einen guten Namen, ³und Paulus bestimmte ihn zu seinem Begleiter. Er nahm ihn zu sich und vollzog die Beschneidung an ihm wegen der Juden jener Gegend, denn es war allgemein bekannt, dass sein Vater ein Heide war. ⁴Während sie also durch jene Städte zogen, übergaben sie den Gemeinden überall die von den Aposteln und Ältesten der Gemeinde von Jerusalem beschlossenen Bestimmungen, die sie künftig beachten sollten. ⁵Die Gemeinden aber wurden entschiedener und stärker in ihrem Glauben und nahmen an Zahl täglich zu.

⁶Danach zogen sie weiter durch Phrygien und Galatien und wollten an die Westküste bei Ephesus weiterreisen, aber der Geist ließ sie wis-

sen, ihre Aufgabe sei jetzt nicht in dieser Richtung zu suchen. ⁷Da reisten sie weiter nach Mysien und wollten von dort (ostwärts) nach Bitynien gelangen, aber wieder ließ der Geist sie wissen, nicht hier sei ihre Aufgabe zu finden. ⁸So durchzogen sie Mysien und kamen nach Troas hinab.

Überfahrt nach Griechenland

⁹Dort hatte Paulus nachts einen Traum: Ein Mazedonier stand da und rief: »Komm herüber nach Mazedonien und hilf uns!« ¹⁰Nach diesem Traum entschlossen wir uns sofort, nach Mazedonien hinüberzufahren, denn wir waren sicher, dass der Auftrag, den Menschen drüben das Evangelium zu bringen, von Gott kam. ¹¹Wir fuhren also zu Schiff geraden Kurses von Troas nach Samothrake hinüber und am folgenden Tag weiter nach Neapolis, ¹²von dort aus gingen wir nach Philippi, einer Stadt im ersten Bezirk der Provinz Mazedonien, einer römischen Neugründung, in der wir einige Tage verweilten.

¹³Am Sabbat gingen wir vor das Tor hinaus zum Fluss, wo wir eine Gebetsstätte vermuteten, setzten uns und sprachen mit den Frauen, die sich dort versammelten. ¹⁴Da hörte auch eine Frau namens Lydia zu, eine Purpurhändlerin aus Thyatira, die sich der jüdischen Gemeinde angeschlossen hatte, und der Herr tat ihr das Herz auf, so dass sie bereitwillig auf die Worte des Paulus Acht gab. ¹⁵Als sie selbst, ihre Familie und ihre Bediensteten getauft waren, bat sie: »Wenn ihr überzeugt seid, dass ich wirklich an den Herrn glaube, dann kommt in mein Haus und bleibt bei mir als meine Gäste«; und sie nötigte uns, die Einladung anzunehmen.

In Philippi

¹⁶Als wir einmal an die Stätte des Gebets gingen, begegnete uns eine Sklavin, die unter dem Zwang eines dunklen Geistes stand und Wahrsagerei trieb. Sie war das Eigentum einiger Männer, die mit ihren Prophezeiungen viel Geld verdienten. ¹⁷Die lief Paulus und uns anderen nach und schrie: »Diese Leute sind Diener des höchsten Gottes! Sie zeigen euch den Weg zum Heil!« ¹⁸Das tat sie mehrere Tage lang. Schließlich wurde es Paulus lästig, er wandte sich um und redete den

dunklen Geist in ihr an: »Was ich sage, sagt Jesus Christus! Er befiehlt dir, sie zu verlassen!« Und er verließ sie zur selben Stunde. [19]Als ihre Besitzer sahen, dass sie die Fähigkeit wahrzusagen verloren hatte und kein Gewinn mehr von ihr zu erwarten war, ergriffen sie Paulus und Silas, schleppten sie auf den Markt vor die Behörde [20]und vor die Stadtrichter mit der Anklage: »Diese Menschen bringen unsere Stadt in Unruhe. Sie sind Juden [21]und versuchen, uns eine Religion einzureden, die sie unter Römern nicht ausbreiten dürfen.« [22]Die Menge tobte, und die Stadtrichter ließen ihnen die Kleider herunterreißen und sie auspeitschen. [23]Nach vielen Schlägen aber ließen sie die beiden ins Gefängnis abführen und befahlen dem Gefängniswärter, sie sicher zu verwahren. [24]Der warf sie daher in die innerste Zelle und schloss ihre Füße in den Holzblock.

[25]Um Mitternacht aber beteten Paulus und Silas, sangen einen Hymnus und rühmten Gott, und die Gefangenen hörten zu. [26]Da plötzlich bebte die Erde, die Grundmauern des Gefängnisses wurden erschüttert, die Türen sprangen auf, und die Fesseln der Gefangenen brachen aus den Wänden und lösten sich. [27]Der Gefängniswärter fuhr aus dem Schlaf, und als er sah, dass die Türen des Gefängnisses offen standen, zog er das Schwert und wollte sich töten, denn er meinte, die Gefangenen seien entflohen. [28]Da rief ihm Paulus mit allen Kräften zu: »Tu dir nichts an! Wir sind alle hier!« [29]Er ließ sich eine Fackel geben, sprang in die Zelle hinab und warf sich in zitternder Angst vor Paulus und Silas zu Boden. [30]Er führte sie hinaus und fragte sie: »Ihr Herren, was muss ich tun, damit ich das Heil finde?« [31]»Glaube an Jesus, der der Herr ist«, antworteten sie, »dann wirst du das Heil finden mit deinem ganzen Haus.« [32]Und sie sagten und deuteten ihm, was Gott gesagt hatte, und redeten mit ihm und allen seinen Angehörigen und Bediensteten. [33]Er aber nahm sie in jener nächtlichen Stunde zu sich, wusch ihnen die Blutspuren der Geißelhiebe ab und ließ sich und alle, die zu ihm gehörten, auf der Stelle taufen. [34]Er führte sie in sein Haus, deckte ihnen den Tisch und freute sich mit den Seinen, dass er nun Gott gefunden hatte.

[35]Am frühen Morgen aber sandten die Stadtrichter die Gerichtsdiener mit der Weisung: »Lass die Männer frei!« [36]Der Gefängniswärter gab den Bescheid an Paulus weiter: »Ihr sollt frei sein! Die Behörde lässt es melden. Kommt heraus und geht eures Weges!« [37]Paulus aber wandte sich an die Gerichtsdiener: »Sie haben uns öffentlich ohne Verhör ausgepeitscht und ins Gefängnis geworfen. Dabei sind wir römische Bür-

ger! Und nun wollen sie uns heimlich fortschicken? Nein, sie sollen selbst kommen und uns hinausgeleiten!« ³⁸Die Diener meldeten das den Richtern. Die aber fürchteten sich, als sie hörten, sie seien römische Bürger, ³⁹kamen und redeten ihnen gut zu, führten sie hinaus und baten sie, die Stadt zu verlassen. ⁴⁰Da verließen sie das Gefängnis und gingen zu Lydia. Sie besuchten und trösteten die Brüder und zogen weiter.

Weiterreise nach Thessalonich

17 ¹Auf dem Wege, der sie durch Amphipolis und Apollonia führte, kamen sie nach Thessalonich, wo eine jüdische Synagoge war. ²Wie er gewohnt war, begab sich Paulus zu den dort versammelten Juden und redete drei Sabbate lang zu ihnen. Er ging von Worten der heiligen Schrift aus, ³deutete sie und zeigte, dass der Christus, der von Gott kommen sollte, habe leiden müssen und nun vom Tode auferstanden sei. »Der aber, den ich euch verkündige«, so sagte er, »dieser Jesus, ist der Christus.« ⁴Einige von ihnen ließen sich überzeugen und schlossen sich Paulus und Silas an, vor allem eine große Menge von den Griechen, die der jüdischen Gemeinde nahestanden, und eine Anzahl vornehmer Frauen. ⁵Die Juden aber holten, von Eifersucht gepackt, ein paar verkommene Menschen aus dem Pöbel, brachten einen Volksauflauf zustande und versetzten die Stadt in Aufruhr. Sie zogen vor das Haus des Jason und wollten Paulus und seine Begleiter zu der tobenden Menge herausholen, ⁶als sie sie aber nicht fanden, schleppten sie Jason und einige Christen vor die Behörde und schrien: »Diese Leute bringen die ganze Welt in Aufruhr! Nun sind sie zu uns gekommen, ⁷und Jason gibt ihnen Herberge. Sie verletzen die Gesetze des Kaisers und behaupten, ein anderer sei König, nämlich Jesus.« ⁸Sie brachten das Volk in Erregung wie auch die leitenden Männer der Stadt, die das hörten. ⁹Schließlich forderte man von Jason und den übrigen eine Bürgschaft in Geld, und als die hinterlegt war, ließ man sie gehen.

¹⁰So sandten die Brüder Paulus und Silas sofort, noch in der Nacht, nach Beröa, wo die beiden nach ihrer Ankunft wieder in die Synagoge gingen. ¹¹Die Juden in Beröa aber waren anständiger als die in Thessalonich. Sie nahmen in großer Bereitwilligkeit auf, was Paulus ihnen sagte, und forschten und prüften täglich in der heiligen Schrift, ob es sich wirklich so verhalte. ¹²Viele von ihnen nahmen es an und glaubten,

unter ihnen nicht wenige angesehene Frauen und Männer aus den Kreisen der Griechen. ¹³Als aber die Juden in Thessalonich erfuhren, Paulus wirke mit seiner Predigt auch in Beröa, kamen sie und versetzten auch hier das Volk in Unruhe und Aufruhr. ¹⁴Da entließen die Brüder den Paulus so rasch wie möglich und schickten ihn ans Meer hinaus, während Silas und Timotheus in der Stadt blieben. ¹⁵Die den Paulus begleiteten aber reisten mit ihm bis nach Athen und kehrten mit der Weisung, Silas und Timotheus sollten möglichst schnell nachkommen, nach Hause zurück.

Auseinandersetzung in Athen

¹⁶Als Paulus nun in Athen auf sie wartete, ergriff ihn ein heiliger Zorn, als er sah, wie die Stadt voll war von Götterbildern. ¹⁷Da sprach er in der Synagoge zu den Juden und zu den ihnen nahe stehenden Griechen, an den Wochentagen auf dem Markt zu den Leuten, die gerade zusammenkamen. ¹⁸Auch einige von den Philosophen der epikureischen und der stoischen Richtung unterhielten sich mit ihm, und die einen meinten: »Was will dieser Schwätzer überhaupt?« Die anderen: »Er scheint irgendwelche fremden Götter zu bringen!« Denn Paulus hatte von Jesus gesprochen und von der Auferstehung. ¹⁹Sie sprachen also mit ihm und baten ihn, auf den Areopag zu kommen. »Können wir erfahren«, fragten sie, »was der Sinn der neuen Lehre ist, die du bringst? ²⁰Du hast einige merkwürdige Gedanken ausgesprochen, und wir wüssten gerne, was sie bedeuten sollen!« ²¹Freilich, die Athener und die in der Stadt wohnenden Fremden hatten weiter keinen Wunsch als den, irgendetwas Neues zu sagen oder zu hören. ²²So trat Paulus mitten auf den Areopag und fing an zu reden:

»Athener! Ich sehe, ihr seid sehr darauf aus, die Götter zu ehren! Überall stehen die Bilder der Götter, denen ihr dient. ²³Ich habe die Stadt gesehen und die Heiligtümer betrachtet und fand einen Altar mit der Inschrift: ›Einem unbekannten Gott‹.

Was ihr nun ehrt, ohne es wirklich zu kennen, das will ich euch zeigen: ²⁴Der Gott, der die Welt und was in ihr lebt, geschaffen hat, der ein Herrscher ist über Himmel und Erde, der wohnt nicht in Tempeln, die mit Händen gemacht sind. ²⁵Er wird nicht durch die Hände von Menschen versorgt, als bedürfe er der Sorge von Menschen. Er selbst ist es, der allem, was lebt, das Leben gibt und den Atem und alles, was not ist.

²⁶Aus *einem* geschaffenen Menschen schuf er das ganze Menschengeschlecht, dass es die ganze Erde bewohne, und bestimmte die Zeiten des Jahres und die Grenzen der Völker. ²⁷Er wollte, dass sie ihn suchen, dass sie ihn ahnen und sein Geheimnis erfassen möchten. Denn nahe ist er, nahe einem jeden von uns. ²⁸In ihm nämlich leben wir, in ihm liegt unser Geschick, in ihm unser Wesen. So haben auch einige eurer Dichter gesungen: ›An seinem Wesen haben wir teil.‹ ²⁹Wenn wir denn göttlichen Wesens sind, sollen wir uns die Meinung versagen, was göttlich sei, erscheine in Gold oder Silber oder in Steinwerk, in Gebilden menschlicher Kunst und Erfindung und sei ihnen gleich.

³⁰Nun hat Gott hinweggesehen über die Zeiten, in denen die Menschen blind waren für die Wahrheit. Aber in unseren Tagen fordert er Umkehr in allen Ländern von allen Menschen. ³¹Er hat einen Tag bestimmt, da wird er die Welt vor die Schranken seines Gerichts fordern. Er hat einen Mann ersehen, der sein Vollstrecker sein wird. Den hat er vom Tode erweckt, dass alle Welt sehe: Der ist's!« ³²Als sie aber hörten, es gehe um die Auferstehung der Toten, fingen die einen an zu spotten, die anderen meinten: »Wir wollen dich ein andermal wieder darüber hören!« ³³So verließ Paulus ihren Kreis. ³⁴Einige Männer freilich schlossen sich ihm an und glaubten, unter anderem der Ratsherr Dionysius, eine Frau namens Damaris und einige weitere mit ihnen.

Weiterreise nach Korinth

18 ¹Nach all dem verließ Paulus Athen und kam nach Korinth. ²Dort lernte er einen Juden namens Aquila kennen, der aus Pontus stammte und eben aus Italien zugereist war, nachdem der Kaiser Klaudius die Juden aus Rom ausgewiesen hatte. Seine Frau hieß Priszilla. Bei ihnen nahm er Quartier, ³und weil Aquila denselben Beruf ausübte wie er selbst – sie waren beide Zeltmacher –, blieb Paulus bei ihm, und sie arbeiteten zusammen. ⁴Jeden Sabbat aber sprach er in der Synagoge und suchte die Juden und die Griechen zu überzeugen.

⁵Als aber Silas und Timotheus aus Mazedonien kamen, ging Paulus dazu über, täglich zu predigen. Und er bewies und bezeugte den Juden, Jesus sei der Christus, der von Gott versprochen war. ⁶Als sie aber widersprachen und lästerliche Reden führten, schüttelte er sein Gewand aus und klagte sie an: »Bei euch liegt die Schuld, und diese Schuld werdet ihr selbst tragen. Mit reinem Gewissen wende ich mich nun an

die Nichtjuden.« ⁷Er verlegte den Ort seines Wirkens von der Synagoge in ein anderes Haus und versammelte von da an seine Hörer dort, nämlich bei einem Griechen, der der jüdischen Gemeinde nahe stand, Titus Justus. Dessen Haus grenzte an die Synagoge an. ⁸Krispus aber, der Leiter der jüdischen Gemeinde, wurde mit allen seinen Angehörigen und Bediensteten Christ, und viele Korinther wurden Christen wie er und ließen sich taufen.

⁹In einer Nacht hörte Paulus, wie Christus zu ihm sprach: »Fürchte dich nicht! Rede weiter und schweige nicht! ¹⁰Denn ich schütze dich. Niemand wird dich antasten, niemand wird dir schaden, denn ich habe ein großes Volk in dieser Stadt.« ¹¹Da blieb Paulus ein Jahr und sechs Monate unter den Korinthern und predigte das Wort von Gott.

¹²In der Zeit, als Gallio Statthalter von Achaia war, taten sich die Juden alle zusammen und schleppten Paulus vor Gericht: ¹³»Dieser Mensch lehrt die Leute, Gott auf eine Weise zu verehren, die dem Gesetz zuwider ist!« ¹⁴Ehe aber Paulus den Mund auftun konnte, antwortete Gallio den Juden: »Wenn hier ein Verbrechen vorläge oder irgendein Bubenstück, ihr Juden, würde ich eure Klage annehmen, wie es meine Pflicht ist. ¹⁵Da es sich aber um Streitfragen handelt, die eure Religion betreffen und Menschen eures eigenen Kreises, und da euer eigenes Gesetz verletzt ist, mögt ihr selbst zusehen. Ich lehne es ab, in dieser Sache Richter zu sein.« ¹⁶Und er ließ sie aus dem Gericht treiben. ¹⁷Da packte die Menge den Leiter der Synagoge, Sosthenes, und prügelte ihn vor dem Gericht, und Gallio kümmerte sich nicht darum.

Rückkehr

¹⁸Paulus aber blieb noch geraume Zeit, dann verabschiedete er sich von der Gemeinde und fuhr zu Schiff nach Syrien, begleitet von Priszilla und Aquila. In Kenchreä (einer Hafenvorstadt von Korinth) ließ Paulus sich das Haar scheren, denn er hatte ein Gelübde abgelegt. ¹⁹Sie landeten in Ephesus, und er ließ seine Begleiter dort. Er ging zwar in die Synagoge und predigte den Juden; ²⁰als sie ihn aber baten, er möge länger bei ihnen verweilen, willigte er nicht ein, ²¹sondern verabschiedete sich mit den Worten: »Ich will wiederkommen, wenn es Gottes Wille ist«, und fuhr von Ephesus weiter. ²²Nach seiner Ankunft in Cäsarea wanderte er nach Jerusalem hinauf, die Gemeinde zu grüßen, und kehrte schließlich nach Antiochia zurück.

Die dritte Reise: Abschied von den Gemeinden

Erster Aufenthalt: in Ephesus

²³Nach einem längeren Aufenthalt in Antiochia brach Paulus zu einer neuen Reise auf. Die führte ihn zunächst durch Galatien und Phrygien, von Gemeinde zu Gemeinde, die er nacheinander besuchte, um sie zu festigen. ²⁴Nun wirkte damals ein Jude namens Apollos, der aus Alexandria stammte, ein bedeutender Redner und gelehrter Kenner der heiligen Schrift. Der kam in jener Zeit nach Ephesus. ²⁵Er war Christ und redete mit glühendem Geist und richtigen Gedanken über Jesus, obwohl er nur von der Taufe des Johannes wusste. ²⁶In Ephesus nun begann er, öffentlich und in großem Freimut in der Synagoge zu reden. Als aber Priszilla und Aquila ihn hörten, nahmen sie ihn beiseite und erklärten ihm den christlichen Glauben noch genauer, als er ihn kannte, ²⁷und als er nach Griechenland weiterreisen wollte, schrieben die Brüder an die dortigen Gemeinden und baten sie, ihn aufzunehmen. Während er sich dort aufhielt, half er den Christen viel durch die besondere Gabe, die Gott ihm verliehen hatte, ²⁸denn er widerlegte die Meinungen der Juden höchst wirksam dadurch, dass er in öffentlichen Reden aus der heiligen Schrift nachwies, Jesus sei der Christus.

19 ¹In jener Zeit, als Apollos in Korinth war, reiste Paulus durch die oberen Länder (im mittleren Kleinasien) und gelangte nach Ephesus, wo er eine kleine christliche Gemeinde antraf. ²Als er fragte: »Habt ihr, als ihr Christen wurdet, den heiligen Geist empfangen?«, antworteten sie: »Was ist das? Wir haben nie von einem heiligen Geist gehört!« ³»Auf welche Weise seid ihr denn getauft worden?«, fragte er weiter, und sie erwiderten: »So, wie Johannes die Taufe vorschreibt!« ⁴Da erklärte ihnen Paulus den Zusammenhang: »Johannes hat eine Taufe gebracht, die den Sinn einer Vorbereitung hatte, der Selbstbesinnung und der Umkehr. Er forderte die Menschen auf, sich dem zuzuwenden und an den zu glauben, der nach ihm komme, nämlich Jesus.« ⁵Da ließen sie sich auf Jesus, den Herrn, taufen, ⁶und als ihnen Paulus die Hände auflegte, kam der heilige Geist über sie, und sie fingen an zu reden in ekstatischen Rufen und sprachen aus, was Gott ihnen eingab. ⁷Es handelte sich um insgesamt etwa zwölf Männer.

⁸Drei Monate lang blieb Paulus in Ephesus mit der Synagoge verbunden. Er lehrte dort öffentlich und freimütig und suchte die jüdische Gemeinde vom Glauben an den Herrn und sein Reich zu überzeugen. ⁹Als aber einige sich gegen sein Wort verschlossen und sich weigerten, ihm zu glauben, als sie gar vor der Versammlung den Glauben an Christus in den Schmutz zogen, trennte er die Christen von der Synagoge und redete täglich zu ihnen in einem Vortragssaal, der einem gewissen Tyrannus gehörte. ¹⁰Diese Wirksamkeit erstreckte sich über zwei Jahre. Die ganze Provinz um Ephesus her hörte die Botschaft von Gott, Juden wie Griechen, ¹¹und Gott ließ ungewöhnliche Wundertaten durch Paulus geschehen, ¹²so dass die Leute Tücher, die Paulus getragen hatte, nahmen und sie auf die Kranken legten. Die Krankheiten wichen in der Tat, und die Geisteskranken wurden frei.

¹³Nun versuchten auch einige von den umherziehenden jüdischen Magiern die Kraft auszunützen, die im Namens Jesus verborgen schien, und ihn bei der Beschwörung von dunklen Mächten zu verwenden, indem sie sagten: »Ich beschwöre euch bei dem Jesus, von dem Paulus redet.« ¹⁴So hatte ein gewisser Skevas, ein jüdischer Oberpriester, sieben Söhne, die diesen Versuch unternahmen. ¹⁵Aber der dunkle Geist antwortete: »Jesus kenne ich und von Paulus weiß ich. Wer aber seid ihr?« ¹⁶Und der Kranke stürzte sich auf sie, überwältigte sie und schlug sie zu Boden, so dass sie mit abgerissenen Kleidern und verletzt aus dem Hause flüchteten. ¹⁷Das wurde in Ephesus unter Juden und Griechen allgemein bekannt, und die Leute fürchteten sich und beugten sich vor Jesus, dem Herrn. ¹⁸Von den neu gewonnenen Christen aber kamen viele und bekannten öffentlich vor der Gemeinde, was sie an dunklen Künsten getrieben hatten, ¹⁹und manche, die sich mit Zauberei beschäftigt hatten, trugen ihre Zauberbücher zusammen und verbrannten sie vor aller Augen. Sie schätzten ihren Geldwert und kamen auf fünfzigtausend Silberdrachmen. ²⁰So griff der Glaube an den Herrn mit Macht um sich und setzte sich durch.

²¹Nach all dem nahm sich Paulus vor, auf dem Wege über Mazedonien und Achaia nach Jerusalem zu reisen. »Später«, so sagte er, »muss ich auch Rom sehen!« ²²Er sandte zwei seiner Gehilfen, Timotheus und Erastus, nach Mazedonien voraus und blieb selbst noch kurze Zeit in der Gegend von Ephesus. ²³Gerade in jenen Tagen aber kam es dort zu schweren Unruhen wegen des christlichen Glaubens. ²⁴Ein Silberschmied namens Demetrius nämlich, der silberne Artemistempelchen herstellte und den Handwerkern seiner Zunft mit diesen Tempeln viel

zu verdienen gab, ²⁵versammelte die Meister und die von ihnen beschäftigten Arbeiter und hielt eine Rede:

»Männer! Ihr wisst, dass aus diesem Gewerbe unser Wohlstand kommt. ²⁶Ihr seht und hört aber auch, dass dieser Paulus nicht nur in Ephesus, sondern in fast ganz Kleinasien unzählige Leute beschwatzt und zum Abfall verführt hat. Denn er sagt: ›Was man mit Händen macht, sind keine Götter!‹ ²⁷Aber nicht nur unser Beruf droht in Verruf zu geraten, sondern auch der Tempel der großen Göttin Artemis wird verachtet, ja sie selbst, die von ganz Asien und aller Welt verehrt wird, verliert Würde und Hoheit.«

²⁸Als sie das hörten, ergriff sie der Zorn, und sie schrien: »Groß ist die Artemis der Epheser!« ²⁹Die ganze Stadt wurde in den Aufruhr hineingerissen, die Masse stürmte ins Theater und schleppte die Mazedonier Gaius und Aristarch mit, die Begleiter des Paulus. ³⁰Als aber auch Paulus selbst sich unter das Volk begeben wollte, ließ ihn die Gemeinde nicht gehen, ³¹und auch einige der führenden Beamten der Provinz, die mit ihm befreundet waren, ließen ihm sagen, er solle das Theater meiden.

³²Dort schrien die einen dies, die anderen das. Die Versammlung tobte in völliger Verwirrung durcheinander, und die meisten wussten nicht, warum sie eigentlich zusammengekommen waren. ³³Da schoben die Juden Alexander nach vorn. Einige schilderten ihm, worum es hier gehe, und er trat auf, erbat Stille mit einem Zeichen seiner Hand und wollte vor dem Volk eine Verteidigungsrede halten. ³⁴Als sie aber merkten, dass er ein Jude war, schrien sie alle miteinander an die zwei Stunden lang wie aus einem Munde: »Groß ist die Artemis der Epheser!«

³⁵Da stellte der Stadtschreiber die Ruhe her und redete zum Volk:

»Ihr Männer von Ephesus! Wem unter allen Menschen sollte unbekannt sein, dass die Stadt der Epheser die Hüterin des Tempels der großen Artemis und ihres aus dem Himmel stammenden Bildes ist? ³⁶Niemand bestreitet es. So bewahrt Ruhe und tut nichts Unüberlegtes. ³⁷Ihr habt diese Männer hierher geschleppt, aber sie sind weder Tempeldiebe noch haben sie unsere Göttin beleidigt. ³⁸Wenn nun Demetrius und die Meister mit ihm irgendeinen Anspruch gegen jemanden anzumelden haben, werden ja ordentliche Gerichte gehalten, und es gibt die Gouverneure. Dort mögen sie gegeneinander klagen. ³⁹Wenn ihr aber sonst eine wichtige Frage besprechen wollt, dann wird sie in der gesetzmäßigen Volksversammlung verhandelt werden. ⁴⁰Denn es besteht die Gefahr, dass wir wegen Aufruhrs angeklagt werden nach all dem, was heute geschehen ist, und wir könnten keinen Grund nennen, der diesem Aufstand ein Recht gäbe!« Dann löste er die Versammlung auf.

Rückweg über Griechenland

20 ¹Nach dem Ende der Unruhen versammelte Paulus die Gemeinde noch einmal und sprach ihr Mut und Trost zu, verabschiedete sich und begab sich auf die Reise nach Mazedonien. ²Dort besuchte er reihum die Gemeinden, sprach in vielen Reden zu ihnen und gelangte schließlich nach Griechenland, ³wo er drei Monate verweilte. Nun wollte er zu Schiff nach Syrien fahren, aber er erfuhr, dass die Juden einen Anschlag gegen ihn planten, und beschloss, über Mazedonien zurückzureisen. ⁴Auf diesem Weg begleiteten ihn Sopater, Sohn des Pyrrhus, aus Beröa, ferner von der Gemeinde in Thessalonich Aristarch und Sekundus, Gaius aus Derbe und Timotheus, aus der Gegend von Ephesus endlich Tychikus und Trophimus. ⁵Diese beiden reisten voraus und erwarteten uns in Troas. ⁶Wir aber fuhren zu Schiff nach dem Osterfest von Philippi ab, kamen nach fünf Tagen in Troas mit ihnen zusammen und verweilten dort sieben Tage.

⁷Am Sonntag waren wir zum heiligen Mahl versammelt, und Paulus redete zur Gemeinde. Da er aber am anderen Morgen abreisen wollte, dehnte er die Rede bis nach Mitternacht aus, ⁸während der Saal, in dem wir saßen, von vielen Lampen erhellt war. ⁹Nun saß ein junger Mann namens Eutychus auf dem Fensterbrett. Weil aber Paulus so lange redete, schlief er ein, stürzte, vom Schlaf übermannt, aus dem dritten Stockwerk in die Tiefe und war tot, als man ihn aufhob. ¹⁰Da ging Paulus hinab und legte sich auf ihn, schloss ihn in die Arme und sagte: »Lasst das Klagegeschrei! Er lebt!« ¹¹Darauf begab er sich in den Saal zurück und feierte das Abendmahl, indem er das Brot brach und aß, und nachdem er immer weiter bis zum Morgengrauen gesprochen hatte, reiste er ab. ¹²Sie brachten den jungen Mann in der Tat lebendig zurück und waren über alles Maß getröstet.

¹³Wir gingen voraus zum Schiff und fuhren nach Assos. Dort sollten wir Paulus an Bord nehmen, so hatte er befohlen. Bis dahin wollte er zu Fuß gehen. ¹⁴Er traf uns also in Assos, wir nahmen ihn auf und fuhren nach Mitylene, ¹⁵am folgenden Tag kamen wir an Chios vorbei, und am dritten gelangten wir nach Samos, am vierten nach Milet.

¹⁶Denn Paulus hatte sich entschlossen, an Ephesus vorbeizufahren, um dort nicht zu viel Zeit zu verlieren, denn er hatte es eilig. Er wollte, wenn es irgend möglich wäre, zum Pfingstfest in Jerusalem sein.

Abschied in Milet

¹⁷Von Milet aus verständigte er die Ältesten der Gemeinde in Ephesus und bat sie, zu kommen. ¹⁸Als sie bei ihm waren, redete er zu ihnen:
»Ihr wisst es, wie ich die ganze Zeit, die ich bei euch war, bei euch gelebt habe, vom ersten Tage an, als ich dieses Land Asien betrat. ¹⁹In aller Demut diente ich dem Herrn, in Tränen und in Nöten, die ich unter den Nachstellungen der Juden erlitt. ²⁰Ihr wisst es: nichts verschwieg ich, was eurem Heil diente. Ich deutete und legte es aus im Kreis der Gemeinde und in den Häusern. ²¹Den Juden und den Griechen sagte ich: Kehrt um! Macht Ernst mit Gott! Macht Ernst mit dem Glauben, dass Jesus unser Herr ist.
²²Nun seht, gebunden von Gottes Geist fahre ich nach Jerusalem und weiß nicht, was mir begegnen wird. ²³Eines nur weiß ich, der heilige Geist hat es mir von Stadt zu Stadt verkündigt: Mir wird nichts bleiben als Fessel und Trübsal. ²⁴Aber ich achte mein Leben keiner Worte wert, wenn ich an mich denke. Eines nur will ich: meinen Lauf beschließen und das Werk vollenden, das Jesus, der Herr, mir anvertraute: die Botschaft vom Heil und von Gottes freundlichem Erbarmen aller Welt zu verkünden.
²⁵Ich weiß es: Ihr werdet mein Angesicht nicht wieder sehen, ihr alle, unter denen ich lebte als Zeuge für Gottes Herrschaft. ²⁶So will ich am heutigen Tage in Gottes Gegenwart sagen: Kein Versäumnis bedrückt mein Gewissen! Wenn ihr das Leben nicht findet, meine Schuld ist es nicht! ²⁷Denn alles habe ich euch eröffnet, alles, was Gottes Plan und Wille ist. ²⁸So schützt nun sorgsam euch selbst und hütet die ganze Herde, über die Gottes heiliger Geist euch gesetzt hat, um sie zu bewahren und zu weiden die Kirche Gottes, die er gesammelt hat durch den Tod seines eigenen Sohnes. ²⁹Denn das weiß ich: Nach meinem Scheiden werden gefährliche Wölfe kommen und zu euch einbrechen und werden die Herde nicht schonen. ³⁰Aus eurer eigenen Mitte werden Männer aufstehen, die Verderben reden und die Gemeinde in die Irre führen. ³¹Darum seid wach! Denkt daran: Tag und Nacht durch drei Jahre hin habe ich euch, jeden gesondert, unter Tränen ermahnt,

unablässig. ³²Und nun befehle ich euch dem Herrn und dem Wort, das er sprach und das seine Liebe bekundet. Dieses Wort kann euch zu seiner heiligen Kirche bauen. Euch alle macht es zu Erben, zu Kindern Gottes, euch alle, die heilig sind durch ihn.
³³Um Silber, Gold und Gewand habe ich niemand gebeten. ³⁴Ihr wisst es: was mir und meinen Begleitern not war, haben diese Hände durch Arbeit erworben. ³⁵Das alles zeigte ich euch: dass wir durch Arbeit leben sollen, damit wir uns der Schwachen annehmen und so der Worte des Herrn Jesus gedenken könnten, die er selber sprach: ›Mehr Seligkeit ist im Geben als im Empfangen!‹«
³⁶Nach diesen Worten kniete er mit ihnen allen nieder und betete. ³⁷Sie alle aber brachen in lautes Weinen aus, fielen Paulus um den Hals und küssten ihn, ³⁸am tiefsten betrübt über das Wort, sie würden sein Angesicht nicht mehr sehen, und geleiteten ihn auf das Schiff.

Rückkehr nach Cäsarea

21 ¹Wir trennten uns von ihnen, fuhren ab und kamen in gerader Fahrt zur Insel Kos, am folgenden Tag nach Rhodos und von da nach Patara. ²Als wir dort ein Schiff fanden, das unmittelbar nach Phönizien fuhr, stiegen wir um und fuhren auf ihm weiter. ³Wir sichteten Zypern und fuhren daran vorbei, so dass es links blieb, fuhren Syrien zu und landeten in Tyrus, denn dort sollte das Schiff seine Fracht entladen. ⁴In Tyrus suchten wir nach den Christen, fanden sie und blieben sieben Tage bei ihnen. Sie warnten aber Paulus – der heilige Geist hatte ihnen das Künftige gezeigt –, nach Jerusalem zu gehen. ⁵Nach diesen Tagen brachen wir auf, und die ganze Gemeinde mit den Frauen und Kindern gab uns das Geleit bis vor die Stadt hinaus. Am Strand knieten wir nieder und beteten, ⁶nahmen Abschied voneinander und bestiegen das Schiff, während die anderen nach Hause gingen. ⁷Von Tyrus fuhren wir nach Ptolemaïs weiter und beendeten dort unsere Fahrt, suchten die Gemeinde auf und blieben einen Tag bei ihr. ⁸Am Tage darauf verließen wir sie und wanderten nach Cäsarea, wo wir bei Philippus zu Gast blieben, dem Prediger, der auch dem »Rat der Sieben« angehörte. ⁹Der hatte vier Töchter, Jungfrauen, die die Gabe der Prophetie besaßen. ¹⁰Nach einigen Tagen, die wir in seinem Haus zubrachten, kam von Judäa ein Prophet namens Agabus herab ¹¹und besuchte uns. Er nahm den Gürtel des Paulus und band sich damit die Füße und die

Hände mit den Worten: »Das spricht der heilige Geist! Den Mann, dem dieser Gürtel gehört, werden die Juden in Jerusalem so binden und an die Ungläubigen ausliefern.« ¹²Als wir das hörten, baten wir Paulus gemeinsam mit den Einheimischen, nicht nach Jerusalem zu gehen. ¹³Aber er antwortete: »Was soll das Weinen? Was brecht ihr mir das Herz? Ich bin ja bereit, nicht nur mich binden zu lassen, sondern auch in Jerusalem zu sterben, damit Jesus, der Herr, Ehre empfange.« ¹⁴Da er sich nicht überreden ließ, waren wir still und sprachen: »Der Wille des Herrn geschehe!«

Gefangenschaft und Prozess

Festnahme im Tempel

¹⁵Nach diesen Tagen machten wir uns reisefertig und wanderten nach Jerusalem hinauf. ¹⁶Einige Christen aus Cäsarea begleiteten uns und vermittelten uns ein Quartier bei einem gewissen Mnason aus Zypern, der schon sehr lange Christ war. ¹⁷In Jerusalem nahmen uns die Brüder mit großer Freundlichkeit auf, ¹⁸und Paulus besuchte am zweiten Tag mit uns zusammen Jakobus und die bei ihm versammelten Ältesten. ¹⁹Er grüßte sie und erzählte ihnen vom Anfang seiner Tätigkeit bis zum Ende, was Gott durch seinen Dienst unter den fremden Völkern gewirkt hatte. ²⁰Sie hörten das und priesen Gott, begannen aber Paulus zu warnen:

»Bruder, du siehst, wie viele zehntausend Christen hier unter den Juden leben. Sie alle befolgen das jüdische Gesetz und setzen sich mit ganzer Kraft dafür ein, dass es auch unter Christen eingehalten wird. ²¹Nun haben sie aber gehört, dass du die Juden draußen unter den anderen Völkern zum Abfall von Moses Gesetz bringen willst, dass du sagst, sie sollen ihre Kinder nicht mehr beschneiden und die Lebensordnungen nicht mehr einhalten, die das Gesetz vorschreibt. ²²Was soll nun geschehen? Sie werden auf alle Fälle erfahren, dass du gekommen bist. ²³Tu also, was wir dir raten: Wir haben vier Männer unter uns, die ein Gelübde abgelegt haben. ²⁴Die nimm zu dir, lass dich mit ihnen zusammen reinigen und übernimm die Kosten für das abschließende Opfer, so dass sie ihr Haar scheren und somit die Tage ihres Gelübdes beenden können. Auf diese Weise wird man allgemein sehen, dass es nicht wahr ist, was man über dich erzählt, dass du vielmehr selbst das Gesetz einhältst. ²⁵Für die Christen aus anderen Völkern draußen ist das unwesentlich, denn ihnen haben wir ohnedies unseren Beschluss mitgeteilt, sie sollten vom Gesetz nur die vier Regeln einhalten, kein Götzenopferfleisch zu genießen und kein Blut, kein Fleisch zu essen, das nicht nach der Vorschrift geschlachtet ist, und die Unzucht zu meiden.«

²⁶Da nahm Paulus die Männer zu sich, übernahm am folgenden Tag die vorgeschriebenen gottesdienstlichen Pflichten, ging in den Tempel, erfüllte die Tage der Reinigung und brachte das Opfer, das am Ende für jeden von ihnen darzubringen war.

²⁷Gegen Ende der vorgesehenen Zeit von sieben Tagen sahen ihn Juden aus Kleinasien im Tempel, brachten die ganze Volksmenge in Aufruhr, hielten ihn fest ²⁸und schrien: »Israeliten, helft! Das ist der Mensch, der überall herumreist und gegen unser Volk Reden hält und gegen das Gesetz und gegen den Tempel! Nun hat er gar noch Griechen in den Tempel gebracht und die heilige Stätte entweiht!« ²⁹Sie hatten nämlich kurz zuvor den Epheser Trophimus in der Stadt mit ihm zusammen gesehen und meinten nun, Paulus habe ihn in den Tempel gebracht. ³⁰Die ganze Stadt geriet in Bewegung, die Leute strömten zusammen, ergriffen Paulus, schleppten ihn aus dem Tempel hinaus und schlossen sofort die Tore.

³¹Während sie nun im Begriff standen, ihn umzubringen, wurde dem Kommandanten der römischen Garnison gemeldet: »Ganz Jerusalem ist im Aufruhr!« ³²Der setzte sofort Truppen mit ihren Hauptleuten ein und eilte an den Schauplatz. Als die Juden die Soldaten und den Hauptmann kommen sahen, hörten sie auf, Paulus zu schlagen. ³³Da trat der Kommandant heran, ließ ihn festnehmen und mit zwei Ketten fesseln und fragte, wer das sei und was er getan habe. ³⁴Aber in der Menge schrien sie durcheinander, der eine dies, der andere das, und weil er in dem Lärm den wirklichen Anlass nicht erfahren konnte, befahl er, ihn in die Kaserne in der Burg Antonia am Tempelplatz abzuführen. ³⁵Als man mit Paulus an die Stufen kam, mussten die Soldaten ihn tragen, weil das Volk mit solcher Gewalt gegen ihn vordrängte, ³⁶denn die Masse wälzte sich hinterher und schrie: »Bringt ihn um!«

³⁷Am Eingang zur Burg wandte Paulus sich an den Kommandanten und fragte: »Darf ich etwas mit dir reden?« »Du sprichst griechisch?«, fragte der dagegen. ³⁸»Bist du nicht der Ägypter, der neulich einen Aufstand angezettelt und viertausend Dolchmänner in die Wüste hi-

nausgeführt hat?« ³⁹Paulus antwortete: »Ich bin ein Jude. Ich stamme aus Tarsus, einer bekannten Stadt in Zilizien. Ich bitte dich, gib mir die Erlaubnis, zum Volk zu sprechen!« ⁴⁰Er erlaubte es, und Paulus bat das Volk, auf den Stufen stehend, mit einem Zeichen der Hand um Stille, und als es ganz ruhig war, fing er in hebräischer Sprache an zu reden:

Die Rede des Paulus im Tempel

22 »¹Ihr Männer, Brüder und Väter! Hört, was ich sage! Ich will mich verantworten!«

²Als sie hörten, dass er hebräisch zu ihnen sprach, wurden sie noch stiller. Und er fuhr fort:

³»Ich bin ein jüdischer Mann, geboren in Tarsus in Zilizien, erzogen in dieser Stadt zu den Füßen Gamaliels, angehalten, das Gesetz der Väter mit Strenge zu wahren, in Eifer und Leidenschaft ein Kämpfer für Gott, wie ihr es heute noch seid. ⁴Ich habe den Glauben der Christen gehasst und verfolgt und wollte sie töten. Ich fesselte Männer und Frauen und warf sie in die Gefängnisse. ⁵Der Hohepriester und der ganze Ältestenrat können es bezeugen. Denn sie gaben mir Vollmacht, sie schrieben Briefe an die Brüder, und ich reiste nach Damaskus, um auch die Christen in jener Stadt zu binden und zur Bestrafung nach Jerusalem abzuführen. ⁶Da geschah es mir auf dem Wege, als ich nahe Damaskus war, um die Mittagsstunde: Plötzlich umblitzte mich helles Licht aus dem Himmel herab, ⁷ich stürzte zu Boden, und eine Stimme tönte: ›Saul! Saul! Was verfolgst du mich?‹ ⁸Ich fragte: ›Wer bist du, Herr?‹, und er gab mir zur Antwort: ›Ich bin Jesus von Nazaret, den du verfolgst!‹ ⁹Meine Begleiter sahen das Licht, aber die Stimme, die zu mir sprach, hörten sie nicht. ¹⁰Ich fragte: ›Was soll ich tun, Herr?‹ Und der Herr gab zur Antwort: ›Steh auf! Geh nach Damaskus! Dort wird man dir sagen, was du tun sollst, alles, was ich dir auftrage.‹

¹¹Da ich aber nichts sehen konnte, geblendet von der Helle des Lichts, führte man mich an der Hand, und geleitet von meinen Begleitern fand ich Damaskus. ¹²Dort lebte ein Mann, der fromm war und treu dem Gesetz, geschätzt von allen Juden der Stadt, der hieß Hananias. ¹³Er kam zu mir und trat dicht zu mir her und sprach: ›Saul! Mein Bruder! Tu deine Augen auf!‹ Und in derselben Stunde konnte ich wieder sehen. ¹⁴Er aber sprach: ›Der Gott unserer Väter hat dich gewürdigt, seinen Willen zu erfahren, den Gerechten zu schauen und aus seinem eigenen Mund seine

Stimme zu hören. ¹⁵Denn du sollst einstehen für alles, was du gehört und gesehen hast, einstehen für ihn im Angesicht aller Menschen. ¹⁶Und nun? Was zögerst du noch? Steh auf! Lass dich taufen und all deine Schuld abwaschen! Rufe ihn an, der dein Herr ist!‹

¹⁷Mir geschah aber, als ich nach Jerusalem kam und im Tempel betete, dass ich in Verzückung geriet ¹⁸und ihn sah! Er sprach zu mir: ›Eile! Verlasse Jerusalem! Sie werden nicht annehmen, was du über mich sagen wirst!‹

¹⁹Ich gab zur Antwort: ›Herr, sie wissen doch selbst, dass ich diejenigen, die an dich glaubten, ins Gefängnis warf und in den Synagogen prügeln ließ! ²⁰Und als des Stephanus Blut, deines Zeugen, verströmte, stand ich dabei und freute mich und bewachte die Kleider der Schergen.‹

²¹Er aber sprach zu mir: ›Geh! Zu den fremden Völkern will ich dich senden!‹«

²²Bis zu diesem Wort hörten sie ihm zu, jetzt aber schrieen sie auf: »Weg mit dem! Häng ihn auf! Der darf nicht leben!« ²³Während sie so brüllten, ihre Obergewänder von sich rissen und Staub in die Luft warfen, ²⁴ließ der Kommandant ihn in die Kaserne führen und befahl, ihn unter Geißelhieben zu verhören. Er wollte erfahren, aus welchem Grunde sie so gegen ihn schrien. ²⁵Als sie ihn aber zur Geißelung banden und ausstreckten, fragte Paulus den Hauptmann, der dabeistand: »Habt ihr ein Recht, einen römischen Bürger zu geißeln, und dazu noch ohne geordnetes Verfahren?« ²⁶Der Hauptmann meldete das dem Kommandanten: »Was gedenkst du zu tun? Dieser Mann ist römischer Bürger!« ²⁷Der Kommandant kam zu Paulus und fragte: »Sage klar! Bist du römischer Bürger?« Er antwortete: »Ja!« ²⁸Der Kommandant redete weiter: »Ich habe dieses Bürgerrecht mit viel Geld erworben!« Paulus entgegnete: »Ich bin schon als Römer geboren!« ²⁹Da ließen die Soldaten, die ihn befragen sollten, sofort von ihm ab, und der Kommandant fürchtete sich, als er erfuhr, Paulus sei Römer, weil er ihn hatte anbinden lassen.

Paulus vor dem Hohen Rat

³⁰Am anderen Tage wollte er den wirklichen Grund für die Anklage der Juden erfahren, löste ihn von den Fesseln, befahl eine Versammlung der Oberpriester und des ganzen Hohen Rates, führte Paulus hinab und stellte ihn der Versammlung gegenüber.

23 ¹Paulus sah die Versammlung an und fing an zu reden: »Brüder! Mit gutem, reinem Gewissen habe ich bis zu diesem Tag gelebt, in strenger Verantwortung vor Gott!« ²»Schlagt ihm aufs Maul!«, befahl der Hohepriester Hananias den Dienern. ³Da rief ihm Paulus zu: »Dich wird Gott schlagen, du gekalkte Wand! Du sitzt dabei, um mich nach dem Gesetz zu richten, und befiehlst gegen das Gesetz, mich zu schlagen!« ⁴Die Diener fuhren ihn an: »Du fluchst dem Hohepriester Gottes?« ⁵Paulus erwiderte: »Ich wusste nicht, Brüder, dass er der Hohepriester ist! Ich weiß, die Schrift verbietet, den Oberen unseres Volks zu verfluchen.«

⁶Nun wusste Paulus, dass ein Teil der Versammlung aus Sadduzäern, der andere aus Pharisäern bestand, und rief in den Hohen Rat: »Brüder! Ich bin ein Pharisäer und eines Pharisäers Sohn. Dass ich hier vor Gericht stehe, hat den Grund, dass ich an das kommende Gottesreich glaube und an die Auferstehung der Toten!« ⁷Da entstand ein Streit zwischen den Pharisäern und den Sadduzäern, und die Menge spaltete sich. ⁸Die Sadduzäer nämlich behaupten, es gebe keine Auferstehung, keinen Engel und keine himmlischen Geister, für die Pharisäer ist all das unaufgehbare Wahrheit. ⁹So erhob sich ein allgemeines Geschrei, und einige Schriftgelehrte aus der Partei der Pharisäer standen auf und griffen ihre Gegner an: »Wir können an diesem Mann nicht Böses finden! Wenn ein Geist mit ihm geredet hat oder ein Engel...« ¹⁰Aber der Aufruhr nahm immer bedrohlichere Formen an, so dass der Kommandant fürchtete, sie würden Paulus noch zerreißen. Er ließ die Truppe eingreifen und Paulus aus dem Gedränge holen und in die Kaserne zurückbringen. ¹¹In der folgenden Nacht aber erschien der Herr dem Paulus und sprach zu ihm: »Habe Mut! Du hast dich in Jerusalem zu mir bekannt und von mir gesprochen. Du sollst es auch in Rom tun!«

Gefangenschaft in Cäsarea

¹²Als es Tag wurde, bildete sich unter den Juden eine Verschwörung von Männern, die einen heiligen Eid leisteten, weder zu essen noch zu trinken, ehe sie Paulus umgebracht hätten. ¹³Mehr als vierzig waren es, die sich so verschworen. ¹⁴Die gingen zu den Oberpriestern und Ältesten und trugen ihre Absicht vor: »Wir haben uns mit einem heiligen Eid verpflichtet, nichts zu essen, bis wir Paulus getötet haben. ¹⁵Ihr sollt nun mit dem Hohen Rat zusammen beim Kommandanten vorstellig

werden und ihn bitten, er möge Paulus zu euch hinabschicken, denn euch liege daran, seine Sache genauer zu untersuchen. Wir aber sind bereit, ihn zu töten, ehe er zu euch kommt.«
¹⁶Als der Sohn der Schwester des Paulus von dem Anschlag hörte, ging er in die Kaserne und berichtete Paulus davon. ¹⁷Der ließ einen von den Hauptleuten kommen und bat ihn: »Führe doch diesen jungen Mann zum Kommandanten, er hat ihm etwas mitzuteilen!« ¹⁸Der Hauptmann nahm ihn mit sich, brachte ihn zum Kommandanten und meldete: »Der Häftling Paulus rief mich zu sich und bat mich, diesen jungen Mann zu dir zu führen, er habe dir etwas zu sagen.« ¹⁹Da nahm ihn der Kommandant an der Hand, zog ihn beiseite und fragte: »Was hast du mir zu berichten?« ²⁰»Die Juden«, so erzählte er, »haben verabredet, dich zu bitten, du mögest doch morgen den Paulus vor den Hohen Rat hinabführen lassen, mit der Begründung, sie wollten seine Sache noch genauer untersuchen. ²¹Traue ihnen nicht! Über vierzig Mann lauern ihm auf, die sich verschworen haben, nicht zu essen und nicht zu trinken, ehe sie ihn umgebracht haben. Nun halten sie sich bereit und warten nur auf deine Zusage.« ²²Der Kommandant entließ den jungen Mann mit der Weisung: »Du sagst keinem Menschen, dass du mir das mitgeteilt hast!«

²³Er rief zwei Hauptleute zu sich und befahl: »Macht zweihundert Soldaten, siebzig Reiter und zweihundert Leichtbewaffnete auf neun Uhr abends marschbereit nach Cäsarea! ²⁴Sie sollen«, fügte er hinzu, »auch Reittiere für Paulus bereitstellen, um ihn sicher zu Felix, dem Gouverneur, zu bringen«, ²⁵und schrieb folgenden Brief:

²⁶»Klaudius Lysias an den obersten Befehlshaber Felix, Freude zuvor! ²⁷Dieses Mannes haben sich die Juden bemächtigt mit der Absicht, ihn umzubringen. Da griff ich mit der Truppe ein und holte ihn heraus, als ich erfuhr, er sei ein Römer. ²⁸Um den Grund der Unruhen zu erfahren, stellte ich ihn dem Hohen Rat gegenüber ²⁹und erfuhr dabei, dass man ihm vorwarf, er verletze das religiöse Gesetz der Juden. Es lag aber keine Anklage wegen einer Tat vor, auf die Todesstrafe oder Kerker stünde. ³⁰Nun ist mir von einem Anschlag berichtet worden, der gegen den Mann erfolgen solle, und so schicke ich ihn umgehend zu dir. Ich habe auch die Kläger angewiesen, ihre Sache, die diesen Mann betrifft, dir vorzutragen.«

³¹Die Soldaten nahmen Paulus befehlsgemäß zu sich und brachten ihn in der Nacht nach Antipatris, ³²am folgenden Tag überließen sie ihn der Reiterei und kehrten in die Kaserne zurück. ³³Die Reiter übergaben

nach ihrer Ankunft in Cäsarea dem Gouverneur das Schreiben und führten ihm Paulus vor. ³⁴Als er den Brief gelesen hatte, fragte er, aus welcher Provinz er sei, hörte, er stamme aus Zilizien, und sagte: ³⁵»Ich werde dich verhören, wenn deine Ankläger hier sind!« Im Regierungsgebäude des Herodes, so befahl er, solle man ihn verwahren.

24 ¹Fünf Tage danach kamen sie hinab, der Hohepriester Hananias und einige Älteste mit dem Anwalt Tertullus, um beim Gouverneur gegen Paulus Klage zu erheben. ²Man ließ Paulus kommen, und Tertullus begann:

»Guten und beständigen Frieden haben wir gewonnen durch dich, hochedler Felix, Errungenschaften wurden diesem Volk durch deine sorgende Weisheit zuteil. ³Allezeit und allerorten nehmen wir sie entgegen in ergebener Dankbarkeit. ⁴Ich will dich aber nicht weiter ermüden und bitte dich, in deiner Güte die kurz gefasste Klage zu hören, die wir dir vortragen. ⁵In diesem Menschen erkannten wir eine Pestbeule am Leib unseres Volkes, einen Erreger von Unruhen unter allen Juden rings auf dem ganzen Erdkreis, den Anführer der Sekte der Christen! ⁶·⁷Den Tempel sogar suchte er zu entweihen! Da haben wir ihn ergriffen! ⁸Frag ihn! Du wirst es alles bestätigt finden aus seinem eigenen Munde, alles, dessen wir ihn verklagen!« ⁹Die Juden aber stimmten mit ein und riefen: »Ja, so ist es!«

¹⁰Paulus, vom Gouverneur mit einem Zeichen zum Reden aufgefordert, verteidigte sich: »Seit vielen Jahren bist du Richter über dies Volk. Da ich das weiß, verantworte ich meine Sache gern vor dir. ¹¹Du wirst erkennen, dass es nicht länger her ist als zwölf Tage, seit ich als Pilger nach Jerusalem hinaufzog. ¹²Sie sahen mich weder im Tempel öffentlich reden oder Unruhe ins Volk tragen noch in den Synagogen, noch in der Stadt. ¹³Sie können dir nichts beweisen, dessen sie mich nun vor dir anklagen. ¹⁴Aber das bekenne ich vor dir: Nach dem Glauben, den sie als Sekte bezeichnen, diene ich dem Gott unserer Väter, überzeugt, dass es alles wahr ist, was im Gesetz steht und bei den Propheten, ¹⁵und warte auf die Zukunft, die Gott heraufführen wird und die auch meine Ankläger erhoffen: die Auferstehung der Gerechten und Ungerechten. ¹⁶Dabei gebe ich mir Mühe, ein reines Gewissen zu haben vor Gott und den Menschen in allen Dingen. ¹⁷Nun kam ich nach vielen Jahren und brachte ein Geschenk für mein Volk und opferte Gott. ¹⁸Da fanden sie mich im Tempel, dem Dienst für Gott hingegeben, keineswegs mit einem Haufen von Anhängern und keineswegs im

Aufruhr. ¹⁹Es waren Juden aus der Gegend um Ephesus, die mich angriffen. Wenn sie etwas gegen mich vorzubringen hätten, müssten sie hier vor dir stehen und klagen. ²⁰Oder lass diese selber aussagen: Welches Unrecht fanden sie an mir, als ich vor dem Hohen Rat verhört wurde, ²¹außer dem einen, dass ich rief: ›Die Auferstehung der Toten ist der Grund, dass ihr mich heute anklagt‹?«

²²Da vertagte Felix die Verhandlung. Er kannte die Christen und ihren Glauben genau und schloss: »Wenn Lysias, der Kommandant, kommt, will ich eure Sache entscheiden.« ²³Er gab dem Hauptmann Weisung, ihn weiter in Haft zu halten, ihm aber Erleichterungen zu gewähren und niemanden von den Seinen zu hindern, die zu ihm kommen wollten, um ihn zu versorgen.

²⁴Einige Tage später erschien Felix mit seiner Frau Drusilla, einer Jüdin, und hörte ihn über den Glauben an Jesus Christus. ²⁵Als aber Paulus darstellte, wie ein Menschenleben in Gottes Augen recht und in Ordnung sei, als er über die Zucht predigte und über Gottes letztes Gericht, da erschrak Felix und brach das Gespräch ab: »Geh für heute! Wenn ich gelegene Zeit habe, will ich dich wieder rufen lassen.« ²⁶In der stillen Hoffnung, die er zugleich hegte, Paulus werde sich mit Geld freikaufen, ließ er ihn immer wieder kommen und besprach sich mit ihm. ²⁷Nach zwei Jahren folgte Porzius Festus dem Felix im Amt nach, und weil Felix den Juden noch einen Gefallen tun wollte, ließ er Paulus gefangen zurück.

Vor Festus und Agrippa

25 ¹Drei Tage, nachdem Festus sein Amt angetreten hatte, begab er sich von Cäsarea nach Jerusalem. ²Da erschienen die Oberpriester und die übrigen führenden Juden bei ihm und brachten den Prozess gegen Paulus zur Sprache. Sie erbaten sich von ihm ³als eine besondere Gunst, er möge ihn nach Jerusalem kommen lassen, und planten insgeheim einen Anschlag gegen das Leben des Paulus, den sie während des Transports ausführen wollten. ⁴Festus gab zur Antwort, Paulus sei in Cäsarea in Haft, und er selbst werde in Kürze dorthin zurückkehren. ⁵»Wer unter euch«, so lautete sein Bescheid, »bevollmächtigt ist, die Klage zu erheben, möge mit mir hinabkommen und ihn anklagen, wenn eine Schuld bei ihm vorliegt.« ⁶Nach einem Aufenthalt von nicht mehr als acht oder zehn Tagen kehrte er nach

Cäsarea zurück, und schon am folgenden Tag setzte er eine Untersuchung an, zu der er Paulus holen ließ. ⁷Als der vorgeführt worden war, traten die Juden, die aus Jerusalem erschienen waren, gegen ihn auf und brachten viele und schwere Klagen gegen ihn vor, die sie alle nicht beweisen konnten, ⁸wogegen Paulus erklärte, er habe sich weder gegen das Gesetz der Juden noch gegen die Unantastbarkeit des Tempels noch gegen ein Gesetz des Kaisers in irgendeinem Sinne vergangen. ⁹Nun wollte Festus den Juden entgegenkommen und fragte Paulus: »Bist du bereit, nach Jerusalem zu gehen und dich dort über diese Fragen unter meinem Vorsitz richten zu lassen?« ¹⁰Da gab Paulus zur Antwort: »Ich stehe hier vor dem Gericht des Kaisers. Das ist der Ort, an dem allein meine Sache verhandelt werden kann. Gegen die Juden, das weißt du selbst sehr wohl, habe ich mich in keiner Weise vergangen. ¹¹Wenn ich im Unrecht bin, wenn ich ein todeswürdiges Verbrechen begangen habe, so bin ich bereit, zu sterben. Wenn aber von all dem, das sie gegen mich vorbringen, nichts zutrifft, kann niemand mich den Juden ausliefern. Ich lege Berufung beim Kaiser ein.« ¹²Da beriet Festus mit den Sachverständigen und entschied: »An den Kaiser hast du appelliert. Zum Kaiser wirst du gehen!«

¹³Wenige Tage später kamen König Agrippa und Berenike nach Cäsarea, um Festus einen Besuch abzustatten. ¹⁴Sie verweilten einige Tage, und Festus redete mit Agrippa in dieser Zeit auch über den Fall Paulus: »Da habe ich einen Mann, den Felix zurückließ, einen Gefangenen. ¹⁵Gegen den erhoben die Priester und die führenden Juden Anklage, als ich in Jerusalem war, und wollten ihn verurteilt haben. ¹⁶Ich habe ihnen geantwortet, es sei bei den Römern nicht Sitte, einen Menschen seinen Gegnern einfach zu schenken! Der Angeklagte müsse den Klägern persönlich gegenübergestellt werden und Gelegenheit erhalten, sich gegen die Anklage zu verteidigen. ¹⁷Als sie hier zusammengekommen waren, setzte ich unverzüglich eine Verhandlung an, gleich am folgenden Tag, und ließ den Mann kommen. ¹⁸Nun traten die Kläger zwar reihenweise auf, aber sie konnten nichts beibringen, keines der Verbrechen, die ich vermutet hatte. ¹⁹Es ging lediglich um religiöse Streitfragen innerhalb ihres Glaubens und um einen verstorbenen Jesus, von dem Paulus behauptet, er lebe. ²⁰Da ich mich aber auf die Prüfung solcher Dinge nicht verstehe, schlug ich ihm vor, er solle doch nach Jerusalem gehen und es dort auf ein Verfahren ankommen lassen. ²¹Da appellierte Paulus aber an seine Majestät den Kaiser, und so habe ich Befehl gegeben, ihn in Haft zu halten, bis ich Gelegenheit habe, ihn zum Kaiser weiterzuleiten.«

²²Agrippa, zu Festus gewandt: »Ich würde den Mann gerne kennen lernen!« »Morgen«, gab Festus zurück, »sollst du ihn hören.«

²³Anderntags kamen Agrippa und Berenike mit prächtigem Hofstaat und betraten den Audienzsaal, begleitet von den Kommandeuren der römischen Truppen und den führenden Männern der Stadt, und auf Befehl des Festus wurde Paulus hereingeführt. ²⁴Da nahm Festus das Wort: »König Agrippa! Verehrte Herren, die hier versammelt sind! Das ist der Mann, um den das ganze Volk der Juden mich bestürmt hat, in Jerusalem ebenso wie hier, mit dem Ruf: ›Der darf nicht leben!‹ ²⁵Mir war rasch deutlich, dass er nichts getan hatte, auf das der Tod stand, und nachdem er an seine Majestät appelliert hatte, gab ich Weisung, ihn dorthin zu senden. ²⁶Nun weiß ich aber keinen genauen Sachverhalt, den ich dem Kaiser darstellen könnte, darum mache ich ihn diesem Kreis bekannt, vor allem aber dir, König Agrippa, um der Sache nachzugehen und Unterlagen für meinen Bericht zu erhalten. ²⁷Denn es scheint mir unvernünftig zu sein, dass einer einen Gefangenen weitergibt und nicht sagen kann, was er getan hat.«

Rede des Paulus vor König Agrippa

26 ¹Agrippa aber wandte sich an Paulus: »Es ist dir erlaubt, für dich zu sprechen.« Da reckte Paulus die Hand aus und hielt eine Rede zu seiner Verteidigung:

²»Ich schätze mich glücklich, heute in deiner Gegenwart, König Agrippa, reden zu dürfen zu all den Klagen und Vorwürfen der Juden, ³besonders, da du mit allen ihren Sitten und mit den strittigen Fragen ihres Glaubens vertraut bist. Ich bitte dich, höre mich freundlich an!

⁴Wie ich seit meiner Jugend in meinem Volk lebte, hier in Jerusalem, wissen alle Juden. ⁵Von klein auf kennen sie mich, wenn sie es nur zugeben, und wissen, dass ich als Glied der strengsten Gemeinschaft unseres Glaubens lebte: als Pharisäer. ⁶Nun stehe ich vor Gericht, weil ich auf die Zukunft baue, die Gott unseren Vätern versprach und ⁷die das Volk der zwölf Stämme zu gewinnen hofft, aus leidenschaftlichem Herzen Gott sich opfernd Nacht und Tag. Dieser Hoffnung wegen, o König, klagen die Juden mich an! ⁸Warum gilt es als so wenig glaubhaft bei euch, wenn Gott Toten das Leben gibt?

⁹Nun war ich überzeugt, es sei meine Pflicht, Jesus, dem Nazarener, mit Macht entgegenzuwirken. ¹⁰In Jerusalem tat ich das, und viele der

Heiligen verschloss ich im Kerker – die Priester gaben mir Vollmacht! –, und wenn sie getötet werden sollten, stimmte ich für ihren Tod. ¹¹In allen Synagogen der Juden wendete ich Gewalt an und suchte sie zu zwingen, ihren Glauben zu verleugnen, und in meinem blinden Eifer verfolgte ich sie immer rasender bis in die Städte jenseits der Grenzen des Landes hinaus. ¹²Da, als ich mit Vollmacht und Auftrag der Priester nach Damaskus reiste, ¹³sah ich: Am hellen Tag, auf dem Weg, o König, umblitzte ein blendendes Licht vom Himmel, strahlender als die Sonne, mich und meine Genossen! ¹⁴Wir alle stürzten zur Erde, und ich hörte eine Stimme, sie klang hebräisch: ›Saul! Saul! Was verfolgst du mich? Es wird dir schwer sein, auszuschlagen wider den Stachelstecken!‹ ¹⁵›Wer bist du, Herr?‹, rief ich, der Herr aber redete weiter: ›Ich bin Jesus, den du verfolgst! ¹⁶Aber steh auf! Denn ich bin dir erschienen, um dich ins Amt des Dieners und Augenzeugen dessen einzusetzen, was du gesehen hast und was ich dir künftig zeige! ¹⁷Ich will dich retten aus deinem Volke und aus allen Völkern und will dich zu ihnen senden. ¹⁸Ihre Augen sollst du öffnen, dass sie sich von der Finsternis weg dem Licht zuwenden und aus der Knechtschaft des Satans zu Gott hin. Denn Gott will ihre Schuld tilgen, und sie sollen seine Kinder und Hausgenossen sein, durch ihren Glauben an mich mit ihm verbunden.‹ ¹⁹Ich verweigerte darum, o König Agrippa, der himmlischen Erscheinung nicht den Gehorsam, ²⁰sondern rief ihnen allen zu – denen in Damaskus zuerst, dann in Jerusalem, dem ganzen jüdischen Land und den Völkern in der Ferne –, sie sollten zu Gott umkehren und ein Leben führen, das ein Zeichen eines neuen Anfangs ist.

²¹Deswegen packten die Juden mich im Tempel und wollten mich umbringen. ²²Aber Gott half mir und stand mir bei bis zu diesem Tag. Ich stehe als Zeuge vor den Kleinen und den Großen, und was ich sage, ist nichts anderes, als was die Propheten und Mose für die Zukunft geweissagt haben: ²³dass Christus leiden müsse, dass er als erster aus dem Reiche der Toten aufstehen und dem jüdischen Volk und den Völkern der Welt das Licht weisen solle.«

²⁴Als Paulus so redete, unterbrach ihn Festus mit dem Ruf: »Paulus, du bist von Sinnen! Das viele Studieren bringt dich um den Verstand!« ²⁵»Ich bin keineswegs von Sinnen, erlauchter Festus«, gab Paulus zurück, »sondern spreche wahre und sinnvolle Worte. ²⁶Der König weiß von all dem, und ich rede zu ihm in vollem Vertrauen. Ich bin sicher, dass ihm von diesen Dingen nichts unbekannt ist, denn es ist nicht im Winkel geschehen. ²⁷Glaubst du den Propheten, König Agrippa? Ich

weiß, dass du glaubst!« [28]»Es fehlt nicht viel«, erwiderte Agrippa, »so bringst du mich dahin, den Christen zu spielen!« [29]Paulus dagegen: »Ich möchte von Gott erbitten, dass über kurz oder lang nicht nur du wirst, wie ich bin, von diesen Fesseln abgesehen, sondern auch alle, die mich heute hören.« [30]Da erhoben sich der König, der Gouverneur, Berenike und alle, die bei ihnen gesessen hatten, [31]und sprachen miteinander im Weggehen: »Der Mann tut nichts, das Tod oder Haft wert wäre!« [32]Und Agrippa erklärte Festus gegenüber: »Diesen Menschen hätten wir freilassen können, wenn er nicht an den Kaiser appelliert hätte!«

Der Transport nach Rom

27 [1]Schließlich setzte man unsere Reise nach Italien fest und übergab Paulus und einige andere Gefangene einem Hauptmann Julius von einer kaiserlichen Kohorte. [2]Wir bestiegen ein Schiff aus Adramyttium, das die Küstenorte von Kleinasien anlaufen sollte, und fuhren ab, begleitet von dem Mazedonier Aristarchus aus Thessalonich. [3]Am anderen Tag gelangten wir nach Sidon, wo Julius, der Paulus sehr menschlich behandelte, ihm erlaubte, zu seinen Freunden zu gehen und sich von ihnen versorgen zu lassen. [4]Von dort aus fuhren wir unter der Küste von Zypern entlang, weil wir mit Gegenwind zu kämpfen hatten, [5]durchfuhren das Meer längs der zilizischen und pamphylischen Küste und erreichten Myra in Lyzien. [6]Dort fand der Hauptmann ein Schiff aus Alexandria, das nach Italien unterwegs war, und ließ uns dorthin umsteigen. [7]Während vieler Tage legten wir aber nur eine kurze Strecke zurück und kamen kaum bis Knidos – der Wind erlaubte den normalen Kurs nicht –, wir umfuhren Kreta bei Salmone [8]und kämpften uns mit Mühe daran vorbei. Schließlich erreichten wir den »Schönen Hafen« in der Nähe von Lasäa.

[9]Nun war viel Zeit vergangen, und es wurde gefährlich, zur See zu fahren, nachdem der große Fastentag schon vorüber war (es war also September oder Oktober), und Paulus warnte die Soldaten: [10]»Ich sehe voraus, ihr Männer, dass die Fahrt Gefahr und Schaden bringen wird, nicht nur für die Fracht und das Schiff, sondern auch für unser aller Leben!« [11]Der Hauptmann aber glaubte dem Steuermann und dem

Schiffsherrn mehr als den Bedenken des Paulus, [12]und weil der Hafen um seiner Lage willen sich als Ankerplatz für den Winter nicht eignete (es war eine gegen die Oststürme offene Bucht), beschloss die Mehrzahl weiterzufahren, um vielleicht in Phönix zu überwintern, einem Hafen auf Kreta, dessen Seeseite gegen Südwesten und Nordwesten liegt. [13]Als nun ein leichter Südwind einsetzte, meinten sie, die Gelegenheit sei günstig, und ihr Vorhaben lasse sich ausführen. Sie lichteten die Anker und fuhren dicht an der Küste Kretas entlang. [14]Nach kurzer Zeit aber überfiel sie ein Sturm, den man den »Eurakylon« nennt, [15]das Schiff wurde mitgerissen, und da es nicht mehr gegen den Wind gedreht werden konnte, überließen sie es dem Sturm, und so jagten wir dahin. [16]Im Windschutz einer kleinen Insel namens Kauda gelang es uns mit Mühe, das Beiboot heranzuholen, [17]sie zogen es hoch und sicherten das Schiff, indem sie es mit Tauen verspannten. Weil sie aber fürchteten, sie würden in die Syrte abgetrieben, holten sie die Segel ein und ließen das Schiff treiben. [18]Am nächsten Tage, als der Sturm uns schwer zusetzte, warfen sie Ladung über Bord [19]und am dritten, mit eigener Hand, die Ausrüstung des Schiffs. [20]Viele Tage lang sahen wir weder die Sonne noch die Sterne, und der Sturm tobte mit unverminderter Gewalt. Am Ende schwand alle Hoffnung auf Rettung.

[21]Als schließlich niemand mehr essen wollte, nahm Paulus das Wort: »Man hätte auf mich hören und in Kreta bleiben sollen, ihr Männer! Das Unglück und der Schaden wären uns erspart geblieben. [22]Nun lasst den Mut aber nicht sinken! Niemand von euch wird umkommen, nur das Schiff wird verloren sein. [23]In dieser Nacht erschien mir ein Engel des Gottes, dem ich gehöre und dessen Diener ich bin, [24]und redete zu mir: ›Fürchte dich nicht, Paulus! Du musst – so will es Gott – vor den Kaiser treten, und Gott wird dir zuliebe auch alle anderen retten, die mit dir fahren.‹ [25]Lasst euch also den Mut nicht nehmen, Männer! Ich vertraue Gott, dass alles so kommen wird, wie er gesagt hat. [26]Wir werden hier auf irgendeine Insel zutreiben.«

Rettung am Strand von Malta

[27]Es war die vierzehnte Nacht, seit wir in der Adria dahintrieben, da merkten die Seeleute um Mitternacht, dass sie sich irgendeinem Land näherten. [28]Sie loteten und stellten eine Tiefe von sechsunddreißig Metern fest, nach einer kurzen Strecke eine Tiefe von siebenundzwanzig

Metern. ²⁹In der Sorge, wir könnten an Klippen geraten, warfen sie vom Heck aus vier Anker und warteten sehnlich auf den Morgen. ³⁰Nun wollten die Matrosen das Schiff verlassen und ließen das Beiboot hinab unter dem Vorwand, sie wollten vom Bug aus weitere Anker auswerfen, ³¹aber da wandte sich Paulus an den Hauptmann und die Soldaten: »Wenn die nicht im Schiff bleiben, gibt es keine Rettung für euch!« ³²Da hieben die Soldaten die Taue durch, an denen das Boot hing, und ließen es ins Wasser fallen. ³³Ehe es nun anfing zu tagen, forderte Paulus alle Mitfahrenden auf, Speise zu sich zu nehmen: »Ihr bangt nun schon den vierzehnten Tag und wartet, ohne zu essen. Nichts habt ihr zu euch genommen. ³⁴Ich rate euch, esst! Dann werdet ihr am Leben bleiben, denn keinem von euch soll auch nur ein Haar von seinem Haupt verloren gehen!« ³⁵Nach diesen Worten nahm er Brot, dankte Gott vor aller Augen, brach davon ab und begann zu essen. ³⁶Da fassten sie wieder Mut und nahmen selbst auch Speise zu sich. ³⁷Wir waren aber auf dem Schiff insgesamt zweihundertsechsundsiebzig Menschen. ³⁸Als sie satt waren, erleichterten sie das Schiff und warfen die Getreideladung ins Meer.

³⁹Bei Tagesanbruch sahen sie Land, wussten aber nicht, wie es hieß, eine Bucht mit einem flachen Strand. Auf den wollten sie das Schiff, wenn möglich, auflaufen lassen. ⁴⁰Sie kappten die Anker und ließen sie ins Meer fallen, lösten die Haltetaue der Steuerruder, hissten das Vorsegel und hielten mit dem Wind auf den Strand zu. ⁴¹Wir gerieten aber an eine Untiefe und liefen auf. Das Schiff rammte sich fest, und zwar so, dass das Vorderteil unbeweglich festsaß, das hintere Teil durch die Gewalt der Wellen zerbrach. ⁴²Da beschlossen die Soldaten, die Gefangenen zu töten, weil sonst der eine oder andere, der schwimmen könne, vielleicht entkäme. ⁴³Der Hauptmann aber wollte Paulus retten und hinderte sie an ihrem Vorhaben. Er befahl, zuerst sollten die hinabspringen und an Land gehen, die schwimmen könnten, ⁴⁴die Übrigen sollten sich auf Brettern retten oder auch an die Männer der Besatzung geklammert. So kam es, dass alle wohlbehalten das Land erreichten.

28 ¹Nach unserer Rettung erfuhren wir, dass wir auf der Insel Malta waren. ²Die uns fremden Menschen, die hier wohnten, nahmen uns mit ungewöhnlicher Hilfsbereitschaft auf, zündeten ein Feuer an und holten uns alle herzu, um uns vor dem eben einsetzenden Regen und der Kälte zu schützen. ³Als nun Paulus einen Arm voll Reisig zusammenraffte und aufs Feuer warf, schoss infolge der Hitze eine

Schlange heraus und biss sich an seiner Hand fest. ⁴Die Fremden sahen das Tier an seiner Hand hängen und meinten: »Der muss ein Mörder sein! Eben ist er dem Meer entronnen, aber die Göttin der Rache lässt ihn doch nicht leben!« ⁵Er aber schlenkerte das Tier ins Feuer und erlitt keinen Schaden. ⁶Inzwischen waren sie gespannt, ob er nicht anschwellen oder plötzlich tot zusammenbrechen würde, und warteten geraume Zeit, bis sie sahen, dass ihm nichts Schlimmes widerfuhr. Da änderten sie ihre Meinung und sagten, er müsse wohl ein Gott sein.

⁷In der Umgebung jener Stelle lag ein Landgut, das dem ersten Beamten der Insel gehörte, einem Mann namens Publius, der uns für drei Tage aufnahm und freundlich versorgte. ⁸Nun geschah es, dass der Vater des Publius an fieberhafter Ruhr erkrankte. Da besuchte ihn Paulus, legte ihm unter Gebet die Hände auf und heilte ihn. ⁹Die Folge war, dass auch die übrigen Kranken der Insel kamen und sich heilen ließen. ¹⁰Sie ehrten uns hoch, und als wir wieder abreisten, gaben sie uns noch mit, was wir nötig hatten.

Ankunft in Rom

¹¹Drei Monate später bestiegen wir ein alexandrinisches Schiff, das an der Insel überwintert hatte und das die »Zwillinge« als Schiffszeichen führte, und setzten unsere Reise fort. ¹²In Syrakus unterbrachen wir die Fahrt drei Tage ¹³und fuhren im Bogen weiter nach Rhegion. Am folgenden Tag setzte Südwind ein, und wir erreichten nach zwei weiteren Tagen Puteoli. ¹⁴Dort trafen wir Christen, die uns baten, sieben Tage bei ihnen zu bleiben, und so erreichten wir schließlich Rom. ¹⁵Die Christen der römischen Gemeinde hörten, wir seien unterwegs, und gingen uns bis zum Forum Appii und zu dem Ort »Drei Schenken« entgegen. Als Paulus sie sah, dankte er Gott und fasste neuen Mut. ¹⁶In Rom erhielt er die Erlaubnis, eine private Wohnung zu beziehen und dort gemeinsam mit dem Soldaten zu wohnen, der ihn bewachte.

¹⁷Schon drei Tage später rief Paulus die Leiter der jüdischen Gemeinde zusammen und schilderte ihnen, als sie bei ihm waren, seine Lage: »Ich habe, verehrte Brüder, mich weder an unserem Volk noch am Gesetz der Väter vergangen und bin doch in Jerusalem den Römern ausgeliefert worden. ¹⁸Die verhörten mich und wollten mich freilassen, weil sie kein todeswürdiges Verbrechen feststellen konnten. ¹⁹Aber da forderten die Juden meine Verurteilung, und ich musste mich auf den

Kaiser berufen, nicht weil ich mein Volk hätte verklagen wollen, sondern weil es nicht anders ging. ²⁰Das ist der Grund, warum ich darum gebeten habe, euch sehen und sprechen zu dürfen, denn die Hoffnung Israels ist es, um derentwillen ich diese Fessel trage.« ²¹Sie gaben zur Antwort: »Wir haben aus Judäa keine Nachricht über dich erhalten, es ist auch keiner von den Brüdern gekommen, der irgendetwas Nachteiliges über dich berichtet hätte. ²²Wir würden aber gerne von dir hören, wie du denkst, denn von dieser Sekte der Christen wissen wir, dass sie überall auf Widerspruch stößt.« ²³Sie nannten ihm einen Tag und kamen in noch größerer Zahl in seine Wohnung, und er redete zu ihnen vom frühen Morgen an bis zum Abend, legte ihnen dar, wie Gott unter den Menschen sein Reich aufrichte, und suchte sie für Jesus zu gewinnen. Aus dem Gesetz Moses und den Schriften der Propheten zeigte er, wie sie alle auf ihn hin ausgerichtet seien.

²⁴Die einen ließen sich durch seine Worte überzeugen, die anderen glaubten nicht. ²⁵Sie zerstritten sich und gingen schließlich weg, ohne sich zu einigen, während Paulus ihnen das Wort mitgab: »Es stimmt, was der heilige Geist durch den Propheten Jesaja euren Vätern sagte: ²⁶›Geh hin zu diesem Volk und sprich:

Mit den Ohren werdet ihr hören und doch nichts vernehmen.
Mit den Augen werdet ihr sehen und doch nichts erblicken.
²⁷Denn dickfellig ist das Herz dieses Volks.
Die Ohren sind zu stumpf zum Hören,
die Augen sind zu verschlossen zum Sehen,
sonst könnte es ja geschehen, dass ihre Augen etwas erblickten,
dass ihre Ohren etwas vernähmen und das Herz es begriffe,
es könnte ja geschehen, dass sie umkehrten zu mir
und ich sie heilte!‹

²⁸.²⁹Das sollt ihr wissen: Den fremden Völkern kommt jetzt das Heil von Gott zugute, und sie werden hören!«
³⁰Danach blieb er zwei volle Jahre in seiner eigenen Mietwohnung und empfing alle, die ihn besuchten. ³¹Er bezeugte Jesus Christus mit allem Freimut, und niemand hinderte ihn.

BRIEFE AN JUNGE KIRCHEN

DER BRIEF AN DIE RÖMER

Eingang

1 ¹Diesen Brief schreibe ich, Paulus,
von Jesus Christus beauftragt,
an euch, die Christen in Rom.

²Denn zum Apostel bin ich berufen, ausgesandt, zu bezeugen,
wie nahe Gott uns kam in seiner Liebe,
von der schon die Propheten sprachen in der heiligen Schrift.

³Von Jesus Christus rede ich, unserem Herrn, Gottes Sohn.
Der war ein Mensch irdischer Herkunft, ein Nachkomme Davids.
⁴Aber Gott erhob ihn zum Sohn.
Sein Geist, der heilig macht, stattete ihn aus mit Macht und Würde
nach seiner Auferstehung aus dem Tode.

⁵Er nahm mich in seinen Dienst und gab mir das Amt eines Apostels:
in allen Völkern dafür zu wirken,
dass sie ihn annehmen als ihren Herrn und ihm glauben.

⁶Euch auch hat Jesus Christus berufen, ⁷die ganze Gemeinde in Rom.
Gnade erbitte ich für euch und Frieden von Gott, unserem Vater,
und von Jesus Christus, unserem Herrn.

⁸Als erstes danke ich Jesus Christus
und so Gott selbst dafür, dass es euch gibt,
denn man spricht in aller Welt von eurem Glauben.
⁹،¹⁰Unablässig denke ich an euch, wenn ich bete, und ich bitte Gott,
er möge mich einmal den guten Weg führen, der mich zu euch bringt.
Dass ich das nicht nur so hinsage, weiß er,
denn ich diene ihm ja gerade damit,
dass ich das Evangelium, die gute Kunde
von seinem Sohn weitersage.

¹¹Es drängt mich nämlich, euch zu sehen.
Ich möchte euch an geistlicher Gabe
weitergeben, was euch stärkt,
¹²oder besser: Ich möchte, dass wir uns gegenseitig aufrichten,
indem wir die Erfahrungen austauschen,
die unser Glaube uns eröffnet.

¹³Ich will euch auch nicht verschweigen,
liebe Brüder, dass ich mir schon oft vornahm, euch zu besuchen,
und dass es sich immer wieder zerschlug.
Denn überall will ich das Wort aussäen und die Früchte einsammeln
wie in den übrigen Völkern, so auch bei euch.
¹⁴Denn ich schulde das Evangelium
den Griechen wie den Nichtgriechen,
den Weisen wie den Unweisen,
¹⁵und würde gerne, so weit es an mir liegt,
es auch bei euch verkündigen.

Das Grundthema des Briefes

¹⁶Dieses Evangelium hat mich nie enttäuscht.
Und ich schäme mich nicht,
mich öffentlich zu ihm zu bekennen.
Es ist eine Kraft von Gott,
die das Heil wirkt für alle, die es glauben,
die Juden zunächst, aber auch die Griechen.

¹⁷Es zeigt Gottes Gerechtigkeit, das heißt seine rettende Treue.
Es bezeugt: Gott gibt dem das Leben,
der aus dem Glauben, den er hört, zu dem Glauben findet,
der ihn selbst prägt. Die Schrift sagt:
»Wer mit Gott im Einklang ist dadurch, dass er glaubt,
wird um seines Glaubens willen das Leben gewinnen.«

Achtet auf die falschen Wege

Es ist alles so verkehrt

[18]Das Urteil Gottes aber trifft die Gottlosigkeit und Ungerechtigkeit aller Menschen gleichermaßen. Alle verdunkeln sie die offenkundige Wahrheit durch ihr verkehrtes Wesen. Was sie von Gott wissen können, ist ihnen bekannt. [19]Er hat ihnen deutlich gezeigt, wer er ist. [20]Unsichtbar ist er selbst, aber sein Werk ist sichtbar. Seit es Menschen gibt, können sie seine Werke schauen und über sie nachdenken. Seine ewige Macht und Gottheit können sie wahrnehmen. Es ist keine Entschuldigung, wenn sie sagen: »Ich sehe ihn nicht.« [21]Sie wissen von Gott und weigern sich, ihn zu ehren und ihm zu danken. Hirngespinste erdenken sie über ihn, und es wird finster in ihren törichten Herzen. [22]Für weise halten sie sich und werden zu Narren. [23]Sie machen aus der Herrlichkeit des ewigen Gottes einen Abklatsch vergänglicher Wesen. Sie machen sich Bilder von ihm, als wäre er ein Mensch, ein Vogel, ein Vierfüßler oder ein Kriechtier. [24]Darum überlässt Gott sie sich selbst und ihren Wünschen, und sie verlieren dabei selbst die Würde, die ihnen Gott zugedacht hatte.

[25]Sie verkehren die Wahrheit Gottes in Bilder des Wahns und verehren die Dinge dieser Erde statt des Schöpfers, der allein Verehrung verdient in Ewigkeit; das steht fest. [26]Darum auch hat Gott sie ihrer schändlichen Gier überlassen. Die Frauen vertauschen den natürlichen Umgang mit dem widernatürlichen, [27]die Männer verlassen den natürlichen Umgang mit Frauen und erhitzen sich Mann an Mann und empfangen den Lohn ihres Wahns. [28]Die Menschen hatten es, wie sie meinten, nicht nötig festzuhalten, was sie von Gott erkennen konnten, und so gibt er sie preis an ihren verkehrten Sinn. [29]Voller Unrecht sind sie, erfüllt mit Bosheit, Geldgier, Habsucht, Neid, Mordlust und Streitsucht, voller Arglist und Gerissenheit. Ich könnte noch lange fortfahren: [30]Verleumder sind sie und Gotteshasser. Sie prunken mit ihrem Können. Sie prahlen mit ihren Leistungen und erfinden immer neue Verbrechen. Sie verachten ihre Eltern, [31]treulos sind sie, lieblos und unbarmherzig. [32]Sie wissen genau, was Gott will, und dass, wer dies und Ähnliches tut, den Tod verdient. Aber sie tun es nicht nur, sie freuen sich auch, wenn andere es tun. Wie wollen sie mit Gott ins Reine kommen?

Niemand kann sich ausnehmen

2 ¹Nun sagst du vielleicht: »Ich bin nicht so!« Indem du jedoch sagst: »Wer so lebt, verdient den Tod«, urteilst du auch über dich selbst. ²Tust du nicht dasselbe? ³Bildest du dir ein, du könnest dem Urteil Gottes dadurch entrinnen, dass du dich entrüstet abwendest von solchen Menschen, während du insgeheim dasselbe tust? ⁴Oder meinst du, du habest den Reichtum seiner Güte, seiner Geduld und Langmut nicht nötig? Begreifst du nicht, dass die Güte Gottes dir Zeit lassen will umzukehren? ⁵Mit der Starre und Rechthaberei deines Herzens häufst du den Unwillen Gottes zu Bergen auf, bis der Tag kommt, an dem Gott sein gerechtes Urteil spricht. ⁶Denn er wird jedem geben, was seinen Taten entspricht. ⁷Denen, die schlicht und geduldig das Richtige taten und dabei ihre Erfüllung suchten, wird er ewiges Leben schenken, ⁸die anderen, die nur an sich selbst denken, sich Gottes Willen widersetzen, denen an der Wahrheit nichts liegt, wohl aber am Unrecht, ⁹trifft sein Urteil, und zwar die Juden ebenso wie die Griechen. ¹⁰Herrlichkeit, Ehre und Frieden erwartet die, die das Gute getan haben, die Juden zunächst, aber auch die Menschen aus anderen Völkern. ¹¹Denn es gibt kein Ansehen der Person bei Gott.

Es gibt keine Ausreden

¹²Der Heide wird sagen: »Ich kenne keinen Willen Gottes.« Er wird in seiner Unwissenheit verloren gehen. Der Jude: »Ich kenne und verehre den Willen Gottes.« Er wird das Gesetz, in dem sich dieser Wille ausdrückt, als seinen Richter erfahren. ¹³Er ist ja dadurch, dass er ein Gesetz anerkennt, noch lange nicht gerecht, er muss ihm auch durch sein Tun entsprechen. ¹⁴Wenn aber die Völker außerhalb des Judentums, die das Gesetz Moses nicht kennen, auf ihre Weise ein Gesetz anerkennen, dann gilt dieses Gesetz für sie. ¹⁵Sie beweisen, dass dieses Gesetz in ihr Herz eingeschrieben ist. Ihr eigenes Gewissen stimmt in die Anklage ein. Ihre eigenen Gedanken streiten wider einander, die einen klagen sie an, die anderen suchen Entschuldigungen. ¹⁶An jenem Tag aber wird Gott aufdecken, was in den Menschen ist. Jesus Christus sagt es, und ich sage es weiter.

¹⁷Wenn du aber dich einen Juden nennst, dich auf das Gesetz verlässt und dich rühmst, Gott zu kennen, ¹⁸wenn du seinen Willen kennst

und gut und böse zu unterscheiden verstehst, weil du aus der heiligen Schrift gelernt hast, ¹⁹wenn du dir vielleicht gar zutraust, ein Führer der Blinden zu sein, ein Licht in der Dunkelheit, ²⁰ein Lehrer der Ungelehrten und der Toren, wenn du dir den Anschein gibst, als hättest du Einsicht und Wahrheit zu zeigen, wie sie das Gesetz zeigt, warum bist du nicht wirklich, was du darstellst? ²¹Du belehrst den anderen und nimmst dich selbst aus. Du sagst, man dürfe nicht stehlen; bist du nicht selbst ein Dieb? ²²Du sagst, man dürfe die Ehe nicht brechen; brichst du nicht selbst die Ehe? Du verabscheust die selbst gemachten Götter; lebst du ganz ohne Götzen? ²³Du berufst dich auf das Gesetz und ziehst Gottes Ehre vor aller Welt in den Schmutz, indem du das Gesetz übertrittst. ²⁴Schon in der heiligen Schrift ist zu lesen: »Die Völker verachten Gott, denn wegen eures Verhaltens kommt der Name Gottes in Verruf.«

Rituale bieten keine Sicherheit

²⁵Du sagst: »Mir kann nichts geschehen, ich gehöre zum erwählten Volk.« Das Zeichen dafür ist die Beschneidung. Aber die Beschneidung sichert dich nur, wenn du das Gesetz Gottes einhältst. Missachtest du Gottes Willen, dann bist du so gut wie unbeschnitten. ²⁶Wenn umgekehrt ein Heide nach dem Willen Gottes lebt, wird ihn Gott zu seinem Volk zählen. ²⁷Denn nicht deine äußere Zugehörigkeit zum Volk Gottes macht dich zu seinem Kind, und nicht Beschneidung macht dich dazu. ²⁸Jude ist man nicht durch das äußere Ritual. ²⁹Man ist es durch den Geist und nicht nach den Buchstaben. Und wer es wirklich ist, das beurteilen nicht die Menschen, sondern Gott.

3 ¹Hat es dann noch einen besonderen Wert, ein Jude zu sein? ²Natürlich, es ist ein großer Vorzug, sich auf das verlassen zu können, was Gott gesprochen hat. ³Gott bricht ja nicht sein Wort, nur weil es Menschen gibt, die meinen, ohne ihn leben zu können. ⁴Nein, Gott steht zu seinen Zusagen, nur die Menschen sind unzuverlässig. Die Schrift sagt: »Es wird sich zeigen, dass dein Wort, Gott, verlässlich ist. Und wenn man mit dir rechten will, wird das Recht auf deiner Seite sein.« ⁵Nun könnte einer alles verkehren und sagen: »Wunderbar! Im Vergleich mit unserer Unzuverlässigkeit zeigt sich, wie treu Gott ist! Dann aber ist Gott ungerecht, wenn er uns bestraft!« ⁶»Nein«, sage ich, »wie könnte

Gott dann der Richter der Welt sein?« ⁷Ein anderer könnte auch sagen: »Wenn durch meine Lügenhaftigkeit doch so herrlich herauskommt, wie wahrhaftig Gott ist, woher nimmt er das Recht, mich meiner Lüge wegen zu verdammen?« ⁸Er könnte sagen: »Lasst uns nur immer tüchtig das Böse tun, damit das Gute dabei herauskommt!« Auch mir selbst reden einige nach, ich sei dieser Meinung. Aber wer so redet, spricht sich selbst das Urteil.

Es gibt kein Vorrecht

⁹Noch einmal: Haben wir Juden einen Vorzug? Durchaus nicht! Das ist doch klar geworden: Die Juden stehen wie alle übrigen Menschen unter dem Zwang, böse zu sein. ¹⁰Die Schrift sagt: »Da ist kein Gerechter! Nicht einer! ¹¹Da ist kein Wissender, da ist keiner, der nach Gott fragt. ¹²Alle sind sie abgewichen. Alle sind sie unbrauchbar. Da ist keiner, der das Gute tut, auch nicht einer. ¹³Ein offenes Grab ist ihr Mund, ihre Zungen trügen, Schlangengift speien ihre Lippen. ¹⁴Ihr Mund ist voll Fluch und bitterem Hass. ¹⁵Schnell sind ihre Füße, wenn es gilt, Blut zu vergießen. ¹⁶Die Spuren ihrer Schritte sind Trümmer und Elend. ¹⁷Den Weg zum Frieden kennen sie nicht, ¹⁸und nichts gilt Gottesfurcht bei ihnen.« ¹⁹Denn was das Gesetz fordert, das fordert es eben von denen, zu denen es spricht. Niemand kann sich also herausreden, und jeder Mund, der sich selbst rühmt, ist gestopft. ²⁰Es steht fest: Mit Leistungen, wie das Gesetz sie fordert, kann kein Mensch vor Gott als gerecht bestehen. Denn durch das Gesetz lernen wir erst uns selbst als Sünder kennen.

Und was ist der richtige Weg?

Gott fragt nach dem Glauben

²¹Nun aber ist eine neue Epoche in der Geschichte zwischen Gott und uns Menschen angebrochen, und Gott hat gezeigt, auf welchem Wege der Mensch mit ihm ins Reine kommen und das Leben finden könne, und zwar außerhalb des Gesetzes! Das Gesetz selbst und die Propheten

belegen es. ²²Ich rede von der treuen Zuwendung Gottes, mit der er alle die als gerecht ansehen will, die an Jesus Christus glauben. ²³Denn da ist kein Unterschied: Alle sind schuldig geworden und haben die Schönheit und Würde, die ihnen ursprünglich zugedacht war, als Gott den Menschen nach seinem Bilde schuf, verloren. ²⁴Nun aber lässt Gott sie als gerecht gelten, ohne dass sie es verdient hätten, aus reiner Gnade, und Jesus Christus war es, der die Befreiung von der Schuld, die Erlösung bewirkt hat.

²⁵Denn Gott hat ihn als ein Zeichen seiner Liebe in die Welt gestellt.
Wie können wir das verstehen?
Wir wissen: Was wir tun, führt zwangsläufig zum Tode.
Nun starb Jesus Christus an unseren Sünden.
Gott aber hat sich zu ihm bekannt.
Nun ist er der Ort, an dem Gottes Treue sichtbar ist.

²⁶Gott hat uns die Sünden vergeben,
die wir früher, zur Zeit seiner Geduld,
angesammelt hatten.
Gott tat das auf unseren Glauben hin,
nicht auf das hin, was wir tun oder leisten.
Er eröffnet uns selbst den Glauben.
Er erreicht uns, indem wir glauben.
Er erweist uns seine Gerechtigkeit darin,
dass er uns, die an Jesus Christus glauben,
nach dessen Bilde gestaltet, und das heißt,
dass er uns zu Gerechten macht.

²⁷Kann sich nun noch jemand vor Gott aufblähen?
O nein! Und wie macht Gott das unmöglich?
Dadurch, dass er allein nach unseren Taten urteilt?
Nein, dadurch, dass er allein nach unserem Glauben fragt.
²⁸Wir sind nämlich überzeugt,
dass ein Mensch mit Gott ins Reine kommt
nicht durch das, was er leistet, sondern dadurch, dass er glaubt.

²⁹Das aber gilt für alle. Gehört Gott denn allein den Juden? Ist er nicht der Gott aller Menschen? ³⁰Er ist doch der eine Gott, der Juden und Nichtjuden aufgrund eines und desselben Glaubens als gerecht gelten

lässt. ³¹Entwerten wir damit das jüdische Gesetz? Ersetzen wir es durch den Glauben? O nein! Wir zeigen erst seine Absicht. Wir zeigen seinen Sinn!

Das Beispiel Abraham

4 ¹Was ist denn das Entscheidende, das Abraham, unser Urvater, von Gott empfangen hat? ²Wenn Abraham so große Leistungen aufzuweisen hat, dass man sagen kann, er sei ein Gerechter gewesen, dann ehren wir ihn. Aber vor Gott kann das nicht gelten. ³Die Schrift sagt etwas ganz anderes: »Abraham vertraute Gott, und so sprach Gott ihn gerecht.« ⁴Wer Leistungen hervorbringt, hat keine Gnade nötig. Er hat Anspruch auf Lohn. ⁵Wer sich nicht auf seine Leistungen verlässt, aber darauf vertraut, dass Gott ihn gelten lässt auch, wo es an Leistungen mangelt, dem rechnet Gott seinen Glauben an und lässt ihn als einen Gerechten gelten. ⁶So spricht auch David schon vom Glück des Menschen, den Gott annimmt, ohne Leistungen zu verlangen: ⁷»Selig sind, denen ihr Unrecht vergeben ist, denen ihre Verfehlungen verziehen sind. ⁸Selig der Mann, dem Gott seine Schuld nicht anrechnet.«

⁹Gilt diese Seligpreisung nun für den, der das Zeichen der Beschneidung an sich trägt, oder für den, der es nicht hat? Wir sagen doch: »Abraham vertraute Gott, und das machte ihn gerecht.« ¹⁰Wann war das? Als er dieses Zeichen empfangen hatte – oder vorher? Es war doch vorher! ¹¹Das Zeichen empfing er hinterher als ein Siegel dafür, dass er aufgrund seines Glaubens zuvor schon ein Gerechter war. Denn er sollte ein Vater all der Menschen werden, die ohne dieses Zeichen glauben würden und so die Gerechtigkeit erreichten, ¹²und auch ein Vater des jüdischen Volks, das zwar das Zeichen der Beschneidung empfangen hatte, das aber vor allem in den Spuren Abrahams gehen sollte, der ohne dieses Zeichen einfach ein Glaubender war. ¹³Denn die Zusage, er werde der Erbe der ganzen Erde sein, haben Abraham und seine Nachkommen nicht empfangen durch das Gesetz, sondern durch die Gerechtigkeit, die im Glauben besteht. ¹⁴Wenn einer das Gesetz erfüllt und dadurch Segen erbt, dann gilt die freie Zusage Gottes nichts, und der Glaube hat seinen Sinn verloren, ¹⁵denn wo zwischen zwei Parteien eine Rechtsordnung steht, da werden sie zu feindlichen Parteien. Wo aber keine Rechtsordnung beachtet werden muss, da muss auch keine Verletzung gesühnt werden.

¹⁶Nun hat Gott alles auf den Glauben abgestellt, weil die Gemeinschaft zwischen ihm und den Menschen ein Geschenk seiner Freundlichkeit sein sollte. Denn die Verheißung dieser Gemeinschaft sollte für alle gelten, nicht nur für die Juden, sondern auch für die, die dem Abraham lediglich durch seinen und ihren Glauben verbunden sind. ¹⁷Denn er ist ja nach dem Schriftwort »Ich habe dich zum Vater vieler Völker ausersehen« unser aller Vater. Sein Glaube galt dem, der Tote lebendig macht, und der das, was nicht ist, ins Sein ruft. ¹⁸Er hatte wirklich nichts zu hoffen und glaubte doch, er werde zum Vater vieler Völker werden, nach dem Wort, das er hörte: »So zahlreich wie die Sterne am Himmel wird deine Nachkommenschaft sein!« ¹⁹Er wurde nicht schwach im Glauben, obwohl er sah, dass weder er, der Hundertjährige, noch die Urmutter Sara Aussicht hatten, noch ein Kind zu bekommen. ²⁰Hätte er die Erfüllbarkeit des göttlichen Versprechens erwogen, so hätte er es anzweifeln müssen; aber er blieb fest im Glauben und gab Gott die Ehre. ²¹Er war sicher, dass Gott fähig sei zu erfüllen, was er verspricht. ²²Und so war er in Gottes Augen ein Gerechter. ²³Dass er das aber war, steht in der Schrift nicht nur seinetwegen. ²⁴Es gilt auch uns, die an den glauben, der Jesus, unseren Herrn, aus dem Tode weckte. ²⁵Denn Jesus starb, um unsere Schuld zu tilgen, und wurde lebendig, damit wir vor Gott bestehen können.

Wir leben nahe dem Ziel

Gott lebt mit uns im Frieden

5 ¹Nachdem uns nun Gott bejaht und angenommen hat
aufgrund des Glaubens,
ist Frieden zwischen ihm und uns.
Jesus Christus, unserem Herrn, verdanken wir das.
²Er zeigte uns den Weg und öffnete uns die Tür
zu der Freundlichkeit Gottes, in der wir zu Hause sind.
³Wir freuen uns und preisen Gott im voraus, in der Hoffnung,
an seiner Herrlichkeit teilnehmen zu dürfen.
Wir freuen uns und preisen Gott aber auch, wenn wir bedrängt sind,
⁴denn Bedrängnis lehrt uns, geduldig zu sein.

In der Geduld aber finden wir Bewährung,
Bewährung wiederum stärkt die Hoffnung.
Hoffnung aber enttäuscht nicht.
⁵Denn die Liebe Gottes ist ausgegossen in unsere Herzen,
da wir den Geist empfingen.

⁶Nun ist Christus für uns ungerechte Menschen gestorben, als wir noch schwach waren. ⁷Es kommt selten genug vor, dass jemand für einen Gerechten stirbt. Allenfalls entschließt sich jemand, für eine gute Sache zu sterben. ⁸Gott aber hat uns so sehr geliebt, dass Christus für uns starb, während wir noch mit ihm im Streit lagen. ⁹Um wie viel gewisser werden wir nun vor dem Gericht bewahrt werden, da uns seine Lebenshingabe gerettet hat. ¹⁰Wenn wir, als wir noch Feinde Gottes waren, heimgeholt worden sind von ihm durch den Tod seines Sohnes, wie viel gewisser werden wir, nachdem wir mit ihm versöhnt sind, bewahrt werden für das Leben dadurch, dass er lebt! ¹¹Aber nicht nur das, wir rühmen uns der Liebe Gottes schon jetzt, da wir mit ihm versöhnt sind durch Jesus Christus, der uns den Frieden gebracht hat.

¹²Das gilt: Durch *einen* Menschen kam die Sünde in die Welt und durch die Sünde der Tod. Der Tod aber kam zu allen Menschen, weil sie alle sündigten. ¹³Denn auch vor dem Gesetz war die Sünde in der Welt, aber sie wird nicht angerechnet, solange es kein Gesetz gibt. ¹⁴Trotzdem herrschte der Tod in der Menschenwelt, von Adam an bis Mose, auch dort, wo man das Böse nicht mit derselben Bewusstheit beging wie bei Adam, der das Gegenbild war zu dem, der kommen sollte, Christus.

¹⁵Aber die Verschuldung des Adam ist unvergleichbar mit Gottes Gnade. Wenn nämlich durch die Verfehlung des einen viele sterben, um wie viel mehr werden es sein, die Gottes Freundlichkeit und sein Geschenk durch die Tat des einen, des Menschen Jesus Christus, empfangen! ¹⁶Des einen Schuld ist das Gegenbild zum Geschenk. Durch des einen Schuld kam das Urteil, die Gnade hilft aus vielen Verfehlungen zum Freispruch. ¹⁷Durch die Schuld des einen kam der Tod zur Macht. Durch die Tat des einen, Jesus Christus, werden nun alle, die die überfließende Gnade und das Geschenk der Gerechtigkeit annehmen, das Leben und die Herrschaft empfangen. ¹⁸Durch ein einzelnes Unrecht kam das Unheil über alle Menschen. So kam durch die heilende Tat des einen zu allen Menschen die Gerechtigkeit und das Heil. ¹⁹Durch den Ungehorsam des einen waren die vielen zu Übertretern geworden, durch den Gehorsam des einen kommen sie nun mit Gott ins Reine.

²⁰Das Gesetz ist zwischeneingekommen, um die Sünde voll zu machen. Wo aber das Maß der Schuld voll ist, da ist die Liebe Gottes unerschöpflich. ²¹Denn so, wie die Sünde im Tode triumphierte, so triumphiert die Gnade, indem sie Gerechtigkeit schafft und ins ewige Leben führt durch Jesus Christus, unseren Herrn.

Uns sind Kräfte gegeben

6 ¹Was sollen wir also sagen? Sollen wir in der Sünde verharren, damit die Gnade desto leuchtender herauskommt? ²Auf keinen Fall. Wie sollten wir in der Sünde leben wollen, nachdem wir doch für sie nicht mehr vorhanden sind? Oder wisst ihr nicht, dass wir alle, die auf Jesus Christus getauft sind, in seinen Tod mit hineingetauft sind? ³Was wir vorher waren, das ist nun, da wir getauft sind, tot und begraben, ⁴wie er begraben war. Und wie er auferweckt wurde aus dem Tode durch die Macht Gottes, so wollen auch wir ein neues Leben führen. ⁵Denn wir sind, ihm verbunden, seinem Tode ähnlich geworden. Nun muss man uns auch seine Auferstehung ansehen. ⁶Unser aller Wesen ist mit ihm gekreuzigt, so dass wir dem Zwang, unrecht zu tun, nicht mehr zu gehorchen brauchen. ⁷Wer gestorben ist, hat mit der Sünde nichts mehr zu tun. ⁸Nun wir aber mit Christus gestorben sind, glauben wir, dass wir auch mit ihm leben werden. ⁹Denn Christus ist vom Tode auferweckt und stirbt nicht mehr. Der Tod hat keine Macht mehr über ihn. ¹⁰Einmal hatte das Böse ihn im Griff, als er unter unserer Schuld starb. Was er aber nun lebt, lebt er für Gott. ¹¹So macht auch ihr Ernst mit der Tatsache, dass ihr mit der Sünde so wenig mehr zu tun habt wie die Toten, dass ihr aber in Christus seid und auf Gott hin lebt.

¹²Wenn es so ist, dann lasst euch von Sünde nicht mehr beherrschen, solange ihr lebt, und nicht mehr von euren Begierden. ¹³Stellt eure Kräfte nicht mehr der Sünde zur Verfügung als Waffen des Unrechts, sondern stellt euch in den Dienst Gottes. Ihr seid nicht mehr tot, ihr seid lebendig. Lasst eure Kräfte für Gott wirken als Waffen der Gerechtigkeit. ¹⁴Lasst die Sünde nicht mehr über euch herrschen, denn ihr dient nicht mehr einem Gesetz, sondern dem freundlichen Gott. ¹⁵Bedeutet das denn, dass wir tun können, was wir wollen, weil wir keinem Gesetz mehr zu gehorchen haben? O nein. ¹⁶Ihr wisst, es liegt an euch, wer euer Herr ist und womit er euch belohnen wird: das Böse, das euch mit dem Tod belohnt, oder der Gehorsam, der euch die Gerechtigkeit

bringt. ¹⁷Gott sei Dank! Ihr seid einmal Diener des Bösen gewesen, nun folgt den Weisungen, die euch nahe gebracht worden sind, von Herzen. ¹⁸Da ihr befreit seid von der Sünde, so seid ihr Diener der Gerechtigkeit geworden.
¹⁹Ich muss einfältig reden eurer geringen Fassungskraft wegen. Wie ihr nämlich eure Kräfte der Unreinheit und dem Unrecht bereithieltet zu immer neuer Ungerechtigkeit, so stellt nun eure Kräfte der Gerechtigkeit zur Verfügung und werdet heilig. ²⁰Als ihr Knechte der Sünde ward, habt ihr eure Freiheit gehabt, aber es war nur eine Freiheit von der Gerechtigkeit. ²¹Ihr habt auch euren Lohn erhalten, und ihr erinnert euch mit Entsetzen daran, denn dieser Lohn war der Tod. ²²Nun aber seid ihr Diener Gottes, von der Herrschaft der Sünde befreit. ²³Wer ein Söldner der Sünde ist, den entlohnt sie mit dem Tod. Wer Gott dient, dem gibt er, was er Jesus Christus, unserem Herrn, gegeben hat: ewiges Leben.

Die Macht des Bösen ist gebrochen

7 ¹Ihr wisst Bescheid über den Sinn eines Gesetzes. Ihr wisst, dass es über den Menschen herrscht, solange er lebt, aber auch nur so lange. ²Wenn zum Beispiel eine Frau verheiratet ist, so ist sie an ihren Mann gebunden, solange er lebt. Wenn der Mann stirbt, ist sie frei von dem Gesetz, das sie an den Mann gebunden hat. ³Wenn sie sich einem anderen Mann hingibt, solange ihr eigener lebt, macht sie sich des Ehebruchs schuldig. Wenn der Mann stirbt, ist sie frei, und wenn sie dann einem anderen Mann gehören will, bricht sie keine Ehe. ⁴So hat, meine lieben Brüder, der Tod euch vom Gesetz frei gemacht: der Tod nämlich, den Christus gestorben ist. Nun gehört ihr nicht mehr dem Gesetz, sondern dem Christus, der vom Tode erweckt worden ist. Ihr lebt und handelt nun für Gott. ⁵Als wir noch uns selbst überlassen waren, tobte sich die Gier nach dem Bösen in unserem ganzen Wesen aus. Das Gesetz verstärkte die Gier, und was dabei herauskam, war der Tod! ⁶Nun aber hat der Tod uns vom Gesetz und seinem Anspruch getrennt, und wir sind ihm nicht mehr hörig. Nun dienen wir Gott, so anders und so neu, wie sein Geist es will, und nicht mehr in der alten Art, die das Gesetz vorschrieb.
⁷Soll das heißen, dass das Gesetz selbst böse sei? Nein. Aber das Gesetz hat dafür gesorgt, dass ich mit der Sünde ins Handgemenge ge-

riet. Niemals wäre die Begehrlichkeit in ihrem bösen Sinn in mir erwacht, gäbe es kein Gebot, das sagt: »Du sollst nicht begehren!« [8]Die böse Lust nahm die Gelegenheit wahr, dass das Gesetz eine Forderung erhob, und weckte in mir den Willen, dagegen zu handeln. Wo eigensüchtige Wünsche nicht verboten werden, gewinnen sie auch nicht ihre leidenschaftliche, gegen Gott gerichtete Kraft. [9]Es gab eine Zeit, da hatte ich ohne das Gesetz das Leben. Als aber das Gesetz hinzukam, lebte die Sünde auf: [10]Ich verlor das Leben, und es erwies sich, dass das Gesetz, das mir doch eigentlich zum Leben helfen sollte, mir den Tod gebracht hatte. [11]Denn die Macht, die hinter dem Bösen am Werk ist, nahm die Gelegenheit wahr, dass da ein Gebot war, und betrog mich um das Leben. [12]So ist zwar das Gesetz heilig, das Gebot ist heilig, gerecht und gut. Ist denn nun das, was mir als Hilfe gedacht war, zum Helfer des Todes geworden? [13]Hat nun also, was eigentlich gut ist, mir den Tod gebracht? Nein. Vielmehr hat die Macht des Bösen mir auf dem Umweg über das, was gut war, den Tod gebracht und sich als das Böse erwiesen, und das um so gefährlicher, je klarer das Gesetz redete.

[14]Wir wissen also, dass das Gesetz aus Gott ist. Ich aber bin ein irdischer Mensch und meinem bösen Drang ausgeliefert. [15]Denn was ich tue, verstehe ich selbst nicht. Denn ich tue ja nicht, was ich eigentlich will, sondern was mir selbst zuwider ist. [16]Wenn ich aber das Böse, das ich tue, selbst nicht will, gebe ich dem Gesetz Recht. [17]So bin ich es eigentlich gar nicht, der handelt, sondern die dunkle Macht in mir. [18]Ich weiß, dass in mir, das heißt in meinem dunklen Lebensdrang, nichts Gutes wohnt. Ich kann es zwar wollen, aber ich bin unfähig, es zu tun. [19]Ich tue ja nicht das Gute, das ich tun will, sondern das Böse, das ich vermeiden will. [20]Wenn ich aber tue, was ich verabscheue, dann bin ja nicht ich der Täter, sondern der böse Drang in mir, der mich besetzt hält. [21]Es scheint ein Gesetz zu sein, dass in mir, der doch das Gute tun will, immerfort das Böse zustande kommt. [22]Ich stimme dem Willen Gottes zwar aus ganzem Herzen zu, [23]aber dort, wo ich tatsächlich handle, ist ein anderer Wille am Werk als in meinen Gedanken. Der kämpft gegen den Willen Gottes, dem mein Herz doch zustimmt, und zwingt mich wie einen Gefangenen unter das Gesetz meiner Fehlhandlungen, das in meinem eigenen Drang wirkt. [24]Ich unglücklicher Mensch, wer wird mich befreien aus dieser tödlichen Verstrickung? Denn das ist ja das Ergebnis: So weit meine Wünsche und Absichten reichen, diene ich dem Gesetz Gottes, in meinem tatsächlichen Leben aber dem Gesetz, das die Sünde mir aufzwingt. [25]Aber nun danke ich

Jesus Christus und mit ihm Gott selbst dafür, dass er mich aus dieser Sklaverei befreit hat!

Wir leben aus dem Geist Gottes

8 ¹Denn im Tod Jesu hat sich das Gesetz in seiner tödlichen Gestalt voll ausgewirkt. ²Nun aber, da Gott ihn vom Tode auferweckt hat, kommt die lebenfördernde Kraft, die dem Gesetz ursprünglich eigen ist, zu ihrer vollen Wirkung. Gott also hat das Gesetz umgewandelt aus einer tödlichen in seine eigentliche, eine lebenschaffende Kraft. Ich möchte sagen: in ein Gesetz des lebenschaffenden Geistes. Wer also in Christus ist, der hat vom Gesetz des Todes keinen Schuldspruch mehr zu befürchten.

³Was das Gesetz nicht leisten konnte, tat Gott. Das Gesetz sollte dem Bösen widerstehen, aber der eigenmächtige Drang war stärker. Nun sandte Gott seinen Sohn und machte ihn zu einem Menschen in dieser von der Sünde beherrschten Welt, um uns von der Herrschaft der Sünde frei zu machen. Er hat die Sünde selbst zum Tode verurteilt, indem er unser verdammtes Leben auf sich nahm. ⁴Damit ist der Forderung des Gesetzes Genüge getan, und wir sind frei, nicht mehr nach unserem eigenen Willen zu leben, sondern nach dem Willen des göttlichen Geistes.

⁵Wer nämlich nach seinem eigenen Willen lebt, hat immer nur sich selbst im Auge. Wer aus der Kraft des Geistes Gottes lebt, der lebt auf den Geist Gottes zu. ⁶Was der eigene Wille erstrebt, wird ihn in den Tod bringen. Der Geist aber schafft Leben und Kraft zum Frieden. ⁷Wer sich selbst durchzusetzen sucht, muss in Gott seinen Feind sehen. Er muss sich dem Gesetz Gottes widersetzen, er kann ihm nicht gehorchen, auch wenn er es will. ⁸Wer so seinem eigenen Drang folgt, kann Gott nicht gefallen.

⁹Ihr aber, Freunde, lebt nicht mehr euch sclbst, sondern dem Geist, wenn es denn wahr ist, dass Gottes Geist in euch wohnt. In wem aber der Geist, den Christus gibt, nicht am Werk ist, der gehört ihm nicht an. ¹⁰Ist aber Christus in euch am Werk, so ist euer eigenmächtiger Lebensdrang zwar dem Tod verfallen – darin wirkt sich eure Sünde aus –, aber der Geist des Christus lebt in euch auf Gerechtigkeit zu. ¹¹Lebt aber der Geist Gottes, der Jesus vom Tode auferweckt hat, in euch, so wird er auch alles, was an euch dem Tode verfallen ist, lebendig machen.

¹²Also Brüder! Ihr seid eurem eigensüchtigen Willen nicht verpflichtet und müsst euer Leben nicht nach seinen Wünschen führen. ¹³Ihr wisst, wenn ihr nach eurem eigenen Drang lebt, habt ihr den Tod vor euch. Wenn aber der Geist in euch das Böse, das euer Drang will, getötet hat, werdet ihr leben.

Unser ganzes Leben hat sich verändert

¹⁴Denn die sich von Gottes Geist führen lassen,
die sind Töchter und Söhne Gottes.
¹⁵Ihr habt nicht einen Geist der Knechtschaft empfangen,
so dass ihr euch wieder zu fürchten hättet,
sondern einen Geist der Kindschaft,
der uns erlaubt, zu rufen: »Vater! Lieber Vater!«
¹⁶Gottes Geist bezeugt eurem eigenen Geist:
Ihr seid Gottes Kinder.
¹⁷Sind wir aber Kinder, so haben wir Hausrecht bei ihm,
bei Gott, selbst. Wir sind zu Hause bei ihm, wie es Christus ist.
Wir leiden mit ihm und gehen mit ihm in Gottes Herrlichkeit ein.
¹⁸Denn ich bin überzeugt,
dass die Leiden dieser Zeit klein und unwichtig sind
im Vergleich zu der Herrlichkeit, in die wir umgestaltet werden sollen.

¹⁹Auch die ganze Schöpfung wartet sehnlich
auf Menschen, in denen sich offenbart,
dass sie Töchter und Söhne Gottes sind.
²⁰Die Natur leidet unter dem leeren Kreislauf,
dem sie – nicht durch eigene Schuld – ausgeliefert ist.
Gott hat es ihr so bestimmt.
Er gab ihr aber eine Hoffnung:
²¹Frei soll sie werden von der Sklaverei,
immer nur auf Verwesung hin leben zu müssen.
Sie soll die Freiheit gewinnen, die herrliche,
die den Kindern Gottes bestimmt ist.

²²Wir wissen: Die ganze Schöpfung
seufzt und leidet bis zu dieser Stunde
und wartet auf die Geburt einer neuen Welt.

²³Und mit ihr ängsten wir selbst uns,
denen doch schon die ersten Anfänge
der schaffenden Kräfte des Geistes verliehen sind,
und erwarten, dass Gott uns einsetzt
zu seinen Kindern, und sehnen uns nach Erlösung.
²⁴Denn wir gehören der neuen Welt schon an, freilich in der Hoffnung.
Wäre aber, was wir hoffen, sichtbar, so wäre es keine Hoffnung.
²⁵Denn wer sieht, braucht nicht zu hoffen.
Hoffen wir aber auf das Unsichtbare, so erwarten wir es in Geduld.

²⁶Unserer Schwachheit hilft der Geist auf.
Wir wissen ja nicht einmal, wie wir beten können so,
dass es vor Gott recht ist. Aber der Geist tritt für uns ein
und bringt in wortlosem Seufzen vor Gott, was wir sagen wollen.
²⁷Und Gott, der die Herzen kennt, versteht, was der Geist vorbringt.
Er vertritt ja die Heiligen vor Gott im Sinne Gottes.

Wir haben unsere Zukunft vor Augen

²⁸Das wissen wir: Denen, die Gott lieben,
dienen alle Dinge zum Besten.
²⁹Sie sind von ihm berufen.
Ihnen aber, die er erlesen hat, seine Kinder zu sein,
hat er eine neue Gestalt bestimmt,
die die Gestalt seines Sohnes spiegelt.
³⁰So wird Christus der Älteste sein unter vielen Geschwistern.
Die er aber erwählt hat, die hat er auch gerufen.
Die er gerufen hat, denen verlieh er seine Gerechtigkeit,
die er aber gerecht machte, denen hat er seine Herrlichkeit bestimmt.

Nichts kann uns von Gott trennen

³¹Was soll unser letztes Wort sein?
Wenn Gott für uns ist – wer will wider uns sein?
³²Er hat den eigenen Sohn nicht verschont,
sondern für uns alle dahingegeben,
wie sollte er uns mit ihm nicht alles schenken?

³³Wer will die Erwählten Gottes beschuldigen?
Gott selbst spricht uns frei. ³⁴Wer will uns verdammen?
Christus starb. Christus lebt. Er ist in Gott und tritt für uns ein.
³⁵Wer will uns scheiden von der Liebe des Christus?
Bedrängnis? Angst? Verfolgung? Hunger? Nacktheit? Gefahr? Schwert?
³⁶Es steht zwar geschrieben: »Weil wir dein sind, werden wir getötet.
Vom Morgen bis zum Abend dauert das Schlachten.
Wie Schafe, die man in Massen tötet, so sieht man uns an.«
³⁷Aber in all dem haben wir die Kraft zu überwinden
von dem, der uns so sehr geliebt hat.

Nichts kann uns bedrohen

³⁸Denn ich bin gewiss, dass weder Tod noch Leben,
weder Zufall noch Schicksal, weder das Unheil von heute
noch die Gefahr von morgen, ³⁹weder Kräfte in den Sternen
noch Gewalten aus der Tiefe oder irgendeine andere Macht
– Gott hat sie doch alle geschaffen! –
uns scheiden können von der Liebe Gottes,
die uns in Jesus Christus begegnet, unserem Herrn.

Das alte und das neue Volk Gottes

Klage um Israel

9 ¹Ich sage die Wahrheit, Christus weiß es. Ich habe mich geprüft, und Gottes Geist bestätigt meinem Gewissen, dass ich mich nicht täusche: ²Tiefe Trauer ist in mir, unaufhörlicher Schmerz in meinem Herzen. ³Ich wünschte mir, ich wäre selbst verstoßen und von Christus verlassen, wenn dadurch meine Brüder zu ihm fänden, denen ich doch blutsverwandt bin. ⁴Sie sind Israeliten. Ihr Vorrecht ist die Sohnschaft und die Herrlichkeit Gottes, der Bund und das Gesetz und der Gottesdienst und die Verheißungen ⁵und die Worte der Väter, und auch Christus, der Mensch, gehört ihnen an, der zugleich Gott ist über alle Welt und den wir in Ewigkeit rühmen.

⁶Wenn ich sage: Israel habe seine Bestimmung verfehlt, dann meine ich damit nicht, das Wort, das Gott gesprochen hat, sei unwahr geworden. Denn das steht fest: Nicht alle, die aus Israel stammen, sind darum auch Israeliten. ⁷Nicht alle, die von Abraham abstammen, sind Kinder. Gott hat vielmehr ausgewählt und gesagt: »Nur Isaak meine ich, wenn ich von deinen Nachkommen spreche.« ⁸Das bedeutet, dass nicht einfach die leiblichen Abkommen als Kinder gelten, dass vielmehr die das wahre Israel sind, die er auserwählt hat. ⁹Die Verheißung lautete: »Um diese Zeit will ich kommen, und Sara wird einen Sohn haben.« ¹⁰Eine andere Geschichte erzählt: Rebekka war schwanger von Isaak, unserem Vater. ¹¹Aber ehe die Zwillinge geboren waren und irgendetwas Gutes oder Böses getan hatten, wählte Gott unter den beiden den aus, den er wollte, damit niemand seiner Entscheidung zuvorkomme. ¹²Nicht der Mensch mit seinen Leistungen, sondern die freie Wahl Gottes ist das Maß. Darum bestimmte Gott Rebekka gegenüber: »Der Ältere soll dem Jüngeren dienen. ¹³Mit Jakob bin ich verbunden, von Esau bin ich getrennt.« ¹⁴Was sagen wir dazu? Ist Gott ungerecht? Keineswegs. ¹⁵Denn er sagt zu Mose: »Ich bin dem barmherzig, dem ich barmherzig bin, und dem freundlich, dem ich freundlich bin.« ¹⁶So liegt es nicht am Wollen oder Laufen des Menschen, sondern am Erbarmen Gottes.

¹⁷In der Schrift ist zu lesen: »Ich habe dir, dem Pharao, deine Entscheidung gegen Israel vorbestimmt, weil ich an dir meine Macht zeigen will und die Völker mich kennen lernen sollen überall auf der Erde.« ¹⁸So schenkt Gott seine Freundlichkeit, wem er will, und macht hart und unzugänglich, wen er will. ¹⁹Du wirst mich fragen: »Warum macht er uns dann Vorwürfe? Wer kann denn seinem Willen widerstehen?« ²⁰Aber wer bist du denn, du kleiner Mensch, dass du mit Gott rechten willst? Das Werk kann doch nicht zu seinem Bildner sagen: »Warum machst du das und das aus mir?« ²¹Kann der Töpfer nicht, wenn er will, aus derselben Masse ein schönes Gefäß gestalten und ein hässliches, das er wegwirft? ²²Nun aber wollte Gott seine Macht, Gericht zu halten, erweisen, und so ertrug er mit großer Geduld die zur Vernichtung bestimmten Gefäße. ²³Auf der anderen Seite tat er den Reichtum seiner Herrlichkeit kund an den Gefäßen, die er mit Wohlgefallen sah und die er zu seiner Ehre bereitet hatte. ²⁴Zu solchen hat er auch uns bestimmt, die nicht nur Juden sind, sondern auch aus anderen Völkern stammen. ²⁵So sagt schon Hosea: »Ich will die, die nicht mein Volk sind, zu meinem Volk berufen. Ich will einer Ungeliebten meine Liebe schenken. ²⁶Wo man bisher sagte: Ihr seid fern von Gott, da wird

man die Menschen Söhne nennen des lebendigen Gottes.« ²⁷Und Jesaja ruft aus über Israel: »Wäre die Zahl der Israeliten auch wie der Sand des Meeres, so würde doch nur ein Rest Rettung finden, ²⁸denn Gott wird auf der Erde vollenden, was er sich vornahm.« ²⁹Und weiter schreibt er: »Hätte der Herr des Himmels uns nicht ein paar Kinder gelassen, wir wären ausgelöscht worden wie Sodom und wie Gomorra.«

³⁰Was wollen wir dazu sagen? Völker, denen gar nichts daran lag, mit Gott ins Reine zu kommen, sind in Gottes Augen gerecht geworden, und zwar aufgrund ihres Glaubens. ³¹Israel hat sich bemüht, das Einvernehmen mit Gott auf dem Weg über das Gesetz zu erreichen, hat aber doch nicht erreicht, was das Gesetz ihm hätte geben sollen. ³²Und warum? Weil sie die Liebe Gottes mit ihren Leistungen zu erreichen suchten und nicht auf dem Weg des Glaubens. Sie kamen an dem Stein zu Fall, der ihnen im Weg lag, wie es in der Schrift heißt:

³³»Gebt Acht! Ich lege in der heiligen Stadt
einen Stein, über den sie fallen, über den sie sich ärgern sollen.
Wer sich aber auf den stellt, der wird nicht stürzen.«

Israel ist nicht verlassen

10 ¹Meine Brüder, es ist der Wunsch meines Herzens und meine Bitte zu Gott für sie, dass sie das Heil finden. ²Ich bezeuge ihnen, dass sie Gott mit Eifer suchen, aber nicht wissen, wie sie ihn finden können. ³Sie begreifen nicht, wie man Gottes Willen gerecht wird. Sie suchen ihre eigene Gerechtigkeit auf eigene Faust zu erreichen und verfehlen so die Gerechtigkeit, die Gott gibt. ⁴Denn Christus ist das Ende des Gesetzes. Wer an ihn glaubt, der findet sie. ⁵Mose konnte über die Gerechtigkeit, die aus dem Gesetz kommt, noch schreiben: »Wer es erfüllt, wird leben.« ⁶Wer aber seine Gerechtigkeit im Glauben sucht, braucht sich nicht herumzuschlagen mit Fragen wie: »Gott ist im Himmel – wie soll ich zu ihm gelangen?« Christus ist doch auf der Erde! ⁷Oder: »Wer will die Schrecken des Todes ausloten?« Christus ist doch vom Tode auferstanden! ⁸Die Schrift sagt: »Nahe ist dir das Wort, das Gott spricht. Du kannst es nachsprechen. Und du kannst es im Herzen bewahren.« ⁹Wenn du mit dem Munde bekennst: »Jesus ist Herr!«, und in deinem Herzen glaubst, dass Gott ihn auferweckt hat aus dem Tode, so findest du das Heil. ¹⁰Man kommt mit Gott ins Reine dadurch, dass man glaubt. Man erlangt das Heil dadurch, dass man zu seinem Glauben steht. ¹¹Die Schrift sagt: »Wer an ihn glaubt, wird leben.« ¹²Es ist da kein Unterschied zwischen Juden und anderen Völkern. Sie haben alle denselben Herrn, Jesus. Und er ist reich genug für alle, die ihn anrufen. ¹³Wer immer sich an ihn wendet, findet Rettung. ¹⁴Die Schrift sagt: »Jeder, der ihn anruft, wird gerettet werden.« Nun kann sich natürlich niemand an ihn wenden, wenn er nicht an ihn glaubt. Und niemand kann an ihn glauben, wenn er nichts von ihm gehört hat. Niemand kann von ihm hören, wenn niemand von ihm spricht. ¹⁵Und wer sollte die Kühnheit haben, ihn zu verkündigen, wenn er nicht gesandt ist? Die Schrift sagt: »Segen bringen die Füße derer, die eine gute Botschaft bringen.« ¹⁶Aber dieser Botschaft haben nicht alle geglaubt. So klagt Jesaja: »Herr, wer glaubt uns, wenn wir von dir reden?« ¹⁷Der Glaube kommt also aus dem Hören. Das Hören aber aus dem Wort von Christus. ¹⁸Nun frage ich: Hatten sie keine Gelegenheit zu hören? O doch! Wir lesen in der Schrift: »Über die ganze Erde hin drang der Schall derer, die von Gott redeten, und bis an das Ende der Welt ihr Wort!« ¹⁹Oder wäre denkbar, dass Israel es nicht verstehen konnte? Nein! Es sagt ja schon Mose: »Ich will euch Israeliten eifersüchtig machen auf ein fremdes Volk, dem ich mich zuwenden werde. Ein unverständiges Volk soll euren Zorn wecken.« ²⁰Jesaja geht noch weiter: »Die mich nicht suchten, die haben mich gefunden. Die nicht nach mir fragten, denen bin ich erschienen.« ²¹Israel aber klagt er an: »Unablässig biete ich meine Hände einem ungehorsamen, widerspenstigen Volk.«

11 ¹Ich frage also: Hat Gott sein Volk verstoßen? Das kann nicht sein. Denn auch ich bin ein Israelit, ein Nachfahr Abrahams aus dem Stamm Benjamin. ²Gott hat sein Volk, das er erwählt hat, nicht verstoßen. Oder wisst ihr nicht, was die Schrift über Elija berichtet? Elija führte Klage vor Gott über Israel: ³»Herr, sie haben deine Propheten getötet! Deine Altäre haben sie niedergerissen. Ich bin allein übrig, und sie wollen mich umbringen.« ⁴Aber wie lautet die göttliche Antwort: »Ich habe mir übrig behalten siebentausend Männer, die ihre Knie nicht beugten vor dem Baal!«

⁵So ist auch in der gegenwärtigen Zeit ein Rest übrig durch die Gnade Gottes. ⁶Wenn er aber durch die Gnade übrig blieb, dann geschah es nicht aufgrund von Leistungen, sonst wäre Gnade nicht Gnade. ⁷Wie also steht es? Was Israel suchte, das hat es nicht gefunden. Ein von Gott bestimmter Rest fand es, die übrigen sind wie verriegelt.

⁸Die Schrift sagt: »Gott hüllte sie in einen tiefen Schlaf. Er gab ihnen Augen, mit denen sie nichts sehen, und Ohren, mit denen sie nichts hören, bis an den heutigen Tag.« ⁹Und David fluchte ihnen: »Möge ihnen der Dienst am Altar des Tempels zum Verhängnis werden, zum Ort, an dem das Unheil sie einfängt und die Strafe Gottes. ¹⁰Möge vor ihren Augen Finsternis sein, so dass sie nichts sehen. Beuge ihren Rücken zum Sklavendienst allezeit!«

Israel hat noch eine Zukunft

¹¹Aber nun frage ich: Sind sie gestrauchelt, um endgültig zu Fall zu kommen? O nein. Durch ihr Versagen ist den anderen Völkern das Heil zugefallen, und nun sollen sie Lust bekommen, es jenen gleichzutun. ¹²Wenn aber schon ihr Versagen die Welt beschenkt hat und ihr Fehltritt die Völker, wie viel mehr wird es für die Welt bedeuten, wenn sie alle zum Glauben kommen! ¹³Euch aber, den Nichtjuden, sage ich: Gerade, weil ich der Apostel der nichtjüdischen Völker bin, ist meine Arbeit wichtig für das jüdische Volk, ¹⁴denn ich möchte mein Volk eifersüchtig machen, so dass doch einige von ihnen das Leben finden. ¹⁵Denn wenn Menschen aus anderen Völkern Gott fanden dadurch, dass Israel ihn verlor, dann geschieht, wenn Gott es neu annimmt, nicht weniger als die Auferstehung von Toten! ¹⁶Wenn von der neuen Ernte das erste Brot als Opfer geheiligt wird, ist alles Brot des Jahres heilig. Ist die Wurzel des von Gott gepflanzten Baums Israel heilig – ist Abraham erwählt –, dann ist es auch das Israel von heute.

¹⁷Wenn aus einem Ölbaum einige Zweige herausgebrochen sind, du aber, der Nichtjude, als Wildling eingepfropft bist und so Teil hast an der Wurzel und am Saft des Ölbaums, ¹⁸so prahle nicht den herausgebrochenen Zweigen gegenüber und meine nicht, du seiest mehr als sie. Tust du es doch, dann bedenke: Nicht du trägst die Wurzel, sondern die Wurzel dich! ¹⁹Du magst sagen: »Es sind doch Zweige entfernt worden, damit für mich ein Platz frei wird!« ²⁰Richtig! Sie sind ausgehauen, weil sie nicht glaubten. Du hast deinen Platz, weil du glaubst. Sei nun nicht überheblich, sondern fürchte dich. ²¹Gott hat die natürlichen Zweige nicht verschont, er wird auch dich nicht schonen. ²²Bedenke die Güte und den Ernst Gottes. Sein Ernst lastet auf denen, die gefallen sind, seine Güte waltet über dir, sofern du unter der Güte Gottes bleibst. Es könnte sein, dass auch du herausgehauen wirst. ²³Die an-

deren aber werden wieder eingepfropft werden, wenn sie in ihrem Unglauben nicht verharren. Gott kann sie durchaus wieder einsetzen. ²⁴Wenn schon das Merkwürdige geschehen ist, dass du aus dem Wildling herausgehauen und gegen die Natur und allen Brauch in den edlen Ölbaum eingepfropft wurdest, dann ist es viel leichter möglich, dass die Äste, die von Natur dorthin gehören, in ihren eigenen Baum wieder eingepfropft werden.

²⁵Ich will euch über dieses Geheimnis nicht im Unklaren lassen, damit ihr euch über eure Stellung nicht täuscht: Einem Teil Israels ist der Zugang zu Christus versperrt worden, bis die anderen Völker in ihrer vollen Zahl ihn gefunden haben werden. ²⁶Wenn das geschehen ist, wird auch für Israel der Weg wieder frei sein, und sie werden das Heil finden. Die Schrift sagt:

»Aus Jerusalem wird der Befreier kommen, der das gottlose Wesen wegnimmt vom jüdischen Volk. ²⁷Es wird sich zeigen, wie treu ich bin, wie fest mein Versprechen gilt, wenn ich die Last und Schuld von ihnen nehme.«

²⁸Heute, da sie das Evangelium von sich stoßen, stehen sie zwar abseits, mit Gott verfeindet, weil ihr freien Zugang haben sollt. Nach Gottes verborgener Absicht aber sind und bleiben sie von ihm geliebt, weil sie Kinder ihrer Väter und Urväter sind, die Gott liebte. ²⁹Wenn Gott etwas schenkt, zieht er es nicht zurück. Wenn er jemanden ruft, bleibt sein Ruf gültig. ³⁰Früher seid ihr Gott gegenüber verschlossen gewesen, und Gott hat euch aufgenommen, weil jene nicht hören wollten. ³¹Jetzt sind sie verschlossen gegen Gott, weil sie sahen, dass Gott euch barmherzig war. Am Ende aber wird Gott auch ihnen barmherzig sein wie euch. ³²Denn Gott hat alle in ihrem Unglauben verschlossen, um sich aller zu erbarmen.

³³O welche Tiefe des Reichtums
an Weisheit und Einsicht Gottes!
Wie unerforschlich sind seine Gerichte,
wie unaufspürbar seine Wege!
³⁴Wer hat Gottes Absicht erkannt?
Wer war sein Ratgeber?
³⁵Wer hat ihm etwas gegeben,
das Gott ihm wiedergeben müsste?
³⁶Er ist Ursprung, Kraft und Ziel aller Dinge.
Ihm sei Ehre in Ewigkeit. Amen.

Regeln für das gemeinsame Leben

Freisein heißt lieben

12 ¹Ich erinnere euch also, Brüder und Schwestern der Barmherzigkeit Gottes, und ermahne euch, euer Leben als ein lebendiges, heiliges, wohlgefälliges Opfer Gott darzubringen als euren verständigen Gottesdienst. ²Hütet euch davor, euch dem anzugleichen, was in der Welt gilt, sondern wandelt euch! Werdet anders! Fangt bei der Erneuerung eurer Gedanken an so, dass ihr beurteilen könnt, was Gott will: nämlich das Gute und Wohlgefällige und das, was eurem Ziel entspricht. ³Wenn ich das sage, dann tue ich es, weil mir Gott die Vollmacht dazu gegeben hat. Ich wende mich an jeden unter euch und mahne: Keiner halte mehr von sich, als ihm zukommt, sondern sei sich klar über sich selbst. Gott hat nicht jedem denselben Glauben gegeben oder gleich viel. ⁴Wir Menschen haben an unserem einen Leib viele Glieder. Aber die Glieder haben nicht alle dieselbe Aufgabe. ⁵So ist die Kirche die leibliche Gestalt des Christus in der Welt, wir sind also ein Leib und stehen zueinander, wie Glieder dieses Leibes zueinander stehen.

⁶Gottes Gaben sind verschieden:
⁷Wer prophetische Weisung gibt, tue es dem Glauben gemäß.
Wer dient, diene wahrhaftig. Wer lehrt, widme sich der Lehre.
⁸Wer tröstet, wende alle Kraft daran.
Wer gibt, tue es in Schlichtheit.
Wer einer Gemeinde vorsteht, zeige seinen Eifer.
Wer barmherzig handelt, tue es mit Freundlichkeit.

⁹Die Liebe sei ohne Heuchelei.
Verabscheut das Böse, geht dem Guten nach.
¹⁰Die brüderliche Liebe sei herzlich.
Jeder ehre den anderen mehr als sich selbst.
¹¹Wer etwas anfasst, zögere nicht.
Der Geist ist Feuer. Lasst es brennen.
Seid bereit für den Augenblick. ¹²Freut euch und hofft.
Haltet in der Bedrängnis stand. Beharrt im Gebet,
¹³greift zu, wo Hilfe nötig ist. Seid gastfrei.

¹⁴Segnet eure Verfolger, sprecht keinen Fluch über sie aus.
¹⁵Freut euch mit den Fröhlichen. Weint mit den Weinenden.
¹⁶Denkt das Gemeinsame. Strebt nicht hoch hinaus,
lasst euch auf die kleinen Aufgaben verpflichten.
Meint nicht, ihr wüsstet alles am besten.
¹⁷Vergeltet nicht Böses mit Bösem.
Denkt Gutes über alle Menschen.
¹⁸So weit an euch liegt, haltet Frieden mit jedermann.
¹⁹Rächt euch nicht selbst, ihr Lieben!
Überlasst es Gott, zu strafen, wenn er will.
Die Schrift sagt:
»Die Rache ist mein. Ich will vergelten.«
²⁰Hungert deinen Feind, so speise ihn.
Dürstet ihn, gib ihm zu trinken.
So kannst du ihm helfen, Reue zu empfinden über sein Tun.
²¹Lass dich nicht bestimmen vom Bösen,
sondern siege über das Böse,
indem du das Gute dagegen stellst.

13 ¹Jedermann soll sich der Staatsordnung fügen, in der er lebt. Denn es gibt keine politische Gewalt, die ihren Auftrag nicht von Gott hätte. Alle sind sie von Gott mit ihrer Aufgabe betraut. Wer sich also der staatlichen Gewalt widersetzt, widersetzt sich der Anordnung Gottes. ²Wer sich aber gegen Gottes Anordnungen auflehnt, zieht sich sein Urteil zu. ³Denn die staatliche Macht hat ihre Aufgabe zu strafen nicht der guten, sondern der bösen Tat gegenüber. Wenn du frei sein willst von Angst vor der staatlichen Gewalt, dann tu, was Gott dir geboten hat. Dann wirst du ihr als freier Mensch gegenüberstehen, und sie wird dich achten. ⁴Denn sie ist eine Dienerin Gottes dir zugute. Willst du allerdings Böses tun, dann fürchte dich, denn die politische Gewalt trägt das Schwert nicht umsonst. Sie dient gerade darin Gott, dass sie den zur Rechenschaft zieht, der Böses tut. ⁵Darum soll man sich ihr einfügen, nicht nur aus Angst vor Gewalt, sondern auch aus Überzeugung. ⁶Darum auch zahlt ihr eure Steuer, denn der Auftrag, dem die Verantwortlichen im Staat nachkommen sollen, besteht darin, dass sie ihr Amt ausfüllen. ⁷Gebt jedem, was ihm nach Recht und Ordnung zusteht: die Steuer, dem die Steuer zusteht, den Zoll dem, der den Zoll zu erheben hat, Gehorsam dem, der Gehorsam fordern kann, und Ehrerbietung, dem Ehrerbietung zukommt.

⁸Im Grunde habt ihr niemandem gegenüber eine Verpflichtung außer der, ihn zu lieben. Denn alles, was Gott will, erfüllen wir, indem wir den anderen lieben. ⁹Alles, was sonst noch im Gesetz steht, wie:»nicht ehebrechen, nicht töten, nicht stehlen, nicht Dinge begehren, die dir nicht zustehen«, ist in dem einen Wort zusammengefasst:»Du sollst deinen Mitmenschen lieben wie dich selbst.« ¹⁰Wer liebt, kann dem anderen nichts Böses antun. Alles, was wir nach Gottes Willen im einzelnen tun sollen, ist von der Liebe umfasst und wird durch den Liebenden erfüllt.

¹¹Alles, was ihr tut, das tut im Wissen um die Stunde, in der ihr lebt. Die Stunde fordert, dass ihr aufwacht aus dem Schlaf, denn der Tag, der das Heil bringt, ist uns schon näher als zu der Zeit, in der wir zum Glauben kamen. ¹²Die Nacht rückt vor, und es ist nicht mehr lange, bis der Tag anbricht. Lasst uns alles dunkle Tun und Treiben beenden und die Waffen anlegen, die man bei Licht trägt. ¹³Lasst uns offen und klar auftreten, wie man es bei Tage tut. Fressereien und Saufereien sind nicht unsere Sache. Ebenso wenig heimliche Liebesabenteuer und Ausschweifungen, von denen niemand etwas wissen darf. Dasselbe gilt von allem fanatischen Herumstreiten und von allem unguten Ehrgeiz. ¹⁴Hüllt euch in Jesus Christus, unseren Herrn! Zieht ihn an wie ein Kleid, so dass man ihn vor Augen hat, wenn man euch sieht, und dass nicht die Begehrlichkeit über euch Macht gewinnt.

Lieben heißt Freiheit opfern

14 ¹Die Schwachen, die sich um ihren Glauben ängsten, sollt ihr annehmen und sie nicht mit eurem Verhalten verunsichern. Streitet nicht mit ihnen über unterschiedliche Auffassungen. ²Der eine glaubt, es schade ihm nicht, wenn er esse, was ihm schmeckt (auch Fleisch). Der andere, der sich nicht alles zutraut, schränkt sich auf pflanzliche Nahrung ein. ³Wer sich die Genüsse der Tafel zutraut, soll den anderen, der sie meidet, nicht verachten. Und wer sich einen Genuß versagt, der mache daraus kein moralisches Gesetz für den anderen, denn den einen wie den anderen hat Gott angenommen. ⁴Was geht es dich an? Es ist nicht deine Sache, den Knecht eines anderen, nämlich Gottes Knecht, brauchbar oder unbrauchbar zu finden. Ob sein Herr ihn gelten lässt oder abweist, entscheidet er allein. Und wenn einer wirklich zu selbstsicher war oder zu ängstlich, kann Gott ihn noch immer zurechtbringen.

⁵Der eine arbeitet an den Werktagen und feiert an den Sonntagen. Der andere arbeitet und feiert, werktags oder sonntags, wie es seiner Überzeugung entspricht. Wichtig ist nur, dass jeder weiß, warum er so und nicht anders lebt. ⁶Wer bestimmte Tage einhält, der drückt damit aus, dass er dem Herrn dient. Wer alles isst, der tut es im Einvernehmen mit seinem Herrn, denn er nimmt in seiner Freiheit Gottes Gaben dankbar an. Wer nur pflanzliche Kost isst, der tut es, weil er dem Herrn dient, und dankt Gott dafür.

⁷Keiner lebt für sich selbst und keiner stirbt für sich selbst. ⁸Wenn wir leben, haben wir nur einen Maßstab: ob Christus zu unserem Leben Ja sagen kann. Wenn wir sterben, ist nur eins wichtig: ob Christus uns annimmt. Leben und sterben ist für uns kein Unterschied. Auf alle Fälle hat Christus uns in der Hand. ⁹Denn dazu ist er gestorben und wieder lebendig geworden, dass er ein Herr sei über Tote und Lebende.

¹⁰Wie kommst du nun dazu, dich als Richter über deinen Bruder aufzuspielen? Oder wie kommst du, der andere, dazu, auf deinen Bruder verächtlich herabzusehen? Wir werden alle abwarten müssen, wie Christus über uns urteilt und über unser eigenes Leben. ¹¹Denn Gott selbst hat gesagt: »So wahr ich lebe: Alle Knie sollen sich vor mir beugen, und jeder Mund soll mir die Ehre geben.« ¹²Das bedeutet: Jeder von uns wird Gott über sein eigenes Leben Rechenschaft geben müssen.

¹³Lasst uns darauf verzichten, einander wie Ankläger und Angeklagte zu behandeln. Sorgt vielmehr dafür, dass keiner seinem Bruder einen Klotz in den Weg legt oder ihn innerlich in Verwirrung bringt. ¹⁴Ich weiß und bin fest überzeugt – Jesus Christus, der Herr, hat es mir gezeigt –, dass nichts aus sich selbst kultisch unrein ist. Unrein ist es nur für den, der es dafür hält. ¹⁵Wenn aber deine Speise deinen Bruder verängstigt und verwirrt, dann hast du das Gebot verletzt, dass du deinen Bruder lieben sollst. Christus ist für ihn gestorben. Sorge nun dafür, dass er Christus nicht wieder verliert dadurch, dass du ihn unsicher machst. ¹⁶Ihr habt einen großen Schatz. Lasst nicht zu, dass jemand an ihm zu zweifeln beginnt. ¹⁷Denn das neue Leben unter der Herrschaft Gottes besteht nicht in Essen und Trinken. Es hat seine Kraft aus dem heiligen Geist und zeigt sich in Gerechtigkeit, Frieden und Freude. ¹⁸Wer auf diese Weise Christus dient, an dem hat Gott Wohlgefallen, und die Menschen werden ihn achten.

¹⁹Darum lasst uns auf alles achten, was Frieden schafft und uns zusammenfügt zu Gottes Bau. ²⁰Zerstöre nicht das Werk, an dem Gott ar-

beitet, nur deshalb, weil du essen möchtest, was du magst. Es ist zwar alles mit dem Glauben zu vereinbaren, aber es ist nicht gut, wenn jemand etwas isst und dabei meint, Gott erlaube es ihm nicht. ²¹Es ist gut, wenn jemand auf Fleisch verzichtet, auf Wein und anderes, an dem ein Bruder Anstoß nimmt. ²²Halte deinen Glauben fest und verantworte ihn vor dir selbst und vor Gott. Wohl dem, der seiner Überzeugung wegen sich nicht selbst anzuklagen oder zu verteidigen braucht! ²³Wer aber innerlich zerrissen ist, während er etwas Bestimmtes isst, verurteilt sich selbst. Denn was er tut, kommt nicht aus dem Glauben. Alles aber, hinter dem wir nicht mit unserem ganzen Glauben stehen können, ist böse und scheidet uns von Gott.

15 ¹Wenn unser Glaube stark ist, dann sollen wir die Schwachheit derer tragen, die nicht so stark sind, und sollen nicht mit unserer Kraft großtun. ²Jeder von uns sehe zu, dass der andere an ihm Freude hat und dass seine Freude ihm wohltut, ihn fester macht und ihn mit ihm zusammenfügt. ³Auch Christus hat nicht sich selbst zu Gefallen gelebt, wie in der Schrift steht: »Das Hassgeschrei derer, die dich hassen, lastet auf mir.« ⁴Was aber in der Schrift angekündigt ist, das steht da, damit wir daraus lernen. Denn wir sollen unsere Hoffnung festhalten, indem wir unter unserer Last bleiben und den Trost annehmen, den die Schrift uns gibt.

⁵Der Gott aber, der mitträgt und tröstet, gebe euch einen gemeinsamen Sinn, wie er Jesus Christus entspricht, seinem Geist und Vorbild, ⁶damit ihr im selben Geist Gott, den Vater unseres Herrn Jesus Christus, rühmt. ⁷Darum lasst einander gelten und nehmt einander an, wie auch Christus euch angenommen hat, damit Gottes Herrlichkeit sichtbar wird.

⁸Für beide hat Christus gelebt und sich geopfert: für die Juden und die Nichtjuden. Für die Juden, weil die Zusagen, die Gott den Vätern der Juden gegeben hat, sich erfüllen und die Treue und Wahrhaftigkeit Gottes an den Tag kommen sollten; ⁹für die anderen Völker, weil sie Gott preisen sollten für seine Güte. Die Schrift sagt: »Darum will ich von dir reden unter den Völkern und dich preisen in meinem Lied.« ¹⁰Und sie sagt: »Seid fröhlich, ihr Völker, zusammen mit Gottes Volk.« ¹¹Und: »Preiset, alle Völker, den Herrn, alle Menschen in der Fremde sollen ihn rühmen.« ¹²Jesaja schreibt: »Aus dem Wurzelstock Isais wird er kommen, erheben wird er sich, um der Erste zu sein unter den fremden Völkern, und er wird ihre Hoffnung sein.«

¹³Gott selbst erfülle euch, die ihr glaubt, mit Freude und Frieden. Er hat euch das künftige Heil vor Augen gestellt. Er helfe euch nun, an Hoffnung reich zu werden durch die Kraft des Geistes.

Gedanken, Pläne und Grüße zum Abschluss

¹⁴Es ist mir ganz gewiss, meine Brüder, dass ihr selbst erfüllt seid von Güte und aller Einsicht. Ich weiß, dass ihr durchaus in der Lage seid, einander weiterzuhelfen. ¹⁵Dennoch habe ich euch an einigen Stellen ein wenig kühn geschrieben, um euch in Herz und Gedächtnis zu rufen, was ihr ohnehin wisst. Dazu hat Gott mir seine Gnade und mein Amt gegeben. ¹⁶Denn ich soll ja für Jesus Christus zu den fremden Völkern hinausgehen und dort priesterlichen Dienst tun mit Gottes gutem, freundlichem Wort. Ich soll die fernen Völker Gott darbringen, wie ein Priester ein Opfer darbringt zur Freude Gottes. Rein und heilig soll es sein, geläutert durch Gottes heiligen Geist. ¹⁷Mit dankbarem Stolz sage ich: Das Amt ist groß und weit, das Christus mir verliehen hat, und ich nehme die besondere Stellung zu Gott, die damit verbunden ist, in Anspruch. ¹⁸Denn ich werde nicht wagen, irgendetwas auszusprechen, was Christus mir nicht gesagt hat, denn er will, dass ich für ihn den Gehorsam der Völker bewirke, durch Wort oder Tat, ¹⁹durch wunderbare Zeichen, die durch seine Macht geschehen, oder in der Leidenschaft der Rede, die aus dem heiligen Geist kommt.

So habe ich von Jerusalem an in weitem Umkreis bis nach Illyrien dem Evangelium von Christus die Bahn gebrochen. ²⁰Dabei habe ich meine Ehre darein gesetzt, nicht dort als Prediger aufzutreten, wo Christus schon bekannt war, denn ich wollte nicht bauen, wo ein anderer schon einen Grund gelegt hat. ²¹Die Schrift sagt: »Die nichts von ihm wussten, werden ihn sehen. Die nichts von ihm hörten, werden ihn begreifen!« ²²Diese Arbeit war auch der Grund, weshalb ich so oft gehindert war, zu euch zu kommen. ²³Nun aber, da es in jenen Gegenden kein neues und freies Feld mehr für mich gibt und da es mich ohnehin seit einer Reihe von Jahren treibt, euch zu besuchen, ²⁴gibt mir vielleicht die Reise nach Spanien, die ich vorhabe, Gelegenheit dazu. Denn ich hoffe, euch auf der Durchfahrt zu sehen und unter eurem Geleit weiterzureisen, wenn ich die Gemeinschaft mit euch ein wenig genossen habe.

²⁵Im Augenblick allerdings habe ich eine Reise nach Jerusalem vor, mit der ich der dortigen Gemeinde einen Dienst tun will. ²⁶Denn die

Christen in Mazedonien und Griechenland haben beschlossen, eine Geldsammlung für die Armen in der Gemeinde von Jerusalem zu veranstalten. ²⁷Sie haben es mit willigem Herzen getan, denn sie haben ihnen ja auch viel zu verdanken. Denn wenn die fremden Völker am geistlichen Gut der Gemeinde von Jerusalem Anteil gewonnen haben, ist es recht und in Ordnung, dass sie ihr nun mit leiblichen Gütern aushelfen. ²⁸Wenn ich diese Sache hinter mir habe, wenn ich als eine Frucht ihres Glaubens das Geld übergeben habe, werde ich euch auf meiner Reise nach Spanien besuchen. ²⁹Ich weiß aber, dass Christus mir die ganze Fülle seines Segens für euch mitgeben wird, wenn ich zu euch komme.

³⁰Einen herzlichen Wunsch habe ich an euch, meine Schwestern und Brüder. Wenn Jesus Christus unser gemeinsamer Herr ist und wenn sein Geist uns mit seiner Liebe zusammenhält, dann erfüllt ihn mir: Kämpft mit mir zusammen, wenn ihr zu Gott betet, ³¹dass ich errettet werde aus der Gefahr, die der Ungehorsam einiger in Judäa für mich bedeutet. Betet für mich auch darum, dass die Christen in Jerusalem meinen Dienst anerkennen, den ich ihnen erweisen möchte. ³²Denn ich möchte mit fröhlichem Herzen zu euch kommen, wenn Gott es so fügt, und bei euch im Frieden ruhen dürfen. ³³Der Gott aber, dessen Gabe der Friede ist, sei mit euch allen.

16 ¹Ich empfehle aber eurer Liebe unsere Schwester Phöbe, die Gemeindepflegerin der Kirche von Kenchreä ist. ²Nehmt sie bei euch auf, wie es den Heiligen Gottes zukommt. Steht ihr bei in allem, worin sie eure Hilfe nötig hat, denn auch sie selbst ist vielen eine Hilfe gewesen, nicht zuletzt mir selbst. ³Grüßt die Priska und den Aquila, die mit mir für Jesus Christus und seine Sache gearbeitet haben. ⁴Sie haben für mein Leben ihren eigenen Hals dargeboten, und nicht nur ich bin ihnen dankbar, sondern auch alle Gemeinden ringsum in allen Ländern sind es. ⁵Und grüßt auch die ganze Gemeinde derer, die in ihrem Haus leben. Grüßt meinen geliebten Epänetus, der als erster in Kleinasien zu Christus gefunden hat. ⁶Grüßt Maria, die sich viel Mühe um euch gemacht hat. ⁷Grüßt den Andronikus und die Junia, meine Stammesgenossen und meine Mitgefangenen, die einen so besonderen Rang unter den Aposteln einnehmen und die schon vor mir Christen waren. ⁸Grüßt Ampliatus, den ich liebe und der mit mir im Herrn verbunden ist. ⁹Grüßt Urbanus, unseren Mitarbeiter, der wie wir für Christus wirkt, und meinen geliebten Stachys. ¹⁰Grüßt Apelles, dessen Treue zu Christus so sehr bewährt ist. Grüßt die Leute aus dem Hause des Aristobul.

¹¹Grüßt meinen jüdischen Bruder Herodion. Grüßt die Christen unter den Hausgenossen des Narzissus. ¹²Grüßt Tryphäna und Tryphosa, die in der Gemeinde um des Herrn willen mitarbeiten. Grüßt die liebe Persis, die im Auftrag unseres Herrn schon so viel getan hat. ¹³Grüßt Rufus, den von Christus Erwählten, und seine Mutter, die auch die meine geworden ist. ¹⁴Grüßt Asynkritus, Phlegon, Hermes, Patrobas, Hermas und die Brüder, die bei ihnen sind. ¹⁵Grüßt Philologus und Julia, Nereus und seine Schwester, sowie Olympas und alle Heiligen, die bei ihnen wohnen. ¹⁶Grüßt einander mit dem heiligen Kuss. Es grüßen euch alle Gemeinden des Christus.

¹⁷Eine Mahnung habe ich noch für euch, Brüder: Achtet auf die, die Uneinigkeit stiften und Streitigkeiten verursachen über die Grundgedanken des Glaubens, die ihr gelernt habt. Geht ihnen aus dem Wege. ¹⁸Denn Leute dieser Art dienen nicht unserem Herrn Christus, sondern sich selbst und ihrem eigenen Bedürfnis. Sie gebrauchen schöne Worte und führen wohlklingende Reden und führen die Herzen argloser Menschen hinters Licht. ¹⁹Ich sage euch das, weil man überall weiß, dass ihr der Wahrheit glaubt, und ich freue mich auf euch! Es ist aber mein Wunsch, dass ihr euch über das gute Wort von Gott klare Gedanken macht und Falschmünzereien aus eurem Herzen entfernt. ²⁰Gott aber, der Frieden hat und gibt, wird den Satan in Kürze unter eure Füße treten. Die Gnade unseres Herrn Jesus sei mit euch.

²¹Timotheus, mein Mitarbeiter, lässt euch grüßen. Ebenso Luzius, Jason und Sosipater, meine jüdischen Brüder. ²²Ich, Tertius, der ich diesen Brief im Glauben an den Herrn niedergeschrieben habe, grüße. ²³·²⁴Gaius lässt euch grüßen, der mich und die ganze Gemeinde versorgt. Es grüßt euch Erastus, der Schatzmeister der Stadt, und der Bruder Quartus.

²⁵Ihm aber gebührt die Ehre, der mich stärken kann, wie ich es euch gesagt habe und wie die Predigt von Jesus Christus es euch zusagt. In ihr enthüllt sich das Geheimnis Gottes, das seit ewiger Zeit verschwiegen war, das jetzt aber offenkundig geworden ist ²⁶und durch die Schriften der Propheten allen Völkern bekannt geworden. Gott selbst hat es so gewollt, und durch ihn fanden sie zum Gehorsam und zum Glauben. ²⁷Ihm, dem einen weisen Gott, gebührt die Verehrung seiner Herrlichkeit, wie wir sie ihm erweisen durch Jesus Christus, in Ewigkeit. Amen.

DER ERSTE BRIEF DES PAULUS
AN DIE KORINTHER

1 ¹Paulus,
berufen zum Apostel,
zum Botschafter für Jesus Christus, durch den Willen Gottes,
und Sosthenes, der Bruder, grüßen euch,
²die Gemeinde Gottes in Korinth,
die Jesus Christus herausgerufen hat
aus der Welt und heilig gemacht.

Wir grüßen alle,
die Jesus Christus, unsern Herrn, anrufen, wo immer sie leben,
bei euch und bei uns. ³Gnade und Friede euch allen
von Gott, unserem Vater, und von Jesus Christus, unserem Herrn.

⁴Ich danke Gott allezeit, wenn ich euer gedenke.
Euch ist Gnade von Gott widerfahren,
Jesus Christus hat sie euch zugewandt.
⁵Ihr seid reich an Gaben der Rede und der Erkenntnis.
⁶Ihr bekennt euch zu Jesus Christus, klar und eindeutig.
⁷Deshalb habt ihr keinen Mangel
an irgendeiner Gabe der Gnade Gottes.
Ihr wartet auf Jesus Christus,
auf die Stunde, in der er sichtbar in die Welt tritt.
⁸Er wird euch eure Festigkeit bewahren bis ans Ende der Zeit,
so dass ihr keine Anklage fürchten müsst,
an dem Tag, da er kommt.
⁹Treu ist Gott, der euch berufen hat
zur Gemeinschaft mit seinem Sohn,
Jesus Christus, unserem Herrn.

Haltet fest an der Einheit der Kirche

Bitte keine Spaltungen!

¹⁰Ich bitte euch aber, liebe Brüder – nein, nicht ich, Jesus Christus selbst bittet euch –, dass ihr nicht gegeneinander redet oder aneinander vorbei. Hütet euch vor Spaltungen! Haltet einander fest, sucht nach dem, was euch verbindet, nach gemeinsamen Gedanken, gemeinsamen Entscheidungen. ¹¹Ich habe gehört, liebe Brüder, durch die Mitarbeiter aus dem Hause der Chloë, es gebe Auseinandersetzungen unter euch. ¹²Offenbar gibt es unter euch Leute, die sagen: »Ich bin paulisch«; andere, die sagen: »Ich bin apollisch«; wieder andere, die sagen: »Ich bin petrisch«; und eine vierte Gruppe sagt gar: »Ich bin christisch.« ¹³Was soll der Unsinn? Ist denn Christus nun in Teile zerlegt? Ist denn nun Paulus für euch gekreuzigt? Oder hat man euch auf den Namen des Paulus getauft? ¹⁴Ich bin dankbar, dass ich in eurer Gemeinde niemanden getauft habe außer Krispus und Gaius, ¹⁵sonst könnte einer behaupten, ich hätte meine eigene Kirche gründen wollen. ¹⁶Auch Stephanas und seine Familie habe ich getauft und vielleicht den einen oder anderen sonst. ¹⁷Aber daran liegt nichts. Denn Christus hat mich nicht gesandt, zu taufen, sondern den Menschen zu sagen, wer er ist und was er für uns getan hat.

Das Kreuz ist das gültige Maß

Das soll ich aber nicht mit tiefsinnigen Vorträgen tun, denn das Kreuz des Christus könnte seine entscheidende Bedeutung dabei nur verlieren. ¹⁸Wenn wir sagen: Das Kreuz ist unsere einzige Rettung, dann empfindet das jeder, der nicht weiß, wie verloren er ist, als Torheit. Für uns aber, die sich auf Christus, ihren Erlöser, verlassen, liegt darin eine Kraft unmittelbar von Gott. ¹⁹Die Schrift sagt: »Ich will die Weisheit der Weisen zum Gespött machen und die Klugheit der Klugen als Unsinn entlarven.« ²⁰Wo sind denn nun die Gebildeten? Wo sind die Kenner der heiligen Schrift? Wo sind die Wortführer dieser Welt? Hat Gott nicht die Weisheit der Welt zum Unsinn gemacht? ²¹Gott hat seine Weisheit kundgetan, aber die Menschen haben ihn in all ihrer Weisheit nicht begriffen. So gefiel es Gott, durch die Torheit der Botschaft vom Kreuz die zu retten, die sich ihm anvertrauen.

²²Die Juden wollen Wunder sehen. Die Griechen wollen tiefe Gedanken hören. ²³Wir dagegen sagen: Christus starb am Kreuz – und muten damit den Juden eine Gotteslästerung, den Griechen eine Torheit zu. ²⁴Denen aber, die Gott berufen hat, Juden und Griechen, bringen wir Christus, göttliche Kraft und göttliche Weisheit. ²⁵Denn wenn Gott töricht scheint, ist er noch lange weiser, und wenn er schwach scheint, noch lange stärker als die Menschen.

²⁶Seht die Leute an, liebe Brüder, die zu euch gehören. Es sind nicht viele geistig Bedeutende unter euch, nicht viele Mächtige, nicht viele aus den alten, edlen Familien. ²⁷Wen hat Gott ausgesucht? Ungebildete Leute! Denn es ist Gottes Absicht, den Weisen zu zeigen, wie wenig ihre Weisheit vermag. Wen hat Gott ausgesucht? Leute ohne Einfluss! Denn er wollte zeigen, dass mit menschlicher Macht bei ihm nichts zu erreichen ist. ²⁸Unedle hat Gott erwählt, Menschen, die unter den anderen nichts gelten. Er hat die zu sich gerufen, die nichts sind, und die ausgeschlossen, die meinen, etwas zu sein. ²⁹Denn alles wäre falsch, wenn ein Mensch vor Gott treten und sagen wollte: »Ich bin etwas! Mich kannst du brauchen!«

³⁰Gott ist es, der euch mit Christus verbunden hat. Was wir von Gott wissen, liegt in seinem Wort, in seiner Gestalt. Weil er uns rein macht, sind wir mit Gott im reinen. Weil er uns einlässt, haben wir Zugang zu Gottes Haus. Weil er uns frei macht, sind wir unsere Fesseln los. ³¹So sagt die Schrift, und so soll es gelten: »Wer etwas Gutes an sich entdeckt, soll sagen: ›Ich habe es nicht von mir. Der Herr hat es mir gegeben.‹«

2 ¹Wie war es denn, Brüder, als ich zu euch kam? Ich hatte keine klingenden Worte zu bieten und keine glitzernden Reden, als ich euch weitergab, was ich von Gott wusste. ²Ich war nicht der Meinung, ich könne euch irgendetwas geben außer dem, was ich von Christus wusste. Und was wusste ich über Christus zu sagen? Dass er gekreuzigt worden sei. ³Ich kam als ein schwacher Mensch zu euch, ängstlich und mit Zittern. ⁴Meine Rede und meine Predigt bestanden nicht in überzeugenden Worten der Weisheit, vielmehr im Beweis von Gottes Geist und Kraft. ⁵Denn euer Glaube sollte nicht auf menschlichen Gedanken beruhen, sondern auf Gottes Kraft.

⁶Freilich, was wir sagen, ist eine Art Weisheit für die, die nicht mehr ihre eigenen Gedanken denken, sondern dem göttlichen Wort zuhören. Denn sie hat nichts mit der Bildung gemein, die man unter Menschen

schätzt, und nichts mit den Mächten dieser Welt, die doch alle untergehen. ⁷Wir sprechen eine Weisheit aus, die von Gott kommt und die Gestalt eines Geheimnisses an sich hat. Sie ist verborgen, und Gott hat sie für uns bereitgelegt, ehe die Welt war, um uns teilzugeben an seiner Herrlichkeit. ⁸Keiner der Mächtigen dieser Welt hat sie begriffen, sonst hätten sie den, der ein Herr ist über alle Herrlichkeit der göttlichen Welt, nicht ans Kreuz geschlagen.

⁹Es ist, wie die Schrift sagt: »Was kein Auge sah, was kein Ohr hörte, was in keines Menschen Herz drang, hat Gott denen bereitet, die ihn lieben.«

¹⁰Uns aber hat Gott es enthüllt durch den heiligen Geist. Denn der Geist sucht und findet alles, auch was tief in Gott verborgen ist. ¹¹Was in einem Menschen verborgen ist, weiß kein anderer Mensch. Das weiß nur der Geist des Menschen selbst. So weiß auch niemand, was in Gott verborgen ist. Das weiß allein Gottes Geist. ¹²Der Geist aber, den wir empfangen haben, ist nicht von dieser Welt. Wir haben den Geist empfangen, der aus Gott ist, und verstehen und begreifen nun, was Gott uns geschenkt hat. ¹³Darum reden wir auch nicht in der Schulsprache menschlichen Wissens, sondern in Worten, die uns der Geist lehrt. Was aus Gottes Geist ist, deuten wir in Worten, die der Geist eingibt. ¹⁴Der natürliche Mensch fasst nicht, was Gottes Geist kundgibt. Er hält es für Unsinn und kann es nicht begreifen, denn dazu wäre wieder Gottes Geist nötig. ¹⁵Wer Gottes Geist an sich wirken lässt, dringt in alles ein und bleibt selbst allen anderen ein Rätsel. ¹⁶Denn wer hat die Gedanken des Herrn ausgelotet, dass er sein Geheimnis darlegen könnte? Wir aber denken Gottes Gedanken nach – in Christus!

Das Fundament der Kirche ist Christus selbst

3 ¹Und doch, Brüder, konnte ich mit euch nicht so reden, wie man mit geistlichen Menschen redet, denn ich hatte den Eindruck, Säuglinge vor mir zu haben, ahnungslose Anfänger in den Dingen des Glaubens an Christus. ²Ich habe euch Milch zu trinken gegeben. Die Speise, die man Erwachsenen gibt, war zu schwer für euch. ³Es wäre auch jetzt noch nicht möglich, sie euch zu reichen. Die einfachsten Aufgaben eures gemeinsamen Lebens sind noch allzu ungelöst. Denn solange Streit und Rechthaberei unter euch so herrschen wie jetzt, seid ihr nichts weiter als irdische Menschen.

⁴Wenn da der eine sagt: »Ich gehöre zur Kirche des Paulus!« Der andere hingegen: »Ich zur Kirche des Apollos!« – ist das nicht ein Zeichen barer Menschlichkeit? ⁵Was ist denn ein Apollos? Was ist denn ein Paulus? Handlanger sind sie, die euch zum Glauben halfen, jeder so, wie der Herr es ihm gegeben hat. ⁶Ich habe gepflanzt, Apollos hat begossen, aber das Gedeihen kam von Gott. ⁷Wer pflanzt, ist nichts, wer begießt, ist nichts. Gott allein ist es, der das Gedeihen gibt. ⁸Wer beim Aufbau einer Gemeinde den Anfang macht, ist persönlich ebenso unwichtig wie der, der weiterbaut und weitersorgt. Beide werden den Lohn empfangen, der ihrer Arbeit entspricht.

⁹Denn wir sind Gottes Mitarbeiter. Ihr seid Gottes Ackerland oder Gottes Baustelle. ¹⁰Gott hat mir in seiner Freundlichkeit den Auftrag gegeben, das Fundament zu legen. Ich habe das so weise getan, wie es ein sorgfältiger Baumeister tut. Ein anderer baut darauf weiter. Nun sehe jeder zu, wie er weiterbaut. ¹¹Einen anderen Grund kann niemand legen als den, der schon gelegt ist: Jesus Christus selbst. ¹²Ob nun jemand mit Gold oder Silber baut, mit guten Werksteinen, mit Holz, mit Heu oder Stroh – ¹³es wird sich zeigen, was jedes einzelnen Arbeit wert ist. Der Tag des Christus wird es deutlich machen. Im Feuer wird sich das Material zeigen, und woraus das Werk jedes einzelnen besteht, wird das Feuer erweisen. ¹⁴Wenn das Werk, das einer aufgebaut hat, dem Feuer standhält, wird er seinen Lohn empfangen. ¹⁵Wenn der Bau eines anderen niederbrennt, wird er die Folgen tragen. Er wird zwar selbst gerettet werden, aber es wird sein, als sei er durch Feuer gegangen.

¹⁶Wisst ihr nicht, dass ihr Gottes Tempel seid und dass Gottes Geist in euch wohnt? ¹⁷Wer den Tempel Gottes zugrunde richtet, den wird Gott zugrunde richten. Denn der Tempel Gottes ist heilig und unantastbar, ihr selbst aber seid der Tempel. ¹⁸Niemand betrüge sich selbst. Wenn jemand meint, er sei weise und habe im Sinne menschlichen Wissens Einsicht gewonnen, werde er einfältig, damit er wirklich weise werde. ¹⁹Denn die Weisheit dieser Welt ist Narretei vor Gott. Die Schrift sagt: »Er fängt die Klugen in ihrer Schlauheit«, und: ²⁰»Der Herr kennt die Gedanken der Weisen und weiß, dass sie Wind sind.«

²¹Niemand blähe sich auf, weil er diesen oder jenen Menschen zum Lehrer gehabt hat. Es gehört euch doch alles! ²²Was Paulus gesagt hat, was Apollos brachte oder Petrus verkündigte, ja, soviel die Welt fasst, ist euch eigen. Leben und Tod sind euch vertraut. Was heute ist, was morgen sein wird, ihr könnt es wissen. ²³Nur eins: Ihr selbst gehört Christus. Christus aber gehört Gott.

Der Amtsträger verantwortet sich vor ihm allein

4 ¹So soll man uns einschätzen: als Diener des Christus und als Verwalter von Geheimnissen Gottes. ²Von einem Verwalter verlangt man das eine, dass er mit seinem Gut sorgsam und uneigennützig umgeht. ³Für mich aber wiegt es federleicht, ob ihr nun meint, ich erfülle meine Aufgabe nicht. Auch das Urteil eines menschlichen Gerichts hat hier kein Gewicht. Nicht einmal mein eigenes Urteil hat Sinn. ⁴Ich kann mir zwar nichts denken, das ich mir vorzuwerfen hätte. Aber mit dieser Meinung bin ich noch nicht freigesprochen. Das eigentliche und endgültige Urteil wird der Herr fällen. ⁵Es ist darum gut, wenn ihr auf jedes Urteil so lange verzichtet, bis Christus kommt. Dann wird man nämlich sehen, was man bisher nicht sah. Man wird erkennen, was einer in Wahrheit wollte, seine Gedanken und seine Gesinnung. Dann wird jeder sein Lob von Gott empfangen.

⁶Wenn ich das sage, meine Brüder, rede ich von mir und von Apollos. An uns beiden sollt ihr lernen, dass es nicht gut ist, über das geschriebene Wort Gottes hinaufzuschwärmen. Denn es wäre nicht gut, wenn bei euch die einen sich den anderen gegenüber aufblähten. ⁷Wer hat dich denn zu etwas Besonderem erklärt? Was hast du schon, das nicht Gottes Gabe wäre? Wenn du aber nur ein Empfänger bist, warum tust du so, als hättest du irgendetwas nicht empfangen? ⁸Ihr seid bereits satt. Ihr seid reich. Ihr seid schon große Herren und habt unsere Hilfe nicht mehr nötig. Ja, wenn ihr nur schon die Herrschaft in Gottes Reich errungen hättet, damit auch wir an eurer Herrschaft ein wenig teilhätten! ⁹Ich habe allerdings den Eindruck, Gott habe uns, den Aposteln, eine andere Rolle zugedacht, die Rolle der zum Tode verurteilten Gladiatoren. Spieler in einem Schauspiel sind wir, Spottfiguren im Zirkus. Die Welt schaut zu und hat ihr Vergnügen. Die unsichtbaren Mächte schauen zu und die Menschen. ¹⁰Wir Dummköpfe empfangen den Spott, den Christus erlitt. Ihr hingegen wollt als kluge Leute respektiert sein, weil ihr von Christus redet. Wir sind am Rande unserer Kraft, ihr seid gesund und ausgeruht. Ihr seid von allen Seiten geachtet, auf uns spuckt man herab. ¹¹Bis zu dieser Stunde leiden wir Hunger und Durst, wir frieren und werden geprügelt und sind ohne Heimat. ¹²Dabei arbeiten wir und schaffen mit unseren eigenen Händen. Wir werden beschimpft und geben Segen zurück. Man verfolgt uns, und wir leiden es in der Stille. ¹³Man verleumdet uns, und wir geben freundliche Worte. Wir sind noch immer der Schmutz, den die Welt ausfegt, und der Mülleimer aller Leute.

¹⁴Ich schreibe das nicht, um euch zu beschämen, sondern um euch zurechtzubringen. Denn weil ich meine lieben Kinder in euch sehe, ist es gut, wenn ich es einmal so klar sage. ¹⁵Wenn ihr auch zehntausend Schulmeister hättet, die euch über Christus belehren, so habt ihr doch nicht ebenso viele Väter, denen ihr das Leben verdankt. Mit dem Wort des Evangeliums habe ich euch ins Leben gerufen, in der Kraft und nach dem Willen von Jesus Christus. ¹⁶Nun bitte ich euch: Folgt meinem Beispiel!

¹⁷Aus demselben Grund habe ich Timotheus zu euch gesandt, der mir in Liebe und Treue verbunden ist und der durch mich zum Glauben an den Herrn kam. Er wird euch an die Anweisungen erinnern, die ich euch im Auftrag von Jesus Christus gab und die ich überall in allen Gemeinden zu geben pflege. ¹⁸Einige unter euch blähen sich zwar auf und behaupten von mir: »Er kommt ja doch nicht!« ¹⁹Wenn der Herr will, werde ich über Nacht da sein und nicht das Gerede der Schwätzer kennen lernen, sondern ihre geistliche Kraft. ²⁰Denn die Herrschaft Gottes erweist sich nicht im leeren Wortschwall, sondern in Kraft. ²¹Was ist euch lieber? Soll ich mit dem Stock zu euch kommen oder in Liebe und im Geist der Nachsicht?

Räumt eure Missstände aus

Zieht klare Grenzen

5 ¹Überhaupt – man hört von Unzucht, die sich bei euch breit gemacht habe, und zwar von einer, die nicht einmal bei den Gottlosen vorkommt: Da lebe einer mit der Frau seines Vaters! (So umschreibt Paulus vermutlich die Ehe eines Mannes mit seiner eigenen Stiefmutter.) ²Und ihr wollt noch daherprahlen! Sollten euch nicht besser die Scham und die Trauer zu Boden drücken? Solltet ihr euch nicht lieber aufraffen und den Täter aus eurer Mitte entfernen? ³Ich selbst habe schon entschieden. Ich bin zwar dem Leibe nach abwesend, dem Geiste nach aber mitten unter euch und habe mein Urteil über den Schuldigen gefällt, und zwar wie persönlich anwesend. ⁴Von eurer Versammlung und von meinem Geist soll es mit der Kraft des Herrn Jesus vollzogen werden: ⁵Der Täter soll ausgestoßen und der Gewalt des Sa-

tans überlassen werden, damit er an seinem leiblichen Menschen die zerstörende Macht des Bösen erfahre und das Kind Gottes in ihm am Gerichtstag des Herrn Rettung finde!
⁶Euer Selbstgefühl steht auf schwachen Füßen. Wisst ihr nicht, dass ein wenig Sauerteig den ganzen Teig durchsäuert? ⁷Fegt den alten Sauerteig aus. Werdet reines, ungesäuertes Brot, das neue, reine Gottesvolk. Denn unser Passalamm ist ja schon für uns geopfert: Christus! ⁸Lasst uns feiern nicht im alten Menschenwesen und nicht in Bosheit und Schlechtigkeit, sondern im neuen, reinen Wesen, in Lauterkeit und Wahrheit!
⁹Ich habe euch in meinem ersten Brief geschrieben, ihr sollt keinen Umgang haben mit den Unzüchtigen. ¹⁰Damit meinte ich selbstverständlich nicht alle Unzüchtigen draußen in der Welt oder alle Gauner, Räuber und Gottlosen, sonst müsstet ihr die Welt verlassen. ¹¹Als ich euch das schrieb, meinte ich euch selbst: Wenn einer sich einen christlichen Bruder nennt und dabei ohne Zucht lebt, oder wenn ihm nichts so wichtig ist wie sein Geld, wenn sein Herz an Götzen hängt, wenn er frevelhaft über Gott redet, wenn er säuft oder von dunklen Geschäften lebt, dann sollt ihr die Tischgemeinschaft mit ihm aufheben. ¹²Was gehen mich die draußen an? Wozu soll ich über sie zu Gericht sitzen? Eure Aufgabe hingegen ist, in eurem eigenen Kreis klare Grenzen zu ziehen. ¹³Die draußen wird Gott richten. Was euch selbst angeht: Schließt den aus eurer Gemeinde aus, der böse ist.

Schlichtet eure Streitigkeiten selbst

6 ¹Wie ich höre, kommt es bei euch vor, dass zwei Christen miteinander streiten. Das ist schlimm genug. Aber nun kommt es sogar vor, dass sie ihren Streit vor einem Gericht ausfechten, das mit Menschen besetzt ist, die vom christlichen Glauben nichts wissen oder nichts halten. Ich verstehe das nicht. Warum könnt ihr einen Streit nicht selbst klären und schlichten? ²Wer zu Christus gehört, wird am Gericht über die Welt beteiligt sein. Wenn ihr nun an diesem Gericht beteiligt seid, solltet ihr dann eure kleinen Streitigkeiten nicht selbst beurteilen und klären können? ³Wir sollen im Gericht sogar über die Engel richten. Nun wollt ihr vor der Aufgabe resignieren, die Streitigkeiten über eure kleinen Interessengegensätze auszutragen!

⁴Es ist nicht zu begreifen: Ihr habt Streit untereinander und lasst euren Streit von Leuten schlichten, die von eurem Glauben nichts wissen und die ihr verachtet. ⁵Schämt euch gründlich! Ist denn wirklich niemand unter euch, der so viel Weisheit hat, dass er ein Urteil fällen kann zwischen Brüdern? ⁶Statt dessen streitet ein Bruder gegen den Bruder, und das vor den Gottlosen! ⁷Der Grundfehler ist, dass ihr überhaupt Streit miteinander habt. Warum lasst ihr euch nicht lieber ein Unrecht zufügen? Warum nehmt ihr nicht lieber eine Niederlage in Kauf oder einen Nachteil? ⁸Nein, statt dessen verletzt ihr das Recht und beraubt einander, und das unter Brüdern! ⁹Wisst ihr nicht, dass Gott in seinem Reich keinen Raum hat für die Ungerechten? Täuscht euch nicht! Weder Zuchtlose noch Götzendiener noch Ehebrecher noch Lüstlinge noch Perverse, ¹⁰weder Diebe noch Geldraffer, weder Säufer noch Zyniker noch Betrüger werden an der Herrschaft Gottes teilhaben. ¹¹Einige von euch waren früher das eine oder das andere. Aber nun hat Gott euch rein gemacht, nun hat er euch in Ordnung gebracht. Den Herrn Jesus Christus habt ihr angerufen, habt euch ihm übergeben und habt den Geist unseres Gottes empfangen.

Haltet euch in Zucht

¹²Ich kann mir zu allem die Freiheit nehmen, aber nicht alles ist hilfreich. Ich habe zu allem die Freiheit, aber nichts soll mich zu einem unfreien Menschen machen. ¹³Die Speisen nehme ich in Anspruch, um meinen Bauch zu sättigen. Der Bauch ist mir gegeben, damit ich Speisen aufnehmen kann. Aber Gott wird das eine wie das andere zunichte machen. Der Leib aber ist nicht dazu da, ein Sklave der Lust zu sein, sondern dem Herrn zur Verfügung zu stehen. Dem Herrn ist auch unser Leib wichtig. ¹⁴Gott aber wird uns in seiner Kraft ebenso lebendig machen, wie er den Herrn lebendig gemacht hat.

¹⁵Wisst ihr nicht, dass eure Leiber Glieder am Leib des Christus sind? Soll ich nun die Glieder des Christus abreißen und sie zu Gliedern am Leib der Dirne machen? Keinesfalls! ¹⁶Oder wisst ihr nicht, dass, wer an der Hure hängt, mit ihr ein Leib ist? Die zwei Menschen, spricht Gott, die einander leiblich gehören, sind ein Leib. ¹⁷Wer aber mit dem Herrn verbunden ist und ihm gehört, ist mit ihm ein Geist. ¹⁸Reißt euch von den Dirnen los! Was ein Mensch sonst an Schlechtigkeit begeht, geschieht außerhalb seines Leibes. Wer zur Dirne geht,

verdirbt sich selbst, den eigenen leiblichen Menschen. ¹⁹Oder wisst ihr nicht, dass euer Leib ein Tempel des heiligen Geistes ist, den Gott euch gab? ²⁰Gott hat viel dafür gegeben, euch frei zu machen. Nun rühmt ihn und dankt ihm mit eurem Leibe.

Antworten auf einige Anfragen

Über Ehe und Ehelosigkeit

7 ¹Ihr habt mich gefragt, ob es für Christen gut sei, als Mann und Frau leiblich zusammenzuleben. Meine Antwort ist die: Wenn ein Mann die Kraft hat, auf die Ehe zu verzichten, weil er Gott dienen will, ist es gut. ²Es könnte aber sein, dass er seine Kraft überschätzt. In diesem Fall ist es viel besser, wenn jeder Mann seine Frau und jede Frau ihren Mann hat. ³Der Mann soll seine Frau leiblich lieben, wenn sie es möchte, und die Frau ihren Mann, wenn er sie bittet. ⁴Der Leib der Frau gehört ja nicht ihr, sondern dem Mann. Der Leib des Mannes gehört nicht ihm, sondern der Frau. ⁵Es ist nicht gut, wenn eins sich dem andern entzieht, es sei denn, sie möchten beide verzichten, um eine Zeit lang frei zu sein für das Gebet und die Stille mit Gott. Dann aber sollen sie wieder zusammenkommen, denn der Teufel wartet auf die Gelegenheit, den einen vom andern wegzuziehen.

⁶Das alles meine ich als Erlaubnis, nicht als Befehl. ⁷Wenn es nach mir ginge, wären alle Menschen ohne Ehe wie ich. Aber jeder hat seine besondere Gabe von Gott, der eine die, der andere jene.

⁸Den ledigen Frauen und den Witwen sage ich als persönlichen Rat, sie sollen, wenn sie können, ledig bleiben wie ich. ⁹Wenn sie andererseits den Wunsch haben, dann sollen sie heiraten. Es ist besser zu heiraten, als unerfüllt und unzufrieden zu sein.

¹⁰Den Verheirateten allerdings habe ich keinen persönlichen Rat zu geben, sondern ein Gebot des Herrn weiterzusagen: Mann und Frau sollen sich nicht trennen. ¹¹Haben sie sich aber einmal getrennt, dann sollen beide künftig allein bleiben und nicht aufs Neue heiraten oder aber sich miteinander versöhnen und wieder zusammenkommen.

Über gemischte Ehen

¹²Was nun Ehen betrifft, in denen Mann und Frau nicht durch denselben Glauben verbunden sind, so habe ich – wieder als persönliche Meinung – folgenden Rat: Wenn ein Christ eine Frau hat, die seinen Glauben ablehnt und die doch mit ihm leben möchte, soll er sich nicht von ihr trennen. ¹³Wenn eine Frau, die an Christus glaubt, einen Mann hat, der von Christus nichts wissen will und der doch mit ihr leben möchte, gibt es keinen Grund zur Scheidung. ¹⁴Denn der ungläubige Mann ist durch seine Frau, die eine Christin ist, mit Gott verbunden, und die gottlose Frau durch ihren Mann. Und dadurch sind auch ihre Kinder heilig.

¹⁵Wenn allerdings der ungläubige Teil sich scheiden lassen will, mag der andere in die Scheidung willigen. Der Christ oder die Christin sind in diesem Fall nicht gezwungen, die Ehe mit Gewalt aufrechtzuerhalten. Allerdings: im Frieden sollen sie auseinander gehen. ¹⁶Denn du, Frau, kannst nicht wissen, ob es für deinen Mann eine Hilfe ist, Gott zu finden, wenn er gegen seinen Willen mit dir verbunden bleibt. Und du, Mann, weißt nicht, ob du deiner Frau zum Glauben hilfst, wenn du sie zwingst, bei dir zu bleiben.

Über äußere Bedingungen

¹⁷Noch eins: Jeder soll sein Leben mit den Gaben führen, die Gott ihm verlieh, und unter den Bedingungen, unter denen ihn sein Ruf erreichte. Auf diese Regel verpflichte ich alle Gemeinden. ¹⁸Wer als ein Glied der jüdischen Kultgemeinde von Gott zum christlichen Glauben gerufen worden ist, soll seine Vergangenheit nicht verleugnen. Wer aus einem anderen Volk oder einer anderen Religion kommt, soll dazu stehen. ¹⁹Die Herkunft aus dem Judentum oder aus irgendeinem anderen Volk oder Glauben ist unwesentlich. Wichtig ist, dass wir dem Willen Gottes nachleben.

²⁰Jeder lebe unter den Bedingungen weiter, unter denen ihn Gottes Ruf erreicht hat. ²¹Wenn du als Sklave Christ geworden bist, dann lass dir das nicht leid sein. Wenn du freilich Gelegenheit hast, frei zu werden, dann freue dich darüber und nütze sie. ²²Denn der Sklave, der berufen ist, dem Herrn zu gehören, ist in Christus ein freier Mensch, und wer als freier Mann ein Christ geworden ist, ist ein Knecht des Chris-

tus. ²³Ihr seid um einen hohen Preis freigekauft, werdet nun nicht Knechte von Menschen. ²⁴Jeden von euch, Brüder, hat Gottes Ruf an einem bestimmten Platz erreicht. Darum dient Gott mit der Verantwortung, in der ihr steht.

Über den Vorzug der Ehelosigkeit

²⁵Was nun die jungen Mädchen betrifft, so habe ich für sie keine besondere Anweisung des Herrn. Ich lege aber meine Meinung vor und glaube, dass ich Vertrauen verdiene als einer, den der Herr in seiner Barmherzigkeit zu einem zuverlässigen Diener gemacht hat. ²⁶So meine ich, es sei gut für den Menschen, unverheiratet zu bleiben, und zwar wegen der bevorstehenden Notzeit. ²⁷Bist du verheiratet? So suche nicht, dich aus der Ehe zu lösen. Du lebst ohne Frau? So suche keine Ehe. ²⁸Freilich, wenn du heiratest, tust du damit nichts Böses, und wenn ein Mädchen heiratet, macht sie sich damit nicht schuldig. Aber wer in der Ehe lebt, gerät in Bedrängnisse, und ich persönlich sähe es lieber, ihr bliebet ohne unnötige Last.

²⁹Denn eins ist sicher, Brüder: Die Zeit, die noch vor uns liegt, ist kurz. So rate ich: Wer verheiratet ist, lebe, als wäre er von der Ehe frei! ³⁰Wer traurig ist, lasse sich nicht von seiner Trauer binden. Wer sich freut, verliere nicht viel Zeit mit seiner Freude. Wer einkauft, hänge sich nicht an seinen Besitz. ³¹Wem die Welt zur Verfügung steht, der achte darauf, dass er sie nicht ausbeutet. Denn die Welt vergeht mit allem, was sie ausmacht. ³²Ich sähe euch aber gerne unbeschwert. Der Ehelose kann ungeteilt für den Herrn arbeiten und tun, was dem Herrn gefällt. ³³Wer aber heiratet, muss sich um tausend Dinge kümmern und muss zusehen, wie er tut und erfüllt, was seine Frau von ihm erwarten kann, so dass sie Freude an ihm hat. ³⁴Er ist gespalten. Die ledige Frau und das Mädchen achten auf das, was im Dienst des Herrn nötig ist: die Heiligkeit des Leibes und des Geistes. Die Ehefrau achtet auf die Dinge dieses irdischen Lebens und auf das gute Einvernehmen mit ihrem Mann.

³⁵Ich sage das, um euch zu helfen. Ich will euch nicht ein unerfüllbares Ideal aufzwingen, sondern mitsorgen, dass ihr in Anstand und Beharrlichkeit, dem Herrn zugewandt, leben könnt. ³⁶Wenn freilich jemand meint, es gehe nicht an, dass er seine Braut ohne Ehe lässt, weil sie sonst zu alt wird oder weil er es nicht anders aushält und es einfach

geschehen muss, so tue er, was er will. Er sündigt nicht. Sie sollen heiraten. ³⁷Wenn aber jemand in seinem Herzen festen Stand gewonnen hat und er seinen Drang nicht mit Macht über sich kommen lässt, sondern seinen Willen beherrscht, wenn er den festen Entschluss gefasst hat in seinem Herzen, sein Mädchen nicht zu berühren, so ist es gut. ³⁸Wer seine Braut heiratet, tut recht. Wer nicht heiratet, tut besser.

³⁹Eine Frau ist durch die Ehe gebunden, solange ihr Mann lebt. Wenn der Mann stirbt, ist sie frei zu heiraten, wen sie will. Bedingung ist allerdings, dass es im Glauben an den Herrn geschieht. ⁴⁰Freilich, dem vollkommenen Leben, der Seligkeit näher ist sie, wenn sie von da an ohne Ehe bleibt. Das ist meine Meinung. Ich glaube allerdings, dass auch aus mir der Geist Gottes spricht.

Das Gewissen ist maßgebend, vor allem das des anderen

Das Problem mit dem geweihten Fleisch

8 ¹Was das geweihte Fleisch betrifft (das in heidnischen Tempeln geschlachtet ist, igendeinem Gott geweiht wurde und dann auf den Markt kommt), so sind wir uns darin einig, dass jeder von uns Gott kennt. Freilich, das Wissen allein schafft nur Dünkel. Die Liebe aber baut die Gemeinde auf. ²Wenn darum jemand meint, er sei ein »Wissender«, hat er noch nicht begriffen, in welchem Sinne er »wissend« sein soll. ³Wenn aber jemand Gott liebt, ist er mit ihm verbunden dadurch, dass Gott von ihm weiß. ⁴Wenn wir das auf das geweihte Fleisch anwenden, so wissen wir, dass es keine Götter in der Welt gibt und dass niemand ein »Gott« ist außer dem Einen. ⁵Und wenn es auch so genannte »Götter« geben sollte im Himmel oder auf der Erde, da es ja viele Mächte und Gewalten gibt, vor denen man sich ängstet, ⁶so gibt es doch für uns nur einen wirklichen Gott, den Vater, von dem alles geschaffen ist und dem wir entgegenleben, und nur eine Gewalt: Jesus Christus, durch den alles ist und dem auch wir unser Leben verdanken.

⁷Freilich, mancher kann diese Erkenntnis nicht praktisch anwenden. So essen einige unter euch, in denen noch die Ehrfurcht vor Götzen nachwirkt, das Fleisch, das sie kaufen, noch immer so, als wäre es Göttern geweiht, und ihr Gewissen, das noch keine rechte Kraft hat,

wird dabei verdorben. ⁸Natürlich bringt uns kein Essen vor das Gericht Gottes. Wenn wir nicht essen, so verlieren wir dabei nichts, wenn wir essen, gewinnen wir nichts. ⁹Aber gebt acht, dass eure Freiheit, euer Kraftgefühl nicht auf Kosten der Schwächeren geht. ¹⁰Denn wenn du mit deiner richtigen Glaubenserkenntnis im Götzenhaus zu Tisch sitzt und ein in seinem Gewissen Schwacher sieht es – wird sein Gewissen nicht, schwach wie es ist, verleitet, das Götzenopferfleisch mitzuessen? ¹¹So wird er in seinem Gewissen gespalten, und dabei ist er doch dein Bruder! Dabei ist doch Christus um seinetwillen gestorben! ¹²Wenn ihr so an euren Brüdern schuldig werdet und ihr schwaches Gewissen überfordert, so sündigt ihr gegen Christus. ¹³Wenn meine Speise meinen Bruder in seinem Glauben unsicher macht, dann esse ich lieber in Zeit und Ewigkeit kein Fleisch, damit ich meinen Bruder ja nicht zu Fall bringe.

Christsein verlangt immer auch Verzicht auf Freiheit

9 ¹Bin ich nicht ein freier Mensch? Mehr noch: Bin ich nicht ein Apostel? Habe ich nicht Jesus, unseren Herrn, mit eigenen Augen gesehen? Kann ich nicht jedem mein Werk zeigen, nämlich euch? ²Wenn es auch Leute gibt, die mich als Apostel nicht anerkennen, für euch bin ich es. Die Tatsache, dass ihr zu Christus gefunden habt, ist ein Zeichen und Beweis, dass Christus mich beauftragt hat. ³Wenn mich jemand wie ein Richter nach meiner Vollmacht fragt, ist dies meine Antwort.

⁴Hätte ich nicht das Recht, mich von euch mit Essen und Trinken versorgen zu lassen? ⁵Hätte ich nicht das Recht, eine Christin als Frau mitzuführen? Die anderen Apostel tun es doch auch, die leiblichen Brüder des Herrn tun es und auch Petrus! ⁶Oder sind nur Barnabas und ich gezwungen, unseren Lebensunterhalt selbst zu verdienen, anstatt ihn einfach von den Gemeinden zu erwarten? ⁷Wer zieht jemals als Soldat in den Krieg und zahlt sich seinen Sold selbst aus? Wer legt einen Weinberg an und verbietet sich, von den Trauben zu essen? Wer hütet eine Herde und verzichtet darauf, von der Milch der Tiere zu trinken?

⁸Oder sind das nun alles menschliche Überlegungen, die ich mir selbst zurechtmache? ⁹Nein! Im Gesetz Moses steht: »Dem Ochsen, der dein Getreide ausdrischt, sollst du das Maul nicht verbinden!« Sagt Gott das, weil er für die Ochsen sorgen will? ¹⁰Oder ist das nicht viel

mehr ein Wort über seine Mitarbeiter? In der Tat! Der Pflüger soll in der Hoffnung pflügen, dass er durch seine Arbeit etwas gewinnt. Der Drescher soll in der Hoffnung dreschen, dass er an der Frucht teilhat, die er ausdrischt. [11]Wenn nun wir für euch die geistliche Saat ausgeworfen haben, ist es dann eine große Sache, wenn wir von euch ein paar irdische Lebensmittel ernten? [12]Wenn andere in eurer Gemeinde dieses Recht für sich in Anspruch nehmen, sollte ich nicht in viel höherem Maße dazu berechtigt sein?

Aber ich habe dieses Vorrecht nicht in Anspruch genommen, ich nehme vielmehr alle Mühsal auf mich, damit niemand meinen kann, ich predigte die Botschaft von Christus, um daran zu verdienen. Denn ich möchte ihr selbst auf keinen Fall ein Hindernis sein. [13]Wisst ihr nicht, dass die Priester und die Diener im Tempel, die die Opfer vollziehen, von den Opfern essen? Dass die, die am Altar dienen, teilhaben an den Opfern, die die Leute zum Altar bringen? [14]So hat auch Christus selbst angeordnet, dass die Boten, die das Evangelium predigen, für diese Arbeit ihren Lebensunterhalt bekommen sollen. [15]Ich selbst habe davon keinen Gebrauch gemacht, und ich schreibe euch das auch nicht, weil ihr es künftig mit mir so halten sollt. Denn ich werde lieber sterben. Nein, den Stolz, es so zu halten, wird mir niemand nehmen.

[16]Wenn ich nämlich die Botschaft von Christus ausrufe, habe ich nichts Besonderes getan. Ich kann ja nicht anders, und wehe mir, wenn ich es nicht tue. [17]Täte ich es aus freiem Entschluss, so könnte ich einen Lohn dafür fordern. Tue ich es nicht freiwillig, dann bin ich ganz einfach auf ein Amt verpflichtet. [18]Worin also besteht mein Lohn? Darin, dass ich das Evangelium frei und umsonst anbiete und auf alles verzichte, was ich dafür fordern könnte.

[19]Ich bin ein freier Mensch und habe mich doch in meiner Freiheit zum Knecht aller gemacht, um möglichst viele für Christus zu gewinnen. [20]Wenn ich mit Juden zu tun hatte, lebte und dachte ich wie ein Jude, um Juden zu gewinnen. Hatte ich mit Menschen zu tun, die unter dem Gesetz leben, so lebte ich nach den Vorschriften des Gesetzes, obwohl ich das Heil nicht vom Gesetz erwarte. Und das nur, um Menschen zu gewinnen, die noch unter dem Gesetz leben. [21]Hatte ich dagegen mit Menschen zu tun, die vom Gesetz nichts wussten, so lebte ich, ohne mich nach dem Gesetz zu richten, obwohl ich ja nicht gesetzlos lebe, sondern nach dem Gesetz, das Christus gegeben hat, und auch das geschah mit der Absicht, sie zu gewinnen. [22]Hatte ich mit ängstlich Frommen zu tun, so lebte ich wie sie, um ihnen das Evangelium nahe zu bringen. Ich habe

mich allen gleich gestellt, um auf jede mögliche Weise Menschen zum Glauben und zum Leben zu führen. ²³Alles aber tue ich, weil mir daran liegt, selbst am Evangelium Anteil zu gewinnen.

Das Ziel im Auge behalten

²⁴Ihr wisst doch: Die Läufer auf der Rennbahn laufen alle, aber nur einer empfängt den Siegespreis. So lauft, dass ihr ihn gewinnt! ²⁵Jeder echte Wettkämpfer hält sich in Zucht und verzichtet auf alles. Die auf den Sportplätzen tun es, um einen rasch welkenden Kranz zu empfangen. Wir tun es, weil ein unvergänglicher Kranz für uns bereitliegt. ²⁶Ich laufe! Und zwar mit allen Kräften und nicht ins Blaue. Ich schlage zu wie ein Faustkämpfer, aber nicht ins Leere. ²⁷Ich schlage mich selbst. Ich zwinge meinen eigenen Leib zu gehorchen, denn ich will nicht andere zum Kampf aufrufen und selbst dazu unfähig sein.

Die Wüstenwanderung

10 ¹Ihr sollt nämlich wissen, meine Brüder, dass unsere Väter alle unter der Wolke gewesen und alle durchs Meer gezogen sind. ²Sie sind alle in der Wolke und im Meer auf Mose getauft worden. ³Sie haben alle dieselbe Speise aus Gottes Hand gegessen. ⁴Alle haben sie denselben Trank von Gott genossen. Sie haben Wasser genossen, das nur äußerlich aus einem Felsen quoll, in Wirklichkeit tranken sie von der Liebe und Freundlichkeit dessen, der sie begleitete: von Christus. ⁵Aber an den wenigsten unter ihnen hatte Gott Wohlgefallen, denn sie gingen in der Wüste zugrunde.

⁶Was damals geschah, ist ein Muster für uns. Denn wir sollen nun nicht nach den tausend Dingen verlangen, die uns auf unserem Weg aufhalten, wie unsere Väter, die sich in der Wüste nach allen Genüssen und Bequemlichkeiten sehnten. ⁷Verkauft euer Herz nicht an die Götter dieser Welt, wie es viele von ihnen taten. Es ist erzählt: »Das Volk setzte sich nieder, um zu essen und zu trinken, und erhob sich, um zu tanzen.« ⁸Lasst uns auch nicht dem geschlechtlichen Trieb verfallen, wie manche ihm verfielen, so dass dreiundzwanzigtausend an einem Tag zugrunde gingen. ⁹Lasst uns auch nicht den Herrn anklagen, er tue nicht genug für unser Wohlergehen, wie damals manche ihn anklagten und von den Schlan-

gen umgebracht wurden. ¹⁰Empört euch nicht gegen Gott, wie einige damals sich empörten und durch den Verderber den Tod fanden. ¹¹Mit all dem, was ihnen geschah, hat Gott ein Gleichnis, ein Muster geschaffen, und wir, die vor dem Ende der Welt stehen, sind durch alles, das da aufgeschrieben ist, gewarnt. ¹²Wer darum meint, er stehe, sehe zu, dass er nicht falle. ¹³Bisher sind eure Treue und euer Glaube nur durch Versuchungen gefährdet, die über Menschenmaß nicht hinausgehen. Aber Gott steht zu den Seinen. Er wird eurem Glauben keine Gefährdung zumuten, die über eure Kraft ginge. Er wird mit dem Unheil auch den Ausweg schaffen, so dass ihr es bestehen könnt.

Ihr könnt nicht zwei Mächten dienen

¹⁴Deshalb, ihr Lieben, nehmt die Macht nicht zu leicht, die die Götzen über euch gewinnen könnten! ¹⁵Ihr seid ja keine Anfänger. Urteilt selbst, ob es richtig ist, was ich sage: ¹⁶Der Kelch, den wir segnen und dessen Segen wir empfangen, bezieht er uns nicht ein in das Leiden des Christus? Das Brot, das wir brechen, gibt es uns nicht teil an seinem gebrochenen Leib? ¹⁷Wir essen doch alle gemeinsam von einem Brot, sind wir nicht, obwohl wir viele einzelne sind, ein einziger Leib, der von dem einem Brot lebt? ¹⁸Schaut auf das irdische Israel. Macht das Essen des Opfers sie nicht alle zu einer Gemeinschaft des Altars?

¹⁹Denkt noch einmal daran, was ich über das Götzenopferfleisch gesagt habe. Sage ich damit, das Götzenopfer habe mit einer Wirklichkeit zu tun? Oder sage ich, der Götze, dem das Opfer dargebracht wird, sei eine Wirklichkeit? ²⁰Nein. Was sie schlachten, das opfern sie Dämonen und nicht Gott. Mit Dämonen aber möchte ich euch nicht verbunden wissen. ²¹Ihr könnt ja nicht zugleich aus dem Becher des Christus trinken und zugleich aus einem anderen, der Dämonen geweiht ist. Ihr könnt nicht am Tisch des Herrn feiern und euch daneben mit Festen an den Tischen der Dämonen vergnügen. ²²Oder wollen wir den Herrn herausfordern. Sind wir stärker als er?

²³»Alles ist erlaubt«, sagt ihr. Mag sein. Aber nicht alles ist deshalb auch schon hilfreich. Es ist alles erlaubt, aber nicht alles baut die Gemeinde auf. ²⁴Denkt nicht nur an eure eigene Freiheit, sondern prüft sie daran, ob sie den anderen hilft. ²⁵Esst ohne Sorge, was auf dem Markt verkauft wird, und fragt nicht danach, ob es vielleicht aus einem Götzentempel komme. ²⁶Die Erde gehört dem Herrn und alles, was auf

ihr lebt und ist. ²⁷Wenn nun einer, der kein Christ ist, euch zu einem Festmahl einlädt und ihr hingehen wollt, dann esst ohne Sorge alles, was aufgetragen wird, und beschäftigt euer Gewissen nicht damit. ²⁸Wenn euch aber einer darauf hinweist und sagt: »Das darfst du nicht essen, das ist in einem Tempel geschlachtet!«, dann sollt ihr nicht davon essen. Denn nun ist eine wirkliche Gewissensfrage daraus geworden, und zwar bei dem, der euch warnen wollte. ²⁹Ich meine damit nicht eure eigene, sondern die des andern. Du sagst: »Warum soll ich meine Freiheit vom Gewissen eines andern maßregeln lassen? ³⁰Wenn ich selbst Gott danke für das, was ich genieße, warum soll mich ein anderer schelten dürfen einer Speise wegen, für die ich Gott danke?«

³¹Ob ihr nun esst oder trinkt oder sonst etwas tut, tut alles zur Ehre Gottes! ³²Achtet darauf, dass weder Juden noch Griechen noch Christen euren Glauben verachten müssen, wenn sie euch sehen, ³³wie auch ich selbst mich bemühe, dass mein Leben und mein Wort allen verständlich sind und sie alle überzeugen. Ich suche also nach einer Lebensgestalt, die den vielen Menschen um mich her hilft, an Christus zu glauben.

11 ¹Nehmt mich als Beispiel, wie ich selbst mir Christus ständig als mein Vorbild vor Augen halte.

Regeln für den Gottesdienst

²Ich lobe euch aber, dass ihr in allem an mich denkt und die Überlieferungen einhaltet, die ich euch übergeben habe. ³Ich muss aber noch eins hinzufügen: Das Haupt eines Mannes ist Christus. Das Haupt der Frau ist der Mann. Das Haupt des Christus aber ist Gott. ⁴Ein Mann, der betet oder prophetisch redet und dabei sein Haupt bedeckt, nimmt seinem Haupt die Ehre. ⁵Eine Frau, die betet oder prophetisch spricht und dabei ihr Haupt unbedeckt lässt, nimmt sich selbst die Ehre. Sie steht damit auf einer Stufe mit denen, die ihren Kopf kahl rasieren lassen. ⁶Will sie also ihr Haupt nicht bedecken, so lasse sie sich ihr Haar gleich abschneiden. Da es aber nun einmal unehrenhaft ist, wenn eine Frau kurz geschnittenes Haar trägt oder kahl geschoren ist, soll sie ihr Haupt bedecken.

⁷Ein Mann darf das Haupt nicht verhüllen, denn er ist Bild und Abglanz Gottes, die Frau hingegen ist der Abglanz des Mannes. ⁸Der Mann stammt nicht aus der Frau, sondern die Frau aus dem Mann. ⁹Der Mann

ist nicht geschaffen, damit die Frau jemanden habe, sondern die Frau, damit der Mann nicht allein sei. ¹⁰Deshalb soll die Frau um der Engel willen ein Zeichen der Herrschaft des Mannes als Schutz auf dem Haupt tragen. ¹¹Allerdings: Eins ist ganz klar! Wenn sie im Glauben vor Gott treten als seine Kinder, als Brüder und Schwestern des Herrn, kann die Frau sich nicht über den Mann erheben und der Mann nicht über die Frau. ¹²Denn wie die Frau vom Manne herkommt, so kommt auch der Mann von der Frau her, sie beide aber kommen aus der Hand Gottes. ¹³Im übrigen mögt ihr euch selbst ein Urteil bilden: Ist es schicklich, wenn eine Frau unbedeckten Hauptes betet? ¹⁴Lehrt euch nicht das natürliche Empfinden, dass es unehrenhaft ist, wenn ein Mann sein Haar lang wachsen lässt? ¹⁵Ist es nicht umgekehrt für die Frau eine Ehre, langes Haar zu tragen? Ist ihr das Haar nicht wie eine Hülle oder ein Schleier mitgegeben? ¹⁶Wenn freilich jemand es darüber zum Streit kommen lassen will, so soll er wissen, dass ich seine Streitsucht nicht teile und dass sie auch in den Gemeinden Gottes nicht geteilt wird.

Über das Liebesmahl streiten wir nicht

¹⁷Noch eine weitere Sache muss geklärt werden. Ich habe kein Lob übrig für die Art, in der eure Zusammenkünfte sich abspielen, denn sie zerstören in eurer Gemeinschaft offenbar mehr, als sie Segen bringen. ¹⁸Erstens: Ich höre, bei euren Versammlungen zeige sich, dass ihr in Parteien zerfallen seid, und zum Teil glaube ich es wirklich. ¹⁹Offenbar muss es Parteiungen unter euch geben, damit sich zeigt, wer sich in dieser Lage bewährt. ²⁰Es ist da zum zweiten kein Wunder, dass ihr bei euren Zusammenkünften kein Liebesmahl des Herrn mehr feiert. ²¹Da setzt sich jeder vor sein eigenes Essen, das er sich mitgebracht hat, und wenn dann später andere hungrig kommen, sind die ersten schon betrunken. ²²Könnt ihr denn nicht zu Hause essen und trinken? Oder ist euch die Gemeinschaft der Kirche Gottes so wenig wert, dass ihr die Ärmeren unter euch so beschämt? Was soll ich euch sagen? Soll ich euch loben? In dieser Sache ganz gewiss nicht.

²³Vom Herrn habe ich empfangen, was ich euch weitergab:
In der Nacht, da er verraten ward, nahm Jesus, der Herr, Brot,
²⁴dankte, brach es und sprach:

»Dies ist mein Leib, in den Tod gegeben für euch. Esst das Brot zum Gedenken an mich.« ²⁵Nach dem Mahl nahm er den Becher und sprach: »Dieser Becher ist das Zeichen der neuen Gemeinschaft zwischen Gott und euch, gestiftet durch mein Blut. So haltet es, sooft ihr trinkt, zum Gedenken an mich.«

²⁶Sooft ihr nun dieses Brot esst und aus diesem Kelch trinkt, bekennt ihr, dass der Herr für euch gestorben ist – bis er kommt. ²⁷Wer daher aus dem Essen des Brots und dem Trinken des Bechers des Herrn ein Gelage macht, ist vor Gottes Gericht schuldig am Tod des Herrn.

²⁸Prüft euch selbst und esst dann vom Brot und trinkt aus dem Kelch. ²⁹Wer nämlich isst oder trinkt, isst und trinkt das Strafgericht Gottes, das über ihn ergeht, wenn er nicht bedenkt, dass dies der Leib des Herrn ist, und ihn unterscheidet von allem, was er sonst isst.

³⁰Das ist auch der Grund, warum unter euch so viele Schwache und Kranke sind, und darum sind so viele unter euch entschlafen. ³¹Wenn wir uns selbst unsere Schuld schonungslos genug vorhielten, würde Gott uns ihretwegen nicht verdammen. ³²Wenn Gott uns aber straft, tut er es, weil er nicht will, dass wir mit der übrigen Menschheit im Gericht zugrunde gehen. ³³Darum, meine Brüder, wartet aufeinander, wenn ihr zum heiligen Mahl zusammenkommt! ³⁴Wenn jemand seinen Hunger nicht bezähmen kann, esse er zu Hause, damit ihr euch durch eure Zusammenkunft nicht die Verdammung zuzieht. Das übrige will ich ordnen, wenn ich komme.

Gottes Geist gibt jedem seine eigene Aufgabe

Die »Gaben des Geistes«

12 ¹Ich möchte noch etwas über die »Gaben des heiligen Geistes« sagen, liebe Brüder, damit ihr wisst, wie ihr dazu stehen sollt. ²Ihr erinnert euch, dass es euch früher, als ihr noch irgendwelchen Götterkulten verpflichtet waret, zu den stummen Götterbildern trieb. ³Heute habt ihr einen klaren Maßstab. Wenn einer sagt: »Verflucht sei Jesus«, kann er unmöglich in Gottes Auftrag und durch Gottes Geist

reden. Umgekehrt: Niemand sagt: »Jesus ist Herr!«, wenn nicht Gottes Geist ihm den Glauben und das Wort gibt.

⁴Wir empfangen mancherlei Gaben, aber wir empfangen sie alle von dem einen Geist. ⁵Wir dienen auf unterschiedliche Weise, aber wir dienen alle dem einen Herrn. ⁶Es gibt verschiedene Kräfte und Fähigkeiten, aber es ist der eine Gott, der alles in allem wirkt.

⁷Wer aber ein sichtbares Zeichen des heiligen Geistes empfangen hat, hat es empfangen, um damit den anderen hilfreich zu sein. ⁸Dem einen nämlich ist – durch den Geist! – die Fähigkeit verliehen, der Gemeinde Weisungen zu geben, wie sie praktisch leben und sich bewähren soll. Der andere hat – vom gleichen Geist! – die Fähigkeit empfangen, über das Geheimnis des Glaubens zu sprechen und es auszulegen. ⁹Der dritte hat seinen schlichten Glauben – und zwar von dem gleichen Geist, der vierte die Gabe, Menschen zu heilen, von dem gleichen einen Geist, ¹⁰der fünfte die Kraft, Wunder zu vollbringen, der sechste die Fähigkeit, Gottes Wort in menschlichen Worten nachzusprechen, der siebte den klaren Blick und das Urteil darüber, wo Gottes Geist wirkt und wo ein anderer, dunkler und böser Geist am Werk ist, ein achter die ekstatische Begeisterung, in der er Gott rühmt mit unverständlichen Worten, der neunte die Fähigkeit, der Gemeinde das unverständliche Lallen zu deuten. ¹¹Das alles bewirkt der eine und gleiche Geist, der seine Gaben und Kräfte jedem unter uns anvertraut, wie er will.

Die Glieder eines Leibs sind verschieden

¹²Es ist wie bei einem menschlichen Körper. Wie der Leib ein in sich ganzer und lebendiger Organismus ist und doch viele verschiedene Organe hat, und wie alle Organe des Leibes zusammen trotz ihrer Verschiedenheit doch ein einziger Leib sind, so ist es auch mit uns, die wir zu Christus gehören. ¹³Wir alle sind in *einem* Geist zu einem Leib getauft worden, ob wir Juden sind oder Griechen, Sklaven oder Herren. Wir sind alle mit *einem* Geist getränkt worden.

¹⁴Auch ein Körper besteht nicht aus einem einzelnen Organ, sondern aus einer Fülle verschiedener Organe. ¹⁵Wenn der Fuß spräche: »Ich bin keine Hand, darum bin ich kein Teil des Leibes!«, hörte er damit noch lange nicht auf, zum Leibe zu gehören. ¹⁶Oder wenn das Ohr spräche: »Ich bin kein Auge, darum bin ich kein Teil des Leibes!«, hörte es doch nicht auf, Teil des Leibes zu sein. ¹⁷Wenn der ganze Leib Auge wäre, wo

bliebe das Gehör? Wenn der ganze Leib Gehör wäre, wo bliebe der Geruchssinn? ¹⁸Nun hat aber Gott die einzelnen Organe gestaltet und hat jedes in den Leib hineingeordnet, wie er wollte. ¹⁹Wenn aber nun jedes Organ wäre wie das andere, wie könnte ein Leib entstehen? ²⁰Nun sind aber viele und verschiedenartige Organe, und sie alle machen miteinander einen Leib aus. ²¹Das Auge kann nicht zur Hand sagen: »Ich brauche dich nicht!« Oder der Kopf zu den Füßen: »Ich brauche euch nicht!« ²²Vielmehr sind die Glieder des Leibes, die schwächer und unbedeutender scheinen, besonders notwendig. ²³Die uns für den Leib weniger wichtig scheinen, behandeln wir mit besonderer Sorgfalt, und die wir ungern zeigen, weil wir uns schämen, verhüllen wir mit schmückenden Kleidern. ²⁴Was ohnedies schön ist, hat es ja nicht nötig.

Gott aber hat den Leib aus so unterschiedlichen Gliedern gemischt und hat dem benachteiligten Organ besonders viel Ehre zugedacht, ²⁵damit keine Spaltung im Leib entstehe, sondern die verschiedenen Organe einträchtig füreinander sorgen. ²⁶Wenn ein Glied Schmerz empfindet, leiden sie alle. Wenn ein Organ etwas Schönes erlebt, freut der ganze Leib sich mit.

²⁷Ihr aber seid der Leib des Christus und jeder auf seine Weise sein Glied. ²⁸Die ersten setzte Gott in der Kirche zu Aposteln ein, die zweiten zu Propheten, die dritten zu Lehrern, die vierten zu Wundertätern. Wieder anderen hat er die Gabe verliehen zu heilen, anderen den Auftrag, einfache Dienste zu tun, anderen eine leitende Verantwortung zu tragen, und wieder anderen in ekstatischem Stammeln ihn zu rühmen. ²⁹Sind sie alle Apostel? Sind sie alle Propheten? Sind sie alle Lehrer? Sind sie alle Wundertäter? ³⁰Haben sie alle die Gabe, zu heilen? Reden sie alle in der Begeisterung? Können sie alle erklären, was da geredet wird? ³¹Müht euch aber um die Fähigkeiten, die für die anderen am meisten bedeuten! Und ich will euch noch einen Weg zeigen, der höher und herrlicher ist als alle anderen Wege, die uns der Geist Gottes führt.

Das Größte ist in allen Dingen die Liebe

13 ¹Spräche ich in den Worten der Menschen, ja, sänge ich mit den Stimmen der Engel und liebte nicht, ich wäre eine tönende Glocke oder eine gellende Schelle.

²Wüsste ich Gottes Gedanken,
schaute alle Geheimnisse,
hätte ich alle Einsicht,
hätte ich die Macht, Berge zu versetzen
mit der Macht meines Glaubens,
und liebte nicht, so wäre ich nichts.

³Schenkte ich alle Habe den Armen,
gäbe ich meinen Leib in den Tod
als ein Märtyrer und liebte nicht, es wäre vertan.

⁴Die Liebe ist langmütig und freundlich,
gütig und ohne Eifersucht,
sie prahlt nicht, sie bläht sich nicht auf.
⁵Sie achtet auf das, was sich schickt.
Sie sucht keinen Vorteil,
sie wird nicht bitter durch bittere Erfahrung.
Sie rechnet das Böse nicht zu.
⁶Sie trauert über das Unrecht
und freut sich über die Wahrheit.
⁷Sie erträgt alles. Sie glaubt alles.
Sie hofft alles. Sie duldet alles.

⁸Unvergänglich ist die Liebe.
Prophetische Rede verhallt,
ekstatische Rufe verwehen,
Erkenntnis wird zunichte.
⁹Stückwerk ist, was wir wissen,
Stückwerk ist, was wir reden.
¹⁰Wenn wir die Fülle schauen,
endet das Stückwerk.

¹¹Einst war ich ein Kind.
Ich sprach wie ein Kind.
Ich dachte wie ein Kind,
ich machte kindliche Pläne.
Als ich erwachsen war,
legte ich die Kindheit ab.

¹²Heute ahne ich Gott,
wie mein eigenes Gesicht
im kupfernen Spiegel,
fremd und rätselvoll.
Morgen schaue ich ihn, nahe und klar,
von Angesicht zu Angesicht.

Heute ist Stückwerk, was ich verstehe,
dann aber werde ich erkennen,
wie Gott mich erkennt.

¹³Nun aber bleiben Glaube, Hoffnung, Liebe.
Diese drei.
Aber die Größte unter ihnen ist die Liebe.

Klare Rede ist besser als Ekstase

14 ¹Müht euch darum, liebende Menschen zu werden. Müht euch darüber hinaus aber auch um die Gaben des Geistes und strebt vor allem nach der Fähigkeit zu prophetischer Rede. ²Wer nämlich in der Ekstase redet, ruft oder lallt, wendet sich damit nicht an Menschen, sondern an Gott. Niemand versteht ihn, er redet von Geheimnissen, wie Gottes Geist sie ihm kundtut. ³Wer aber Gottes Willen in klare Worte fasst, erreicht die Menschen, er baut sie auf, er hilft ihnen zu richtigen Entscheidungen und spricht ihnen Trost zu. ⁴Wer in der Ekstase redet, fördert sein eigenes geistliches Leben. Wer mit klaren Worten Gottes Wort ausspricht, fördert die Gemeinde. ⁵Ich bin sehr dafür, dass ihr alle in der Ekstase reden, noch mehr aber, dass ihr das klare Wort Gottes aussprechen könnt. Denn wer Gottes Willen zu verkünden weiß, ist für die Gemeinde wichtiger als wer ekstatisch stammelt, es sei denn, er kann, was er stammelt, auch in deutlichen, verständlichen Worten erklären, so dass die Gemeinde einen Gewinn davon hat.

⁶Was hilft es euch, Brüder, wenn ich zu euch komme und lalle in der Begeisterung irgendwelche unverständlichen Laute? Ist es nicht viel besser, ich sage euch in klaren Worten etwas über die Zukunft der Welt und eure eigene Zukunft oder über die Geheimnisse des Gottesreiches oder über euren Weg auf dieser Erde oder auch über das Bekenntnis eures Glaubens? ⁷Es ist doch auch bei den leblosen Instrumenten, die

einen Ton hervorbringen, so, ob es sich nun um eine Flöte oder eine Harfe handelt: Wenn ich nicht einen deutlich unterschiedenen Ton hervorbringe, woran soll man merken, ob ich auf einer Flöte oder einer Harfe spiele? [8]Wenn die Trompete ein unklares Signal gibt, wer wird sich zum Kampf rüsten? [9]Und wenn ihr selber in der Ekstase redet und nicht klar sagt, was ihr meint, wie soll man verstehen, was ihr sagen wollt? Ihr werdet in den Wind reden. [10]Es gibt so viele Sprachen in der Welt, und keine ist undeutlich. [11]Wenn ich nun Sinn und Ausdruck der Sprache nicht kenne, werde ich für den, der da redet, ein Ausländer sein und er dasselbe für mich. [12]Ihr sucht Gaben des Geistes Gottes. So sucht die Gaben, mit denen ihr am Bau der Kirche mitwirken könnt, denn solche Gaben des Geistes sollt ihr ja tatsächlich in Fülle haben.

[13]Wer also in der Ekstase redet, bitte Gott, er möge ihm auch die Gabe verleihen, das Gestammel zu deuten. [14]Wenn ich nämlich in der Ekstase rede, betet in mir der Geist, aber als denkender Mensch habe nicht einmal ich selbst etwas davon. [15]Das bedeutet für mich: Ich will mit dem heiligen Geist und in seiner Kraft beten, aber auch mit dem nüchternen Verstand. Ich will mit der Begeisterung singen, die der heilige Geist gibt, aber auch mit meinen klaren Gedanken. [16]Denn wenn du den Lobpreis »im Geist«, in stammelnden Lauten sprichst, wie soll der weniger begabte Bruder in der Gemeinde auf deinen Hymnus mit dem Amen antworten können? Er versteht ja gar nicht, was du sagst! [17]Du hast zwar ein herrliches Gebet gesprochen, aber der andere hat keine Hilfe davon. [18]Ich danke Gott, dass ich mehr als ihr alle die Gabe habe, in der Ekstase zu reden, [19]aber in einer Gemeindeversammlung würde ich lieber fünf Worte mit meinem klaren Verstand sagen – und also anderen eine Weisung geben – als zehntausend Worte in der Verzückung.

[20]Brüder, seid keine Anfänger! Wenn es sich um die Meisterschaft handelt, Böses zu tun, sollt ihr getrost Anfänger bleiben. Was aber eure Kenntnis des Glaubens angeht, so sollt ihr Fachleute werden. [21]In der heiligen Schrift steht ein Wort, das Gott gesprochen hat: »Ich will zu diesem Volk in Fremdsprachen reden und in unverständlichen Lauten, aber sie werden mich auch dann nicht hören.« [22]Wenn Gott das sagt, ist also die ekstatische Rede nicht dem Glaubenden zugedacht, sondern als ein Zeichen von Gottes Fremdheit den Ungläubigen. Die klare Rede aber gilt nicht den Ungläubigen, sondern den Glaubenden. [23]Stellt euch vor: Eure ganze Gemeinde kommt zusammen, und sie alle reden und schreien und lallen in verzückter Begeisterung. Nun kommen Leute herein, die vom christlichen Glauben nichts wissen oder nichts von ihm halten. Werden

sie nicht sagen: »Ihr seid alle wahnsinnig?« ²⁴Wenn die Christen in eurer Gemeinde aber den Willen Gottes mit klaren Worten aussprechen, und es kommt ein gottloser oder ein unwissender Mensch herein, wird er nicht sofort verstehen, dass es hier um ihn selbst geht und sie alle von ihm sprechen? ²⁵Was in seinem Herzen verborgen ist, wird ihm selbst und den anderen plötzlich frei erkennbar sein, er fällt nieder, betet Gott an und bekennt: »Ja, bei euch ist wirklich Gott selbst!«

²⁶Das bedeutet praktisch, ihr Brüder: Wenn ihr euch zum Gottesdienst versammelt, dann soll jeder etwas bereithalten: ein Lied, ein belehrendes Wort, eine neue Erkenntnis, ein Wort in ekstatischer Rede oder ein Wort, die ekstatische Rede zu erklären. Alles aber soll zum gemeinsamen Bau der Kirche beitragen. ²⁷Will man der ekstatischen Begeisterung Raum geben, so sollen zwei oder drei zum Ausdruck bringen, was ihnen eingegeben wird, und zwar einer nach dem anderen, und einer soll erklären, was sie da rufen oder stammeln. ²⁸Ist aber niemand da, der es erklären kann, dann soll der Begeisterte schweigen und soll sein Gespräch mit Gott für sich allein zu Hause führen. ²⁹Von den Propheten, die Gottes Wort und Willen auslegen, sollen jeweils zwei oder drei zugelassen werden und nicht mehr, die übrigen sollen an ihr Wort mit ihrem Beitrag oder Urteil anknüpfen. ³⁰Wenn aber einem anderen, der noch in der Gemeinde sitzt, von Gott ein Wort eingegeben wird, das er sagen muss, dann soll der erste, der eben noch redete, abschließen. ³¹Denn ihr könnt ohne weiteres alle nacheinander reden, und zwar so, dass alle etwas davon haben, dass sie etwas lernen und Weisungen oder Trost empfangen. ³²Ihr wollt doch nicht behaupten, ein Mensch, der im Auftrag Gottes redet, sei nicht Herr seiner Sinne? ³³Denn Gott ist nicht in der Unordnung anwesend, sondern dort, wo Frieden ist.

Wie es in allen Gemeinden der Christen Brauch ist, ³⁴sollen die Frauen in den Gottesdiensten schweigen. Es soll ihnen nicht gestattet werden, das Wort zu nehmen, vielmehr sollen sie sich der zuhörenden Gemeinde einfügen, wie es ja auch das Gesetz bestimmt. ³⁵Wenn sie etwas nicht verstehen, sollen sie zu Hause ihre Männer fragen, denn das öffentliche Auftreten in einem Gottesdienst schickt sich nicht für eine Frau. ³⁶Oder ist denn das Wort Gottes von euch Korinthern aus in die Welt getragen worden? Oder ist es einzig an euch ergangen?

³⁷Wenn unter euch jemand meint, er sei ein Prophet oder ein mit heiligem Geist besonders begnadeter Mensch, dann erkenne er in meinen Worten Gottes Weisung. ³⁸Begreift einer das nicht, dann gehört er nicht zu denen, die Gott anerkennt. ³⁹Also, meine Brüder, bemüht euch um die

Gabe, Gottes Wort auszusprechen, und verbietet es nicht, wenn jemand in der Begeisterung unverständliche Worte heraussprudelt, ⁴⁰aber sorgt dafür, dass sich alles mit Anstand und in einer guten Ordnung abspielt.

Auferstehung

Erinnerung an die Auferweckung des Christus

15 ¹Liebe Brüder, ich erinnere euch. Ich habe euch alles erklärt, das ganze Evangelium. Ihr habt es bejaht. Ihr habt es bewährt. ²Ihr werdet das Heil finden. Ich hoffe, ihr habt es behalten und es nicht vergeblich empfangen.

³Denn ich habe in erster Linie an euch weitergegeben,
was ich selbst empfangen habe:
dass Christus gestorben ist für unsere Sünden,
⁴wie die Schrift es ansagte,
dass er begraben wurde und am dritten Tag auferstand,
wie die Schrift es voraussah.

⁵Petrus sah ihn und nach ihm die Zwölf,
⁶fünfhundert Brüdern erschien er danach,
viele davon leben noch, andere sind entschlafen.
⁷Jakobus schaute ihn, nach ihm alle Apostel,
⁸zuletzt aber ich, der viel zu spät zum Glauben und zum Leben kam.

⁹Denn ich bin der Geringste unter den Aposteln,
nicht wert, Apostel zu heißen.
Denn ich verfolgte die Gemeinde.
¹⁰Aber durch Gottes Gnade bin ich, was ich bin,
und seine Gnade war nicht fruchtlos.
Mehr als sie alle habe ich gewirkt.
Oder nein: nicht ich, die Gnade Gottes hat es getan,
und ich war ihr Werkzeug.
¹¹Ob nun das Evangelium zu euch kam von mir oder den anderen,
wie ich es sagte, so lautet es, und so habt ihr es geglaubt.

Wir werden alle auferstehen

¹²Ist aber dies die Botschaft,
Christus sei auferstanden vom Tode,
wie kommen einige von euch dazu zu behaupten,
die Auferstehung der Toten sei nichts?
¹³Ist keine Auferstehung, so auch nicht für Christus.
¹⁴Ist er nicht auferstanden, so ist unsere Rede sinnlos,
sinnlos auch euer Glaube.
¹⁵Falsche Zeugen sind wir, wenn wir anders reden als Gott,
und sagen: »Christus lebt«, den er doch nicht lebendig gemacht hat,
wenn die Toten tot sind?
¹⁶Wenn die Toten nicht auferstehen, ist auch Christus tot.
¹⁷Ist Christus aber nicht lebendig, so ist euer Glaube nichtig,
und eure Sünde hat euch noch im Griff.
¹⁸Dann sind auch die verloren, die im Glauben entschlafen sind.
¹⁹Hoffen wir nur in diesem Leben auf Christus,
so sind wir bemitleidenswert, mehr als alle anderen Menschen.

Das Ziel: Gott alles in allem

²⁰Nun aber ist Christus auferstanden, als erster unter den Toten.
²¹Wie nämlich durch *einen* Menschen
der Tod kam, so auch durch *einen* Menschen
die Auferstehung aus dem Tode.
²²Wie in Adam alle sterben,
so werden alle lebendig in Christus.
²³Wie ein Heer ziehen sie aus dem Tode ins Leben:
allen voraus Christus, dann die, die ihm schon angehören,
wenn er wiederkehrt. ²⁴Dann kommt das Ende.
Er wird das Reich übergeben an Gott, den Vater,
und zunichte machen alle Herrschaft und alle Macht.
²⁵Er wird so lange herrschen,
bis alle Feinde ihm unterworfen sind.
²⁶Als letzten Feind wird er den Tod töten.

²⁷Denn alles hat Gott ihm unterworfen,
nur er selbst, Gott, bleibt über ihm.

28 Wenn dann aber der Sohn Macht hat über alles,
dann wird er selbst sich Gott unterstellen,
der ihm alles unterworfen hat, und Gott wird alles in allem sein.

Ohne Auferstehung ist alles nichts

29 Was tun denn die, die sich taufen lassen anstelle von Toten?
Sind die Toten tot, was nützt das Taufen?
30 Und was nützt es, wenn ich in Gefahr bin Stunde um Stunde?
31 Ich sterbe doch Tag für Tag,
so wahr ich vor Christus, unserem Herrn, gelte als der,
der euch zum Glauben brachte.
32 Wenn ich der Wut der Massen als Opfer diente, in Ephesus,
wie Verbrecher im Zirkus wilden Tieren vorgeworfen,
was soll es mir helfen?
Wenn die Toten tot bleiben, dann lasst uns essen und trinken,
denn morgen sind wir tot!
33 Irrt euch nicht! Schlechter Umgang verdirbt gute Sitten.
34 Werdet nüchtern und wach, vergreift euch nicht an der Wahrheit.
Denn viele täuschen sich. Ich sage das zu eurer Beschämung.

Und wie stehen die Toten auf?

35 Nun könnte jemand fragen: »Wie stehen die Toten auf?
Wie mag ihr Leib beschaffen sein?«
36 Du Tor! Was du säst, wird nicht lebendig, wenn es nicht stirbt.
37 Du säst nicht die Frucht, sondern den Samen
von Weizen oder etwas anderem.
38 Aber Gott gibt ihm einen neuen Leib,
jedem einen anderen. 39 Es gibt vielerlei Fleisch,
das des Menschen, das der Tiere einer Herde,
das der Vögel oder das der Fische.
40 So gibt es himmlische Leiber und irdische.
Aber die Leuchtkraft der himmlischen überstrahlt die irdischen.
41 Anders glänzt die Sonne als der Mond,
wieder anders glänzen die Sterne.
Denn Stern unterscheidet sich von Stern an Leuchtkraft.

⁴²So ist die Auferstehung der Toten.
Gesät wird Vergängliches, Unvergängliches ersteht zum Leben.
⁴³Wertloses legt man in die Erde, Herrliches wird auferweckt.
Gesät wird das Schwache, in Kraft wird es auferstehen.
⁴⁴Gesät wird ein irdischer, auferstehen ein geistlicher Leib.
So wahr ein Leib ist, der von der Seele her lebt,
so wahr wird ein Leib sein, dessen Leben aus Gottes Geist ist.
⁴⁵In der Schrift steht:
»Der erste Mensch, Adam, wurde eine lebendige Seele.«
Der letzte aber wird lebenschaffender Geist sein.
⁴⁶Am Anfang steht nicht der geistige Mensch, sondern der irdische.
⁴⁷Der erste ist aus Erde gemacht,
der zweite hat sein Leben von oben.
⁴⁸Wir alle sind aus Erde geformt,
und wir alle werden von oben her leben.
⁴⁹Wie wir das Bild des irdischen Menschen
trugen, so werden wir auch das Bild des himmlischen tragen.

Tod, wo ist dein Sieg?

⁵⁰Fest aber steht, Brüder:
Fleisch und Blut finden Gottes Reich nicht.
Was vergänglich ist, gewinnt nicht die Unvergänglichkeit.
⁵¹Ein Geheimnis sage ich:
Wenn Christus kommt, werden nicht alle gestorben sein,
aber alle werden verwandelt.
⁵²Und zwar in einem Augenblick, bei der letzten Posaune.
Denn die Posaune wird ertönen,
die Toten werden auferstehen unvergänglich,
und wir, die Lebenden, werden verwandelt.
⁵³Denn das Vergängliche muss sich kleiden mit Unvergänglichkeit
und das Sterbliche mit Unsterblichkeit.
⁵⁴Wenn aber das Vergängliche sich hüllt in Unvergänglichkeit
und das Sterbliche in Unsterblichkeit,
dann wird sich das Wort erfüllen:

»Der Tod ist verschlungen! Der Sieg ist unser!
⁵⁵Tod, wo ist dein Sieg? Wo ist dein Stachelstecken?«

⁵⁶Der Stachelstecken des Todes, mit dem er uns dahintreibt,
ist die Sünde. Sie aber hat ihre Kraft aus dem Gesetz.
⁵⁷Wir alle danken Gott, der uns am Sieg teilgibt,
den Jesus Christus, unser Herr, errungen hat.

⁵⁸Darum, liebe Brüder, steht fest,
unerschütterlich, und wirkt mit allezeit am Werk des Herrn,
und wisst, dass eure Arbeit nicht vergeblich ist.
Denn sie geschieht im Dienst des Herrn.

Mitteilungen und Grüße

16 ¹Was aber die Sammlung für die Gemeinde in Jerusalem betrifft, so tut, was ich auch in den galatischen Gemeinden angeordnet habe: ²An jedem Sonntag soll jeder von euch etwas auf die Seite legen und auf diese Weise zusammensparen, soviel er vermag. Ich möchte nicht, dass man die Sammlung erst in Gang bringen muss, wenn ich komme. ³Wenn ich dann bei euch bin, will ich von euch bestimmte Vertreter eurer Gemeinde mit Briefen auf die Reise schicken, dass sie eure Gabe nach Jerusalem bringen. ⁴Wenn es der Mühe wert ist, dass ich auch fahre, sollen sie mit mir zusammen reisen.

⁵Sobald ich Mazedonien durchzogen habe, will ich zu euch kommen, denn durch Mazedonien will ich nur durchreisen, ⁶bei euch aber, wenn es sich so fügt, unterbrechen oder auch den Winter über bleiben, bis ihr mich dann weitergeleitet, wohin mich mein Weg führen wird. ⁷Ich will euch nämlich diesmal nicht auf der Durchreise sehen, sondern hoffe einige Zeit bei euch zu verweilen, wenn es der Wille des Herrn ist. ⁸Hier in Ephesus bleibe ich bis Pfingsten, ⁹denn ich habe hier jetzt eben Gelegenheit, stark und erfolgreich zu wirken, und habe mit vielen Gegnern zu tun.

¹⁰Wenn Timotheus zu euch kommt, dann sorgt dafür, dass er bei euch keinen Kummer erlebt, denn er wirkt für die Sache des Herrn wie ich. ¹¹Es soll ihn ja niemand gering schätzen! Wenn er wieder zurückreist, dann geleitet ihn in Frieden, denn ich warte auf ihn mit den Brüdern zusammen.

¹²Was den Bruder Apollos betrifft, so habe ich ihn sehr gebeten, sich doch mit den Brüdern zusammen zu euch zu begeben, aber er wollte es

durchaus nicht zum gegenwärtigen Zeitpunkt. Er kommt aber, wenn er eine gute Zeit findet.

¹³Seid wach! Steht fest, bleibt im Glauben, seid mannhaft, seid stark! ¹⁴Alles, was bei euch geschieht, lasst in Liebe geschehen!

¹⁵Um eins bitte ich euch, Brüder: Ihr kennt die Familie des Stephanas und wisst, dass sie in ganz Achaia als erste den Glauben angenommen und sich in den Dienst der Gemeinde gestellt hat. ¹⁶Ordnet euch solchen Leuten unter wie überhaupt jedem, der mitarbeitet und sich müht. ¹⁷Ich freue mich, dass Stephanas, Fortunatus und Achaikus bei mir sind. Sie sind ein Ersatz für euch alle. ¹⁸Sie haben meinem Geist wie auch dem euren Erquickung gebracht. Es ist wichtig, dass ihr solche Männer zu schätzen wisst.

¹⁹Die Gemeinden in Kleinasien grüßen euch. Besonders grüßen euch Aquila und Priska mit der ganzen Gemeinde ihrer Hausgenossen. ²⁰Alle Brüder grüßen euch! Grüßt einander mit dem heiligen Kuss. ²¹Und hier schreibe ich, Paulus, noch meinen Gruß nieder mit eigener Hand.

²²Wer den Herrn nicht liebt, der sei dem Gericht übergeben. Ja, komm, Herr! ²³Die Gnade unseres Herrn Jesus Christus sei mit euch. ²⁴Meine Liebe verbinde euch alle mit mir in Jesus, dem Christus!

DER ZWEITE BRIEF DES PAULUS
AN DIE KORINTHER

1 ¹Paulus,
von Gottes Willen eingesetzt zum Apostel,
zum Botschafter für Jesus Christus,
und Timotheus, der Bruder,
an die Gemeinde Gottes in Korinth
und alle Christen in ganz Achaia.
²Gnade und Frieden euch allen
von Gott, unserem Vater,
und von Jesus Christus, unserem Herrn.

³Gepriesen sei Gott,
der Vater unseres Herrn Jesus Christus,
der barmherzig ist und von dem aller Trost kommt.
⁴Er tröstet mich in meinem Elend,
so dass ich wiederum die trösten kann,
die im Elend sind, mit dem Trost,
den ich selbst von Gott empfange.
⁵Denn so viel Leiden auch über mich kommt,
so reich ist der Trost, den ich empfange.
Wenn ich im Elend bin, geschieht es
zu Trost und Heil für euch.
⁶Wenn ich getröstet werde, so geschieht es zu eurem Trost,
damit ihr fähig werdet, dasselbe Leiden geduldig zu ertragen,
das ich erdulde.
⁷Ich bin fester Hoffnung für euch,
dass ihr, die ihr zu leiden habt wie ich,
auch wie ich Trost findet.

⁸Die Not, die ich in Kleinasien erlitten habe, liebe Brüder, will ich euch nicht verhehlen. So über alles Maß, so über meine Kräfte hatte ich zu tragen, dass ich auch mein Leben verloren gab. ⁹Ich hielt es für entschieden, dass ich nun zu sterben hätte, und das war gut so. Denn so verlässt man sich nicht mehr auf sich selbst, sondern allein noch auf Gott, der aus Toten Lebendige zu machen vermag. ¹⁰Er hat mich dieser

großen Todesgefahr entrissen und wird es auch künftig tun. Ich verlasse mich auf ihn, dass er mich auch in künftigen Bedrängnissen retten wird. [11]Auch ihr habt in eurem Gebet mitgewirkt, dass ich am Leben blieb. Denn so wollte es Gott: dass viele Menschen sich an ihn wenden und in vielen Gebeten mit mir zusammen und an meiner Stelle für die große Hilfe danken, die ich empfangen habe.

Wir gehören unverändert zusammen

[12]Das könnte alles anspruchsvoll klingen, aber ich sage es in guter Zuversicht. Mein Gewissen gibt mir das Recht zu betonen, dass ich mein Leben in der Lauterkeit führe, die Gottes Heiligkeit spiegelt. Ich bin nicht wie ein weltlicher Weisheitslehrer aufgetreten, sondern als Zeuge der Gnade Gottes, und zwar gerade auch bei euch. [13]Denn ich schreibe euch nichts anderes als das, was ihr lest und verstehen könnt; ich hoffe aber, ihr versteht es mehr und mehr und am Ende vollkommen. [14]Mich selbst habt ihr zum Teil verstanden. Ihr versteht mich richtig, wenn ihr bedenkt, dass wir uns einmal aufeinander berufen werden, wenn Jesus, unser Herr, kommen wird. (Ihr werdet sagen: »Wir sind die, zu denen du Paulus gesandt hast! So viel waren wir dir wert!« Ich werde sagen: »Das sind die, mit deren Glauben du meine Arbeit belohnt hast! So viel war ich dir wert!«)

[15]In dieser Überzeugung wollte ich seinerzeit zu euch kommen, um euch zum zweitenmal ein Wort der Gnade Gottes zu bringen. [16]Ich wollte von euch aus nach Mazedonien weiterreisen, von dort zu euch zurückkehren und mich dann nach Judäa verabschieden. [17]War es nun leichtfertig, das alles so zu planen? Oder sind meine Pläne so menschlich und so unzuverlässig, dass man Ja und Nein beliebig austauschen kann? [18]Nein, Gott bürgt dafür, dass mein Wort an euch nicht Ja und Nein zugleich ist. [19]Denn der Sohn Gottes, Jesus Christus, den ich euch gezeigt und bekannt gemacht habe, zusammen mit Silvanus und Timotheus, ist nicht Ja und Nein zugleich, sondern ein klares, eindeutiges Ja. [20]Alles, was Gott uns je versprochen hat, ist in ihm mit einem klaren Ja bestätigt, erfüllt und zum Ziel gebracht, und ich rühme Gott dafür, dass es so ist. [21]Der Gott aber, der unsere Gemeinschaft mit Christus fest gegründet und mich in mein Amt eingesetzt hat, [22]der hat uns mit seinem Siegel als sein Eigentum bezeichnet und uns seinen Geist ins Herz gegeben als den ersten Anteil am ewigen Leben.

Sorgt dafür, dass nichts zwischen uns stehen bleibt

²³Ich rufe aber Gott zum Zeugen gegen mich an: Nur weil ich euch schonen wollte, kam ich nicht mehr nach Korinth. ²⁴Ich wollte euch ja keineswegs Vorschriften machen über euren Glauben. Denn ich bin nur ein Gehilfe, der dafür sorgt, dass ihr euch freuen könnt, denn ihr steht ja schon im Glauben.

2 ¹Ich habe mich aber deshalb so entschieden, weil ich nicht noch einmal unter so traurigen Umständen zu euch kommen wollte. ²Wenn ich euch traurig machen muss, wer soll mich dann wieder fröhlich machen? Euch, die es könnten, hätte ich ja die Freude genommen! ³Nun habe ich euch das geschrieben, weil ich nicht an Leuten Trauer erleben wollte, über die ich mich doch eigentlich freuen müsste! Denn ich habe das gute Zutrauen zu euch allen, dass, was mich freut, auch euch fröhlich macht. ⁴So habe ich euch in viel Sorge und Herzensangst geschrieben, unter vielen Tränen, nicht weil ich euch die Freude nehmen wollte, sondern weil ihr merken solltet, wie stark und groß meine Liebe gerade zu euch ist.

⁵Gewiss, einer von euch hat viel schwere Not verursacht. Die lastet nun nicht so sehr auf mir, sondern auf einem großen Teil von euch. Ich will nicht sagen: auf euch allen. Vielleicht wäre es übertrieben. ⁶Ihr habt ihm mit der Mehrheit der Gemeinde eine Strafe auferlegt. Sie reicht aus. ⁷Ihr solltet ihm jetzt verzeihen und ihn aufmuntern, damit er nicht in seiner Verzweiflung versinkt. ⁸Zeigt ihm, dass ihr ihn lieb habt! ⁹Ich habe euch ja nur darum so scharf geschrieben, weil ich sehen wollte, ob ihr im Ernstfall gehorchen könnt. ¹⁰Wenn ihr nun jemand verzeiht, dann verzeihe ich ihm auch! Und wenn ich das tue – so weit ich überhaupt etwas zu verzeihen habe –, dann in eurem Interesse und deshalb, weil ich Christus gehorsam sein will. ¹¹Es könnte leicht sein, dass, wenn wir zu lange unversöhnt bleiben, der Teufel den eigentlichen Sieg davonträgt. Denn darauf will er hinaus. Das wissen wir.

Das Amt des Christus

Es geht um Tod und Leben

¹²Als ich neulich nach Troas kam, um dort das Evangelium von Christus zu predigen, und der Herr mir die Herzen vieler Menschen auftat, ¹³war ich sehr unruhig, weil ich meinen Bruder Titus dort nicht antraf. Ich verabschiedete mich wieder und ließ Troas hinter mir und fuhr nach Mazedonien hinüber.
¹⁴Und nun danke ich Gott. Er ist es, der uns führt, der uns Erfolg gibt und der durch unsere Arbeit der Sache des Christus Raum schafft. Er benützt unsere Arbeit, um sich den vielen Menschen überall kundzutun. ¹⁵Denn wenn wir uns für Christus verzehren, dann sagt Gott Ja zu unserem Opfer. Er scheidet unter den Menschen, die uns hören: Er rettet die einen, die uns hören, und überlässt die anderen, die nicht hören wollen, sich selbst. ¹⁶Die einen empfangen durch uns den Tod, die anderen das Leben. Wer ist einer solchen Verantwortung gewachsen? ¹⁷Das können nur die von sich behaupten, die, wie viele, aus dem Wort Gottes ein Geschäft machen. Ich jedenfalls sage, was ich zu sagen habe, aus lauterem Herzen. Ich lasse mir, was ich weitergebe, von Gott geben. Ich sage es als ein Werkzeug des Christus.

3 ¹Soll das heißen, dass ich schon wieder von mir selber rede, als wäre ich so wichtig? Oder heißt es, dass ich Empfehlungen nötig habe wie einige andere, die Empfehlungsbriefe brauchen für euch oder von euch? ²Nein, mein Empfehlungsschreiben seid ihr selbst, eingeschrieben in mein Herz, und alle Menschen können es lesen und verstehen.
³Das ist offenbar: Ihr seid selbst ein von Christus geschriebener Brief, den ich ausgefertigt habe, geschrieben nicht mit Tinte, sondern mit dem Geist des lebendigen Gottes, nicht auf steinerne Tafeln, sondern in lebendige Herzen.
⁴Davon bin ich überzeugt. Dafür stehe ich vor Gott ein. Christus gibt mir den Mut dazu und das Recht. ⁵Aber nicht, weil ich die nötigen Fähigkeiten mitbrächte. Was an mir brauchbar ist, stammt von Gott. ⁶Er hat mir die Fähigkeiten gegeben, die ich brauche, um ein Diener an dem neuen Bund zu sein, den Gott mit uns Menschen geschlossen hat, nicht mit geschriebenen Buchstaben, sondern mit seinem Geist.

⁷Nun hatte schon jenes Amt, das den Tod verwaltete, etwas vom Lichtglanz Gottes an sich! Schon jene Schrift, die in Steine gehauen war, spiegelte etwas von der Wahrheit. Schon den Juden erging es bei Mose so, dass sie auf seinem Gesicht den Glanz nicht ertragen konnten, der doch kurz danach wieder verschwand. ⁸Wie viel mehr hat das Amt, das den Geist Gottes weitergibt, vom Glanz seines Lichts an sich! ⁹Wenn ein Amt, dessen Auftrag es ist, den Menschen ihre hoffnungslose Verschuldung nachzuweisen, schon göttlichen Glanz hat, wie viel mehr Würde, wie viel mehr Schönheit und göttliche Herrlichkeit hat das Amt, das zur Gerechtigkeit führt. ¹⁰Denn obwohl jenes Amt schon seinen Glanz hatte – es verblasst doch ganz und gar gegen das überhelle Licht des jetzigen Amtes. ¹¹Wenn schon das vergängliche sich durch Glanz und Licht auszeichnet, wie viel mehr spiegelt das bleibende von Gottes Herrlichkeit!

¹²Da ich nun mit solcher Gewissheit in die Zukunft sehen kann, lebe und wirke ich frei und offen. ¹³Es geht mir nicht wie Mose, der gezwungen war, sein Gesicht mit einem Tuch zu verdecken, weil sonst die Juden gemerkt hätten, dass der Glanz vergänglich war und wieder verschwand. ¹⁴Freilich, sie haben sich von ihren alten Vorstellungen bis heute nicht frei machen können. Bis zum heutigen Tag liegt die Decke, unter der Gottes Glanz doch längst verschwunden ist, auf dem Alten Testament, wenn es im Gottesdienst verlesen wird, und wird nicht abgenommen, denn nur in Christus wird sie beseitigt. ¹⁵So hängt bis zum heutigen Tage, wenn sie die Worte Moses lesen, eine Decke vor ihrem Herzen. ¹⁶Erst wenn sie umkehrten, würde die Decke abgenommen. ¹⁷Denn der Herr ist der Geist. Wo aber der Geist des Herrn ist, da ist Freiheit. ¹⁸Nun spiegeln wir alle mit freiem Gesicht den Lichtglanz des Herrn. Er verwandelt uns mehr und mehr in sein Ebenbild, und wir werden in diese Herrlichkeit verwandelt, die aus der Klarheit Gottes ist. Wie sollte es auch anders sein, da doch Gottes Geist an uns wirkt!

Das Amt des leidenden Apostels

4 ¹Wenn wir nun dieses Amt haben, wenn Gott uns schon mit so viel Erbarmen begegnet ist, brauchen wir den Mut nicht zu verlieren. ²Wir brauchen keine Kniffe und Schliche. Wir achten darauf, dass wir das Wort Gottes nicht fälschen oder verdrehen, sondern der Wahrheit Raum schaffen. Das Gewissen der Menschen wird uns Recht geben

und bestätigen, dass in unserem Munde wirklich die Wahrheit Gottes ist. ³Wenn das Evangelium, das wir ausrufen, dennoch vielen Menschen dunkel bleibt, dann doch nur denen, die das ewige Leben nicht finden. ⁴Ihnen ist diese Welt ihr Gott, und ihr Gott hat ihre Gedanken verdunkelt. Sie sehen den Glanz des Evangeliums nicht, in dem sie die göttliche Herrlichkeit des Christus erkennen könnten, der doch das Bild Gottes ist.

⁵Wir weisen nicht auf uns selbst hin, sondern auf Jesus Christus und sagen: Der ist der Herr! Wir aber sind eure Diener und dienen damit ihm. ⁶Denn Gott, der sprach: »Licht soll leuchten aus der Finsternis!«, der ließ es in unseren Herzen licht werden, damit die Menschen erkennen: Hier ist die Herrlichkeit Gottes am Werk! Im Angesicht Jesu Christi ist sie zu schauen!

⁷Diesen kostbaren Schatz haben wir nun freilich in tönernen Gefäßen. Das ist auch gut so, denn man soll nicht meinen, die ungeheure Wirkung, die von uns ausgeht, gehe auf uns zurück. ⁸Von allen Seiten bedrängt, aber nicht erdrückt, ratlos, aber nicht verzweifelt, ⁹verfolgt, aber nicht verlassen, überwältigt, aber nie verloren, ¹⁰so tragen wir das Sterben Jesu an unserem Leibe mit uns, damit auch das Leben Jesu an uns sichtbar wird.

¹¹Ja, unser Leben lang werden wir immerfort dem Tode ausgeliefert, weil wir Christus dienen, damit sich auch sein Leben an unserem sterblichen Leibe zeige. ¹²So tobt sich an uns der Tod aus, in euch aber wirkt und schafft die Lebendigkeit Gottes. ¹³In den Psalmen heißt es einmal: »Ich glaube, darum rede ich.« Diesen Glauben hat uns Gott gegeben. So glauben wir und reden ¹⁴und sind gewiss, dass Gott nicht nur Jesus, unsern Herrn, lebendig gemacht hat, dass er vielmehr mit Jesus auch uns lebendig machen und uns und euch gemeinsam zu sich holen wird.

¹⁵Denn das alles geschieht zu euren Gunsten. Immer mehr Menschen sollen die Freundlichkeit Gottes erfahren, und immer mächtiger soll ihre Dankbarkeit zurückströmen und die Ehre Gottes vermehren.

Die Hoffnung, von der ich lebe

¹⁶Darum werden wir nicht müde.
Wenn wir auch äußerlich zugrunde gehen,
erneuert uns doch Gott innerlich von einem Tag zum anderen.
¹⁷Denn unser Leiden geht vorüber und wiegt leicht.

Es bringt uns aber eine Herrlichkeit,
die alle Vorstellungen übersteigt,
¹⁸wenn wir nicht auf das Sichtbare sehen,
sondern uns an das Unsichtbare halten.
Denn das Sichtbare ist vergänglich, das Unsichtbare ewig.

5 ¹Denn wir wissen: Wenn unsere irdische Behausung,
das Zelt, in dem wir leben, abgebrochen wird,
baut Gott uns ein neues Haus, nicht von Menschenhand errichtet,
ein ewiges, im Himmel.
²Hier noch seufzen wir und sehnen uns danach,
dass unser himmlisches Haus uns aufnimmt,
³damit wir nicht schutzlos dastehen.
⁴Solange wir in diesem Zelt wohnen, seufzen wir und sind beschwert,
weil wir nicht entkleidet werden möchten, sondern überkleidet,
so dass das Sterbliche verschlungen wird vom Leben.
⁵Der uns dazu die Hoffnung gab, ist Gott selbst,
der uns den heiligen Geist verlieh,
als den ersten Anteil an unserer Verherrlichung.

⁶So bewahren wir unsere Zuversicht allezeit. Wir wissen:
Solange wir in diesem Leib wohnen, leben wir fern vom Herrn,
⁷denn wir gehen unseren Weg im Glauben, nicht im Schauen.
⁸Um so mehr fassen wir Mut und möchten diesen Leib ablegen
und daheim sein beim Herrn.
⁹Darum liegt uns daran, daheim oder in der Fremde, ihm zu gefallen.
¹⁰Denn alle unsere Hüllen und Masken werden wir ablegen müssen
vor dem Richterstuhl des Christus,
und jeder wird den Lohn empfangen,
den er sich in diesem Leben verdient hat
mit allem, was er tat, es sei gut oder böse.

Ihr seid neue Menschen, fangt neu an!

¹¹Da ich nun weiß, dass Gott zu fürchten ist, und danach lebe, überzeuge ich Menschen, aber Gott sieht mehr: die innersten Regungen in mir. Andererseits hoffe ich, dass auch ihr klar und deutlich sehen könnt, wer ich bin und was ich tue, wenn ihr euer Gewissen befragt.

¹²Damit will ich nicht schon wieder mich selbst empfehlen. Ich will euch nur ein paar Gesichtspunkte nennen, mit denen ihr erklären könnt, wer der Apostel ist, auf den ihr euch beruft. Es könnte ja geschehen, dass ihr mit Leuten zu tun bekommt, die stolz sind auf äußere Vorzüge, weil sie auf innere Vorzüge nicht verweisen können, und könnt sie zum Schweigen bringen. Wenn ich in Ekstase rede, dann geht es nur Gott an. ¹³Wenn ich aber bei Sinnen und Verstand bin, geschieht es für euch, euch zugute.

¹⁴Denn die Liebe Christi drängt uns, so zu denken:
Ist einer für alle gestorben, so sind alle gestorben.
¹⁵Für alle aber starb er, damit die Lebenden
nicht mehr sich selbst leben, sondern ihm,
der für sie gestorben und auferstanden ist.

¹⁶So ist uns gänzlich unwichtig,
was ein Mensch aus sich selbst ist und durch eigene Kraft.
Und wenn wir Christus kannten in seiner menschlichen Gestalt,
so ist uns seine menschliche Erscheinung nun unwichtig geworden.
Wer aber in Christus ist, ist eine neue Schöpfung.
¹⁷Das Alte ist vergangen. Öffne die Augen und schau!
Alles ist neu geworden.

¹⁸All das aber geschieht aus Gott.
Denn Gott sandte Christus, um uns mit sich zu versöhnen,
und gab uns das Amt der Versöhnung.
¹⁹Denn Gott war in Christus und versöhnte die Welt mit sich selber,
er rechnete den Menschen ihre Sünden nicht zu
und gab uns den Auftrag, für diese Versöhnung zu wirken.
²⁰Nun sind wir Botschafter, stellvertretend für Christus,
und Gott mahnt durch uns. So bitten wir im Auftrag des Christus:
»Lasst euch versöhnen mit Gott!«
²¹Denn er hat den, der keine Sünde kannte, an unserer Stelle
zum Schuldigen gemacht, damit wir ihm, Gott, gerecht werden
und er uns gerecht macht durch ihn.

6 ¹So bin ich Gottes Mitarbeiter und mahne euch:
Tut alles, dass ihr die Gnade Gottes
nicht vergeblich empfangen habt.

²Gott hat gesagt: »Ich habe dich erhört in einer Stunde des Segens,
ich habe dir Hilfe gesandt an einem glücklichen Tag.«
Die gesegnete Zeit ist heute, der glückliche Tag ist jetzt!

³Meine Sorge ist die,
ich möge niemandem ein Hindernis werden für seinen Glauben.
⁴Meine Sorge ist, glaubwürdig zu sein als Gottes Diener,
indem ich Geduld bewähre, ⁵in Bedrängnissen, in Notlagen,
in Ängsten und unter Schlägen oder im Gefängnis,
in Unruhen und Mühsalen, schlaflos und fastend.

⁶Bewähren will ich mich durch Reinheit,
durch Einsicht und Langmut und durch die Güte,
die der heilige Geist verleiht.
Meine Liebe muss wahr sein, und wahr meine Rede.
⁷Keine Kraft wirke in mir als die Kraft Gottes.
Keine Waffen will ich führen
als die Waffen der Gerechtigkeit nach allen Seiten,
gegen was immer ich mich wehre:
⁸gegen Lobreden oder Verleumdung, gegen böse Nachrede
oder schwärmerische Verehrung, als ein Verführer betrachtet,
der doch die Wahrheit eröffnet, ⁹unverstanden und unerkannt,
zu Tode gehetzt und doch lebendig, geschlagen und doch nicht getötet,
¹⁰leidend und doch glücklich, ein Bettler, der viele reich macht,
ein Habenichts, der doch alles besitzt.

Macht eure Herzen weit

¹¹Ihr Korinther, ich schreibe das mit großen Worten und aus einem weiten Herzen. ¹²Raum habt ihr in mir, warum ist es in euren Herzen so eng? ¹³Wie zu Kindern rede ich zu euch: Vergeltet doch Gleiches mit Gleichem! Gebt doch auch mir Raum in euren Herzen.

¹⁴Stellt euch nicht als Zugtiere zur Verfügung, wenn die Ungläubigen euch vor ihren Wagen spannen möchten. Was hat Gerechtigkeit mit Unrecht zu schaffen? Was haben Licht und Finsternis miteinander zu tun? ¹⁵Was hat Christus mit dem Teufel gemeinsam? Was kann einer, der an ihn glaubt, noch gemeinsam wollen mit dem, der ihn verachtet? ¹⁶Wie verträgt sich Gottes Tempel mit den Bildern von Götzen? Wir

aber sind der Tempel des lebendigen Gottes, wie Gott selbst sagt: »Ich will bei ihnen wohnen. Ich will sie auf ihren Wegen begleiten. Ich will ihr Gott, und sie sollen mein Volk sein. ¹⁷Darum sondert euch ab, trennt euch von den anderen, rührt nichts an, was eure Seele beschmutzt, denn ich will euch zu mir nehmen ¹⁸und will euer Vater sein und ihr meine Söhne und Töchter.« So spricht er, der Allherrscher.

7 ¹Da uns das zugesagt ist, meine Lieben, lasst uns Leib und Geist reinigen von allem, was uns befleckt, Gott suchen und uns darin ihm zueignen.

Ich freue mich, dass ihr so guten Willens seid

²Gebt mir doch ein wenig Raum in euren Herzen! Versteht mich doch ein wenig. Ich habe niemandem von euch Unrecht getan, keinem habe ich geschadet, keinen betrogen. ³Damit will ich euch keine Vorwürfe machen. Ich habe es ja vorhin gesagt: Auf Tod und Leben seid ihr in meinem Herzen mit mir verbunden! ⁴Ich rede frei mit euch und in festem Zutrauen, und wenn ich zu anderen über euch spreche, dann mit großem Stolz. Der Gedanke an euch gibt mir Trost und macht mich mitten in meinem Elend froh.

⁵Als ich nämlich nach Mazedonien kam, war ich voll Sorge und Unruhe und hatte Schwierigkeiten von allen Seiten: von außen Kämpfe, von innen Ängste. ⁶Aber Gott, der die Niedergeschlagenen tröstet, der tröstete mich durch das Wiedersehen mit Titus ⁷und noch mehr durch die gute Nachricht, die er von euch mitbrachte. Denn Titus erzählte mir, wie sehr ihr euch nach mir sehnt, wie tief ihr über das Vorgefallene betrübt seid und wie entschieden ihr auf meiner Seite steht. Ich bin sehr froh geworden, als ich das hörte.

Ihr seid durch eine segensreiche Trauer gegangen

⁸Deshalb soll es mir jetzt auch nicht mehr leid sein, wenn ich euch in meinem letzten Brief so hart angegriffen habe. Es war mir mittlerweile einmal leid gewesen, weil ich sah, dass ich euch eine Zeit lang traurig gemacht habe, ⁹aber nun bin ich doch froh. Nicht, weil ich euch betrübt habe, sondern weil ihr in dieser Trauer eure Einstellung, eure Gesin-

nung geändert habt. Die schweren Tage, die ihr durchgemacht habt, waren durchaus nach Gottes Herzen und hatten den Sinn, dass er an euch wirken konnte, und so ist auch mit meinem harten Brief etwas Hilfreiches für euch geschehen. [10]Eine Trauer, wie Gott sie uns auferlegt, zwingt zur Umkehr und zum Neuanfang, sie weist uns auf einen Weg, der zum Heil führt und den zu gehen niemanden zu reuen braucht. Umgekehrt können aus einer Niedergeschlagenheit, die nur menschlich ist, die also keine Hoffnung kennt, nur die Verzweiflung und der Tod folgen.

[11]Durch eine solche segensreiche Trauer hat Gott euch geführt, und ihr habt ihren Sinn begriffen! Welchen Eifer hat sie in euch geweckt! Ihr habt euch zur Wehr gesetzt. Ihr wart empört und erschrocken, ihr habt euch nach einer Änderung gesehnt, ihr habt sie erzwungen und habt den Schuldigen zur Rechenschaft gezogen. Ihr habt getan, was ihr konntet, und gezeigt, dass ihr an der ganzen Sache unschuldig seid. [12]So hatte dieser Brief nicht den Sinn, den anzugreifen, der mich beleidigt hat, auch nicht, mich gegen seine Ausfälle zu verteidigen, sondern den, das Verhältnis zwischen euch und mir zu klären. Er hat euch Gelegenheit gegeben, euren guten Willen mir gegenüber vor Gott und euch selbst zu beweisen. [13]Nun bin auch ich nachträglich froh über alles, was geschehen ist.

So sehr mir das alles wohl getan hat, meine Freude war noch größer, als ich sah, wie sehr Titus von seinem Besuch bei euch erfüllt war, wie erquickt er zurückkam, wie viel er von euch allen empfangen hat. [14]Ich hatte ihm in den höchsten Tönen von euch erzählt und bin froh, dass ich nun nicht als Prahler dastehe. Es hat sich ja gezeigt, dass ich euch gegenüber nichts als die Wahrheit gesagt habe, und ebenso hat sich nun erwiesen, dass mein hohes Lob über euch Titus gegenüber berechtigt war. [15]Ja, mit großer Liebe denkt er an euch, wenn er sich erinnert, wie bereitwillig ihr euch alle seinen Weisungen gefügt und wie ihr ihn mit Furcht und Zittern aufgenommen habt. [16]Ich freue mich, dass ich euch in allen Dingen vertrauen darf.

Wir sammeln für die Gemeinde in Jerusalem

8 [1]In Mazedonien, liebe Brüder, hatte ich ein besonders schönes Erlebnis. Was die Freundlichkeit Gottes in den dortigen Gemeinden aus den Menschen gemacht hat, das muss ich euch erzählen. [2]Sie haben

unendlich viel Leid durchgestanden. Was man aber an ihnen erlebte, war nichts als strahlende Freude. Sie sind arm, so arm, dass es sich nicht schildern lässt. Aber Gott machte sie reich an ganz einfacher, schlichter Güte. ³Sie haben bis an die Grenze ihrer Möglichkeiten gegeben, ja, ich kann es bezeugen, darüber hinaus. ⁴Sie haben mich gebeten und gedrängt, ich möchte sie doch nicht ausschließen, ich möchte sie doch an dem Liebesdienst beteiligen, der der Gemeinde in Jerusalem in diesen Tagen erwiesen wird. ⁵Sie haben alle Erwartungen übertroffen. Sie haben sich selbst Gott zum Opfer gebracht und danach ihre Gaben mir überreicht, wie Gott es ihnen eingab. ⁶So habe ich Titus aufgefordert, er möge dieses Liebeswerk nun auch bei euch durchführen, nachdem er es ja schon bisher in der Hand hatte.

⁷Ihr seid reich an allem, was nötig ist: an Glauben, an Gottes Wort, an Einsicht und gutem Willen, auch reich an Liebe. ⁸Ich gebe euch keinen Befehl. Aber ich sehe, was die anderen tun, und möchte prüfen, wie echt eure Liebe ist. ⁹Denn ihr selbst lebt von der Freundlichkeit des Herrn Christus: Er war reich und gab allen seinen Reichtum hin, um euch aus seiner Armut reich zu machen.

¹⁰Ich gebe euch meinen Rat und bin sicher, dass es zu eurem Besten ist: Schon im vorigen Jahr habt ihr ja angefangen zu sammeln. ¹¹Lasst nun dem guten Willen von damals die Tat folgen und bringt das ganze Unternehmen zum Ziel, natürlich nur in dem Umfang, in dem es euch möglich ist. ¹²Denn wenn der gute Wille da ist, ist die Gabe willkommen, und Gott hat Freude an ihr. Und der Geber wird ja an dem gemessen, was er hat, nicht an dem, was Reichere haben. ¹³Es ist auch nicht so gemeint, dass es anderen gut gehen solle, während ihr das Eure verliert, sondern so, dass ein Ausgleich stattfindet. ¹⁴Wenn diesmal euer Überfluss ihren Mangel deckt, dann könnte durchaus ein andermal ihr Überfluss euch zugute kommen, wenn ihr in Not seid. So gleicht es sich aus. ¹⁵In der Schrift steht: »Wer viel sammelte, hatte keinen Überfluss, wer wenig fand, keinen Mangel.«

¹⁶Ich bin froh und danke Gott, dass er dem Titus dieselbe Leidenschaft ins Herz gegeben hat wie mir, für euer Bestes zu wirken. ¹⁷Ich habe ihn zwar gebeten, euch zu besuchen, aber er hätte es auch ohne meine Bitte von sich aus getan, so viel liegt ihm an euch. ¹⁸Als Begleitung gab ich ihm einen Bruder mit, der in allen Gemeinden geschätzt wird, weil er für die Ausbreitung des Evangeliums so viel leistet. ¹⁹Außerdem haben ihn die Gemeinden von sich aus zu meinem Mitarbeiter bestimmt, der mir helfen soll, das große Werk der Liebe durch-

zuführen. Das ist gut so. Es soll ja dem Herrn zur Ehre geschehen und entspricht darum genau meinem Wunsch. [20]Denn auf diese Weise schütze auch ich selbst mich vor dem Verdacht, der sich bei einer so großen Geldsumme, wie ich sie da verwalte, allzu leicht einstellt. [21]Es liegt mir daran, dass alles einwandfrei zugeht, nicht nur dem Herrn, sondern auch den Menschen gegenüber.

[22]Mit ihm zusammen sende ich noch einen dritten Bruder, dessen Tüchtigkeit ich schon oft und bei vielen Gelegenheiten erprobt habe und der besonders gern mitgeht, weil er viel von euch hält. [23]Wenn ich euch Titus ans Herz lege, dann tue ich es, weil er mein Vertrauter ist und mir hilft, für euch zu arbeiten. Wenn ich mich für die beiden anderen Brüder einsetze, dann darum, weil sie Abgesandte ihrer Gemeinden und eine Ehre für Christus sind. [24]Nehmt sie mit Liebe auf und zeigt den Gemeinden, aus denen sie kommen, dass ich recht hatte, als ich in so hohen Tönen von euch sprach.

Geben ist der Anfang der Ernte

9 [1]Eigentlich ist es unnötig, euch über die Sammlung für Jerusalem zu schreiben. [2]Ich kenne ja eure Bereitwilligkeit und habe sie auch den Mazedoniern gegenüber immer wieder gerühmt und gesagt: »Die Korinther bereiten die Sache schon seit einem Jahr vor!« Und eure Tatkraft war für viele ein Ansporn. [3]Aber ich schicke nun doch die Brüder zu euch. Es könnte ja sein, dass ich euch zu viel zugetraut habe mit meinem Lob, und ich möchte, dass ihr nun auch wirklich alles bereit habt. [4]Ich fürchte sonst, wenn ich demnächst mit Leuten aus Mazedonien zu euch komme, es könnte sich zeigen, dass ihr noch gar nicht wirklich vorbereitet seid und ich mit meinen großen Worten über euch beschämt dastehe, oder besser: ihr selbst euch eurer leeren Worte schämen müsst.

[5]So schien es mir nötig, die Brüder zu bitten, sie möchten vorausreisen und die von euch versprochene Gabe einsammeln, mit der ihr Gott rühmen wolltet, damit sie gesammelt daliegt und man ihr den Segen Gottes anmerkt und nicht den menschlichen Geiz. [6]Das ist nun einmal so: Wer sparsam sät, wird kärglich ernten. Wer in der Hoffnung auf den Segen Gottes auswirft, wird Segen einbringen. [7]Jeder gebe so, wie er es sich in seinem Herzen selbst vorgenommen hat, nicht gegen seinen Willen oder deshalb, weil andere geben und er sich ihnen anschließen muss. Gott liebt den, der mit leichtem Herzen gibt, in der Heiterkeit, der man

den Glauben und die Liebe anmerkt. ⁸Gott kann euch reich machen an allem, was ihr braucht, so sehr, dass ihr immer, überall und in jeder Hinsicht wohl versorgt seid und euren Überfluss nach allen Seiten weitergeben könnt.

⁹In den Psalmen heißt es: »Er hat sein Saatgut ausgeworfen, und die Armen leben davon. Seine Güte ist zuverlässig für alle Zeiten.« ¹⁰Gott gibt dem Bauern Saatgut und Brot zur Nahrung. Er wird auch euch das Saatgut reichen und mehren und Frucht wachsen lassen, eure Gerechtigkeit. ¹¹Denn ihr sollt reich sein und in all eurem Reichtum immer einfacher und immer selbstverständlicher weitergeben, was ihr habt. Was wird aber da wachsen, wo unsere Saat hinfällt? Dankbarkeit. Die Dankbarkeit gegen Gott in den Herzen vieler Menschen.

¹²Denn ihr helft nicht nur einer Gemeinde in ihrer äußeren Not, wenn ihr dieses Opfer bringt, vielmehr geht darin auch der Segen von euch aus, dass viele dafür Gott danken. ¹³Ihr selbst bewährt euch darin als Christen, und sie preisen Gott dafür, dass ihr euer Bekenntnis zu Jesus Christus und zu allem, was er für uns getan hat, so ernst nehmt. Sie preisen Gott dafür, dass ihr mit eurer schlichten Liebestat die Gemeinschaft mit ihnen und allen anderen bewiesen habt. ¹⁴Sie bitten Gott für euch und sehnen sich danach, euch kennen zu lernen und mit euch verbunden zu sein, nachdem sie Gottes Güte durch eure Tat so überreich erfahren haben. ¹⁵Preis und Dank sei Gott, der uns so viel mehr geschenkt hat, als wir je mit Worten werden schildern können!

Leider muss ich zwischen euch und mir einiges klären

10 ¹Ich, Paulus, ermahne euch kraft der Huld und Güte des Christus. Man behauptet offenbar bei euch, ich stelle mich, wenn ich bei euch sei, ängstlich und demütig, aus der Ferne aber spiele ich den starken Mann. ²Ich bitte euch: Zwingt mich nicht, an Ort und Stelle bei euch als »starker Mann« aufzutreten. Es würde mir durchaus nicht schwer fallen, das zu tun, etwa Leuten gegenüber, die behaupten, meine Lebensführung sei »weltlich«, »menschlich«, »ungeistlich«. Also verdammungswürdig. ³Selbstverständlich lebe ich wie ihr alle in der Welt. Selbstverständlich bin ich ein Mensch mit Fleisch und Blut, aber das heißt noch lange nicht, dass meine Arbeitsweise und meine Lebensführung, dass die Beweggründe für meinen Kampf »weltlich«, dass sie »fleischlich« seien. ⁴Die Waffen, mit denen ich kämpfe, sind anders als die, die man sonst in der Welt führt. Sie sind von Gott, und sie sind stark genug, im Kampf für Gott die Befestigungen niederzulegen, in denen sich die Menschen gegeneinander verschanzen, und die Gedankengebäude von Menschen zu zerstören. ⁵Sie sind stark genug, menschliche Behauptungen, die sich wie Burgen erheben und die Erkenntnis Gottes versperren, niederzureißen. Sie reichen aus, alle klugen Gehirne, die sich darin vermauert haben, gefangen zu nehmen und zum Gehorsam zu zwingen, zum Gehorsam Christus gegenüber. ⁶Ich bin entschlossen, alle Widerspenstigkeit und Eigenmächtigkeit auszuräumen, sobald ihr willens seid, zu gehorchen.

⁷Tut doch die Augen auf! Wenn jemand von sich sagt und darauf stolz ist, dass er zu Christus gehört, dann soll er noch einen Schritt weiterdenken und sich sagen, dass er nicht allein zu Christus gehört, sondern wir alle, auch ich, ebenso. ⁸Ich könnte hier mit beliebig starken Worten von der Vollmacht reden, die der Herr mir verliehen hat. Ich würde damit noch lange ehrenvoll bestehen können. Aber ich habe sie vom Herrn nicht empfangen, um sein Werk im Streit zu vernichten, sondern um euch in seine Kirche mit einzubauen. ⁹Ich rede also nicht davon. Es könnte sonst so aussehen, als wolle ich euch mit meinen Briefen wieder »einschüchtern«. ¹⁰Seine Briefe, so sagte da einer, sind voll Gewicht und Kraft; wenn er aber da ist, sieht man einen kleinen, schwächlichen Menschen, der einfältige Reden hält. ¹¹Wer so redet, lasse sich sagen: Ich kann mündlich durchaus mit denselben Worten auftreten wie in meinen Briefen und kann, was ich schreibe, durchaus mit der Tat unterstreichen.

¹²Freilich, dazu reicht meine Kühnheit nicht aus, mich mit gewissen Leuten zu vergleichen, die sich bei euch empfehlen, oder mich gar mit ihnen auf eine Stufe zu stellen. Ich nehme mein Maß vielmehr bei mir selbst und vergleiche mich mit mir selbst, ¹³ohne dass ich dabei in maßlosen Selbstruhm zu verfallen brauche. Ich messe mich an dem Arbeitsgebiet, das Gott mir zugemessen hat, denn er wollte offenbar, dass ich auch bis zu euch gelange. ¹⁴Es ist doch nicht so, als müsste ich mich über mein Maß hinaus strecken, weil es mir nicht bestimmt wäre, bis zu euch zu gelangen. Nein, ich bin ja mit der Christusbotschaft wirklich bis zu euch gelangt ¹⁵und brauche mich also keineswegs einer Arbeit zu rühmen, die andere geleistet haben. Im Gegenteil, ich hoffe, dass euer Glaube zunimmt, so dass ich noch viel größer werden kann nach dem Maßstab, an dem ich mich zu messen habe: ¹⁶dass ich nämlich in noch fernere Länder weiterreisen kann, um auch dort das Evangelium auszubreiten. Denn es liegt mir fern, mich einer Arbeit zu rüh-

men, die andere geleistet haben. ¹⁷Wer etwas Gutes von sich sagen will, sage: »Ich habe es vom Herrn.« ¹⁸Denn nicht der kann als bewährt gelten, der von seinen eigenen Leistungen redet, sondern nur der, zu dessen Werk der Herr Ja sagt.

Es gibt falsche Apostel

11 ¹Ob ihr wohl Nachsicht mit mir habt, wenn ich ein wenig töricht daherrede? Ganz gewiss, ihr habt sie. ²Ihr wisst ja, dass nicht mein persönlicher Ehrgeiz am Werk ist, wenn ich so dringend um euer Herz werbe, sondern die Liebe Gottes. Wie ein Vater seine Tochter einem einzigen Mann anvertraut, so will ich euch wie ein reines Mädchen Christus zuführen. ³Nun könnte es freilich sein – ich fürchte es –, dass, wie die Schlange in ihrer Falschheit Eva betrog, eure Herzen ihre Klarheit und ihre Eindeutigkeit verlieren. Es könnte geschehen, dass ihr nicht mehr auf Christus allein hinblickt, sondern in alle möglichen Richtungen zugleich. ⁴Da braucht nur einer zu kommen, der euch einen anderen Jesus bekanntmacht, als den ihr kennt, oder einen anderen Geist verspricht, als den ihr empfangen habt, oder ein anderes Evangelium, als das ich euch gebracht habe – und schon nehmt ihr es naiv und kritiklos hin.

⁵Ich bin doch nicht weniger als die großmächtigen Überapostel. ⁶Mag sein, dass ich kein Redner bin, aber ich weiß dafür, wovon ich rede, und habe das jederzeit und öffentlich bei euch bewiesen. ⁷War es denn ein Fehler, dass ich so bescheiden bei euch gelebt habe um eurer Erhöhung willen? War es falsch, dass ich euch das Evangelium Gottes kostenlos überlassen habe? ⁸Andere Gemeinden habe ich ausgeplündert. Von anderen habe ich mich freihalten lassen, weil ich euch dienen wollte, ⁹und als ich während meines Aufenthalts bei euch in Schwierigkeiten geriet, habe ich niemanden um Geld gebeten. Denn was mir fehlte, haben mir die Brüder gegeben, die aus Mazedonien kamen. Ich habe es bisher so gehalten und werde es auch künftig so halten, dass ich euch nichts koste. ¹⁰So gewiss Christus in mir lebt, der die Wahrheit ist: Diesen Stolz nimmt mir niemand in Achaia.

¹¹Bin ich darin so hartnäckig, weil ich euch nicht liebe? Dass ich euch liebe, weiß Gott. ¹²Aber ich halte es so und werde es weiterhin so halten und werde denen, die mich angreifen, die Gelegenheit abschneiden. Sie sollen bei dem behaftet werden, wessen sie sich rühmen, wie

auch ich. ¹³Denn sie sind nicht Apostel, sondern Lügner. Sie arbeiten nicht für Christus, sondern für sich selbst und behaupten nur lauthals, sie seien Apostel. ¹⁴Es ist nicht weiter verwunderlich. Der Satan selbst liebt es, die Gestalt eines Engels anzunehmen und als Lichtbringer aufzutreten. ¹⁵Es ist nichts Besonderes, dass nun auch seine Handlanger sich als Diener der Gerechtigkeit ausgeben. Sie werden ein Ende finden, wie sie es mit ihrem Treiben verdient haben.

Mein Leben ist ein einziges Leiden mit Christus

¹⁶Ich möchte es wiederholen: Seht mich bitte nicht als dummen Jungen an! Und wenn ihr mich wirklich so anseht, dann lasst es euch gefallen, dass ich euch mit meiner Dummheit komme. Es ist ja bei euch Sitte, dass man große Dinge von sich redet. Lasst mich da ein wenig mittun! ¹⁷Was ich jetzt sage, sage ich nicht, weil der Herr es mir aufgetragen hätte, sondern weil ich gerne ein Weilchen dumm sein möchte mit den Dummköpfen. ¹⁸Wenn schon das allgemeine Selbstlob der Egoisten erschallt, dann lasst mich ein wenig mitlärmen. ¹⁹Ihr habt es doch gerne, die Einfältigen zu hören! Um so klüger seid ihr selbst. ²⁰Ihr habt es doch gerne, wenn euch einer wie die Sklaven dahintreibt, wenn euch einer mit Haut und Haar verspeist, euch einsteckt, untertritt oder ins Gesicht schlägt! ²¹Das allerdings habe ich nicht zuwege gebracht, dazu war ich, das muss ich zu meiner Schande gestehen, nicht stark genug.

Wenn sich aber einer in die Brust wirft und sagt: »Seht her! Das bin ich!«, dann kann ich noch lange mithalten. Ich schwätze also mit im Gelärme der Schaumschläger: ²²Hebräer sind sie? Ich bin es auch. Israeliten sind sie? Ich auch. Kinder Abrahams? Ich auch. ²³Mitarbeiter des Christus sind sie? Da muss ich etwas ganz besonders Törichtes sagen: Ich noch mehr! Ich habe mehr Mühe gehabt als irgendein anderer Apostel. Ich bin öfter im Gefängnis gewesen. Ich bin öfter gegeißelt worden und in Todesnot gekommen. ²⁴Von den Juden habe ich fünfmal die Höchststrafe erhalten, nämlich neununddreißig Geißelhiebe. ²⁵Dreimal bin ich mit Stöcken geschlagen und einmal gesteinigt worden. Dreimal habe ich Schiffbruch erlitten, Nacht und Tag habe ich in den Wellen zugebracht. ²⁶Viele mühselige Reisen habe ich hinter mir. Auf Flüssen bin ich in Gefahr gewesen, in Gefahr durch Räuber, in

Gefahr durch mein eigenes Volk und in Gefahr durch fremde Menschen, in Gefahr in den Städten, auf einsamen Wegen und auf dem Meer, und immer wieder auch in Gefahr durch falsche Brüder. ²⁷Mühe und Arbeit habe ich gehabt, Schlaflosigkeit, Hunger, Durst, Entbehrung, Frost und Mangel an Kleidern. ²⁸Und dabei ist all das nicht eingerechnet, was täglich dazukommt, nämlich dass ich ständig angelaufen werde und mir die Sorge für alle Gemeinden auf der Seele liegt. ²⁹Wer wird schwach, und ich werde nicht schwach? Wenn jemand an Gott irrewird, brenne ich nicht wie Feuer? ³⁰Wenn ich irgendetwas habe, dessen ich mich rühmen kann, dann ist es meine Schwäche. ³¹Gott, der Vater unseres Herrn Jesus Christus, weiß, dass das alles wahr ist. Ich will ihn preisen in Ewigkeit. ³²In Damaskus verschloss der Gouverneur des Königs Aretas die Tore der Stadt und wollte mich greifen, ³³da ließ man mich von einem Fenster aus in einem Korb über die Mauer hinab, und ich entging seinem Zugriff.

In meiner Schwäche ist Gottes Kraft am Werk

12 ¹Es kommt zwar nichts dabei heraus, wenn einer von sich selbst spricht, aber es lässt sich wohl nicht umgehen. So will ich denn doch auf die Visionen und übersinnlichen Erfahrungen kommen, die der Herr mir geschenkt hat.
²Ich kenne einen Menschen, der in Christus ist, der wurde eines Tages in Gottes Welt hinaufgerissen, so dass er sich plötzlich im dritten Himmel befand, in seiner Nähe. Es sind jetzt vierzehn Jahre her. Ob man sagen soll, er sei dabei in einem »normalen« Zustand gewesen, oder er habe seinen Leib verlassen und sei »außer sich« gewesen, weiß ich nicht. Gott weiß es. ³Ich weiß von demselben Menschen, dass er ins Paradies entrückt wurde. Ob man sagen soll, er sei im Leibe gewesen oder außerhalb seines Leibes, weiß ich nicht. Gott weiß es. ⁴Der hörte unaussprechliche Worte, die kein Mensch nachsprechen kann.
⁵Wenn ihr an mir unbedingt etwas Besonderes sehen wollt, dann seht auf diesen Menschen und auf das Einzigartige, das Gott mit ihm getan hat. Ich selber möchte dabei bleiben, dass das einzig Besondere an mir meine Schwäche ist. ⁶Ich habe das Recht, so zu reden, denn es ist wahr. Und wenn ich davon erzähle, so bin ich damit noch kein Prahler. Aber ich lasse es, weil ich will, dass man mich nach dem schlichten Bild beurteilt, das ich biete, und nach den einfachen Worten, die ich

sage. Es hilft ja nichts, wenn man mich für etwas Besonderes, womöglich für einen Menschen mit übersinnlicher Begabung hält.
⁷Denn Gott hat neben allem, was er mir geschenkt hat, noch etwas anderes getan, damit ich mir ja nichts auf meine besondere Nähe zu ihm zugute tue: Er hat meinen Leib an einen Pfahl gebunden, ein Engel Satans schlägt mich mit Fäusten, damit ich mich ja nicht überschätze. ⁸Dreimal habe ich den Herrn angefleht: Nimm ihn weg! Treib ihn fort! ⁹Er aber hat zu mir gesagt: »Lass dir an meiner Gnade genug sein, denn die Kraft kommt zur Vollendung in der Schwachheit.« So möchte ich mich am liebsten meiner Schwachheiten rühmen, damit die Kraft Christi bei mir Wohnung nehme. ¹⁰Darum freue ich mich in den Stunden der Müdigkeit und der Misshandlungen, in Notlagen, Verfolgungen und Bedrängnissen. Dann weiß ich: Hier bin ich am engsten mit Christus verbunden. Wenn ich schwach bin, bin ich stark.

¹¹Nun bin ich doch in die traurige Narrheit hineingeraten, mich selbst zu bespiegeln. Ihr habt mich dazu gezwungen. Richtiger wäre es gewesen, ihr hättet euch für mich eingesetzt. Denn natürlich bin ich ein Nichts, aber ich bin immer noch mehr als eure hohen »Apostel«. ¹²Dass ich ein Apostel bin, habe ich euch mit viel Geduld bewiesen, mit zeichenhaften und wunderbaren Taten, in denen Gottes Kraft deutlich am Werk war. ¹³Es hat euch doch nichts gefehlt! Ich habe euch doch nicht vernachlässigt gegenüber den übrigen Gemeinden, außer vielleicht in dem einen, dass ich euch nichts gekostet habe. Verzeiht mir dieses schreckliche Unrecht!

In Kürze will ich euch zum dritten Mal besuchen

¹⁴Nun habe ich vor, euch zum dritten Mal zu besuchen, und will auch da nicht auf eure Kosten leben. Mir liegt ja nicht an eurem Besitz, sondern an euch. Außerdem sollen nicht die Kinder für die Eltern Reichtümer sammeln, sondern die Eltern für die Kinder. ¹⁵Dazu bin ich allerdings mit Freude bereit. Ich will mich gern opfern und hingeben, damit ihr bei Gott leben könnt. Nur: Wenn ich euch so liebe – ist es recht, dass mir von euch so wenig Liebe entgegenkommt?

¹⁶Nun gut. Ich bin euch nicht zur Last gefallen. Aber vielleicht war ich listig und hinterhältig? ¹⁷Habe ich euch denn durch irgendeinen von denen, die ich zu euch gesandt habe, ausbeuten lassen? ¹⁸Ich habe Titus gebeten, zu euch zu reisen, und mit ihm zusammen einen Bruder ge-

sandt. Hat Titus euch betrogen? Leben und handeln wir nicht im selben Geist? Gehen wir nicht in derselben Spur? ¹⁹Sage ich das nun wieder, um mich vor euch zu verteidigen, wie ihr sicher schon lange meint? Nein. Ich sage es, weil ihr in alledem mit Gott zu tun habt. Ich sage es, weil ihr mit mir demselben Christus angehört. Ich sage es, ihr Lieben, weil mir daran liegt, dass unter euch die wirkliche Kirche entsteht. ²⁰Denn ich fürchte, ich treffe euch in einem Zustand an, der mir keine Freude macht, und ihr erlebt an mir einen Besucher, der euch ebenfalls keine Freude bereitet. Ich fürchte, ich treffe Zank und Streit an, Zorn und Zwietracht, Klatsch und Zuträgerei, Angeberei und Unordnung. ²¹Ich fürchte, mein Gott demütigt mich aufs neue mit den Erfahrungen, die ich bei euch machen werde. Ich werde über viele betrübt sein müssen, die Böses getan haben und nicht bereit sind, zu sühnen und neu zu beginnen, über viele, die in ihrer Unsauberkeit, ihrer Zuchtlosigkeit, ihren Ausschweifungen weiterleben möchten.

13 ¹Mein Besuch wird der dritte sein. Er soll als der dritte Zeuge gelten, denn aufgrund von zwei oder drei Zeugen wird das Urteil gefällt. ²Ich habe es euch gesagt und kündige noch einmal von hier aus an, was ich schon bei meinem zweiten Besuch gesagt habe; ich wende mich ausdrücklich an die Schuldigen, aber auch an alle anderen: Wenn ich komme, gibt es keine Nachsicht. ³Ihr wollt ja bewiesen haben, dass Christus aus mir spricht. Nun sollt ihr erleben, dass Christus nicht nachgibt, sondern durchsetzt, was er bei euch erreichen will. ⁴In der Schwäche eines leidenden Menschen hing er am Kreuz. In der souveränen Macht Gottes lebt und herrscht er. Ich selbst habe an seiner Schwäche teil, aber auch an der lebendigen Kraft Gottes, die ihr erleben werdet.

⁵Prüft euch selbst! Ist es wirklich Glaube an Christus, was euch erfüllt? Oder könnt ihr an euch selbst nichts entdecken, kein Zeichen dafür, dass Christus in euch ist? Dann allerdings stünde es schlecht um euch. ⁶Dass ich selbst durchaus in der Lage bin, meine Autorität zu beweisen, das werdet ihr, hoffe ich, bald einsehen. ⁷Ich bitte aber Gott, er möge euch bewahren, dass ihr nichts Unrechtes tut. Mir liegt ja nichts daran zu beweisen, wer ich bin und was ich kann, sondern daran, dass ihr den rechten Weg findet. Wenn es dann so aussieht, als fehlte es an mir, will ich das gerne auf mich nehmen. ⁸Ich wirke ja dafür, dass die Wahrheit sich durchsetzt, und nicht für irgendein Ziel, das an der

Wahrheit vorbei oder gegen sie zu erreichen wäre. ⁹Ich freue mich, wenn sich bei unserer Begegnung herausstellt, dass ich Unrecht habe und ihr in überzeugender Weise Recht habt. Auch in meinem Gebet ist es mein Wunsch, dass ihr zurechtkommt. ¹⁰Das ist auch der Grund, warum ich diesen Brief noch schreibe, ehe ich komme: Ich möchte die Vollmacht, die der Herr mir gegeben hat, nicht dazu anwenden müssen, mit Schärfe gegen euch vorzugehen, denn sie soll ja aufbauend und nicht zerstörend wirken.

Wünsche zum Schluss

¹¹Und nun, liebe Brüder, lebt wohl! Seht zu, dass alles in Ordnung kommt, und haltet fest, was ich euch gesagt habe. Steht zusammen und haltet Frieden. Dann wird der Gott der Liebe und des Friedens bei euch sein. ¹²Grüßt einander mit dem heiligen Kuss. Es grüßen euch alle Glieder dieser Gemeinde, die Heiligen.

¹³Die Gnade unseres Herrn Jesus Christus und die Liebe Gottes und die Gemeinschaft des heiligen Geistes sei mit euch allen.

DER BRIEF DES PAULUS
AN DIE GALATER

1 ¹Paulus,
Apostel, nicht von Menschen berufen,
sondern von Jesus Christus bevollmächtigt,
und von Gott, dem Vater,
der ihn auferweckt hat von den Toten,
²und alle Brüder, die hier sind,
grüßen die Gemeinden in Galatien.
³Gnade sei mit euch und Frieden
von Gott, unserem Vater,
und von Jesus Christus, unserem Herrn.

⁴Er hat sich geopfert an unserer Stelle,
um uns frei zu machen von unserer Schuld,
uns herauszureißen aus dieser bösen Welt und Zeit,
wie es Gott wollte, unser Vater.
⁵Ihm, Christus, sei Ehre
von Ewigkeit zu Ewigkeit. Amen.

Ein unbegreiflicher Rückfall

⁶Ich muss mich wundern, dass ihr euch so schnell abwenden könnt von dem Gott, der euch durch das gute Wort des Christus berufen hat, zu einem anderen Evangelium. ⁷Es gibt freilich gar kein anderes. Es gibt höchstens einige Leute, die euch verwirren und das Evangelium von Christus verdrehen wollen. ⁸Aber auch wenn ich selbst oder gar ein Engel vom Himmel euch etwas verkündigen wollte, das im Gegensatz stünde zu dem, was ich euch nahe gebracht habe, dann soll er verflucht sein. ⁹Ich wiederhole: Wenn euch einer ein anderes Evangelium bringt an der Stelle dessen, was ihr empfangen habt, so sei er verflucht.

Was ich euch brachte, ist von Gott

¹⁰Wie ist denn das? Rede ich nun Menschen nach dem Munde oder rede ich, was Gott gefällt? Rede ich Menschen zu Gefallen, so wäre ich nicht der Knecht des Christus. ¹¹Brüder, ich erkläre feierlich: Die Botschaft, die ich euch gebracht habe, ist keine menschliche Erfindung und nicht nach Menschenart formuliert. ¹²Ich habe sie nicht von Menschen übernommen, und niemand hat sie mich gelehrt. Jesus Christus hat sie mir offenbart. ¹³Ihr habt ja gehört, was ich tat, als ich noch dem jüdischen Glauben anhing. Mit glühendem Hass verfolgte ich die Kirche Gottes und wollte sie zerstören. ¹⁴An Leidenschaft für den Glauben des Judentums habe ich viele Altersgenossen in meinem Volk überboten. Ich habe gebrannt vor Eifer für die Überlieferung meiner Väter.

¹⁵Aber Gott hatte anderes mit mir vor. Ehe ich zur Welt kam, stand seine Absicht fest. In seiner großen Freundlichkeit hat er mich berufen ¹⁶und mir seinen Sohn offenbart, denn ich sollte ihn unter den fremden Völkern bezeugen. Danach aber ging ich nicht zu anderen Menschen, ¹⁷ich wandte mich auch nicht nach Jerusalem zu denen, die vor mir Apostel waren, sondern zog mich nach Arabien zurück und ging danach wieder nach Damaskus. ¹⁸Erst nach drei Jahren reiste ich nach Jerusalem, um Petrus kennen zu lernen, und blieb fünfzehn Tage bei ihm. ¹⁹Sonst sah ich keinen von den Aposteln außer Jakobus, den Bruder des Herrn. ²⁰Was ich hier schreibe, ist bei Gott wahr.

²¹Später ging ich nach Syrien und Zilizien, ²²während die christlichen Gemeinden in Judäa mich noch nicht gesehen hatten. ²³Sie hatten nur gehört, ihr früherer Feind breite nun den Glauben aus, den er einst hatte ausrotten wollen, ²⁴und rühmten Gott, der mich so geführt hatte.

Kein Apostel zwingt euch, wie Juden zu leben

2 ¹Später, nach vierzehn Jahren, reiste ich zum zweiten Mal nach Jerusalem hinauf, diesmal mit Barnabas zusammen, und nahm auch Titus mit mir, ²und zwar reiste ich, weil Gott mir die Weisung gegeben hatte. Dort legte ich der Gemeinde die Botschaft vor, die ich unter den fremden Völkern ausbreitete. Auf besonderen Zusammenkünften aber besprach ich mich vor allem auch mit den Leitern der Gemeinde. Ich fürchtete nämlich, meine ganze Arbeit und alle meine Reisen könnten vergeblich gewesen sein. ³Damals wurde nicht einmal

Titus, der ja ein Grieche ist, gezwungen, sich beschneiden zu lassen. ⁴Es hatten sich zwar einige falsche Brüder eingedrängt, die auskundschaften wollten, was wir uns mit unserem Christenglauben an Freiheiten erlaubten, und hatten uns wieder in die Sklaverei des jüdischen Gesetzes zurückzwingen wollen. ⁵Aber keinen Augenblick habe ich ihnen nachgegeben oder Autorität zugestanden, denn ich wollte, dass die Wahrheit des Evangeliums für euch bestehen bleibe.

⁶Damals waren die versammelt, von denen man sagte, sie seien die Autoritäten der Kirche. Mich geht dabei nichts an, was sie im übrigen für Leute waren, denn Gott richtet sich nicht nach den besonderen Vorzügen, die einer mitbringt, wenn er ihm ein Amt überträgt. Sie haben mir keine Bedingungen gestellt und keine Vorschriften auferlegt. ⁷Im Gegenteil: sie sahen, dass mir die Botschaft an die fremden Völker anvertraut war ebenso wie Petrus die an die Juden. ⁸Denn er, der Petrus befähigt hat zu seiner Arbeit an den Juden, hat mich befähigt zu meiner Arbeit an den anderen Völkern. ⁹Sie sahen, dass Gott mir die Gnade verliehen hatte, sein Wort unter den fremden Völkern auszubreiten, und Jakobus, Petrus und Johannes, die als Säulen der Kirche galten, gaben mir und Barnabas die rechte Hand zum Zeichen der Gemeinschaft und der Zusammenarbeit. Wir verabredeten, dass wir zu den fremden Völkern gehen sollten, sie aber zu den Juden. ¹⁰Die einzige Bedingung war die, wir sollten für die Armen mitsorgen, und dass das geschieht, dafür habe ich mich ja auch eingesetzt.

¹¹Als Petrus später nach Antiochia kam, trat ich ihm Auge in Auge entgegen, denn er war sichtbar im Unrecht. ¹²Ehe nämlich einige Abgesandte von Jakobus gekommen waren, hatte er mit den griechischen Christen Tischgemeinschaft gehalten. Als sie aber ankamen, zog er sich von ihnen zurück und sonderte sich ab, weil er die Kritik der jüdischen Christen fürchtete. ¹³Die übrigen Juden in der Gemeinde fingen nun auch an, ihre Tischgemeinschaft mit den Griechen zu verleugnen, so dass sogar Barnabas sich schließlich an dem falschen Spiel beteiligte. ¹⁴Als ich aber sah, dass sie nicht wahr blieben, dass ihr Verhalten der Klarheit und Eindeutigkeit des Evangeliums nicht entsprach, trat ich Petrus vor der ganzen Versammlung entgegen:

»Du bist ein Jude! Du lebst aber nicht jüdisch, sondern so frei, wie auch die Christen aus den fremden Völkern leben. Wieso zwingst du nun durch dein Verhalten die nichtjüdischen Christen, nun umgekehrt jüdisch zu leben?« ¹⁵Wir sind von Geburt Juden. Wir stammen nicht aus fremden Völkern. ¹⁶Wir wissen aber, dass der Mensch so lange mit

Gott nicht ins Reine kommt, als er sich seine Liebe mit Leistungen verdienen will, sondern erst, wenn er sich allein auf Christus beruft. Deshalb haben wir ja unser Vertrauen auf Christus gesetzt, um durch den Glauben an ihn so zu sein, wie Gott uns will, und nicht dadurch, dass wir den Vorschriften des jüdischen Gesetzes genügen. Wir wissen doch, dass kein Mensch mit seiner Leistung erreichen kann, dass Gott zu ihm Ja sagt. [17]Wenn wir nun als Juden versuchen, durch Christus vor Gott zu bestehen, dann geben wir zu, dass wir Sünder sind wie die Menschen anderer Völker auch. Kommt es also auf gut und böse nicht mehr so genau an? Leistet Christus der Sünde Vorschub? Auf keinen Fall! [18]Wenn ich nämlich, was ich niedergerissen habe, wieder aufrichte, ich meine das Gesetz, stelle ich mich selbst öffentlich als Übertreter des Gesetzes dar und gebe zu, dass ich als Christ dem Willen Gottes entgegengehandelt habe!

[19]Aber das Gesetz hat in Wirklichkeit
keinen Anspruch mehr auf mich.
Ich bin tot für das Gesetz, als wäre ich gestorben.
Ich lebe nur noch auf Gott hin.
Mit Christus bin auch ich gekreuzigt.
[20]So lebe nun nicht mehr ich selbst,
sondern Christus lebt in mir.
Wenn ich nun noch eine kurze Zeit
leiblich lebe auf dieser Erde,
dann lebe ich im Glauben an ihn, Gottes Sohn.
Er hat mich geliebt. Er hat sich für mich geopfert.
[21]Diese Gnade Gottes halte ich fest.
Denn hätte ich irgendeine Aussicht,
Frieden mit Gott zu finden dadurch,
dass ich das Gesetz erfülle,
so hätte Christus nicht zu sterben brauchen.

Der Glaube macht vom Gesetz frei

3 [1]O ihr törichten Galater! Wer hat denn euch um den Verstand gebracht? Habe ich euch Christus, den Gekreuzigten, nicht anschaulich vor Augen gemalt? [2]Erklärt mir doch eins: Wie kam es denn, dass euch der Geist Gottes gegeben wurde? Geschah es, weil ihr das Gesetz

der Juden so tadellos erfüllt habt? Oder weil man euch den Glauben an Jesus Christus eröffnet hat? ³Könnt ihr das gar nicht unterscheiden? Was der Geist Gottes in euch angefangen hat – wollt ihr das jetzt mit aller Anstrengung selbst zu Ende führen? ⁴Habt ihr so viel Großes erlebt, um es einfach zu vergessen? Sollte das wirklich alles vergeblich gewesen sein? ⁵Wenn Gott euch seinen Geist gibt und so Wunderbares in euch bewirkt – ich frage noch einmal! –, tut er es, weil ihr das jüdische Gesetz so korrekt erfüllt oder weil ihr von Jesus Christus gehört und an ihn geglaubt habt?

⁶Wie war denn das mit Abraham! Er verließ sich auf Gott. Er glaubte seinem Wort. Und so ließ Gott ihn gelten. ⁷Söhne Abrahams also sind die, die glauben. ⁸Die Schrift aber sah voraus, dass Gott die Völker aufgrund ihres Glaubens zurechtbringen wollte, und so verkündigte Gott dem Abraham: »Wenn ich dich segne, dann segne ich in dir zugleich alle Menschen.« ⁹Und so empfangen wir alle, die sich Gott im Glauben anvertrauen, mit dem Abraham zusammen, der geglaubt hat, Gottes Segen.

¹⁰Wer sich noch auf seine Leistung verlässt, steht unter dem Fluch. Die Schrift sagt: »Verflucht ist jeder, der nicht fehlerlos alle Vorschriften des Gesetzes erfüllt.« ¹¹Dass aber durch Erfüllung des Gesetzes niemand mit Gott ins Reine kommt, ist klar, denn wir lesen: »Das Leben gewinnt, wer glaubt und auf diese Weise gerecht ist.« ¹²Wer auf das Gesetz baut, kann vom Glauben nichts erwarten. Für ihn gilt: »Wenn du leben willst, dann erfülle seine Vorschriften!« ¹³Nun aber hat Christus uns von dem Fluch erlöst, einem Gesetz gehorchen und damit scheitern zu müssen. Er selbst hat diesen Fluch übernommen, denn es ist geschrieben: »Verflucht ist, wer am Galgen hängt.« ¹⁴Durch seine Tat kommt nun der Segen Abrahams allen Menschen zugute, und so empfangen wir in dankbarem Vertrauen den Geist, den er uns zugesagt hat.

¹⁵Brüder, ich möchte es in einem schlichten, menschlichen Vergleich sagen: Wenn das Testament eines Menschen rechtskräftig ist, dann kann es niemand mehr außer Kraft setzen oder durch Nachträge ändern. ¹⁶Abraham aber und seinem Nachkommen hat Gott gültige Zusagen gemacht. Er sagte – wohlgemerkt! – nicht: »seinen Nachkommen«, als meinte er viele, sondern »seinem Nachkommen«, also einem Einzelnen. Er meint aber Christus. ¹⁷Ich will damit sagen: Dieses Versprechen ist wie ein Testament rechtsgültig ausgefertigt worden. Wenn nun vierhundertunddreißig Jahre später das Gesetz hinzukam, wurde damit das alte Versprechen nicht hinfällig, so dass die Verheißung außer Kraft gesetzt worden wäre. ¹⁸Gott hat uns ein großes Erbe zuge-

dacht. Wenn wir nun Gottes Kinder und Erben nur unter der Bedingung sein könnten, dass wir das Gesetz erfüllten, wäre die Zusage an Abraham gebrochen. Gott aber hat seine Zusage dem Abraham durch reine Gnade frei geschenkt.

Der Herrschaft des Gesetzes ist eine Frist gestellt

[19]Was also sollte das Gesetz? Es ist gegeben worden, um der Bosheit zu steuern, bis zu der Zeit, in der der Nachkomme, dem das Erbe gilt, erscheinen würde. Engelmächte haben das Gesetz erlassen. Ein Vermittler hat es uns ausgehändigt. [20]Ein Vermittler aber ist unnötig, wenn eine einzelne Person etwas bestimmt. Gott aber ist Einer. [21]Widerspricht denn nun die Tatsache, dass es ein Gesetz gibt, den göttlichen Zusagen? Niemals. Denn wenn es ein Gesetz gäbe, das zum Leben helfen könnte, so würde der Mensch vollkommen durch das Gesetz. [22]Die Schrift sagt aber: »Dadurch, dass alle unter dem Gesetz leben, müssen sie sich alle schuldig machen.« Sie werden vielmehr Kinder Gottes so, dass sie an Jesus Christus glauben.

[23]Ehe nun das Wort vom Glauben zu uns kam, lebten wir wie die Gefangenen im Kerker des Gesetzes. Das sollte so lange dauern, bis wir den freien Glauben empfangen würden. [24]Das Gesetz hat uns bewacht wie ein Aufseher, und erst Christus machte uns frei aufgrund unseres Glaubens. [25]Nachdem wir aber nun glauben, stehen wir nicht mehr unter einem Aufseher. [26]Denn ihr alle seid Söhne Gottes aufgrund eures Glaubens, aufgrund der Tatsache, dass ihr in Christus seid. [27]Ihr alle nämlich, die auf Jesus Christus getauft sind, habt nun Christus um euch wie ein Gewand. [28]Da ist nun kein Unterschied mehr zwischen Juden und Griechen, zwischen Knechten und Herren oder zwischen Mann und Frau. Ihr alle seid gleichen Rechts, so gewiss ihr Christus zugehört. [29]Wenn ihr aber Christus zugehört, dann seid ihr Abrahams Nachkommen, und das Erbe, das Gott dem Abraham versprochen hat, kommt euch zu.

Wer in Christus lebt, ist ein freier Mensch

4 [1]Ich kann es auch anders sagen: Solange der Erbe ein unmündiges Kind ist, besteht kein Unterschied zwischen einem Knecht und ihm, obwohl ihm später alles gehören wird. [2]Er gehorcht seinem Vor-

mund und arbeitet unter den Verwaltern bis zu dem Zeitpunkt, den der Vater festgesetzt hat. ³So ist es auch mit uns. Als wir noch unmündig waren, hatten wir uns allen Zwangsregeln, die in unserer Welt gelten, zu fügen. ⁴Als die Zeit unserer Knechtschaft aber vollendet war, sandte Gott seinen Sohn. Der wurde von einer Frau geboren und war dem Gesetz unterstellt. ⁵Warum? Weil er die frei machen sollte, die dem Gesetz unterstanden, und ihnen das Recht von Töchtern und Söhnen verschaffen. ⁶Weil ihr nun Söhne seid und Töchter, sandte Gott den Geist seines Sohnes in eure Herzen. Der ruft aus uns: »Vater! Lieber Vater!« ⁷Du bist also nicht länger ein Knecht oder eine Magd, sondern Sohn oder Tochter, und so bist du auch Erbe.

⁸Ganz anders freilich war es, als ihr von Gott noch nichts wusstet. Da dientet ihr Mächten, die mit göttlichem Anspruch auftraten, aber keine Götter waren. ⁹Jetzt, da ihr Gott vertraut, oder besser, da ihr von Gott zu Kindern eingesetzt worden seid, tut ihr das Unbegreifliche: Ihr wendet euch wieder zurück zu den schwachen und armseligen Gesetzen und Mächten dieser Welt und wollt wieder ihre Sklaven sein. ¹⁰Ihr dient den ganzen Festkalender ab, die festgesetzten Tage und Monate und Jahre. ¹¹Ich fürchte, ich habe vergeblich an euch gearbeitet.

¹²Ich bitte euch, Brüder! Werdet freie Menschen, wie ich es bin. Es war doch nie ein Streit oder eine Kränkung zwischen uns. ¹³Erinnert euch doch: Als ich zum ersten Mal bei euch war und euch das Evangelium brachte, war der Anlass eine Krankheit. Ich stellte euch auf eine harte Probe. ¹⁴Ihr hättet sagen können: »Ein so kranker und schwacher Mensch kann unmöglich eine Botschaft von Gott haben!« Aber ihr habt mich nicht verachtet und nicht vor mir ausgespuckt, sondern mich aufgenommen wie einen Engel Gottes, ja wie Christus selbst. ¹⁵Ihr wart selig damals! Wo ist das nun geblieben? Ich weiß es und könnte es bezeugen: Wäre es möglich gewesen, ihr hättet eure Augen ausgerissen und mir geschenkt. ¹⁶Bin ich nun euer Feind geworden, weil ich die Wahrheit unter euch nicht untergehen lassen will?

¹⁷Es ist nichts Gutes, das sie bewegt, sich so um euch zu bemühen. Sie wollen euch trennen von Christus und von mir, weil ihr das Heil von ihnen erwarten sollt. ¹⁸Wenn es aus guten Gründen geschieht, ist es ja schön zu werben und umworben zu werden und nicht nur, wenn ich bei euch bin. ¹⁹Meine lieben Kinder, noch einmal leide ich die Schmerzen, unter denen ich euch das Leben geschenkt habe, bis Christus in euch Gestalt gewinnt. ²⁰Ich möchte bei euch sein und zu eurem Herzen sprechen, denn ich weiß mir, was euch betrifft, keinen Rat.

²¹Ihr wollt so gern dem Gesetz gehorchen. Sagt mir: Hört ihr nicht, was das Gesetz sagt? ²²Da wird doch erzählt: Abraham hatte zwei Söhne, den einen von der Sklavin, den anderen von einer freien Frau. ²³Der eine war einfach ein Mensch, der andere ein Kind der Verheißung. ²⁴Das ist im Bild geredet. Es gibt nämlich zwei Weisen, Gott anzugehören. Die eine wurde am Sinai gestiftet, und sie bestimmt zur Sklaverei. ²⁵Hagar steht für den Berg Sinai in Arabien, der dem Jerusalem von heute entspricht, denn diese Stadt lebt bis heute in der Knechtschaft. ²⁶Das obere Jerusalem aber, die heilige Stadt, kommt von oben, sie ist frei, und wir sind die Kinder ihrer Freiheit.

²⁷Wir lesen in der Schrift: »Freue dich, du Unfruchtbare, die du nicht Mutter wurdest! Brich in Jubel aus und jauchze, die du die Schmerzen der Geburt nicht kanntest! Denn nun hat die Einsame Kinder in Fülle, mehr als die den Mann hat.«

²⁸Brüder, ihr seid frei. Ihr seid mit Isaak Kinder der Verheißung. ²⁹Wie nun damals der Sohn der Sklavin den Sohn des Geistes verfolgte, so geschieht es auch heute. ³⁰Aber was sagt die Schrift? »Stoße die Sklavin aus samt ihrem Sohn, denn der Sohn der Sklavin soll nicht miterben, wenn der Sohn der Freien das Seine in Besitz nimmt.« ³¹Brüder, wir sind nicht Kinder der Magd, sondern der freien Frau.

Kein Rückfall in die Sklaverei!

5 ¹Christus hat uns frei gemacht, damit wir frei bleiben und in der Freiheit bestehen. Steht also aufrecht und lasst euch nicht wieder unter das Joch der Knechtschaft zwingen. ²Ich, Paulus, sage euch: Wenn ihr euch beschneiden lasst, nützt euch Christus nichts. ³Ich wiederhole ausdrücklich: Wer sich beschneiden lässt, verpflichtet sich auf das ganze Gesetz. ⁴Wer durch die Erfüllung eines Gesetzes mit Gott zurechtkommen will, hat die Gemeinschaft mit Christus aufgegeben und seine Gnade verwirkt. ⁵Gott aber gibt uns den Geist. Der Geist gibt uns den Glauben, und unser Glaube blickt in die Zukunft und erwartet von dort seine Gerechtigkeit. ⁶In Christus nützt weder Beschneidung noch Unbeschnittenheit. In ihm zählt nur der Glaube, der sich in der Liebe auswirkt.

⁷Ihr wart so schön im Lauf. Wer hat euch von der Wahrheit abgedrängt? ⁸Von dem, der euch berufen hat, kam die Verlockung nicht. ⁹Wehret den Anfängen, am Ende kann nur die Gottlosigkeit daraus fol-

gen. ¹⁰Ich vertraue darauf, dass euch der Herr führt, und so verlasse ich mich darauf, dass ihr denken werdet wie ich. Wer euch aber verwirrt, wird sein Urteil tragen, er sei, wer er wolle. ¹¹Wenn aber jemand behauptet, ich selbst forderte die Beschneidung, dann überlegt euch: Warum werde ich dann verfolgt? Wozu ist dann noch das Kreuz nötig, dieses ärgerliche Zeichen? ¹²Ja wirklich, diejenigen, die so viel Wert auf die Beschneidung legen und euch dazu verführen möchten, sollten sich selbst doch gleich ganz kastrieren lassen!

Nehmt eure Freiheit wahr!

¹³Ihr seid zur Freiheit berufen, Schwestern, Brüder! Macht nun diese Freiheit nicht zum Freibrief für die Sünde, sondern liebt und dient einander. ¹⁴Denn der Sinn des ganzen Gesetzes kommt in dem einen Wort heraus: »Liebe den Menschen neben dir wie dich selbst!« ¹⁵Wenn ihr einander allerdings beißt und fresst, dann gebt gut Acht, dass ihr einander nicht verschlingt! ¹⁶Ich sage euch: Lebt im Geist, dann werdet ihr auf eure eigenen Wünsche nicht festgelegt sein. ¹⁷Denn der irdische Mensch in euch führt Krieg gegen Christus, dessen Geist doch in euch ist, und der Geist wiederum kämpft gegen den irdischen Menschen in euch. Sie kämpfen um euren Willen, und ihr könnt nicht tun, was ihr selbst wollt.
¹⁸Lasst euch vom Geist führen, dann hat das Gesetz keinen Anspruch auf euch. ¹⁹Es ist ja klar, was die Selbstsucht bewirkt: Unzucht, Unreinheit, Zuchtlosigkeit, ²⁰Götzendienst, Zauberei, Feindschaft, Streit, Eifersucht, Jähzorn, Intrigen, Zwistigkeiten und Parteiendenken, ²¹Neid, Trunkenheit, Fresserei und was dergleichen mehr ist. Vor alledem habe ich euch gewarnt, und ich wiederhole es: Wer so lebt, wird keinen Zugang haben zu Gottes Reich. ²²Und umgekehrt: Wo der Geist euch führt, da wachsen und gedeihen Liebe, Freude, Frieden, Langmut, Freundlichkeit, Güte, Treue, Sanftmut und Enthaltsamkeit. ²³Gegen all das hat das Gesetz nichts einzuwenden. ²⁴Wer aber Christus zugehört, der schlägt seine Leidenschaften und Begierden ans Kreuz. ²⁵Wenn wir aus dem Geist leben, dann lasst uns auch aus dem Geist handeln. ²⁶Lasst uns nicht nach eitlem Ruhm streben, einander nicht herausfordern, einander nicht beneiden.

Mahnungen zum Schluss

6 ¹Brüder, wenn jemand von einem Fehltritt betroffen wird, so bringt ihn liebevoll und freundlich zurecht. Ihr lebt aus Gottes Geist, so lasst den Geist wirken und seht auf euch selbst, dass ihr nicht selbst in Schuld geratet. ²Jeder trage des anderen Last, so werdet ihr das Gesetz des Christus erfüllen. ³Wenn jemand meint, er sei etwas, obwohl er doch nichts ist, betrügt er sich selbst mit seinen Gedanken. ⁴Jeder prüfe, was er tut, dann wird er an sich selbst erkennen, wer er ist, und sich nicht am anderen messen. ⁵Denn jeder wird für seine eigene Schuld einstehen.

⁶Wer aber Unterricht empfängt von einem Lehrenden, der soll ihm an allen seinen Gütern Anteil geben. ⁷Irrt euch nicht! Gott lässt sich nicht verspotten. Denn was der Mensch sät, das wird er ernten. ⁸Wer alle seine Kraft in irdischen Wünschen anlegt, wird davon das Verderben empfangen. Wer seine Kraft ausgibt, um dem Geist Gottes Raum zu schaffen, wird aus der Kraft des Geistes das ewige Leben ernten. ⁹Lasst uns nicht müde werden, das Gute zu tun, denn es kommt eine Zeit, da werden wir unsere Ernte einbringen, wenn wir nicht vorher ermatten. ¹⁰Lasst uns also, solange wir Zeit haben, Gutes tun an jedermann, am meisten aber an unseres Glaubens Genossen.

¹¹Seht die Buchstaben, die ich hier mit eigener Hand schreibe! ¹²Ihr habt es mit Leuten zu tun, denen an menschlicher Ehre liegt. Sie zwingen euch in die Traditionen des jüdischen Glaubens, nur damit sie wegen des Kreuzes des Christus nicht verfolgt werden. ¹³Sie halten das Gesetz selbst nicht ein, sondern wollen euch für die jüdische Gemeinde gewinnen, um sich rühmen zu können: Wir haben Mitglieder gewonnen. ¹⁴Ich selbst will mich mit nichts rühmen als mit dem Kreuz unseres Herrn. Damit ist für mich die Welt gestorben und ich ihren Ansprüchen. ¹⁵Denn zuletzt liegt nichts an aller Mühe um Gott, sie sei jüdisch oder heidnisch. Alles liegt daran, dass wir neue Geschöpfe sind. ¹⁶Wer so lebt, dem schenke Gott Frieden und Barmherzigkeit, und wir erbitten das für das ganze Israel Gottes.

¹⁷Im übrigen mache mir niemand mehr damit das Leben schwer. Denn ist trage die Wundmale Jesu an meinem Leibe. ¹⁸Die Gnade unseres Herrn Jesus Christus sei mit eurem Geist, liebe Brüder. Amen.

DER BRIEF AN DIE EPHESER

1 ¹Paulus, Apostel,
Botschafter für Jesus Christus,
berufen von Gott,
grüßt die Heiligen in Ephesus,
alle, die an Jesus Christus glauben.
²Gnade sei mit euch
und Friede von Gott, unserem Vater,
und von Jesus Christus, unserem Herrn.

³Gepriesen sei Gott, der Vater unseres Herrn Jesus Christus,
der uns beschenkt hat mit allem, was Segen des Geistes heißt,
aus der himmlischen Welt, und was wir empfangen in Christus.
⁴Er hat uns erwählt, in ihm zu sein, vor allem Anfang der Welt,
damit wir heilig vor ihm lebten, untadelig vor seinem Angesicht,
Liebe bewährend.
⁵Er hat uns vorausbestimmt, seine Töchter und Söhne zu sein,
ihm gegenüber zu stehen, durch Christus befähigt.
So war es sein Wille.

⁶So erwies sich seine Gnade in all ihrer Herrlichkeit,
mit der er uns beschenkt hat auf dem Wege über den Geliebten.
⁷Durch ihn geschah unsere Erlösung, seine Hingabe machte uns frei.
Aus dem Reichtum seiner Gnade vergab er uns unsere Schuld.
⁸Überreichlich ließ er sie strömen, gab uns Weisheit und Einsicht
und tat uns kund ⁹das Geheimnis seines Willens.
Was er zuvor beschlossen, ¹⁰was er sich vornahm zu tun,
wenn die Zeit reif sei, das hat er enthüllt:
Das All der Welt unter ein Haupt zu fassen, unter den Christus,
was im Himmel ist und auf Erden.

¹¹Durch ihn hat er auch uns ersehen, er, der alles wirkt.
¹²Wir sollten, das war sein Plan,
der Widerschein seines Lichts sein,
wir, die auf Christus hoffen.

¹³Auch ihr habt das Wort vernommen, das Wort der Wahrheit,
die Botschaft von dem, der euch Leben gibt.
Ihr glaubt an ihn,
ihr seid versiegelt mit dem heiligen Geist,
der euch die Verheißung zuspricht.
¹⁴Der Geist aber ist der erste Anteil
des Erbes, das uns erwartet,
der Erlösung, durch die wir sein eigen sind.
Und so rühmen wir seine Herrlichkeit.

Ihr seid berufen, dem Leib des Christus anzugehören

¹⁵Ich höre von eurem Glauben an Jesus, den Herrn, und von eurer Liebe zu allen Christen. ¹⁶Ich danke unablässig für euch und gedenke euer in meinen Gebeten. ¹⁷Der Gott unseres Herrn Jesus Christus, der Vater, der im Licht wohnt, gebe euch den Geist der Weisheit und der Erkenntnis. ¹⁸Er gebe den Augen eures Herzens Licht, so dass ihr versteht, zu welcher Hoffnung ihr berufen seid ¹⁹und wie reich das Erbe ist, das den Heiligen bestimmt ist, wie groß die Macht, mit der er an uns, die ihm vertrauen, wirkt. ²⁰Er hat sie gezeigt, als er Christus auferweckte von den Toten und ihn einsetzte ²¹über alle Mächte und Gewalten, die wir nennen können, nicht nur in dieser Welt, sondern auch in der künftigen. ²²Er hat ihm alles unterstellt. Er hat ihn der Kirche zum Haupt gegeben, ²³die sein Leib ist, die Fülle dessen, der das All erfüllt.

2 ¹Es gab eine Zeit, da wart ihr tot durch eure Übertretungen und Sünden. ²Ihr lebtet, wie man in dieser Welt lebt und wie es der Geist dieser Welt fordert, der die Menschen umtreibt, die Gottes Gebot verachten. ³Wir gehörten früher alle dazu, wir lebten uns aus, wie sie alle ihre Triebe ausleben, und waren fern von Gott wie alle. ⁴Gott aber, der an Erbarmen reich ist, liebte uns zu sich hin ⁵und machte uns, die wir in tödlicher Schuld lebten, mit Christus lebendig. Allein seine Güte hat euch gerettet! ⁶Er hat uns lebendig gemacht und uns zu seinen Hausgenossen eingesetzt zusammen mit Christus. ⁷In den kommenden Zeiten soll es enthüllt werden. Den Reichtum seiner Gnade will er an uns erweisen darin, dass er uns in Christus gütig begegnet. ⁸Seine Gnade hat euch gerettet. Euer einziger Beitrag ist euer Glaube. ⁹Der aber ist nicht eure Leistung, sondern Gottes Geschenk. Keine Leistung

könnte euch dazu helfen, und das ist gut so. Es könnte sonst einer sagen: »Das habe ich mir verdient.« ¹⁰Wir sind ganz und gar sein Werk, neu geschaffen nach dem Bild von Jesus Christus, denn wir sollen ja das wirken, wozu Gott uns befähigt hat.

Ihr seid Gottes Tempel geworden

¹¹Denkt daran: Es gab eine Zeit, in der ihr getrennt von Gott gelebt habt, von den Juden verachtet als Heiden. ¹²Ihr seid zu jener Zeit ohne Christus gewesen. Ihr gehörtet nicht zu Gottes Volk. Die großen Verheißungen galten für euch nicht. Ohne Hoffnung lebtet ihr und ohne Gott in der Welt. ¹³Aus dieser Ferne hat Christus euch nahe zu sich herangeholt. Er hat für euch sein Blut vergossen. ¹⁴Er hat uns allen den Frieden gebracht und Juden und Nichtjuden zu einem Volk verbunden. Er hat den Zaun abgerissen, der beide trennte und zu Feinden machte. So hat er Frieden gestiftet. ¹⁵Er hat beide in seiner Person zusammengeführt und zu dem einen neuen Menschen gemacht; er starb am Kreuz ¹⁶und versöhnte die beiden zu einer neuen Gemeinschaft, zu einem Leib gleichsam. Er beseitigte die Feindschaft in seiner eigenen Person. ¹⁷Er kam und verkündete den Frieden euch, den Fernen, und auch den Nahen, ¹⁸und nun haben wir beide in einem und demselben Geist Zugang zum Vater. ¹⁹Ihr seid also nicht mehr Fremdlinge und Ausländer, sondern Mitbürger der Heiligen und Gottes Hausgenossen. ²⁰Die Apostel und Propheten sind das Fundament unserer Gemeinschaft, der Schlussstein ist Jesus Christus selbst. ²¹In ihm fügt sich der ganze Bau zusammen und wird ein Tempel, in dem der heilige Gott gegenwärtig ist. ²²Ihr aber seid alle wie Bausteine mit eingebaut zu dieser Wohnung Gottes, ihm verbunden durch seinen Geist.

Die Kirche, Mitwisserin der Gedanken Gottes

3 ¹Aus diesem Grunde bete ich, Paulus, der Gefangene, für euch, die Menschen aus den fremden Völkern. ²Ihr wisst, dass Gott mir seine Gnade durch eine besondere Offenbarung anvertraut hat. ³Ich habe ja kurz davon geschrieben. ⁴Wenn ihr es lest, könnt ihr auch verstehen, wie ich dieses Geheimnis um Christus sehe und deute. ⁵Es ist ja unerhört neu. Die Menschen haben zu keiner Zeit und in keiner Generation davon wissen können. Erst seinen heiligen Aposteln und Propheten hat Gott es zugänglich gemacht, indem er ihnen seinen Geist verlieh. ⁶Das ist das Neue, dass auch die gottfernen Völker Söhne Gottes sein sollen, Gottes Hausgenossen, und dass sie teilhaben sollen an allem, was Gott versprochen hat, dadurch, dass Christus für sie eintrat und das Evangelium zu ihnen kam. ⁷Dieser Botschaft gehört meine ganze Kraft. Ihr diene ich. Sie ist das große Geschenk, das ich von Gott empfangen habe; er hat mich fähig gemacht, sie weiterzugeben.

⁸Mir, dem Geringsten unter allen Heiligen, ist die Gnade verliehen, den Völkern, die von Gott nichts wissen, den unausforschlichen Reichtum des Geheimnisses Christi zu verkünden ⁹und in hellem Licht zu zeigen, wie Gott seinen verborgenen Plan wahr macht, der verborgen gewesen war seit Urzeiten, in denen Gott diese Welt schuf. ¹⁰Nun sollen die unsichtbaren Mächte in der außersinnlichen Wirklichkeit Gottes vielgestaltige Weisheit durch die Kirche erfahren. ¹¹So hat er beschlossen vor Urzeiten. In Jesus Christus, unserem Herrn, hat er diesen seinen Beschluss verwirklicht.

¹²Nun stehen wir Gott frei gegenüber und haben Zutritt zu ihm. Nun stehen wir fest und verlassen uns auf Christus. ¹³Darum bitte ich euch: Lasst euch den Mut nicht nehmen, wenn ihr seht, in welcher Bedrängnis ich bin. Ich leide sie für euch, und ihr dürft euch darüber freuen.

¹⁴Darum also beuge ich meine Knie vor dem Vater, von dem jeder seinen Namen hat und seine Würde, ¹⁵der sich im Himmel oder auf der Erde einen »Vater« nennt. ¹⁶Ich bitte für euch, dass ihr stark werdet am inneren Menschen, dass sein heiliger Geist euch Klarheit gebe. Er kann es tun. Sein Reichtum erschöpft sich nicht. ¹⁷Ich bitte für euch, dass Christus in euren Herzen wohne und dass euer Glaube durch ihn stark und frei und die Liebe der Wurzelboden werde für euer ganzes Leben, ¹⁸so dass ihr fähig werden möchtet, mit allen Gliedern der Kirche zusammen zu begreifen, wie unübersehbar weit das Geheimnis Gottes ist, wie unersteiglich hoch, wie unergründlich tief, ¹⁹und fähig, die Liebe Christi, die zu hoch und zu unbegreiflich ist auch für den stärksten Menschengeist, zu erfassen.

So wird Gottes Fülle in euch wohnen, mehr noch: ihr selbst, die Gemeinschaft der Christen, werdet Gottes Fülle sein. ²⁰Er kann es euch geben. Er kann viel mehr und Größeres tun, als wir bitten oder verstehen. Denn seine Kraft ist es, die in uns wirkt. ²¹Ihm sei Ehre in der Gemeinde. Er sei gepriesen von einer Generation zur anderen, durch alle Zeiten hin und in Ewigkeit.

Die Einheit der Kirche

4 ¹Ich, der als Diener des Christus Gefangene, mahne euch: Achtet darauf, dass zwischen eurer Bestimmung und eurem tatsächlichen Leben kein Riss klafft. ²Tragt es geduldig, dass ihr unter den Menschen keine große Rolle spielt. Habt einen langen Atem und tragt einander mit der Geduld und der Kraft, die aus der Liebe kommen. ³Achtet auf alles, was euch verbindet: Gottes Geist will, dass ihr eins seid und Frieden euch zusammenhält.

⁴Ihr seid *ein* Leib und *ein* Geist. Ihr seid gemeinsam berufen. Alles, was ihr von Gottes Reich erhofft, ist euch gemeinsam. ⁵Ihr habt gemeinsam *einen* Herrn, *ein* Glaube ist euch gemeinsam. Eine und dieselbe Taufe ist es, die an euch geschehen ist. ⁶Über euch ist *ein* Gott, *ein* Vater aller Menschen. Er, der Eine, wirkt durch euch hindurch und wohnt in euch. ⁷Er hat seine Gnade jedem von uns auf seine eigene Weise geschenkt. Es ist Christus, der sie zumisst. ⁸Darum heißt es: »Er stieg hinauf zur Höhe. Er beseitigte die Gefangenschaft und beschenkte die Menschen mit Freiheit.«

⁹Von wem ist hier die Rede? Doch von dem, der auffuhr zum Himmel, nachdem er zuvor in die unterste Tiefe der Menschenwelt hinabgestiegen war! ¹⁰Er ist ein und derselbe: Er kam zu uns herab und stieg über alle Höhen des Himmels hinauf und füllt nun das All.

¹¹Er hat aber in der Kirche die einen zu Aposteln bestellt und die anderen zu Propheten. Er hat wieder anderen die Gabe verliehen, das Evangelium weiterzutragen, oder die Fähigkeit, Menschen zu führen und ihre Gemeinschaft zu ordnen, oder auch, ihnen zu zeigen, wie sie als Christen in ihrer täglichen Arbeit leben sollen. ¹²Und alle zusammen dienen dem einen Ziel, dass eine Gemeinde entsteht, die in der Lage ist, ihre Aufgabe zu erfüllen, dass also der Leib Christi, die Kirche, gebaut werde. ¹³Denn wir sollen gemeinsam zur Einheit des Glaubens und der Erkenntnis des Gottessohnes gelangen. Wir sollen erwachsene Menschen werden, wie es dem Glauben an Christus und all dem, was er für uns getan hat, entspricht. ¹⁴Wir sollen keine Kinder mehr sein, mit denen jeder tun kann, was er will, die sich wie Wellen im Meer dahintreiben und dahinschaukeln lassen von jeder Behauptung. Wir sollen nicht auf das gerissene Spiel hereinfallen und auch nicht auf planmäßige Lüge.

¹⁵Wir sollen der Wahrheit dienen, in Liebe miteinander verbunden sein und so immer stärker auf ihn hin ausgerichtet sein: auf Christus.

¹⁶Er ist das Haupt. Von ihm hat der Leib seine Einheit, von ihm wird er lebendig zusammengehalten durch alle Gelenke hindurch. Von ihm her tut jedes Glied seinen Dienst nach den Aufgaben und Kräften, die einem jeden gegeben sind. So sorgen sie alle miteinander, dass der ganze Leib leben und wirken kann. So leben und wirken wir als die Gemeinde des Christus und sind einander in Liebe verbunden.

Die Kirche muss sich unterscheiden

¹⁷Ich möchte praktisch reden und dabei klar sagen, dass ich nichts anderes fordere, als was der Herr will: Ihr sollt nicht leben wie die Gottlosen, nicht so gedankenverloren und so ziellos wie sie. ¹⁸Weglos und blind irren sie in ihrem Leben umher. Sie können nicht wissen, wie man Leben aus Gott gewinnt, weil sie in ihren Gedanken keine Klarheit und in ihrem Herzen kein Gehör für Gottes Stimme haben. ¹⁹So lassen sie sich hängen und gehen und überlassen sich ihrem Vergnügen, denn ihrem unbefriedigten Verlangen bleibt kein Ziel als sinnliche Lust und immer mehr Geld.

²⁰Ihr habt über Christus und das Leben mit ihm etwas anderes gelernt. ²¹Wenn ihr überhaupt von ihm gehört und ihn begriffen habt, wenn ihr die Wahrheit angenommen habt, die in Jesus ist, ²²dann legt den alten Menschen ab, der euer Leben und eure Einstellung früher bestimmt hat und der zugrunde geht in seiner Sucht nach Leben, die ihm doch kein Leben verschafft. ²³Ihr sollt vielmehr neu werden in eurem Geist, in euren Gedanken und in eurer Einstellung. ²⁴Ihr sollt, wie man ein Gewand anlegt, den neuen Menschen anlegen, der nach Gottes Plan und Willen neu geschaffen ist in wahrhaftiger Gerechtigkeit und Heiligkeit. ²⁵Darum legt die Lüge ab und redet die Wahrheit, jeder mit dem Menschen, mit dem er zu tun hat, denn wir alle gehören ja zusammen. ²⁶Wenn ihr zürnt, dann lasst euch von eurem Zorn nicht zum Unrecht verleiten. Räumt ihn aus, ehe die Sonne untergeht, ²⁷und gebt dem Teufel keinen Raum. ²⁸Wer gestohlen hat, stehle nicht mehr, sondern gebe sich Mühe und verdiene mit seinen eigenen Händen, was er zum Leben braucht, so dass er zu geben hat, wenn ein anderer ihn um Hilfe bittet. ²⁹Kein hässliches Wort komme aus eurem Mund; sprecht das gute Wort aus, das hilft, wo jemand es braucht, und das dem wohltut, der es hört.

³⁰Ihr habt den heiligen Geist empfangen. Missbraucht ihn nicht, denn er ist das Zeichen, dass ihr an jenem Tage die Freiheit empfangen

sollt. ³¹Lasst keine Bitterkeit in euch aufkommen. Haltet euch frei von Unmut und Zorn. Lärmt nicht und missbraucht nicht den Namens Gottes, wenn ihn andere missbrauchen. Was auch immer böse ist, sei eurem Herzen fern. ³²Seid einander freundlich zugetan und sorgt füreinander. Schenkt einander Liebe, auch wo der andere sie nicht verdient, wie Gott sie euch geschenkt hat in allem, was Christus für euch tat.

5 ¹Kinder, die ihren Vater lieben, nehmen ihn zum Vorbild. ²Was immer ihr tut, das tut in Liebe, denn auch Christus hat euch geliebt und sich für euch geopfert. Wie ein Priester Gott ein Opfer darbringt, so hat Christus sich für euch hingegeben, und so sei auch euer Leben eine Freude für Gott. ³Von Unzucht aber, von allem unsauberen Treiben und von Raffgier soll man bei euch nicht einmal reden hören, wie es ja unter Menschen selbstverständlich sein muss, die dem heiligen Gott nahe sind. ⁴Auch gemeines, albernes und zweideutiges Geschwätz, das nicht zu euch passt, soll man nicht hören. Was man bei euch hört, soll Ausdruck der Dankbarkeit sein. ⁵Denn ihr sollt wissen, dass niemand bei Christus und bei Gott zu Hause sein wird, der zuchtlos oder unsauber lebt, und keiner, der dem Geld dient. ⁶Lasst euch von niemandem mit leeren Worten betrügen, denn Gottes Urteil trifft die Ungehorsamen gerade all jener Untaten wegen. ⁷Lebt nicht wie sie.

⁸Früher war es dunkel in euch und um euch her. Jetzt ist Licht. Ihr selbst leuchtet wie Christus, der das Licht ist. Lebt nun wie Funken, die dem Feuer entsprühen. ⁹Wer nämlich Licht ist aus Christus, strahlt Güte aus, Gerechtigkeit und Wahrheit. ¹⁰Entscheidet euch für das, was dem Herrn gefällt, ¹¹und beteiligt euch nicht an dem lichtlosen Leben und Treiben um euch her, bei dem doch nichts herauskommt, sondern deckt vor aller Augen seine Sinnlosigkeit auf! ¹²Denn was da im Verborgenen geschieht, das ist zu schändlich, es auch nur mit Worten weiterzutragen. ¹³Was aber aufgedeckt wird, kommt im Licht zum Vorschein, ¹⁴und alles, was man offen sieht, zeigt sein wirkliches Wesen. Deshalb heißt es:

»Wach auf, der du schläfst, und steh auf von den Toten,
so wird Christus, das Licht, aufgehen über dir.«

¹⁵Tut die Augen auf! Seht auf euren Weg! Lebt nicht als Toren, sondern seid klug. ¹⁶Jeder Augenblick hat eine Chance in sich. Nützt sie! Versäumt sie nicht! Denn es geschieht genug Böses in unseren Tagen.

¹⁷Überlegt euch, was Gott euch aufgetragen hat, und handelt, wie es eurem Glauben entspricht.
¹⁸Füllt euch nicht mit Wein. Der Rausch, der aus ihm kommt, bringt nur Verwahrlosung. Sucht die Fülle des Geistes Gottes und seine Trunkenheit: ¹⁹Begeistert euch in Psalmen, Lobgesängen und geistlichen Liedern, singt und musiziert dem Herrn in euren Herzen ²⁰und dankt, wo immer ihr seid, was immer ihr tut, Gott, dem Vater, für alles, und beruft euch dabei auf Jesus Christus, unsern Herrn!

Die nächstliegenden Aufgaben

²¹Fügt euch einander. Denn so will es Christus. ²²Die Frauen sollen sich ihren Männern fügen und in ihnen Vertreter des Herrn selbst sehen. ²³Denn der Mann ist ja das Haupt der Frau, ähnlich wie Christus das Haupt der Kirche ist und Helfer und Herr der Gemeinde, die sein Leib ist. ²⁴Wie nun die Kirche Christus unterstellt ist, so sollen es sich auch die Frauen ihren Männern gegenüber gefallen lassen, dass sie ihnen in allen Dingen unterstellt sind. ²⁵Die Männer aber sollen ihre Frauen lieben, wie Christus die Kirche liebt und sich für sie geopfert hat.

²⁶Denn Christus hat seine Gemeinde in Gottes heilige Nähe gezogen. Er hat sie rein gemacht, indem er ihr das Wort von Gott brachte, und hat als Zeichen dafür die Taufe gestiftet. ²⁷Er hat die Kirche zu sich geholt wie eine Braut, so schön, so ohne Flecken, Runzeln oder sonst einen Fehler, heilig und makellos. ²⁸So sollen auch die Männer ihre Frauen lieben wie ihren eigenen Leib. Wer seine Frau liebt, liebt ja sich selbst. ²⁹Niemand hasst jemals seinen eigenen Leib, sondern nährt und pflegt ihn. ³⁰So handelt auch Christus an der Kirche. Die Kirche aber ist der Leib des Christus, und wir sind Glieder seines Leibes. ³¹»Darum wird der Mann Vater und Mutter verlassen und sich mit seiner Frau verbinden. Und die beiden werden eine Person sein mit Leib und Seele.« ³²Dieses Geheimnis ist groß. Ich möchte es aber auf Christus und die Kirche deuten. ³³So liebe nun jeder seine Frau wie sich selbst, die Frau aber achte den Mann.

6 ¹Zwischen Eltern und Kindern gilt die Ordnung, dass die Kinder den Eltern gehorchen, denn so gehören sie in den Augen Gottes zusammen. ²»Du sollst deinen Vater und deine Mutter ehren«, das ist das erste Gebot Gottes, das von einem Lohn spricht: ³»Damit es dir wohlgehe und du ein langes Leben auf Erden hast.« ⁴Umgekehrt gilt: Ihr Väter, missbraucht eure Autorität nicht. Zwingt eure Kinder nicht, sich gegen euch aufzulehnen. Erzieht sie in Zucht und ermahnt sie in Christus. ⁵Ihr Sklaven, fügt euch euren irdischen Herren mit Furcht und Zittern, in Einfalt des Herzens, als wären sie Christus. ⁶Nicht, weil ihr einen Vorteil davon habt oder Ansehen gewinnt, sondern weil Gott es so von euch verlangt. ⁷Ihr sollt freundlich und mit gutem Willen eure Arbeit tun, dem Herrn Christus zugewandt, nicht den Menschen. ⁸Ihr wisst, dass jeder, der das Rechte tut, seinen Lohn vom Herrn erhalten wird, unabhängig davon, ob er Knecht ist oder Freier. ⁹Die Herren umgekehrt sollen sich ihren Sklaven gegenüber ebenso verhalten und sie mit ihrer Befehlsgewalt nicht verschüchtern wollen. Sie müssen wissen, dass hoch- und niedriggestellte Menschen denselben Herrn im Himmel haben und dass Gott sich von menschlichen Positionen und Titeln nicht beeindrucken lässt.

Uns sind Kräfte gegeben

¹⁰Liebe Brüder, es kommt darauf an, stark zu sein. Ihr werdet aber in dem Maß Kraft haben, als ihr sie euch von Christus geben lasst. ¹¹Es kommt darauf an, gerüstet zu sein. Legt die Waffen Gottes an, damit ihr euch wehren könnt, wenn der Lügengeist, der Teufel, euch zu Fall bringen will. ¹²Denn unser Kampf richtet sich nicht gegen Menschen, sondern gegen verborgene geistige Mächte, die in dieser Welt – unsichtbar für menschliche Augen – herrschen, gegen allen bösen Geist, der auf dieser Erde umgeht. ¹³Deshalb nehmt die Waffen Gottes auf, damit ihr Widerstand leisten könnt, wenn es gefährlich wird, damit ihr euch durchsetzen und das Feld behaupten könnt.

¹⁴Als Gurt tragt die Wahrheit, als Panzer die Gerechtigkeit. ¹⁵Als Stiefel tragt die Bereitschaft, überall die Botschaft des Friedens auszurufen. ¹⁶Als Schild habt ihr euren Glauben, mit dem ihr die brennenden Pfeile des Bösen abwehren könnt; an ihm werden sie verlöschen. ¹⁷Der Schutz Gottes sei euer Helm, sein Geist und sein Wort sei euer Schwert.

¹⁸Betet. Bittet. Nehmt Gottes Geist dabei zu Hilfe. Seid wach und bittet beharrlich und ausdauernd für alle, die zur Gemeinde des Christus gehören. ¹⁹Bittet auch für mich, dass Gott sein Wort in meinen Mund lege, dass er mir helfe, es auszusprechen, dass er mir die Fröh-

lichkeit und die Freiheit gebe, das Geheimnis des Evangeliums überall bekannt zu machen. [20]Deshalb bin ich ja gefangen, weil ich für das Evangelium wirke. Bittet für mich, dass ich immer freimütiger davon reden kann, denn das ist mein Auftrag.

[21]Es ist mir wichtig, dass ihr wisst, wie es um mich steht und was ich tue. Tychikus, mein geliebter Bruder und zuverlässiger Mitarbeiter, der mit mir im Dienst des Herrn verbunden ist, wird euch alles schildern. [22]Dazu habe ich ihn zu euch gesandt. Ihr sollt erfahren, wie es uns geht, und er soll eure Herzen trösten.

[23]Friede den Brüdern!
Liebe und Glauben von Gott, dem Vater,
und dem Herrn, Jesus Christus, wünsche ich euch.
[24]Allen, die unseren Herrn, Jesus Christus, lieben,
Gnade und unvergängliches Leben!

DER BRIEF AN DIE PHILIPPER

1 ¹Paulus und Timotheus,
Diener des Christus Jesus, grüßen alle Heiligen in Philippi mit den Vorstehern und den Mitarbeitern.
²Gnade sei mit euch und Frieden von Gott, unserem Vater, und Jesus Christus, unserem Herrn.

Ich denke an euch

³Ich bin meinem Gott von Herzen dankbar, wenn ich an euch denke. ⁴Ich danke ihm unaufhörlich, wenn ich für euch bete, und freue mich über euch. ⁵Ich danke ihm, dass ihr miteinander so fest zum Evangelium haltet vom ersten Tag an bis heute. ⁶Ich habe das sichere Vertrauen, dass der, der das alles in euch angefangen hat, sein Werk zum Ziel bringen wird bis zu dem Tag, an dem ihr Jesus Christus begegnet. ⁷Ich kann nicht anders über euch denken als so, denn ich trage euch in meinem Herzen und weiß, dass ihr und ich dieselbe Freundlichkeit Gottes empfangen haben. Ihr gehört in meinem Gefängnis zu mir. Ihr seid mir verbunden, wenn ich die Botschaft von der Liebe Gottes weitersage und verteidige und für sie einstehe. ⁸Und das ist, bei Gott, wahr: Ich sehne mich nach euch, als ob Christus selbst euch in mir liebte und suchte.

⁹Darum bete ich auch, dass eure Liebe immer reicher werde, bis sie überfließt, reicher an Erkenntnis und Einsicht. ¹⁰Denn ihr sollt unbestechlich urteilen können, was euch hilfreich ist. Möchtet ihr so lauter sein, dass euch an dem Tage, an dem Christus kommt, kein Vorwurf trifft. ¹¹Was ihr auch tut und redet, man soll euch anmerken, dass Christus in euch gewirkt und euch zurechtgebracht hat. Man soll Gott ehren und loben, dass das möglich war.

Was ich leide, bringt mich dem Ziel näher

¹²Es ist gut, wenn ihr wisst, liebe Brüder, dass meine Haft sich für die Ausbreitung des Evangeliums nur hilfreich ausgewirkt hat. ¹³Dass ich

hier liege und warum ich hier festgehalten werde, dass ich es nämlich für Christus erleide, das ist in der ganzen Kaserne und weit darüber hinaus bekannt geworden. [14]Die meisten von den Brüdern aus der Gemeinde haben dadurch Mut gewonnen, mehr zu wagen und das Wort Gottes unbekümmerter weiterzugeben.

[15]Natürlich sind auch einige darunter, die von Christus reden und dabei nur von ihrem Ehrgeiz und ihrer Rechthaberei getrieben sind. Aber die andern tun es doch in redlicher Absicht. [16]Die einen tun es mir zuliebe, weil sie wissen, dass ich hier gefangen bin, um für das Evangelium einzutreten. [17]Die andern tun es aus Streitsucht, mir zuleide, wenn sie Christus verkündigen, mit unreinem Herzen. Sie wollen mir in meinem Gefängnis weh tun. [18]Aber was macht das? Worauf kommt es denn an? Doch wohl nur darauf, dass so oder so, aus reinen oder unreinen Motiven, Christus verkündigt wird. Und darüber, dass das geschieht, freue ich mich und will mich auch weiterhin freuen.

[19]Eines ist mir sicher: Was ich durchmache, führt mich weiter auf dem Weg zur ewigen Herrlichkeit. Euch danke ich für euer Gebet, mit dem ihr mich umgebt, und Jesus Christus für seinen heiligen Geist, der mich tröstet.

[20]So hoffe ich von ganzem Herzen das eine, dass Christus mein Bemühen gelten lässt und ich so dicht bei ihm stehen darf, dass man nicht nur mein Leiden sieht, sondern, wie es von jeher mein Wunsch war, mein Leib die Größe und Herrlichkeit des Christus zeigt. Das kann dadurch geschehen, dass man mich freilässt und ich wieder von ihm reden darf, oder dadurch, dass man mich hinrichtet und ich ihm auf diese Weise ähnlich werde. [21]Wenn ich nämlich lebe, so lebe ich für Christus. Wenn ich sterbe, habe ich erst recht nur Gewinn. [22]Lebe ich aber in dieser Welt, dann kommt es meinem Werk zugute, so dass ich eigentlich selbst nicht weiß, was ich wählen soll.

[23]Ich bin auf beiden Seiten gebunden: auf der einen Seite möchte ich gerne sterben und bei Christus sein, denn das wäre von allem bei weitem das Beste; [24]auf der anderen Seite möchte ich gern in dieser Welt weiterwirken, weil es für euch so nötig wäre. [25]Im Grunde weiß ich auch, dass ich bei euch bleiben werde, um euch weiterzuhelfen und euren Glauben fröhlicher zu machen. [26]Denn ihr sollt sagen, wenn ich wieder zu euch komme: »So viel sind wir Jesus Christus wert, dass er uns Paulus wieder zurückgibt!«

[27]Eines ist wesentlich: Lebt so, wie es dem Evangelium von Christus entspricht. Ob ich zu euch komme und euch sehe oder ob ich hier

bleibe und man mir über euch erzählt – wichtig ist allein, dass ihr fest steht in einem Geist, dass ihr ein Herz und eine Seele seid, wenn ihr mit mir zusammen für den Glauben an das Evangelium kämpft. ²⁸Lasst euch auf keinen Fall Angst machen von euren Gegnern. Dass sie das Evangelium hassen, ist ein Zeichen, dass sie verloren sind mit all ihrem Widerstand und dass ihr den Sieg vor euch habt. ²⁹Denn ihr habt das kostbare Geschenk empfangen, dass ihr an Christus glaubt und nun auch für ihn leidet. ³⁰Uns aber verbindet der gemeinsame Kampf, den ihr an mir gesehen habt und den ihr nun von mir hört.

2 ¹Ich bitte euch: Wir nehmen voneinander Mahnungen an wie von Christus selbst, wir lieben und trösten einander, wir gehören durch Gottes heiligen Geist zusammen, wir sind geübt, aneinander Anteil zu nehmen und alles, was schwer ist, miteinander zu tragen. ²Wenn das so ist, dann macht mir eine Freude: Seid eines Sinnes. Denkt und sucht und liebt das Eine, auf das es ankommt. ³Tut nichts im Streit oder aus törichtem Ehrgeiz. Lasst die Regel gelten: Jeder denkt von sich selbst gering und stellt immer den anderen, mit dem er gerade zu tun hat, höher als sich selbst. ⁴Jeder ist selbst unwichtig. Wichtig ist immer der andere.

⁵Haltet euch an das, was ihr von Jesus Christus wisst:

⁶Göttlich war er wie Gott,
aber er hielt sein Vorrecht nicht fest,
Gott gleich zu sein.

⁷Er legte es ab,
nahm die Gestalt eines Knechts an
und wurde ein Mensch unter Menschen.
Die Gestalt eines Menschen trug er.
⁸Tief stieg er hinab bis zum Tod,
ja zum Tod am Kreuz.

⁹Darum hat Gott ihn erhöht
und gesetzt über alles, was lebt,
über Menschen und Mächte.
¹⁰Wo sein Name genannt wird,
sollen alle Knie sich beugen
im Himmel, auf Erden und unter der Erde

¹¹und jeder Mund soll bekennen:
»Jesus Christus ist Herr!«,
und Gott, den Vater, rühmen und preisen.

¹²Ihr Lieben, ihr seid immer gehorsam gewesen, und nicht nur, wenn ich bei euch war, sondern ganz besonders auch jetzt, wo ich von euch getrennt bin. Bemüht euch mit allen Kräften, in Furcht und Zittern, dass ihr das ewige Leben gewinnt. ¹³Denn Gott ist es, der in euch das Wollen wie das Vollbringen wirkt nach seinem Wohlgefallen. ¹⁴Tut alles, was ihr tut, ohne Widerstand und ohne Gegenrede, ¹⁵so dass euer Herz rein und klar auf Gottes Seite steht, dass ihr Kinder Gottes seid mitten unter den verirrten und verdrehten Menschen und wie Lichter über die Welt hin leuchtet. ¹⁶Haltet das Wort fest, von dem ihr das Leben habt – zu einem Zeichen, wenn Christus kommt und mein Werk prüft, dass ich nicht umsonst gelaufen bin und nicht vergeblich gearbeitet habe. ¹⁷Und wenn es so kommen sollte, dass ich mein Leben lassen muss als Opfer im Dienst für euren Glauben, dann freue ich mich und freue mich mit euch allen. ¹⁸Ihr selbst sollt euch ebenso freuen und in eurer Freude mit mir verbunden sein.

Nehmt statt meiner die Brüder auf

¹⁹Ich hoffe aber – und Jesus, der Herr, wird meine Hoffnung erfüllen –, den Timotheus bald zu euch senden zu können, denn es würde mir wohl tun zu erfahren, wie es um euch steht. ²⁰Ich habe keinen, der seiner Art und Gesinnung wäre und so sehr um mich besorgt. ²¹Sie haben ja alle ihre eigenen Pläne und Ziele und nicht in erster Linie den Dienst für Jesus Christus im Auge. ²²Ihr wisst, wie sehr er sich bewährt hat. Wie ein Kind seinem Vater zur Hand geht, so hat er mit mir der Sache des Evangeliums gedient. ²³Ich hoffe, ihn sofort senden zu können, wenn ich übersehe, wie mein Prozess ausgehen wird. ²⁴Ich bin aber immer noch überzeugt, dass ich bald selbst werde kommen können. Der Herr wird es mir schenken.

²⁵Ich hielt es aber für nötig, den Epaphroditus zu euch zurückzusenden, meinen Bruder, mehr noch: meinen Mitarbeiter, ja Mitkämpfer. Ihr habt ihn zu mir gesandt, mir eure Gabe zu bringen und für mich zu sorgen. ²⁶Er hat sich nach euch gesehnt und quälte sich um euch, weil ihr gehört hattet, er sei krank gewesen. ²⁷In der Tat: er war todkrank,

aber Gott hatte Erbarmen mit ihm, und nicht nur mit ihm, sondern auch mit mir, damit ich nicht ein Leid über das andere hätte. ²⁸Umso schneller sende ich ihn jetzt zurück, damit ihr die Freude habt, ihn wieder zu sehen, und ich weniger Sorge habe.

²⁹Nehmt ihn also mit Freuden auf als einen, der dem Herrn verbunden ist, und haltet solche Leute in Ehren, ³⁰denn weil er für die Sache des Christus eintrat, kam er dem Tode so nahe. Er hat sein Leben aufs Spiel gesetzt, um euch, die so ferne sind, in eurem Dienst an mir zu vertreten.

Achtet auf die Wahrheit

3 ¹Im übrigen, liebe Brüder, freut euch, dass ihr zum Herrn gehört und dass der Herr für euch da ist. Dass ich euch immer wieder dasselbe schreibe, stört mich nicht, euch aber macht es sicherer. ²Gebt Acht auf die Hunde, gebt Acht auf die, die angeblich für das Reich Gottes arbeiten, ohne dazu berufen zu sein. Gebt Acht auf die, die euch mit alten Traditionen festhalten wollen, etwa mit der Beschneidung der Juden. ³Wenn es Zeichen gibt, an denen man die Kinder Gottes kennt, dann sind es diese: Gott dienen in seinem Geist, sich auf Christus verlassen und auf sich selbst nicht vertrauen.

⁴Wenn es mir wichtig wäre, könnte auch ich mich darauf berufen, ein Jude zu sein und also zu Gottes Volk zu gehören. Wenn ein anderer sich auf seine äußere Herkunft etwas zugute tun möchte, kann ich es noch mehr: ⁵Ich bin am achten Tage beschnitten, stamme aus dem Volk Israel, aus dem Stamm Benjamin, ein Jude von Juden. Ich bin in die strenge Gemeinschaft der Pharisäer eingetreten. ⁶Ich habe meine ganze Kraft eingesetzt, die christliche Gemeinde zu verfolgen. Wenn einer das Gesetz der Juden erfüllt hat, dann bin ich es. ⁷Aber alles, was mir damals wichtig gewesen war, das habe ich weggeworfen, als mir Christus entgegentrat. ⁸Und ich halte es noch immer für wertlos, wenn ich den unendlichen Reichtum bedenke, der darin besteht, Jesus Christus, den Herrn, zu kennen. Seinetwegen habe ich alles hinter mir gelassen und habe es wie Schmutz angesehen, um nur Christus zu gewinnen. ⁹Mich interessiert nicht mehr, wie ich als Jude versuchte, Gottes Freundlichkeit zu verdienen mit Gesetzen und Moralregeln, nachdem ich weiß, dass er meinen Glauben sucht, nicht mehr und nicht weniger als meinen Glauben an Jesus Christus. ¹⁰Ich möchte ihn erkennen, die

Kraft, die in seiner Auferstehung wirksam ist, und das Geheimnis seines Leidens begreifen. Denn das will ich: seinem Tode ähnlich werden ¹¹und auf diesem Wege zur Auferstehung vom Tode gelangen. ¹²Es ist ja nicht so, dass ich es schon erreicht hätte, Christus ähnlich zu sein. Ich habe das Ziel aber im Auge und laufe darauf zu, um es zu ergreifen, nachdem Christus mich zuerst ergriffen hat. ¹³Ich kenne mich zu genau, um zu meinen, ich hätte es alles schon in der Hand, Brüder. Aber das eine kann ich sagen: Ich lasse alles liegen, was hinter mir ist. Ich strecke mich nach dem aus, was vor mir liegt. ¹⁴Ich laufe auf das Ziel zu, weil ich den Preis will, der auf den Sieger wartet. Und das ist der Preis: dass Gott mich zu sich holt, weil ich zu Christus gehöre. ¹⁵Wer diesen Preis sucht und ihn will, der soll nirgends hinsehen als auf sein Ziel. Und wenn ihr über irgendetwas anders denkt, so wird Gott euch Klarheit schenken. ¹⁶Aber das eine lasst uns festhalten: Nach den Maßstäben, die wir gefunden haben, wollen wir leben.

¹⁷Richtet euch mit mir zusammen nach unserem Ziel aus, Brüder, und wendet euren Blick auf die, die leben wie ich. ¹⁸Viele nämlich halten sich in unseren Kreisen auf, vor denen ich schon oft gewarnt habe, von denen ich aber nun unter Tränen sage: Sie sind Feinde des Christus, der für uns gestorben ist, ¹⁹ihr Ende wird Verderben sein, ihr Gott ist der Bauch, und ihr Ruhm besteht in ihrer Schande. Wichtig ist ihnen allein, was man sehen und greifen kann.

²⁰Denn wir gehören nicht mehr auf die Erde. Wir sind Bürger des himmlischen Reiches. Von dort erwarten wir den, der uns rettet, unseren Herrn Christus, ²¹der unsere arme, elende Menschengestalt verwandeln wird. Er wird ihr die neue Schönheit des himmlischen Menschen geben, so dass wir ihm gleich sind. Denn er hat die Macht dazu, wie er über alles die Macht hat, über Himmel und Erde und über das All.

Steht zusammen!

4 ¹Meine Brüder, die ich liebe und nach denen ich mich sehne, ihr meine Freude und meine Krone, steht fest, ihr Lieben, und lasst euch von dem Herrn festhalten.

²Ein Wort habe ich für Evodia und Syntyche: Ich bitte sie herzlich und dringend, nichts anderes im Sinn zu haben, als was uns verbindet, und dem Herrn mit uns zu dienen. ³Und ich bitte dich auch, mein treuer

Freund und Schicksalsgenosse, kümmere dich um sie und bringe sie wieder zusammen. Sie gehören ja auch zu denen, die mit mir für das Evangelium gekämpft haben, mit Klemens und allen anderen Mitarbeitern, und ihre Namen stehen ja im Buch des Lebens!

4Freut euch,
die ihr in Christus lebt, allezeit.
Und noch einmal sage ich: Freut euch!
5Eure Güte mache allen Menschen Freude.
Der Herr ist nahe.
6Sorget nicht, sondern bittet Gott.
Sagt ihm, was euch fehlt, und dankt ihm.
7Und der Friede Gottes, der so viel stärker ist,
als unsere Gedanken verstehen,
sei ein Schutzwall, eine Wacht,
um eure Herzen und Gedanken,
damit nichts und niemand
euch von Jesus Christus trenne.

8Noch eins, liebe Brüder: Es ist wichtig, dass ihr euch Gedanken macht über alles, was wahr ist, was anständig ist, was gerecht, was sauber, was liebenswert, was erfreulich ist.Über alles, was euch tüchtig macht und womit ihr Ehre einlegen könnt. 9Denkt an alles, was ich euch erklärt, gesagt, weitergegeben und vorgelebt habe. Denkt an alles und tut es, so wird Gott mit seinem Frieden um euch sein.

10Eine besonders große Freude habt ihr mir damit gemacht, dass ihr wieder so praktisch für mich gesorgt habt. Ich weiß, ihr habt auch früher an mich gedacht und hattet keine Möglichkeit, es zu zeigen. 11Ich sage das nicht, weil ich in so großer Not war. Ich habe gelernt, mit dem auszukommen, was ich habe. 12Ich bin mit allem vertraut. Ich weiß mich einzuschränken und zu genießen. Ich kann satt sein und hungern, ich kann viel haben oder nichts. 13Ich kann es, weil er mir die Kraft gibt. 14Es ist aber doch gut, dass ihr euch um meine Notlage gekümmert habt.

15Ihr erinnert euch an jene erste Zeit, ihr Philipper, als ich mit der Botschaft von Jesus Christus zu euch kam und wieder aus Mazedonien weiterzog: Keine Gemeinde hat mir mit ihrer praktischen Hilfe für die Gabe gedankt, die ich ihr gebracht hatte. Ihr allein habt es getan. 16Auch nach Thessalonich habt ihr mir einmal und dann noch einmal geschickt, was ich brauchte. ¹⁷Ich suche ja nicht das Geschenk! Ich suche die Frucht, die bei euch wächst, die Frucht aus dem Glauben, die euch selbst zugute kommen wird.

¹⁸Ich habe alles empfangen und habe mehr als genug. Ich bin reichlich versorgt, nachdem ich durch Epaphroditus eure Gabe empfing. Es ist ein Opfer, das Gott mit Freude und Wohlgefallen ansieht. ¹⁹Gott beschenke euch, wo ihr selbst Mangel habt, aus seinem großen Reichtum, aus der Herrlichkeit, die von Jesus Christus ausgeht. ²⁰Gott aber, unserem Vater, sei Ehre von Ewigkeit zu Ewigkeit.

²¹Grüßt jeden einzelnen, der zu Christus gehört, jeden Heiligen. Die Brüder, die bei mir sind, grüßen euch. ²²Auch alle übrigen Glieder der Gemeinde, die Heiligen, besonders die aus dem Haus des Kaisers, grüßen euch. ²³Die Freundlichkeit unseres Herrn Jesus Christus sei mit eurem Geiste.

DER BRIEF AN DIE KOLOSSER

1 ¹Paulus, Apostel,
von Gott berufen,
von Jesus dem Christus bevollmächtigt,
mit Timotheus, dem Bruder,
²an die heiligen und gläubigen Brüder,
die in Christus mit uns verbunden sind
in Kolossä:
Gnade sei mit euch und Friede
von Gott, unserem Vater.

Es ist viel, was uns verbindet

³Immer, wenn ich für euch bete, danke ich Gott, dem Vater unseres Herrn Jesus Christus, ⁴denn ich höre, wie fest ihr an Jesus Christus glaubt, wie herzlich ihr alle christlichen Brüder liebt. ⁵Der Grund ist eure Hoffnung auf das Gut, das im Himmel für euch bereit liegt. Ihr habt ja davon gehört, als das Wort der Wahrheit zu euch kam, das Evangelium, ⁶das nun in der ganzen Welt Menschen mit Glauben erfüllt und sich ausbreitet wie auch bei euch, seit ihr die Freundlichkeit Gottes zum erstenmal in voller Klarheit aufgenommen und begriffen habt. ⁷Von Epaphras habt ihr es gehört, unserem geliebten Mitarbeiter, der als ein treuer Diener des Christus für euch tätig ist ⁸und der mir auch erzählt hat, wie sehr ihr mir mit Gedanken der Liebe verbunden seid.

⁹So bete und bitte ich seit dem Tage, an dem ich von euch hörte, unaufhörlich für euch. Möge euch Gott mit Einsicht erfüllen, dass ihr seinen Willen versteht. Möge er euch alle Weisheit verleihen, Erkenntnis, die seinem Geist entspringt. ¹⁰Mögt ihr ein Leben führen, das des Herrn würdig ist und ihm gefällt. Alles, was ihr an guten Taten angreift, möge euch gelingen, und immer besser mögt ihr verstehen, wer Gott ist. ¹¹Was immer Gott an Kräften zu geben vermag, möge euch zugute kommen. Denn Gott herrscht mit unendlicher Macht und wird euch helfen, mit Geduld und Ausdauer alles zu tragen. Mit Freuden ¹²dürft

ihr dem Vater danken. Er hat euch bereit gemacht zu empfangen, was er euch geben will: die Herrlichkeit, die er in seinem Licht denen gewähren wird, die an ihn glauben. ¹³Er hat uns der Macht der Finsternis entrissen und uns in das Reich seines geliebten Sohnes versetzt. ¹⁴In ihm haben wir die Erlösung, die Vergebung der Sünden.

Der große Christushymnus

¹⁵Er, Christus,
ist das Bild des unsichtbaren Gottes.
Der Erste, der vor aller Schöpfung war.
¹⁶In ihm ist alles geschaffen,
was im Himmel ist und auf der Erde:
das Sichtbare und das Unsichtbare,
Engelmächte und geistige Gewalten
und alle Kräfte der Schöpfung.
¹⁷Das All kommt aus ihm. Das All dient ihm.
Alles ist eins in ihm. Alles besteht in ihm.

¹⁸Er ist auch das Haupt seiner Gemeinde, die sein Leib ist.
In ihr wird er sichtbar.
Er ist der Erste, der vom Tode auferstand.
Er hat in allem den ersten Rang,
¹⁹denn es hat der Fülle Gottes gefallen, in ihm zu wohnen.
²⁰Durch ihn und in ihm ist alles mit allem versöhnt.
Durch seinen Tod am Kreuz hat er Frieden geschaffen,
endgültig, mit allem und zwischen allem,
was auf der Erde ist oder im Himmel!

Christus zugehören, mit ihm leiden

²¹Auch ihr wart früher von Gott entfremdet und ihm feindlich in euren Gedanken. An den bösen Taten zeigte es sich. ²²Jetzt aber verband euch Christus im Frieden mit ihm, indem er auf dieser Erde leiblich den Tod erlitt. Er übergab euch Gott, und ihr wurdet heilig, fehlerlos, unschuldig. ²³An euch ist es nun, im Glauben gegründet und fest zu bleiben und die Hoffnung nicht zu verlieren, die ihr im Evangelium empfingt.

Denn aller Welt unter dem Himmel, allen Geschöpfen ist es verkündet, und ich, Paulus, bin sein Diener geworden. ²⁴Nun freue ich mich für euch in meinem Elend und leide an meinem Körper nach, was an den Schmerzen noch fehlt, die Christus litt. Für seinen Leib, die Kirche, leide ich es. ²⁵Denn ihr Diener bin ich. Das ist der Sinn des Amtes, das Gott mir gab, sein Wort in seiner ganzen Fülle bei euch auszusprechen und nachzuleben, ²⁶das Geheimnis, das seit ewigen Zeiten und seit Menschengedenken verborgen war und nun den Menschen aufgeschlossen ist, die der heilige Gott wählte: den Heiligen. ²⁷Ihnen wollte Gott den Reichtum zeigen, der mit diesem Geheimnis gerade für die Menschen in den fremden Völkern bereitliegt: er besteht in Christus selbst, der in euch ist, in der Hoffnung auf seine Herrlichkeit. ²⁸Von ihm reden wir, bis alle Menschen aufhorchen. Wir reden mit ihnen und zeigen ihnen alle Weisheit, weil sie am Ende alle vor Gott vollkommen dastehen sollen durch ihre Gemeinschaft mit Christus. ²⁹Dafür arbeite ich. Darum kämpfe ich, und er wirkt in mir mit seiner mächtigen Kraft.

2 ¹Ich möchte so gerne, dass ihr wisst, einen wie harten Kampf ich für euch durchzustehen habe, für euch, für die Christen in Laodizea und für alle anderen, die mich persönlich nicht kennen. ²Mir liegt daran, dass ihre Herzen fest und stark werden. Wie das geschieht? So, dass sie in Liebe zusammenstehen und zugleich reich werden durch eine umfassende, klare Einsicht in das Geheimnis Gottes: nämlich Christus. ³Denn in ihm liegen alle Schätze der Weisheit und der Erkenntnis verborgen.

Warnung vor Irrtümern

⁴Ich sage das, damit euch nicht jemand mit trügerischen Reden beschwatzt. ⁵Denn ich bin zwar körperlich nicht bei euch, wohl aber im Geist. Ich freue mich, wenn ich sehe, wie geordnet ihr miteinander lebt und wie fest euer Glaube an Christus gegründet ist. ⁶Lebt nun mit derselben Festigkeit und Klarheit weiter, mit der ihr euch für ihn entschieden habt. ⁷Wurzelt in ihm wie Bäume in der Erde. Baut auf ihm wie auf einem starken Fundament. Haltet euren Glauben fest, wie er euch gelehrt wurde, und zeigt eure Dankbarkeit.

⁸Seht zu! Gebt Acht! Man wird euch in die Irre führen. Man betrügt euch mit allerlei Gedankenwerk und will euch damit unter die Macht

von Überlieferungen zurückzwingen, unter die Herrschaft von kosmischen Mächten und nicht unter die des Christus. ⁹Denn die Fülle des Wesens Gottes wohnt ganz und gar in ihm. ¹⁰Wenn ihr von göttlichem Geist und Leben erfüllt sein wollt, dann haltet euch zu ihm, denn er ist der Herr über alle Mächte und Gewalten in der Welt!

¹¹Durch ihn gehört ihr zu Gott, nicht durch das heilige Zeichen der Juden, die Beschneidung, sondern durch das Zeichen, das er euch gegeben hat: ¹²Wie er begraben wurde, so seid ihr gestorben und begraben. Dafür ist die Taufe, bei der ihr ins Wasser getaucht werdet, das Zeichen. Wie er aus dem Tod auferstanden ist, so seid ihr zu einem neuen Leben auferstanden dadurch, dass ihr an die Macht dessen glaubt, der ihn von den Toten erweckt hat. ¹³Eure Sünden waren das Grab, in das ihr euch selbst verschlossen habt. Er aber hat die Sünden weggeräumt, euer Grab geöffnet und euch mit ihm frei heraustreten lassen.

¹⁴Oder anders gesprochen: Ihr habt euch durch alles Böse, das ihr gedacht oder getan habt, ständig verschuldet. Immer länger wurde die Liste, in der verzeichnet war, was ihr Gott schuldig seid und was ihr zurückzuzahlen oder wieder gutzumachen habt. Da hat Christus den Schuldschein genommen, ihn zerrissen und an das Kreuz geheftet, an dem er selbst gestorben ist. Damit ist gesagt: Das alles ist wieder gutgemacht. Das alles ist bezahlt.

¹⁵So hat er über den Tod gesiegt, über die Sünde und den Teufel, die über euch Macht hatten. Er hat sie unschädlich gemacht und bloßgestellt wie ein Feldherr, der nach dem Sieg seine Gefangenen im Triumphzug durch die Straßen führt.

Es gibt nur einen Maßstab: seinen Willen

¹⁶Es soll euch nun ja niemand Vorschriften machen über Essen oder Trinken oder bestimmte Festtage, Monatsanfänge, die man feierlich begeht, oder Ruhetage, die man einhalten muss. Niemand soll euren Glauben danach beurteilen, ob ihr euch daran haltet. ¹⁷Das alles sind geisternde Schattenbilder einer Zukunft, die man sich einmal erhofft hat. Was die Zukunft aber wirklich bringt, ist allein in Christus. ¹⁸Niemand soll sagen, ihr seiet keine rechten Christen, der sich in demutvollem Gehabe gefällt und dabei irgendwelche zweitrangigen geistigen Mächte verehrt, von denen er behauptet, er habe in übersinnlichen Erlebnissen Verbindung mit ihnen gehabt, der dabei nichts weiter ist als ein eingebildeter,

aufgeblasener Mensch [19]und der darüber die Verbindung mit dem Herrn des Alls verloren hat, mit dem Haupt! Vom Haupt aber, von Christus aus, wird der ganze Leib durch Sehnen und Bänder versorgt und zusammengehalten, von ihm aus wächst er, wie Gott sein Wachstum will.

[20]Wenn ihr nun mit Christus von allen Verpflichtungen gegenüber irgendwelchen Mächten in dieser Welt frei seid, warum lasst ihr euch noch eine Lebensordnung vorschreiben, als wäre diese Welt noch ein Maßstab für euch? [21]Da reden sie:»Rühre das nicht an! Iss jenes nicht! Fass dieses nicht an!« [22]Es sind doch alles Nahrungsmittel oder Verbrauchsgüter, die im Verbrauch zugrunde gehen sollen. Da reden sie viel und verbreiten doch nichts als ihre eigenen, erfundenen Vorschriften. [23]Was man da als Weisheit bezeichnet, ist nichts als selbsterfundene Frommtuerei, eine Demut, eine Askese des Körpers ohne jeden wirklichen Wert, und befriedigt nur die Eitelkeit der Menschen.

3 [1]Wenn ihr nun mit Christus auferstanden seid, dann streckt euch nach dem aus, was oben ist, wo Christus ist, sitzend zur Rechten Gottes. [2]Strebt nach dem, was droben ist, nicht nach dem, was auf Erden ist. [3]Ihr seid ja gestorben, und euer Leben ist mit Christus zusammen in Gott verborgen. [4]Wenn aber Christus, euer Leben, sichtbar hervortritt, dann wird auch, was er aus eurem Leben gemacht hat, sichtbar.

[5]Das bedeutet, dass ihr alles, was euch auf dieser Erde noch festhält, von euch abtrennen sollt wie Glieder, die einer sich selbst abhackt: Unzucht, unreine Gedanken, Lüsternheit und trübe Sucht und die Gier nach Geld, die eine Art Götzendienst ist. [6]Mit alledem fordern die Menschen den Zorn Gottes heraus. [7]Bei euch selbst war all dies früher auch im Schwang und gehörte zu eurem Leben. [8]Jetzt aber legt alles ab: Zorn und Groll und Schlechtigkeit, leichtfertiges Reden über Gott und unsauberes Geschwätz. Lasst es nicht durch euren Mund gehen! [9]Und belügt einander nicht!

Es ist wie beim Kleiderwechseln: ein schmutziges Gewand zieht man aus. So zieht alles aus, was euch bisher wichtig war. [10]Zieht dafür den neuen Menschen an, der so ist, wie Gott ihn gewollt hat, und der so ist, dass er Gott versteht.

[11]Dann ist nicht mehr wichtig, ob ihr Griechen oder Juden seid, Volk Gottes oder Fremdling, Barbar oder Skythe, Sklave oder Freier, sondern allein, dass ihr in Christus seid.

[12]Gott hat euch zu seinen Heiligen und Geliebten erwählt, so kleidet euch in Barmherzigkeit, Freundlichkeit, Bescheidenheit, Achtsamkeit

und Geduld. ¹³Haltet es miteinander aus und verzeiht einander, wenn ihr euch gegenseitig Vorwürfe zu machen habt. Christus hat euch verziehen. Tut es nun auch gegenseitig. ¹⁴Über all das zieht das Kleid der Liebe an, die alles zur Vollkommenheit zusammenfügt. ¹⁵In euren Herzen regiere der Friede des Christus, denn er will, dass ihr in eurer Gemeinschaft eins seid. Und seid dankbar! ¹⁶Das Wort des Christus lasst reichlich zwischen euch hin- und hergehen. Helft einander in aller Weisheit, es zu verstehen und Freude daran zu haben. Singt Psalmen und geistliche Lieder und preist Gott in euren Herzen für seine Freundlichkeit. ¹⁷Alles, was ihr tut in Wort und Werk, das tut so, dass dem Herrn Jesus damit gedient wird. Dankt dem Vater, indem ihr ihn, den Herrn, rühmt.

Euer Ziel: Gemeinschaft

¹⁸Ihr Frauen, fügt euch euren Männern, wie es sich für Menschen ziemt, die Christus angehören. ¹⁹Ihr Männer, liebt eure Frauen und behandelt sie nicht, als wären sie eure Sklavinnen. ²⁰Ihr Kinder, gehorcht euren Eltern in allen Dingen, denn so will es der Herr. ²¹Ihr Eltern, seid gegen eure Kinder nicht ungerecht, damit sie den Lebensmut nicht verlieren. ²²Ihr Knechte, ordnet euch in allem denen unter, die nach menschlichem Recht eure Herren sind. Erfüllt ihren Willen nicht nur, wenn sie zuschauen, etwa um euch beliebt zu machen, sondern aus eigenem Willen und lauterem Herzen, weil ihr dem Herrn selbst gehorsam sein wollt. ²³Was immer ihr tut, tut es von Herzen und tut es für den Herrn und nicht für die Menschen, ²⁴denn ihr wisst ja, euren eigentlichen Lohn werdet ihr von ihm selbst empfangen: dass ihr bei Gott zu Hause und seine Söhne seid. Euer Werk gilt ja Christus, dem Herrn. ²⁵Wer Unrecht tut, wird den Lohn für sein Unrecht empfangen, um wen immer es sich handeln mag.

4 ¹Ihr Herren, gebt euren Knechten, was gerecht ist, und behandelt sie gleich. Denkt daran, dass auch ihr einen Herrn im Himmel habt.

²Achtet darauf, dass euer Gespräch mit Gott nicht verstummt. Bleibt wach, wenn ihr mit Gott redet, und sprecht eure Dankbarkeit aus! ³Betet zugleich auch für mich, dass Gott mir hier eine freie Wirksamkeit schenkt und ich das Geheimnis des Christus offen aussprechen kann,

das ja der Grund ist, aus dem ich hier gefangen bin. ⁴Denn ich möchte es so bekannt machen, wie es mir aufgetragen ist.

⁵Verhaltet euch klug den Außenstehenden gegenüber und nützt die Gelegenheit, wenn sie sich bietet, euren Glauben zu bekennen. ⁶Redet immer mit Freundlichkeit und dabei in der Sache klar. Denn es ist wichtig, dass ihr wisst, wie ihr jedem antworten könnt.

Grüße

⁷Über mein Ergehen wird euch Tychikus berichten, mein geliebter Bruder und zuverlässiger Mitarbeiter, der mit mir zusammen dem Herrn dient. ⁸Ich habe ihn aus eben diesem Grunde zu euch gesandt, denn ihr sollt wissen, wie es mir geht, und er soll euch ermutigen. ⁹Auch Onesimus schicke ich mit ihm zusammen zu euch, den treuen und lieben Bruder, der aus eurer Gemeinde kommt. Die beiden werden euch alles erzählen, was hier vorgeht.

¹⁰Aristarch, mein Mitgefangener, grüßt euch, ebenso Markus, der der Neffe des Barnabas ist. Einige Anweisungen, die ihr erhalten habt, betreffen ihn. Nehmt ihn als euren Gast auf, wenn er kommt. ¹¹Ferner grüßt euch Jesus Justus. Die drei sind die einzigen unter meinen jüdischen Brüdern, die mit mir für das Reich Gottes wirken, und sind mir ein Trost. ¹²Es grüßt euch Epaphras, der zu den Euren zählt, ein Diener des Christus, der in seinem Gebet ständig für euch eintritt mit der Bitte, ihr mögt aus ganzem Herzen allem zugetan sein, was der Wille Gottes fordert. ¹³Ich bezeuge ihm, dass er sich um euch und um die Gemeinden in Laodizea und Hierapolis viel Mühe macht. ¹⁴Es grüßen euch Lukas, der Arzt, der Geliebte, und Demas. ¹⁵Grüßt die Brüder in Laodizea, Nympha und die Gemeinde in ihrem Hause.

¹⁶Wenn dieser Brief bei euch verlesen ist, dann sorgt dafür, dass er auch in der Gemeinde in Laodizea gelesen wird, und den Brief, den die Gemeinde in Laodizea empfängt, lasst auch euch vorlesen. ¹⁷Und sagt dem Archippus: Achte darauf, dass du das Amt wahrnimmst, das du im Auftrag des Herrn empfangen hast.

¹⁸Hier füge ich, Paulus, mit eigener Hand meinen Gruß an. Gedenkt meiner in meinen Fesseln. Die Gnade sei mit euch.

DER ERSTE BRIEF
AN DIE THESSALONICHER

1 ¹Paulus, Silvanus und Timotheus an die Gemeinde in Thessalonich, mit der sie verbunden sind in Gott, dem Vater, und in Jesus Christus, dem Herrn. Gnade sei mit euch und Friede!

Wir freuen uns über euch

²Wir danken Gott und lassen nicht ab, für euch alle zu danken, wenn wir in unserer Fürbitte an euch denken. Denn unablässig, ³wenn wir mit Gott, unserem Vater, reden, denken wir daran, wie tätig ihr seid, euch und andere im Glauben zu festigen und einander Liebes zu tun, und wie geduldig ihr unserem Herrn Jesus Christus entgegen wartet. ⁴Wir wissen, von Gott geliebte Brüder, dass ihr zu den Erwählten gehört. ⁵Denn es war ja nicht nur unsere menschliche Stimme, die euch das Evangelium nahe brachte. Es erwies sich, dass Gottes Kraft darin am Werk war, der heilige Geist selbst, und wir selbst verkündigten es euch in Leidenschaft und fester Zuversicht. Ihr wisst ja, wie wir in eurer Stadt auftraten und wie sehr es uns dabei um euch alle ging. ⁶Ihr habt es uns nachgetan und habt euch dem Herrn zugewandt. Ihr habt den Glauben unter großen äußeren Bedrängnissen angenommen und hattet eine Freude dabei, wie sie nur der heilige Geist wirkt. ⁷So seid ihr allen Christen in Mazedonien und in Achaia zum Vorbild geworden.

⁸Denn von euch aus ist das Wort des Herrn ergangen, nicht nur in Mazedonien und Achaia, sondern überall. An allen Orten weiß man, wie fest ihr an Gott glaubt, und wir brauchen es niemand zu erzählen. ⁹Ganz von selbst erzählen die Leute von der Aufnahme, die ihr uns bereitet habt. Sie erzählen, wie ihr euch Gott zugewandt habt, weg von den nichtigen »Göttern«, um dem wirklichen, wahren Gott zu dienen. ¹⁰Sie erzählen, wie ihr nun seinen Sohn erwartet, der aufs Neue aus Gottes Lichtwelt kommen wird, den Gott aus dem Tode erweckt hat: Jesus, der uns rettet, wenn Gott Gericht hält.

Erinnert euch an die ersten Tage

2 ¹Ihr wisst selbst, Brüder, dass wir nicht mit leeren Händen zu euch kamen. ²Eben waren wir in Philippi geschlagen und misshandelt worden, ihr wisst es; aber wir hatten einen neuen und freien Mut, wir verließen uns darauf, dass Gott bei uns sei, und brachten euch das Evangelium, ohne uns zu scheuen, obwohl es auch bei euch zu harten Kämpfen kam. ³Denn wir rufen unsere Botschaft ja nicht aus, weil wir harmlose Schwärmer wären und listige Hintergedanken hätten. ⁴Nein, Gott selbst hat uns würdig erachtet, uns das Evangelium anzuvertrauen, und genau so, wie er es uns übergab, sprechen wir es aus. Wir suchen den Beifall der Menschen nicht, sondern wollen vor Gott bestehen, der unsere Herzen kennt. ⁵Niemals haben wir Reden gehalten, in denen wir schön um euch herumredeten – das wisst ihr wohl – oder in denen wir von hohen Dingen phantasierten und euer Geld meinten. Gott ist unser Zeuge. ⁶Wir suchten die Anerkennung von Menschen nicht, weder die eure noch die anderer Leute, ⁷obwohl wir doch von Christus kamen und als seine Botschafter hätten Ehre in Anspruch nehmen können. Nein, liebevoll und gütig gingen wir mit euch um wie eine Mutter, die ihre Kinder hegt. ⁸So von Herzen waren wir euch zugetan und wollten euch nicht nur das Evangelium übergeben, sondern uns selbst zum Opfer bringen. So lieb seid ihr uns geworden.

⁹Ihr erinnert euch doch, ihr Schwestern und Brüder, an unsere Mühe und Arbeit. Nacht und Tag arbeiteten wir in unserem Handwerk, um ja keinem von euch Kosten zu verursachen, und so predigten wir euch das Evangelium Gottes. ¹⁰Ihr selbst seid Zeugen wie auch Gott selbst: Ihr wisst, wie heilig, wie gerecht und wie einwandfrei wir bei euch, die unser Wort glaubten, aus- und eingingen. ¹¹Ihr wisst: Jeden einzelnen von euch haben wir wie ein Vater seine Kinder ¹²ermahnt, ermutigt und immer wieder beschworen, so zu leben, dass man euch eure Nähe zu Gott anmerkt, der euch in sein Reich und seine Herrlichkeit ruft.

¹³Darum danken wir Gott Tag um Tag, dass ihr unser Wort, oder besser: Gottes Wort, nicht als eine menschliche Theorie aufgenommen habt, sondern als das, was es ist, nämlich Gottes eigenes Wort. Das wirkt nun in euch und macht euren Glauben fester. ¹⁴Denn nun geht ihr denselben Weg, meine Brüder, wie die Gemeinden Gottes, die in Judäa an Christus glauben. Ihr habt dasselbe von euren eigenen Volks- und Familienangehörigen erlitten, was den Christen in Judäa von ihren jüdischen Stammesgenossen widerfuhr. ¹⁵Ihnen aber geschieht nichts

Neues, denn die Juden haben schon Christus und die Propheten umgebracht, und nun verfolgen sie uns. Sie missfallen Gott und sind allen Menschen feind, ¹⁶denn sie wollen uns hindern, zu den fremden Völkern zu reden und auch ihnen das Heil zu bringen. So füllen sie von einer Tat zur anderen das Maß ihrer Schuld höher, aber Gott hat schon begonnen, sie zur letzten Rechenschaft zu ziehen, und das Ende wird ihr Untergang sein.

Gott hat euch freundlich geführt

¹⁷Meine Brüder, für eine kurze Zeit waren wir wie Waisen, nachdem wir euch nicht mehr bei uns hatten. Aber wir haben euch nur aus den Augen, nicht aus dem Herzen verloren, und nun eilen wir um so mehr und mit großer Sehnsucht, euch wieder zu sehen. ¹⁸Wir hatten uns auch vorgenommen, euch zu besuchen – ich, Paulus, mehrfach –, aber der Satan verstellte uns den Weg. ¹⁹Wer ist denn sonst unsere Hoffnung, unsere Freude, der Kranz, der uns schmückt, der uns vor Christus auszeichnet, wenn er wiederkommt? Seid nicht auch ihr es? ²⁰Ja, unsere Ehre seid ihr, unsere Freude.

3 ¹So hielt ich es auch nicht mehr länger aus und beschloss, allein in Athen zu bleiben, ²und sandte den Timotheus zu euch, meinen Bruder, den Mitarbeiter Gottes, der der Botschaft von Christus dient. Er sollte euren Glauben stärken und euch Mut machen, ³damit ja keiner in diesen schweren Zeiten unsicher würde. Denn ihr wisst ja selbst: Es ist unsere Bestimmung, Leiden zu ertragen. ⁴Schon damals, als wir bei euch waren, haben wir euch gesagt, wir würden zu leiden haben, und nun ist es gekommen. Ihr wisst es.

⁵Darum habe ich es auch nicht mehr länger ertragen und habe Timotheus zu euch gesandt, er solle mir berichten, wie es um euren Glauben steht. Es hätte ja sein können, dass der Teufel euch von Christus abgedrängt hätte und meine ganze Arbeit umsonst gewesen wäre. ⁶Nun kam Timotheus aber soeben von euch zurück zu uns und erzählte von eurem Glauben und eurer Liebe, erzählte, dass ihr uns nach wie vor in guten Gedanken verbunden seid und dass euer Wunsch, uns zu sehen, so stark ist wie umgekehrt der unsere, euch zu begegnen. ⁷Da waren wir getröstet, Brüder, im Gedanken an euch, und euer Glaube hat uns in all unserer Not und Bedrängnis wohl getan. ⁸Denn nun leben wir wieder

wirklich, wenn wir sehen, dass euer Glaube an den Herrn so festen Stand hat.
⁹Wie könnten wir Gott genug danken, dass wir euch haben? Wie könnten wir für alle die Freude danken, mit der ihr uns erfüllt habt? ¹⁰Nacht und Tag bitten wir ihn mit vielen Worten, euch wieder zu sehen und euch geben zu können, was eurem Glauben noch fehlt. ¹¹Ja, er selbst, Gott, unser Vater, und Jesus, unser Herr, führe uns zu euch. ¹²Euch aber lasse der Herr wachsen und reich werden an Liebe zueinander und zu allen Menschen, wie ja auch wir euch lieben. ¹³Er mache eure Herzen stark und mache sie klar, rein und heilig vor Gott, unserem Vater, damit ihr bestehen könnt, wenn Jesus, unser Herr, wiederkommt mit allen seinen heiligen Engeln.

Weisungen für die Praxis

4 ¹Im übrigen, meine Brüder, ermahne ich euch und fordere euch im Auftrag des Herrn Jesus auf, nach den Weisungen zu leben, die ihr von mir empfangen habt. Ihr wisst, wie ihr leben sollt, um Gott zu gefallen, und tut es ja auch. Aber es ist gut, wenn ihr darin weiterkommt. ²Ihr kennt ja die Regeln, die ich euch gab und die ihr im Grunde nicht von mir habt, sondern von Jesus, dem Herrn, selbst. ³Denn das will Gott, dass ihr heilig werdet. Was das im einzelnen bedeutet? Ihr sollt euch fern halten von der Unzucht. ⁴Jeder soll mit seiner eigenen Frau zusammenleben und ihr Achtung entgegenbringen. ⁵Lasst euch nicht von Leidenschaften treiben wie die Menschen draußen, die von Gott nichts wissen. ⁶Ihr sollt euch im Geschäftsleben nicht über euren Bruder hinwegsetzen oder ihn im Handel betrügen, denn Gott wacht über all dem und wird Gerechtigkeit schaffen. Ich habe es euch damals mit allem Nachdruck gesagt. ⁷Denn Gott hat uns nicht zu seinen Kindern gemacht, damit wir danach unsauber, sondern damit wir heilig leben. ⁸Wer nun meint, er sei erhaben über alle diese einfachen Regeln, der verachtet damit nicht so sehr den Menschen, der sie anordnet, sondern Gott, der sie gab und dessen heiligen Geist ihr empfangt.
⁹Über die Liebe zu den Brüdern brauche ich euch nichts zu schreiben, Gott selbst hat euch ja gezeigt, wie ihr einander lieben sollt. ¹⁰Es geht so viel Liebe von euch zu allen Brüdern in ganz Mazedonien aus, und ich möchte euch nur ermuntern, immer noch mehr weiterzugeben. ¹¹Setzt eure Ehre darein, ein zurückgezogenes Leben zu führen, euch

um eure eigenen Dinge zu kümmern und mit eigener Hand euer Brot zu verdienen. Auch das habe ich euch schon gesagt. ¹²Denn so können die draußen euch vertrauen, und ihr selbst seid auf niemanden angewiesen.

Lasst euch nicht vom Tode erschrecken

¹³Ich möchte euch aber über das Geschick der Toten nicht im Unklaren lassen, denn ihr sollt nicht trauern wie die anderen, die keine Hoffnung haben. ¹⁴Wenn wir nämlich glauben, dass Jesus gestorben und auferstanden ist, dann wissen wir auch, dass Gott die Toten mit Jesus aus dem Tode holen und mit ihm ins Leben führen wird. ¹⁵Denn das sage ich euch mit einem Wort, das der Herr selbst gesprochen hat: Wir, die Lebenden, die bis zum Tag der Ankunft des Herrn übrig bleiben, werden den Toten nichts voraushaben. ¹⁶Er selbst, der Herr der Welt, wird mit mächtigem Befehl, mit überirdischer Stimme wie der eines Erzengels und mit dem Dröhnen einer gewaltigen Posaune vom Himmel herabsteigen. Dann werden zuerst die aus dem Grab aufstehen, die im Glauben an Christus gestorben sind. ¹⁷Danach werden wir, die am Leben geblieben sind, zusammen mit den Toten auf Wolken in die Luft hinaufgerissen werden, um dem Herrn zu begegnen, und werden für alle Zeit mit ihm leben. ¹⁸So tröstet einander mit diesen Worten.

Funken aus dem Feuer

5 ¹Über die Zeit und die Stunde, in der das geschehen wird, liebe Brüder, brauche ich euch nichts zu schreiben. ²Ihr wisst selbst, dass der Tag des Herrn ohne Voranmeldung kommen wird, so unversehens wie ein Dieb in der Nacht. ³Denn wenn sie sagen:»Es ist Friede! Es ist keine Gefahr!«, wird das Verderben plötzlich über sie hereinbrechen wie die Wehen über eine schwangere Frau, und sie werden keinen Ausweg finden.

⁴Ihr aber, liebe Brüder, steht nicht in der Finsternis und braucht euch vom Licht Gottes nicht überraschen zu lassen wie von einem Einbrecher. ⁵Ihr seid Lichter. Ihr gehört zum Tag wie der Funke zum Feuer. Wir haben mit der Nacht und der Finsternis nichts zu tun. ⁶Wenn das so ist, dann lasst uns nicht schlafen wie die anderen. Lasst uns wachen

und bei klaren Sinnen sein. ⁷Denn die Schläfrigen schlafen in der Nacht, die Betrunkenen sind in der Nacht betrunken. ⁸Wir aber gehören dem Tag und sollen klar und wach sein. Wir sollen unseren Glauben und unsere Liebe wie einen Panzer tragen und statt eines Helms unsere Siegesgewissheit. ⁹Denn Gott hat uns nicht dazu bestimmt, zugrunde zu gehen, sondern dazu, aus dieser Welt herausgerissen und gerettet zu werden. Der uns aber herausreißt, ist unser Herr, Jesus Christus. ¹⁰Er ist für uns gestorben, damit wir mit ihm leben. Das gilt uns allen, ob wir noch am Leben sind, wenn er kommt, oder schon vorher gestorben. ¹¹Sagt das einander immer wieder. Macht es euch ganz klar, damit ihr immer fester steht. Ich bin froh zu wissen, dass ihr es tut.

¹²Ich bitte euch aber, meine Brüder, haltet die in Ehren, die sich um euch mühen, die die Leitung in eurer Gemeinde haben und euch den rechten Weg zeigen. ¹³Umgebt sie mit besonders aufmerksamer Liebe der Arbeit wegen, die sie leisten. Haltet Frieden untereinander.

¹⁴Ich ermahne euch weiter, Brüder: Kümmert euch um die, die innerlich haltlos sind, und bringt sie zurecht. Muntert die Mutlosen auf, stützt die Schwachen und begegnet allen, wer es auch immer sei, mit Geduld. ¹⁵Seht zu, dass keiner unter euch auf eine Bosheit mit einer Bosheit antwortet. Seht zu, dass ihr auf alle Fälle immer genug Güte füreinander habt und für alle Menschen. ¹⁶Lasst euch eure Fröhlichkeit nicht nehmen. ¹⁷Lasst das Gebet nicht verstummen. ¹⁸Seid für alles dankbar, denn das will Gott. Das soll das Zeichen sein, dass ihr zu Jesus Christus gehört.

¹⁹Wenn Menschen eine besondere Gabe von Gott haben, wenn er ihnen in besonderer Weise seinen Geist gegeben hat, dann sollt ihr nicht versuchen, sie aufs Normalmaß zu bringen oder sie in den üblichen Rahmen einzuordnen. ²⁰Hat einer ein besonderes Wort von Gott, dann nehmt es euch zu Herzen. ²¹Prüft es genau, und wenn es gut ist, nehmt es an. ²²Meidet jede Art von Unrecht.

²³Er selbst aber, der Gott, der uns den Frieden gibt, möge euer Herz und euer Handeln bestimmen. Er möge euren Geist, eure Seele und euren Leib ohne Tadel bewahren, bis unser Herr Jesus Christus kommt. ²⁴Der euch gerufen hat, ist zuverlässig. Er wird es tun.

²⁵Ihr Brüder und Schwestern, betet auch für uns! ²⁶Grüßt alle mit dem heiligen Kuss. ²⁷Es ist mir entscheidend wichtig, dass ihr diesen Brief der ganzen Gemeinde vorlesen lasst.

²⁸Die Gnade unseres Herrn Jesus Christus sei mit euch!

DER ZWEITE BRIEF
AN DIE THESSALONICHER

1 ¹Paulus, Silvanus und Timotheus an die Gemeinde in Thessalonich, mit der sie verbunden sind in Gott, unserem Vater, und in Jesus Christus, dem Herrn. ²Gnade und Friede sei mit euch von Gott, unserem Vater, und von Jesus Christus, dem Herrn.

Gott wird euch frei machen

³Wir haben viel Grund, Gott für euch zu danken, liebe Brüder, und wir tun es unablässig, denn euer Glaube wächst und wird fester, und eure gegenseitige Liebe wird stärker und schöner. ⁴Deshalb sind wir auch stolz auf euch und nennen euch den Gemeinden Gottes gegenüber immer mit besonderer Freude. Ihr habt in den Verfolgungen, in den schweren Tagen, die ihr durchzustehen habt, Ausdauer und Treue bewiesen. ⁵So zeigt sich, wie Gott Gerechtigkeit schafft: Er will, dass ihr würdig werdet, in das Reich Gottes zu gelangen, für das ihr jetzt zu leiden habt. ⁶Denn es ist umgekehrt in Gottes Augen gerecht, dass er euren Bedrängern Bedrängnis schafft, ⁷euch aber, die Bedrängnis leiden, Ruhe gibt.

An jenem Tage wird es geschehen, an dem Jesus, der Herr, am Himmel mit seinen gewaltigen Engeln erscheinen wird. ⁸In loderndem Feuer wird er sie richten, die Gott nicht kennen wollten und sich der Botschaft von Jesus, unserem Herrn, im Trotz verschlossen. ⁹Ewiges Verderben wird ihre Strafe sein, Ferne von der Güte des Herrn, Ferne von seiner mächtigen Herrschaft. ¹⁰Seine Heiligen aber werden seinen Glanz, seine Herrlichkeit sehen, wenn er kommt, und die an ihn glauben, werden ihn rühmen. Ihr aber werdet zu ihnen gehören, denn ihr habt unsere Botschaft geglaubt und haltet sie fest.

¹¹Deshalb beten wir auch unablässig für euch, dass unser Gott euch wandle und heilig mache. Er hat euch gerufen. Er helfe euch zu werden, was er mit euch vorhat. Er bringe allen guten Willen zum Ziel und vollende durch seine Kraft, was ihr im Glauben tut. ¹²Denn so erkennt man Christus an euch und rühmt seinen Namen, und wer ihr selbst seid, erkennt man an Christus. Das ist das große Geschenk, das wir von Gott und von unserem Herrn, Jesus Christus, empfangen.

Die Wirren der Geschichte gehen dem Reich Gottes voraus

2 ¹Ich habe eine Bitte an euch, die die Ankunft des Herrn Jesus Christus und unsere Zusammenführung mit ihm betrifft: ²Lasst euch nicht so plötzlich aus der Fassung bringen oder um den Verstand! Gott hat uns nichts darüber wissen lassen, ich selbst habe kein Wort darüber gesagt und habe auch nicht, wie behauptet wird, in einem Brief davon geschrieben, der Tag des Herrn stehe unmittelbar bevor. ³Lasst euch von niemandem auf irgendeine Weise täuschen. Denn zuvor muss die Gottlosigkeit auf der Erde überhand nehmen. Zuvor muss der Frevelmensch triumphieren, der Antichrist, der Verderben bringt und im Verderben endet. ⁴Zuvor muss der Feind Gottes sich erheben, der sich anmaßt, über allem zu stehen, was Gott heißt oder Verehrung fordert. Er wird sich zuvor an Gottes Stelle im Tempel verehren lassen und wird behaupten, er sei Gott. ⁵Erinnert ihr euch nicht, dass ich euch das alles gesagt habe, als ich noch bei euch war?

⁶Und was diese unsere Gegenwart betrifft: Ihr kennt die göttliche Geduld, die es noch verhindert, dass die Macht der Bosheit sich offenbart. ⁷Im Verborgenen ist sie zwar schon am Werk. Aber erst muss ihr der den Weg freigeben, der sie noch aufhält. ⁸Dann wird sich der Feind Gottes zeigen. Am Ende aber wird Jesus, der Herr, ihn mit dem Geist seines Mundes töten. Die Gewalt, mit der Christus erscheinen wird, wird ihn zunichte machen.

⁹Die Ankunft des Antichrist wird nach der Art, wie der Satan zu wirken pflegt, mit jeder möglichen Machttat, mit Wundern und Zeichen der Lüge verbunden sein. ¹⁰Er wird den Menschen, die ihm verfallen, vortäuschen, sie hätten Gewinn, wenn sie Unrecht tun, und sie verfallen ihm, weil sie die Wahrheit nicht lieben, die ihre Rettung wäre. ¹¹Darum auch sendet Gott ihnen die ungeheure Verwirrung, damit sie sich auf die Lüge verlassen ¹²und damit beim letzten Gericht sich zeigt, wer die sind, die der Wahrheit nicht vertrauen, sondern am Unrecht sich freuen.

¹³Wir aber haben Grund, Gott unablässig zu danken, dass alles bei euch so gut steht, ihr Brüder! Der Herr hat euch lieb. Gott hat euch ausgewählt. Ihr gehört zu den Ersten, die er wählte, und zu den Ersten, die er retten wird. Er hat euch den Geist verliehen, der euch heilig macht, und den Glauben, der die Wahrheit festzuhalten weiß. ¹⁴Durch unsere Botschaft hat er euch gerufen und hat bestimmt, dass ihr die Herrlichkeit unseres Herrn Jesus Christus empfangen sollt.

Solange die Welt noch steht, gilt es in ihr zu leben

¹⁵So steht nun fest, liebe Brüder, und ordnet euer Leben nach den Weisungen, die ich euch teils mündlich, teils schriftlich gegeben habe. ¹⁶Er selbst aber, unser Herr Jesus Christus, und Gott, unser Vater, der uns geliebt und uns aus Freundlichkeit einen bleibenden Trost und eine gute Hoffnung geschenkt hat, ¹⁷er tröste eure Herzen und mache sie stark zu jedem guten Werk und Wort.

3 ¹Im übrigen, Brüder: Betet für uns, dass das Wort des Herrn sich ausbreitet und überall, wie bei euch, seine Kraft erweist. ²Betet für mich, dass Gott mich aus den Händen der verworfenen, bösen Menschen rettet. Denn es ist nicht jedermanns Sache, treu und zuverlässig auf Gottes Seite zu stehen. ³Treu und verlässlich aber ist der Herr. Er wird euch fest machen und euch vor dem Bösen bewahren. ⁴Wir vertrauen darauf, dass ihr tut und tun werdet, was wir euch auftragen. ⁵Der Herr aber mache eure Herzen fähig, Gott zu lieben und geduldig auf Christus zu warten.

⁶Eine Anweisung ist noch nötig, meine Brüder, und ich gebe sie im Auftrag des Herrn Jesus Christus: Trennt euch von jedem Bruder, der kein geordnetes Leben führt und sich nicht nach den Regeln richtet, die ich euch gegeben habe. ⁷Ihr selbst wisst, wie nötig es ist, dass ihr lebt wie wir: Wir haben uns nicht gehen lassen, als wir bei euch waren. ⁸Wir haben uns niemandes Brot schenken lassen, sondern haben in Mühe und Fleiß Nacht und Tag gearbeitet, um ja niemandem von euch zur Last zu fallen. ⁹Nicht, als hätten wir auf freie Kost keinen Anspruch gehabt! Aber wir wollten euch ein Beispiel geben, dem ihr nachleben sollt. ¹⁰Außerdem habe ich euch, als wir bei euch waren, die Regel gegeben: Wer nicht arbeiten will, soll auch nicht essen.

¹¹Nun höre ich aber, dass bei euch einige ein ungeordnetes Leben führen und sich ohne zu arbeiten bei euch herumtreiben. ¹²Diesen Leuten befehle ich und ermahne sie im Auftrag des Herrn Jesus Christus: Sie sollen in Ruhe und Anstand arbeiten und ihr selbst verdientes Brot essen. ¹³Ihr aber, Brüder, tut weiterhin Gutes und lasst es euch nicht verdrießen! ¹⁴Wenn aber jemand der Weisung nicht gehorcht, die ich in diesem Brief gebe, dann merkt euch den Betreffenden. Schafft einen Abstand zwischen euch und ihm, damit er zur Besinnung kommt. ¹⁵Behandelt ihn aber nicht wie einen Feind, sondern arbeitet behutsam an seinem Gewissen. Er ist ja euer Bruder. ¹⁶Der Herr aber, der selbst der

Friede ist, gebe euch Frieden immer und in allen Dingen. Er stehe euch allen bei!

[17]Hier füge ich noch einen Gruß mit meiner, des Paulus, eigenen Hand an. Das ist mein Zeichen in allen meinen Briefen. So schreibe ich. [18]Die Gnade unseres Herrn Jesus Christus sei mit euch allen.

DER ERSTE BRIEF AN TIMOTHEUS

1 ¹Paulus, Apostel, Botschafter für Jesus Christus,
eingesetzt von Gott, unserem Heil, und von Jesus Christus,
auf den wir unsere Hoffnung setzen,
²an Timotheus, seinen bewährten Sohn,
dem er im Glauben verbunden ist.
Gnade, Barmherzigkeit und Frieden sei mit dir von Gott, dem Vater,
und von Jesus Christus, unserem Herrn.

Es geht um deine Berufung

³Ich habe dich gebeten, in Ephesus zu bleiben, als ich nach Mazedonien reiste. Ich wollte, dass du dort einigen Leuten widerstehst, die eine Lehre verkündigen, die mit unserer Botschaft nichts zu tun hat. ⁴Es hat nun einmal keinen Sinn, endlosen Fabeleien über die Entstehungsgeschichte der Welt und der Menschheit nachzuhängen. Es kommen nur immer neue Streitfragen dabei heraus, und das Amt, das Gott gegeben hat, damit wir den Menschen zum Glauben helfen, wird dabei vernachlässigt. ⁵Das Ziel und der Sinn der Predigt soll ja die Liebe sein, und sie soll aus einem reinen Herzen kommen, aus einem klaren Gewissen und einem Glauben, hinter dem der ganze Mensch steht. ⁶Das haben einige offenbar vergessen und sich ins Gerede verlaufen. ⁷Sie wollen Kenner der heiligen Schrift sein und wissen doch nicht, was sie reden und worüber sie ihre selbstsicheren Behauptungen aufstellen.

⁸Das weiß ich natürlich auch, dass das Gesetz der Juden gut ist, aber es muss so ausgelegt werden, dass man ihm dabei gerecht wird. ⁹Denn es ist ja nicht für Gerechte bestimmt, sondern für die, die sich dem Willen Gottes widersetzen: für die Ungehorsamen, für die Ruchlosen und die Frevler, die Vater- und Muttermörder, die Totschläger, ¹⁰für die Unzüchtigen, die Knabenschänder, die Menschenräuber, die Lügner, die Meineidigen und alle anderen, die gegen die Weisung Gottes handeln, der doch unser Heil will ¹¹nach dem Evangelium, das die Macht und Herrlichkeit des ewig reichen Gottes verkündigt und das mir anvertraut worden ist.

¹²Ich danke Jesus Christus, unserem Herrn, der mir Kraft gab, dafür, dass er mich als treuen Mitarbeiter angesehen und mich in seinen Dienst genommen hat. ¹³Früher habe ich ihn beschimpft, verfolgt und mit Füßen getreten; aber er war barmherzig mit mir, weil ich ihn in meinem Unglauben nicht kannte und nicht wusste, was ich tat. ¹⁴Überreichlich hat unser Herr mir seine Güte geschenkt. Glauben hat er mir verliehen und Liebe zu ihm, Liebe, wie nur er sie zu geben vermag. ¹⁵Fest und wahr ist das Wort und wert, dass alle Welt es hört: Jesus Christus kam in die Welt, uns gottferne Menschen von Tod und Unheil zu retten. Wenn einer fern war von Gott, dann war ich es. ¹⁶Aber Jesus Christus war barmherzig mit mir. An mir als erstem zeigte er seine ganze Langmut. Aus mir machte er ein Beispiel für alle, die künftig an ihn glauben und ewiges Leben gewinnen sollten. ¹⁷Ihm aber, dem König über alle Welten und Zeiten, dem unvergänglichen, unsichtbaren, einen Gott, sei Ehre und Herrlichkeit über alle Zeiten der Welt hin und in Ewigkeit. Ja, das soll gelten!

¹⁸Dieses Amt, mein lieber Timotheus, mein Sohn, vertraue ich dir an. Es haben ja Menschen, die Gottes Willen verstanden, Großes über dich vorausgesagt. ¹⁹Kämpfe nun den guten Kampf mit festem Glauben und gutem Gewissen. Manche schon haben alles weggeworfen, und ihr Glaube zerbrach wie ein Schiff in den Wellen. ²⁰Hymenäus gehört zu ihnen und Alexander! Ich habe sie dem Satan übergeben. Der wird sie hernehmen, dass ihnen das Lästern vergeht!

Gebet und Gottesdienst

2 ¹Vor allem ermahne ich dich: Sorge dafür, dass in den Gemeinden für alle Menschen Bitten, Gebete, Fürbitten und Dankgebete gesprochen werden, ²für Könige und alle Regierenden, damit wir ein gesammeltes, stilles Leben führen können, das Gott und den Menschen gefällt. ³Dieses Gebet für alle Menschen ist gut, und Gott, der uns gerettet hat, nimmt es gern an, ⁴denn er will, dass alle Menschen bei ihm Leben finden, dass sie zur Erkenntnis der Wahrheit kommen.

⁵Denn es ist (nur) ein Gott und nur Einer, der die Verbindung schafft und hält zwischen Gott und den Menschen, nämlich der Mensch Jesus Christus. ⁶Der hat sich selbst hingegeben, um alle frei zu machen, und wir haben davon zu reden, wann immer Zeit und Stunde günstig sind. ⁷Mein Auftrag besteht in nichts anderem als eben darin: als Werber, als

Apostel soll ich hinausgehen – ich sage nur, was wahr ist, und bilde mir nichts Falsches ein –, als ein Lehrer der Völker, der ihnen zum Glauben helfen und die Wahrheit zeigen soll. ⁸Die Männer sollen beten, überall, wo sie sich versammeln, und sollen reine Hände zu Gott erheben ohne Zorn und Zweifel. ⁹Ebenso sollen die Frauen zum Gebet in würdiger Haltung erscheinen und sollen ihren Schmuck in Anstand und Zucht suchen und nicht in kunstvollen Haartrachten, in Gold, Perlen oder aufwendigen Kleidern. ¹⁰Ihr Schmuck bestehe vielmehr in der guten und hilfreichen Tat, wie sie Frauen ansteht, die sich zum christlichen Glauben bekennen. ¹¹Eine Frau lerne in aller Stille und füge sich. ¹²Es ist ihr nicht erlaubt, im Gottesdienst lehrend aufzutreten oder in das Amt der Leitung, das den Männern zusteht, einzugreifen. In aller Stille soll sie zuhören. ¹³Denn Adam ist zuerst erschaffen worden und erst nach ihm Eva. ¹⁴Adam war es nicht, der dem Betrug der Schlange zum Opfer fiel, die Frau war es, die sich zum Bösen verleiten ließ. ¹⁵Ihr Leben wird aber gut sein und sie zur Seligkeit führen, wenn sie Kinder zur Welt bringt, Glauben und Liebe bewahrt und in Heiligkeit und Bescheidenheit lebt.

Das Amt des Gemeindeleiters

3 ¹Das ist wahr: Wer Gemeindeleiter werden will, bewirbt sich um ein kostbares Amt. ²Er soll aber ein Mensch sein, dem niemand etwas vorwerfen oder nachreden kann. Er soll einmal verheiratet sein. Er soll nüchtern und besonnen und eine erfreuliche Erscheinung sein. Er soll sein Haus offen halten für Gäste und soll geschickt sein, Reden zu halten und Gespräche zu führen. ³Er soll nicht dem Wein verfallen und kein Schläger sein, sondern gütig, ausgleichend und vom Geld unabhängig. ⁴Er soll ein guter Vater seiner Familie sein, und seine Kinder sollen sich ihm auf würdige Weise unterordnen. ⁵Wenn nämlich einer seinem eigenen Haus nicht vorstehen kann, wie soll er die Gemeinde Gottes leiten können? ⁶Er soll nicht eben erst den christlichen Glauben angenommen haben, denn ein Anfänger wird leicht ein Opfer des Versuchers und verfällt dem Gericht. ⁷Er soll auch bei den Menschen außerhalb der Gemeinde in gutem Ansehen stehen, er gerät sonst in das Geschwätz und auf diese Weise wiederum in die Schlinge des Teufels.

⁸Von den Diakonen, den Helfern in der Gemeinde, gilt Ähnliches: Sie sollen achtbare Männer sein. Sie sollen nicht hin- und herreden zwischen

den Leitern und den Gemeindegliedern. Sie sollen Wein mit Besonnenheit trinken und nicht auf Geld aus sein. [9]Sie sollen das Geheimnis des Glaubens in reinem Herzen bewahren. [10]Über ihre Person, ihre Würdigkeit und ihre Eignung soll man sich zunächst erkundigen und erst, wenn nichts gegen sie vorgebracht werden kann, soll man ihnen ihren Dienst übertragen. [11]Auch ihre Frauen in diesem Amt sollen in gutem Ansehen stehen. Sie sollen nicht klatschsüchtig sein, sondern nüchtern und in allen Dingen zuverlässig. [12]Auch die Diakone sollen einmal verheiratet sein, sollen ihre Kinder mit Sorgfalt erziehen und ihr eigenes Haus in Ordnung halten. [13]Denn wenn sie ihren Dienst gut versehen, werden sie eine wichtige Vertrauensstellung in der Gemeinde gewinnen und den Glauben an Jesus Christus mit großem Freimut vertreten können.

[14]Wenn ich das schreibe, tue ich es in der Hoffnung, dich bald besuchen zu können. [15]Ich schreibe es aber für den Fall, dass es sich länger hinzieht, bis ich komme, denn du sollst wissen, wie es im Haus Gottes zugehen soll, in der Kirche des lebendigen Gottes, die doch Pfeiler und Grundlage der Wahrheit ist.

[16]Ja, unbestreitbar groß ist das Geheimnis, vor dem wir uns im Glauben beugen: Er war uns nahe, ein Mensch wie wir, mit Gott eins im Geist. Ihn schauten himmlische Mächte, ihn hörten die Völker. Menschen glaubten an ihn, und Gott nahm ihn auf in die Herrlichkeit.

Es geht um deine Amtsführung

4 [1]Gott sagt aber durch den Mund von Propheten ausdrücklich, dass in den letzten Zeiten manche sich vom Glauben abwenden und sich mit Irrgeistern einlassen werden und mit teuflischen Verkehrungen der Wahrheit, [2]verführt durch den frommen Schein, den die Verdreher der Worte an sich tragen und der das Brandmal verbirgt, von dem ihr Gewissen gezeichnet ist: dass sie die Wahrheit verraten haben. [3]Sie verbieten das Heiraten, sie verbieten, Speisen zu essen, die doch Gott geschaffen hat, damit sie mit Dankbarkeit genossen werden von denen, die an ihn glauben und die Wahrheit verstanden haben. [4]Denn alles ist gut, was Gott geschaffen hat, und nichts ist verwerflich, was wir mit Worten des Danks genießen. [5]Es wird heilig und rein durch Gottes Wort und unser Gebet.

[6]Wenn du den Brüdern das erklärst, wirst du ein guter Mitarbeiter des Christus Jesus sein und wirst selbst von den Worten des Glaubens

und der rechten Lehre leben, der du dich verpflichtet hast. ⁷Auf das törichte Spintisieren mit so genanntem Geheimwissen über verborgene Dinge lass dich nicht ein. Es ist recht für alte Weiber. Übe dich statt dessen in einer Lebensführung, an der man deinen Glauben erkennt. ⁸Denn Askese und leibliche Entbehrung helfen wenig. Führst du aber ein Leben, das deinem Glauben entspricht, so wirst du alles bewältigen. Dein Leben auf dieser Erde wird dir gelingen, und das Leben in der kommenden Welt wartet auf dich. ⁹Das ist wahr und ist wert, dass wir daran festhalten.

¹⁰Auf dieses Ziel hin arbeiten und kämpfen wir. Wir verlassen uns auf den lebendigen Gott, der der Helfer und Retter aller Menschen ist, ganz besonders aber derer, die sich auf ihn verlassen. ¹¹Sage das immer wieder ganz klar und schärfe es den Gemeinden ein.

¹²Sorge dafür, dass niemand dich deines jugendlichen Alters wegen verachtet, und sei ein Vorbild derer, die sich auf das Wort verlassen. Sei ein Vorbild in der Lebensführung, in der Liebe, im Glauben, in der Reinheit des Leibes und der Seele. ¹³Setze deine Arbeit fort, bis ich komme: die Lesungen aus der heiligen Schrift, die Reden über praktische Fragen und die Erklärungen des Glaubens. ¹⁴Lass die Gabe nicht brach liegen, die dir durch ein prophetisches Wort zugesprochen und in jener Stunde verliehen wurde, in der der Rat der Ältesten dir die Hände auflegte. ¹⁵Das lass dir angelegen sein. Lebe mit allen Kräften in deinem Amt, so dass dein Fortschreiten vor aller Augen offenkundig wird. ¹⁶Gib Acht auf dich selbst und auf das Wort von Christus, behalte beides und halte es fest; wenn du das tust, wirst du selbst die Seligkeit gewinnen und die anderen, die dich hören, zur Seligkeit führen.

5 ¹Einen Alten fahre nicht hart an, sondern rede zu ihm wie zu einem Vater, wenn eine Ermahnung nötig ist. Zu den jungen Männern sprich wie zu Brüdern, ²zu den älteren Frauen wie zu Müttern, zu den jüngeren wie zu Schwestern und sei dabei sauber und eindeutig. ³Wenn Witwen wirklich allein leben, dann stelle sie für die Gemeinde an. ⁴Wenn eine Witwe noch Kinder und Enkel hat, ist deren erste Aufgabe, sich ihren eigenen Angehörigen gegenüber nach Gottes Willen zu verhalten und ihren Eltern und Voreltern wiederzugeben, was sie von ihnen empfangen haben. ⁵Ist aber eine Witwe wirklich allein, dann verspricht sie sich vom Leben nichts mehr als das, was Gott verspricht, und bleibt in der Bitte und im Gebet Nacht und Tag. ⁶Wenn sie aber meint, ihr Leben genießen zu müssen, ist sie lebendig tot. ⁷Sage ihnen das klar, damit sie keine Schuld auf sich laden. [8]Wer aber seine Angehörigen oder Hausgenossen vernachlässigt, hat seinen Glauben verleugnet und ist schlimmer als ein Ungläubiger.

[9]Eine »Gemeindewitwe« sollst du nicht in ihr Amt einsetzen und in die Liste der Helferinnen eintragen, ehe sie sechzig Jahre alt ist. Bedingung ist weiter, dass sie nur mit einem Manne verheiratet war [10]und dass sie sich als eine tüchtige Frau bewährt hat: dass sie ihre Kinder gut erzogen hat, dass sie gastfrei gewesen ist, dass sie den Heiligen die Füße gewaschen hat, dass sie den Bedrängten beigestanden und sich überall eingesetzt hat, wo ein hilfreicher Mensch nötig war. [11]Jüngere Witwen nimm als Helferinnen nicht an, denn wenn das Leben sie wieder lockt und Christus für sie zurücktritt, wollen sie wieder heiraten [12]und werden ihrem Versprechen untreu. [13]Außerdem, da sie keine Beschäftigung haben, sind sie in Gefahr, sich von Haus zu Haus umherzutreiben, und schließlich bleibt es nicht beim Müßiggang allein. Das Geschwätz kommt dazu, sie kümmern sich um Dinge, die sie nichts angehen, und führen ungehörige Reden. [14]Ich will deshalb, dass jüngere Witwen heiraten, Kinder aufziehen, ihrem Haushalt vorstehen und keinen Anlass geben, dass man unter den Außenstehenden über sie redet. [15]Es ist ja leider schon vorgekommen, dass die eine oder andere vom rechten Weg abwich und tat, was der Satan wollte. [16]Wenn eine Frau, die zur Gemeinde gehört, in ihrer eigenen Familie Witwen hat, soll sie die versorgen und ihren Unterhalt nicht der Gemeinde aufbürden, damit die Gemeinde in der Lage ist, die zu versorgen, die als Helferinnen mitarbeiten.

[17]Die Ältesten, die ihr Amt verantwortungsvoll wahrnehmen, sollen doppelt geehrt werden, am meisten aber die, die im Dienst der Predigt und der Unterweisung arbeiten. [18]Denn in der Schrift steht: »Einem Ochsen, der drischt, sollst du nicht das Maul verbinden«, und: »Ein Arbeiter ist seinen Lohn wert.« [19]Nimm keine Klage gegen einen Ältesten an, wenn nicht zwei oder drei Zeugen gegen ihn aussagen. [20]Älteste, die sich etwas haben zuschulden kommen lassen, überführe ihrer Schuld vor der ganzen Gemeinde, damit auch die übrigen sich in Acht nehmen.

[21]Wenn ich dir das einschärfe, dann sei dir bewusst, dass Gott zuhört, dass Jesus Christus und die auserwählten Engel Zeugen sind. Handle nach diesen Weisungen und lass dich durch kein Vorurteil hindern, das du gegen irgendjemanden hast, und tu auch nichts aus Vorliebe für irgendeinen. [22]Lege niemandem zu schnell die Hände auf, du

bist sonst mitschuldig, wenn einer an seinem Amt schuldig wird. Halte dich rein! ²³Trinke nicht mehr nur Wasser! Nimm ein wenig Wein dazu wegen deines Magens und deiner häufigen Krankheiten.

²⁴Bei manchen ist es so, dass ihre Schuld schon hier auf dieser Erde den Menschen bekannt ist, ehe sie ihnen im Gericht vorgehalten wird. Bei anderen wird erst das Gericht die Schuld aufdecken, von der man hier nichts wusste. ²⁵Bei Taten, die aus dem Glauben erwachsen, ist es ebenso: Die einen stehen hier schon vor aller Augen. Die anderen sind verborgen und können doch nicht verborgen bleiben.

Allerlei Anweisungen

6 ¹Die Sklaven, die das Joch der Knechtschaft zu tragen haben, sollen ihren Herren Ehre erweisen. Es könnte sein, dass sonst über Gott unwürdig geredet und unsere Botschaft missverstanden wird. ²Wenn Sklaven also Christen zu Herren haben, sollen sie den Respekt nicht vergessen, weil sie nun auch Brüder sind, sondern sich ihnen um so williger fügen. Denn die Herren sind ihnen durch den Glauben und die Liebe verbunden und werden ihnen von sich aus gütig begegnen.

Das sollst du der Gemeinde sagen und einschärfen. ³Wenn jemand eine fremde Lehre hereinträgt und sich nicht an das Wort unseres Herrn Jesus Christus hält, der doch unser Heil will, und an die Botschaft, die wir glauben, ⁴dann behandle ihn wie einen Blinden, einen Unwissenden, einen Kranken. Seine Krankheit ist die Sucht nach Diskussionen und Streitgesprächen, aus denen doch nur Neid und Streit entsteht, üble Nachrede und böser Verdacht ⁵und Zänkereien geistig ungeordneter Menschen, die den Sinn für die Wahrheit verloren haben und meinen, aus dem Glauben lasse sich ein Geschäft machen.

⁶Gewiss, der praktisch gelebte Glaube, der auf äußere Güter zu verzichten weiß, ist ein großer Gewinn. ⁷Denn wir haben nichts in die Welt gebracht, und es ist sicher, dass wir nichts aus ihr mitnehmen werden. ⁸Wenn wir Nahrung und Kleidung haben, soll es genug sein. ⁹Denn wer reich werden will, verliert leicht die Verbindung mit Gott und verstrickt sich in unzählige, immer neue törichte Wünsche nach wertlosen Dingen, und das Ende ist, dass er selbst ins Verderben stürzt, in die Verlorenheit. ¹⁰Denn die Geldgier ist die Wurzel alles Bösen. Viele haben sich von ihr in die Irre führen lassen, haben den Glauben verloren und sich selbst bittere Schmerzen bereitet.

¹¹Du aber bist ein Mensch, der Gott gehört! Lass das alles hinter dir! Bemühe dich vielmehr um Gerechtigkeit und ein glaubhaftes geistliches Leben. Bemühe dich um Glauben, um Liebe, um Geduld, um die Fähigkeit, mit ruhigem Herzen zu leiden. ¹²Laufe mit auf der Kampfbahn, auf der der Glaube sich bewähren muss, damit du das ewige Leben erlangst, das Gott für dich bereithält. Du hast ja schon damit angefangen und hast vor vielen Menschen klar gesagt, wofür du da sein willst. ¹³Gott, der alles lebendig macht, hört es, und Jesus Christus, der vor Pontius Pilatus sein klares Bekenntnis abgelegt hat, hört es, wenn ich dir sage: ¹⁴Erfülle deinen Auftrag ohne Rücksichten und Nebengedanken und mit eindeutigem Herzen, bis unser Herr Jesus Christus kommt. ¹⁵Denn Gott wird ihn, wenn die Zeit da ist, aller Welt zeigen, Gott, der aus sich selbst lebt, der einzig wirkliche Herrscher, der König über allen, die sich Könige nennen, der Herr aller, die sich Herren nennen, ¹⁶der einzige, der ewig besteht, der in einem Licht wohnt, in das niemand eindringt, den niemand unter allen Menschen gesehen hat und niemand sehen kann. Ihm gebührt die Ehre. Er hat ewige Macht. Das ist gewiss.

¹⁷Denen, die in dieser Welt reich sind, verweise ihr hochmütiges Auftreten und sage ihnen, sie sollten von ihrem unzuverlässigen Reichtum nicht ihre Zukunft erwarten, sondern von Gott, der uns ja genug gibt von allem, was wir brauchen. ¹⁸Sage ihnen, sie sollen Gutes tun und reich sein an hilfreichen Taten, sie sollen gern geben und den anderen beistehen. ¹⁹Sie sollen sich auf diese Weise für die Zukunft einen guten Grundstock ansammeln, damit sie das wirkliche Leben gewinnen.

²⁰Timotheus, ich bitte dich, bewahre das Amt und die Gaben, die dir Gott verliehen hat. Wende dich von dem leeren Geschwätz und von den Behauptungen jener »Erkenntnislehre« gründlich ab, die doch diesen Namen nicht verdient. ²¹Manche, die sich auf sie einließen, gerieten mit ihrem Glauben in die Irre.

Die Gnade sei mit euch!

DER ZWEITE BRIEF AN TIMOTHEUS

1 ¹Paulus, Apostel, von Jesus, dem Christus, bevollmächtigt, von Gott eingesetzt, das künftige Leben anzusagen, das uns in Jesus, dem Christus, zukommen wird, ²an Timotheus, seinen geliebten Sohn.
Gnade, Barmherzigkeit und Friede von Gott, dem Vater, sei mit dir, und von Jesus Christus, unserem Herrn!

Das Amt verbindet uns

³Wenn ich an dich denke, bin ich Gott dankbar, dem ich mit reinem Gewissen diene, wie meine Voreltern es taten. Unablässig rede ich mit Gott über dich, wenn ich bete, Nacht und Tag, ⁴und möchte dich gerne wieder sehen. Ich denke daran, wie betrübt du warst, als wir uns trennten, und möchte die Freude erleben, dass wir uns wieder begegnen. ⁵Ich denke daran, wie klar und aufrichtig dein Glaube ist, den ja schon vorher deine Großmutter Lois hatte und deine Mutter Eunike und der nun, wie ich gewiss weiß, auch in dir lebendig ist. ⁶Nun erinnere ich dich: Ich habe dir seinerzeit die Hände aufgelegt, als ich dir dein Amt übergab. Alle Fähigkeiten und Gaben, die du brauchst, hat Gott dir verliehen. Das Feuer ist da. Lass es brennen!
⁷Gott hat uns seinen Geist nicht gegeben, damit wir uns ängstlich verstecken, sondern damit wir Kraft und Liebe für die Menschen haben und uns selbst in Zucht nehmen. ⁸Darum sei nicht schüchtern. Rede unbekümmert von unserem Herrn und lass dich's nicht verdrießen, wenn die Spötter fragen: »Was mag das für ein Herr sein, der seinen Diener Paulus ins Gefängnis schickt!« Leide das ganze Elend und den Spott für das Evangelium mit und verlasse dich auf die Kraft Gottes. ⁹Denn Gott hat uns aus dieser Welt herausgeholt mit heiligem Ruf. Nicht, weil wir besondere Leute wären, sondern einfach, weil er es so bestimmt hat in seiner Gnade. Ehe es eine Welt gab, war sie uns zugedacht. ¹⁰Als Christus kam, empfingen wir sie von ihm, der uns für die künftige Welt gerettet hat. Denn er hat dem Tode die Macht genommen und unvergängliches Leben ans Licht gebracht. Im Evangelium leuchtet es auf.

¹¹Das geschieht dadurch, dass das Evangelium ausgerufen wird, zu deren Herold, Apostel und Lehrer Gott mich bestellt hat. ¹²Dafür leide ich auch das alles, aber ich lasse mich nicht unsicher machen, denn ich weiß, auf wen ich mich verlasse, und weiß, dass er stark genug ist, alles, was er mir anvertraut hat, zu bewahren bis zu dem Tag, an dem er kommt. ¹³Nimm dir die Worte zum Muster, die du von mir kennst, in denen ich das Gesunde und Klare zum Ausdruck brachte. Halte dich daran und lass uns im Glauben und in der Liebe, die Jesus Christus uns gibt, zusammenstehen. ¹⁴Bewahre das kostbare Gut, das dir anvertraut ist. Der heilige Geist, der in uns wohnt, wird dir die Kraft geben.

Lass uns weiterkämpfen

¹⁵Du weißt, dass sich die Mitarbeiter in allen Gemeinden in Kleinasien von mir abgewandt haben, unter anderem Phygelus und Hermogenes. ¹⁶Dem Haus des Onesiphorus wünsche ich, dass der Herr barmherzig mit ihm sei, denn er hat mir oft Mut gemacht und mich aufgerichtet und hat sich durch das Elend meiner Gefangenschaft nicht abhalten lassen, mir seine Freundschaft zu zeigen. ¹⁷Als er nach Rom kam, suchte er mich sofort auf und fand mich. ¹⁸Der Herr helfe ihm, am Tage des Gerichts Gottes Barmherzigkeit zu finden! Welche Dienste er aber in Ephesus geleistet hat, weißt du am besten.

2 ¹Und nun, mein Sohn, wünsche ich dir, dass du die Kraft recht anwendest, die Christus dir geschenkt hat. ²Was du von mir in Gegenwart vieler Zeugen gehört hast, das gib an zuverlässige Menschen weiter, die fähig sind, anderen über unseren Glauben Klarheit zu geben. ³Leide alles Schwere und Böse mit wie ein Soldat, der für Jesus Christus im Kampf steht. ⁴Wer auf einem Feldzug mitzieht, gibt sich nicht mit privaten Handelsgeschäften ab, sonst kann er die Erwartungen nicht erfüllen, die der Feldherr in ihn setzt, der ihn angeworben hat. ⁵Oder: Wenn einer zu einem sportlichen Wettkampf antritt, kann er nicht gewinnen, wenn er sich nicht an die Regeln hält. ⁶Und noch eins: Der Bauer, der es sich hat sauer werden lassen, hat das erste Anrecht auf die Frucht. ⁷Mach dir klar, was ich damit sagen will! Der Herr wird dir die Einsicht geben, die in all dem nötig ist.

⁸Halte das eine fest: Jesus Christus, ein Nachfahr Davids, wurde lebendig vom Tode. Das ist meine Botschaft. ⁹Für sie leide ich und trage

Fesseln wie ein Verbrecher, aber das Wort Gottes liegt darum doch nicht in Ketten. ¹⁰Ich leide alles, weil ich den Auserwählten helfen will, das wahre und beständige Leben zu gewinnen, das Christus für uns bereit hat, und seinen ewigen Lichtglanz. ¹¹Denn das Wort gilt: Sterben wir mit, so werden wir mit leben. ¹²Dulden wir, so werden wir mit herrschen. Verleugnen wir ihn, wird auch er uns verleugnen. ¹³Sind wir untreu, bleibt doch er selbst treu, er kann sich selbst nicht untreu werden.

¹⁴An all das erinnere die Gemeinden immer aufs Neue und untersage ihnen mit der vollen Autorität, die du von Gott hast, ihre Zeit mit Wortgefechten zu verbringen. Denn das Gezänk hilft niemandem, es hilft allenfalls, das Haus Gottes niederzureißen, das unter den Hörenden aufgebaut werden soll. ¹⁵Gib dir alle Mühe, dich vor Gott zu bewähren und als tüchtiger Arbeiter vor ihm dazustehen. Deine Aufgabe ist, das Wort, in dem die Wahrheit liegt, auf geradem Wege voranzutragen. ¹⁶Lass dich nicht auf das törichte, leere Geschwätz ein, denn es endet immer und immer wieder in der praktischen Gottlosigkeit. ¹⁷Wie ein Krebsgeschwür frisst es um sich und zerstört den ganzen Leib der Kirche. Hymenäus und Philetus sind daran mitschuldig. ¹⁸Sie setzen sich über die Wahrheit einfach hinweg und behaupten, die Auferstehung sei schon geschehen, und zerstören auf diese Weise den Glauben vieler Menschen. ¹⁹Aber das Fundament liegt fest. Gott selbst hat es gelegt, und es trägt die doppelte Aufschrift: »Der Herr weiß, wer zu ihm gehört«, und: »Wer sich zu Jesus Christus bekennt, lasse die Hände von allem Unrecht.« ²⁰Nun gibt es in einem großen Hause nicht nur goldene und silberne Gefäße, sondern auch hölzerne und tönerne. Die einen gebraucht man im Glanz der Feste, die anderen, um den Abfall wegzuschaffen. ²¹Wer sich von diesen Schwätzern fernhält, der ist ein Gefäß, das sich zu einem ehrenvollen Dienst eignet. Er ist rein, er ist handlich für alles, was der Hausherr mit ihm tun will, und steht bereit für jeden guten Zweck.

²²Sei auf der Hut vor den Gefahren, die dem jungen Menschen drohen. Deine Ziele seien Gerechtigkeit, Glaube, Liebe und Frieden. Die suche mit denen zusammen zu erreichen, die den Herrn aus reinem Herzen anrufen. ²³Geh aber an den törichten Diskussionen vorbei, die niemanden weiterbringen und aus denen immer nur Streit entsteht. ²⁴Ein Mensch, der sein Leben für den Herrn einsetzen will, hat nicht die Aufgabe zu streiten, sondern gegen jeden Menschen freundlich zu sein, mit klaren Worten zu vertreten, was wahr ist, und das Böse, das man ihm antut, in aller Stille zu tragen. ²⁵Wenn ihm Menschen feindse-

lig entgegentreten, soll er sie mit Güte zurechtweisen. Vielleicht gibt ihnen Gott noch eine Stunde, in der sie umkehren und die Wahrheit begreifen. ²⁶Vielleicht befreit er sie noch aus dem Fangnetz des Satans, in das sie verstrickt sind, denn was sie gegen die Kirche tun, das tun sie ja unter Zwang und Befehl des Satans.

3 ¹Du sollst auch darin klar sehen, dass in den letzten Tagen schwere Zeiten kommen werden. ²Da werden die Menschen nur noch sich selbst lieben und das Geld, da werden sie große Worte gegeneinander und gegen Gott daherprahlen, da werden sie ihre Eltern verachten und für empfangene Liebe niemandem danken. Da werden sie von Gott ebenso wenig halten ³wie von Liebe und Versöhnlichkeit, werden die Wahrheit über Gott und ihren Nebenmenschen verbiegen und verdrehen, werden sich selbst gegenüber keine Zucht und dem anderen gegenüber kein Erbarmen kennen, und alles, was gut ist, wird ihnen gleichgültig sein. ⁴Sie werden sich keiner Sache und keinem Menschen mehr verpflichten und werden sich über alles erhaben dünken, als könne ihnen niemand mehr Rechenschaft abfordern. Das Vergnügen wird ihre Seele füllen, und für Gott wird kein Raum sein. ⁵Bei all dem werden sie eine fromme Fassade bewahren, aber wo der Glaube dem Leben wirkliche Gestalt geben sollte, werden sie ihn abtun. Geh deiner Wege und lass sie stehen. ⁶Dazu gehören auch die Leute, die sich in die Häuser einschleichen und insbesondere törichte Frauen beschwatzen, und zwar mit Vorliebe solche, die ein zuchtloses Leben führen und ihren Tag damit zubringen, ihre vielerlei Süchte zu befriedigen, ⁷die immerfort von Bildung reden, religiöse Gespräche lieben und doch keine Aussicht haben, jemals die Wahrheit zu erkennen. ⁸Jene Menschen widerstehen der Wahrheit, wie Jannes und Jambres dem Mose sich widersetzten. Ihr Geist ist wirr, ihr Glaube Geschwätz. ⁹Aber sie werden es nicht auf die Dauer so treiben. Denn wie man jene beiden Magier durchschaute, so wird man in Kürze allgemein gemerkt haben, wie töricht es ist, was sie reden.

Habe das Ziel im Auge

¹⁰Du aber hast angenommen, was ich dich lehrte. Du ordnest die praktischen Dinge deines Lebens nach denselben Maßstäben wie ich. Deine Gesinnung ist wie die meine, und dein Glaube nahm sich meinen Glau-

ben zum Vorbild. In Langmut, Liebe und Geduld übst du dich wie ich, ¹¹und zu Verfolgungen und Leiden, wie ich sie in Antiochia, in Ikonion und Lystra erlitt, bist du bereit wie ich. Ach ja! Was habe ich an Verfolgungen erlitten, und aus allen hat der Herr mich gerettet! ¹²Es ist nun einmal so: Wer mit dem Glauben an Jesus Christus Ernst macht, wird verfolgt. ¹³Aber sie kommen nicht weiter, diese Verführer. Sie gleiten immer tiefer ab, sie verleiten andere und enden selbst in der Irre. ¹⁴Du aber bleibe dem treu, was du gelernt hast und was dir anvertraut ist, um so mehr, als du weißt, wer deine Lehrer waren. ¹⁵Du kennst die heilige Schrift seit deiner Kindheit und hast an ihr eine Quelle jener Weisheit, die aus allem Unheil rettet: des Glaubens an Jesus Christus. ¹⁶Denn die ganze heilige Schrift entstammt Gottes Geist und hilft dir, die Wahrheit zu begreifen, den Menschen zur Selbsterkenntnis zu helfen, sie zu bessern, sie zur Gerechtigkeit zu erziehen. ¹⁷Denn ein Mensch, der Gott dient, soll allen Anforderungen gewachsen und zu jedem guten Dienst ausgerüstet sein.

4 ¹So verpflichte ich dich – und wenn ich das sage, stehen wir beide vor Gott und vor Jesus Christus, der die Lebendigen und die Toten einmal zur Rechenschaft ziehen und sichtbar vor aller Welt seine Herrschaft aufrichten wird –: ²Predige das Wort! Sei immer zur Stelle, nimm dein Amt wahr, ob es ihnen passt oder nicht, rede ihnen ins Gewissen, zeige ihnen die Folgen ihres Tuns, gib ihnen klare Anweisungen und tu das alles in Geduld, aber mit deutlichen Worten. ³Denn es kommt eine Zeit, da werden sie die gesunde, richtige Botschaft von Gott abwerfen wie eine Last und werden sich nach ihrem eigenen Geschmack Lehrer zusammensuchen und aufladen, die so reden, wie sie es gerne hören, ⁴werden ihr Ohr von der Wahrheit abwenden und es begierig den Phantasien öffnen. ⁵Da bleibe du nüchtern. Halte aus, was sie dir antun, tu deine Arbeit als ein Botschafter der Liebe Gottes und erfülle deinen Dienst mit ganzer Treue. ⁶Ich selbst werde in Kürze sterben wie ein Opfertier, das dargebracht wird. ⁷Ich habe den guten Kampf gekämpft, ich habe den Lauf durchgehalten und den Glauben ans Ziel gebracht. ⁸Nunmehr wartet der Kranz auf mich, der dem Sieger zuteil wird, dem Gerechten, an dem Gott Freude hat. Den wird mir der Herr an jenem großen Tag übergeben und nicht nur mir, sondern allen, die seiner Wiederkehr mit sehnendem Herzen entgegen warten.

⁹Komm zu mir, so schnell du kannst! ¹⁰Denn Demas hat mich verlassen und ist nach Thessalonich gegangen. Er kann sich von den Din-

gen dieser Welt nicht lösen. Kreszens ist nach Galatien gezogen, Titus nach Dalmatien. ¹¹Nur Lukas ist noch bei mir. Bring auch den Markus mit, ich kann ihn hier gut brauchen. ¹²Tychikus habe ich nach Ephesus gesandt. ¹³Wenn du kommst, dann bring mir auch den Mantel mit, den ich in Troas bei Karpus ließ, und die Bücher, vor allem die Pergamente. ¹⁴Alexander, der Schmied, hat mir viel Böses angetan. Er wird vom Herrn empfangen, was seine Taten wert sind. ¹⁵Nimm auch du dich vor ihm in Acht, denn er hat unsere Botschaft mit großer Feindseligkeit angefochten. ¹⁶Bei der ersten Verhandlung stand mir niemand bei, alle haben sie mich verlassen. Möge Gott es ihnen nicht anrechnen! ¹⁷Der Herr aber stand mir zur Seite und gab mir Kraft, damit die Botschaft von ihm ans Ziel gelange und alle Völker sie hörten. So hat er mich dem Rachen des Löwen entrissen, ¹⁸und er wird mich auch künftig von allem Bösen befreien und mich für sein himmlisches Reich bewahren. Ihn will ich ehren in alle Ewigkeit. Ja, das will ich tun!

¹⁹Grüße Priska und Aquila und das Haus des Onesiphorus! ²⁰Erastus blieb in Korinth, Trophimus musste ich krank in Milet zurücklassen. ²¹Beeile dich, dass du vor dem Winter bei mir bist! Es grüßen dich Eubulus, Pudens, Linus, Klaudia und alle Brüder. ²²Der Herr bewahre und erfülle deinen Geist und sei dir nahe. Seine Gnade möge euch umgeben.

DER BRIEF AN TITUS

1 ¹Paulus, Knecht Gottes,
Apostel, von Jesus, dem Christus, bevollmächtigt,
⁴an Titus, seinen geliebten Sohn,
den er gewonnen hat für den Glauben
und dem er verbunden ist durch den Glauben.
Gnade und Frieden erbitte ich für dich von Gott, dem Vater,
und von Jesus Christus, der unser Heil ist.

³Ich, Paulus, arbeite mit dem Auftrag,
die Menschen, die Gott auserwählt hat,
zum Glauben zu führen und im Glauben zu bewahren.
Die Erkenntnis der Wahrheit soll ich ausbreiten,
die Wahrheit aber ist unser Glaube.

²Ich soll die Hoffnung festmachen auf das ewige Leben,
das Gott uns zu schenken versprach vor ewigen Zeiten.
Was aber Gott sagt, ist Wahrheit.
Jetzt, da die Zeit reif ist, soll ich davon reden,
denn er, der uns retten will,
hat es mir zur Aufgabe gestellt, zum Lebensauftrag.

Sei wachsam

⁵Dass ich dich in Kreta ließ, hatte den Sinn, dass du ausführen solltest, was noch zu regeln blieb: in jeder Stadt nämlich Älteste einzusetzen, wie ich es dir aufgetragen habe. ⁶Wenn du einen solchen Mann in sein Amt rufst, dann achte darauf, dass er einen guten Ruf hat, dass er mit einer einzigen Frau lebt und dass er fähig ist, seine Kinder zum Glauben zu leiten, so dass sie nicht durch ihren Lebenswandel Anstoß erregen oder ihm den Gehorsam verweigern. ⁷Denn ein Mensch, der ein geistliches Amt verwaltet, muss unbescholten sein. Man soll von ihm wissen, dass er für Gottes heilige Autorität einsteht und nicht selbstherrlich zu regieren versucht, dass er seinem Zorn nicht ausgeliefert

und nicht dem Wein ergeben ist, dass er sich nicht mit roher Gewalt durchsetzt und nicht nach Reichtümern giert. ⁸Man soll von ihm wissen, dass er für fremde Menschen Zeit und in seinem Haus Raum hat, dass er Güte, Besonnenheit und Gerechtigkeit liebt, dass er alle Kräfte für den Dienst Gottes ausgibt und sich selbst und seine Triebe in Zucht hält. ⁹Die Predigt muss ihm als das Wichtigste am Herzen liegen, und zwar die Predigt, die sich an die überlieferte Lehre und das bewährte Wort hält, denn er muss fähig sein, jedermann gegenüber zu klären, was christlicher Glaube ist, und die Gegner zu widerlegen. ¹⁰Denn es gibt viele, die sich dem Wort von Gott nicht fügen, leere Schwätzer, die die Wahrheit verdrehen. Es gibt sie besonders unter den getauften Juden. ¹¹Man muss ihnen den Mund stopfen, denn sie bringen ganze Familien durch ihr falsches Gerede in Verwirrung, und alles nur, um damit Geld zu machen. ¹²Es hat einer der Ihren gesagt, ihr eigener Prophet: »Kreter sind allezeit Lügner, böse wie Raubtiere, müßige Fresser.« ¹³Das ist wahr! Darum nimm sie scharf her, dass sie den gesunden Glauben annehmen ¹⁴und sich nicht von jüdischen Phantasiegeschichten locken lassen oder von Lebensordnungen, die sie von der Wahrheit abdrängen und die doch nur von Menschen erfunden sind. ¹⁵Den Reinen ist alles rein. Für die Unreinen aber und die Ungläubigen ist nichts rein, sondern ihr Verstand ist beschmutzt wie auch ihr Gewissen. ¹⁶Da sagen sie, sie wüssten von Gott, aber ihr Leben zeigt das Gegenteil. Sie sind Gott zuwider, sie gehorchen ihm nicht und sind unbrauchbar, wo immer ein Mensch das Gute tun soll.

Sage, was dir anvertraut ist

2 ¹Du aber sprich aus, was wahr ist, was Gott uns gesagt hat und nicht die Menschen. ²Die Alten fordere auf, nüchtern zu sein und der Ehre wert, die man ihnen entgegenbringen soll, besonnen und klar in ihrem Glauben, in Liebe und Geduld. ³Den älteren Frauen zeige, was Gott von ihnen will: dass sie sich halten wie Priesterinnen, dass sie kein Geschwätz verbreiten und den Trunk meiden, damit sie fähig seien, anderen Rat und Weisung zu geben. ⁴Sie sollen im Stande sein, die jungen Frauen zu einem geordneten Leben anzuhalten, und sollen sie lehren, ihre Männer und Kinder zu lieben, ⁵besonnen und rein zu leben und in ihrem Haus zu arbeiten, gütig zu sein und ihren Männern sich zu fügen, damit niemand sagen kann, Gottes Wort erlaube ein lie-

derliches Leben. ⁶Von den jungen Männern fordere ebenso, dass sie ihr Leben verantwortlich führen; ⁷dich selbst aber stelle als Beispiel vor aller Augen. Wenn du sie lehrst, dann teile ihnen das ursprüngliche, ganze Evangelium mit, und tu es mit der Würde, die dein Amt dir gibt. ⁸Sprich das klare Wort aus, das von Gott kommt und das nicht zu widerlegen ist, so wird auch der böswilligste Gegner nichts Nachteiliges über uns sagen können. ⁹Den Knechten befiehl, sich ihren Herren in allen Dingen zu fügen, ihnen zu gehorchen und ihnen nicht zu widersprechen. ¹⁰Sie sollen nichts veruntreuen, sondern Sorgfalt und Zuverlässigkeit bewähren, denn damit können sie zeigen, wie kostbar die Botschaft von Gott, der uns das Heil schenkt, ihnen ist.

¹¹Denn die Gnade Gottes, mit der unser Leben und Heil steht und fällt, ist strahlend aufgegangen und gibt nun allen Menschen das Licht. ¹²Sie will uns bewegen, unsere Gottlosigkeit und unsere vergänglichen Wünsche hinter uns zu lassen. Sie will, dass wir mit klarem Geist in Gerechtigkeit und Glauben leben, solange wir in dieser Welt sind. ¹³Denn auf eine große Hoffnung sind wir ausgerichtet: dass die Herrlichkeit und Größe Gottes und unseres Retters Jesus Christus in Erscheinung tritt. ¹⁴Der hat sich an unserer Stelle geopfert, um uns von allem Unrecht frei zu machen, uns zu reinigen und zu läutern und eine Gemeinschaft aus uns zu machen, die ihm eigen ist, fähig und willens, sein gutes Werk in vielen guten Taten fortzusetzen. ¹⁵Davon rede! Das stelle ihnen vor Augen! Das fordere von ihnen mit aller Dringlichkeit! Und sorge, dass niemand dich gering schätzt!

3 ¹Erinnere sie, dass sie sich der Staatsgewalt, unter der sie leben, fügen und tun sollen, was sie fordert. Sie sollen zu jedem guten Dienst bereit sein. ²Sie sollen über niemand schlecht reden, sie sollen keine Gewalt gebrauchen und allen Menschen mit Freundlichkeit und Nachgiebigkeit begegnen.

Es hat sich für uns alles verändert

³Wir wollen nicht vergessen, dass auch wir einmal gedankenlos vor uns hin lebten. Auch wir wollten den Willen Gottes nicht kennen. Auch wir liefen planlos durch unser Leben, gejagt von unserer Triebhaftigkeit und von der Gier nach Vergnügen. Bosheit und Neid beherrschten uns, man hasste uns, und wir hassten einander.

⁴Als aber die Güte und Menschenfreundlichkeit
Gottes, unseres Heils, erschien, machte er uns frei.
⁵Wir fanden ein neues Leben, nicht weil wir uns darum bemüht hätten
oder weil wir so vollkommen gewesen wären,
sondern einfach, weil er uns annahm.
Wir fanden das wirkliche Leben,
als wären wir neu geboren worden.
Mit heiligem Geist hat Gott uns gewaschen,
als wir getauft wurden, gereinigt und erneuert.
⁶Jesus Christus war es, der Gottes Geist
in reicher Fülle über uns ausgoss.
⁷Seine Freundlichkeit machte uns zu Menschen, die mit Gott eins sind.
Sie hilft uns, zu leben so, dass wir Gott gefallen.
Sie wird es sein, die uns Anteil gibt
an seinem ewigen Reich, auf das wir hoffen,
Anteil an dem seligen Leben in Gott.

Schaffe Klarheit

⁸Bewährt ist das Wort, zuverlässig und wahr. Du sollst es aussprechen und mit deinem ganzen Menschen hinter dem stehen, was du sagst, damit alle, die den Glauben angenommen haben, nun in den praktischen Dingen ihres Lebens mit ihm Ernst machen. Denn das ist gut für sie und hilft ihnen. ⁹Dagegen hilft es niemandem, törichten »übersinnlichen« Erkenntnissen über die Stufen im Reich geistiger Wesen nachzuhängen oder sich über die Auslegung des jüdischen Gesetzes in Hader und Streit aufzureiben. Geh daran vorüber! ¹⁰Einen Menschen aber, der eine Spaltung verursacht, weise ein- oder zweimal zurecht, dann sage dich von ihm los. ¹¹Es gibt eine Verirrung des Geistes und des Gewissens, die an ihrem Unrecht kenntlich ist und sich selbst das Urteil spricht.

¹²Sobald Artemas oder Tychikus, die ich zu dir sende, bei dir sind, beeile dich, zu mir nach Nikopolis zu kommen, denn dort will ich den Winter zubringen. ¹³Zenas, den Rechtsanwalt, und Apollos rüste gut aus, es soll ihnen an nichts fehlen. ¹⁴Auch unsere Gemeinden sollen lernen, ihre Liebe mit der Tat zu beweisen (wie die jüdischen es tun), wo Hilfe nötig ist, damit ihr Glaube nicht unfruchtbar bleibt.

¹⁵Es grüßen dich alle, die bei mir leben. Grüße die Christen, alle, die uns in Liebe verbunden sind. Gottes Freundlichkeit sei mit euch allen!

DER BRIEF AN PHILEMON

Paulus, im Gefängnis gebunden für Jesus Christus, und Timotheus, der Bruder, an seinen lieben Philemon, unseren Mitarbeiter.

²Wir grüßen Aphia, die Schwester, und Archippus, unseren Mitstreiter, und die ganze Gemeinde in deinem Haus. ³Gnade sei mit euch und Frieden von Gott, unserem Vater, und Jesus, dem Herrn.
⁴Ich danke meinem Gott unablässig, wenn ich bete und deiner dabei gedenke. ⁵Ich danke ihm, wenn ich höre, wie viel Liebe von dir ausgeht und wie fest dein Zutrauen ist zu Jesus, dem Herrn, und wie du ihm und allen Heiligen verbunden bist. ⁶Mögest du erkennen, wie viel Gutes durch unsere Hingabe an Christus in uns ist, und möge dein Glaube dabei zu einer Kraft werden, die dich und uns fest und fester zusammenschließt. ⁷Viel Freude und Trost hatte ich an deiner Liebe, denn die Herzen der Christen sind erquickt durch dich, lieber Bruder!
⁸Nun möchte ich dich etwas bitten. Ich hätte zwar auch die Freiheit, mit der Vollmacht, die Christus mir gegeben hat, dir zu befehlen, was du zu tun hast, ⁹aber um der Liebe willen möchte ich dir nur eine Bitte vortragen, ich, der alte Paulus, der ein Botschafter für Christus und nun sein Gefangener ist: ¹⁰Ich bitte dich für Onesimus! Er kam zu mir. Er wurde ein Christ, während er bei mir war. Er hat sein geistliches Leben von mir wie ein Kind von seinem Vater, von mir, dem Gefangenen, und ist mir lieb. ¹¹Du konntest ihn bisher nicht gebrauchen. Er war ein Nichtsnutz, jetzt ist er dir wie mir ein nützlicher Helfer geworden. ¹²Nun sende ich ihn zu dir zurück, ihn – das heißt: mein eigenes Herz. ¹³Ich hätte ihn gerne bei mir behalten, so hätte er mir an deiner Statt eine Hilfe sein und mir zur Hand gehen können, während ich um des Evangeliums willen Fesseln trage. ¹⁴Aber ohne deine Zustimmung wollte ich nichts tun, denn was du mir Gutes tun möchtest, sollst du nicht unter Zwang, sondern aus freiem Herzen tun dürfen. ¹⁵Denn vielleicht ist er nur darum eine Zeit lang fern von dir gewesen, weil du ihn für ewig wiedergewinnen solltest, ¹⁶nicht mehr als einen leibeigenen Sklaven, sondern als etwas viel Schöneres: als einen lieben Bruder. Das ist er für mich längst geworden, wie viel mehr für dich! Ein Bruder, weil er zu deiner Hausgemeinschaft gehört, ein Bruder, weil er mit

dir Eigentum des Herrn ist. ¹⁷Wenn du nun in mir deinen Freund siehst, dann nimm ihn auf, als wäre ich es selbst. ¹⁸Hat er dich aber geschädigt, schuldet er dir etwas, so schreibe die Schuld auf meine Rechnung. ¹⁹Ich, Paulus, verpflichte mich mit meiner eigenhändigen Unterschrift, dir alles zu ersetzen. Dabei will ich nicht davon reden, dass ich dir so viel geschenkt habe, nämlich dich selbst, dass du mir dich selbst wiederschenken müsstest, um mir zu danken. ²⁰Ja, lieber Bruder, ich möchte mich an dir freuen, wenn ich sehe, wie viel dir der Herr bedeutet. Erquicke mein Herz durch dieses Zeichen deiner Liebe zu Christus!

²¹Ich schreibe dir das, weil ich auf deine Bereitwilligkeit vertraue, und weiß, du wirst mehr tun, als ich dich bitte. ²²Zugleich bereite mir das Quartier, denn ich hoffe, bald zu euch zu kommen. Eure Gebete sind es, die Gott bewegen werden, mich euch wiederzuschenken.

²³Es grüßt dich Epaphras, der mit mir zusammen gefangen ist, gefangen für Jesus Christus. ²⁴Es grüßen dich meine Helfer Markus, Aristarch, Demas und Lukas. ²⁵Die Freundlichkeit des Herrn Jesus Christus sei mit eurem Geiste.

DER BRIEF AN DIE HEBRÄER

1 ¹Gott hat geredet! Oft und auf vielerlei Weise hat er zu den Vätern gesprochen durch den Mund der Propheten in vergangenen Zeiten. ²Jetzt aber, in den letzten Tagen der Welt, sprach er zu uns durch den, der sein Sohn ist. Ihm hat er die Herrschaft bestimmt über das All der Welt, durch ihn hat er alles geschaffen, Himmel und Erde. ³Abglanz ist er göttlicher Herrlichkeit und Ebenbild göttlichen Wesens, durch sein befehlendes Wort trägt er das All, durch das Wort seiner Macht. Er sühnte die Verschuldung der Menschen und machte uns rein und setzte sich auf den Thron in der Höhe und herrscht nun mit Gottes Gewalt. ⁴Größer ist er als alle Mächtigen unter den Engeln, denn heiliger ist die Würde, die er empfing, und höher sein Auftrag.

Über den Engeln der Sohn

⁵Welchem Engel sagte Gott jemals: »Mein Sohn bist du, heute habe ich dir die Herrschaft gegeben«? Oder: »Ich werde sein Vater sein, er aber mein Sohn«? ⁶Da er ihn aber öffentlich einführte vor den Augen der Menschheit, ihn, der allein seines Wesens ist, sprach er: »Ihn sollen anbeten alle Engel in meinem Reich!« ⁷Zwar gilt von den Engeln sein Wort: »Er macht seine Boten zu Winden, seine Diener zu feurigen Flammen«, ⁸aber vom Sohn gilt: »Dein Thron, o Gott, steht fest, deine Herrschaft währt immer und ewig. Das Zepter deines Reiches ist ein Zepter des Rechts. ⁹Du liebtest Gerechtigkeit und warst dem Unrecht feind, darum zog dein Gott unter allen deinen Genossen dich vor und gab dir die Freude, den Jubel der Macht.« ¹⁰Und: »Du, Herr der Welten, hast die Erde gegründet im Anfang, und die Himmel sind deiner Hände Werk. ¹¹Sie werden vergehen, du aber bleibst, sie werden alle veralten wie ein Gewand. ¹²Wie einen Mantel wirst du sie einrollen, wie ein Kleid, und sie werden einer neuen Welt Raum geben. Du aber bleibst, der du bist, deine Jahre hören nicht auf.« ¹³Zu welchem Engel hat Gott jemals gesprochen: »Setze dich zu meiner Rechten und herrsche mit mir, deine Feinde will ich dir wie einen Schemel zu Füßen legen«? ¹⁴Sind sie nicht alle dienende Geister, ausgesandt, um denen zu helfen, die Gott zu sich führen will, dass sie in Ewigkeit bei ihm sind?

Unser Ziel: die Lichtwelt des Vaters

2 ¹Lasst uns also auf die Worte achten, die wir gehört haben, damit wir unser Ziel nicht verfehlen. ²Denn wenn schon das Wort, das die Menschen durch die Vermittlung von Engeln hörten, unausweichlich gegolten hat, und wenn jeder Verstoß gegen jene Gebote und jeder Ungehorsam sich unerbittlich rächte, ³wie sollten wir den Folgen unserer Gleichgültigkeit entgehen, wenn wir ein so herrliches Ziel aus den Augen verlieren? Der Herr selbst hat es uns gezeigt, und wir wissen Bescheid durch den Bericht derer, die ihn selbst gehört haben. ⁴Darüber hinaus hat Gott alles noch einmal durch Wunder und Zeichen seiner Nähe und seiner Macht bestätigt. Er hat es bekräftigt damit, dass er uns Geist von seinem Geist gab, wie er ihn eben austeilen wollte.

Der Sohn in seiner Erniedrigung

⁵Denn die Herrschaft über die zukünftige Welt, von der wir reden, hat er nicht den Engeln übertragen, ⁶vielmehr sagt ein Psalmdichter an einer bestimmten Stelle: »Was ist der Mensch, dass du an ihn denkst, oder der Menschensohn, dass du ihn beachtest? ⁷Für eine kurze Zeit nur hast du ihn niedriger gestellt als die Engel, mit Schönheit und Würde hast du ihn gekrönt, ⁸alles hast du seiner Herrschaft unterworfen!«

Wenn Gott ihn aber zum Herrscher über alles eingesetzt hat, gibt es nichts mehr, das seiner Herrschaft entzogen wäre. Das ist heute noch nicht sichtbar, eins aber sehen wir: ⁹Für eine kurze Zeit war Jesus niedriger gestellt als die Engel. Den Tod sollte er leiden, weil Gott in seiner Gnade uns allen diesen Tod zugute halten wollte. Nun aber sehen wir ihn, Jesus, um seines Leidens und Sterbens willen mit Herrlichkeit und göttlicher Würde gekrönt. ¹⁰Denn Gott, um dessentwillen die Welt besteht und von dem alles ist, kam es zu, wenn er viele Söhne zur Herrlichkeit führen wollte, den durch Leiden zu vollenden, der ihnen allen vorausgehen sollte. ¹¹Denn Christus, der uns den Weg zum heiligen Gott frei macht, hat denselben Vater wie wir. Darum schämt er sich nicht, uns Brüder zu nennen, ¹²indem er sagt: »Ich will meinen Brüdern kundtun, wer du bist, und will dir singen mitten in der Gemeinde«, ¹³und an einer anderen Stelle: »Ich will mein Vertrauen auf ihn setzen, ich verlasse mich auf ihn mit den Kindern zusammen, die Gott mir gab.« ¹⁴Nachdem nun die Kinder Menschen mit Leib und Blut sind, wurde er ein Mensch unter den gleichen Bedingungen. Er wollte sterben und dadurch dem die Macht entreißen, dessen Gewalt im Tode zum Vorschein kommt: dem Satan. ¹⁵Er wollte uns frei machen, die wir unser ganzes Leben Knechte waren, unfreie Menschen durch die Furcht vor dem Tod. ¹⁶Denn er nimmt sich ja nicht der Engel an, sondern der Kinder Abrahams. ¹⁷In allem musste er seinen Brüdern gleich werden, denn er sollte barmherzig werden und zwischen Gott und uns Menschen das tun, was auf dieser Erde Amt und Werk der Priester ist: Menschen den Zugang frei machen zu Gott und wegräumen, was im Wege ist: ihre Verfehlungen. ¹⁸Denn in all den Leiden, die er erfuhr, in all den Gefahren, die seinen Glauben bedrohten, kann er uns helfen, die wir bedroht sind wie er.

Der Sohn höher als Mose

3 ¹Brüder, Heilige! Ihr habt nun diesen freien Zugang zu Gott, und er rief euch, zu ihm zu kommen. Achtet also auf den großen Gesandten, den Gott bevollmächtigt hat, den Priester, der euch zu ihm führt! Es ist Jesus, den wir miteinander bekennen. ²Er hat sich dem Auftrag gefügt, den sein Vater ihm gab, wie Mose es tat, dem Gottes ganzes Haus anvertraut war. ³Größere Würde aber als Mose empfing Christus, denn höhere Würde hat der Baumeister als das Haus, das er baut. ⁴Jedes Haus hat seinen Erbauer, der Baumeister der Welt aber ist Gott. ⁵Nun hat zwar Mose in Treue gedient und das ihm anvertraute Haus verwaltet, aber er bewies damit, was über ihn gesagt werden sollte: dass er ein Diener war. ⁶Christus hingegen, als Sohn des Erbauers, ist ein Herr über sein Haus. Sein Haus aber sind wir, und es gilt, das frohe Zutrauen zu ihm und die Zuversicht auf die künftige Herrlichkeit bis zum Ziel hin fest zu bewahren.

Unsere Sorge: nicht stehen bleiben

⁷Denkt daran! Der heilige Geist sagt: »Wenn ihr heute seine Stimme hört, ⁸verhärtet eure Herzen nicht wie in jener Zeit des bitteren Hasses, an jenem Tage, als eure Väter mich in der Wüste auf die Probe stellten, ⁹ob ich zu strafen vermöge, als sie mich reizten, obwohl sie gesehen hatten, was ich für sie tat ¹⁰durch vierzig Jahre. Da wurde ich zornig über dieses Volk und sprach: ›Allezeit geht ihr Herz in die Irre auf der

Suche nach einem Weg, die Wege aber, die ich sie führen will, begreifen sie nicht.‹ ¹¹So schwur ich in meinem Zorn: ›Mögen sie umherirren! Sie sollen den Frieden an der Ruhestätte nicht finden, die ich für sie bereithielt.‹«

¹²So seht zu, Brüder, dass nicht jemand ein widerwilliges, ungläubiges Herz habe, das ihn von dem lebendigen Gott wegtreiben will, ¹³ermahnt einander vielmehr Tag um Tag, solange Gott mit euch redet, dass sich nicht jemand gegen seine Stimme verhärtet und sich verführen lässt, seinen selbstgewählten Zielen nachzulaufen. ¹⁴Denn wir sind ja Weggefährten des Christus und werden bei ihm sein, sofern wir unsere anfängliche Zielstrebigkeit bis zum Ende festhalten. ¹⁵Da wird uns also gesagt: »Wenn ihr heute seine Stimme hört, verhärtet eure Herzen nicht wie in den Zeiten des bitteren Hasses gegen Gott.« ¹⁶Wer waren denn die Leute, die seine Stimme hörten und doch bitter wurden und ihn hassten? War es nicht jenes ganze Volk, das mit Mose aus Ägypten auszog? ¹⁷Gegen wen richtete sich sein Zorn vierzig Jahre lang? Waren es nicht jene eigensinnigen, trotzigen Menschen, deren Leiber in der Wüste verfielen? ¹⁸Gegen wen richtete sich sein Schwur, er werde sie nicht zu der Ruhe gelangen lassen, die er ihnen zugedacht hatte? Waren es nicht eben jene, die sich ihren eigenen Weg suchten? ¹⁹Ihr Unglaube war es, das sehen wir klar, der sie hinderte, das Ziel, die Ruhe, zu finden.

4 ¹Nun liegt der versprochene Friede noch weit vor uns. So sollten wir uns davor fürchten, es könnte bei einem unter euch so aussehen, als sei er auf dem Wege zurückgeblieben. ²Denn auch zu uns hat Gott gesprochen wie zu jenen. Ihnen allerdings half es nicht, dass er es tat, weil sie den Glauben nicht hatten, mit dem sie sein Wort hätten aufnehmen können, ³und wenn wir die Ruhe bei ihm finden, dann darum, weil wir glauben. Er sagt da: »Ich schwur in meinem Zorn: Sie sollen die Ruhe bei mir nicht finden.« Nun sind aber die Werke Gottes vollendet seit der Erschaffung der Welt. ⁴So sagt er irgendwo über den siebten Tag: »Und Gott ruhte am siebten Tag, nachdem er alle seine Werke vollendet hatte, von seiner Mühe.« ⁵An jener anderen Stelle aber sagt er: »Sie sollen die Ruhe bei mir nicht finden.« ⁶Da aber Menschen vorgesehen sind, die sie finden sollen, und jene ersten, denen sie versprochen war, das Ziel nicht erreichten, weil sie nicht glaubten, ⁷bestimmte er aufs neue einen Tag, ein »Heute«, und spricht nach so langer Zeit noch einmal dasselbe Wort durch den Mund Davids: »Wenn ihr heute

seine Stimme hören werdet, verhärtet eure Herzen nicht.« ⁸Denn hätte Josua sie am Ende jener ersten Wanderung zur Ruhe geführt, hätte Gott nicht danach noch einmal von einem anderen Tage gesprochen. ⁹Darum warten Frieden und Geborgenheit noch immer auf das Volk Gottes. ¹⁰Denn wer in das Reich des Friedens bei Gott eingeht, ruht von seiner Mühe, wie Gott ruhte. ¹¹So lasst uns mit allen Kräften danach streben, jene Ruhe zu finden, es könnte sonst geschehen, dass der eine oder andere unter uns zu Fall käme, wie es jenen in ihrem Unglauben widerfuhr. ¹²Denn das Wort Gottes, das verheißt und richtet, ist lebendig und wirksam und schneidender als irgendein doppelt geschliffenes Schwert. Es trennt Seele und Geist, Mark und Bein mit seiner Schärfe und legt die Strebungen und Gedanken des Herzens bloß. ¹³Niemand ist ihm verborgen; hüllenlos nackt, offen und wehrlos liegt alles, was lebt, vor seinen Augen. Vor ihm sind wir verantwortlich.

Unser Trost: der brüderliche Christus

¹⁴So lasst uns gemeinsam an unserem Bekenntnis festhalten. Denn wir haben einen überragenden Beistand, Jesus Christus, den Sohn Gottes, der alle himmlischen Welten durchschritt bis zu Gott selbst hin, der für uns eintritt, wie ein irdischer Priester im Heiligtum für die Menschen vor Gott einsteht. ¹⁵Und zwar vertritt uns nicht ein Priester, der zu hoch stünde, um unsere Schwachheit nachempfinden zu können, sondern einer, der von allen Gefahren und Versuchungen bedroht war wie wir und ihnen doch nicht erlag. ¹⁶Darum lasst uns mit Freimut und Vertrauen vor Gott treten und seine Barmherzigkeit empfangen, seine Freundlichkeit, die uns helfen wird, wenn es Zeit ist.

5 ¹Denn jeder Priester, der an der Spitze seines Volks für die Menschen vor Gott eintreten soll, ist selbst ein Mensch. Gaben und Opfer soll er darbringen und die Verfehlungen der Menschen sühnen, ²er kann aber darum mit den Unwissenden und Irrenden fühlen, weil er selbst seiner Schwachheit nicht entrinnt. ³So muss er auch seine eigenen Verfehlungen durch Opfergaben sühnen ebenso wie die Verfehlungen seines Volkes. ⁴Kein irdischer Priester verschafft sich die Würde seines Amtes selbst, er wird von Gott berufen. Schon bei Aaron war es so. ⁵So hat auch Christus sich nicht selbst zum höchsten Vermittler zwischen Gott und den Menschen gemacht, sondern Gott, der zu ihm

sprach: »Du bist mein Sohn, heute habe ich dir die Herrschaft übergeben«, und [6]der zugleich an einer anderen Stelle sagt: »Du bist ein Priester in Ewigkeit wie Melchisedek.« [7]In der Zeit, in der er ein leiblicher Mensch war, rief er mit Bitten und Flehen zu dem, der ihn aus dem Tode retten konnte. Mit lautem Schreien, unter Tränen, rief er ihn an. Er wurde erhört, weil er Gott fürchtete. [8]Obwohl er der Sohn war, lernte er Gehorsam in seinem Leiden. [9]Als er aber vollendet war, wurde er allen, die ihm gehorsam sind, ein Vermittler des ewigen Lebens bei Gott, [10]und Gott selbst nennt ihn nun einen »Priester höchster Würde wie Melchisedek«.

Unser Halt: die Zuverlässigkeit Gottes

[11]Darüber wären nun viele und schwer verständliche Worte nötig, aber ihr seid so stumpf geworden im Zuhören. [12]Eigentlich solltet ihr nach so langer Zeit längst Lehrer für andere geworden sein; statt dessen braucht ihr jemanden, der euch noch einmal die ersten, anfänglichsten Lehrstücke des christlichen Glaubens beibringt. Ihr braucht nicht die Speise, die der Erwachsene zu sich nimmt, sondern Milch, wie sie Kindern bestimmt ist. [13]Wer aber noch Milch trinkt, kann die tieferen Geheimnisse nicht aufnehmen, das Wort vom vollendeten Leben mit Gott. Er ist ja ein Kind. [14]Für Menschen aber, die die ersten Anfänge hinter sich haben, ist die feste Speise da, denn sie haben ihre Sinne gebraucht und geübt und können unterscheiden, was ihnen bekommt und was ihnen schadet.

6 [1]Darum wiederholen wir jetzt nicht die Anfangsgründe der Botschaft von Christus, sondern wollen zu den Geheimnissen weitergehen, die den Geübteren bestimmt sind. Wir fangen nicht noch einmal bei den Grundlagen an. Wir rufen euch nicht noch einmal auf, euch von dem allgemein menschlichen, gottlosen Leben und Treiben zum Glauben an Gott umzuwenden. [2]Wir fangen nicht noch einmal beim Unterricht über die Taufe an oder über die Handauflegung, über die Auferstehung der Toten und das ewige Gericht. [3]Möge Gott uns helfen, dass es uns gelingt, mit euch diesen Schritt zu tun! [4-6]Denn es ist ja nicht möglich, Christen zu einem neuen Beginn zu bewegen, nachdem sie abgefallen sind und alles weggeworfen haben. Sie sind doch einmal erleuchtet worden! Sie haben doch das Geschenk der Sakramente ge-

schmeckt und Gottes Geist empfangen! Sie haben das gute Wort von Gott gehört und die Kräfte der kommenden Welt empfunden! Wie sollte man ihnen zu einer wirklichen Umkehr helfen können? Im Grunde kreuzigen sie für ihr eigenes Leben den Sohn Gottes noch einmal und verspotten ihn aufs neue, indem sie sich von ihm lossagen. ⁷Von Gott gesegnet ist ein Land, das den Regen trinkt, der so oft und immer wieder aufs neue herabfällt, ein Land, das brauchbare Pflanzen hervorbringt für die, die an ihm arbeiten. ⁸Bringt es aber Dornen und Disteln hervor, ist es unbrauchbar und in Gefahr, ewig ohne Frucht zu bleiben. Am Ende wird man es abbrennen.

⁹Ihr Lieben, wir reden hier eine harte Sprache. Im Grunde aber sind wir, wenn wir an euch denken, eines Besseren überzeugt und glauben, dass ihr das Heil nicht verloren habt. ¹⁰Denn Gott ist nicht ungerecht und vergisst nicht, was ihr getan, wie ihr geliebt und seine Liebe weitergegeben habt, wie ihr den Menschen, die Gott liebt, gedient habt und immer ungemindert dient. ¹¹Aber wir wollen, dass jeder von euch mit ganzer Kraft an dieser Aufgabe bleibt. Wir wollen, dass ihr die ganze, volle, starke Hoffnung bis zum Ziel festhaltet. ¹²Werdet nicht stumpf und gleichgültig, sondern eifert denen nach, die das versprochene Leben bei Gott gewonnen haben, gewonnen durch Glauben und Geduld.

¹³Gott gab dem Abraham ein Versprechen und besiegelte es durch einen Eid. Weil er aber niemanden hätte als Bürgen nennen können, der höher gestanden hätte als er selbst, schwor er bei der eigenen göttlichen Beständigkeit und sagte: ¹⁴»Ich will dich mit Segen überschütten! Ich will dir Nachkommen schenken in unzählbarer Menge!« ¹⁵Darauf verließ sich Abraham, daran hielt er fest, und das Versprechen wurde ihm erfüllt. ¹⁶Denn die Menschen beenden alle Einwände durch einen Eid, der ihre Aussage bekräftigt, und sie schwören, indem sie eine Macht nennen, die über ihnen steht. ¹⁷Nun wollte Gott denen, die er beschenken wird, für die Zuverlässigkeit seiner Absicht eine ganz sichere Gewähr bieten, fügte seinem Wort einen Eid hinzu und verpflichtete sich selbst. ¹⁸So sollten wir einen doppelt zuverlässigen Trost gewinnen, sein Versprechen und seinen Eid. Denn dass Gott lügt, ist ausgeschlossen. Darum flüchten wir zu ihm selbst, um am Ende zu ergreifen, was er versprach. ¹⁹Bei seinem Wort haben wir sicheren Halt, und unsere Seele wirft ihren Anker, ihre Hoffnung, in einen festen Grund.

Unser Weg: ohne Umwege zu Gott

So treten wir in den heiligsten Raum des Tempels, den bisher ein Vorhang verschloss, ein. ²⁰Wie ein Vorläufer ging uns Jesus voraus und öffnete uns den Zugang. Ein Priester höchster Würde ist er wie Melchisedek, ein Priester in Ewigkeit.

7 ¹Denn dieser Melchisedek, König von Salem, Priester des höchsten Gottes, trat Abraham entgegen, als er vom Sieg über die Könige wiederkam, und segnete ihn. ²Ihm opferte Abraham ein Zehntel all seiner Güter. Melchisedek ist sein Name: König der Gerechtigkeit. König von Salem nennt man ihn: König des Friedens. ³Ohne Vater entstand er, ohne Mutter, ohne Ahnen. Ohne Anfang lebt er, ohne Ende seiner Tage, ein Bild und Gleichnis für Gottes Sohn, Priester in Ewigkeit. ⁴Seht aber, wie groß der ist, dem Abraham, der Patriarch, den zehnten Teil als Opfer gab vom Besten, das er besaß! ⁵Nun nehmen die Söhne Levis, die das Priesteramt empfingen, den Zehnten von ihrem Volk, von ihren eigenen Brüdern. Sie haben Befehl, es zu tun, und sind ermächtigt durch das Gesetz, obwohl auch ihre Brüder Kinder Abrahams sind. ⁶Aber jener, der nicht ihrem Volk entstammt, nahm den Zehnten von Abraham und gab ihm, der doch der Vater des heiligen Volkes und ein Segen für die Menschheit werden sollte, den Segen! ⁷Es ist kein Zweifel: Der geringere Rang empfängt den Segen vom höheren. ⁸Außerdem: Hier ziehen sterbliche Menschen den Zehnten als Opfer ein, dort einer, von dem das Geheimnis ausgesagt wird, er lebe ewig. ⁹Und auch Levi ist ihm unterstellt, und Levis Söhne, die Priester, sind es. Denn auch Levi, der den Zehnten zu nehmen berechtigt ist, ist durch Abraham dem Priestertum des Melchisedek unterworfen. Er wurde ja gleichsam mit ihm verzehntet, ¹⁰er war ja noch in seinem Vater, als ihm Melchisedek entgegentrat!

¹¹Wenn nun die Vollendung durch das Priestertum der Leviten erreicht worden wäre – mit diesem Priestertum steht und fällt ja das jüdische Gesetz –, wozu war es dann noch nötig, für die Zukunft einen anderen Priester aufzustellen, der die Würde Melchisedeks erhalten sollte und nicht die Würde, die sich aus der Tradition Aarons herleitet? ¹²Wenn aber das Priestertum verändert wird, wenn also ein andersartiger Zugang zu Gott geschaffen wird, ändern sich notwendig alle Ordnungen mit. ¹³Und wenn wir von Christus sprechen, so ist klar, dass er aus einem Volksstamm hervorging, aus dem nie jemand am Altar

Dienst getan hat. ¹⁴Denn bekanntlich ist unser Herr aus dem Stamm Juda hervorgegangen, über den Mose nichts von einem priesterlichen Dienst gesagt hat. ¹⁵Und vollends klar ist, dass es um eine neue Ordnung geht, wenn da nun ein neuer Priester aufgestellt wird, dessen Würde der Melchisedeks entspricht ¹⁶und der sein Amt nicht aufgrund der Vorschrift eines menschlichen Gesetzes empfing, sondern aus der schaffenden Kraft unzerstörbaren Lebens. ¹⁷Es wird ihm ja bezeugt: »Du bist ein Priester in Ewigkeit von der Art Melchisedeks!« ¹⁸Damit wird aber ein älteres Gesetz außer Kraft gesetzt, weil es kein Leben hatte und niemandem helfen konnte, ¹⁹denn das religiöse Gesetz der Juden konnte ja nichts vollenden, es zeigt aber den Anfang einer besseren Hoffnung, die uns hilft, uns Gott zu nahen.

²⁰Das bekräftigt uns auch ein Eid. Jene Söhne Levis sind Priester geworden ohne eine göttliche Zusicherung, sie würden es ewig sein, ²¹Christus aber durch einen Eid Gottes, der zu ihm sprach: »Der Herr hat geschworen, und es wird ihn nicht reuen: Du bist ein Priester in Ewigkeit.« ²²So viel zuverlässiger und gültiger ist die Verfügung Gottes, deren Bürge Jesus geworden ist. ²³Und von jenen sind viele Priester geworden, weil sie immer wieder wegstarben, ²⁴Christus aber hat, da er ewig lebt, ein unvergängliches Priesteramt. ²⁵Darum hat er auch die Macht, denjenigen für immer Leben zu schenken, die durch seine Vermittlung zu Gott kommen, denn er lebt ja ewig, verbürgt sich für sie und tritt für sie ein. ²⁶Denn einen solchen Priester müssen wir haben: Er muss heilig sein wie Gott selbst, unschuldig, unbefleckt, ohne Berührung mit uns schuldigen Menschen und allen unsichtbaren Mächten und Gewalten überlegen. ²⁷Er darf nicht nötig haben, was die Priester am jüdischen Tempel tun: sie bringen täglich zuerst ein Opfer, um die eigenen Verfehlungen zu sühnen, ehe sie für die Schuld des Volks eintreten können. Und wirklich: Dieses Opfer für unsere Schuld hat ja Christus ein für allemal dargebracht, indem er sich selbst opferte. ²⁸Denn die kultische Ordnung macht schwache und fehlerhafte Menschen zu Priestern. Durch die eidliche Zusage aber, die erst nach dem Gesetz erging, wurde einer in dieses Amt eingesetzt, der Gott selbst vertritt und das Priesteramt in Ewigkeit in vollkommener Weise wahrnimmt.

Christus, der neue Priester

8 ¹Hier liegt nun das entscheidende Geheimnis, von dem wir reden. Einen solchen Hohepriester haben wir. Mit Gott waltet er über der Welt, in Gottes Vollmacht hält und bewahrt er sie. ²Die Feier zu Gottes Ehre ist sein Amt, der Dienst an einem wahren Heiligtum, das Gott errichtet hat und kein Mensch. ³Jeder Priester empfängt sein Amt, um Gott Gaben und Opfer darzubringen. So muss auch Christus, wenn wir ihn einen Priester nennen, etwas haben, das er darbringt. ⁴Lebte er nun auf der Erde, so wäre er kein Priester. Es sind ja genug Priester da, die nach der Vorschrift des Gesetzes ihre Opfer darbringen. ⁵Sie feiern an einem Heiligtum, das nur ein irdisches Abbild des himmlischen ist oder wie ein Schatten es nachzeichnet. Es ist ja von Mose berichtet, er habe, als er das heilige Zelt bauen wollte, ein Wort von Gott empfangen: »Schau hin! Gestalte alles nach dem himmlischen Bild, das ich dir auf dem Berge gezeigt habe!« ⁶Dem entsprechend ist Christus Bürge einer neuen, besseren und stärkeren Gemeinschaft zwischen Gott und uns Menschen geworden. Die ist auf eine bessere Zukunft hin angelegt, und so empfing Christus auch ein höheres, heiligeres Priesteramt.

⁷Es ist ja nicht denkbar, dass Gott eine neue Grundlage für seine Gemeinschaft mit den Menschen gesucht hätte, wenn die alte tragfähig gewesen wäre. ⁸Denn es liegt doch ein Tadel darin, wenn Gott spricht: »Es werden Tage kommen, da will ich für das Volk Israel und Juda einen neuen Bund, eine neue, feste Ordnung begründen, die mich mit ihm verbinden soll. ⁹Sie wird nicht der Ordnung gleichen, die mich mit ihren Vätern verband und die ich an dem Tage stiftete, an dem ich ihre Hand ergriff, um sie aus dem Lande Ägypten zu befreien. Denn sie haben mir die Treue nicht gehalten, so habe auch ich sie aufgegeben. ¹⁰Der Bund, den ich für das Volk Israel stiften will nach jenen Zeiten«, spricht der Herr, »wird darin bestehen, dass ich mein Gesetz in ihren Sinn senke und auf ihre Herzen schreibe. Ich werde ihr Gott und sie werden mein Volk sein. ¹¹Niemand wird seinen Nachbarn belehren oder seinem Bruder sagen: ›Du verstehst nichts von Gott!‹ Denn sie alle werden mich kennen, vom Geringsten bis zum Mächtigsten. ¹²Ich will barmherzig mit ihnen umgehen trotz ihres Unrechts und will ihnen ihre Verfehlungen nicht anrechnen.« ¹³Indem Gott sagt »eine neue Ordnung«, erklärt er die bisherige für veraltet. Was aber alt und verbraucht ist, ist seinem Ende nahe.

Der Tod des Christus: die Erfüllung priesterlichen Dienstes

9 ¹Es hatten freilich auch jene ältere Ordnung und der irdische Tempel ihren gottesdienstlichen Sinn und ihre Bedeutung. ²Denn da war der große Vorraum, in dem die Leuchter und der Tisch mit den aufgelegten Schaubroten standen, den man das »Heilige« nennt. ³Hinter dem zweiten Vorhang aber kam der innere Raum, der Raum Gottes, das »Allerheiligste«. ⁴Dort standen die goldene Räucherpfanne und die Truhe, die die »Lade des Bundes« heißt. Die ist von außen auf allen Seiten mit Gold überzogen, innen aber barg sie einen goldenen Krug mit »Manna«, den Stab Aarons, der Blätter getrieben hatte, und die beiden Tafeln, auf denen die Zehn Gebote standen. ⁵Über der Truhe standen die Cheruben, die Gottes Herrlichkeit zeigen und den Thronsitz der göttlichen Macht überschatten sollten. Von all dem muss jetzt nicht im einzelnen gesprochen werden.

⁶So ist es alles geordnet und hat alles seinen Sinn. In den vorderen, äußeren Raum gehen die Priester das ganze Jahr hindurch und feiern ihren Gottesdienst, ⁷den inneren Raum dagegen betritt einzig der Hohepriester einmal des Jahres und bringt Blut hinein, das er für seine eigenen Verfehlungen und die des Volks opfert. ⁸In all dem zeigt uns der heilige Geist, dass es für die Menschen noch keinen freien Zutritt zu Gottes Nähe gibt, solange der Bau des alten Heiligtums steht. ⁹Das gilt für diese ganze gegenwärtige Zeit, in der man zwar Gottesdienste feiert und Gaben und Opfer darbringt, aber mit all dem nicht erreicht, dass der Mensch, der hier Gott dient, dadurch in Gottes Augen richtig und vollkommen wird. ¹⁰Denn es geht ja immer nur um Brote, Getränke oder Waschungen, um heilige Handlungen an irdischen Gegenständen. Es ist ja alles nur geordnet nach einer vorläufigen Vorschrift, die bis zu der Zeit gilt, in der Christus den wahren Gottesdienst feiern wird.

¹¹Christus aber ist als ein Priester höchster Würde zu Gott gekommen, ein Priester, der uns die kommende Herrlichkeit vermittelt. Er hat das größere und vollkommenere Heiligtum durchschritten, das nicht von Menschenhänden gebaut ist und nicht zu dieser Welt gehört. ¹²Er hat den Raum Gottes mit seinem eigenen Blut betreten und nicht mit dem von Böcken oder Kälbern, und hat unsere Schuld für ewig getilgt. ¹³Wenn doch schon das Blut von Böcken oder Stieren, wenn schon das Wasser, das die Asche einer Kuh enthält, die Unheiligen zu weihen und sie äußerlich heilig zu machen vermag, einfach dadurch, dass man es versprengt, ¹⁴wie viel mehr wird das Blut des Christus, der sich selbst als untadeli-

ges Opfer Gott dargebracht hat, durch den ewigen Geist Priester und Opfer zugleich, unser Gewissen reinigen, uns frei machen von allem sinnlosen religiösen Tun und uns befähigen, dem lebendigen Gott zu dienen.

[15]Darum kommt durch Christus der neue Bund zustande, das neue Testament, weil uns ein ewiges Erbe zukommen sollte, uns, die er zu Empfängern eingesetzt hat. Die Verschuldung aber, die uns aufgrund jener alten Ordnung belastete, sollte er tilgen, und es sollte alles durch seinen Tod in Kraft treten. [16]Denn wo ein Testament wirksam werden soll, da muss zuerst der Tod dessen nachgewiesen werden, der das Testament verfügte. [17]Ein Testament wird rechtskräftig durch den Tod, es hat keine Kraft, solange sein Urheber lebt. [18]So wurde auch der erste Bund, der zwischen Gott und dem alten jüdischen Volk bestand, durch das Opfer eines Lebens, durch Blut, geweiht. [19]Damals sprach Mose dem ganzen Volk jedes Gebot aus dem Gesetz vor, danach nahm er das mit Wasser verrührte Blut der Kälber und Böcke, tränkte rote Wolle damit, die er auf ein Ysoprohr steckte, und besprengte das Buch und das ganze Volk damit und sprach: [20]»Das ist das Blut, das den Bund weiht, den Gott mit uns geschlossen hat.« [21]So besprengte er auch das heilige Zelt und alle gottesdienstlichen Geräte in gleicher Weise mit Blut. [22]Das Gesetz schreibt vor, dass fast alles mit Blut zu weihen sei, und es gibt nach ihm keine Befreiung von Schuld ohne die Hingabe von Blut.

[23]Es geschah so, weil Gott es wollte. Die irdischen Abbilder des himmlischen Heiligtums wurden mit diesen Mitteln geweiht. Aber das himmlische Heiligtum selbst erfordert größere Opfer. [24]Denn das Heiligtum, das Christus betrat, ist nicht ein mit Händen gemachter irdischer Bau, nicht nur ein Abbild des wirklichen Gotteshauses, sondern der Himmel selbst. In ihm tritt er nun vor Gott als Mittler für uns auf. [25]Er wird sich dort nicht wieder und wieder opfern, so dass sein Tun dem des irdischen Priesters vergleichbar wäre, der Jahr um Jahr mit fremdem Blut in das Heiligtum eintritt, [26]sonst hätte er seit dem Anfang der Welt oft und oft leiden müssen. Vielmehr ist er jetzt, am Ende der Zeiten, einmal erschienen, um die Schuld, die die Menschheit Gott gegenüber auf sich geladen hat, zu sühnen, und zwar dadurch, dass er sich selbst opferte. [27]Es ist dem Menschen ja bestimmt, einmal zu sterben und danach vor das Gericht Gottes zu treten, [28]so ist auch Christus einmal geopfert, um die Verfehlungen der Menschheit mit in den Tod zu nehmen; wenn er aber wiederkommen wird, wird es nicht der Sünde wegen geschehen, sondern um denen zu erscheinen, die auf ihn warten, und um ihnen das Heil zu bringen.

10 ¹Da das Gesetz sich nur auf den irdischen Schatten der künftigen Geschehnisse bezieht, nicht aber auf ihr wirkliches himmlisches Wesen, kann es die Menschen, die an den Gottesdiensten teilnehmen, niemals auf die Dauer vollkommen machen, auch nicht, wenn man Jahr um Jahr dieselben Opfer bringt. ²Man hätte doch gewiss aufgehört zu opfern, wenn die Teilnehmer der Gottesdienste ein einziges Mal endgültig heilig und rein geworden wären und gewusst hätten, dass sie wirklich frei seien von ihrer Sünde. ³Aber gerade sie werden alle Jahre neu an ihre Schuld erinnert. ⁴Es ist ja auch unmöglich, dass das Blut von Stieren und Böcken Freiheit von Schuld verschafft. ⁵Deshalb spricht Christus zum Vater, ehe er als Mensch in die Welt eintritt: »Opfer und Gaben hast du nicht gewollt. Einen Menschenleib aber hast du mir bereitet! ⁶Brandopfer und Sühnopfer gefallen dir nicht. ⁷Und so sprach ich: ›Ja, ich komme! Deinen Willen, o Gott, will ich erfüllen, wie in der Rolle des Buchs über mich geschrieben ist!‹«

⁸Zuerst sagt er: »Opfer und Gaben, Brandopfer und Sühnopfer hast du nicht gewollt, sie gefielen dir nicht«, obwohl doch diese Opfer nach der Vorschrift des Gesetzes dargebracht werden! ⁹Dann sagt er: »Ja, ich komme, deinen Willen zu erfüllen.« Er hebt also die alte Ordnung auf und setzt die neue in Kraft. ¹⁰Dadurch, dass er den Willen Gottes erfüllt hat, stehen wir nun rein und heilig vor Gott dadurch, dass Jesus Christus seinen Menschenleib ein für allemal als Opfer hingegeben hat. ¹¹Von jedem Priester fordert sein Amt, dass er täglich seinen Gottesdienst feiert und dieselben Opfer immer und immer wieder darbringt, die doch niemals Freiheit von Schuld verschaffen können. ¹²Christus aber hat ein einziges Opfer dargebracht, um die Schuld der Menschen zu sühnen, und hat sich nun als Fürsprecher zur Rechten Gottes gesetzt. ¹³Nur eins steht noch aus, dass ihm nämlich »seine Feinde wie ein Schemel unter die Füße gelegt werden«. ¹⁴Durch ein einziges Opfer hat er für alle Ewigkeit diejenigen vollkommen gemacht, die sich zu seinem Opfer bekennen. ¹⁵Das bekräftigt uns auch der heilige Geist. Denn nachdem Gott zunächst gesagt hatte: ¹⁶»Das ist die neue Ordnung, die in späteren Tagen zwischen ihnen und mir gelten soll«, sagt er: »Ich will mein Gesetz in ihr Herz senken und es in ihren Sinn schreiben ¹⁷und will ihnen ihre Verfehlungen und Ungerechtigkeiten nicht länger anrechnen.« ¹⁸Wo aber Gott den Menschen ihre Schuld vergibt, da ist sie vergeben, und niemand braucht mehr ein Opfer zu bringen, um sie zu sühnen.

Geduld über eine kurze Frist

¹⁹So erlaubt uns nun Gott, ihr Brüder, in das ewige Heiligtum einzutreten. Christus hat sich für uns hingegeben und ist für uns gestorben. ²⁰Er ist unser Eingang, unser neuer, lebendiger Weg zu Gott. Er zog den Vorhang, der uns die Nähe des heiligen Gottes verbarg, zur Seite. Sein eigenes leibliches Menschenwesen hat er beseitigt. Er hat es gleichsam wie einen Vorhang zur Seite gezogen. ²¹Nun haben wir einen Hohepriester, der dem Haus Gottes vorsteht. ²²So lasst uns ihm mit wahrhaftigem Herzen nahen und mit festem Glauben, mit geweihter Seele, frei von aller Gewissenslast, und rein auch am Leibe, wie mit reinem Wasser gewaschen. ²³Wir wollen das Bekenntnis festhalten zu dem Herrn, dem wir entgegenwarten, und nicht wanken, denn der uns jene Zukunft vor Augen gestellt hat, ist verlässlich. ²⁴Lasst uns aufeinander achten und einander ermuntern, Liebe zu zeigen und Gutes zu tun. ²⁵Wir wollen auch unsere Versammlungen nicht verlassen, wie es immer wieder einige tun, sondern einander festhalten, um so mehr, als ihr ja seht, dass der große Tag näher rückt. ²⁶Wenn wir nämlich mutwillig den Willen Gottes missachten, nachdem wir einmal die Wahrheit erkannt haben, bleibt uns kein Opfer mehr, auf das wir uns berufen und sagen könnten: »Hier sind unsere Sünden gesühnt!« ²⁷Es bleibt nur noch die furchtbare Aussicht auf das Gericht. Es bleibt nur, auf den Gott zu warten, der mit seinem glühenden Widerwillen gegen alles Böse diejenigen unerbittlich treffen wird, die ihm widerstreben. ²⁸Wer das Gesetz des Mose bricht, stirbt ohne Gnade, wenn zwei oder drei Zeugen gegen ihn aussagen. ²⁹Eine wie viel schrecklichere Strafe wird wohl der verdienen, der den Sohn Gottes mit Füßen tritt und sein Opfer missachtet, das uns mit Gott verbunden hat und durch das er selbst Zutritt zu Gott empfing? Schmäht er nicht den heiligen Geist, der unser Herz mit Gottes Gnade erfüllt hat? ³⁰Wir kennen doch den, der gesagt hat: »Mein ist die Rache! Ich will vergelten!«, oder: »Der Herr wird über sein Volk das Urteil sprechen.« ³¹Furchtbar ist es, in die Hände des lebendigen Gottes zu fallen!

³²Erinnert euch an jene erste Zeit, nachdem ihr eben Christen geworden wart! Schwer hattet ihr unter Verfolgungen zu leiden, ³³teils so, dass ihr selbst unter Beschimpfungen und Bedrängnissen anderen Leuten zu einem Schauspiel wurdet, teils so, dass ihr euch zu denen bekanntet, denen es so erging. ³⁴Ihr trugt das Elend der Gefangenen mit, ihr nahmt den Raub eurer Güter mit fröhlichem Herzen hin, denn ihr

wusstet, dass ein größerer, bleibender Besitz euer wartet. ³⁵Werft nun eure Zuversicht nicht weg, denn sie wird wunderbar belohnt werden. ³⁶Was nötig ist, ist die Geduld. Ohne sie werden wir nicht erfüllen, was Gott von uns erwartet, und werden das versprochene Gut nicht gewinnen. ³⁷Denn das steht fest: »Noch eine ganz kurze Zeit, dann wird der kommen, dem die Zukunft gehört, und wird nicht säumen. ³⁸Wer als Gerechter auf meiner Seite steht, wird um seines Glaubens willen am Leben bleiben. Wenn er aber weicht, werde ich keinen Gefallen an ihm haben.« ³⁹In der Tat: wir gehören nicht zu denen, die weichen und verloren gehen, sondern zu denen, die den Glauben festhalten und am Leben bleiben.

Der lange Atem des Glaubens

11 ¹Glaube besteht darin, dass das gegenwärtige Leben durch die Hoffnung auf Künftiges bestimmt ist, das Künftige aber beweist selbst, was man nicht sieht. ²Weil sie so glaubten, werden die Alten in der heiligen Schrift als Vorbilder dargestellt. ³Weil wir so glauben, erkennen wir, dass die Welten durch Gottes Wort geschaffen wurden, dass das Sichtbare aus dem Unsichtbaren hervorging. ⁴Weil er so glaubte, war das Opfer, das Abel Gott darbrachte, besser als das des Kain. Weil er glaubte, wird von ihm gesagt, er habe Gott gefallen. Gott sagte ja zu ihm und nahm sein Opfer an. Weil er glaubte, redet er bis heute zu uns, obwohl er längst tot ist. ⁵Weil er so glaubte, wurde Henoch ins Unsichtbare zu Gott entrückt, so dass er nicht zu sterben brauchte und man seinen Leib nicht mehr fand. Gott nahm ihn zu sich. Ehe er aus der Welt entrückt wurde, bestätigte ihm Gott, er habe Freude an ihm. ⁶Wer nicht glauben will, kann mit Gott nicht im Einklang sein, denn wer zu Gott gelangen will, muss glauben, dass er da ist und dass er denen lohnen wird, die ihn suchen. ⁷Weil er so glaubte, nahm Noach die Ankündigung dessen, was er nicht sehen konnte, ernst. Weil er sich dem Wort von Gott anvertraute, konnte er für die Seinen eine Arche bauen, die ihn rettete. Indem er so glaubte, sprach er der Welt das Urteil, sie sei böse und verloren, und bekam das Erbe zugesprochen, das Gott für die bereithält, die gerecht sind aufgrund ihres Glaubens. ⁸In solchem Glauben empfing Abraham den Ruf Gottes, er solle in ein Land auswandern, das sein eigen würde, und gehorchte ihm. Er zog aus und wusste nicht, wohin er kommen werde. ⁹Weil ihm der Glaube

genug war, lebte er in dem versprochenen Land wie ein durchreisender Fremdling. In Zelten wohnte er mit Isaak und Jakob, denen gleich ihm das Versprechen Gottes galt. ¹⁰Denn er wartete auf die feste, gegründete Stadt, deren Bild und Bau Gott selbst entworfen hatte. ¹¹Aufgrund eines solchen Glaubens empfing Sara die Kraft, schwanger zu werden, obwohl sie zu alt war. Sie verließ sich auf Gott, der ihr das Kind versprochen hatte. ¹²So stammt das ganze jüdische Volk von dem einen ab, der doch eigentlich kein Kind mehr zeugen konnte, und seine Nachkommenschaft ist so zahlreich wie die Sterne am Himmel und wie der Sand am Ufer des Meeres, den niemand zählen kann.

¹³In diesem Glauben gingen sie alle in den Tod, ohne jene bleibende, von Gott gebaute Stadt betreten zu haben. Sie sahen sie aber aus der Ferne und grüßten sie und bekannten von sich selbst, sie seien Fremdlinge und Gäste auf dieser Erde. ¹⁴Wenn sie das sagen, geben sie zu verstehen, dass sie ihre Heimat erst suchen. ¹⁵Hätten sie dabei die Heimat im Sinne gehabt, die sie verlassen hatten, dann hätten sie ja Gelegenheit gehabt umzukehren. ¹⁶Nun aber sehnen sie sich nach einer besseren Heimat: einer Heimat bei Gott. Darum bekennt sich Gott zu ihnen und sagt: »Ich bin ihr Gott!« Denn die Stadt, in der sie zu Hause sein werden, ist bereits von ihm errichtet.

¹⁷Weil er glaubte, opferte Abraham den Isaak, als Gott ihn auf die Probe stellte, und gab den Erstgeborenen hin, nachdem er doch das Versprechen erhalten hatte: ¹⁸»Isaak ist der Sohn, von dem deine Nachkommen abstammen werden.« ¹⁹Er war überzeugt, dass Gott die Macht habe, ihn aus dem Tode wieder zu erwecken. So empfing er ihn auch wirklich zurück als ein Gleichnis der Auferstehung. ²⁰Weil er an die Erfüllung jenes Versprechens in der Zukunft glaubte, segnete Isaak Jakob und Esau. ²¹Weil er glaubte, segnete Jakob vor seinem Tode alle seine Söhne und neigte sich über die Spitze seines Stabes. ²²Weil er glaubte, redete Josef vor seinem Tode über den Auszug des Volkes Israel und ordnete an, was man mit seinen Gebeinen tun solle. ²³Weil seine Eltern glaubten, verbargen sie Mose nach seiner Geburt drei Monate lang. Sie sahen, dass es ein schönes Kind war, und fürchteten sich nicht vor dem Befehl des Königs. ²⁴Weil er glaubte, lehnte Mose, als er erwachsen war, es ab, als Sohn der Prinzessin zu gelten, ²⁵und wollte lieber mit dem Volk Gottes leiden, als ein gottloses und sorgloses Leben führen, das doch nur auf den Augenblick gerichtet war. ²⁶Er hielt die Verachtung, die Christus erlitt, für größeren Reichtum als die Schätze Ägyptens, denn er sah über dieses Leben hinaus auf den Lohn, den er von

Gott zu empfangen hoffte. ²⁷Weil er so glaubte, verließ er Ägypten, ohne sich vor dem Zorn des Königs zu fürchten, denn er hielt sich an den, den er nicht sah, als sähe er ihn. ²⁸Weil er glaubte, feierte er das Passa und versah die Türen mit dem Zeichen des Blutes, damit der Todesengel die erstgeborenen Kinder nicht anrühre. ²⁹Weil sie glaubten, durchschritten die Israeliten das Rote Meer, als wäre es trockenes Land. Die Ägypter wollten es nachtun – und ertranken! ³⁰Weil die Angreifer glaubten, fielen die Mauern Jerichos, nachdem sie sieben Tage umrundet worden waren. ³¹Weil sie glaubte, ging die Dirne Rahab nicht mit den Ungläubigen zugrunde, denn sie nahm die Kundschafter im Frieden bei sich auf.

³²Was soll ich noch sagen? Die Zeit würde mir fehlen, wenn ich von Gideon reden wollte, von Barak, Simson, Jiftach, David und Samuel oder von den Propheten. ³³Weil sie glaubten, zwangen sie Königreiche nieder. Weil sie glaubten, schufen sie gerechte Ordnungen unter den Menschen. Weil sie glaubten, erlangten sie, was Gott ihnen zugedacht hatte. Weil sie glaubten, stopften sie die Rachen von Löwen, ³⁴löschten das Wüten der Flammen, entrannen sie der Schneide des Schwerts. Weil sie glaubten, empfingen sie Kraft in der Schwachheit, wurden sie mächtig im Streit, legten sie die Reihen der Feinde nieder. ³⁵Frauen empfingen ihre Toten wieder, weil Gott sie lebendig machte. Andere ließen sich zu Tode foltern und suchten keine Erlösung von der Qual, weil sie das höhere Gut, die Auferstehung, erlangen wollten. ³⁶Andere erlitten den Spott und die Geißel, andere Fesseln und Kerker. ³⁷Sie wurden gesteinigt, zersägt oder mit dem Schwert gemordet, in Schaffellen und Ziegenhäuten gingen sie umher, arm, bedrängt und gepeinigt. ³⁸Dabei war die Welt nicht wert, sie zu tragen. In Wüsten irrten sie und auf Bergen, in Klüften und Höhlen der Erde. ³⁹Von ihnen allen bezeugt die Schrift, dass sie glaubten. Aber sie empfingen das versprochene Heil noch nicht, ⁴⁰denn etwas Besseres hatte Gott *uns* zugedacht, und er will, dass sie erst zusammen mit uns die Vollendung erlangen.

Auf Christus sehen und nicht müde werden

12 ¹Wenn nun eine solche Wolke von Zeugen um uns her ist, dann lasst uns alles ablegen, was uns belastet, auch die Sünde, die an uns hängt und uns hindert. Lasst uns den Lauf, der uns bestimmt ist, mit Zähigkeit durchhalten! ²Lasst uns nach vorn sehen auf Jesus, der den

Weg des Glaubens vorausging und der das Ziel erreichte. Er sah voraus auf die kommende Freude, nahm das Kreuz auf sich und ließ sich durch die Schande nicht irremachen. Nun hat er die Herrschaft über die Welt angetreten an der Seite Gottes. ³Habt ihn vor Augen, der so viel Hass von böswilligen Menschen erlitten hat, dann werdet ihr nicht müde werden und in eurem Mut nicht nachlassen. ⁴Ihr habt dem bösen, eigensüchtigen Drang in euch selbst noch nicht bis aufs Blut widerstanden ⁵und habt den Trost vergessen, der in jenem Wort liegt, das von euch als von Söhnen spricht: »Mein Sohn, nimm die Zucht ernst, in die Gott dich nimmt, und verliere nicht den Mut, wenn er dich straft. ⁶Wen Gott lieb hat, den fasst er hart an, und er schlägt jeden Sohn, den er annimmt.« ⁷Zu eurer Erziehung dient es, wenn ihr zu leiden habt. Wie mit Söhnen geht Gott mit euch um, denn wo ist ein Sohn, den sein Vater nicht erzieht? ⁸Wenn ihr nicht erzogen würdet, wie es allen geschieht, wäret ihr Bastarde und nicht Söhne. ⁹Unsere leiblichen Väter hatten wir zu Erziehern, und wir fürchteten sie. Wie viel mehr sind wir unserem geistlichen Vater Gehorsam schuldig! Wie viel mehr hängt unser Leben von ihm ab! ¹⁰Jene irdischen Väter haben uns eine Zeit lang erzogen, wie sie es eben für richtig hielten. Er aber tut es, weil er weiß, was uns zuträglich ist, und weil er will, dass wir an seinem heiligen Wesen Anteil bekommen. ¹¹Für den Augenblick macht es keine Freude, erzogen zu werden, es wird vielmehr als Last empfunden. Auf lange Sicht dagegen bringt diese Erziehung denen, die durch sie geübt sind, eine Frucht, die ihnen Frieden gibt: nämlich den Einklang mit Gott.

¹²Darum strafft die lässigen Hände und die wankenden Knie, ¹³geht gerade Wege mit euren Füßen, damit, was lahm ist, sich nicht auch noch verrenkt, sondern wieder zu Kräften kommt. ¹⁴Bemüht euch um Frieden mit jedermann. Bemüht euch, euer Leben immer eindeutiger von eurem Glauben aus zu gestalten. Anders kann niemand den Herrn sehen! ¹⁵Achtet darauf, dass nicht jemand den Zeitpunkt versäumt, zu dem Gott das Geschenk des Lebens für ihn bereithält. Achtet darauf, dass nicht der Hass gegen Gott in eurer Gemeinschaft sich erhebt und viele zur Gottlosigkeit verleitet werden. ¹⁶Sorgt dafür, dass niemand durch seine Untaten stumpf wird gegen Gott wie Esau, der für ~ine einzige Mahlzeit sein Erbrecht verkaufte. ¹⁷Ihr wisst ja, dass er später abgewiesen wurde, als er sich um den Segen bemühte. Er fand keinen Rückweg zum Glauben, obwohl er die Umkehr mit Tränen suchte.

¹⁸Ihr seid ja nicht zu jenem Berg hinzugetreten, den man betasten kann, ihr habt Gott nicht unter den Zeichen von Feuerglut, Finsternis,

Nacht und Sturm kennen gelernt. ¹⁹Ihr habt seine Stimme nicht unter dem Schall von dröhnenden Posaunen gehört. Die Damaligen hörten ihn so und weigerten sich, bei dieser Rede Gottes länger auszuhalten. ²⁰Sie ertrugen die Härte nicht, mit der Gott befohlen hatte: »Wenn jemand, und sei es nur ein Tier, den Berg berührt, soll er gesteinigt werden.« ²¹So furchtbar war die Erscheinung Gottes, dass Mose bekannte: »Ich fürchte mich und zittere.« ²²Ihr aber steht vor dem anderen Berg Gottes, dem Zion, vor der heiligen Stadt, in die der lebendige Gott euch einlassen will, dem himmlischen Jerusalem. Ihr steht vor dem Walten der unzähligen Engel, ²³ihr habt die festliche Gemeinschaft, die Versammlung der erwählten Kinder Gottes, denen die herrliche Welt Gottes bestimmt ist, vor Augen. Ihr seht den, der euch Recht schafft, ihr seht die vollendeten Gerechten. ²⁴Ihr seid zu Jesus gekommen, der den neuen Bund zwischen Gott und euch gestiftet hat. Ihr dürft euch auf sein Leiden berufen, mit dem er euch rein gemacht hat, auf seinen Tod, der stärker von eurem Heil redet als das Blut Abels vom Verbrechen des Kain.

²⁵Gebt Acht, dass ihr den nicht abweist, der so zu euch spricht. Wenn schon jene ihrer Strafe nicht entgingen, wenn sie den abwiesen, der auf der Erde Gottes Willen bekannt machte, wie viel weniger können wir unserer Strafe entgehen, wenn wir den verwerfen, der vom Himmel kommt. ²⁶Damals erschütterte seine Stimme die Erde, in unseren Tagen aber hat er angekündigt: »Noch einmal will ich alles erschüttern, nicht nur die Erde, sondern auch den Himmel.« ²⁷Dieses »Noch einmal« zeigt an, dass die ganze geschaffene Welt durch jene Erschütterung verwandelt werden und nur das Unerschütterliche fest bleiben soll. ²⁸Nun haben wir ein Reich vor uns, an das keine Erschütterung reicht, und wollen Gott Dank sagen! Das ist die Art, Gott zu dienen, die ihm gefällt. Mit Scheu wollen wir ihm gehorchen und mit Furcht, ²⁹denn unser Gott ist ein verzehrendes Feuer.

Sorgfältig bleiben in kleinen Dingen

13 ¹Die brüderliche Liebe soll fest bleiben. ²Vergesst nicht, gastfrei zu sein. Auf diese Weise haben manche, ohne es zu wissen, Engel beherbergt. ³Denkt an die Gefangenen, als wäret ihr selbst Gefangene. Denkt an die Misshandelten und bedenkt, dass ihr selbst noch verletzlich seid. ⁴Die Ehe soll bei euch allen in Ehren gehalten und die eheliche Gemeinschaft treu bewahrt werden. Die Zuchtlosen und die Ehebrecher wird Gott richten. ⁵Haltet euch frei von der Gier nach Geld und seid zufrieden mit dem, was ihr habt. Er selbst hat ja gesagt: »Ich will dich nicht verlassen, ich will für dich sorgen.« ⁶So können wir guten Mutes sprechen: »Der Herr ist mein Helfer, ich will mich nicht fürchten. Was soll mir ein Mensch tun?« ⁷Denkt an die Leiter eurer Gemeinden, die euch die Botschaft von Gott gesagt haben! Betrachtet, in welchem Geist sie in den Tod gegangen sind, und nehmt ihren Glauben zum Vorbild.

⁸Jesus Christus war gestern, er ist heute derselbe und waltet auch in Ewigkeit. ⁹Lasst euch nicht durch irgendwelche anderen, fremden Lehren von ihm abbringen, denn es ist ein kostbares Geschenk, dass das Herz fest wird durch die Freundlichkeit Gottes. Meint nicht, dazu sei der alte Opfergottesdienst nötig. Die ihn feierten, hatten keinen Nutzen von ihm. ¹⁰Denn wir haben einen Altar, von dem sie alle nicht essen können, die jene Gottesdienste feiern. ¹¹Wenn der Hohepriester das Blut von Tieren ins Heiligtum gebracht hat, um die Schuld des Volks zu sühnen, dann werden die Kadaver derselben Tiere außerhalb des Lagers verbrannt. ¹²So hat auch Jesus draußen vor dem Tor gelitten, er, der das Volk mit dem heiligen Gott verbunden hat, indem er sein Blut vergoss. ¹³Lasst uns also auf die Ehre verzichten, die den Menschen so wichtig ist, und die so genannte »geordnete Gesellschaft« verlassen, und lasst uns draußen dieselbe Verachtung tragen, die er trug. ¹⁴Denn wir haben hier keinen bleibenden Wohnsitz, wir suchen aber die zukünftige Stadt.

¹⁵Auf die Weise wollen wir Gott unser Opfer bringen, dass wir seinen Weg gehen und, was auch geschehe, ihn rühmen. Frucht wollen wir ihm opfern: unser Bekenntnis zu ihm. ¹⁶Vergesst nicht, wohlzutun und Gemeinschaft zu halten. Das sind Opfer nach dem Herzen Gottes. ¹⁷Fügt euch den Leitern eurer Gemeinden und gehorcht ihnen, denn sie sind Wächter für eure Seelen und müssen am Ende Rechenschaft geben, ob sie euch haben bewahren können. Sie sollen mit Freude über euch wachen können und nicht mit Seufzen; es wäre nicht gut für euch.

¹⁸Betet für uns! Wir sind gewiss, dass wir vor Gott bestehen können, denn in allen Dingen bemühen wir uns, so zu leben, wie er es will. ¹⁹Ich bitte euch um so mehr, dass ihr für uns betet, weil ich euch recht schnell wieder sehen möchte. Betet, dass Gott mich euch schenken möge! ²⁰Der Gott, der Frieden gibt, rüste euch aus. Er hat den großen Hirten seiner Kirche aus dem Tode lebendig gemacht, Jesus, unseren

Herrn. Er hat das Opfer angenommen, auf das wir uns nun in Ewigkeit berufen dürfen. ²¹Er rüste euch mit allen guten Kräften aus, die ihr braucht, seinen Willen zu erfüllen. Er wirke in euch, was ihm selbst gefällt. Ihm, Jesus Christus, sei die Ehre in Ewigkeit, ja in alle Ewigkeiten!

²²Ich bitte euch, Brüder, lasst euch dieses ermahnende Wort gefallen, ich habe euch ja nur kurz schreiben können. ²³Unser Bruder Timotheus, das sollt ihr wissen, ist wieder frei. Wenn er recht bald kommt, will ich euch mit ihm zusammen besuchen. ²⁴Grüßt alle Leiter eurer Gemeinden und alle Christen, die von Gott Geheiligten. Die aus Italien grüßen euch. ²⁵Die Gnade sei mit euch allen!

DER BRIEF DES JAKOBUS

1 ¹Jakobus, ein Knecht Gottes und des Herrn Jesus Christus, grüßt die zwölf Stämme des heiligen Volks, die über die Welt hin in der Zerstreuung leben.

Festigkeit

²Freut euch, meine Brüder, wenn ihr immer wieder euren Glauben bewähren müsst, weil er angefochten ist. ³Ihr wisst, dass die Echtheit eures Glaubens Geduld bewirkt. ⁴Aus dieser Geduld muss ein Leben folgen, das aufs Ganze geht, denn ihr sollt vollkommen sein, Menschen aus einem Stück, und an nichts soll es euch fehlen. ⁵Wenn jemand unter euch nicht weiß, was er tun soll, so bitte er Gott um Einsicht, und Gott wird sie ihm geben. Denn er gibt sie gerne und ohne die Unwissenheit zu beschämen. ⁶Er spreche seine Bitte in festem Vertrauen aus, ohne zu fragen, ob Gott wohl geben könne, was er bittet. Denn wer zweifelt, ist wie eine Welle im Meer, vom Wind bewegt und dahingetrieben. ⁷Wer zweifelt, soll nicht meinen, Gott müsse ihn beschenken. ⁸Er ist ein gespaltener Mensch und hat keinen klaren, geraden Weg, sondern wird dahin und dorthin getrieben.

⁹Der Bruder, der in geringen Verhältnissen lebt, freue sich, dass er bei Gott viel gilt. ¹⁰Der Reiche sei sich seiner Niedrigkeit bewusst, denn wie die Blume, die im Gras wächst, wird er vergehen. ¹¹Da geht die Sonne auf mit ihrer Glut und versengt das Gras, die Blume fällt ab, und ihre Lieblichkeit ist dahin. So wird der Reiche mitten in seinen Unternehmungen hinschwinden.

¹²Selig der Mann, dessen Glaube Festigkeit bewährt, wenn die Welt und sein eigenes Herz ihm zu beweisen suchen, er täusche sich in seinem Vertrauen zu Gott. Er wird den Kranz des Siegers empfangen, das ewige Leben, das Gott denen versprochen hat, die ihn lieben. ¹³Niemand sage, der Glaube werde durch Gott gefährdet, denn Gott selbst gerät nicht in die Gefahr, Böses zu tun, und er selbst gefährdet niemanden. ¹⁴Die Gefahr, die dem Glauben droht, kommt aus dem eigenen Herzen jedes einzelnen! Das hält ihm alle die lockenden Ziele dieses

Lebens vor und will ihn damit ködern. ¹⁵Wenn dann die Gier sich den vielen herrlichen Genüssen hingegeben hat, bringt sie ihr Kind zur Welt: die böse Tat. Die wächst und wird groß, und wenn sie ausgewachsen ist, gebiert sie wiederum ihr Kind: den Tod. ¹⁶Täuscht euch nicht, meine lieben Brüder.

¹⁷Jede gute Gabe und jedes vollkommene Geschenk ist von oben! Sie kommen von dem Vater, der die Sterne geschaffen hat, der aber selbst unveränderlich feststeht und nicht hell oder dunkel ist je nachdem, wie der Himmel sich bewegt. ¹⁸Aus freiem Willen hat er zu uns gesprochen und uns gesagt, wer er ist und was er tun will. So sind wir neue Menschen geworden: seine Kinder! Denn er wollte uns den höchsten Rang geben unter allen seinen Geschöpfen. ¹⁹Ihr wisst das wohl, liebe Brüder. Darum muss unser erster Wunsch sein zu hören, und wir sollten uns Zeit lassen, wenn wir selbst reden oder gar im Zorn etwas tun wollen. ²⁰Denn der Zorn eines Menschen tut nicht, was in Gottes Augen recht ist. ²¹Darum legt alle Unsauberkeit ab und alle Bosheit und nehmt mit stillem Herzen das Wort auf, das Gott in euch einpflanzt. Wenn es aufwächst, kann es euch ewiges Leben bringen.

Tat

²²Werdet Täter! Tut und wirkt, was das Wort will, und hört es nicht nur an! Ihr betrügt euch selbst damit. ²³Denn wer das Wort hört, aber nicht tut, der ist wie ein Mensch, der sein leibliches Bild im Spiegel betrachtet. ²⁴Er beschaut sich selbst, geht weg und vergisst sogleich, wie er aussah. ²⁵Wer sich aber dem Willen Gottes hingibt und ihn verwirklicht, wird merken, dass er nicht ein vergesslicher Hörer ist, sondern ein Täter, der durch seine Tat selig ist. ²⁶Wenn jemand meint, er sei ein religiöser Mensch, kann aber seine Zunge nicht im Zaum halten und betrügt sein eigenes Herz über seinen wirklichen Zustand, dann ist seine Frömmigkeit wertlos.

²⁷Eine gute und klare Art von Frömmigkeit Gott, dem Vater, gegenüber ist die, Waisen und Witwen in ihrem Elend zu besuchen und sich an dem unreinen Treiben der Menschen nicht zu beteiligen.

2 ¹Meine Brüder, hütet euch vor der Meinung, der Glaube an Jesus Christus, den Herrscher der Welt, lasse sich mit den Maßstäben verbinden, die unter uns Menschen gelten. ²Da kommt etwa ein vor-

nehm gekleideter Mann, mit Ringen geschmückt, in eure Versammlung, daneben kommt ein Armer in einem abgenützten Kleid. ³Nun bemüht ihr euch um den Gutgekleideten und sagt zu ihm: »Hier ist noch ein bequemer Platz für dich!« Zu dem Armen hingegen sagt ihr: »Du kannst dort stehen bleiben! Oder: Setz dich auf den Fußboden!« ⁴Ist das in Ordnung? Sagt euch nicht euer eigenes Gewissen, dass ihr da in einen Widerspruch geraten seid und eure Maßstäbe eurem Glauben entgegengesetzt sind? ⁵Hört zu, liebe Brüder! Gott hat, das wisst ihr, die Armen erwählt. Hat er ihnen nicht den Glauben geschenkt? Hat er ihnen nicht sein Reich zugedacht? Ist es nicht der einzige Maßstab, den Gott bei denen anlegt, die er in sein Reich führen will, ob sie ihn lieben? ⁶Ihr aber habt den Armen eure Geringschätzung gezeigt. Sind es nicht die Reichen, die euch vergewaltigen? Sind nicht sie es, die euch vor die Gerichte schleppen? ⁷Sind nicht sie es, die Jesus Christus verspotten, auf den ihr getauft seid? ⁸Wenn ihr das Gesetz erfüllt, dann ist, was ihr tut, in Ordnung. Denn dieses Gesetz gab der, der ein König über die Welt ist, und er hat gesagt: »Liebe deinen Mitmenschen wie dich selbst!« In der Schrift steht es. ⁹Wenn ihr aber die Menschen nach ihren Vorzügen in Klassen einteilt, tut ihr Unrecht, und das Gesetz sagt klar, was ihr seid: nämlich Übertreter.

¹⁰Denn wenn einer das ganze Gesetz einhält, aber eine einzelne Vorschrift übertritt, hat er sich am Sinn des ganzen Gesetzes vergangen. ¹¹Es ist doch einer und derselbe, der gesagt hat: »Du sollst nicht ehebrechen!«, und: »Du sollst nicht töten!« Wenn du nun zwar die Ehe nicht brichst, mordest aber, bist du nach dem Gesetz schuldig. ¹²Das Gesetz, das für euch gilt, macht euch zu freien Kindern eures Vaters. Nach ihm wird Gott euch richten. Was ihr nun redet oder tut, das lasst durch dieses Gesetz bestimmt sein. ¹³Wer kein Erbarmen kennt, wird ein erbarmungsloses Gericht über sich ergehen lassen müssen. Die Barmherzigkeit aber, die von uns ausging, wird im Gericht schwerer wiegen als alles, was gegen uns spricht.

¹⁴Was nützt es denn, meine Brüder, wenn jemand sagt, er glaube, dass es einen Gott gebe, sein tatsächliches Leben aber geschieht, als glaubte er es nicht? Kann ihm denn seine bloße Meinung das ewige Leben verschaffen? ¹⁵Wenn es da einem Bruder oder einer Schwester an Kleidung oder der nötigsten Nahrung fehlte, ¹⁶und es spräche einer von euch: »Geht nur hin und seid zufrieden, wärmt euch und sättigt euch!« – er gäbe ihnen aber nicht, was sie brauchen, was hätte das Gerede für einen Sinn? ¹⁷So ist es auch mit dem Glauben: wenn er sich nicht aus-

wirkt, ist er praktisch nicht da. ¹⁸Nun könnte einer kommen und sagen, er habe das Bessere, nämlich den Glauben, ich aber das Geringere, nämlich die bloße Tat. Aber zeige mir doch einmal deinen Glauben! Wo ist er denn, wenn er sich nicht sichtbar auswirkt? Ich will dir gerne an meiner Tat zeigen, dass sie nicht möglich gewesen wäre ohne den Glauben. ¹⁹Du glaubst, dass es den einen Gott gibt? Sehr schön! Das glauben die Teufel auch und zittern. ²⁰Willst du nicht einsehen, du törichter Mensch, dass ein Glaube, der keine greifbare Wirkung hat, wertlos ist? ²¹Kam Abraham, unser Vater, mit Gott nicht dadurch in Einklang, dass er etwas tat? Er legte ja Isaak, seinen Sohn, tatsächlich auf den Altar! ²²Daran kannst du sehen, dass der Glaube und die Tat zusammenkamen, und erst, weil Abraham bereit war, zu tun, was Gott forderte, wurde sein Glaube zu einem wirklichen Glauben! ²³Erst damit war das geschehen, wovon die Schrift spricht, wenn sie sagt: »Abraham glaubte Gott, und so hatte Gott Freude an ihm«, ja, Gott nannte ihn seinen »Freund«. ²⁴So seht ihr, dass der Mensch dadurch mit Gott ins Reine kommt, dass er Gott mit der Tat gehorcht, nicht einfach dadurch, dass er glaubt, es gebe einen Gott. ²⁵Ist nicht in ähnlichem Sinne die Dirne Rahab in Gottes Augen »richtig« gewesen durch das, was sie tat? Sie nahm ja die Boten tatsächlich bei sich auf und half ihnen, auf einem anderen Wege wieder wegzugehen. ²⁶Der Leib kann nicht leben, wenn er nicht mit dem Geist verbunden ist. Der Glaube ist tot, wenn er sich nicht in sichtbaren Taten bewährt.

Zucht

3 ¹Meine Brüder, drängt euch nicht allzu sehr danach, Prediger zu werden, und bedenkt, dass Gott uns nach um so schärferen Maßstäben richten wird. ²Wir sind ja in vielfacher Hinsicht fehlerhafte Menschen. Wenn jemand in seinem Wort ohne Fehler ist, dann ist er, wie er sein soll, und kann auch seinen ganzen Leib im Zaum halten. ³Den Pferden legen wir einen Zaum ins Maul, damit sie uns gehorchen, und so lenken wir ihren ganzen Körper. ⁴Die Schiffe, die so groß und so starken Winden ausgesetzt sind, werden durch ein kleines Steuerruder gelenkt, wohin der Steuermann sie führen will. ⁵So ist auch die Zunge ein kleines Glied und kann sich doch großer Wirkungen rühmen. Wie klein ist das Feuer und wie groß der Wald, den es in Brand setzt! ⁶Auch die Zunge ist ein Feuer, ja eine Welt von Unrecht. Sie lebt und wirkt mitten unter unseren übrigen

Gliedern und verdirbt den ganzen Leib. Von der Hölle ist sie entzündet und macht das Rad des ganzen Lebens zur Hölle. [7]Die ganze Natur zähmen wir. Die wilden Tiere, die Vögel, die Schlangen und die Seetiere werden von jeher durch den Menschen gebändigt. [8]Die Zunge aber vermag niemand zu bändigen, dieses ruhelose Übel voll tödlichen Gifts. [9]Mit ihr loben wir den Herrn und Vater, mit ihr fluchen wir den Menschen, die nach dem Bilde Gottes geschaffen sind: [10]aus demselben Munde kommen Segen und Fluch. Das sollte nicht sein, meine Brüder! [11]Gibt denn ein Brunnen aus demselben Loch süßes und bitteres Wasser? [12]Kann denn, meine Brüder, ein Feigenbaum Oliven tragen oder ein Weinstock Feigen? So kann auch keine Salzquelle süßes Wasser geben.

Weisheit

[13]Wer ist weise und klug unter euch? Der zeige es durch die Tat! Er zeige Wirkungen eines guten und erfreulichen Verhaltens, er zeige die Gelassenheit, die die Weisheit an sich hat. [14]Habt ihr aber bitteren Neid und Streit in eurem Herzen, dann behauptet nicht, ihr wäret weise! Ihr müsstet lügen und die Wirklichkeit fälschen. [15]Denn damit verfügt ihr nicht über die Weisheit, die von oben kommt, sondern vielleicht über irdische Wendigkeit, menschliche Gewandtheit oder gar teuflisches Geschick. [16]Wo man nämlich neidet und streitet, da herrschen Unordnung und jede Art von Schlechtigkeit. [17]Die Weisheit dagegen, die von oben kommt, ist zum ersten rein und klar, sie ist ferner auf Frieden bedacht, sie ist fähig, nachzugeben und sich einem fremden Willen zu fügen. Sie ist voll Erbarmen und reich an guten Wirkungen. Sie ist frei von Zweifel und kennt keine Verstellung. [18]Im Frieden aber sät man Gerechtigkeit, die gute Frucht, die denen zuwächst, die dem Frieden leben.

Abstand

4 [1]Woher kommen Streit und Hader unter euch? Kommen sie nicht daher, dass eure eigenen Triebe euch gegeneinander treiben? [2]Die Gier zerfrisst euch, und ihr habt doch nichts in der Hand. Ihr neidet und eifert und könnt doch nichts gewinnen. Ihr liegt ständig in Kampf und Streit und habt doch nichts, das euch befriedigen könnte, weil ihr nicht bittet. [3]Wenn ihr aber bittet, empfangt ihr doch nicht, weil euer Gebet nichts wert

ist. Ihr wollt ja, was ihr von Gott erbittet, doch wieder nur in eurer Gier nach Lust verzehren. ⁴Ihr Treulosen, wisst ihr nicht, dass Gottes Feind ist, wer sich anpasst an diese Welt? Wer ein Freund dieser Welt sein will, wird Gottes Feind sein. ⁵Oder meint ihr, die heilige Schrift mache leere Worte, wenn sie sagt: »Gottes Geist, der in uns wohnt, fordert ein ganzes Herz«? ⁶Um so größer freilich ist auch die Gnade, die er gibt. Denn er sagt: »Gott widersteht den Stolzen, denen aber, die sich nicht auf sich selbst verlassen, gibt er Gnade.« ⁷So unterwerft euch Gott! Widersteht dem Teufel und schafft Abstand, so wird er sich entfernen. ⁸Wendet euch Gott zu, und er wird euch nahe sein! Reinigt eure Hände, ihr Bösewichte, und schenkt eure Herzen Gott, ihr gespaltenen Menschen! ⁹Tragt Leid über euch selbst, trauert und weint! Euer Lachen wandle sich in Klage und eure Freude in Betroffenheit. ¹⁰Verzichtet vor Gott auf alle Beschönigung, so wird er euch zu sich erheben.

¹¹Redet nichts Böses übereinander, Brüder! Wer seinen Bruder schlecht macht oder sich zum Richter über seinen Bruder aufwirft, der macht die Ordnung schlecht, die Gott gegeben hat, und wirft sich zum Richter über sie auf. Wenn du dir aber die Freiheit herausnimmst, die Ordnung Gottes richtig oder falsch zu finden, lebst du nicht nach Gottes Ordnung, sondern erhebst dich über sie. ¹²Einer ist es, der die Ordnungen gab, nach denen wir leben sollen, und einer wird uns prüfen, ob wir nach ihnen lebten. Er kann uns das Leben schenken oder uns verdammen. Wer bist denn aber du, dass du über deinen Bruder zu Gericht sitzen willst?

¹³Nun ein Wort für euch, die sagen: »Heute oder morgen wollen wir in die und die Stadt gehen und wollen ein Jahr dort bleiben, Handel treiben und Geschäfte machen!« ¹⁴Wisst ihr denn, was morgen sein wird? Was ist denn euer Leben? Ein Dampf, der einen Augenblick lang ein Wölkchen bildet und danach verschwindet. ¹⁵Besser würdet ihr sagen: »Wenn der Herr will und wir leben, wollen wir dies oder jenes tun!« ¹⁶Statt dessen prahlt ihr mit euren übermütigen Plänen. Aber alles Großtun dieser Art ist verwerflich. ¹⁷Wenn jemand die Möglichkeit hat, Gutes zu tun, und es unterlässt, macht er sich schuldig vor Gott.

5 ¹Und nun ihr Reichen! Weint und klagt über das Elend, das euch erwartet! ²Euer Reichtum ist vermodert. Eure Gewänder sind von Motten zerfressen. ³Euer Gold und Silber ist verrostet, und der Rost wird beweisen, wie ihr an eurem Reichtum gehangen habt: Wie Feuer um sich frisst, wird er euch mit verzehren! Schätze habt ihr aufgehäuft kurz vor dem Ende aller Dinge. ⁴Der Lohn, um den ihr eure Erntear-

beiter betrogen habt, schreit zu Gott, und die Klagerufe der Schnitter sind dem Herrn der Welt zu Ohren gekommen. ⁵Ihr habt geschwelgt und geprasst auf der Erde und euch dabei doch nur auf den Schlachttag gemästet. ⁶Ihr habt dem Gerechten sein Recht und sein Leben genommen, und er konnte sich nicht wehren.

Geduld

⁷So habt nun einen langen Atem, Brüder, seid geduldig, bis der Herr kommt. Auch ein Bauer wartet ja auf die kostbare Frucht des Ackers und geduldet sich, bis der Herbst- oder Winterregen und der Sommerregen das Land getränkt haben. ⁸So habt Geduld und macht eure Herzen fest, denn der Herr kommt bald. ⁹Seid auch miteinander nicht ungeduldig, damit ihr euch nicht schuldig macht. Der Richter steht vor der Tür! ¹⁰Nehmt euch die Propheten zum Vorbild, Brüder, die im Auftrag Gottes geredet haben, und lernt von ihnen, das Leiden mit Geduld zu tragen. ¹¹Selig preisen wir, die unter dem Leiden aushielten! Die Geduld des Ijob kennt ihr, und ihr wisst, wie der Herr sein Leiden beendet hat, denn der Herr ist barmherzig und voll Mitleid. ¹²Vor allem, meine Brüder, schwört keinen Eid, ruft weder den Himmel noch die Erde als Zeugen an. Euer Ja sei ein Ja, euer Nein ein Nein, ihr macht euch sonst schuldig vor Gottes Gericht!

Gebet

¹³Wenn jemand zu leiden hat, soll er beten. Wenn jemand glücklich ist, singe er geistliche Lieder. ¹⁴Ist jemand krank, so rufe er die Leiter der Gemeinde. Die sollen über ihm beten, ihn mit Öl salben und dabei den Herrn anrufen. ¹⁵Das Gebet, das der Glaube vor Gott bringt, wird dem Kranken helfen. Der Herr wird ihn wieder aufrichten, und wenn er eine Schuld auf sich geladen hat, wird er sie ihm vergeben. ¹⁶Bekennt also einander eure Verfehlungen und betet für einander, dann werdet ihr gesund werden. Das inständige Bitten eines Gerechten hat große Kraft. ¹⁷Elija war ein Mensch wie wir. Er bat in einem Gebet, es möge nicht regnen, und es regnete drei Jahre und sechs Monate nicht über dem Land. ¹⁸Und wieder betete er, es möge regnen, und der Himmel gab Regen, und die Erde ließ ihre Frucht sprossen. ¹⁹Meine Brüder, wenn

jemand unter euch von der Wahrheit abirrt und ein anderer bringt ihn wieder zurecht, [20]sollt ihr wissen: Wer einen verirrten Menschen von seinem falschen Weg zurückbringt, der rettet dessen Seele vom Tode und schafft eine Menge Sünden aus der Welt.

DER ERSTE BRIEF DES PETRUS

1 ¹Petrus, Apostel,
Botschafter für Jesus Christus,
grüßt die Auserwählten, die Fremdlinge in der Zerstreuung
in Pontus, Galatien, Kappadozien, in der Provinz Asien und Bithynien!
²Gott, der Vater, hat euch berufen.
Sein Geist hat euch zu Heiligen gemacht.
Jesus Christus hat sein Blut für euch vergossen.
Ich wünsche euch in Fülle Gottes Gnade und Frieden!

³Gerühmt sei Gott,
der Vater unseres Herrn Jesus Christus!
Er nahm sich unser an und machte uns zu neuen Menschen.
Er gab uns eine lebendige Hoffnung,
als er Jesus Christus aus dem Tode weckte.
⁴Uns erwartet ein Besitz, der nicht verdirbt,
dessen Glanz und Schönheit bleiben werden.
Bei Gott liegt er für euch bereit.
⁵Euch selbst aber bewahrt Gott,
in seiner Kraft wird euer Glaube geschützt sein,
denn ein neues Leben liegt für euch bereit.
In der letzten Zeit wird es sich offenbaren
vor aller Welt.

⁶An jenem Tag wird euch die Freude überwältigen –
was schadet es, dass ihr jetzt noch bedrängt seid
von Fragen und Zweifeln! Das muss wohl so sein.
⁷Euer Glaube soll sich echter,
beständiger und wertvoller erweisen als das vergängliche Gold,
das sich im Feuer bewährt.
Denn Lob, Ruhm und Ehre sollt ihr gewinnen am Ende,
wenn Christus euch prüft.

⁸Ihr habt ihn nicht gesehen und liebt ihn doch.
Ihr habt ihn nicht vor Augen und glaubt doch an ihn.

Eine Freude wird euch erfüllen, die kein Wort beschreibt,
und eine Seligkeit, in der sich Gottes Herrlichkeit spiegelt,
⁹wenn ihr das Ziel eures Glaubens erreicht: der Seele Seligkeit.

¹⁰Nach solcher Erfüllung sehnten sich die Propheten.
Sie suchten und forschten und weissagten die Gnade,
die euch nun zuteil wird.
¹¹Sie hätten gerne erfahren, welche Zeit gemeint war,
die der Geist des Christus ihnen ansagte,
als er ihnen die Leiden des Christus
deutete und die Herrlichkeit, die ihm zugedacht war.
¹²Aber ihnen war geboten,
mit ihrem Vorauswissen nicht sich selbst, sondern euch zu dienen.
Vor euch ist nun alles ausgebreitet.
Menschen kamen zu euch und brachten euch,
was der heilige Geist ihnen in den Mund legte:
die gute Botschaft, in die hineinzuschauen
sich auch die Engel brennend wünschten.

Seht zu, dass ihr das Ziel erreicht

¹³Darum macht euch reisefertig. Geht mit nüchternem Sinn geraden Weges auf das große Ziel zu. Hofft nur auf das eine, dass Jesus Christus euch freundlich ist, wenn er erscheint. ¹⁴Ihr seid Kinder Gottes. Kinder erkennt man daran, dass sie gehorchen. Darum lasst euch nicht wieder in das selbstsüchtige Treiben reißen, in dem ihr früher mitgetrieben seid, ohne zu wissen, was ihr tut. ¹⁵Es hat euch einer gerufen, der heilig ist. Ihr sollt durch ihn heilig werden in allem, was ihr tut. ¹⁶In der Schrift steht das Wort: »Ihr sollt heilig sein, denn ich bin heilig.«

¹⁷Ihr ruft einen Vater an, der sein Urteil fällt je nachdem, was einer getan hat, ohne den einen oder den anderen besonders vorzuziehen. Achtet darum sorgfältig darauf, wie ihr euer Leben hier in der Fremde führt. ¹⁸Ihr wisst, dass es euch erging wie den Sklaven, denen das Glück widerfährt, dass einer sie loskauft und frei lässt: Ihr seid losgekauft worden aus der Vergeblichkeit, in der eure Väter gelebt hatten und die sie euch weitergaben, nicht mit vergänglichem Geld, mit Silber oder Gold, ¹⁹sondern mit dem kostbaren Blut des Christus. Denn wie

ein reines und unschuldiges Lamm hat er sich hingegeben. ²⁰Ehe die Welt entstand, hat Gott sich schon vorgenommen, ihn zu senden; jetzt, am Ende der Zeiten, ist er hervorgetreten, euch zugute. ²¹Weil er hier war, seid ihr zum Glauben an Gott gekommen. Weil er ihn aus dem Tod lebendig gemacht und ihm Herrlichkeit verliehen hat, habt ihr in Gott eine Hoffnung und ein Ziel.

²²Ihr habt euch der Wahrheit verpflichtet. Ihr habt Geist und Seele rein gemacht. Seid nun in eurer Liebe euren Brüdern gegenüber ehrlich. Liebt einander von Herzen und mit Beharrlichkeit. ²³Denn ihr seid neue Menschen, aufgewachsen aus einem Keim, der unvergängliches Leben hat, nämlich aus dem Wort Gottes, das lebendig ist und lebendig bleibt. ²⁴Denn alles Fleisch ist wie Gras und alle seine Schönheit wie eine Blume, die im Gras blüht. Das Gras verdorrt, die Blume fiel ab, ²⁵aber in Ewigkeit bleibt, was der Herr spricht. Damit meint der Prophet das Wort des Evangeliums, das euch gesagt wurde.

2 ¹Legt darum alle Schlechtigkeit und Unehrlichkeit ab, Heuchelei und Neid und alles ungute Geschwätz. ²Dann tut, was die kleinen Kinder tun: sie geben keine Ruhe, ehe sie Milch bekommen haben. So bemüht euch um die lautere Milch, das Wort Gottes, werdet dadurch stärker und nehmt zu, bis ihr für das Reich Gottes erwachsen genug seid. ³Dass der Herr euch gute, zuträgliche Nahrung gibt, habt ihr bisher schon geschmeckt, nachdem ihr zu ihm gekommen seid.

⁴Stellt euch einen Bau vor. Da ist Christus wie ein lebendiger Stein, den die Menschen als unbrauchbar weggeworfen haben und den Gott erwählte, weil er von erlesener Kostbarkeit ist. ⁵Nun seid auch ihr lebendige Steine. Lasst euch einbauen in das geistliche Haus, das entstehen soll. Denn eine heilige Priesterschaft soll entstehen, geistliche Opfer soll sie darbringen. Und sie werden Gott gefallen, weil sie aus einer Gemeinschaft von Menschen kommen, die durch Christus geheiligt ist. ⁶Deshalb steht in der Schrift: »Achte wohl darauf! Ich setze in meinem Tempel einen ausgewählten Stein als kostbaren Grundstein. Wer auf dem steht, soll nicht stürzen.« ⁷Euch, die ihr glaubt, kommt die Festigkeit dieses Steins zugute. Auf die anderen, die nicht glauben, trifft zu, was geschrieben ist: »Der Stein, den die Bauleute weggeworfen haben und der zum Eckstein geworden ist, ⁸ist ihnen zu einem Stein geworden, über den sie stolpern und stürzen.« Sie stoßen sich an dem Wort und glauben nicht. Aber dazu hat Gott sie im Voraus bestimmt.

⁹Ihr aber seid auserwählt,
eine königliche Priesterschaft, ein heiliges Volk,
Gott zugehörig, dazu bestimmt,
die großen Taten zu verkündigen dessen,
der euch aus der Finsternis rief in sein wunderbares Licht.
¹⁰Fremdlinge seid ihr gewesen, nun aber seid ihr Gottes Volk.
Verlassen seid ihr gewesen, nun aber seid ihr aufgenommen
in Barmherzigkeit.

Ihr seid hier auf der Durchreise

¹¹Ihr Lieben, ihr seid in dieser Welt nicht mehr als durchreisende Gäste. Ich bitte euch: Verzichtet auf alles, was nur dem leiblichen Genuß dient und die Seele in Unordnung bringt. ¹²Seht zu, dass euer Leben bei den anderen, die nicht glauben, überzeugend wirkt. Denn sie verleumden euch und reden euch übel nach, und gerade ihnen soll auffallen, was ihr Gutes tut. Sie sollen Gott ehren, wenn er ihnen die Augen öffnet. ¹³Was den Staat und die öffentliche Ordnung in eurem Land betrifft, so fügt euch ihnen, weil es der Herr so will. Ob es nun die Regierung eures Landes ist ¹⁴oder die Gerichtsbarkeit, die den Auftrag hat, gegen Verbrecher durchzugreifen und die zu schützen, die das Recht achten, gilt gleich. ¹⁵Denn das will Gott, dass ihr die Menschen eurer Umgebung, die nichts von euch wissen, durch eure Rechtlichkeit überzeugt.

¹⁶Ihr seid frei. Aber ihr dürft eure Freiheit nicht missbrauchen und sagen: »Wir tun, was uns passt!« Ihr seid frei, aber ihr seid Knechte Gottes. ¹⁷So bringt jedem den Respekt entgegen, den er erwarten kann. Seid euren Brüdern in Liebe verbunden. Fürchtet Gott, ehrt das Oberhaupt eures Staates. ¹⁸Wenn ihr Sklaven seid, dann fügt euch euren Herren und respektiert sie, nicht nur die anständigen und erfreulichen, sondern auch die launischen. ¹⁹Denn wenn ihr Unrecht leidet, weil ihr eurem Gewissen gehorcht, wenn ihr Schikanen auf euch nehmt, weil der Wille Gottes euch wichtig ist, dann macht euch Gott damit ein Geschenk. ²⁰Denn damit könntet ihr euch nicht rühmen, wenn ihr geprügelt würdet und zu leiden hättet, weil ihr Böses getan habt! Wenn ihr aber leidet, weil ihr tut, was recht ist, und dabei geduldig ausharrt, dann seid ihr im Einklang mit Gott, ²¹denn dazu hat er euch berufen.

Christus hinterließ euch ein Vorbild:
Er hat für euch gelitten, nun folgt seiner Spur.
²²Er hat kein Unrecht getan, und in seinem Munde war kein Trug.
²³Als man ihn schmähte, gab er nicht zurück.
Als er litt, drohte er nicht.
Er gab seine Sache dem anheim, der gerecht richtet.
²⁴Unsere Sünden trug er hinauf mit sich an das Holz.
Nun sind wir frei, zu handeln wie er und der Gerechtigkeit zu leben.
Denn durch seine Wunden seid ihr geheilt.
²⁵Auf Irrwegen seid ihr gegangen, wie Schafe,
nun seid ihr umgekehrt zu ihm,
dem Hirten und Wächter eurer Seelen.

3 ¹Ähnliches gilt für Mann und Frau. Die Frauen sollen sich ihren Männern willig fügen. Denn gerade die Männer, die dem Wort Gottes nicht glauben, könnten dadurch gewonnen werden, dass sie erleben, wie ihre Frauen sich verhalten. ²Sie würden nämlich sehen, wie klar und lauter ihre Frauen leben und dass die Ursache dafür ihre Furcht vor Gott ist. ³Die Frauen sollen sich nicht äußerlich schön machen mit Haarflechten, mit goldenem Schmuck oder der Pracht wertvoller Gewänder. ⁴Viel wichtiger ist der im Herzen verborgene Mensch, dessen Geist in Behutsamkeit und Stille allem standhält. Das ist vor Gott der eigentliche Wert. ⁵Diesen Schmuck trugen in den frühen Zeiten die heiligen Frauen, die sich auf Gott verließen. Sie haben sich ihren Männern gefügt. ⁶So gehorchte Sara Abraham und redete ihn mit »Herr« an. Ihr aber seid ihre Töchter, wenn ihr das Rechte tut, ohne furchtsam oder unterwürfig zu werden.

⁷Den Männern sage ich Ähnliches: Lebt mit euren Frauen mit Verstand und Behutsamkeit. Bedenkt, dass sie schwächer sind, und bringt ihnen den Respekt entgegen, der ihnen zukommt. Auch die Frauen werden ja wie ihr das Geschenk des ewigen Lebens empfangen. Ihr könntet sonst leicht eure eigene Verbindung mit Gott abschneiden, euer Gebet würde es anzeigen!

⁸Noch eins: Bedenkt, was ihr tut, gemeinsam. Leidet, wenn einer zu leiden hat, gemeinsam. Liebt einander, als wäret ihr Geschwister. Kümmert euch um die, die in irgendeiner Hinsicht in elendem Zustand sind. Haltet möglichst wenig von euch selbst. ⁹Vergeltet das Böse nicht mit Bösem oder Beleidigung mit Beleidigung, sondern antwortet so,

dass ihr Gottes Liebe für den Gegner erbittet. Denn ihr seid dazu berufen, die Liebe Gottes zu empfangen. ¹⁰Denn es heißt ja in der Schrift: »Wer das Leben liebt und gute Tage sehen will, der lasse seine Zunge ausruhen von bösen Reden und seine Lippen von der Lüge. ¹¹Er wende sich vom Bösen ab und tue das Gute. Er suche Frieden und strebe ihm nach. ¹²Denn die Augen des Herrn sehen auf die Gerechten, und seine Ohren hören auf ihre Bitte. Gegen die aber, die Böses tun, wendet sich sein Widerstand.« ¹³Wer könnte euch Böses antun, wenn ihr euch dem Guten verschrieben habt? ¹⁴Wenn ihr auch, weil euch die Gerechtigkeit am Herzen liegt, zu leiden habt, so seid ihr doch glücklich zu preisen.

Es geht nicht ohne Leiden

Fürchtet euch also nicht vor dem Drohen derer, die euch verfolgen, und lasst euch nicht verwirren. ¹⁵Haltet nur Jesus Christus in eurem Herzen heilig. Seid jederzeit bereit, euch jedermann gegenüber zu verantworten, der von euch Rechenschaft verlangt über die Hoffnung, die euch beseelt. ¹⁶Tut das aber liebevoll und ohne Krampf. Ihr habt ja ein gutes Gewissen. So werdet ihr auch am leichtesten die widerlegen, die euch verleumden und eure Lebensführung in der Nachfolge des Christus schlecht machen. ¹⁷Denn es ist doch besser, wenn Gott es so will, als Wohltäter zu leiden und nicht als Übeltäter. ¹⁸Denn auch Christus ist jenes eine Mal unter der Last menschlichen Unrechts gestorben, der Gerechte für die Ungerechten, um uns zu Gott zu führen. Er starb zwar dem Leibe nach, aber durch Gottes Geist empfing er ein neues Leben. ¹⁹Da ging er zu den Geistern im Gefängnis des Todes und hat ihnen das Heil verkündigt.

²⁰Sie hatten in früheren Zeiten den Glauben verweigert, als Gott in den Tagen Noachs mit großer Geduld wartete, dass sie sich ihm zuwenden würden. Damals baute Noach sein Schiff, damit wenigstens acht Menschen aus dem Wasser gerettet würden. ²¹Das Gleiche ist mit euch geschehen. Als ihr in der Taufe aus dem Wasser gehoben wurdet, habt ihr das Gegenbild jener Rettung erlebt. Denn es geht in der Taufe nicht einfach um eine äußerliche Waschung, sondern wir bitten dabei Gott um ein reines, neues Gewissen. Wir berufen uns darauf, dass Jesus Christus aus dem Tode lebendig geworden ist. ²²Denn Christus ist ja bei Gott. Er ging in Gott ein. Ihm sind die Engel, die Schicksalsmächte und die Naturgewalten untertan.

4 ¹Weil nun Christus an seinem Leib gelitten hat, geht es nicht anders, als dass ihr euch mit dem gleichen Willen bewaffnet. Denn wer mit willigem Herzen leibliches Leiden auf sich nimmt, dem liegt nicht mehr viel an der Sünde. ²Ihm liegt daran, für die restliche Zeit seines Erdenlebens nicht mehr auf irdische Genüsse auszugehen, sondern dem Willen Gottes näher zu kommen. ³Es ist genug, dass ihr in der früheren Zeit eures Lebens wie die Gottlosen gelebt und euch an allem beteiligt habt: an Ausschweifungen und zügellosem Genuß, an Gelagen, an Fressereien und Saufereien und allen noch so abstoßenden Arten von Götzenverehrung. ⁴Nun ärgert es die Leute in eurer Umgebung, dass ihr euch von ihrem wüsten Treiben fern haltet, und sie schmähen euch. ⁵Aber es ist einer, dem sie Rechenschaft ablegen werden. Der wird sie in Kürze vor sein Gericht stellen wie alle Lebenden und Toten. ⁶Denn dazu hat Christus den Toten verkündigt, es gebe noch ein Leben für sie, weil er wollte, dass sie mit der Kraft seines Geistes tatsächlich noch einmal leben dürften, wie Gott es ihnen zugedacht hatte, auch wenn ihr Leib zugrunde gegangen sein wird. ⁷Und was euch angeht: Lebt mäßig und nüchtern und sammelt eure Gedanken auf das Gebet. Denn das Ende aller Dinge ist vor der Tür.

Nehmt die anderen mit

⁸Wichtiger als alles andere ist, dass ihr nicht müde werdet, einander zu lieben. Denn wer liebt, bedeckt damit eine Menge Sünden. ⁹Seid gastfrei, haltet eure Häuser offen füreinander und gebt niemandem das Gefühl, er sei unwillkommen. ¹⁰Jeder von euch hat von Gott eine besondere Gabe erhalten, und jeder soll dem anderen mit dieser besonderen Gabe dienen. Denn es sind Gaben Gottes, und ihr seid die Haushalter, die damit umgehen sollen. ¹¹Was für Gaben meine ich? Der eine hat die Gabe der Rede. Er soll nun nicht seine eigenen Worte reden, sondern die Worte Gottes weitersagen. Der andere hat die Gabe der praktischen Hilfe. Er soll sie leisten, so weit irgend Gott ihm die Kraft gibt. Denn in allem soll ja nicht der Mensch geehrt werden. In allem sollen wir auf Gott hinweisen und sagen: »Weil Jesus Christus uns hilft, sind wir fähig, dies oder jenes zu tun.« Ihm steht die Ehre zu. Er soll die Macht haben durch alle Zeiten dieser Welt.

¹²Ihr Lieben, lasst euch das Feuer der Leiden, das über euch hingeht, nicht befremden. Gott prüft damit, wie es um euren Glauben steht, und

es geschieht euch ja nichts Unbegreifliches dabei. ¹³Freut euch desto mehr, je tiefer ihr Christus im Geheimnis seiner Leiden verbunden seid. Denn ihr werdet euch auch über alles Maß freuen, wenn er in seinem Lichtglanz aller Welt erscheinen wird. ¹⁴Wenn ihr angegriffen werdet, weil ihr euch zu Jesus Christus bekennt, seid ihr selig zu preisen, denn der Geist Gottes mit seiner Herrlichkeit und Macht ist über euch und schützt euch. ¹⁵Niemand von euch soll leiden, weil er ein Mörder oder ein Dieb oder ein Verbrecher ist oder sich unbefugt in fremde Dinge gemischt hat. ¹⁶Leidet er aber, weil er ein Christ ist, so lasse er es sich nicht leid sein, sondern preise Gott und mache ihm Ehre, indem er den Namens eines Christen würdig trägt. ¹⁷Der Zeitpunkt ist da, an dem Gottes Gericht beginnt. Die Gemeinschaft derer, die Gott zugehören, erleidet es zuerst. Wenn es aber bei uns anfängt, wie wird es bei denen enden, die die Botschaft von Gott nicht glauben? ¹⁸Und wenn der Gerechte kaum am Leben bleibt, wo will der Gottlose und Übeltäter bleiben? ¹⁹Wer nach Gottes Willen zu leiden hat, soll sich darum ihm anvertrauen, der ihn geschaffen hat und zu ihm steht, und soll das Gute tun.

5 ¹Ein Wort habe ich noch für die, die in der Gemeinde eine leitende Aufgabe haben. Denn ich bin ja selbst ein Verantwortlicher, mehr noch, einer, der die Leiden des Christus kennt und der in der kommenden Herrlichkeit zu ihm gehören wird: ²Setzt euch für die Gemeinde Gottes ein. Sorgt für ihr Gedeihen, nicht weil es eure saure Pflicht ist, sondern mit freiem Willen und mit Liebe, nicht aus Gewinnsucht, sondern weil ihr euch Gott zur Verfügung stellen wollt. ³Ihr sollt die Gemeinde nicht beherrschen, sondern ihre Vorbilder sein. ⁴Wenn dann einmal der Oberhirte kommen wird, werdet ihr einen Ehrenkranz empfangen, der nicht verwelken wird.

⁵Ähnliches gilt von den Jüngeren: Unterstellt euch dem Willen der Älteren. Ihr tut damit nur, was ohnedies alle tun sollen: Lasst euch voneinander etwas sagen. Denn Gott widersteht denen, die ihr eigenes Licht von oben herableuchten lassen, er ist aber denen, die unten sind, freundlich. ⁶Darum beugt euch unter die mächtige Hand Gottes, damit er euch aufrichte und emporhebe, wenn er entscheidet, es sei Zeit. ⁷Alle eure Sorgen werft auf ihn, denn er sorgt für euch. ⁸Seid nüchtern und wachsam; euer Widersacher, der Teufel, geht umher wie ein brüllender Löwe und sucht die, die er verschlingen kann. ⁹Widersteht ihm. Steht fest im Glauben und wisst: Die Verfolgungen, die ihr erleidet, be-

drängen eure Brüder überall in der Welt. ¹⁰Der Gott aber, der so viel zu schenken hat, wird euch nach einer kurzen Leidenszeit in die ewige Herrlichkeit rufen, die Christus für euch bereithält. Er wird euch dafür vorbereiten, stärken und kräftigen und wird euch einen festen Grund unter die Füße geben. ¹¹Sein ist die Macht für alle Ewigkeit.

¹²Diesen kurzen Brief habe ich Silvanus, dem treuen Bruder, diktiert. Ich habe, meine ich, mit den wenigen Worten nichts weiter getan, als euch zu ermuntern und euch zu versichern, dass es wahr ist, was ihr glaubt: dass wirklich und wahrhaftig Gott mit seiner Liebe und Freundlichkeit um euch her ist. ¹³Die mit euch auserwählte Gemeinde in Rom und mein Sohn Markus grüßen euch. ¹⁴Grüßt euch gegenseitig mit dem Kuss der Liebe. Friede allen, die in Christus sind.

DER ZWEITE BRIEF DES PETRUS

1 ¹Simon Petrus, Diener und Apostel des Christus Jesus, grüßt alle, die denselben kostbaren Glauben empfangen haben wie wir Apostel selbst, durch die Treue unseres Gottes und unseres Retters Jesus Christus. ²Gnade und Frieden euch allen in reicher Fülle durch die Erkenntnis Gottes und unseres Herrn Jesus!

Unser Glaube ruht auf Tatsachen

³Seine göttliche Kraft hat uns alles geschenkt, was wir zum Leben und zu wahrer Frömmigkeit auf dieser Erde brauchen. Er gab uns Einsicht in sein Wesen und seinen Willen, und wir verstehen nun, wer der ist, der uns in seiner göttlichen Machtfülle zu sich gerufen hat. ⁴Die kostbaren und übergroßen Bilder der zukünftigen Herrlichkeit hat er uns vor die Seele gestellt, weil er will, dass ihr die vergebliche Gier nach Lust und überhaupt diese hinfällige Welt hinter euch lasst und an seinem göttlichen Wesen Anteil gewinnt. ⁵Wendet nun allen Eifer daran, dass dieses Ziel euer ganzes Wesen und Leben bestimmt: In eurem Glauben muss praktische Tüchtigkeit am Werk und eure Tat muss von Einsicht durchdrungen sein. ⁶Eure Einsicht wird euch zur Selbstzucht leiten, und die Zucht muss euch fähig machen, unter Leiden geduldig zu verharren. In eurer Geduld sollt ihr euch allein auf Gott hinwenden, ⁷und wenn ihr ihm in all dem dient, dann wird euer Dienst euch in Liebe mit den Brüdern und über sie hinaus mit allen Menschen verbinden. ⁸Wenn ihr alle diese Kräfte habt und sie in euch weiter zunehmen, werdet ihr auch Jesus Christus, unseren Herrn, immer besser erkennen. Wie eine reife Frucht wird euch das Wissen um sein Geheimnis zufallen. ⁹Wer diese Kräfte nicht hat, versteht auch nichts, sieht nichts und erinnert sich auch dessen nicht, was mit ihm selbst geschah, als ihm seine früheren Verfehlungen vergeben wurden. ¹⁰Um so entschiedener, meine Brüder, sollt ihr mit der Tatsache Ernst machen, dass Gott euch gerufen und auserwählt hat; ihr werdet nicht zu Fall kommen, wenn ihr das tut, ¹¹vielmehr wird euch der Eingang zu dem ewigen Reich unseres Herrn und Retters Jesus Christus desto weiter aufgetan.

¹²Darum will ich euch auch immer wieder an diese Dinge erinnern, obwohl sie euch ja bekannt sind und ihr fest auf dem Grunde der Wahrheit steht. ¹³Ich meine eben, es sei recht, dass ich euch durch mein ständiges Ermahnen wach halte, solange ich im Zelt dieses irdischen Leibes wohne. ¹⁴Ich weiß, dass dieses Zelt bald abgebrochen wird, wie Jesus Christus, unser Herr, es mir vorausgesagt hat. ¹⁵Ich möchte aber erreichen, dass ihr auch nach meinem Heimgang jederzeit alles, was ich euch gesagt habe, in eurem Herzen und Gedächtnis habt.

¹⁶Denn nicht ausgedachten Fabeleien sind wir nachgelaufen,
als wir euch vor Augen stellten,
welche Machtfülle Jesus Christus eigen sei
und wie er wiederkommen werde in die Welt.
Wir waren ja Augenzeugen seiner Hoheit.
¹⁷Von Gott, dem Vater, empfing er Ehre und Herrlichkeit,
als er seine Stimme hörte aus der Höhe des Himmels:
»Der ist mein lieber Sohn, an ihm habe ich Wohlgefallen.«
¹⁸Diese Stimme vom Himmel hörten auch wir,
als wir mit ihm waren auf dem heiligen Berg.
¹⁹Um so fester steht nun das prophetische Wort,
und ihr tut wohl, darauf zu achten.
Er ist ein Licht, leuchtend an einem dunklen Ort,
bis der Tag anbricht und der Morgenstern aufgeht
in euren Herzen.

²⁰Keine einzige Weissagung der heiligen Schrift, das sollt ihr vor allem wissen, erlaubt eine eigenmächtige Deutung. ²¹Denn keine Prophetie kam je zustande durch menschlichen Wunsch und Willen, sondern die Menschen redeten, vom heiligen Geist bewegt, was Gott ihnen eingab.

Unser Handeln hat göttliches Maß nötig

2 ¹Freilich, im jüdischen Volk erhoben sich daneben falsche Propheten, wie auch bei euch falsche Prediger auftreten werden. Heimlich werden sie ihre Sondermeinungen einführen, um euch zu verderben. Sie werden den Herrn verleugnen, der sie erlöst hat, und werden sich selbst plötzlich ins Unheil stürzen. ²Viele werden sich ihrem zuchtlosen Treiben anschließen, und unter den Draußenstehenden wird man sagen: »Seht! Das sind die Leute, die den Weg der Wahrheit zu gehen behaupten!« ³Sie werden euch mit selbsterfundenen Gottesworten ausbeuten und nur euer Geld im Auge haben, aber das Urteil ist längst über sie gefällt, und unaufhaltsam kommt das Verderben über sie. ⁴Gott hat selbst Engel nicht geschont, als sie eigenmächtig wurden, sondern sie in Höhlen der Finsternis, in die Hölle gestürzt, um sie bis an den Tag des Gerichts zu verwahren. ⁵Er hat die Welt in früheren Zeiten nicht geschont, sondern die große Flut über die gottlose Menschheit hereinbrechen lassen und nur Noach, den Verkündiger der Gerechtigkeit, mit sieben Angehörigen bewahrt. ⁶Er hat die Städte Sodom und Gomorra in Asche gelegt und ihnen mit ihrem Untergang das Urteil gesprochen, ein warnendes Beispiel den Gottlosen künftiger Zeiten! ⁷Nur Lot, den Gerechten, hat er gerettet, der so schwer litt unter dem zuchtlosen Treiben der Frevler. ⁸Mit Auge und Ohr erlebte der Gerechte, der unter ihnen wohnte, Tag um Tag die ruchlosen Taten, und seine gerechte Seele litt. ⁹Der Herr weiß die aus Elend und Gefahr zu retten, die sich an ihn halten, die Gottlosen aber auf den Tag des Gerichts zu bewahren, an dem sie ihre Strafe empfangen werden, ¹⁰vor allem jene, die nach niedrigem Genuß geilen und trüber Lust nachlaufen und niemanden als Herrn über sich anerkennen. Sie scheuen sich in ihrer verwegenen Frechheit nicht, überirdische Mächte zu höhnen, ¹¹während die Engel, die doch größere Kraft und Macht besitzen als sie, vor dem Herrn kein böses Wort über sie aussprechen.

¹²Aber sie sind wie vernunftlose Tiere von Natur dazu bestimmt, gefangen und geschlachtet zu werden. Sie führen spöttische Reden über Dinge, von denen sie nichts wissen, und werden zugrunde gehen. ¹³Sie tun Unrecht um den Lohn, den das Unrecht einbringt. Sie halten es für Vergnügen, am hellen Tage zu schlemmen. Schmutz- und Schandflecke sind sie in eurer Gemeinschaft, sie schwelgen in ihren verführerischen Künsten und sitzen mit euch am Tisch. ¹⁴Ihre Augen sind voll ehebrecherischer Gier und unersättlich, Bilder der Wollust zu verschlingen. Sie locken ungefestigte Menschen und verstehen aufs beste, ihre Taschen dabei zu füllen. Sie sind ewigem Unheil verfallen. ¹⁵Sie haben den richtigen Weg verlassen und sich in die Irre verlaufen. Sie tun, was Bileam tat, der Sohn des Beor, der Unrecht tat, weil er das Geld liebte. ¹⁶Bileam freilich empfing eine Zurechtweisung für seine Bosheit: ein stummes Lasttier redete mit menschlicher Stimme und wehrte der Torheit des Propheten. ¹⁷Quellen ohne Wasser sind sie, Nebelschwaden, dahingetrieben im Sturmwind. Dunkelste Finsternis ist

ihre Zukunft. ¹⁸Denn sie prahlen mit hochfahrenden Reden, hinter denen nichts ist, und locken die an sich, die sich eben erst von den Verirrten getrennt hatten, locken sie mit dem Taumel sinnlicher Lust und Begierde. ¹⁹Sie versprechen ihnen die Freiheit und sind selbst Sklaven vergänglicher Freude. Denn man ist immer ein Sklave der Macht, in deren Bann man steht. ²⁰Wenn sie nämlich dem Schmutz der Welt dadurch entronnen waren, dass sie Jesus Christus, den Herrn und Retter, erkannten, nun aber wieder darin versinken und ersticken, dann ist ihr letzter Zustand schlimmer als der erste. ²¹Ja, besser wäre, sie hätten den Weg des Glaubens nicht kennen gelernt, als ihn zu kennen und sich dann doch von dem heiligen Gebot wieder abzuwenden, das man ihnen anvertraute. ²²Es ging ihnen, wie das wahre Sprichwort sagt: »Ein Hund kehrt wieder zum eigenen Gespei«, und: »Die Sau wälzt sich nach der Schwemme wieder im Schlamm.«

Unsere Hoffnung ist die neue Welt

3 ¹Das ist nun schon der zweite Brief, ihr Lieben, den ich euch schreibe. In beiden war meine Absicht, eure reine Gesinnung durch meine Ermahnungen wach zu halten. ²Denkt an die Worte, die die heiligen Propheten vorausgekündet, und an das Gebot unseres Herrn und Retters, das die Apostel überliefert haben. ³Vor allem sollt ihr wissen: In den letzten Tagen der Welt werden Spötter, deren Lebenswandel ihre Haltlosigkeit anzeigt, mit höhnischen Reden daherkommen ⁴und fragen: »Wo ist denn die versprochene Rückkehr des Christus und das Reich Gottes? Die Väter sind weggestorben, und es blieb alles, wie es seit dem Anfang der Welt gewesen ist!« ⁵Denen, die so reden, entgeht, dass es einst einen Himmel und eine Erde gab, die ihr Urelement im Wasser hatten und aus dem Wasser hervorgingen, als Gott es mit seinem Wort befahl. ⁶Aber diese frühere Welt ging im Wasser zugrunde. ⁷So ist die jetzige Welt durch einen Befehl Gottes für das Feuer vorgesehen. Am Tage des Gerichts, der für die eigenmächtige Menschheit ein Tag des Untergangs sein wird, wird es geschehen. ⁸Und ferner dürft ihr nicht vergessen, meine Lieben, dass ein Tag bei Gott wie tausend Jahre und tausend Jahre wie ein Tag sind. ⁹Es ist ja nicht so, dass der Herr zögerte, sein Versprechen einzulösen, wie einige meinen! Vielmehr hat er Geduld mit uns und will nicht, dass jemand verloren geht, sondern alle Gelegenheit erhalten, ihre Gesinnung zu ändern. ¹⁰Der Tag

des Herrn aber wird unangekündigt kommen wie ein Dieb. Dann werden die Himmel mit einem Schlag zunichte werden, die Himmelskörper werden in einem ungeheuren Weltbrand verglühen, aber Gott wird alles aufdecken, was auf der Erde geschehen ist.

[11]Wenn es nun alles so ganz und gar dem Untergang geweiht ist, wie sehr muss euch daran liegen, ein Leben zu führen, das Gottes Willen gemäß ist und ihm gefällt! [12]Wie sehr müsst ihr den Anbruch seines Tages erwarten und ersehnen, an dem der Kosmos im Feuer zergehen und die Sterne verbrennen und zerschmelzen werden. [13]Wir erwarten aber, weil wir uns auf sein Wort verlassen, einen neuen Himmel und eine neue Erde, in denen Gerechtigkeit wohnt. [14]Darum, meine Lieben, lebt darauf hin und bemüht euch, so zu leben, dass er an euch keinen Fehler oder Flecken findet und euch im Frieden aufnimmt, [15]und bedenkt, dass in der Geduld unseres Herrn euer Heil liegt! Schon unser lieber Bruder Paulus hat euch das geschrieben, er, dem Gott so tiefe Einsichten gab. [16]So steht es in allen seinen Briefen, wo immer er darauf zu sprechen kommt, aber manchmal ist das eine oder andere darin schwer zu verstehen. Das ist der Grund, warum unwissende und ungefestigte Leute es zu ihrem eigenen Schaden verdrehen, wie sie es auch mit den anderen Schriften tun. [17]Ihr aber, meine Lieben, seht klar. Hütet euch, dass ihr nicht durch den Irrtum derer, die ihre eigene »Wahrheit« erfinden, mit fortgerissen werdet und euren festen Stand verliert. [18]Ich wünsche euch vielmehr, dass ihr immer mehr von der Freundlichkeit unseres Herrn und Retters Jesus Christus empfangt und ihn immer tiefer versteht. Ihn wollen wir ehren, jetzt und an dem Tag, an dem die Ewigkeit anbricht.

DER ERSTE BRIEF DES JOHANNES

1 ¹Mit eigenen Ohren hörten wir,
mit eigenen Augen sahen wir,
was von Anfang der Welt war.
Wir schauten es, wir berührten es
mit unseren eigenen Händen:
das Wort, aus dem das Leben entstand.

²Denn das Leben ist erschienen.
Wir haben es gesehen,
wir bezeugen es, wir verkünden es:
das uranfängliche Leben,
das beim Vater war und uns erschien.

³Was wir sahen und hörten,
das verkündigen wir euch,
damit ihr Gemeinschaft habt mit uns,
wie wir Gemeinschaft haben mit dem Vater
und seinem Sohn Jesus Christus.
⁴Und das schreiben wir euch,
damit unsere Freude vollkommen sei.

Im Licht sein heißt lieben können

⁵Das ist es, was Christus uns gesagt hat, so dass wir es hörten und es nun weitergeben können: Gott ist Licht. In ihm ist keine Finsternis. ⁶Wenn wir behaupten, wir hätten Gemeinschaft mit ihm, und leben nur für uns allein, leben also in der Finsternis, so lügen wir mit dem Leben und tun nicht, was unserem Bekenntnis entspricht. ⁷Wenn wir aber im hellen Licht leben, wie er selbst im Licht ist, dann ist unsere Gemeinschaft das sichtbare Zeichen, und wir sind rein, und keine Schuld trennt uns voneinander und von Gott. Wir sind rein, weil Christus uns durch seinen Tod gereinigt hat. ⁸Sagen wir, wir seien ohne Schuld, so führen wir uns selbst in die Irre, und die Wahrheit ist nicht in uns. ⁹Gestehen

wir unsere Verfehlungen ein, so können wir auf seine Treue und Zuverlässigkeit bauen. Er wird uns unsere Verfehlungen nicht anrechnen und uns von allem Unrecht reinigen. ¹⁰Wenn wir behaupten, wir seien fehlerlos, dann sagen wir damit, Gott habe gelogen, und geben seinem Wort, das uns anklagt, keinen Raum in uns.

2 ¹Ich schreibe euch das alles, damit ihr nicht in Gefahr kommt, schuldig zu werden. Wenn es aber geschehen sollte, dass jemand einer Sünde erliegt, dann haben wir bei Gott einen Anwalt, der für uns spricht: Jesus Christus, den Gerechten. ²Er hat uns geholfen, trotz unserer Schuld Kinder des Vaters zu sein, und nicht nur uns, sondern allen Menschen. ³Das Zeichen, dass wir ihn wirklich verstanden haben, ist das tatsächliche Leben: ob wir nämlich tun, was er uns aufgetragen hat. ⁴Wenn einer sagt: »Ich habe Einblick in das Geheimnis des Christus« und nicht tut, was er ihm aufträgt, ist er ein Lügner, und die Wahrheit hat sein Wesen noch nicht gewandelt. ⁵Wenn jemand sich an seine Weisung hält, zeigt er, dass Gott ihm seine Liebe ins Herz gegeben hat und dass seine Liebe in ihm am Werk ist. Daran lesen wir ab, ob wir wirklich in Gott leben. ⁶Wer von sich sagt, er lebe und bleibe in Christus, soll leben und wirken, wie Christus gelebt und gewirkt hat.

⁷Ihr Lieben, damit gebe ich euch kein neues Maß. Diesen Maßstab habt ihr von Anfang an gekannt. Von Anfang habt ihr gehört, dass er bei Gott gilt, und er gilt ja von allem Anfang her. ⁸Und doch liegt darin etwas unerhört Neues, ein Maßstab, der bei ihm und bei euch gilt: das Licht! Denn die Finsternis vergeht, und das wahre Licht scheint schon in dieser Stunde! ⁹Wenn jemand sagt, er stehe im Licht, und dabei seinen Bruder hasst, dann lebt er noch in der Finsternis. ¹⁰Wer seinen Bruder liebt, der lebt im Licht, und es ist kein Falsch in ihm. ¹¹Wer aber seinen Bruder hasst, ist von Finsternis umschlossen und lebt in der Finsternis. Wohin er geht, weiß er nicht, denn die Finsternis hat seine Augen blind gemacht.

¹²Ich schreibe euch, ihr Kinder, denn ihr seid mit Gott im Reinen, weil Christus eure Schuld auf sich nahm. ¹³Ich schreibe euch, den Vätern, denn ihr habt den begriffen, der von Urbeginn der Welt wirkt. Ich schreibe euch, den jungen Männern, denn ihr habt schon Siege über den Bösen errungen. ¹⁴Euch Kindern schreibe ich, denn ihr kennt euren Vater. Euch Vätern schreibe ich, denn ihr kennt den, der von Anfang an ist. Euch jungen Männern schreibe ich , denn ihr habt die Kraft, das Wort Gottes festzuhalten und danach zu leben. Ihr habt den Bösen

überwunden. ¹⁵Hängt euer Herz nicht an die Welt und nicht an die Dinge dieser Welt. Wer der Welt verfallen ist, der ist verschlossen gegen die Liebe, mit der Gott ihn liebt. ¹⁶Denn was in der Welt ist, was einer an sich reißt, wonach die Augen gieren, womit Menschen prahlen, verbindet uns nicht mit dem Vater. Es ist Welt. Es ist nichts. ¹⁷Die Welt vergeht mit allem, was in ihr drängt und begehrt. Wer aber tut, was Gott will, der bleibt in Ewigkeit.

An Christus glauben heißt ihm entgegenleben

¹⁸Meine Kinder, es ist die letzte Stunde. Ihr wisst, dass der große Widersacher, der Antichrist, kommen wird. In der Tat sind schon jetzt viele Feinde des Christus aufgetreten, und wir haben das sichere Zeichen, dass wir in der letzten Stunde stehen. ¹⁹Sie waren einmal bei uns, aber in Wahrheit gehörten sie doch nicht zu uns. Wären sie wirklich die Unseren gewesen, so hätten sie zu uns gehalten. Aber es sollte deutlich werden, dass sie nicht alle zu uns gehören. ²⁰Ihr aber habt alle den göttlichen Geist empfangen und habt alle das volle Wissen. ²¹Nicht deshalb schreibe ich euch, weil ich meinte, ihr wüsstet die Wahrheit nicht von der Lüge zu trennen, sondern eben deshalb, weil ihr sie kennt und weil ihr wisst, dass eine menschliche Erfindung über Gott auf alle Fälle nicht aus der Wahrheit stammt. ²²Wer ist denn der Lügner, wenn nicht der, der bestreitet, dass der Mensch Jesus der von Gott gesandte Retter ist? Es ist der Antichrist selbst, der so spricht und damit beide verleugnet, den Vater wie den Sohn. ²³Wer den Sohn leugnet, hat auch den Vater nicht. Wer sich zum Sohn bekennt, hat auch den Vater. ²⁴Haltet fest, was ihr von Anfang an gehört habt! Wenn es in euch bleibt, dann bleibt auch ihr im Sohn und im Vater. ²⁵Denn darin besteht das Versprechen, das er uns gab: dass wir ewig leben werden.

²⁶Ich schreibe euch das, damit ihr eure Verführer klar erkennt. ²⁷Der Geist, den ihr von Gott empfangen habt, bleibe in euch. Wenn ihr ihn bewahrt, braucht ihr von niemandem besondere »Erkenntnisse« zu übernehmen. Was ihr braucht, lehrt euch der Geist Gottes selbst, und was er euch lehrt, ist wahr und niemals eine Täuschung. Er hat euch gelehrt, in der Gemeinschaft mit Christus zu leben. So tut danach und bleibt in Christus. ²⁸Kinder, bleibt in Christus! Dann können wir ihm mit freiem, zuversichtlichem Herzen begegnen und brauchen uns nicht zu schämen, wenn er in diese Welt kommt! ²⁹Ihr wisst doch, dass Gott

gerecht ist. So wisst ihr auch, dass seine Kinder an ihrer Gerechtigkeit zu erkennen sind.

3 ¹Versucht es zu fassen:
Wie groß ist die Liebe, die der Vater an uns gewandt hat,
dass wir Kinder Gottes heißen sollen, ja, es wirklich sind!
Darum erkennt uns die Welt nicht, denn sie kennt den Vater nicht.
²Ihr Lieben, wir sind nun Gottes Kinder.
Es ist aber noch nicht erschienen, was wir sein werden.
Wir wissen aber, wenn es erscheinen wird,
dass wir ihm gleich sein werden,
denn wir werden ihn schauen, wie er ist.
³Wer diese Hoffnung hat, lebt heilig, wie Gott heilig ist.

⁴Wer von ihm geschieden lebt, übertritt auch sein Gebot, und die Eigenmächtigkeit, in der er sich von Gott lossagt, ist schon die Übertretung des Gesetzes Gottes. ⁵Ihr wisst, dass Christus erschienen ist, um die Trennung aufzuheben, die zwischen Gott und uns war, und er selbst kannte keine Eigenmächtigkeit gegen Gott. ⁶Wer in Christus ist, trennt sich nicht mehr von Gott. Wer sich noch von Gott löst und sein eigenes Leben sucht, hat Christus nicht gesehen und nicht wirklich verstanden. ⁷Kinder, lasst euch nicht verwirren! Dass jemand gerecht ist wie Christus, ist daran sichtbar, dass sein Handeln mit dem Willen Gottes im Einklang steht. ⁸Wer ohne Gott lebt, hat seine Heimat beim Teufel, denn von Anfang an ist es das Kennzeichen des Teufels, dass er ohne Gott und gegen ihn wirkt. Der Sohn Gottes aber ist als Mensch in diese Welt gekommen, um die Werke des Teufels zu zerstören.

⁹Wer Gottes Kind ist und aus ihm kommt, will niemals ohne Gott oder gegen ihn leben, denn Gottes Wesen ruht in ihm. Er kann sich gar nicht von Gott lösen, denn er ist sein Kind. ¹⁰Daran kennen wir die Kinder Gottes und die Kinder des Bösen: Wer Gottes Gebot nicht einhält und seinen Bruder nicht liebt, der ist nicht Gottes Kind. ¹¹Das ist die Botschaft, die ihr von Anfang an gehört habt: dass wir einander lieben sollen. ¹²Nicht wie Kain sollen wir leben, der ein Kind des Bösen war und seinen Bruder totschlug. Und warum schlug er ihn tot? Weil er sah, dass sein eigenes Tun böse war, das seines Bruders rein und gut.

¹³Wundert euch nicht, Brüder, wenn euch die Menschen hassen. ¹⁴Wir wissen, dass wir aus dem Tode ins Leben hinübergeschritten sind, denn wir können die Brüder lieben. Wer nicht liebt, bleibt im

Tode. ¹⁵Wer seinen Bruder hasst, ist ein Mörder, und ihr wisst, dass ein Mörder das ewige Leben nicht behalten kann. ¹⁶Daran ist uns aufgegangen, was Liebe ist, dass Christus sein Leben für uns geopfert hat, und darum sollen auch wir unser Leben für die Brüder hingeben. ¹⁷Wenn nun einer irdischen Besitz hat, seinen Bruder Not leiden sieht und sein Herz vor ihm verschließt – wie kann Gottes Liebe in ihm bleiben? ¹⁸Meine Kinder, lasst uns nicht mit dem Wort oder mit der Zunge lieben, sondern mit der Tat und in Wahrheit.

¹⁹Ein Zeichen haben wir, dass Gottes Wahrheit in uns ist:
²⁰Wenn unser Herz uns verdammt,
dann wissen wir und können unser Herz damit stillen,
dass Gott größer ist als unser Herz
und dass alles vor seiner Liebe offen daliegt.
²¹Ihr Lieben,
wenn unser eigenes Herz uns also nicht zu verdammen braucht,
dann sind wir frei und unbeschwert und leben unbefangen mit Gott.
²²Was wir von ihm erbitten, empfangen wir,
denn wir sind eins mit seinem Willen und tun, was ihm gefällt.
²³Das ist es, was er von uns fordert:
dass wir an seinen Sohn Jesus Christus glauben
und einander lieben, wie er es uns geboten hat.
²⁴Wer das tut, bleibt in Gott, und Gott bleibt in ihm.
Woran erkennen wir das? An dem Geist, den er uns gab.

Jesus Christus war ein wirklicher Mensch

4 ¹Ihr Lieben, ihr könnt euch nicht jedem anvertrauen, der von Gott redet. Prüft sorgfältig, woher einer sein Wort nimmt und ob er wirklich von Gott hat, was er sagt, denn man hört viel törichtes und irreführendes Geschwätz über Gott. ²Es gibt ein Zeichen, an dem sofort deutlich ist, ob einer wirklich an Gottes Stelle redet: dass er davon überzeugt ist, Jesus Christus sei ein wirklicher, ein leiblicher Mensch gewesen. ³Wer nicht so von Christus spricht, hat von Gott keine Vollmacht. Er redet im Auftrag des Antichrists, von dem ihr gehört habt, er werde kommen, und der schon jetzt in der Welt ist. ⁴Ihr aber habt euren Ursprung in Gott, Kinder, und seid ihnen überlegen, denn Gott, der in euch ist, ist größer als der Ungeist, der in der Welt herrscht. ⁵Sie haben

ihren Ursprung in der Welt, darum reden sie mit der Vollmacht, die ihnen die Welt geben kann, und die Welt hört ihnen zu. ⁶Wir sind aus Gott, und wer Gott kennt, hört uns. Wer nicht aus Gott ist, hört uns nicht. Hier liegt das Merkmal, an dem wir den Geist der Wahrheit und den Geist des Irrtums unterscheiden.

⁷Geliebte, lasst uns einander lieben, denn die Liebe ist aus Gott,
und wer liebt, ist Gottes Kind und ist mit Gott vertraut.
⁸Wer nicht liebt, versteht Gott nicht, denn Gott ist Liebe.
⁹Darin erwies sich Gottes Liebe zu uns,
dass er seinen einzigen Sohn in die Welt sandte,
damit wir leben durch ihn.
¹⁰Nicht darin besteht die Liebe,
dass wir unsere Liebe auf Gott richten,
sondern darin, dass er uns liebte
und seinen Sohn sandte zu uns,
um uns frei zu machen von unserer Schuld.

¹¹Geliebte, hat Gott uns so sehr geliebt,
so müssen auch wir einander lieben.
¹²Niemand hat Gott je gesehen.
Wenn wir einander lieben, ist Gott gegenwärtig in uns,
und seine Liebe wächst in uns zur Vollkommenheit.

¹³Das Zeichen aber dafür, dass wir in ihm sind und er in uns,
ist der Geist, den er uns gab.
¹⁴Und so sahen wir, so bezeugen wir,
dass der Vater den Sohn gesandt hat als den Retter der Welt.
¹⁵Wer bekennt, Jesus sei der Sohn, in dem bleibt Gott und er in Gott.
¹⁶Denn wir haben erkannt und geglaubt die Liebe Gottes zu uns.
Gott ist Liebe, und wer in der Liebe bleibt,
der bleibt in Gott, und Gott bleibt in ihm.
¹⁷Darin kam Gottes Liebe zu ihrem Ziel
und ihrer Fülle bei uns,
dass wir frei und zuversichtlich
stehen können am Tag des Gerichts,
denn wie Christus in der Welt ist,
als Herr des Kosmos,
so stehen auch wir als Gottes Kinder

frei in der Welt. Furcht vor Gott
hat in der Liebe keinen Raum,
[18]sondern vollkommene Liebe treibt die Furcht aus,
denn Furcht ist Furcht vor Strafe,
wer sich aber fürchtet, ist nicht vollkommen in der Liebe.

[19]Wir haben Liebe zu geben, denn er hat uns zuerst geliebt.
[20]Wer sagt: »Ich liebe Gott«, und seinen Bruder hasst, der lügt.
Denn wer seinen Bruder nicht liebt, den er vor Augen hat,
kann unmöglich Gott lieben, den er nicht sieht.
[21]Das aber ist die Weisung, die er uns gab:
»Wer Gott liebt, liebe auch seinen Bruder.«

Der Glaube überwindet die Welt

5 [1]Jeder ist Gottes Kind, der glaubt und festhält, dass Jesus der Christus ist. Wer aber Gott liebt und sein Kind ist, liebt auch das Kind Gottes im anderen Christen. [2]Für die wirkliche Liebe zu den Kindern Gottes gibt es ein Merkmal: Wer Gottes Kinder liebt, der liebt Gott selbst und lebt nach seinen Geboten. [3]Denn darin besteht die Liebe zu Gott, dass wir uns nach seinen Ordnungen richten, und es ist ja nicht schwer, sie zu erfüllen. [4]Wer Gottes Kind ist und sein Leben von Gott empfangen hat, überwindet die Welt. Unser Glaube ist der Sieg, der die Welt überwunden hat. [5]Wer sollte die Welt überwinden, wenn nicht der, der daran festhält, dass Jesus der Sohn Gottes ist? [6]Wir meinen den, der im Wasser und im Blut kam (der also getauft wurde und gestorben ist): Jesus Christus, nicht im Wasser allein, sondern in Wasser und Blut. Der Geist ist dafür Zeuge, der Geist aber ist die Wahrheit. [7]Denn drei sind es, die über Christus gemeinsam dasselbe aussagen: [8]der Geist, das Wasser und das Blut, und diese drei sind eins.

[9]Was Menschen sagen, nehmen wir an. Was aber Gott aussagt, ist wahrer und stärker. Er sagte: »Mein Sohn ist dieser Mensch!« [10]Wer an den Sohn Gottes glaubt, hat in ihm zugleich das bezeugende Wort Gottes. Wer Gott nicht glaubt, macht ihn zum Lügner, denn er weist das Wort ab, das Gott über seinen Sohn gesprochen hat. [11]Das aber hat Gott gesagt: »Ich habe ewiges Leben für euch, und mein Sohn wird es euch geben.« [12]Wer sich zum Sohn Gottes bekennt, hat das Leben. Wer den Sohn Gottes nicht hat, der hat das Leben nicht.

¹³Das alles schreibe ich euch, die sich zum Sohn Gottes bekennen, denn ihr sollt gewiss sein, dass ihr ewiges Leben habt. ¹⁴Mit Freiheit und Zuversicht wenden wir uns an Christus, denn wir wissen: Wenn wir ihn etwas bitten, weil wir mit seinem Willen eins sind, dann hört er uns. ¹⁵Wenn wir aber wissen, dass er alle unsere Bitten hört, dann wissen wir damit, dass alle unsere Bitten, die wir vor ihn gebracht haben, schon erfüllt sind. ¹⁶Wenn jemand seinen Bruder Böses tun sieht, bitte er für ihn, so weit es sich um eine Verfehlung handelt, mit der er nicht das ewige Leben preisgibt. Er wird ihm und allen, die mit ihrer Verfehlung sich nicht den Tod zuziehen, zum Leben helfen. Es gibt eine Sünde, die den ewigen Tod nach sich zieht, für die man auch keine Fürbitte mehr leisten soll. ¹⁷Alles, was gegen Gottes Gebot geht, ist Sünde, und es gibt Sünden, durch die der Mensch sich nicht um das ewige Leben bringt. ¹⁸Wir wissen: Wer von Gott geboren ist, kann nicht abfallen. Vielmehr hält ihn der, der von Gott geboren ist, und der Böse tastet ihn nicht an. ¹⁹Wir wissen, dass wir aus Gott sind und die ganze Welt in die Gewalt des Bösen eingeschlossen und ihr ausgeliefert ist.

²⁰Wir wissen aber auch: Der Sohn Gottes ist da! Gott hat uns Einsicht gegeben, den zu erkennen, der die Wahrheit ist. In ihm, der die Wahrheit ist, seinem Sohn Jesus Christus, leben wir. Er ist selbst der wahrhaftige, wirkliche Gott und das Leben Gottes in uns, das ewig ist. ²¹Meine Kinder, hütet euch vor den Abgöttern.

DER ZWEITE BRIEF DES JOHANNES

Der Älteste grüßt
die auserwählte Gemeinde und ihre Kinder.
Von Herzen habe ich euch lieb, und nicht nur ich, sondern alle,
die die Wahrheit erkannt haben, mit mir.
²Die Wahrheit, die in uns am Werk ist
und in Ewigkeit in uns bleiben wird, bindet uns zusammen.
³Gnade, Barmherzigkeit, Frieden von Gott, dem Vater,
und Jesus Christus, seinem Sohn, seien um uns her.
Seine Wahrheit und seine Liebe seien mit uns.

⁴Ich war sehr glücklich, zu sehen, Herrin, dass unter deinen Kindern Menschen sind, die ihr Leben nach der Wahrheit ausrichten, wie Gott es uns geboten hat. ⁵Und nun bitte ich dich: Lass uns einander lieben! Ich sage damit nichts Neues, sondern nenne nur die Ordnung, die von Anfang an gegolten hat. ⁶Liebe besteht darin, dass wir tun, was er uns auftrug. Die Liebe ist das Gebot, von dem ihr von Anfang an gehört habt und das ihr mit eurem ganzen Leben erfüllen sollt. ⁷Es sind ja viele Verführer in die Welt ausgezogen, die nicht bekennen, Christus sei ein wirklicher, irdischer Mensch mit Leib und Blut gewesen, und hinter ihnen steht der eine große Verführer, der Feind des Christus, der Antichrist. ⁸Seht euch vor, dass ihr das ewige Gut nicht verliert, das wir euch erworben haben, und den vollen Lohn erhaltet. ⁹Wer über das hinausgeht, was er wissen kann, und über Christus Neues erfindet, hat mit Gott keine Gemeinschaft. Wer die Wahrheit über Christus, die wir lehren, festhält, hat die Gemeinschaft mit dem Vater und dem Sohn zugleich. ¹⁰Wenn jemand daherkommt und die Wahrheit über Christus nicht mitbringt, sondern etwas anderes behauptet, dann nehmt ihn nicht ins Haus und schließt keine Gastfreundschaft mit ihm. ¹¹Wer ihm nämlich Freude und Frieden wünscht, beteiligt sich an seinem gottfeindlichen Tun.

¹²Ich hätte euch vieles zu schreiben, möchte es euch aber nicht mit Papier und Tinte sagen. Ich hoffe vielmehr, euch besuchen zu können und mündlich mit euch zu reden, so dass wir uns ganz und ungeteilt miteinander freuen können. ¹³Die Kinder deiner Schwester, der Auserwählten (der Gemeinde, in der der Brief geschrieben wurde), grüßen dich!

DER DRITTE BRIEF DES JOHANNES

Der Älteste grüßt seinen von Herzen geliebten Gaius. ²Mein Lieber, ich wünsche dir, dass es dir in jedem Sinne wohl geht und du gesund bist, wie du ja auch in den geistlichen Dingen auf einem guten Wege bist. ³Ich habe mich nämlich von Herzen gefreut, als Brüder kamen und erzählten, wie du für die Wahrheit eintrittst und selbst in der Wahrheit lebst. ⁴Über nichts freue ich mich so sehr wie darüber, dass ich höre, meine Kinder lebten aus der Wahrheit und in der Wahrheit. ⁵Mein Lieber, es ist gut, was du tust, und ein Zeichen deiner Treue. Du hast dich der Brüder angenommen, und dazu solcher Brüder, die aus der Fremde zu dir kamen. ⁶Sie haben vor der Gemeinde über deine Liebe berichtet, und du wirst es mit ihnen gewiss auch künftig recht machen: wirst sie aufnehmen, versorgen und weitergeleiten, wie es dem Reichtum und der Liebe Gottes entspricht. ⁷Denn sie sind ausgezogen, um die Botschaft von Gott weiterzutragen, und haben von den Nichtchristen keine Unterstützung angenommen. ⁸Es ist ja unsere Sache, solche Leute aufzunehmen, damit wir der Wahrheit den Weg frei machen.

⁹Ich habe an die Gemeinde geschrieben, aber Diothrephes, der sich dort die Leitung anmaßt, nimmt uns nicht auf. ¹⁰Wenn ich komme, will ich ihm vorhalten, was er tut. Er schwätzt mit bösen Worten gegen uns, aber das ist nicht genug. Er nimmt auch die Brüder nicht bei sich auf, er verbietet es denen, die es tun wollen, und stößt sie aus der Gemeinde aus. ¹¹Mein Lieber, nimm dir nicht das Böse zum Vorbild, sondern das Gute. Wer das Gute wirkt, ist aus Gott. Wer das Böse schafft, weiß von Gott nichts.

¹²Den Demetrius (den Überbringer dieses Briefs) sehen alle einhellig als einen Diener der Wahrheit an. Ja, die Wahrheit selbst ist es, die ihm das bestätigt. Ich selbst kann im selben Sinne für ihn eintreten, und du weißt, dass mein Wort wahr ist. ¹³Vieles hätte ich dir zu schreiben, aber ich möchte es nicht mit Tinte und Schreibrohr tun. ¹⁴Ich hoffe vielmehr, dich bald zu sehen und mündlich mit dir reden zu können. ¹⁵Friede sei mit dir! Die Freunde grüßen dich. Grüße du selbst alle Freunde, jeden einzeln mit seinem Namen!

DER BRIEF DES JUDAS

Judas, ein Knecht des Christus Jesus, ein Bruder des Jakobus, grüßt die Christen, die von Gott berufen, von ihm geliebt und für Jesus Christus bewahrt sind. ²Möget ihr reich sein und immer reicher werden an Barmherzigkeit, Frieden und Liebe.

³Meine Lieben, über das Heil möchte ich euch schreiben, das uns gemeinsam ist. Ja, ich muss euch schreiben und euch dringend ermahnen, weiter für den Glauben zu kämpfen, der den Erwählten ein für alle Mal anvertraut ist. ⁴Denn es haben sich Menschen eingeschlichen, die längst für das Gericht vorgemerkt sind. Sie sind Gottlose. Sie missbrauchen die Gnade unseres Gottes zur Prasserei und verleugnen den einen Gebieter und Herrn Jesus Christus. ⁵Ich will euch erinnern, obwohl ihr ja alles wisst: Als der Herr sein Volk aus Ägypten befreite, überließ er dennoch in einer späteren Zeit diejenigen dem Verderben, die ihm nicht glaubten. ⁶Die Engel, die ihren hohen Auftrag nicht wahrten, sondern ihren himmlischen Wohnsitz verließen, legte er gefangen und verwahrte sie mit ewigen Fesseln in finsteren Tiefen auf den großen Tag des Gerichts. ⁷Wie sie wollten auch Sodom und Gomorra und die benachbarten Städte Unzucht treiben und sich mit andersartigen Wesen geschlechtlich verbinden. Sie erleiden die Strafe ewigen Feuers und stehen als warnendes Beispiel da.

⁸So treiben es jene Träumer auch: Sie beflecken ihren Leib, verachten die Ordnungen göttlicher Herrschaft und lästern die Mächte, die mit Gott walten. ⁹Aber selbst Michael, der Erzengel, wagte nicht, Gott vorzugreifen und ein Urteil zu fällen, als er mit dem Teufel um den Leichnam des Mose stritt und in Worten ihm widerstand, sondern sprach: »Der Herr wird dich strafen!« ¹⁰Diese Leute aber vergreifen sich an allem, was sie nicht kennen. Was sie aber von Natur verstehen wie die unvernünftigen Tiere, das benützen sie, um sich selbst zugrunde zu richten. ¹¹Weh ihnen! Sie gingen den Weg des Kain. Sie verfielen dem Wahn des Bileam und verraten Gottes Wahrheit für Geld. Sie widerstrebten wie Korach und gingen zugrunde. ¹²Sie sind es, die ohne Scheu mitschmausen, wenn ihr zu euren Liebesmahlen versammelt seid, Schandflecken eurer Gemeinschaft. Hirten sind sie und weiden sich selbst. Wolken sind sie, von Winden getrieben, und geben kein

Wasser. Herbstliche Bäume sind sie, doch ohne Frucht, blätterlos, doppelt dem Tode verfallen, sie verdorren mit ausgerissenen Wurzeln. ¹³Wilde Wellen im Meer, schäumen sie ihre eigene Schande aus. Irrsterne, stürzen sie in die Nacht, in tiefe, ewige Finsternis. ¹⁴Von ihnen sprach schon Henoch, der siebte nach Adam: »Gebt Acht! Der Herr kommt inmitten der Heere der Heiligen, ¹⁵um Gericht zu halten über die Menschheit und die Gottlosen zu strafen, die böse und eigenmächtig lebten und frevelten gegen den Herrn, die freche Reden führten gegen ihn, die Gottlosen.« ¹⁶Es sind die missvergnügten Leute, die unzufrieden sind mit ihrem Geschick, die sich ihre Lust holen, wo immer sie Lust finden, die in hochfahrenden Worten prahlen und den Menschen schmeicheln, wenn sie Gewinn davon haben.

¹⁷Ihr aber, meine Lieben, denkt an die Worte, die die Apostel unseres Herrn Jesus Christus vorausgesagt haben. ¹⁸Sie sagten: »In den letzten Tagen der Welt werden sich Spötter erheben, die nach ihrem eigenmächtigen, bösen Gelüst reden und handeln.« ¹⁹Sie sind es, die von Christen höherer Ordnung reden und dabei Diener ihrer niedrigen Menschlichkeit und ohne heiligen Geist sind. ²⁰Ihr aber, meine Lieben, baut eure Gemeinschaft auf den Glauben an den heiligen Gott und betet ihn an, erfüllt von heiligem Geist. ²¹Sorgt, dass ihr nicht die Liebe Gottes verliert, und lebt der Barmherzigkeit unseres Herrn Jesus Christus entgegen, der euch das bleibende, göttliche Leben schenken wird. ²²Mit den einen, die in Zweifeln leben, habt Mitleid, ²³die anderen rettet, reißt sie aus dem Feuer! Mit den dritten habt Mitleid und fürchtet euch zugleich, euch mit ihnen gemein zu machen, und verabscheut auch das Kleid, das von gottloser Gier beschmutzt ist.

²⁴Einer kann euch vor allem Straucheln behüten und euch ohne Fehler und mit Freude und Jubel hintreten lassen vor seine herrliche Erscheinung. ²⁵Der eine Gott ist's, der uns das Leben gibt durch Jesus Christus, unseren Herrn. Ihm sei Ehre, Majestät, Macht und Herrschaft wie vor aller Zeit, so heute und in alle Ewigkeit. Amen.

EIN BLICK IN DIE ZUKUNFT: DIE OFFENBARUNG DES JOHANNES

Ein Wort aus der Verbannung

1 ¹Dies ist die Enthüllung der Geheimnisse Gottes.
Jesus Christus hat sie geschaut und zeigt sie nun seinen Dienern.
In Bildern zeigt er, was geschehen wird in kurzer Zeit.
Durch seinen Engel tat er sie kund seinem Diener Johannes.
²Der bezeugt nun, was Gott gesagt und Christus bezeugt hat,
alles, was er sah.
³Wohl dem, der die Worte der Weisung liest.
Wohl denen, die hören und bewahren,
was geschrieben ist. Denn die Stunde ist nahe!

⁴Johannes
grüßt die sieben Gemeinden in der Provinz Asien.
Gnade sei mit euch und Frieden
von dem, der ist, der war und der kommt,
und von den sieben heiligen Engeln,
die vor seinem Thron stehen.
⁵Gnade und Frieden von Jesus Christus,
dem Bringer der Wahrheit, dem verlässlichen,
dem Ersten, der lebendig wurde aus dem Tode,
dem Herrn über die Könige der Erde.
Ihm, der uns geliebt hat
und durch seinen Tod erlöste von unserer Schuld,
⁶der uns zu Bürgern seines Reichs erwählte
und zu Priestern Gottes, seines Vaters,
sei die Verehrung. Sein ist die Macht
von Ewigkeit zu Ewigkeit. Amen.
⁷Gebt Acht! Er kommt von der Höhe des Himmels her!
Alle Augen werden ihn sehen.
Sehen werden ihn, die ihn gemordet haben,
entsetzt aufschreien werden alle Völker der Erde.
Ja, so wird es geschehen.
⁸So spricht Gott, der Herr:
»Ich bin das A und das O, der Anfang und das Ende.
Ich bin der, der ist, der war und der kommt,
der Allmächtige.«

⁹Ich, Johannes,
euer Bruder, der mit euch leidet, der mit euch herrschen wird,
der in Jesus geduldig ausharrt,
war auf die Insel Patmos verbannt,
weil ich das Wort von Gott weitergab
und mich zu Jesus bekannte.
¹⁰Da erfüllte mich heiliger Geist
am Tag der Auferstehung des Herrn,
und ich hörte hinter mir eine gewaltige Stimme,
hintönend wie eine Posaune, die rief:
¹¹»Was du schaust, schreibe in ein Buch
und sende es an die sieben Gemeinden!
Sende es nach Ephesus, Smyrna und Pergamon,
nach Thyatira, Sardes, Philadelphia und Laodizea!«
¹²Ich wandte mich um, den zu sehen, der zu mir sprach,
da sah ich sieben goldene Leuchter,
¹³mitten zwischen den Leuchtern aber
ihn, den Sohn des Menschen,
gekleidet in ein langes Gewand,
um die Brust gegürtet mit goldenem Gürtel.
¹⁴Sein Haupt und das Haar schimmerten weiß
wie reine Wolle, ja wie Schnee,
und seine Augen brannten wie Feuer.
¹⁵Seine Füße glühten wie goldschimmerndes Erz,
das im Ofen schmilzt,
und seine Stimme dröhnte wie das Brausen der Brandung.
¹⁶In seiner Rechten hielt er sieben Sterne,
sein Wort ging aus seinem Munde
wie ein zweischneidiges, scharfes Schwert,
und sein Angesicht leuchtete,
wie die Sonne aufglänzt in ihrer Macht.
¹⁷Als ich ihn sah, stürzte ich zur Erde vor ihm, als wäre ich tot,
er aber berührte mich mit seiner rechten Hand und sprach:

»Fürchte dich nicht!
Ich bin der Erste und der Letzte und der Lebendige.
¹⁸Ich war tot, aber du siehst:
Ich bin lebendig von Ewigkeit zu Ewigkeit
und habe die Schlüssel zum Tode und zum Totenreich.

¹⁹Schreibe auf, was du siehst! Schreibe, was jetzt geschieht
und was danach geschehen wird.
²⁰Das ist das Geheimnis der sieben Sterne,
die du in meiner Rechten siehst,
und das Geheimnis der sieben goldenen Leuchter:
Die sieben Sterne sind die Engel der sieben Gemeinden,
die Leuchter aber sind die Gemeinden selbst.

Sieben Briefe an sieben Gemeinden

2 ¹Dem Engel, der vor Gott steht
für die Gemeinde von Ephesus, schreibe:
So spricht, der in seiner Rechten die sieben Sterne hält,
der sich bewegt inmitten der sieben goldenen Leuchter:
²Ich sehe, was du getan hast.
Ich kenne deine Mühsal und deine Geduld.
Ich weiß, dass du die Bösen nicht duldest.
Du hast sie geprüft, die von sich sagen,
sie seien Apostel, und es nicht sind, du hast die Lügner entlarvt.
³Du hast Kraft, geduldig auszuharren,
du hast Schweres ertragen um meinetwillen
und bist nicht müde geworden.
⁴Aber ich habe das Eine gegen dich,
dass du von deiner ersten Liebe gewichen bist.
⁵Bedenke, von welcher Höhe du fielst!
Geh in dich und werde wie einst, sonst komme ich über dich
und stoße deinen Leuchter von dem Platz,
an dem er steht. Darum kehre um!
⁶Aber das spricht für dich, dass du die Nikolaiten hassest,
die auch ich hasse wie du. (Vermutlich eine gnostische Sekte.)
⁷Wer Ohren hat, höre, was der Geist den Gemeinden sagt.
Wer überwindet, dem werde ich zu essen geben
vom Baum des Lebens, der im Garten Gottes steht.

⁸Dem Engel der Gemeinde in Smyrna schreibe:
So spricht der Erste und der Letzte, der tot war und lebt:

⁹Ich kenne deine Bedrängnis und deine Armut. Du bist aber reich.
Ich kenne die Lästerung derer, die sagen,
sie seien Juden und sind es nicht.
Sie sind die Synagoge des Satans.
¹⁰Fürchte kein Leid, das dich treffen wird.
Wisse: der Satan wird manche von euch ins Gefängnis werfen,
und ihr werdet zeigen müssen, was euer Glaube wert ist.
Zehn Tage lang werdet ihr Qual leiden.
Sei treu bis in den Tod, so will ich dir die Krone des Lebens geben!
¹¹Wer Ohren hat, höre, was der Geist den Gemeinden sagt.
Wer überwindet, dem soll kein Unheil geschehen
durch den zweiten Tod.

¹²Dem Engel der Gemeinde zu Pergamon schreibe:
So spricht, der das Schwert führt,
das zweischneidige, das geschliffene!
¹³Ich weiß, wo du wohnst: am Thron des Satans.
Aber du hältst an mir fest und hast den Glauben
an mich nicht verleugnet, auch in den Tagen nicht,
als Antipas, mein Zeuge, mein getreuer, in eurer Mitte getötet wurde
am Wohnort des Satans.
¹⁴Aber ein Weniges habe ich gegen dich:
Es gibt Christen bei dir, die festhalten an der Lehre Bileams,
der Barak lehrte, Israel zu verführen, so dass sie Fleisch aßen,
das den Göttern geweiht war, und Unzucht trieben.
¹⁵So gibt es auch Leute bei dir,
die festhalten an der Lehre der Nikolaiten.
¹⁶Besinne dich! Schaffe Klarheit! Sonst komme ich schnell über dich
und zerhaue sie mit dem Schwert meines Mundes!
¹⁷Wer Ohren hat, höre, was der Geist den Gemeinden sagt.
Wer überwindet, dem will ich geben von dem verborgenen Brot.
Einen weißen Stein will ich ihm reichen,
auf dem Stein wird ein neuer Name stehen,
den der nur kennt, der ihn empfängt.

¹⁸Dem Engel der Gemeinde zu Thyatira schreibe:
So spricht der Sohn Gottes, der Augen hat wie flammendes Feuer
und Füße wie glühendes Golderz:
¹⁹Ich weiß, was du getan hast.

Ich kenne deine Liebe und deinen Glauben,
deinen Dienst und deine Geduld.
Ich sehe, dass du heute mehr tust als du früher tatest.
[20]Aber eins habe ich gegen dich: dass du Isebel gewähren lässt,
die sich als Prophetin ausgibt,
die meine Diener verführt, Hurerei zu treiben
und Götzenopferfleisch zu essen.
[21]Ich habe ihr Zeit gegeben umzudenken,
aber sie gibt nicht zu, dass es böse ist, was sie tut:
Ehebruch, Untreue gegen den einen Gott!
[22]Gib Acht! Ich werfe sie ins Krankenbett,
und die mit ihr die Ehe brechen, in schwere Qual!
Es sei denn, sie kehrten um und ließen ab von ihren Werken.
[23]Ihre Kinder werde ich töten mit tödlicher Krankheit,
und alle Gemeinden sollen sehen,
dass ich die Tiefen des Menschenherzens aufdecke
und jedem nach seinen Werken vergelte.
[24]Euch aber, den Übrigen in Thyatira,
die mit ihrer Lehre nichts zu schaffen haben,
die nicht abgestiegen sind in die ›Tiefen des Satans‹, sage ich:
Keine weitere Last will ich euch auflegen.
[25]Haltet das Eure fest, bis ich komme!
[26]Wer überwindet,
wer meiner Lehre und meinem Vorbild folgt,
dem werde ich Macht geben über die Völker.
[27]Mit eisernem Zepter wird er sie regieren,
wie Tongefäße wird er sie zerschlagen.
[28]Macht werde ich ihm geben,
wie ich Macht empfing von meinem Vater.
Den Morgenstern, den Glanz des aufgehenden Tages,
will ich ihm geben.
[29]Wer Ohren hat, höre, was der Geist den Gemeinden sagt.

3 [1]Dem Engel der Gemeinde zu Sardes schreibe:
So spricht, der die sieben Geister Gottes hat
und die sieben Sterne hält.
Ich weiß, wie du lebst!
Du stehst im Ruf, zu leben, aber du bist tot.
[2]Wach auf! Stärke die Übrigen, die am Sterben sind!

Denn ich habe gefunden, dass, was du tust,
vor Gott nicht bestehen kann.
³Erinnere dich, wie du die Gnade empfangen
und das Wort von Gott gehört hast!
Bewahre es, denke um! Wenn du nicht wacher wirst,
werde ich kommen wie ein Dieb,
und du wirst die Stunde nicht wissen, zu der ich komme.
⁴Aber es sind einige bei dir in Sardes,
die ihre Kleider nicht beschmutzt haben,
die werden bei mir sein und in weißen Kleidern gehen,
denn sie sind es wert.
⁵Wer überwindet, wird mit weißen Kleidern angetan.
Ich lösche seinen Namen nicht aus dem Buch des Lebens
und bekenne mich zu ihm vor meinem Vater und seinen Engeln.
⁶Wer Ohren hat, höre, was der Geist den Gemeinden sagt.

⁷Dem Engel der Gemeinde zu Philadelphia schreibe:
So spricht der Heilige, der die Wahrheit ist,
der den Schlüssel Davids hat.
Wo er öffnet, schließt niemand zu.
Wo er zuschließt, tut niemand auf.
⁸Ich weiß, was du tust.
Schau her! Vor dir ist eine offene Tür,
die niemand schließen wird,
denn du hast eine geringe Kraft und hast mein Wort bewahrt
und mich nicht verleugnet.
⁹Dich bedrängen Menschen aus der Synagoge des Satans.
Sie sagen, sie seien Juden, und sind es nicht.
Sie lügen. Ich werde sie hertreiben.
Sie werden sich dir zu Füßen werfen
und erkennen, dass ich dich liebe.
¹⁰Ich habe dich aufgerufen, geduldig zu sein,
und du hast meinen Ruf bewahrt.
Darum will ich auch dich bewahren,
wenn die Stunde der Gefahr kommt.
Denn sie wird hereinbrechen über den ganzen Erdkreis
und die prüfen, die ihn bewohnen.
¹¹Ich komme bald! Halte, was du hast,
damit niemand dir deine Krone nimmt!

¹²Wer überwindet, den will ich machen zum Pfeiler
im Hause meines Gottes, und er wird seinen festen Platz haben.
Den Namen meines Gottes will ich auf ihn schreiben
und den Namen seiner Stadt,
des neuen Jerusalem, das von meinem Gott
aus dem Himmel herabkommt. Ja, meinen eigenen, neuen Namen.
¹³Wer Ohren hat, höre, was der Geist den Gemeinden sagt.

¹⁴Dem Engel der Gemeinde zu Laodizea schreibe:
So spricht der Eine, der bleibt, der er ist.
So spricht der treue und wahrhaftige Zeuge,
der Anfang der Schöpfung Gottes:
¹⁵Ich sehe, was du tust. Du bist weder kalt noch heiß.
Ach, wärest du doch kalt oder heiß! ¹⁶Weil du aber lau bist
und weder heiß noch kalt, will ich dich ausspeien aus meinem Munde.
¹⁷Du sagst: ›Ich bin reich!
Ich lebe im Wohlstand und kenne keinen Mangel!‹
und weißt nicht, dass du armselig bist und erbärmlich,
arm, blind und bloß. ¹⁸Ich rate dir:
Kaufe Gold bei mir, das im Feuer gereinigt ist,
damit du reich wirst!
Kaufe dir weiße Kleider, dich zu bekleiden,
damit du nicht in Schande dastehst, nackt und bloß.
Kaufe dir Augensalbe bei mir
und bestreiche deine Augen, damit du klar siehst!
¹⁹Wen ich liebe, den erziehe ich mit Strenge.
Wende also alle Kraft an deine Umkehr!
²⁰Sieh! Ich stehe vor der Tür und klopfe an.
Wer meine Stimme hört und die Tür öffnet,
zu dem werde ich eintreten
und mit ihm das Mahl feiern und er mit mir.
²¹Wer überwindet, dem gebe ich das Vorrecht,
mit mir zu sitzen auf meinem Thron,
wie auch ich überwunden habe und mit meinem Vater herrsche.
²²Wer Ohren hat, höre, was der Geist den Gemeinden sagt.«

Vorspiel im Himmel

Der Thronende und die Versammlung der Diener

4 ¹Danach blickte ich auf und sah ein Bild: Eine Tür stand offen, und ich sah in den Himmel. Jene Stimme, die zuerst zu mir gesprochen hatte wie eine Posaune, rief: »Komm herauf! Ich will dir zeigen, was künftig geschehen soll!« ²Und ich sah und hörte, was mit menschlichen Augen und Ohren nicht zu sehen und zu vernehmen ist, sondern nur durch Gottes Geist: Ein Thron stand im Himmel, und auf dem Thron saß Er! ³Der da saß, glühte wie ein Jaspis und ein Karneol. Ein Regenbogen umstrahlte, schimmernd wie ein Smaragd, den Thron. ⁴Rings um den Thron standen vierundzwanzig Throne. Auf ihnen saßen vierundzwanzig Älteste; weiße Gewänder trugen sie und goldene Kronen auf ihren Häuptern. ⁵Von dem Thron her sprühte es wie Blitzezucken, und rollende Donner hallten über mich hin. Sieben Feuerschalen brannten vor dem Thron: die sieben dienenden Geister, die vor Gott stehen. ⁶Vor dem Thron glänzte es wie Kristall, wie ein Meer aus Glas, und in halber Höhe des Thrones ruhten vier gewaltige Wesen, die rundum mit Augen bedeckt waren. ⁷Das erste war wie ein Löwe, das zweite wie ein Stier, das dritte trug ein Gesicht wie ein Mensch, das vierte glich einem Adler im Flug. ⁸Jedes der vier mächtigen Wesen hatte sechs Flügel, die waren innen und außen mit Augen bedeckt. Sie ruhten nicht bei Tag und bei Nacht und sangen: »Heilig, heilig, heilig ist Gott, der Herrscher der Welt, der von Anfang war, der ist und der kommt.« ⁹Sooft aber die vier Wesen dem Thronenden Preis, Ehre und Dank zurufen, ihm, der lebt und herrscht in Ewigkeit, ¹⁰werfen die vierundzwanzig Ältesten sich auf die Knie und verehren den, der auf dem Thron sitzt, der lebendig ist in alle Ewigkeit, und legen ihre Kronen vor dem Thron nieder mit dem Ruf: ¹¹»Würdig bist du, o Herr, unser Gott, Preis, Ehre und Macht zu empfangen, denn allein du hast das All erschaffen, durch deinen Willen empfing es sein Wesen, durch dich besteht es allein!«

Der Herrscher, der sich opferte: das Lamm

5 ¹Und ich sah: Der Thronende hielt in seiner Rechten eine Buchrolle, die innen und außen beschrieben und mit sieben Siegeln verschlossen war. ²Und ich sah einen gewaltigen Engel; der rief mit mächtiger Stimme: »Wer ist würdig, das Buch zu öffnen und seine Siegel zu brechen?« ³Aber niemand konnte antworten: »Ich!« – weder im Himmel noch auf der Erde noch unter der Erde. Niemand konnte das Buch entrollen und lesen. ⁴Da weinte ich sehr, weil niemand da war, der würdig wäre, das Buch zu öffnen und zu lesen. ⁵Einer von den Ältesten aber sprach zu mir: »Weine nicht! Sieh, der Löwe aus Juda hat den Sieg errungen, der Nachkomme Davids! Er wird das Buch öffnen und seine Siegel brechen.« ⁶Und ich sah: In der Mitte vor dem Thron, vor den vier mächtigen Wesen, inmitten der Ältesten, stand ein Lamm, wie ein Opfer, das geschlachtet worden ist. Es hatte sieben Hörner und sieben Augen, die sieben Geister Gottes, die alle Lande der Erde überschauen. ⁷Und das Lamm trat heran und nahm die Rolle aus der Rechten des Thronenden.

⁸Und das Lamm nahm das Buch. Da warfen sich die vier mächtigen Wesen und die vierundzwanzig Ältesten vor ihm nieder, und die Ältesten hielten Harfen in der Hand und goldene Schalen, die voll waren von Weihrauch, von den Gebeten der Christen. ⁹Und sie sangen ein neues Lied: »Würdig bist du, das Buch zu empfangen und seine Siegel zu öffnen, denn du hast dich geopfert und hast den Menschen die Freiheit erkauft und hast sie durch den Tod zu Gott geführt aus allen Stämmen, Sprachen, Völkern und Reichen. ¹⁰In dein Königtum hast du sie aufgenommen und hast sie zu Priestern gemacht, und sie werden über die ganze Erde herrschen.« ¹¹Danach hörte ich das Singen vieler Engel, die standen rings um den Thron, um die vier Wesen und die Ältesten her, und ihre Menge war unübersehbar, tausendmal Tausende sangen, ¹²zu einer großen Stimme vereint: »Würdig ist Christus, der gelitten hat! Würdig ist er, Macht zu empfangen, Fülle, Weisheit und Kraft, Ehre, Lichtglanz und Lobpreis!«

¹³Zuletzt stimmte alles mit ein, was im Himmel und auf der Erde und unter der Erde lebt, auf dem Meer und in den Wassern, mit brausendem Gesang: »Dem Thronenden und dem Lamm seien Lobpreis und Ehre, Lichtglanz und Macht von Ewigkeit zu Ewigkeit!« ¹⁴Die vier gewaltigen Wesen antworteten: »Amen!«, und die Ältesten warfen sich nieder und beteten an.

Sieben Siegel werden geöffnet

6 ¹Und ich erlebte, was da geschah:
Als Christus, das Lamm, eines der sieben Siegel aufbrach,
hörte ich eines der vier gewaltigen Wesen
mit der Kraft des Donners rufen: »Komm!«
²Da kam ein weißes Pferd, und sein Reiter hielt einen Bogen.
Er trug den Kranz des Siegers und ritt aus von Sieg zu Sieg.

³Als das Lamm das zweite Siegel öffnete,
hörte ich die Stimme des zweiten
jener Wesen rufen: »Komm!«
⁴Ein zweites Pferd, rot wie Feuer, sprengte heraus.
Sein Reiter hatte die Macht, den Frieden von der Erde zu nehmen.
Er machte, dass die Menschen einander erwürgten,
und er trug ein gewaltiges Schwert.

⁵Als es das dritte Siegel brach,
hörte ich das dritte Wesen am Thron rufen: »Komm!«
Da sah ich ein schwarzes Pferd herausspringen,
und sein Reiter hatte eine Waage in der Hand.
⁶Danach hörte ich aus dem Kreis
der vier mächtigen Wesen eine Stimme:
»Eine Handvoll Weizen für einen Taglohn
und drei Hände Gerste für einen Taglohn!
Aber dem Öl und Wein tu kein Leid.«

⁷Und als Christus das vierte Siegel auftat,
hörte ich das vierte große Wesen rufen:
»Komm!«
⁸Und ich sah: Da kam ein fahles Pferd, auf ihm saß der Tod,
und das Totenreich stürmte ihm nach.
Und sie rissen den vierten Teil der Menschheit hinweg
und töteten sie mit dem Schwert und dem Hunger,
mit tödlicher Krankheit und durch reißende Tiere.

⁹Als er das fünfte Siegel öffnete, sah ich unter dem Altar alle, die den
Tod erlitten hatten um der Wahrheit willen, die sie von Gott empfangen

hatten und für die sie eingetreten waren. ¹⁰Die riefen mit lauter Stimme und fragten: »Wie lange? Herr, du Heiliger und Wahrhaftiger, wie lange warten wir, bis du kommst? Wie lange, bis dein Plan sich erfüllt und die Menschen deine Macht sehen?« ¹¹Jeder von ihnen empfing ein weißes Gewand, und es wurde ihnen gesagt, sie sollten noch eine kleine Weile warten, bis die Zahl ihrer Mitknechte und Brüder voll sei, die noch getötet werden mussten wie sie.

¹²Und ich sah, dass Christus das sechste Siegel öffnete. Da brach ein gewaltiges Erdbeben los, die Sonne wurde finster wie ein schwarzer Sack und der runde Mond dunkelrot wie Blut. ¹³Die Sterne fielen vom Himmel auf die Erde wie die Früchte, die ein Feigenbaum abwirft, wenn der Sturm ihn schüttelt. ¹⁴Der Himmel rollte sich zusammen wie eine Buchrolle und verschwand, und die Berge und Inseln wurden von ihren Orten gerissen. ¹⁵Die Könige der Erde und die Fürsten, die Heerführer, die Reichen und die Mächtigen, die kleinen und die großen Leute verbargen sich in den Höhlen und den Klüften der Berge ¹⁶und riefen den Bergen und den Felsen zu: »Fallet über uns und verbergt uns vor den Augen dessen, der auf dem Thron sitzt, und vor dem Zorn des Christus, ¹⁷denn der große Tag ihres Zorns ist da, und wer kann bestehen?«

Ein Zwischenspiel: Gottes Volk wird bezeichnet

7 ¹Danach sah ich die vier Sturmengel an den vier Enden der Erde stehen. Die hielten die vier Winde fest, die über die Erde wehen, damit kein Lufthauch über das Land gehe oder über das Meer oder die Bäume. ²Und ich sah noch einen anderen Engel, der stieg vom Sonnenaufgang her empor. Er hielt das Siegel des lebendigen Gottes und rief mit gewaltiger Stimme den vier Engeln zu, die die Macht hatten, die Erde und das Meer zu verwüsten: ³»Verwüstet die Erde nicht noch das Meer, noch die Bäume! Erst müssen wir die Knechte Gottes mit einem Mal versehen, mit dem Siegel Gottes ihre Stirnen zeichnen!« ⁴Und ich hörte die Zahl derer, die das Mal empfingen: hundertvierundvierzigtausend. Aus allen Stämmen des Volkes Israel waren sie genommen. ⁵⁻⁸Aus jedem Stamm waren es zwölftausend: aus den Stämmen Juda, Ruben, Gad, Ascher, Naftali, Manasse, Simeon, Levi, Issachar, Sebulon, Josef und Benjamin.

⁹Und ich blickte auf und sah: Eine unübersehbar große Zahl von Menschen, unzählbar, aus allen Völkern, Stämmen, Nationen und

Sprachen, drängte sich um den Thron und vor dem Lamm. Sie waren mit den weißen Gewändern des Triumphs bekleidet, hielten die Palmzweige des Sieges in den Händen ¹⁰und sangen mit brausenden Stimmen: »Die Rettung kommt von Gott, der die Macht hat, und Christus, dem Lamm!« ¹¹Und alle Engel standen im Kreis um den Thron, um die Ältesten und die vier gewaltigen Wesen her, und sie warfen sich vor dem Throne auf ihr Angesicht nieder und beteten Gott an: ¹²»Wahr ist, wahr bleibt: Preis und Lichtglanz, Weisheit und Dank, Ehre, Macht und Gewalt gebühren unserem Gott in alle Ewigkeiten. Ja, das ist wahr!«

¹³Einer der Ältesten wandte sich mir zu und fragte: »Wer sind diese, die die weißen Kleider tragen, und woher kommen sie?« ¹⁴Ich gab zur Antwort: »Mein Herr, du weißt es!« Und er sprach zu mir: »Sie sind es, die aus der großen, schweren Bedrängnis kommen! Sie haben ihre Kleider gewaschen und festlich weiß gemacht, denn Christus, das Lamm, ist für sie gestorben. ¹⁵Darum stehen sie nun vor Gott und feiern das Fest ihres Dienstes Tag und Nacht in seinem Heiligtum, und Gott selbst, der Thronende, ruht über ihnen wie ein Lichtglanz. ¹⁶Sie werden nicht mehr hungern noch dürsten, keine Sonne wird sie versengen und keine Glut der Verfolgung, ¹⁷das Lamm, Christus selbst, der mit Gott herrscht, wird sie auf die Auen führen und sie zum frischen Wasser leiten, und Gott wird abwischen alle Tränen von ihren Augen.«

Sieben Posaunen dröhnen

8 ¹Als Christus das siebte Siegel aufbrach, trat eine Stille im Himmel ein; wohl eine halbe Stunde währte sie. ²Und ich sah: Den sieben Erzengeln, die am nächsten vor Gott stehen und ihm dienen, wurden sieben Posaunen gereicht. ³Dann kam ein anderer Engel und trat an den Altar. Er trug ein goldenes Rauchfass, und viel Weihrauch stieg auf. Als Zeichen für die Gebete aller Christen brachte er ihn auf dem goldenen Räucheraltar, der vor dem Thron steht, Gott dar. ⁴Und der Weihrauch stieg aus der Hand des Engels zu Gott auf: die Gebete der Heiligen. ⁵Da plötzlich nahm der Engel das Rauchfass, füllte es mit Glut von dem Feuer auf dem Altar und schleuderte es auf die Erde: Da schlug der Donner in gewaltigen Schlägen, Blitze zuckten, und die

Erde erbebte. ⁶Die sieben Erzengel aber ergriffen die sieben Posaunen und setzten sie an den Mund. ⁷Der Erste blies: Da prasselten Hagel und Feuer, rot wie Blut, auf die Erde hinab. Ein Drittel der Erde verbrannte, ein Drittel der Bäume und alles frische Gras. ⁸Der Zweite blies: Da wurde etwas wie ein großer, feuerglühender Berg ins Meer geworfen. Ein Drittel des Meeres wurde zu Blut, ⁹ein Drittel aller Tiere des Meeres kam um, und ein Drittel der Schiffe versank. ¹⁰Der Dritte blies: Da fiel ein riesiger Stern vom Himmel, der brannte wie eine Fackel. Er fiel auf ein Drittel der Ströme, der Bäche und Quellen. ¹¹Der Stern heißt Absinth. Ein Drittel der Wasser wurde zu Wermut, und viele Menschen starben an dem bitteren Wasser. ¹²Der Vierte blies: Da wurden ein Drittel der Sonne, ein Drittel des Mondes, ein Drittel der Sterne finster. Ein Drittel des Tages wurde zur Nacht, ein Drittel der Nacht zur Finsternis. ¹³Und wieder sah ich und hörte: Ein Adler, der oben in der Mitte des Himmels flog, schrie: »Weh! Weh! Weh den Bewohnern der Erde! Noch folgen die Posaunen der andern drei Engel und das Dröhnen ihrer Stimmen.«

9 ¹Der fünfte Erzengel blies, und ich sah: Ein Stern stürzte vom Himmel auf die Erde, und ein Schlüssel wurde ihm gegeben, der Schlüssel zu dem Brunnenloch, das ins unterste Reich der Hölle hinabführt. ²Da öffnete er den verschlossenen Brunnen zur Tiefe der Hölle, und Rauch quoll aus dem Loch wie der Rauch eines gewaltigen Ofens, die Sonne wurde finster und die Bläue des Himmels schwarz von dem Rauch aus der Tiefe. ³Aus dem Qualm quollen Wolken von Heuschrecken, die überfielen die Erde, unwiderstehlich wie Skorpione. ⁴Sie hatten Befehl, das Gras, das Grün und alle Bäume der Erde zu schonen, die Menschen aber zu überfallen, die das Malzeichen Gottes nicht an der Stirn trugen. ⁵Ihr Auftrag war nicht, sie zu töten, sondern sie fünf Monate lang zu quälen. Der Schmerz, den sie zufügen, ist entsetzlich wie der Schmerz, den der Skorpion dem zufügt, den er sticht. ⁶In jenen Tagen werden die Menschen den Tod suchen und ihn nicht finden. Sie werden zu sterben begehren, und der Tod wird sie fliehen. ⁷Die Heuschrecken aber waren wie zum Krieg gerüstete Rosse. Auf ihren Köpfen trugen sie goldglänzende Kronen, Gesichter hatten sie wie Gesichter von Menschen, ⁸Haare wie Frauenhaar, Zähne wie Zähne von Löwen. ⁹Sie waren gepanzert wie mit eisernen Panzern, das Rasseln ihrer Flügel klirrte wie der Lärm eines Heeres von rossebespannten Kriegswagen, die in die Schlacht rollen. ¹⁰Sie hatten

Schwänze und Stacheln wie Skorpione. In den Schwänzen aber lag ihre Macht, die Menschen fünf Monate lang zu quälen. [11]Ein König regierte sie, der Herrscher der Hölle. Abaddon heißt er hebräisch, Apollyon in griechischer Sprache. [12]Das erste »Weh!« ist vorüber. Gib Acht! Zwei weitere »Wehe!« folgen ihm nach.

[13]Der sechste Erzengel blies, und ich hörte eine Stimme von den vier Ecken des goldenen Räucheraltars her, der vor Gott steht. [14]Die rief dem sechsten Engel zu, der eben posaunte: »Löse die vier Engel, die gefesselt sind am Euphrat, dem großen Strom!« [15]Und die vier Engel wurden frei. Auf die Stunde und den Tag waren sie bereit, auf Monat und Jahr, und waren gerüstet, ein Drittel der Menschen zu töten. [16]Die Zahl der Reiter in ihrem Heer war zweihunderttausendmal tausend, ich hörte die Zahl! [17]Die Pferde und ihre Reiter – das sah ich! – trugen Panzer, die glänzten rot wie das Feuer und bläulich wie Hyazinthen und gelb wie der Schwefel. Die Köpfe der Pferde waren wie Köpfe von Löwen, aus ihren Mäulern schoss Feuer, Rauch quoll heraus und schwefliger Dampf. [18]An diesen drei Waffen, dem Feuer, dem Rauch und dem Schwefel, die aus den Rachen quollen, ging ein Drittel der Menschen zugrunde. [19]Denn die Macht der Pferde liegt in den Mäulern und in den Schwänzen. Ja, Schwänze tragen sie, die Schlangen gleichen mit gefährlichen Köpfen, und mit ihnen greifen sie an.

[20]Aber die übrigen Menschen, die von den Waffen jenes Heeres nicht getötet wurden, änderten sich nicht und ließen nicht ab von ihrem Tun: Immer und immer beteten sie Götter an, Bilder, die sie selbst geschaffen haben, aus Gold, aus Silber, aus Erz, aus Stein oder Holz, die doch weder sehen noch hören noch gehen können. [21]Sie änderten sich nicht und ließen nicht von ihrem Morden und Zaubern, ihrem Huren und Stehlen.

Der Schwur des Engels: Die Stunde ist da

10 [1]Einen anderen mächtigen Engel sah ich vom Himmel herabsteigen. Er war in Wolken gehüllt, der Regenbogen stand um sein Haupt, sein Gesicht blendete wie die Sonne, und seine Füße brannten wie feurige Säulen. [2]In der Hand hielt er ein kleines, aufgeschlagenes Buch. Er setzte den rechten Fuß auf das Meer, den linken aufs Land [3]und schrie mit gewaltiger Stimme, wie ein Löwe brüllt. Und als er so schrie, hallten die sieben Donner wider mit ihrem Grollen. [4]Als aber der Hall der sieben Donner verstummt war, wollte ich niederschreiben, was sie gesprochen hatten, aber ich hörte eine Stimme vom Himmel: »Halte es geheim, was die sieben Donner grollten! Schreib es nicht auf!« ⁵Und der Engel, den ich auf dem Meer und dem Lande stehen sah, reckte die rechte Hand zum Himmel ⁶und schwur bei dem Gott, der von Ewigkeit zu Ewigkeit lebt, der den Himmel geschaffen hat mit all seinen Wesen, die Erde mit ihren Geschöpfen, das Meer und was in ihm lebt: »Nun ist das Warten zu Ende! ⁷Wenn der Ruf der Posaune des siebten Engels ertönt, wird der verborgene Plan Gottes erfüllt, und es geschieht, was er seinen Knechten, den Propheten, versprach!« ⁸Und wieder erscholl die Stimme vom Himmel, die ich gehört hatte: »Geh hin! Nimm das Buch! In der Hand des Engels, der auf dem Meer und dem Land steht, liegt es geöffnet.« ⁹Da ging ich zu dem Engel und bat ihn: »Gib mir das Buch!« Und er antwortete: »Nimm es! Iss es auf! Es wird bitter in deinem Leibe liegen, aber in deinem Munde wird es süß sein wie Honig.« ¹⁰So nahm ich das kleine Buch aus der Hand des Engels und verschlang es. Honigsüß war es in meinem Munde, als ich es aber verzehrt hatte, lag es bitter in meinem Leibe. ¹¹Und ich hörte sagen: »Noch einmal wirst du Gottes Willen verkünden, gegen viele Völker und Staaten wirst du dein Wort richten, gegen Menschen aller Sprachen und ihre Könige! Das ist dein Amt.«

Mose und Elija treten auf

11 ¹Danach empfing ich ein Rohr, das einem Messstab glich, und hörte: »Auf! Miss den Tempel Gottes und den Altar und zähle, die dort anbeten! ²Den äußeren Vorhof des Tempels lass liegen und miss ihn nicht, denn er ist den Fremden überlassen, und die Gottlosen werden die heilige Stadt zweiundvierzig Monate lang zertreten. ³Meinen beiden Zeugen, den Propheten, werde ich Vollmacht verleihen, zwölfhundertsechzig Tage lang öffentlich meinen Willen auszurufen, in Säcke gehüllt werden sie auftreten.« ⁴Sie sind die zwei Ölbäume und die zwei brennenden Lichter, die vor dem Herrn der Welt stehen. ⁵Will jemand ihnen Gewalt antun, so fährt Feuer aus ihrem Munde und vernichtet die Feinde. Jeder, der Hand an sie legt, geht so zugrunde. ⁶Sie haben die Macht, den Himmel zu verschließen, so dass kein Regen fällt, solange sie wirken, und sie haben Macht über die Flüsse, sie in Blut zu verwandeln und die Erde mit Unheil zu schlagen, wie und wie oft es ihnen gefällt. ⁷Wenn die Zeit ihres Redens vorüber sein wird,

wird das Tier, das aus der Hölle aufsteigt, Krieg gegen sie führen und wird sie besiegen und töten, ⁸und ihre Leichen werden herumliegen auf den Gassen der großen Stadt, die in Gottes Augen ein Sodom und ein Ägypten ist, in der auch der Herr jener Propheten den Kreuzestod starb. ⁹Menschen aus allen Völkern, Stämmen, Sprachen und Reichen werden ihre Leiber dreieinhalb Tage liegen sehen und werden ihnen das Begräbnis verweigern. ¹⁰Die Bewohner der Erde werden sich über sie freuen, Feste feiern und einander Geschenke senden, denn lästig waren die beiden Propheten den Bewohnern der Erde gewesen. ¹¹Nach den dreieinhalb Tagen aber, das sah ich, fuhr der lebendige Geist Gottes in sie, und sie standen auf, und eine lähmende Furcht ergriff alle, die es sahen. ¹²Und die beiden hörten eine mächtige Stimme vom Himmel, die ihnen zurief: »Kommt herauf!« Und sie stiegen in einer Wolke zum Himmel auf, und ihre Feinde schauten ihnen nach. ¹³In jener Stunde brach ein schweres Erdbeben los. Der zehnte Teil der Stadt stürzte ein, und siebentausend Menschen kamen um, die Übrigen unterwarfen sich Gott und beteten ihn an, von Furcht getrieben. ¹⁴Das zweite »Weh!« ist vorüber. Gib Acht! Das dritte »Weh!« kommt bald!

Dreifacher himmlischer Lobgesang

¹⁵Der siebte Erzengel blies die Posaune. Da brausten mächtige Stimmen im Himmel auf: »Die Herrschaft über die Welt hat unser Gott in den Händen, mit ihm herrscht Christus, und er wird regieren in alle Ewigkeit!«
¹⁶Und die vierundzwanzig Ältesten, die vor Gottes Angesicht auf ihren Thronen saßen, warfen sich nieder und beteten Gott an mit dem Gesang: ¹⁷»Dich preisen wir, Herr und Gott, allmächtiger Herrscher! Du bist und du warst! Du hast deine große Macht ergriffen, und deine Herrschaft hat begonnen! ¹⁸Die Völker empörten sich gegen dich, aber du wirfst sie nieder. Die Zeit ist gekommen, die Toten zu richten; die Zeit, deinen Knechten den Lohn zu geben, den Propheten, den Heiligen und allen, die dich fürchten, den Kleinen und den Großen; die Zeit ist da, zu verderben, die die Erde verdarben.« ¹⁹Da tat der Tempel im Himmel sich auf, und man sah die Lade des Bundes.
Und die Kräfte der Natur stimmten in den Lobgesang ein: Blitze und heulender Sturm, Donner und Beben der Erde und das Prasseln des Hagels.

Michael und der Drache

12 ¹Danach erschien ein großes Zeichen am Himmel: eine Frau, die mit dem Glanz der Sonne bekleidet war. Unter ihren Füßen stand der Mond, und auf ihrem Haupt strahlte eine Krone aus zwölf Sternen. ²Sie war schwanger und schrie in ihren Wehen und litt schwer an der Qual der Geburt. ³Da erschien am Himmel ein zweites Zeichen: ein großer Drache, rot wie Feuer, mit sieben Köpfen und zehn Hörnern und mit sieben Kronen auf seinen Köpfen. ⁴Sein Schwanz fegte ein Drittel aller Sterne vom Himmel und schleuderte sie auf die Erde. Und der Drache stellte sich vor die Frau, die ihr Kind gebären sollte, um es zu verschlingen, sobald es zur Welt käme. ⁵Und sie gebar einen Sohn, einen Knaben, dem die Macht über alle Völker bestimmt war, und das Kind wurde weggerissen und zu Gott und seinem Thron entrückt. ⁶Die Frau aber floh in die Wüste, denn dort hatte Gott ihr eine Zuflucht geschaffen. Zwölfhundertsechzig Tage lang sollte sie dort versorgt werden.

⁷Da brach im Himmel ein Kampf los: Michael und seine Engel kämpften gegen den Drachen. Auch der Drache und seine Engel stritten, ⁸aber sie konnten nicht gewinnen, und es blieb ihnen im Himmel kein Raum. ⁹Hinabgestürzt wurde der große Drache, die alte Schlange, der Verleumder und Verkläger, der die ganze Welt verwirrt. Auf die Erde stürzte er hinab, und seine Engel stürzten mit ihm. ¹⁰Und ich hörte einen mächtigen Gesang im Himmel: »Nun sind Heil und Kraft und Herrschaft in der Hand unseres Gottes, und die Macht ist in der Hand seines Christus, denn der Verkläger unserer Brüder stürzte hinab, er, der sie Tag und Nacht vor Gott verklagte. ¹¹Sie haben ihn überwunden, denn Christus starb für sie, sie bekannten sich zu ihm und liebten ihr Leben nicht bis zum Tod. ¹²Darum freut euch, ihr Himmel und alle, die dort wohnen! Wehe aber der Erde und dem Meer, denn zu euch fuhr der Teufel hinab! Sein Zorn ist groß, und er weiß, dass er wenig Zeit hat.«

¹³Als der Drache sah, dass er zur Erde gestürzt war, griff er die Frau an, die den Knaben geboren hatte. ¹⁴Die Frau aber empfing die beiden Flügel des großen Adlers, mit denen sie in die Wüste entfliehen konnte, an den Ort ihrer Zuflucht, wo sie dreieinhalb Jahre fern von der Schlange versorgt werden sollte. ¹⁵Da spie die Schlange aus ihrem Maul einen Strom Wasser, um die Frau in der Flut wegzuschwemmen, ¹⁶aber die Erde kam der Frau zu Hilfe, riss eine Schlucht auf und verschlang die Flut, die der Drache aus seinem Maul gespien hatte. ¹⁷Da wurde der Dra-

che rasend vor Zorn über die Frau und wandte sich, um gegen die übrigen ihrer Kinder Krieg zu führen: gegen alle, die Gottes Gebote einhalten und sich zu Jesus bekennen. ¹⁸Und der Drache trat an den Strand des Meeres.

Die Bestie aus dem Meer: Der Antichrist

13 ¹Da sah ich ein Tier aus dem Meer aufsteigen: zehn Hörner hatte es und sieben Köpfe, auf den Hörnern saßen zehn Diademe, und auf den Köpfen standen Namen, die sich das Tier anmaßte und die doch nur Gott zustehen: Titel der Würde und der Herrschaft. ²Das Untier, das ich sah, glich einem Panther, seine Füße waren wie Pranken eines Bären, sein Maul wie der Rachen eines Löwen. Der Drache aber gab ihm seine Gewalt, seine Herrschaft und große Macht. ³Unter seinen Häuptern war eines, das zwar tödlich verwundet war, aber die tödliche Wunde heilte, und die ganze Menschheit staunte dem Tier nach, ⁴sie beteten alle den Drachen an, der dem Tier seine Macht verliehen hatte, und warfen sich vor der Bestie zu Boden mit dem Ruf: »Wer ist dem Tier gleich an Macht? Wer kann ihm widerstehen?« ⁵Es hatte ein Maul, das vermessene und gotteslästerliche Reden hielt, und seine Herrschaft währte zweiundvierzig Monate lang. ⁶So riss es sein Maul auf und lästerte Gott, zog Gottes heilige Würde in den Schmutz und verhöhnte das himmlische Heiligtum und alle, die dort wohnen. ⁷Und Gott erlaubte ihm, die Gemeinde der Christen zu verfolgen und zu unterwerfen, und es hatte Macht über alle Stämme und Völker, Sprachen und Nationen der Menschen. ⁸Die ganze Menschheit verehrte die Bestie, alle, deren Namen im Buch des Lebens nicht verzeichnet stehen, alle, die nicht schon vor dem Anfang der Welt Christus, dem Geopferten, zugehörten. ⁹Wer Ohren hat, höre! ¹⁰Wem bestimmt ist, ins Gefängnis zu gehen, der gehe ins Gefängnis. Wem beschieden ist, unter dem Schwert zu sterben, der sterbe unter dem Schwert. Hier bewähren sich Geduld und Glaube der Heiligen.

¹¹Danach sah ich aus der Erde ein anderes Tier aufsteigen. Das hatte zwei Hörner wie ein Lamm und redete wie ein Drache. ¹²Es verwaltet alle Macht des ersten Tieres in dessen Auftrag. Es zwingt alle Menschen, die die Erde bewohnen, das erste Tier anzubeten, dessen tödli-

che Wunde geheilt war. ¹³Es vollbringt bedeutende Wundertaten: Feuer lässt es vor den Augen der Menschen vom Himmel fallen! ¹⁴Es verführt die Menschen mit Hilfe der Wunder, die es im Auftrag des Tieres tun darf, und überredet sie, ein Götterbild anzufertigen, das das Tier darstellt, das den Schwerthieb empfangen hatte und doch am Leben blieb. ¹⁵Es hat die Fähigkeit, dem Bild des Tieres Leben einzuhauchen, so dass es anfängt zu reden, und sorgt dafür, dass alle, die das heilige Tierbild nicht anbeten, umgebracht werden. ¹⁶Es zwingt jedermann, Klein und Groß, Reich und Arm, Hoch und Niedrig, auf der rechten Hand oder auf der Stirn das Zeichen des Tieres zu tragen, ¹⁷so dass niemand mehr kaufen oder verkaufen kann, wenn er nicht das Abzeichen mit dem Namen des Tieres trägt oder mit der Zahl, die seinem Namen entspricht. ¹⁸Hier ist verborgene Bedeutung. Wer Einsicht hat, kann die Zahl des Tieres enträtseln, denn es ist die Zahl eines Menschen. Sie lautet: sechshundertsechsundsechzig.

14 ¹Da sah ich auf und schaute: Der Christus, das Lamm, stand auf dem höchsten Gipfel der himmlischen Welt, dem Berg Zion. Bei ihm standen hundertvierundvierzigtausend, die den Namen des Christus und den Namen »Gott, der Vater« auf der Stirn trugen. ²Und ich hörte eine Stimme vom Himmel: Es war wie das Tosen und Brausen vieler Wasserstürze und wie das Hallen vieler Donner! Nein, es war das Rauschen, das aufbraust, wenn Harfenspieler in ihre Harfen greifen! ³Nein, noch anders: Es war ein Gesang! Sie sangen ein fremdes, neues Lied vor dem Thron, vor den vier mächtigen Wesen und vor den Ältesten, und niemand konnte den Gesang verstehen außer den hundertvierundvierzigtausend, denn sie sind befreit von der Erde! ⁴Sie haben sich mit den Gütern und Verlockungen der Welt nicht belastet und ihre Seele nicht verdorben. Rein sind sie, wie Jungfrauen sind. Sie folgen dem Lamm, wohin immer es geht. Sie sind aus der Menschheit freigekauft. Gott machte sie rein, nun sind sie ein erstes Opfer für Gott. ⁵Bekenner sind sie, in ihrem Munde war kein Verrat und keine Verleugnung. Ohne Fehler sind sie.

⁶Einen Engel schaute ich: Er flog mitten im Himmel, in seiner höchsten Höhe, und hatte die gute Botschaft auszurufen, dass Gottes Herrschaft ewig sei. Allen rief er sie zu, die auf der Erde leben in Völkern, Stämmen, Sprachen und Nationen, ⁷und rief mit mächtiger Stimme: »Fürchtet Gott und preiset ihn, denn die Stunde ist gekommen, da er Gericht hält! Betet ihn an, der den Himmel, das Wasser und die Erde, das Meer und die Quellen schuf!«

⁸Ihm folgte ein zweiter Engel, der rief: »Gefallen ist sie! Zusammengebrochen die große Weltmacht, das große Babylon, die alle Völker berauscht hat, von Sinnen gebracht mit dem Wein ihres Götzendienstes.«

⁹Noch ein dritter Engel folgte dem zweiten, der rief: »Die das Untier verehrten, die vor seinem Bild knieten, die das Zeichen der Bestie auf Stirn oder Hand trugen, ¹⁰die werden nun von dem Wein Gottes trinken, vom schweren Wein seines Zorns! Im Becher seines Unwillens wird er ihnen gereicht! Qual werden sie leiden in Feuer und Schwefeldampf, im Angesicht der heiligen Engel und des Lammes! ¹¹Der Qualm ihrer Qual wird aufsteigen von Ewigkeiten zu Ewigkeiten, und sie werden Tag und Nacht ohne Ruhe sein, sie alle, die vor der Bestie und ihrem Bilde sich beugten und die das Zeichen trugen, das ihre Gefügigkeit anzeigt.«

¹²Hier bewährt sich die Geduld der Heiligen, die Gottes Gebote einhalten und den Glauben an Jesus Christus bewahren. ¹³Und ich hörte eine Stimme aus dem Himmel: »Schreibe! Selig sind die Toten, die von nun an als Zeugen des Herrn sterben! Es ist wahr, spricht der Geist, sie werden ruhen von ihrer Mühsal. Was sie getan haben, folgt ihnen nach.«

¹⁴Und wieder schaute ich: Eine weiße, schimmernde Wolke! Auf der Wolke saß einer in der Gestalt eines Menschen. Auf seinem Haupt trug er eine Krone von Gold und in der Hand eine scharfe Sichel. ¹⁵Und ein Engel trat aus dem Heiligtum und rief mit gewaltigem Ruf dem zu, der auf der Wolke thronte: »Schwinge die Sichel und fang an zu ernten, denn die Stunde ist da: die Stunde der Ernte. Dürr ist und reif, was auf der Erde heranwuchs!« ¹⁶Und der auf der Wolke thronte, schleuderte seine Sichel zur Erde, und die Ernte auf der Erde begann.

¹⁷Ein zweiter Engel trat aus dem himmlischen Heiligtum, und auch er trug eine scharfe Sichel. ¹⁸Wieder ein anderer Engel, dessen Amt es ist, das Feuer zu bewachen, kam vom Altar herüber und rief mit starker Stimme dem zu, der die scharfe Sichel trug: »Schlag zu mit deiner scharfen Sichel und schneide die Trauben vom Weinstock der Erde, denn seine Beeren sind reif!« ¹⁹Und der Engel schleuderte seine Sichel zur Erde und hieb die Trauben vom Weinstock der Erde und warf die Trauben in die große Kelter des Zornes Gottes. ²⁰Man trat die Kelter draußen vor der heiligen Stadt, wo die Gottlosigkeit umgeht, und das Blut quoll aus der Kelter über das Land hin, zweihundert Meilen weit, bis herauf an die Zäume der Pferde.

Sieben Schalen, gefüllt mit Unheil

15 ¹Ein anderes großes und wunderbares Zeichen sah ich am Himmel: Sieben Engel trugen das letzte, siebenfache Unheil, in dem der Zorn Gottes über die Welt sich auswirkt. ²Etwas wie ein Meer sah ich, klar wie Glas und schimmernd wie Feuer, und jene, die Sieger geblieben waren über den Drachen, über sein Bild und über das Geheimnis seiner Macht, standen an dem gläsernen Meer und hielten Harfen in den Händen. ³Sie sangen das Lied Moses, des Knechtes Gottes, und das Lied des Christus, der gelitten hat und lebt:

»Groß und wundersam sind deine Werke, Herr Gott, Herrscher der Welt!
Gerecht und klar sind die Wege, die du gehst, König der Völker!
⁴Wer sollte dich, Herr, nicht fürchten? Wer sollte dich nicht preisen?
Du allein bist heilig!
Alle Völker werden kommen und niederfallen vor dir.
Denn nun ist aller Welt sichtbar, dass es gerecht ist, was du tust.«

⁵Danach sah ich und schaute: Da tat sich das himmlische Heiligtum auf, in welchem Gott wohnt und woher sein Wort und Wille ergeht. ⁶Aus dem Heiligtum traten die sieben Engel, die das siebenfache Unheil ankündigen; in reine, strahlende Leinwand waren sie gekleidet, und goldene Gürtel trugen sie um die Brust. ⁷Und eines der vier gewaltigen Wesen reichte jedem der sieben Engel eine goldene Schale, die gefüllt war mit dem Zorn Gottes, der über die Ewigkeiten der Ewigkeiten hin herrscht. ⁸Gottes herrliche, heilige Macht aber glühte im Heiligtum auf, Rauch erfüllte es und niemand konnte es betreten, bis das siebenfache Unheil, das die Engel verkündigten, vollendet war.

16 ¹Eine mächtige Stimme hörte ich aus dem Tempel, die rief den sieben Engeln zu: »Geht! Gießt die sieben Schalen des Zornes Gottes über der Erde aus!« ²Da trat der Erste hin und goss seine Schale über die Erde, und böse und schmerzhafte Geschwüre brachen an den Menschen, die das Malzeichen der Bestie trugen und ihr Bild anbeteten, hervor. ³Der Zweite schüttete seine Schale über dem Meer aus. Da wurde das Meer schwarz wie das Blut eines Toten, und alles Leben im Meer ging zugrunde. ⁴Der Dritte goss seine Schale über die Flüsse und Quellen, und sie wurden zu Blut. ⁵Da hörte ich den Engel, dem die

Wasser anvertraut sind, rufen: »Gerecht bist du, der du herrschest in deiner heiligen Macht, dass du so geurteilt hast! ⁶Denn das Blut der Heiligen und Propheten haben sie vergossen, und Blut gabst du ihnen zu trinken: sie sind es wert!« ⁷Und ich hörte eine Stimme vom Altar her: »Ja, Herr Gott, du Herrscher des Alls, wahr und gerecht ist dein Urteil!« ⁸Der Vierte schüttete seine Schale in die Sonne, und die Sonne verbrannte die Menschen mit feuriger Glut. ⁹Die Menschen traf das entsetzliche Feuer, und sie lästerten Gott, von dem all das Unheil kam, aber sie besannen sich nicht und unterwarfen sich seiner Herrlichkeit nicht. ¹⁰Der fünfte Engel goss seine Schale über dem Thron der Bestie aus, und das Reich des Untiers verfinsterte sich. Sie zerbissen sich ihre Zungen vor Qual ¹¹und schrien ihren Hass hinauf zu dem Gott des Himmels, von dem die Qual kam und der die Geschwüre gesandt hatte, und weigerten sich, von ihrem bösen Treiben zu lassen.

¹²Der sechste Engel goss seine Schale über den Eufrat, den großen Strom. Da trockneten seine Wasser aus, und der Weg wurde frei für die Könige, die vom Osten her einbrechen. ¹³Und noch mehr sah ich: Aus dem Maul des Drachen, aus dem Maul des Untiers und aus dem Maul seines Helfers, des zweiten Tiers, fuhren drei Geister der Lüge in der Gestalt von Fröschen heraus. ¹⁴Es sind teuflische Irrmächte, die Wunder vollbringen und zu den Königen der ganzen Welt ausziehen, um sie zu bereden und zum Krieg zu sammeln, zur Schlacht auf den großen Tag, den Gott, der Herrscher der Welt, bestimmt hat. ¹⁵»Gib Acht!«, spricht Christus. »Plötzlich und unversehens wie ein Dieb will ich kommen. Selig, wer wach ist und seine Kleider zur Hand hat, so dass er bereit ist und nicht nackt und in Schande hertreten muss!« ¹⁶Und man sammelte die Heere der Finsternis an dem Ort »Harmagedon«.

¹⁷Zuletzt schüttete der siebte Engel seine Schale in die Luft hinaus, und vom Heiligtum her erklang eine mächtige Stimme – von Gottes Thron kam sie: »Das Ende ist da!« ¹⁸Blitze brachen los und ein Rollen und Donnern. Ein entsetzliches Erdbeben, so furchtbar wie keines, das geschah, seit es Menschen auf der Erde gibt, erschütterte die Welt. ¹⁹Die große Stadt zerbarst in drei Teile, und die Städte, in denen die Völker sich vermauern, stürzten zusammen. Und Gott nahm sich die große Stadt Babylon vor und ließ ihr den Wein seines Zorns reichen. ²⁰Die Inseln versanken, und die Berge waren verschwunden. ²¹Ein Hagel, wie Steinbrocken schwer, fiel vom Himmel auf die Menschen, und sie schrien ihren Hass gegen Gott empor, mitten aus der furchtbaren Qual, die der ungeheure Hagel ihnen zufügte.

Die Bilder vom Untergang der großen Stadt

17 ¹Und es kam einer von den sieben Engeln, die die sieben Schalen hatten, und redete mit mir: »Komm, ich will dir zeigen, was Gott über die große Hure verhängt hat, die an den vielen Wassern so sicher thront. ²Mit ihr haben die Könige der Erde sich eingelassen im Taumel der Hurerei, und die Bewohner der Erde haben sich am Wein ihrer Unzucht berauscht.« ³Da führte er mich im Geist in die Wüste, und ich sah eine Frau auf einem scharlachfarbenen Tier reiten, das bemalt war mit Titeln und Würden, die allein Gott zustehen und die es in seiner Frechheit an sich gerissen hatte. Sieben Köpfe hatte es und zehn Hörner. ⁴Und die Frau war in Purpur und Scharlach gekleidet, sie war wie vergoldet von dem vielen Gold, das an ihr hing, und glänzte von Edelsteinen und Perlen. In der Hand schwang sie einen goldenen Pokal, der von Gemeinheit und dem Schmutz ihres Dirnentums überfloss. ⁵Auf ihrer Stirn stand ihr Name, der ihr Geheimnis deutet: »Babylon! Die Große! Die Mutter der Huren und aller Scheußlichkeiten auf der Erde!« ⁶Und ich sah: Die Frau war berauscht. Betrunken war sie vom Blut der Heiligen und vom Blut derer, die als Zeugen für Jesus gestorben waren.

⁷Starr vor Staunen stand ich da, während ich sie schaute, aber der Engel fuhr fort: »Steh nicht da und gaffe! Ich will dir das Geheimnis der Frau und des Tieres mit den sieben Köpfen und den zehn Hörnern, auf dem sie reitet, erklären: ⁸Das Tier, das du sahst, war und ist nicht; es wird aus der Hölle aufsteigen und wieder in die Hölle hinabstürzen. Die Menschen auf der Erde, deren Namen nicht seit Anfang der Welt im Buche des Lebens stehen, werden von Bewunderung erfüllt sein, wenn sie sehen, dass das Tier war, dass es nicht ist und dass es wieder sein wird. ⁹Hier bewährt sich der Verstand, in dem Weisheit ist. Die sieben Köpfe sind die sieben Berge, auf denen die Frau thront. Es sind zugleich sieben Könige. ¹⁰Fünf sind untergegangen, einer herrscht zur Stunde, der letzte ist noch nicht da; wenn er aber kommt, muss er eine kleine Weile die Macht haben. ¹¹Das Tier, das war und nicht ist, steht an achter Stelle und ist doch einer von den sieben Königen! Es wird in der Hölle enden! ¹²Die zehn Hörner, die du sahst, sind zehn Könige. Die haben noch kein Königtum erlangt, aber im Bunde mit dem Tier erlangen sie doch für eine Stunde die Macht, als wären sie Könige. ¹³Sie tun sich zusammen und verfolgen ein gemeinsames Ziel, ihre Macht und Gewalt aber übergeben sie gemeinsam dem Tier. ¹⁴Sie werden gegen das Lamm Krieg führen, und das Lamm wird sie überwin-

den, denn es ist der Herr der Herren und der König der Könige. Und mit ihm werden die siegen, die er berufen und auserwählt hat und die ihm vertrauen.«

¹⁵Und er fuhr fort: »Die Wasser, die du sahst, an denen die Hure so sicher wohnt, sind Völker und Menschenmassen, Nationen und Sprachen. ¹⁶Die zehn Hörner, die Könige, die du sahst, und das Tier werden die Hure hassen, sie werden sie verstoßen und ihr die Kleider vom Leibe reißen, werden ihr Fleisch fressen und die Reste im Feuer verbrennen, ¹⁷denn es ist Gott, dessen Willen sie ausführen. Gott gab es ihnen ins Herz, dass sie sich zusammentaten und ihre Herrschaft dem Tier übergaben, und in dem allem erfüllt sich sein Plan. ¹⁸Das Weib aber, das du sahst, ist die große Weltstadt, die die Macht hat über alle Herrscher der Erde.«

18 ¹Einen anderen Engel sah ich danach aus dem Himmel herabsteigen. Er hatte eine besondere Vollmacht, und der Weltkreis erstrahlte in seinem Glanz. ²Mit starker Stimme rief er: »Gefallen! Gefallen ist das große Babylon! Behausung von Dämonen ist sie geworden, Wohnstatt niedriger Höllengeister, Nistplatz aller schmutzigen Aasfresser unter den Vögeln und ein Stall für jedes unreine und verhasste Tier. ³Denn von dem furchtbaren Giftwein ihrer Sinnenlust haben alle Völker getrunken, und die Könige haben sie geliebt im Rausch des Vergnügens, und die Händler der Erde sind reich geworden an ihrer prallen, üppigen Kraft!« ⁴Eine andere Stimme hörte ich vom Himmel her: »Zieh aus, mein Volk! Trenne dich von ihr, dass dich die Strafe nicht mittrifft, die sie für ihre Sünden empfängt! ⁵Denn ihre Verbrechen türmen sich bis zum Himmel, und Gott hat all ihre Schandtaten vor Augen. ⁶Zahlt ihr alles heim, was sie euch angetan hat, zahlt ihr das Doppelte heim von ihren Taten! Den Becher, den sie euch gereicht hat, füllt ihr doppelt. ⁷Was sie an Wollust und Lebensfülle genoss, soll sie empfangen an Schmerzen und Leid. Denn sie prahlt in ihrem Herzen: ›Wie eine Königin lebe ich, Männer in Menge lieben mich – ich bin doch keine Witwe! –, und Schmerzen kenne ich nicht!‹ ⁸An einem einzigen Tag wird alles Unheil über sie kommen: Tod, Leid und Hunger! Im Feuer wird sie zu Asche werden, denn es ist der mächtige Gott, der mit ihr abrechnet. ⁹Weinen und wehklagen werden über sie die Könige der Erde, die sie vergötterten und mit ihr schwelgten, wenn sie den Rauch aufsteigen sehen über dem Feuer, das sie verbrennt! ¹⁰Von ferne werden sie zusehen im Grauen vor ihrer Strafe und schreien: ›Wehe!

Wehe! Du große Stadt! Babylon, du mächtige Stadt! In einer Stunde bist du vernichtet!‹

¹¹Die Händler der Erde werden über sie weinen und jammern, denn niemand wird künftig ihre Ware kaufen: ¹²die Massen von Gold und Silber und edlem Gestein, von Perlen, Leinen und Purpur, Seide und Scharlach, all das wohlriechende Thujaholz, die Geräte aus Elfenbein, die Gefäße aus kostbaren Hölzern, die Lasten von Erz und Eisen und Marmor, ¹³von Zimt, Haarsalbe und Räucherwerk, Myrrhe und Weihrauch, die Fülle von Wein und Öl, Mehl und Getreide, die Rinder und Schafe, die Pferde und Wagen und die Menschenleiber und Menschenseelen! ¹⁴›Ach, die herrlichen Früchte, nach denen dein Herz verlangte, sind dir genommen, all dein Schimmer und Schein sind von dir gewichen, du suchst sie vergeblich!‹ ¹⁵So werden die Händler stehen und klagen. Sie sind reich geworden durch die große Stadt, nun stehen sie da und schauen von ferne zu im Grauen über ihre Qual ¹⁶und rufen: ›Wehe! Wehe! Du große Stadt! Mit kostbarem Leinen, mit Purpur und Scharlach warst du bekleidet, übergoldet warst du mit Gold, mit Edelsteinen geschmückt und mit Perlen – ¹⁷in einer Stunde ist dein Reichtum dahin!‹

Und die Schiffsherrn und die Seeleute, die Steuerleute und alle, die auf Schiffen arbeiten, werden von ferne stehen ¹⁸und beim Anblick des Rauchs über der brennenden Stadt aufschreien: ›Wer ist der großen Stadt gleich?‹ ¹⁹Sie werden Staub auf ihre Köpfe streuen und werden weinen und klagen und rufen: ›Wehe! Wehe! Du große Stadt! Durch dich wurden wir reich, alle, die auf dem Meer fahren, durch deinen Reichtum! In einer Stunde bist du verwüstet!‹ ²⁰Aber freue dich über sie, du Himmel! Freut euch, alle Heiligen, ihr Apostel und ihr Propheten! Denn Gott hat Gerechtigkeit geschaffen und das Unrecht vergolten, das an euch begangen wurde!«

²¹Und ein starker Engel nahm einen Felsblock – der sah aus wie ein riesiger Mühlstein – und schleuderte ihn ins Meer mit dem Ruf: »So, mit einem einzigen Wurf, wird Babylon gestürzt, die große Stadt, und versinkt! ²²Den Klang der Harfenspieler und Sänger, der Flötenbläser und Trompeter wird man in dir nicht mehr hören, kein Künstler wird in dir leben, der irgendeine Kunst kann, und der Laut der Mühle wird schweigen. ²³Das Licht der Lampe wird für immer verlöschen, die Stimmen des Bräutigams und der Braut werden für immer verstummen. Denn deine Händler waren die Machthaber der Erde, durch deinen Zaubertrunk kamen alle Völker von Sinnen. ²⁴Das Blut der Propheten und der Heiligen und aller Blut, die auf der Erde hingeschlachtet wurden, floß in deinen Mauern.«

19 ¹Danach hörte ich es brausen wie den gewaltigen Gesang einer Menge von Stimmen im Himmel: »Preiset den Herrn! Heil und Preis und Macht unserem Gott! ²Denn was er verhängt, ist wahr und gerecht. Er hat die große Hure gerichtet, die mit Willkür und gottloser Selbstherrlichkeit die Erde verheerte, und hat das Blut seiner Knechte, das sie vergoss, an ihr gesühnt.« ³Und wieder sangen sie: »Preis dem Herrn! Aufsteigt der Rauch ihres Untergangs, und über die Ewigkeiten der Ewigkeiten hin währt ihre Verdammnis!« ⁴Und die vierundzwanzig Ältesten und die vier gewaltigen Wesen am Thron warfen sich nieder und beteten Gott an, der auf dem Thron herrscht, und sangen: »Ja! Preiset ewig den Herrn!« ⁵Wieder ertönte am Thron eine Stimme: »Rühmt unseren Gott, alle seine Knechte, die ihn verehren, Kleine und Große!« ⁶Da hörte ich es brausen wie den Gesang einer ungeheuren Menge, wie das Rauschen vieler Wasserstürze und das Hallen gewaltiger Donner: »Preiset den Herrn! Denn nun ist alle Macht in der Hand des Herrn, unseres Gottes, des Herrschers über das All der Welt! ⁷Lasst uns fröhlich sein und jauchzen und ihn rühmen, denn das große Fest des Lammes ist gekommen. Christus wird Hochzeit feiern, seine Braut hat sich bereitet, ⁸in strahlendes, reines Leinen darf sie sich kleiden!« Die weiße Leinwand ist die Gerechtigkeit der Heiligen. ⁹Und der Engel sprach zu mir: »Schreibe! Selig sind, die zum Hochzeitsmahl des Lammes geladen sind!« Und er fuhr fort: »Gott selbst ist es, der so spricht!« ¹⁰Da warf ich mich zu seinen Füßen zur Erde, um ihn anzubeten. Er aber erwiderte: »Halt! Tu es nicht! Ich bin ein Knecht wie du und deine Brüder, die das Wort bewahren, das Christus ihnen anvertraut hat.« In den Worten nämlich, die die Heiligen durch Gottes Geist aussprechen, spricht Jesus selbst zu seiner Kirche.

Die Bilder von der Vollendung

¹¹Da sah ich in den offenen Himmel und schaute ein weißes Pferd. Auf ihm ritt einer, der trug die Namen »Treue« und »Wahrheit«, für die Gerechtigkeit tritt er ein, in Gerechtigkeit kämpft er. ¹²Seine Augen flammten wie Feuer, auf seinem Haupt schimmerten viele Kronen. Seinen Namen trug er an sich geschrieben, aber ich konnte ihn nicht lesen, er kennt ihn allein. ¹³Er trug ein Kleid, das die blutigen Spuren des Kampfes trug,

er, das Wort Gottes! ¹⁴Und die Heere des Himmels folgten ihm nach, Reiter auf weißen Pferden, in reine, weiße Leinwand gekleidet. ¹⁵Sein Mund ist seine Waffe: ein scharfes Schwert! Mit ihm wird er die Gottesverächter treffen, mit einem eisernen Speer wird er sie dahintreiben! Er wird den Willen Gottes ausführen und sein Urteil vollstrecken, das Gericht des Herrschers der Welt. ¹⁶Auf seinem Mantel und an seiner Hüfte steht sein Name: »König der Könige. Herr der Herren!«

¹⁷Und ich sah einen Engel in der Sonne stehen, der den Vögeln in der Höhe des Himmels zurief: »Auf! Sammelt euch zum großen Fraß, den Gott euch bereitet! ¹⁸Fresst Königsfleisch und Feldherrnfleisch, Fleisch von Mächtigen, Fleisch von Pferden und Reitern, von Hohen und Niedrigen, Kleinen und Großen!« ¹⁹Da sah ich die Bestie und die Könige der Erde mit ihren Heeren versammelt zum Krieg gegen Christus und sein Heer. ²⁰Aber die Bestie wurde ergriffen und mit ihr der Lügenredner. Der hatte in ihrem Auftrag Wunder vollbracht und hatte alle die Menschen in die Irre geführt, die das Abzeichen der Bestie trugen und ihr Bild verehrten. Beide wurden sie, das Untier und sein Helfer, lebendig in den Feuersee geschleudert, in den brennenden Schwefel. ²¹Die übrigen starben unter dem Schwert des Reiters, seinem Wort, und die Vögel wurden satt an ihrem Fleisch.

20

¹Einen Engel sah ich vom Himmel herabsteigen, der hatte in der Hand den Schlüssel zum Höllenabgrund und eine schwere Kette. ²Er fasste den Drachen, die alte Schlange, den Teufel und Satan, und fesselte ihn für tausend Jahre, ³warf ihn in den Abgrund der Hölle hinab, verschloss den Zugang und versiegelte ihn und nahm dem Drachen für tausend Jahre die Macht über die Völker. Danach sollte er noch für eine kurze Zeit frei sein.

⁴Danach sah ich Throne stehen, und Richter setzten sich darauf. Die hatten Vollmacht, Gericht zu halten. Und es kamen die Seelen derer, die enthauptet worden waren, weil sie sich zu Jesus bekannt und das Wort Gottes verkündigt hatten, die das Tier und sein Bild nicht angebetet und sein Abzeichen an Stirn oder Hand nicht getragen hatten. Tausend Jahre lang lebten und herrschten sie mit Christus. ⁵Die übrigen Toten kamen während jener tausend Jahre nicht zum Leben. Es war die »erste Auferstehung«. ⁶Selig und heilig sind, die an der ersten Auferstehung teilhaben! Über sie hat der zweite Tod keine Macht. Sie sind Priester Gottes und des Christus, und sie werden mit Christus herrschen, tausend Jahre lang.

⁷Wenn die tausend Jahre vergangen sind, wird der Satan wieder aus seinem Kerker freigelassen ⁸und zieht aus, die Völker an den vier Enden der Erde gegen Gott aufzuwiegeln. Gog und Magog wird er aufbieten, die werden die Völker zur Schlacht zusammentreiben: unübersehbare Massen, unzählbar wie der Sand am Meer. ⁹Sie wälzen sich auf der weiten Oberfläche der Erde daher und umzingeln das Heerlager der Heiligen und die geliebte Stadt. Aber Feuer glüht vom Himmel herab und verzehrt sie. ¹⁰Der Teufel aber, der sie verführte, wird in den brennenden, schwefligen See geschleudert, in den schon die Bestie und ihr Helfer stürzten, und sie werden die Qual ihres Gotteshasses und der Ferne von Gott erleiden, Tag und Nacht über die Ewigkeit der Ewigkeiten hin.

¹¹Danach sah ich und schaute: Da ragte ein großer, weißschimmernder Thron, und Gott selbst war der Herrscher, der auf ihm saß. Vor seiner Gegenwart flohen die Erde und der Himmel, verschwunden waren sie, als wären sie nie gewesen. ¹²Und ich sah die Toten, Groß und Klein: Die standen vor dem Thron, und Bücher wurden aufgeschlagen. Dazu wurde ein besonderes Buch geöffnet: das Buch des Lebens. Und die Toten wurden nach dem, was sie getan hatten und was in den Büchern stand, gerichtet. ¹³Das Meer gab seine Toten heraus. Der Tod und das Totenreich gaben ihre Toten heraus, und jeder empfing das Urteil, das seinen Taten entsprach. ¹⁴Der Vernichter selbst aber, der Tod und sein Heer, stürzten mit ihm in den brennenden See, in die Vernichtung. Das ist der zweite Tod. ¹⁵Und wessen Name im Buch des Lebens nicht zu finden war, der stürzte in den brennenden See.

Das Reich des Friedens

21 ¹Und wieder schaute ich:
Da sah ich einen neuen Himmel und eine neue Erde.
Der erste Himmel und die erste Erde,
sie waren vergangen, und das Meer ist nicht mehr.
²Und ich sah die heilige Stadt, das neue Jerusalem,
wie sie herabkam vom Himmel her, von Gott in unsere Welt.
Schön war sie, schön und geschmückt wie eine Braut,
die ihrem Mann entgegengeht.

³Ich hörte eine große Stimme sagen von Gottes Thron her:
»Sieh her! Hier wohnt Gott bei den Menschen.
Er wird bei ihnen bleiben, sie werden sein Volk sein
und er selbst, Gott, wird ihnen nahe sein.
⁴Er wird abwischen alle Tränen aus ihren Augen.
Der Tod wird nicht mehr sein, kein Leid, keine Klage, kein Schmerz,
denn was war, ist vergangen.«

⁵Und der auf dem Thron saß, sprach:
»Sieh! Ich mache alles neu!«
Und weiter sprach er: »Schreibe, denn all dies ist wahr.
Dies alles kommt gewiss. ⁶Es ist alles erfüllt.
Ich bin das A und das O, der Anfang und das Ende.
Ich gebe den Durstigen zu trinken, Wasser aus der Quelle des Lebens
reiche ich ihnen als ewiges Geschenk.
⁷Die durchhalten bis zum Sieg, werden dies alles gewinnen.
Ich werde ihr Gott, und sie werden meine Töchter und Söhne sein.

⁸Aber den Feiglingen, den Untreuen und den Verdorbenen, den Mördern, den Zuchtlosen, den Zauberern, den Götzendienern und Lügnern ist der brennende, schweflige See bestimmt: der zweite Tod.«

⁹Da trat einer der sieben Engel, welche die sieben Schalen des letzten Unheils getragen hatten, zu mir und sprach: »Komm, ich will dir die Braut zeigen, die Frau des Lammes!« ¹⁰Und er führte mich im Geist auf einen breiten und hohen Berg und zeigte mir die heilige Stadt Jerusalem, die vom Himmel, von Gott her, sich herabsenkte. ¹¹Sie spiegelte die Lichtfülle Gottes, ihr Glanz glich dem eines Edelsteins, eines schimmernden Jaspis. ¹²Eine breite und hohe Mauer umschloss sie, zwölf Tore hatte sie, und auf den zwölf Toren standen zwölf Engel. Zwölf Namen waren an die Tore geschrieben: die Namen der zwölf Stämme Israels. ¹³Nach Osten gingen drei Tore, nach Norden drei, nach Süden drei, nach Westen drei. ¹⁴Die Mauer ruhte auf zwölf Grundpfeilern, die zwölf Namen trugen: die Namen der zwölf Apostel des Christus. ¹⁵Und der Engel, der mit mir sprach, hatte einen goldenen Messstock und maß die Stadt, die Tore und die Mauer. ¹⁶Viereckig lag die Stadt vor mir, ihre Länge war wie ihre Breite. Und der Engel maß sie mit dem Messstock: Es waren zweitausendvierhundert Kilometer. Ihre Länge und Breite sind gleich, und dasselbe Maß hat ihre Höhe. ¹⁷Und er maß ihre Mauer: Nach dem menschlichen Maß, das der Engel

gebrauchte, waren es hundertzwanzig Meter an Höhe. ¹⁸Das Mauerwerk ist aus Jaspis gefügt, und die Stadt selbst ist aus reinem Gold, durchsichtig wie Glas. ¹⁹Die Grundpfeiler der Mauer sind geschmückt mit dem Glanz aller edlen Steine: der erste ist ein Jaspis mit lichtem Glanz, der zweite ein Saphir, der dritte ein dunkler Chalcedon, der vierte ein Smaragd, ²⁰der fünfte ein Sardonyx, der sechste ein Karneol, der siebte ein Chrysolith, der achte ein grüner Beryll, der neunte ein goldener Topas, der zehnte ein Chrysopras, der elfte ein Hyazinth, der zwölfte ein Amethyst. ²¹Die zwölf Tore waren zwölf Perlen, und jedes Tor besteht aus einer einzigen Perle; die große Straße war reines Gold, durchsichtig wie Kristall.

²²Aber eines sah ich nicht: einen Tempel!
Denn Gott, der Herr, der Allmächtige,
ist ihr Tempel. Der Christus selbst ist es.
²³Die Stadt bedarf keiner Sonne und keines Mondes,
dass sie ihr leuchten,
denn der Lichtglanz Gottes umstrahlt sie,
und der Christus selbst ist ihr Licht.
²⁴Die Völker leben in ihrem Licht,
und die Könige der Erde tragen ihren Glanz herzu.
²⁵Ihre Tore werden nicht mehr geschlossen,
denn es gibt keine Nacht.
²⁶Ruhm und Herrlichkeit der Völker trägt man hinein.
²⁷Nichts Unreines aber hat Zugang,
niemand, der Böses tut oder der Lüge dient,
niemand, der nicht im Buch des Christus verzeichnet steht,
im Buch des Lebens.

22 ¹Und er zeigte mir
den klaren, kristallhellen Strom, das Wasser des Lebens,
das am Thron Gottes, am Thron des Christus, entspringt.
²Auf der großen Straße, zu beiden Seiten des Stroms,
wächst der Baum des Lebens, der zwölfmal Früchte trägt.
Alle Monate bringt er seine Frucht hervor,
und seine Blätter dienen mit ihrer Heilkraft
der Genesung der Völker.
³Nichts ist da, das Gott feindlich wäre.
Der Thron Gottes und des Christus steht in der Stadt,

und die Knechte Gottes und des Christus
feiern das Fest ihres Gottesdienstes.
⁴Sie sehen Gottes Angesicht, und sein Name »Jesus«
steht an ihren Stirnen. ⁵Es ist keine Nacht mehr,
und sie brauchen weder das Licht der Lampe
noch das Licht der Sonne, denn Gott, der Herr, ist ihr Licht,
und sie haben an seiner Herrschaft teil
von Ewigkeit zu Ewigkeit.

⁶Und er sprach weiter zu mir: »Was ich sage, ist zuverlässig und wahr. Gott, der Herr, der seinen Geist den Propheten gab, hat seinen Engel gesandt, um seinen Knechten kundzutun, was in Kürze geschehen soll. ⁷Gib Acht! Ich komme bald! Selig ist, wer die Worte der Weissagung glaubt und bewahrt, wie sie in diesem Buch stehen.«

Ausklang

⁸Ich, Johannes, habe dies alles gehört und geschaut. Zuletzt warf ich mich nieder, den Engel anzubeten, der mir das alles gezeigt hatte. ⁹Er aber rief mir zu: »Halt! Tu das nicht! Ich bin ein Knecht wie du und deine Brüder, wie die Propheten und alle, die die Worte bewahren, die in diesem Buch stehen. Gott selbst bete an!« ¹⁰Und er sprach zu mir: »Halte die Worte der Weissagung nicht geheim, die in deinem Buch stehen, denn es ist wenig Zeit. ¹¹Wer Unrecht tut, tue weiterhin Unrecht. Der Unreine sei weiterhin unrein. Der Gerechte wirke weiterhin, was gerecht ist. Der Heilige bleibe weiterhin heilig. ¹²Gib Acht! Ich komme bald! Ich habe den Lohn in der Hand und gebe jedem, was er verdient hat. ¹³Ich bin das A und das O, der Erste und der Letzte, der Anfang und die Vollendung. ¹⁴Selig sind, die ihre Kleider reinhalten, damit sie würdig werden, vom Baum des Lebens zu essen und die Tore der Stadt zu durchschreiten, ¹⁵denn den Gottesfeinden, den Magiern, den Zuchtlosen, den Mördern und Götzendienern und jedem, der die Lüge liebt, werden sie verschlossen sein.

¹⁶Ich, Jesus selbst, habe meinen Engel gesandt,
um euch all dies in den Gemeinden zu verkündigen.
Ich bin der Ursprung des heiligen Volkes und sein Ziel,
der strahlende Morgenstern.«

¹⁷In göttlichem Geist ruft die begnadete Kirche,
sehnsüchtig wie eine Braut: »Komm!«
Und wer es hört, rufe wie sie: »Komm!«
Und wen dürstet, der komme,
wen nach Wasser des Lebens verlangt, der trinke umsonst.

¹⁸Ich, Johannes, warne aber alle, die die Worte der Weissagung hören, die in diesem Buch stehen: Wer eigene Gedanken hinzufügt, dem wird Gott das Unheil zufügen, von dem in diesem Buch steht. ¹⁹Wer von den Worten der Weissagung in diesem Buch wegnimmt, dem wird Gott die Frucht vom Baum des Lebens und das Wohnrecht in der heiligen Stadt nehmen, alle Herrlichkeit, die in diesem Buch beschrieben ist.

²⁰Jesus Christus, dessen Worte ich aufschrieb, spricht:
»Ja, ich komme bald!«
Ja, das sei wahr! Komm, Herr Jesus!
²¹Die Gnade des Herrn Jesus sei mit allen!

Die Lebenszeit Jesu

Die Lebenszeit Jesu reicht vom Jahr 7 vor unserer Zeitrechnung bis etwa 30 danach. Die äußeren Verhältnisse wurden durch das Römische Reich bestimmt, das seit Pompejus (64 v. Chr.) auch im syrisch-palästinensischen Raum die Herrschaft errungen hatte. In Palästina regierte damals Herodes, den man auch den »Großen« nennt, von 37 bis 4 vor Christus. Im Norden von Palästina herrschte danach sein Sohn Herodes Antipas, von 4 vor Christus bis 39 nach ihm, der in der Passionsgeschichte genannt wird. In Jerusalem regierte der römische Gouverneur Pontius Pilatus von 26 bis 36 nach Christus. Im Jahr 7 oder 6 vor Christus fand die erste große Steuerschätzung statt, deren Folgen, Armut und Rechtlosigkeit der Bevölkerung, in der Zeit danach zu einer Reihe von Aufständen führten. Johannes der Täufer trat in den Jahren 27 bis 29 auf, die Taufe Jesu fiel vermutlich ins Jahr 28, seine Kreuzigung ins Jahr 30, wahrscheinlich auf den 7. April dieses Jahres. Die vier Evangelien berichten darüber.

Die Zeit der entstehenden Kirche

Wohl im Jahr 33 fanden die Steinigung des Stefanus und die Bekehrung des Paulus statt. Zwischen 47 und 58 liegen die drei Missionsreisen des Paulus, zwischen 58 und 61 die Gefangenschaft des Paulus und sein Transport als Gefangener nach Rom. Die Apostelgeschichte erzählt darüber. Aus dieser Zeit stammen die meisten der Briefe des Neuen Testaments. In der Folgezeit bis ums Jahr 90 entstehen die vier Evangelien aufgrund von frühen Aufzeichnungen der Gemeinde. Im Jahr 70 wird Jerusalem nach einem Aufstand gegen Rom zerstört, und in der Folgezeit löst sich die Kirche vom Judentum. Vielleicht im Zusammenhang mit der ersten allgemeinen Christenverfolgung unter Kaiser Domitian, um 90, entsteht die Offenbarung des Johannes, die ohne diesen Hintergrund kaum zu verstehen ist.

INHALT

Dem Neuen Testament geht eine lange Geschichte voraus — 5

Die vier Berichte über Jesus Christus — 23

Jesus, der versprochene Bote von Gott:
Das Evangelium nach Matthäus — 24
- Was wir über seine Herkunft wissen — 24
- Seine Geburt und Kindheit — 24
- Der Anfang in der Wüste — 27
- Die Bergpredigt — 30
- Gespräche und Begegnungen — 41
- Was heißt »Reich Gottes«? — 53
- Die Grundfrage: Wer ist Jesus Christus? — 58
- Maßstäbe, die bei Gott gelten — 66
- Der Weg nach Jerusalem — 72
- Entscheidung in der letzten Stunde — 75
- Die Leidensgeschichte — 90
- Der Ostermorgen — 97

Jesus von Nazaret, das geheime Zeichen von Gott:
Das Evangelium nach Markus — 99
- Der Vorläufer — 99
- Wirksamkeit in Galiläa — 100
- Erste Auseinandersetzungen — 101
- Der Weg nach Jerusalem — 121
- Die Tage im Tempel — 124
- Die Leidensgeschichte — 131
- Der Ostermorgen — 137

Jesus, der Bruder der Armen:
Das Evangelium nach Lukas — 139
- Geburt und Kindheit — 139
- Johannes der Täufer — 147
- Die Zeit in Galiläa — 149
- Liebe zu den Ausgestoßenen — 159

Der innere Kreis und sein Auftrag	164
Der Weg nach Jerusalem	167
Reden über die Zukunft	188
Die Leidensgeschichte	203
Erfahrungen seiner Auferstehung	209

Christus, in dem Gott sichtbar wird:
Das Evangelium nach Johannes 212

Der Uranfang	212
Das erste Zeichen: Die Fülle des Fests	215
Das zweite und das dritte Zeichen: Heilung	221
Das vierte Zeichen: Brot	224
Das fünfte Zeichen: Bewahrung	225
Das sechste Zeichen: Licht	234
Das siebte Zeichen: Auferstehung	238
Der Abschied	241
Die Erhöhung des Christus	257
Erfahrungen seiner Auferstehung	262

Ein Bericht über die Ereignisse der ersten Zeit nach Jesus: Die Apostelgeschichte 267

Der Neuanfang nach dem Ende	268
Feuer von Gott	269
Auseinandersetzungen der ersten Zeit	272
Die Wandlung des Saulus	286
Die erste Reise des Paulus: Nach Kleinasien	295
Die Kirchenversammlung von Jerusalem	300
Die zweite Reise des Paulus: Nach Griechenland	302
Die dritte Reise: Abschied von den Gemeinden	309
Gefangenschaft und Prozess	315
Der Transport nach Rom	326

Briefe an junge Kirchen 331

Der Brief an die Römer 332

Eingang	332
Achtet auf die falschen Wege	334
Und was ist der richtige Weg?	337

Wir leben nahe dem Ziel	340
Das alte und das neue Volk Gottes	348
Regeln für das gemeinsame Leben	354

Der erste Brief des Paulus an die Korinther — 362
Haltet fest an der Einheit der Kirche	363
Räumt eure Missstände aus	368
Antworten auf einige Anfragen	371
Das Gewissen ist maßgebend, vor allem das des anderen	374
Gottes Geist gibt jedem seine eigene Aufgabe	381
Das Größte ist in allen Dingen die Liebe	383
Auferstehung	388
Mitteilungen und Grüße	392

Der zweite Brief des Paulus an die Korinther — 394
Das Amt des Christus	397
Mein Leben ist ein einziges Leiden mit Christus	410

Der Brief des Paulus an die Galater	415
Der Brief an die Epheser	425
Der Brief an die Philipper	435
Der Brief an die Kolosser	443
Der erste Brief an die Thessalonicher	450
Der zweite Brief an die Thessalonicher	456
Der erste Brief an Timotheus	460
Der zweite Brief an Timotheus	468
Der Brief an Titus	474
Der Brief an Philemon	478
Der Brief an die Hebräer	480
Der Brief des Jakobus	501
Der erste Brief des Petrus	509
Der zweite Brief des Petrus	518
Der erste Brief des Johannes	523
Der zweite Brief des Johannes	531
Der dritte Brief des Johannes	532
Der Brief des Judas	533

Ein Blick in die Zukunft:
Die Offenbarung des Johannes 535

    Ein Wort aus der Verbannung   536
    Sieben Briefe an sieben Gemeinden   538
    Vorspiel im Himmel   543
    Sieben Siegel werden geöffnet   545
    Sieben Posaunen dröhnen   547
    Michael und der Drache   552
    Die Bestie aus dem Meer: Der Antichrist   553
    Sieben Schalen, gefüllt mit Unheil   556
    Die Bilder von der Vollendung   561
    Das Reich des Friedens   563

Die Lebenszeit Jesu   568

Zum Umschlagmotiv

Da ist ein Kreuz. Dunkel. Das Zeichen des Todes.
Hinter dem Kreuz steht X, das ist das Zeichen des Christus.
Das Zeichen spricht vom Sinn und von der Helligkeit,
die hinter dem dunklen Kreuz aufleuchten,
im Namen des Christus.

                                                          Jörg Zink

Die Deutsche Bibliothek – CIP-Einheitsaufnahme
Ein Titeldatensatz für diese Publikation ist bei
Der Deutschen Bibliothek erhältlich

1 2 3 4 5   04 03 02 01 00

© Kreuz Verlag GmbH & Co. KG Stuttgart 2000
Ein Unternehmen der Dornier Medienholding GmbH
Postfach 80 06 69, 70506 Stuttgart, Tel. 0711-78 80 30
Sie erreichen uns rund um die Uhr unter www.kreuzverlag.de
Satz: Rund ums Buch – Rudi Kern, Kirchheim/Teck
Druck und Bindung: Graphischer Großbetrieb Pößneck
Die Schreibweise entspricht den Regeln der neuen Rechtschreibung.
ISBN 3 7831 1795 X

Die Familienbibel

Jörg Zink
Die Bibel
944 Seiten mit 460 Abbildungen
Hardcover mit Schutzschuber
Bestell-Nr. 1598

Mehr als eine Übersetzung. Jörg Zink legt hier eine wertvoll ausgestattete Nachdichtung der Bibel vor, die dem Leser von heute den Zugang zu diesem wichtigsten Dokument der Christen erleichtert. Das Neue Testament ist vollständig enthalten, das Alte Testament in Auswahl. Dieses Werk begeistert nicht zuletzt durch seine zahlreichen Fotos aus den Ländern der Bibel und Gemälde aus der christlichen Kunst.
»... Wirklich neu und lesenswert!« (FAZ 29.11.98)

KREUZ: Was Menschen bewegt.
www.kreuzverlag.de